U0638659

国学经典文库 图文珍藏版

国学经典

马肇基◎主编

线装书局

目　录

蒙学经典

禅宗经典

医学经典

蒙学经典

传世藏书

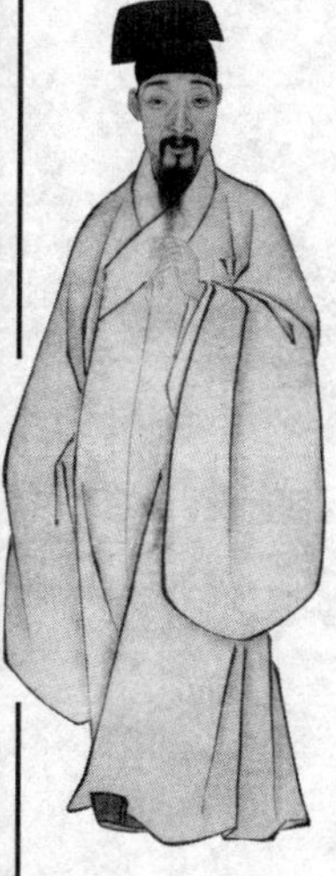

导读

“幼读三百千”的吹嘘之词早已不复存在，摇头晃脑背诵着“赵钱孙李……天地玄黄……”的场景也早已成了记忆。中国古代的幼儿启蒙教育早已被现代化的教育制度取代，但一本本经典的童蒙读本却流传至今，为很多家长和教育工作者推崇。这些诞生在古代的幼儿教材中有民族文化血脉的精髓，也有些不合时宜的糟粕。而它们中蕴含的那种希望孩子增长见闻，知礼向善的良苦用心，却可在父母师长的谆谆教导下代代流传。

当下社会对《弟子规》《三字经》的关注，与“蒙学热”的兴起有关。但是蒙学读物，内容繁多，良莠不齐。以《三字经》为例，该书提纲挈领，言简意赅，条理明晰，层次分明，通篇三字句，节促音铿，易诵易记，数百年来畅行不衰。但是，由于时代久远，存在不少封建伦理、纲常和显亲扬名的思想，因此，取其精华、去其糟粕就是一种必须。

“观今宜鉴古，无古不成今”，批判地继承和借鉴蒙学读物中有益的、科学的部分，对于今天的儿童教育，是大有裨益的。正如鲁迅先生所说：“倘若有人作一个历史，将中国历来教育儿童的方法，用书做一个明确的记录，给人明白我们的古人以至我们，是怎样的被熏陶下来的，则其功德，当不在禹下。”

三字经

【导语】

《三字经》是中国古代文化启蒙类书籍中流行最广、内容最为典型的一种。在明清两代可谓家喻户晓、人人皆知,直到20世纪的民国时期,在农村的私家学堂中还用它作为儿童的启蒙教材。中华人民共和国成立后,《三字经》虽然未再作为教材使用,但它作为曾经在历史上出现过的文化普及读物,仍然在文化界、学术界常常被人们提及。

《三字经》的作者已难以考察清楚。明代后期赵南星《味檗斋遗书·教家二书序》中说:"世所传《三字经》《女儿经》者,皆不知谁氏所作。"可见在那时候,关于《三字经》的作者已没有确切的说法了。王相的《〈三字经〉训诂序》、陈灿的《增订发蒙〈三字经〉序》及屈大均的《广东新语》提到《三字经》的作者,或说是王应麟,或说是粤中逸老,或说是区适,莫衷一是。民国时期金陵大学油印本的《三字经》序文说,此书的成书有一个过程,由王应麟初撰,区适改订,明代人黎贞续成。现在一般的说法是"相传为王应麟所撰",或"世传为王应麟所撰",用不肯定语气来表述。

王应麟像

王应麟(1223~1296)字伯厚,号厚斋,又号深宁居士。其祖先是汴州浚仪(今河南开封)人,北宋末年靖康之乱后南渡,侨居庆元(今浙江鄞州区)。王应麟年幼好学,九岁时即通晓六经,南宋理宗淳祐元年(1241)十九岁时考中进士,曾官西安县(今浙江衢江区)主簿。宝祐四年(1256)他任考官,理宗让他主持复试,他极力赞扬文天祥的试卷,由理宗钦定文天祥为状元。南宋灭亡后,王应麟不肯做元朝的官,隐居潜心著述,元成宗元祯二年(1296)去世,终年七十四岁。从王应麟的学识、人品及有充分的时间从事著述这些情况来看,他撰作《三字经》是完全有可能的。区适字正叔,是南宋南海(今属广东)人,南宋末至元初时在世。他幼年爽迈,擅作文辞,成年以博学多闻著称于世。后人说他续作《三字经》,或者事出有因。但是,《三字经》中涉及元朝以后的内容,如"明太祖,久亲师。传建文,方四祀。迁北京,永乐嗣。迨崇祯,煤山逝"等语,显然是清代人增补的。可以肯定,《三字经》在流传过程中,必定经过后人的修订,逐渐成为今人看到的这样的面貌。

《三字经》是用三言诗的形式写成的,文字精练,语句通畅,读起来朗朗上口,易记易诵。它尽可能地以最少的文字表述更多的内容,包括少年儿童勤学上进的道理,为人处世的原则,应当了解的关于传统文化的基本常识、关于封建社会的必读书籍、关于历史演变的大体脉络以及历代名人刻苦好学的典型事例等,使最初接受启蒙教育的少年儿童能通过这本小册子即可了解儒家文化的主要观点和基本精神。近代著名学者章炳麟《重订〈三字经〉题辞》云:"先举方名事类,次及经史诸子,观其分别部居,不相杂厕,以较梁人所辑《千字文》,虽字有重复,辞无藻采,其启人知识过之。"这段话对《三字经》的特点与作用给予了充分的肯定,也是一种具有权威性的评价。

【原文】 人之初[①],性本善,[②]性相近,习相远[③]。苟不教[④],性乃迁[⑤]教之道[⑥],贵以专[⑦]。

【注释】 ①初:初始。这里指人初生下来时。②性:生性,天性。③习:指人在成长过程中,因为后天的环境、教育不同,所形成的习性、习惯。④苟:如果。⑤迁:迁移,变化。⑥道:方法。⑦贵:最宝贵的。这里指重视、注重。专:专一,始终不懈。

【译文】 人刚出生下来,本性都很良善,天性虽然相近,习惯相差却远。如果不加教诲,秉性就会改变,教育要讲方法,贵在始终一贯。

【原文】 昔孟母[①],择邻处[②],子不学,断机杼[③]。窦燕山[④],有义方[⑤],教五子,名俱扬[⑥]。

【注释】 ①昔:往昔,过去。孟母:孟子的母亲。孟子,名轲,战国著名思想家,儒家尊其为"亚圣"。②择:选择。处:指安家居住。据说孟母为培养孟子,曾三次搬家。开始他家与屠夫为邻,孟子便学玩杀猪的游戏。后来的邻居是专为人操办丧事的吹鼓手,孟子又爱上了吹吹打打。最后孟母将家搬迁到了学堂旁,孟子才开始受到良好学习环境的熏陶影响。③机杼:织布机上穿引纬线的梭子。孟子有一次逃学回家,孟母非常生气,于是用剪刀剪断了织机上已经织好的布来警示教诲儿子。④窦燕山:五代后周时人,名禹钧。因家居渔阳(今北京地区),地处燕山脚下,故号燕山。⑤义方:指良好的家教。⑥俱:全都。窦禹钧共育五子,因家教严格、教育有方,五个儿子相继科举登第,名扬于世。

【译文】 昔日孟子母亲,安家慎选邻居,孟子逃学回家,停织剪布教育。还有窦氏燕山,家教严格有方,培养教育五子,个个声名远扬。

【原文】 养不教,父之过[①],教不严,师之惰[②]。子不学,非所宜[③],幼不学,老何为[④]?

【注释】 ①过:过错。②惰:懒惰,责任心不强。③宜:应该。④何为:做什么,怎么办。

【译文】 抚养而不教育,这是父亲过错,教育而不严格,老师要负其责。孩子不肯学习,确实太不应该,小时如不努力,到老能干什么?

【原文】 玉不琢[①],不成器,人不学,不知义[②]。为人子,方少时,亲师友[③],习

礼仪。

【注释】 ①琢:雕琢,雕刻玉石使成器物。②义:道理,应当遵循的行为规范。③亲:亲近,尊敬。

【译文】 玉石不加雕琢,不能成为器物,人不通过学习,不会明白事理。所以作为儿女,就要从小时候,培养尊师敬友,严格学习礼仪。

【原文】 香九龄①,能温席②,孝于亲,所当执③。融四岁④,能让梨⑤,弟于长⑥,宜先知⑦。

【注释】 ①香:黄香,东汉时人,博通经典,官至尚书令。九龄:九岁。②席:炕席,卧具。黄香九岁时就知孝顺父母。夏季炎热,他先用扇子把父母的枕席扇凉;冬日寒冷,他就用身体暖热父母的卧具被褥。③执:做到。④融;孔融,东汉末鲁(今山东曲阜)人。著名文学家,"建安七子"之一。⑤让:谦让。孔融年仅四岁,就懂得把大梨让给哥哥们,自己则挑最小的吃。⑥弟:同"悌",指弟弟敬爱哥哥。长:兄长。⑦知:明白。这句是说从小就应该明白尊敬兄长、友爱兄弟的道理。

【译文】 黄香不过九岁,能替爹妈暖被,孝顺生身父母,子女理当如此。孔融年仅四岁,就懂让梨兄辈,弟弟敬爱兄长,从小就要明白。

【原文】 首孝弟①,次见闻,知某数②,识某文③。一而十,十而百,百而千,千而万④。

【注释】 ①首:首要。弟:同"悌"。②数:数目,算术。③文:文字,文章,文理。④千而万:一到十是基本数字,按照十进位算术方法,十个十是一百,十个一百是一千,十个一千是一万,累计下去可以无穷无尽。这里是说做人做事的道理也如此,基础非常重要,从少到多逐渐积累,就能最终成功。

【译文】 做人首讲孝悌,其次增广见闻,学会数目加减,认读文字文章。这样从一到十,十十相加成百,十百变为一千,十千能成一万。

【原文】 三才者①,天地人,三光者,日月星。三纲者②:君臣义③,父子亲,夫妇顺④。

【注释】 ①三才:指天、地、人。②纲:纲领,法则。"三纲"是汉儒董仲舒最早提出的封建时代君臣、父子、夫妻之间应遵守的三个行为准则,即"君为臣纲,父为子纲,夫为妻纲"。③义:应当遵守的规矩法度。④顺:和顺,和睦。

【译文】 古人所谓"三才",是指天、地与人,古人所称"三光",是指日、月、星辰。古人提出"三纲":规范君臣礼义,要求父子相亲,夫妻和顺不弃。

【原文】 曰春夏,曰秋冬,此四时,运不穷①。曰南北,曰西东,此四方,应乎中②。

【注释】 ①运:运行。穷:穷尽,终止。②应:对应。中:中央。这里是说南、北、西、东四个方位以中央为基准互相对应。

【译文】 说到春天夏天,还有秋季冬季,一年四个季节,反复循环不息。至于南方北方，加上西方东方，对应成为四方，基准在于中央。

【原文】 **曰水火，木金土，此五行[1]，本乎数[2]。曰仁义[3]，礼智信[4]，此五常[5]，不容紊[6]。**

【注释】 ①五行：我国古代思想家提出金生水、水生木、木生火、火生土、土生金的“五行相生”，和金克木、木克土、土克水、水克火、火克金的“五行相克”学说，认为金、木、水、火、土这五种常见物质，是构成宇宙万物不可缺少的基本元素。②本：本源，根源。数：天数，天理。③仁：仁爱。义：应该遵守的道义。④礼：礼仪，礼节。智：有才智，晓事理。信：诚实守信。⑤五常：仁、义、礼、智、信这五种道德法则。常，常规，准则。⑥紊：紊乱，改变。

【译文】 日常所见水、火，加上木、金与土，五行相生相克，一切本有规则。古人倡导仁、义，恪守礼、智、诚信，此被称作“五常”，不容紊乱违背。

【原文】 **稻粱菽[1]，麦黍稷[2]，此六谷，人所食。马牛羊，鸡犬豕[3]，此六畜，人所饲。**

【注释】 ①粱：古人也称粟，即谷子，去壳后叫作小米。菽：大豆，也泛指豆类。②黍：粘谷子，去皮后北方称作黄米子。稷：一种谷物，古代对其形态记载解释不同，可泛指粮食作物。③豕：猪。

【译文】 水稻、小米、大豆，小麦、粘谷、高粱，以上合称六谷，是人生存食粮。有马有牛有羊，有鸡有狗有猪，上面六种牲畜，人们家家饲养。

【原文】 **曰喜怒，曰哀惧，爱恶欲[1]，七情具[2]。匏土革[3]，木石金[4]，丝与竹[5]，乃八音[6]。**

【注释】 ①恶：厌恶，憎恨。欲：欲望，贪念。②七情：喜、怒、哀、惧、爱、恶、欲合称七情。具：具备。古人认为七情六欲是与生俱来人人具有的感情。③匏：匏瓠，属葫芦类，古人用来制作匏笙、匏琴等乐器。土：粘土，这里指陶制吹奏乐器埙，上有一到三五个不等的音孔。革：皮革，这里指鼓一类的革制乐器。④木：指柷一类的木制打击乐器。柷，形状如方形漆桶，古代雅乐开始时击之。石：指磬一类玉石制作的敲击乐器。金：指锣、钟、钲、钹等金属制作的乐器。⑤丝：指琴、瑟、琵琶等丝弦类乐器。竹：指笛子、排箫一类吹管乐器。⑥八音：匏、土、革、木、石、金、丝、竹合称“八音”，是中国古代乐器的统称。

【译文】 高兴叫作喜悦，生气叫作愤怒，悲痛叫作哀伤，害怕叫作恐惧，倾慕叫作心爱，讨厌叫作憎恶，贪念叫作私欲，七情人人具备。匏笙、陶埙、皮鼓、木柷、石磬、金钟、琴瑟、笛箫乐器，八类统称八音。

【原文】 **高曾祖[1]，父而身[2]，身而子，子而孙，自子孙，至玄曾[3]，乃九族[4]，人之伦[5]。**

【注释】 ①高：高祖，曾祖父的父亲。曾：曾祖，祖父的父亲。祖：祖父。②父而身:从父亲到自身。③玄:玄孙,自身以下第五代。曾:指曾孙,孙辈的孩子,自身以下第四代。④九族:九代,即高祖、曾祖、祖父、父、自身、子、孙、曾孙、玄孙共九世。⑤伦:辈分,排列次序。古人特别看重家族延续、血缘血统关系。

【译文】 高祖、曾祖、祖父,父亲生下我身,我再生我儿子,儿子又生我孙,由自己的子孙,再生曾孙、玄孙,传宗接代九辈,延续繁衍不停。

【原文】 父子恩[①],夫妇从[②],兄则友[③],弟则恭[④],长幼序[⑤],友与朋[⑥],君则敬[⑦],臣则忠,此十义[⑧],人所同。

【注释】 ①恩:恩情,有情义。②从:顺从,和顺。封建伦理关系中注重夫权,认为妻子顺从丈夫,家庭就能和顺。新式家庭则强调男女平等。③友:友爱。④恭:恭敬。⑤长幼序:指年长与年幼之间要有尊卑次序。⑥友与朋:古人将有共同志向者称作"友",有同样德行者称作"朋",后来则总称做朋友。⑦敬:敬重,尊重。⑧义:指应当遵守的道德伦理关系和行为准则。

【译文】

父子间重恩情,夫妇间应和顺,兄对弟要友爱,弟对兄要谦恭,长与幼讲尊卑,朋与友守信用,君对臣应尊重,臣对君须忠诚,上十义是准则,人与人同遵循。

【原文】 凡训蒙[①],须讲究[②],详训诂[③],名句读[④]。为学者[⑤],必有初[⑥],小学终[⑦],至四书[⑧]。

【注释】 ①训蒙:指对幼童的启蒙教育。训,训诫,教导。蒙,蒙昧无知。②讲:讲解。究:追根究底,彻底弄清楚。③详:细说,使完全明白。训诂:解释古书中词句的意义,也叫"训故""故训"。④句读:文章中应当停顿的地方,完整的句子为"句",句子中较短的停顿为"读",后代称作标点。⑤为学:进行学习,做学问。⑥初:指刚开始学习。⑦小学:古代八岁入小学,学习洒扫应对进退,礼乐射御书数等文化基础知识和礼节。南宋著名教育家、思想家朱熹编有以此为内容的童蒙读本《小学》一书,影响较大。⑧四书:朱熹把《论语》《孟子》《大学》《中庸》四本书合在一起,称为"四书",并为之作章句集注。从元代开始,《四书章句集注》成为各级学校必读书,也是士子参加科举求取功名的必读之书。

【译文】 幼童启蒙教育,必须讲析清楚,细说字源词义,让其明白句读。人们读书求学,夯实最初基础,小学内容学好,才能研读四书。

【原文】 《论语》者[①],二十篇,群弟子,记善言[②]。《孟子》者[③],七篇止,讲道德,说仁义。

【注释】 ①论语:孔子学生辑录孔子及其一些弟子言行、思想的一本书,共有二十篇。孔子是我国古代伟大的思想家和教育家,儒家思想的代表人物。②善言:有启迪、教益的言论。③孟子:书名,记录孟子及其弟子言论行为,讲述道德仁义等儒家思想。总共七篇,一般认为是孟子及其弟子万章等著,一说是其弟子、再传弟子辑录。

【译文】 儒家经典《论语》，全书二十篇目，都是孔门弟子，师生哲言辑录。孟子著书《孟子》，全书总共七篇，宣讲道德修养，阐说仁义思想。

【原文】 作《中庸》[①]，子思笔[②]，中不偏[③]，庸不易[④]。作《大学》[⑤]，乃曾子[⑥]，自修齐[⑦]，至平治[⑧]。

【注释】 ①中庸：儒家重要经典，原是《礼记》中的一篇，作者为孔子的孙子孔伋，战国初思想家。②子思：孔伋字子思。③中不偏："中"的意思是不偏不倚。④庸：平常。易：改变。"中庸"是说个人修养要做到平和适度，力求和谐，社会也能由此安定。⑤大学：原为儒家经典《礼记》中的一篇，南宋理学大家朱熹将其与《中庸》《论语》《孟子》一起编为《四书》。⑥曾子：名参，字子舆，孔子的著名弟子，春秋时代鲁国人。朱熹认为《大学》大体为曾子思想，但作者也可能是其后学写定。⑦修：修身。齐：整治。⑧平：指平定天下。治：指治理邦国。《大学》书中强调品德修养，指出先要修养自身品性，整治管理好自己的家庭家族，才能治理好邦国，并最终做到平定天下。

【译文】 四书之一《中庸》，出自子思手笔，"中"谓不偏不倚，"庸"是平和不变。四书另有《大学》，作者当是曾子，主张修身治家，方能安定天下。

【原文】 《孝经》通[①]，四书熟，如六经[②]，始可读。《诗》《书》《易》[③]，《礼》《春秋》[④]，号六经，当讲求。

【注释】 ①孝经：儒家经典之一，可能是孔门后学所著，论述封建孝道、宗法思想。②六经：指儒家的六部经典《诗经》《尚书》《礼经》《易经》《春秋》《乐经》。今《乐经》已失传，或认为《乐》非独自成书，而是包括在《诗》《周礼》之中。③诗：《诗经》，我国最早的诗歌总集，收集保存了古代诗歌305首。书：《尚书》，我国最早的历史典籍，是上古历史文件和追述古代事迹著作的汇编，相传是孔子编选成书。易：《周易》，也称《易经》，通过八卦形式，推测自然和社会的变化，相传是周人所作。④礼：《礼经》，指儒家经典《周礼》《仪礼》《礼记》，合称"三礼"。《周礼》，亦称《周官》，搜集周王室及战国时代官制、社会制度并添附儒家政治理想汇编而成，据传是周公所作，实应为战国时代作品。《仪礼》据说是孔子采集周代留传下来的礼而编集成书，全书十七篇，内容包括士冠、乡饮、聘礼、丧服、祭祀等基本礼仪，是历代制定封建礼制的重要依据。《礼记》原是解释《仪礼》的资料汇编，内容多采自先秦旧籍，为西汉戴圣所编，世称《小戴礼记》。另有西汉戴德辑本，称作《大戴礼记》。后代"六经"中的"礼"，一般多指《礼记》。春秋：相传是孔子根据鲁国史籍整理删订而成的一部编年体史书。

【译文】 《孝经》融会贯通，"四书"熟习通晓，再如典籍"六经"，开始研读其奥。《诗经》《尚书》《周易》，《礼记》再加《春秋》，号称儒家"六经"，应当讲习探求。

【原文】 有《连山》[①]，有《归藏》[②]，有《周易》，三易详[③]。有典谟[④]，有训诰[⑤]，有誓命[⑥]，《书》之奥[⑦]。

【注释】 ①连山：书名，相传为伏羲氏所作，又称《连山易》。②归藏：书名，相传为黄帝作,又称《归藏易》。③三易:《连山易》《归藏易》《周易》三部古代易书合称“三易”。详:详尽,知详。指掌握了“三易”也就弄懂了以“卦”的形式解释宇宙、人事万物循环变化的道理。④典:《尚书》文体之一,主要记载典章制度。谟:《尚书》文体之一,主要记载大臣谋士为君王建言献策的事迹和言辞。⑤训:《尚书》文体之一,主要记载贤臣劝诫训导君王的言辞。诰:《尚书》文体之一,主要记载君王的政令通告。⑥誓:《尚书》文体之一,主要记载君王出师征伐时誓师的文辞。命:《尚书》文体之一,主要记载君王对大臣的训令。⑦书:指《尚书》。奥:深奥难懂。因为《尚书》溯源久远,语言古今迥异,所以连唐代文学大家韩愈都感叹其“诘屈聱牙”,艰涩拗口。

【译文】 伏羲著有《连山》,黄帝又作《归藏》,两书加上《周易》,万物变化知详。《书》载典章、谋略,君臣言行、政令,征伐誓言、训令,文字深奥难懂。

【原文】 我周公[①],作《周礼》,著六官[②],存治体[③]。大小戴[④],注《礼记》[⑤],述圣言,礼乐备[⑥]。

【注释】 ①周公:周武王的弟弟姬旦,西周初年著名政治家,曾助武王灭商。武王死后,其子成王年幼,由周公摄政辅佐成王。②六官:《周礼》分天官冢宰、地官司徒、春官宗伯、夏官司马、秋官司寇、冬官司空六部分,讲述周代典章制度。据说为周公所著,实际上系成书于战国,故其中也含有战国的相关内容。③存:保存并使后人知晓。治体:国家政治体制。④大小戴:指西汉儒家学者戴德、戴圣叔侄。⑤注礼记:《礼记》是战国秦汉间儒家言论、特别是关于礼制方面的言论汇编,它有两种辑录本,由戴德辑录的称《大戴礼记》,由戴圣辑录的称《小戴礼记》。现在通行的本子是《小戴札记》,东汉郑玄为之作注,唐孔颖达为之作疏。⑥备:齐全,详尽。这句意思是《礼记》为后人了解前代礼乐制度提供了详备记载。

【译文】 有我圣贤周公,为国制作《周礼》,分列六类官制,留存周代政体。戴德戴圣叔侄,搜录编辑《礼记》,叙述圣人言论,礼乐制度齐备。

【原文】 曰《国风》[①],曰《雅》《颂》[②],号四诗[③],当讽咏[④]。

【注释】 ①国风:又称“风”,包括《周南》《召南》《邶》《鄘》……共十五个诸侯国与地区的160首诗歌,大多为周代各地的民间歌谣,是《诗经》三百篇中最富思想意义和艺术价值的篇章。②雅:分《大雅》《小雅》两部分。《大雅》是诸侯朝会时的乐歌,共三十一篇;《小雅》大部分是贵族聚会宴享时的乐歌,有七十四篇。颂:朝廷、诸侯、贵族们宗庙祭祀时的乐歌,分《周颂》《商颂》《鲁颂》三部分,共计四十篇。③四诗:指《风》《小雅》《大雅》《颂》。一说是指《风》《雅》《颂》《南》(《周南》和《召南》的合称),这里指《诗经》。④讽咏:吟诵。咏,有节奏地声调抑扬地唱诵。

【译文】 民间歌谣《国风》,朝会祭祀《雅》《颂》,《诗经》号称“四诗”,应当击节吟诵。

【原文】 《诗》既亡,《春秋》作,寓褒贬[①],别善恶。三传者[②],有《公羊》[③],有《左

氏》[4],有《穀梁》[5]。

【注释】 ①寓:寄托,隐含。褒贬:评论好坏。以上是说随着周朝衰落,《诗经》的微言大义也被世人遗忘冷落,于是孔子依据鲁史整理修订《春秋》。《春秋》文字简短,据说隐含着对当时政治的褒贬和各国当政者善恶行为的分辨讽喻,后世称之为“春秋笔法”。②传:解释经书的文字。“三传”是指解说注释《春秋》的《公羊传》《左传》《穀梁传》。③公羊:《公羊传》,也称《春秋公羊传》,儒家经典之一,旧题战国时公羊高撰。④左氏:《左传》,也称《左氏春秋》,儒家经典之一,旧传春秋时左丘明撰。⑤穀梁:《穀梁传》,也称《春秋穀梁传》,儒家经典之一,旧题穀梁赤撰。

【译文】 《诗经》大义沦丧,《春秋》继之而作,文字寓含褒贬,目的辨别善恶。“三传”阐释《春秋》,一是《春秋公羊》,二是《左氏春秋》,三乃《春秋穀梁》。

【原文】 **经既明[1],方读子[2],撮其要[3],记其事。五子者,有荀扬[4],文中子[5],及老庄[6]。**

【注释】 ①经:指儒家经典。②子:诸子百家著作。③撮:撮取,选择归纳。要:要点,要旨。④荀:荀子,名况,战国著名思想家,著作有《荀子》。扬:扬雄,西汉著名文学家,除擅长作赋外,经学、小学造诣亦深,著有《法言》《太玄》《方言》等。⑤文中子:隋代王通的私谥。其子福郊、福畤模拟《论语》辑录王通语录的书称《中说》,亦称《文中子》。⑥老:老子。老子及其著作《老子》的年代争议较大,通行说法是老子姓李名耳,字聃,春秋后期或战国时代人。《老子》一书分道经、德经两部分,所以又称《道德经》。庄:庄子。战国时代人,与老子同为道家学派的代表人物,世称老庄,著有《庄子》。

【译文】 经书读懂之后,方可再读诸子,选择归纳要旨,熟记事缘因果。诸子名家五子,包括荀子、扬子,文中子即王通,以及老子、庄子。

【原文】 **经子通,读诸史,考世系[1],知终始[2]。自羲农[3],至黄帝[4],号三皇[5],居上世[6]。**

【注释】 ①考:考究,考据。世系:帝王家族世代相承的脉系关系。②终始:指王朝盛衰兴亡及原因。③羲:伏羲氏,神话中的人类始祖,传说他与妹妹女娲氏相婚产生了人类。又传他教民结网从事渔猎畜牧,并制作了八卦。农:神农氏,传说中农业、医药的发明者,有神农尝百草之说。一说神农即炎帝。④黄帝:传说中的中原各族的共同祖先,姬姓,号轩辕氏。相传他曾打败炎帝,击杀蚩尤。舟车、文字、音律、算术等据说都是由他发明创造的。⑤三皇:传说中的三位远古帝王,这里指伏羲、神农、黄帝。⑥上世:远古时代。

【译文】 经书、子书贯通,接着再读史著,考究朝代世系,了解兴衰始末。远自伏羲、神农,再至轩辕黄帝,后人尊称“三皇”,所处时代远古。

【原文】 **唐有虞[1],号二帝,相揖逊[2],称盛世。夏有禹[3],商有汤[4],周文武[5],称**

三王。

【注释】 ①唐：唐尧，传说中父系氏族社会部落联盟领袖。相传他曾设官掌管时令，制定历法。有虞：虞舜。②揖逊：禅让王位。传说唐尧对虞舜进行了三年考核后，推选舜继任为部落联盟领袖。舜继位后，又选拔治水有功的禹为继任人。③禹：传说中夏后氏的部落领袖，奉舜命治理洪水十三年，疏通江河，兴修水利，舜死后继任为部落联盟领袖。④汤：又称成汤、大乙等，商王朝的建立者。⑤周文武：周文王和周武王。文王为商末周族领袖，姬姓，名昌，曾遭商纣王囚禁。统治期间，国势逐渐强盛。其子武王，姬姓，名发，西周王朝的建立者。

【译文】 传说唐尧、虞舜，自古号称二帝，选贤禅让王位，史称太平盛世。夏有治水大禹，商有开国成汤，周有文王、武王，举世称颂三王。

【原文】 **夏传子[①]，家天下[②]，四百载[③]，迁夏社[④]。汤伐夏[⑤]，国号商，六百载，至纣亡[⑥]。**

【注释】 ①夏传子：夏禹开始将王位传给儿子，不再选贤禅让。②家天下：天下从此成为一个家族所有。③四百载：从夏禹开始到夏朝灭亡共四百三十余年。④迁：迁移，改变。这里指王朝覆灭。社：社稷，指国家政权。⑤伐：讨伐。商汤任用贤臣伊尹执政，不断积聚壮大力量，最后一举灭夏，夏朝末代暴君桀出逃而死。⑥纣：纣王，商朝末代国君，荒淫暴虐。从商汤立国到周武王灭商，纣王自焚而死，共计六百四十余年。

【译文】 夏禹传位于子，天下归其家有，历时四百余载，夏朝最终覆亡。商汤赶走夏桀，建立国号为商，商朝六百余载，至纣自杀国亡。

【原文】 **周武王，始诛纣[①]，八百载[②]，最长久。周辙东[③]，王纲坠[④]，逞干戈[⑤]，尚游说[⑥]。**

【注释】 ①诛：诛杀。武王继承文王遗志，会合西南各族起兵伐纣，取得牧野大捷。纣王兵败自焚。②八百载：自公元前十一世纪周武王立国，至公元前256年周赧王时被秦昭王所灭，周朝共历三十四王，八百余年。③周辙东：指周平王将国都镐（今陕西西安沣河以西）东迁至洛邑（今河南洛阳）。辙，这里指代车，意思是搬迁。公元前771年周幽王被杀，次年平王东迁，历史上称平王东迁前为西周，以后为东周。东周又可分春秋、战国两个时期。④王纲：王朝的统治。坠：衰落。这句是说东周王室已无力控制各国诸侯。⑤逞干戈：炫耀武力。指诸侯纷纷称王称霸。⑥尚游说：谋士、政客凭借口才劝说各国诸侯采纳他们的计策主张。尚，崇尚。

【译文】 武王起兵伐商，纣王兵败自戕，周朝国运最长，历时八百余载。自从平王东迁，周室开始衰败，诸侯炫耀武力，谋士鼓吹游说。

【原文】 **始春秋[①]，终战国[②]，五霸强[③]，七雄出[④]。嬴秦氏[⑤]，始兼并[⑥]，传二世[⑦]，楚汉争[⑧]。**

【注释】 ①春秋:指公元前770年至公元前476年这段时期,因鲁国编年史《春秋》而得名。②战国:指公元前475年至公元前221年这段时期,因当时各诸侯国间连年战争而得名。③五霸:指齐桓公、晋文公、秦穆公、宋襄公、楚庄王这五个春秋时代霸主。④七雄:战国时代七个强国齐、楚、燕、韩、赵、魏、秦。⑤嬴秦氏:秦国国君嬴姓,所以秦也称嬴秦,这里是指秦始皇嬴政。⑥兼并:并吞。秦王嬴政十年间先后消灭了其余战国六强,于公元前221年建立了秦王朝,并自称始皇帝。⑦二世:秦始皇儿子,名胡亥,继承始皇为二世皇帝。⑧楚:楚霸王项羽。汉:汉王刘邦。争:争权。秦传至二世,天下又乱,最后形成楚汉相争的局面。

【译文】 东周前期春秋,后期称作战国,春秋五霸逞强,战国七雄鼎立。嬴政即位秦王,开始并吞六强,可叹仅传二世,项羽、刘邦争王。

【原文】 高祖兴[①],汉业建,至孝平[②],王莽篡[③]。光武兴[④],为东汉,四百年,终于献[⑤]。

【注释】 ①高祖:汉高祖刘邦。兴:兴起。刘邦打败项羽,于公元前202年称帝,建立西汉王朝。②孝平:汉平帝,在位仅五年便被王莽毒杀,西汉灭亡。③王莽:汉元帝皇后侄,以外戚掌权。后毒死平帝,于公元8年篡夺政权代汉称帝,改国号为"新"。④光武:指东汉光武帝刘秀。公元23年王莽新朝被绿林农民起义军所灭。公元25年刘秀称帝重建汉朝,史称"光武中兴"。⑤献:汉献帝,东汉末代皇帝。公元220年东汉灭亡。

【译文】 高祖击败项羽,汉朝基业始建,皇位传至平帝,却被王莽夺篡。光武起兵中兴,建朝史称东汉,两汉四百余年,最终亡于汉献。

【原文】 魏蜀吴[①],争汉鼎[②],号三国,迄两晋[③]。宋齐继[④],梁陈承[⑤],为南朝[⑥],都金陵[⑦]。

【注释】 ①魏:公元220年曹丕取代汉献帝于洛阳称帝,国号魏,史称曹魏。蜀:公元221年刘备在成都称帝,国号汉,史称蜀汉。吴:公元222年孙权在建业(今江苏南京)称吴王,229年称帝,史称孙吴、东吴。魏、蜀、吴三国鼎立,历史号称三国时期。②鼎:传国宝器,象征国家政权、江山社稷。③迄:到。两晋:西晋和东晋的合称。公元265年司马炎代魏称帝,都洛阳,是谓西晋。西晋灭亡后,公元317年司马睿在建康(今江苏南京)重建政权,史称东晋。④宋:公元420年刘裕代晋称帝,建都建康,国号宋,史称刘宋,以区别后来的赵宋。齐:公元479年萧道成代宋称帝,国号齐,史称南齐。⑤梁:公元520年萧衍代齐称帝,国号梁,史称萧梁。陈:公元557年陈霸先代梁称帝,国号陈。⑥南朝:自刘裕建宋到陈为隋灭,历经宋、齐、梁、陈四代,史称南朝。⑦都金陵:南朝四代皆建都在今天的南京,南京古称建业、建康、金陵等名。

【译文】 曹魏、蜀汉、东吴,争夺汉室皇权,三国鼎立混战,两晋一统江山。刘宋、南齐继国,萧梁与陈接承,历史称为南朝,四代建都金陵。

【原文】 北元魏[1]，分东西[2]，宇文周[3]，与高齐[4]。迨至隋[5]，一土宇[6]，不再传[7]，失统绪[8]。

【注释】 ①北：北朝。元魏：北魏。公元386年北方鲜卑族拓跋珪称王，国号魏，建都平城（今山西大同）。后孝文帝迁都洛阳，改姓“元”，所以历史上也称北魏为元魏。②分东西：公元534年北魏分裂为东魏和西魏。③宇文周：北周。公元557年宇文觉代西魏称帝，建都长安（今陕西西安），国号周，史称北周。因皇室姓宇文，故也称宇文周。④高齐：北齐。公元550年高洋代东魏称帝，建都邺（今河北临漳西南），国号齐，史称北齐、高齐。北朝的北魏、东魏、西魏、北齐、北周政权与南朝一直对峙，历史上称为南北朝时期。⑤迨：及，等到。隋：公元581年杨坚代北周称帝，国号隋，史称隋文帝。⑥一：统一。土宇：天下。⑦不再传：隋朝于二代皇帝炀帝时亡国，社稷不再传续。⑧统绪：一脉相传的系统。指帝位世代传承。

【译文】 北朝先有北魏，后分东魏、西魏，宇文代魏建周，高洋另立北齐。直到杨坚称帝，天下一统归隋，隋朝仅传一代，从此失去帝位。

【原文】 唐高祖[1]，起义师，除隋乱，创国基[2]。二十传[3]，三百载[4]，梁灭之[5]，国乃改。

【注释】 ①唐高祖：李渊，原为隋朝太原留守，封唐国公，起兵反隋，攻克长安。公元618年隋亡，他在关中称帝，国号唐。②国基：国家基业。③二十传：唐朝共传二十帝。④三百载：自公元618年至907年，唐朝统治近三百年。⑤梁：公元907年朱温篡唐称帝，建都汴（今河南开封），国号梁，史称后梁。

【译文】 唐朝高祖李渊，兴起仁义之师，清除隋末之乱，开创大唐基业。传承二十皇帝，享国近三百年，后梁朱温灭唐，江山于是改变。

【原文】 梁唐晋[1]，及汉周[2]，称五代[3]，皆有由[4]。炎宋兴[5]，受周禅[6]。十八传[7]，南北混[8]。

【注释】 ①梁：后梁。唐：后唐。公元923年沙陀部人李存勖灭后梁称帝，建都洛阳，国号唐，史称后唐。晋：后晋。公元936年沙陀部人石敬瑭勾结契丹灭后唐称帝，建都汴，国号晋，史称后晋。②汉：后汉。公元946年契丹灭后晋。次年沙陀部人刘知远趁机称帝，建都汴，国号汉，史称后汉。周：后周。公元951年，郭威代后汉称帝，改国号为周，史称后周。③五代：后梁、后唐、后晋、后汉、后周五个中国北方的短暂朝代的合称。④由：缘由。⑤炎宋：公元960年赵匡胤建立宋朝。定都汴京（今河南开封），为区别于南朝刘宋，史称赵宋。赵宋尊崇五行中的火德，故亦称炎宋。⑥受周禅：赵匡胤原官后周殿前都点检，掌握兵权。960年他发动陈桥兵变，黄袍加身，废黜后周恭帝，篡位登基。禅，是说周恭帝禅让出帝位。《三字经》出自宋人之手，“禅位”不过是宋人避讳之言。⑦十八传：宋代共历十八帝。⑧南北混：公元1126年金兵攻入汴京，北宋亡。宋室南渡，建都临安（今浙江杭州），史称南宋。两宋先后与北方辽、金、西夏、蒙古互相攻伐混战，局势纷乱。

【译文】 后梁、后唐、后晋，以及后汉、后周，史书称作五代，更替都有缘由。炎炎隆宋兴国，源自后周禅让，共历一十八帝，后陷南北纷乱。

【原文】 辽与金[①]，帝号纷[②]，迨灭辽，宋犹存[③]。至元兴[④]，金绪歇[⑤]，有宋世，一同灭[⑥]。并中国[⑦]，兼戎狄[⑧]，九十年[⑨]，国祚废[⑩]。

【注释】 ①辽：公元907年耶律阿保机建契丹国。938年契丹改国号为辽。是中国北方与北宋长期对峙的王朝。金：公元1115年女真族完颜阿骨打创建的朝代，建都会宁（今黑龙江阿城南）。1125年灭辽，次年灭北宋。②帝号纷：指辽、金纷纷建国称帝。③宋犹存：辽被金灭时，北宋仍存在。后宋室南渡，南宋又存在一百五十三年。④元：公元1206年成吉思汗建蒙古国，陆续攻灭西辽、西夏、金、大理等国。1271年忽必烈定蒙古国号为元。⑤金绪歇：元朝兴盛，金的事业功绩渐渐削弱停息。绪，功业。歇，停止。⑥一同灭：金与南宋同样是被元所灭。⑦并中国：公元1279年元世祖忽必烈灭掉南宋统一中国，建都大都（今北京市）。并，吞并。⑧兼：兼并。戎狄：古代对西、北少数民族的称谓。⑨九十年：自元世祖公元1271年定蒙古国号为元，到公元1368年朱元璋推翻元朝统治，共计九十八年。⑩国祚：帝位。废：废弃。此指亡国。

【译文】 北方辽人金人，纷纷建国称帝，到了金朝灭辽，南边还存宋朝。直至元朝兴盛，金朝功业才消，南宋继金之后，同被元朝灭掉。元朝统一中国，同时兼并戎狄，历时九十余载，最终帝位废弃。

【原文】 明太祖[①]，久亲师[②]，传建文[③]，方四祀[④]。迁北京，永乐嗣[⑤]，迨崇祯[⑥]，煤山逝。

【注释】 ①明太祖：朱元璋，少时家贫曾出家为僧。后参加元末义军，屡有战功，成为统帅。1368年推翻元朝统治，建立明朝，建都南京。②亲师：亲自率兵征伐。③建文：明惠帝，年号建文，朱元璋之孙。④四祀：四年。建文帝在位仅四年。⑤永乐：明成祖朱棣，年号永乐。嗣：指继承帝位。朱棣是朱元璋第四子，建文帝叔，封燕王，镇守北平（今北京市）。他不满太祖传位皇太孙，以平定变乱为借口，起兵攻陷南京，建文帝生死下落不明。朱棣夺取帝位，迁都北京。⑥崇祯：明思宗，年号崇祯。公元1644年李自成率起义军攻克北京，崇祯杀死幼女、嫔妃后在煤山（今北京景山）自缢，明朝灭亡。

【译文】 明太祖朱元璋，亲统兵灭元朝，传皇位给建文，才四年被叔夺。将国都迁北京，号永乐继帝位，到崇祯家国碎，逝煤山明亡废。

【原文】 清太祖[①]，膺景命[②]，靖四方[③]，克大定[④]。至世祖[⑤]，乃大同[⑥]，十二世[⑦]，清祚终[⑧]。

【注释】 ①清太祖：姓爱新觉罗，名努尔哈赤，公元1616年统一女真（满族前身),建立后金。他雄才大略,建八旗,创满文,在满清的初期发展中起了重要作用。其子皇太极1636年改国号为清。②膺:承受。景命:上天授予王位之命,天命。③靖:平定。④克:能够。大定:大一统。此指统一女真各部。⑤世祖:爱新觉罗·福临,年号顺治。他六岁即位,由叔父多尔衮摄政。⑥大同:儒家所谓的理想社会。顺治元年(1644)清兵入关,击败李自成政权,建都北京。继而统一中国,建立所谓太平盛世。⑦十二世:自清太祖起清代共历十二帝。⑧祚:帝王之位,也指国运。终:止。宣统三年(1911)辛亥革命推翻清王朝,结束了两千多年来的封建君主制度。

【译文】 清祖努尔哈赤,秉承上天授命,平定女真全境,完成开国重任。到了世祖福临,取得天下大同,清帝传至十二,宣统退位告终。

【原文】 **读史者,考实录[1],通古今,若亲目[2]。口而诵,心而惟[3],朝于斯[4],夕于斯[5]。**

【注释】 ①实录:翔实可靠的记载。又"实录"为中国古代编年体史书之一种,中国自南朝梁开始,历朝历代都修有每个皇帝统治时的编年大事记《实录》,虽于实事多有忌讳,但资料丰富,常为修史者所依据。②亲目:亲眼所见。③惟:思考。④朝:早上。斯:这里。⑤夕:晚上。

【译文】 想要读通历史,必须查考史料,了解古往今来,就像亲眼看见。一面口中诵读,一面用心思考,早晚专注于此,才能真正学好。

【原文】 **昔仲尼[1],师项橐[2],古圣贤,尚勤学。赵中令[3],读《鲁论》[4],彼既仕[5],学且勤。**

【注释】 ①仲尼:孔子名丘,字仲尼,春秋时鲁(今山东曲阜)人,思想家、政治家、教育家,儒家的创始者,被尊为"至圣先师"。②项橐:鲁国神童。据说他七岁时就教过孔子乐曲,十一岁时死去。③赵中令:赵普,北宋初年两朝宰相。中令,即中书令,宋代行政中枢中书省长官。赵普任中书令时仍手不释卷阅读《论语》,曾有"半部论语治天下"的名言。④鲁论:西汉初年鲁国人所传的《论语》。当时还有古文字写的《古论》和齐国人所学的《齐论》。⑤仕:做官。

【译文】 从前圣人孔子,求教七岁项橐,古人即便圣贤,尚且不忘勤学。北宋宰相赵普,《论语》常年在手,他虽已做高官,勤奋好学依旧。

【原文】 **披蒲编[1],削竹简[2],彼无书,且知勉。头悬梁[3],锥刺股[4],彼不教[5],自勤苦。**

【注释】 ①披蒲编:西汉人路温舒家贫,在水泽边放羊时砍蒲草编成本册,当作书写文字的纸张。披,劈分。②削竹简:西汉人公孙弘幼贫,在竹林中放猪时将青竹削成竹片,向人借书抄在上面苦读。③头悬梁:汉朝人孙敬读书非常刻苦,晚上阅读时,他把头发拴在屋梁上以免打瞌睡。④锥刺股:战国人苏秦读书每到疲倦时,就用锥子刺大腿来警醒自己。股,大腿。⑤不教:不用督促。

【译文】 温舒编草写字,公孙竹片抄书,他俩无钱买书,尚且如此苦读。孙敬头发系梁,苏秦锥子刺腿,他们无须督促,学习勤奋刻苦。

【原文】 如囊萤[1],如映雪[2],家虽贫,学不辍[3]。如负薪[4],如挂角[5],身虽劳,犹苦卓[6]。

【注释】 ①囊萤:晋朝人车胤家贫买不起灯油,他捉来许多萤火虫装在纱袋里照亮儿夜读。②映雪:晋朝人孙康贫苦,冬夜借助积雪的反光读书。③辍:停止。④负薪:汉朝人朱买臣靠砍柴为生,挑柴时将书放在柴草担上边走边读。⑤挂角:隋朝人李密给人家放牛,他把书册挂在牛角上,一边放牛一边读书。⑥苦卓:刻苦自强。卓,卓越,不同一般。

【译文】 车胤借助萤火,孙康借助雪光,家贫条件不好,读书念念不忘。买臣书挂柴担,李密书挂牛角,每日干活虽苦,书却一刻不放。

【原文】 苏老泉[1],二十七,始发愤,读书籍。彼既老,犹悔迟,尔小生[2],宜早思。

【注释】 ①苏老泉:苏洵,别号老泉,宋代著名文学家。二十七岁才发奋读书,与长子苏轼、次子苏辙合称“三苏”,同列唐宋散文八大家内。②尔:你,你们。小生:青少年。

【译文】 苏洵别号老泉,直到二十七岁,才知发愤苦读。老来虽有成就,还是后悔当初,没有更早学习。你们年纪轻轻,应当早做考虑,珍惜大好时光,发奋读书自立。

【原文】 若梁灏[1],八十二,对大廷[2],魁多士[3]。彼既成,众称异,尔小生,宜立志。

【注释】 ①梁灏:五代末年人,历经后晋、后汉、后周,直到北宋太宗雍熙年间他八十二岁时才考中状元。一说梁灏实为宋人,二十三岁时登第。②对大廷:在朝廷上回答皇帝的策问。③魁多士:在众多名士中一举夺魁。魁,为首,第一。

【译文】 再如五代梁灏,八十二岁登第,金殿对答如流,众名士中夺魁。如此高龄成才,天下无不惊异,你们年轻小子,更要励志努力。

【原文】 莹八岁[1],能咏诗,泌七岁[2],能赋棋。彼颖悟[3],人称奇,尔幼学,当效之[4]。

【注释】 ①莹:北魏人祖莹,八岁时就能作诗成诵。②泌:唐朝人李泌,七岁时便能做出棋赋,有“方若棋局,圆若运知”等句。③颖悟:聪明有悟性。悟,理解力强。④效:效仿,作为榜样学习。

【译文】 祖莹八岁能诗,李泌七岁作赋。他们聪明好学,人人赞叹称奇,你们年幼求学,当向他们看齐。

【原文】 蔡文姬[1],能辨琴,谢道韫[2],能咏吟。彼女子,且聪敏,尔男子,当自警[3]。

【注释】 ①蔡文姬:东汉著名文学家蔡邕女儿蔡琰,字文姬。精通诗赋、音律,能辨别琴声,所作《胡笳十八拍》一时号为绝唱。②谢道韫:晋代著名女诗人,才思敏捷,能出口成诗。③自警:指警醒自己不要落在女子之后。

【译文】 文姬能辨琴韵,道韫出口诗成,她们虽是女子,尚且如此聪颖,你们堂堂男子,更当激励警醒。

【原文】 唐刘晏[①],方七岁,举神童[②],作正字[③]。彼虽幼,身已仕,尔幼学,勉而致[④]。有为者,亦若是[⑤]。

【注释】 ①刘晏:唐玄宗时人,七岁便能写诗作文,是当时著名神童。②举:推举选拔。③正字:官名,负责校勘书籍。刘晏七岁时唐玄宗泰山封禅(在泰山祭祀天地),刘晏所献颂文深得玄宗称赞,授官太子正字。④致:达到。⑤是:这样。此句为总结语,意思是一切有作为的人,都能与上述名贤一样取得成就,扬名后世。

【译文】 唐代有个刘晏,七岁献赋泰山,玄宗举作神童,作了校勘之官。他虽小小年纪,已然担当重任,你们年龄相同,努力也能成功。凡有作为之人,都能千古传诵。

【原文】 犬守夜,鸡司晨[①],苟不学[②],曷为人[③]?蚕吐丝,蜂酿蜜。人不学,不如物。

【注释】 ①司:管理,负责。②苟:如果。③曷:何,怎么。

【译文】 狗会看家守夜,鸡能报晓啼鸣,如不用心学习,有何资格称人?春蚕辛苦吐丝,蜜蜂勤劳酿蜜,人不勤奋学习,不如这些动物。

【原文】 幼而学,壮而行[①],上致君[②],下泽民[③]。扬名声,显父母,光于前,裕于后[④]。

【注释】 ①壮:成年。行:行事。指实践。②致君:指辅佐君王,报效国家。③泽民:指为官一方,惠及百姓。泽,恩泽。④裕于后:指惠泽后代。裕,使富足。

【译文】 幼时勤奋学习,长大学以致用,上能报效君主,下可造福百姓。既能声名远扬,又能显耀双亲,祖宗增添光彩,恩泽惠及子孙。

【原文】 人遗子[①],金满籯[②],我教子,惟一经[③]。勤有功,戏无益,戒之哉,宜勉力。

【注释】 ①遗:留下。②籯:竹箱,竹筐。③经:泛指经典、经书。这里是作者对自己《三字经》的自称。

【译文】 别人留给后代,或许满箱金银,而我教育儿孙,仅有三字此经。勤学定有收获,贪玩浪费光阴,必须以此为戒,勉励自己成人。

百家姓

【导语】

中华姓氏历史悠久，源远流长。在古代，姓与氏不仅有着严格的区分，即使在姓氏合一之后，人们仍能从姓氏中获取家族的历史背景与相关信息。在当今，姓氏作为家族与个体的符号，在社会交往与日常生活中，仍是人们必须经常面对，而又无法回避的，因此本书可以提供虽然简略而又基本的姓氏方面的知识。

古往今来，中华姓氏到底有多少，仍是专家们经常要进行探究的中华姓氏学中最重要的问题。唐代的《元和姓纂》收录姓氏一千五百二十个，宋代的《氏族略》收录姓氏二千三百六十八个，明代的《姓汇》收录姓氏二千五百余个，《姓觽》收录姓氏三千六百二十五个，清代的《姓氏寻源》收录姓氏达四千零五十三个。当代著名姓氏专家袁义达等著录的《中华姓氏大辞典》，共收录古今各族的汉字姓氏一万一千九百六十九个，其中单字姓氏五千三百二十七个、双字姓氏四千三百二十九个、三字姓氏一千六百一十五个、四字姓氏五百六十九个、五字姓氏九十六个、六字姓氏二十二个、七字姓氏七个、八字姓氏三个、九字姓氏一个。尽管该书为迄今著录中华姓氏最多的书，但就中华姓氏的总量而言，似乎还应更多。

《百家姓》书影

既然姓氏是每个人必须每天面对的，将这些常用姓氏作为启蒙教材，便是古人早已关心的事情了。西汉的黄门令史游著有《急就篇》，用三言诗的形式，将常用姓氏编列了一百三十四句，便于人们尤其是幼童记诵。以后人们进行了更多的尝试，但尤以北宋钱氏所著《百家姓》最有影响。早期的《百家姓》收录常用姓氏四百一十个，而现在见到的最为普及的版本收录姓氏四百三十八个。在民间广为流传的则是图文并茂的《增广百家姓》，收录姓氏五百零四个。尽管明代有《千家姓》、清代有《御制百家姓》等不同的姓氏蒙学著作，但是"赵、钱、孙、李，周、吴、郑、王……"，人们便是在这种朗朗上口的读书声中，认识了姓氏，开始了人生。

我们还无法搞清《百家姓》中姓氏排序的内在依据，尽管当代学者依每一姓氏的人口数量进行了新的百家大姓排序，但从历史传承的角度，我们仍然选择了《百家姓》与它的"赵、钱、孙、李……"，但愿这部分内容能给您一点姓氏方面的启蒙知识，并从这里开始认识自身的以及家族的历史。

【原文】 **赵钱孙李,周吴郑王。冯陈褚卫,蒋沈韩杨。**

【注释】 赵:嬴姓祖先伯益的后代名叫造父,造父为周穆王驾车,在穆王出巡及征伐中屡屡建功,穆王于是把赵城封赏给了他,造父的后代便以赵为姓。

钱:相传五帝之一颛顼的后代彭祖之孙彭孚,在西周时任钱府上士,掌管财政,其子孙便以官职钱为姓。一说彭祖姓篯名铿,乃古之长寿者,其后裔去掉竹字头而改姓为钱。

孙:春秋时卫武公的儿子名惠孙,其后代子孙便以孙字为姓。一说孙姓源于楚国贤臣孙叔敖之后。一说春秋时陈厉公之子陈完逃奔齐国后改姓田,田完六代孙田书讨伐莒国有功,被齐景公封于乐安(今山东惠民),并赐姓孙。

李:颛顼帝高阳氏后裔皋陶在尧、舜时任理官,执掌刑狱之事,故以理为姓。其后代遭殷纣王迫害,当时理氏家族族长理征之子理利贞出逃避祸,采食李子充饥,后改理姓为李姓,以躲避纣王耳目,同时也是为了表达对李树救难的感激。又唐代开国皇帝名李渊,李氏于是成为国姓,许多有功的家族都被赐姓李,李姓由此大增,血缘亦不再单纯。

周:周平王小儿子姬烈被封在汝州(今属河南省),当地人称其家族为周家,从此便以周为姓。周王室后裔仍保持姬姓未改者,至唐代玄宗时因避李隆基的“基”音之讳,也被诏改为周。同是在唐代改姓,与李姓相比,周的血缘关系要简单得多。

吴:古代周族领袖古公亶父的长子太伯与弟弟仲雍远奔江南,始建勾吴国,都城梅里(今江苏无锡)。周朝建立后,武王封太伯三代孙周章为诸侯,建国号为吴。吴国被越王勾践灭掉后,其后代为记其耻,遂以国名为姓。

郑:周宣王封其弟姬友于南郑(今陕西华县东),史称郑桓公。桓公子郑武公先后攻灭郐和东虢,建立了郑国,定都新郑(今属河南省),郑国一度成为春秋强国。郑于战国时被韩所灭,郑国子孙遂以国名为姓,改姬为郑。

王:商代贤臣箕子和比干本是纣王的叔父,因直言苦谏,遭到纣王残酷迫害。周武王灭商后,箕子、比干的后裔因其先人是商朝王族,于是改姓为王。此外周与战国诸侯国的王族后裔,在秦灭六国之后,四处避难散居,不少家族也纷纷隐姓埋名,改称姓王。

冯:周武王灭商后,其弟毕公姬高受封于冯城,子孙于是以冯为姓。另外春秋时郑国大夫冯简子的封邑也是冯,后代也以冯为姓。

陈:西周初,武王将舜的后代胡公满封于陈(今河南淮阳),胡公满建陈国,子孙后便以陈为姓。

褚:春秋时宋共公的儿子公子段被风干褚,任职褚师,是掌管市场的官员,后代便以褚师为复姓,后又省略为单姓褚。一说公子段食邑封在褚地,因其德可以为人师法,故号褚师,后代于是以之为姓,简略作褚。

卫:周文王第九子分封于康邑,称作康叔。周公旦平定商纣王儿子武庚之乱后,将商遗民七族划归康叔统治,康叔于是建立卫国(在今河南淇县一带)。秦灭卫后,卫国王公贵族后代遂以国名卫为姓。

蒋:周初周公旦第三子姬伯龄被封在蒋邑(今河南固始。一说今河南光山),后被楚国所灭,后代便改姬姓为蒋。

沈:周文王第十子季载因平叛有功被封在沈邑(今河南平舆北),后建沈国。沈国最终被蔡国所灭,子孙遂以沈为姓。

韩:周成王之弟叔虞的后代毕万受封于韩原(今陕西韩城),建立韩国,韩被晋灭后,子孙后代便以韩为姓。又春秋时晋国大夫韩武子后代韩景侯于"三家分晋"之后建立韩国,迫使周威烈王承认为诸侯,建都阳翟(今河南禹县)。韩哀侯灭郑,迁都新郑(今属河南省)。韩被秦灭之后,子孙以韩为姓。

杨:周成王三弟叔虞的次子名姬抒,在周康王时被封为杨侯,建国于今山西洪洞东南。杨侯第六代孙杨康随周宣王北征时阵亡,其子尚父继国。东周桓王时杨国被晋武公灭,子孙陆续南迁,并以国名杨为姓。

【原文】 朱秦尤许,何吕施张。孔曹严华,金魏陶姜。

【注释】 朱:颛顼玄孙陆终的第五子名安,大禹时赐姓曹。武王灭商后封曹安后裔曹挟于邾(今山东邹县一带),建邾国。至战国时邾被楚灭,王公贵族以国名去偏旁改姓朱。其偏旁右"阝",古代同"邑",意思是邾国已失其地,国已不国。

秦:古代嬴姓祖先伯益后代嬴非子替周孝王牧马有功,受封于秦,后代遂以为姓。此外周公之子伯禽裔孙封邑在秦,子孙以封邑为姓。所以秦氏祖先或源出嬴姓,或源出姬姓。

尤:五代时,王审之在福建闽王,闽国沈姓人为避闽王名字中"审"字的音讳("沈"与"审"音同)。去掉水字旁,改余下的右半边为"尤"字作姓。

许:周武王灭商后,将不肯食周粟而逃亡的贤士伯夷后人文叔封于许国,世称许文叔。封国旧址在今河南许昌,后虽多次迁徙,但均在今河南省界内。战国初许为楚灭,子孙始以许为姓。一说许姓的祖先是尧时的隐士许由。传说尧想将君位让给他,后又想请他做九州长官,他均辞而不受,隐居在箕山、颍水畔。

何:战国时韩国被秦所灭后,子孙流离分散。其中逃至江淮一带的便以韩为姓,当地发音"韩"与"何"相近,于是被变称为何。

吕:传说上古炎帝因出生并居住于姜水流域。所以姓姜,姜姓羌人有四支胞族即"四岳",其中一支在夏时被封为吕侯,建吕国(今河南南阳)。春秋时吕国被楚所灭,子孙后代以国为姓,称吕氏。

施:施氏原系殷商七族之一,其余还有陶氏、樊氏等。周公旦平定武庚之乱,殷商七族都被划归文王之子康叔管辖,施氏家族主要负责制造旗帜。

张:相传黄帝的孙子姬挥夜观天象,见弧矢九星如弓状排列正对天狼星,于是受到启发而发明制造出了弓箭,被黄帝封官做弓正。这当然是神话传说,不过制作弓箭的弓匠都以姬挥为祖师爷。弓正也称作弓长,后代将弓长二字合一为姓,遂有了张姓。汉代道教盛行,领袖张角、张宝等都称道教源于黄帝,而张姓亦为黄帝所赐,于是张姓人数渐多。

孔:商族始祖为契,子姓。后十四代孙成汤灭夏建立商朝,被商民尊奉为开国英主。商汤字天乙,所以他的一支后裔便用汤的本姓"子",再加上他字里的"乙",合成一个孔字为姓。又纣王庶兄微子启被周封于商丘,国号宋,史称宋微子。宋微子后代中有名叫孔父嘉者,他的子孙因祸逃到鲁国,改姓孔,这个家族中后来诞生了孔子。

曹:周武王灭商后封弟弟叔振铎于曹(今山东曹县),世称曹叔振铎。曹被宋灭,其国人遂以曹为姓。

严:严姓本源为庄氏,是春秋楚王侣的后裔。楚王侣死后谥号楚庄王,其支庶子孙便有以庄为姓者。东汉明帝名刘庄,庄氏为避明帝讳,便以同义词"严"代替庄做了姓氏。华:春秋时宋戴公之子考父封邑于华(今陕西华阴),后代遂以封邑地名为姓。

金:黄帝儿子少昊为金天氏,所以他的一支子孙便以其中的金字为姓。一说汉武帝时,匈奴王太子日磾曾事武帝,武帝将其装扮成金色人身参与祭天大典,并赐姓金,所以金氏为少数民族后裔。

魏:周文王后裔毕万在晋国为大夫,毕万后代魏斯与韩、赵三家分晋后各自建国,魏斯建立魏国,都安邑(今山西夏县),史称魏文侯。魏文侯任用李悝变法改革,成为战国七雄之一。魏被秦灭后,后代便以魏为姓氏。又战国时秦国穰侯魏冉本是楚王后裔,芈姓,后改芈姓为魏,子孙亦沿袭魏姓。

陶:武王弟康叔统治的殷商七族中有陶氏,负责陶器制作,子孙也以陶为姓。一说尧任君主前居住于唐,后又居住于陶,称陶唐氏。尧的后裔子孙中的一支遂以陶为姓。

姜:炎帝(一说即神农氏)出生并居住在姜水,故以姜为姓。在历史发展中,由于种种原因,炎帝后代子孙许多支已改变为别的姓氏。周代齐国的开国始祖吕尚就是炎帝的后裔,姓姜名望字子牙,因功封于吕地,遂改姓吕。到春秋时,姜子牙之后齐桓公已成为五霸第一霸主。齐在战国时被田和所灭,其子孙后代分居各地,许多族裔又改回姜姓。

【原文】 **戚射邹喻,柏水窦章。云苏潘葛,奚范彭郎。**

【注释】 戚:春秋时卫国大夫孙林父受封至戚邑,遂以封邑为姓。

谢:周宣王封其舅父申伯于谢国(今河南唐河),后代遂以谢为姓。

邹:周武王灭商后封颛顼后裔曹挟于邾国,邾国被灭后其后代改姓为朱。邾国被楚灭前一度为鲁国的附属国,鲁穆公时曾将其国号改为邹,故其后代在国亡后,一部分改姓了朱,另一部分则改姓了邹。

喻:西汉苍梧太守谕猛的后代在东晋时改姓为喻,其子孙遂沿袭改谕作喻姓。

柏:春秋时有一小国柏国(在今河南西平),后被楚国所灭,子孙后以国为姓。又传说上古炎帝有师名招,帝喾有师名同,他们居住在柏地,后代便都以柏为姓。

水:因大禹治水之故,其后代子孙很多人做了水官,负责掌管治理江河湖泊,渐渐地便以水作为了姓氏。另上古居民住在江河湖泽之畔者,也多有以水为姓的。

窦:夏朝第五代君主名相,相失国被杀,其妃当时已怀有身孕,慌乱中从窦(墙洞)中逃出,生下了遗腹子少康。后少康中兴,成为夏的第六代君王。少康儿子杼、龙为纪念祖母逃难之举,遂以窦为己姓,后代子孙也都姓了窦。

章:齐太公姜尚(姜子牙)的一支子孙被封于鄣(今山东章丘),春秋时被齐所灭,后代于是去掉右边偏旁"阝(邑)"改姓为章。

云:传说颛顼后裔祝融在帝喾时担任火正,居住于妘,以妘为姓。其后代一支南迁成为周代诸侯国䢵国,亦称郧(今湖北郧阳区)。䢵于春秋时被楚国所灭,其后代便以国名作姓,并去偏旁改字为云。

苏:周武王时颛顼后裔忿生任职司寇,掌管刑狱、纠察,因功封国于苏,史称苏忿生。春秋时苏国被狄人灭掉,其子孙便以国名苏为姓。

潘:周文王后代姬高被封在毕国(今陕西咸阳西北),人称毕公高。毕公高之子季孙被封在潘(今陕北一带),季孙之后遂以封地潘为姓。又春秋时楚成王世子商臣的太师为潘崇氏,潘崇氏后代便改姓作了潘。

葛:夏代有一诸侯国名葛(故址在今河南长葛),葛国国君封为伯爵,所以史称葛伯。葛伯后人于是以葛为姓。

奚:黄帝后裔姬仲在夏朝时任职车正,掌管车马,其封地(供其赋税之地,即食邑)在奚,故被称为奚仲。奚仲后代取其名字中的奚代姬,便有了奚姓。

范:帝尧后裔杜伯被周宣王所杀,其子出逃到晋国任士师。晋国后封杜伯曾孙士会食邑于范(今河南范县),人称范武子,后代于是以封邑范作为了姓氏。

彭:颛顼裔孙陆终的第三子籛铿,即钱氏先祖,因居于彭地,故世称彭祖,彭祖号称长寿,活了八百岁。商代有诸侯国大彭(故地在今江苏徐州),大彭的开国君主据说就是传说人物彭祖,大彭国亡后子孙便以彭为姓。所以钱姓与彭姓均奉彭祖为其先祖。

郎:春秋时鲁懿公孙子费伯修筑了郎城(故址在今山东曲阜)居住在那里,后代子孙遂以郎为姓。又历史上南匈奴也有郎氏。

【原文】 鲁韦昌马,苗凤花方。俞任袁柳,酆鲍史唐。

【注释】 鲁:周公旦的封国为鲁(今山东西南部),但他一直留在镐京(今陕西西安)辅佐成王,让其子伯禽就封曲阜(鲁国都城)。后代子孙遂以鲁为姓。

韦:夏朝少康帝中兴复国后,封其孙元哲于豕韦(今河南滑县南),元哲到了封地后只选留了一个"韦"字建韦国。韦国后被商汤所灭,王族遂以韦为姓。又秦汉时韩信后人避祸曾藏身南粤(今两广一带),仅以姓氏的半边韦字作姓,故今广西僮族多韦姓。

昌:传说黄帝之子名昌意,娶蜀山氏之女昌仆生儿子颛顼,这个家族的一支便以昌字作姓氏。

马:伯益后代赵奢是战国时代赵国的名将,因战功被封于马服(今河北邯郸),世称马服君,后代于是以马服为姓,并简化成马。

苗:春秋时楚国发生若敖之乱,楚大夫伯棼被杀,其子贲皇逃到晋国,被封于苗邑(今河南济源),子孙便以苗为姓。

凤:相传帝喾高辛氏时,凤鸟氏担任历正,掌管历法节令,后代子孙便以先祖氏中的凤字为姓。又唐代南诏国王族中有阁罗凤一支,阁罗凤的后代便以其中最后一个字作为姓氏。

花:古代本无花字,花草之"花"通"华"字,所以花姓、华姓同源。唐朝开始,花与华字意渐渐有所区别,所以花姓也随之由华姓分支出来。华姓源自春秋时宋戴公子考父,考父食邑于华地,子孙后便以华为姓。

方:周宣王大臣姬方叔是黄帝后裔方雷氏的后代,他奉命南征叛乱的荆人有功,宣王便赐其子孙取其名字中的方为姓。

俞:黄帝时主管医药的俞跗是医术高超的神医,据说《素问》就是经他注释推广的,故后代以其名中俞字为姓。

任:黄帝少子禺阳封在任邑,其后代遂以任为姓。

袁:周朝时陈国开国君主胡公妫满为舜的后代,其十一世孙妫诸,字伯爰。伯爰后代遂取爰字为姓,因"爰"与"袁"通,故又称姓袁。则爰、袁同出自妫姓。

柳:春秋时鲁孝公之子姬展的孙子无骇,以祖父名字展为姓,生有展禽。展禽任鲁国负责刑狱的士师(司寇的属官),不但执法严明,而且品行端方,死后谥号惠。因其食邑封于柳下(今河南濮阳柳下村),其后代遂取其封邑中的柳字为姓。

酆:周文王的小儿子姬封被封国于酆,人称酆侯,其后遂以酆为姓。

鲍:夏禹后代敬叔,春秋时任齐国大夫,齐侯将鲍邑(今山东历城东)封给了他,世称鲍敬叔。其子叔牙以敬叔封地为姓,名叫鲍叔牙,后成了齐桓公的贤臣,鲍姓由此而始。

史:西周著名史官太史佚与周公、召公、姜太公齐名,世称四圣,传说太史佚的先祖就是黄帝时发明文字的史官仓颉。后代以他们的功绩为荣,于是取史官的史字为姓。

唐:出自尧之后。尧为陶唐氏部落首领,封于唐(今山西翼城),后来舜封尧的儿子丹朱为唐侯,建唐国。至周时,唐国被成王灭掉,其子孙遂以国名为姓。

【原文】 费廉岑薛,雷贺倪汤。滕殷罗毕,郝邬安常。

【注释】 费:伯益协助大禹治水有功,受封于大费,其后人于是以费为姓。又春秋时鲁懿公后裔被封于费,后代子孙便以费作为姓氏。

廉:颛顼的孙子名大廉,子孙便以其名字中的廉作为姓氏。

岑:周武王封自己的堂弟姬渠在岑邑,为子爵,人称岑子。岑子建岑国,子孙后代便以岑为姓。

薛:夏禹封黄帝后裔奚仲于薛地(今山东滕县),其后有薛国。薛国曾迁徙至邳(今山东微山西北),再迁至下邳(今江苏邳州市西南),成为齐国属地。战国时薛被楚兼并,公子登仕楚,封官大夫,登命子孙改姬姓为薛姓。

雷:上古有部落方雷氏,其后代分为方姓或雷姓,据说黄帝妃中便有方雷氏之女。

贺:齐桓公后代有公子封,封父名庆克,于是他便以父名中的庆字为姓。传至东汉安帝时,因汉安帝父名刘庆,为避庆字讳,安帝的侍臣庆纯便以同义词“贺”代庆作姓,从此便有了贺姓。

倪:周武王封曹挟于邾建邾国。邾武公封其次子肥于郳,建附庸小国郳国。战国时,郳国被楚所灭,后代便以郳为姓,为避仇杀又去偏旁改作兒,后又加人字旁作倪姓。

汤:商王朝建立者成汤,甲骨文中称唐、大乙,史书亦作商汤,后代以汤为荣,遂用汤为姓。

滕:周武王灭商后,封其十四弟错叔秀于滕(今山东滕县西南),建滕国。战国初期先被越国所灭,复国后又被宋灭,子孙遂以国名为姓。

殷:成汤第九代孙商王盘庚自奄(今山东曲阜)迁都至殷(今河南安阳小屯村),所以商亦称作商殷、殷商,商亡国后,子孙后代便以殷为姓。

罗:黄帝后裔祝融的后代于春秋时建罗国,后被楚所灭,子孙遂以国名为姓。

毕:周文王第十五子姬高受封于毕(今陕西咸阳西北),世称毕公高,后代遂改姓为毕。

郝:殷商时商王帝乙封子期于郝乡(今山西太原),子期后代便以郝为姓。

邬:黄帝时求言为邬邑部族首领,后代遂以邬为姓。又春秋时晋国大夫祁臧封邑于邬(今山西介休),子孙后来以邬姓。

安:黄帝孙子名安,据说后居西戎,以名字立国称安息,后代于是以安为姓。实际上安息国应为少数民族所建,东汉灵帝时西域安息国太子安清来到京城洛阳传习佛事,后定居洛阳,以安为汉姓。又北魏时有安迟氏族随孝文帝南迁洛阳,亦改单姓作安氏。除安息国外,西域尚有安国,唐时归附中原,亦以国名效汉姓作安。而柳城(今辽宁朝阳)胡人安禄山本姓为康,后改为安姓,子孙亦随之姓安。

常:黄帝时司空名常先,后代便以常为姓。一说周文王儿子康叔分封其子于常邑,这支后代最终以常为姓。又春秋时楚国公族恒惠公的后人以恒为姓,北宋时为避宋真宗赵恒名讳，恒氏便改姓为常，因“常”与“恒”义同。

【原文】 乐于时傅，皮卞齐康。伍余元卜，顾孟平黄。

【注释】 乐：春秋时宋国国君宋戴公儿子名衎，字乐父。乐父孙子夷父须取祖父字中的乐为姓，世遂有乐姓。

于：周武王第三子受封在邘国，人称邘叔。子孙后以国名为姓，并去偏旁简化作于。

时：春秋时宋国公子来，受封在时邑，子孙以封邑为姓，遂有时氏。

傅：商王武丁派人四出访贤，在傅岩（今山西平陆）发现了筑墙的奴隶说，便推举为相，世称傅说，其子孙后代便以傅为姓。又黄帝后裔大由，周朝时封邑于傅，因以封地名为姓。

皮：周公后裔仲山甫因辅佐周宣王有功，被封在樊国，称樊侯。樊侯后人有一支又封在皮氏邑，遂改以皮为姓。

卞：周初武王封其弟叔振铎于曹，人称曹叔振铎。曹叔振铎的后人中出了个勇士名庄，受封在卞邑，称为卞庄子，其子孙遂以封邑卞为姓氏。

齐：周初太公望姜子牙封于齐，建齐国，都营丘（今山东淄博东北）。到齐桓公时用管仲为相，国力强盛，成为“春秋五霸”之一。齐康公时，齐国君权被田氏取代，史称田齐。齐康公的后代遂改原姜姓为齐姓。

康：周初武王七弟姬封被封于康邑（今河南禹县西北），故称康叔。周公灭武庚后，把殷民七族和商故都周围土地都封给了康叔，建国称卫，都朝歌（今河南淇县），成为当时大国。后国势渐衰，先后沦为齐、魏的附庸国，最终被秦所灭。后代为缅怀康叔，遂以康为姓氏。

伍：春秋时楚庄王有大夫姓芈，名伍参，后代以其名字中的伍字为姓，遂有伍氏。

余：春秋时有晋人叫由余的入秦为相，子孙以为荣耀，遂取余字为家族姓氏。

元：商朝有一太史名叫元铣，他的子孙后来就以元为姓。又春秋时卫国大夫咺，食邑在元。其后人便以元为姓。

卜：上古有占卜之官，其后代遂以卜字为姓。

顾：夏朝有附庸小国名顾，在今河南范县东南一带，后被商汤所灭，国人改姓为顾。

孟：古代兄弟排行居长者称孟或伯，以下依次是仲、叔、季。春秋时鲁桓公次子仲庆父趁其同父异母弟鲁庄公去世，先后作乱杀死即位的子般和鲁闵公，引起鲁国人公愤，被迫出逃，后自缢而死。其家族后代仲孙氏以仲为耻，改仲孙氏为孟孙氏，继又改孟孙为单姓孟。又春秋时卫襄公之子，字孟公，子孙后以孟为姓。

平：战国时韩哀侯少子婼被封于平邑（今山西临汾），韩亡国后婼的后代南迁下邑（今安徽砀山），以平为姓。

黄：颛顼帝后裔有封于黄者建黄国（今河南潢川一带），后被楚灭，子孙散居四方，以黄为姓。

【原文】 和穆萧尹，姚邵湛汪。祁毛禹狄，米贝明臧。

【注释】 和：传说尧、舜时掌管天地四时之官有羲氏、和氏，后羲与和合称成为官名，又太阳的驾者、太阳的母亲均名羲和，和姓后代以之为荣，遂以上述神话传说的人物为其远祖。一说楚国发现"和氏璧"玉璞的卞和后代，取其祖先名字中的和字为姓，始有和姓。

穆：春秋时宋宣公弟弟和继承兄位，在位九年，临终前力排众议将君位让给宣公之子兴夷，即宋殇公，而将自己儿子公子冯送去郑国居住。为褒扬其品德，死后谥号穆，子孙后代遂有以穆为姓者。

萧：宋国开国君主微子启后裔乐叔大心平息叛乱有功，封于萧邑，建附庸于宋的小国萧（今安徽萧县），后被楚灭，后代遂以萧为姓。

尹：古代东夷族首领少昊儿子殷被封于尹地（今河南新安一带），后代遂以尹为姓。又尹在古代为辅弼之官，春秋时楚国长官多称作尹，后代便以祖上的官名为姓氏。

姚：传说舜的母亲握登生舜于姚墟，舜的后代便有以姚为姓者。

邵：春秋时邵与召为同一个氏族，都是召公奭的后代。召公姓姬名奭，为周的支族，曾助武王灭商，后又与周公一起辅佐成王，为西周四圣之一，封邑于召（今陕西岐山西南），故称召公或召伯，后代遂以召为姓。召姓后人又有加邑（右"阝"）旁表示封邑之意，于是又有了邵姓。

湛：夏朝时有一氏族建斟灌国，后因战乱亡国，国人为避祸，相约分取国名两字中的各一半"甚"和"水"组成湛字为姓。

汪：春秋时鲁桓公庶子名满，食邑封在汪地（在今山东省境内），后代遂以封邑汪为姓。一说汪姓来源于汪芒氏，夏禹时有防风氏因罪被禹诛杀，后代以为耻，于是改防风为汪芒，在商代时建汪芒国（在今浙江武康东），后代以国名中的汪为姓。

祁；春秋时晋献侯四世孙名奚，官为大夫，封食邑于祁（今山西祁县），后代遂以祁为姓。

毛：周文王之子伯聃被封在毛邑（今河南宜阳），后代遂以邑名为姓。又周文王庶子叔郑封于毛国（今陕西岐山一带），史称毛公，后代于是以国名为姓。

禹：春秋列国中有一小国名鄅，在今山东临沂一带，鄅国后人去"邑"旁改姓为禹。一说夏禹后人为纪念先祖，遂以禹为姓。

狄：周康王姬钊推行其父周成王政策，周国力益盛，两王并称"成康之治"。康王封其弟孝伯于狄城，后代遂以狄为姓。一说孝伯为周成王舅父，封食邑于狄。

米：西域少数民族"昭武九姓"之一。原居住在昭武（今甘肃界内），后为匈奴所败，迁居至中亚地区，建立米国（故址在今乌兹别克斯坦境内）。隋唐时，米国有一支系来到中原地区，遂按照汉俗以米为姓。

贝：西周召公后代的一支被封在浿水畔的浿丘（今山东淄博北），后代子孙去浿字的水旁为贝字，作姓氏。

明：春秋时晋国灭虞国后俘获了虞大夫百里奚，作为陪嫁之臣送入秦国，百里奚与蹇叔等共同帮助秦穆公建立霸业。百里奚之子名视，字孟明，为秦国大将，曾率军大胜过晋国，后代子孙遂以孟明视字中的明字为姓。一说：传说中燧人氏有大臣叫明由，明姓由此而始。

臧：春秋时鲁孝公之子名彄，被封在臧邑（今山东界内），子孙遂以臧为姓。又鲁惠公之子名欣，字子臧，其家族一支便以先祖字中的臧字为姓。

【原文】 计伏成戴，谈宋茅庞。熊纪舒屈，项祝董梁。

【注释】 计：周文王封少昊后裔兹舆期于莒国，最早建都计斤（今山东胶县西南），春秋时迁都于莒（今山东莒县），后被楚国所灭，后代的一支遂以国都计斤中的计字为姓。

伏：南北朝时，北魏骠骑将军侯植跟随魏孝武帝西迁，甚得宠幸。至西魏文帝时，他又随宇文泰（北周代魏后，被尊为北周太祖文皇帝）破沙苑，战河桥，屡建功勋，进封大都督并赐改姓侯伏侯氏，继又因功赐姓贺屯氏。后裔子孙中一支遂取赐姓中的一个伏字为姓。又伏羲氏后裔中亦有以伏为姓者。

成：武王灭商后，封自己一个弟弟姬叔武于郕（今山东宁阳东北），建郕国，也称盛或成国。后代子孙遂以成为姓。

戴：周公平定武庚反叛后，把商殷旧都周围地区分封给商纣王的庶兄微子启，建立宋国。春秋时，宋国第十一位君主宋戴公死后，其庶支子孙遂以其谥号戴为姓。又西周时有小国名戴，姬姓，故址在今河南民权东，春秋时被宋国所灭，戴国后代遂以国名为姓。

谈：宋国殷商后裔传至三十多代后有封邑于谈的，人称谈君，后代于是以谈为姓。又周朝有大夫名谈，其子孙遂以谈作姓氏。

宋：战国时宋国被齐所灭，王公贵族遂相约改宋为姓氏。

茅：周公旦第三子姬叔受封于茅（今山东金乡西南），世称茅叔，后代于是以茅为姓。

庞：周文王之子毕公高后裔中，有庶支封于庞乡，遂以庞为姓。

熊：黄帝为姬姓，号轩辕氏，又号有熊氏，后裔中遂有以熊为姓者。又西周时芈姓氏族领袖鬻熊于荆山一带建立楚国，都丹阳（今湖北秭归东南），传至熊渠做国君时，疆土不断扩大。后楚国迁都至郢（今湖北江陵西北），到了楚庄王时更成为“春秋五霸”之一。楚国王族后裔遂有以先祖名字中的熊字为姓者。

纪：相传炎帝后裔于周初建有纪国，故地在今山东寿光东南，春秋时被齐国灭掉，后代以国名纪为姓。

舒：周朝建立后封皋陶后代于舒（今安徽庐江）建国，春秋时被徐国所灭。后又复国，国名舒鸠，后又被楚所灭，子孙便以舒为姓。

屈：春秋时楚武王儿子瑕受封于屈邑，后代遂以屈为姓。又南北朝时，北魏有屈突氏，魏孝文帝迁都洛阳后进一步改革，鼓励鲜卑族与汉族通婚，改鲜卑姓氏为汉姓，屈突氏遂改为屈姓。

项：春秋时楚国公子燕被封于项（今河南项城），建项国，后被齐灭（一说被鲁所灭），后代子孙遂以项为姓。因项国源出于楚，故秦末项羽便自号西楚霸王。

祝：西周初周武王分封先代遗民，黄帝后裔中有一支被封在祝（今山东长清东北），子孙遂姓祝。又古代有官称太祝，在《周礼》中为春官的属官，掌管祭祀祈祷，其后代遂以先祖官职祝为姓。

董：周代大夫辛有之子被派往晋国做太史，掌管监督祭祀、策命、编写史书等大事，地位很高。监督之责在《尚书》中称作董，故其后代以董为姓，并世袭太史之职。春秋时著名史官晋国良史董狐即出此氏族。又传说帝舜时有名叫董父的人善于养龙，其后代以先祖为荣，遂取其名字中的董字为姓。

梁：伯益后裔非子为周孝王养马有功，封于秦，为秦开国始祖。传到秦仲时，周宣王命为大夫，令其讨伐犬戎，秦仲战死，其长子又把犬戎打败，受封西垂大夫。其次子康则被封于夏阳梁山（今陕西韩城南），建梁国，春秋时梁被秦灭，后代遂以梁为姓。梁国另有部分子孙逃到晋国，居住在晋国的解梁（今山西临晋西南）、高梁（今山西临汾东）、曲梁（今河北永平）等地，这些地方后被晋惠公割让给了秦国，梁的遗民亦都相约改姓梁氏。

【原文】 杜阮蓝闵，席季麻强。贾路娄危，江童颜郭。

【注释】 杜：帝尧后裔原封于唐，建唐国（今山西翼城西），西周时被成王灭，成为周成王弟叔虞的封地。原居住于此的帝尧后代被迁居至杜邑（今陕西西安东南），建杜国，春秋初年被秦宁公所灭，后代子孙遂以杜为姓。

阮：商代时有诸侯小国阮国，旧地在今陕西岐山东北至渭河之间，后被周武王灭掉，子孙于是以国名为姓。

蓝：楚国公子亹受封于蓝，人称蓝尹，后代于是以蓝为姓。又春秋时秦王族一支被封于蓝邑（故地据说印今陕西蓝田一带），后代遂以蓝为姓。

闵：春秋时鲁国庆父作乱，先是杀死了庄公之子般，立庄公另子开即位。接着他又杀了国君开，打算代之为君，引发众怒，逃亡后自杀。鲁国亡君开谥号为闵，即鲁闵公，后代子孙遂以闵为姓。

席：春秋时晋国大夫籍谈的先人因为世代掌管典籍，所以便以籍做了姓氏。秦末

西楚霸王项羽势力益强,项羽名籍字羽,当时籍氏为避项羽名讳,遂改籍姓为语音相近的席姓。

季:春秋时鲁桓公的小儿子名友,按伯、仲、叔、季排行称作季友。季友在平定庆父之乱时立了大功,以后几代均在鲁国掌权,后代以此为荣,遂以季为姓。

麻:春秋时楚国有位大夫食邑于麻;齐国则有一位大夫叫麻婴,他们两位的后代据说都以麻为姓。

强:春秋时齐国有大夫公孙疆,"疆"与"强"通,故其后代遂有强姓。

贾:西周时周康王把唐叔虞的小儿子公明封于贾,人称贾伯。后来小国贾被晋所灭,贾伯后代遂以贾为姓。

路:相传高辛氏帝喾的第四个妻子常仪生下了挚,挚的儿子玄元在尧时被封在中路,传到夏时始建路国,子孙后代遂以国名"路"为姓。一说路是河水名,即路水,故道在今河北涿州一带,后来在路水畔居住的人便以河名"路"为姓。

娄:周武王灭商后封少康后裔东楼公于杞地,建杞国。春秋时杞国被楚所灭,东楼公子孙又被迁至娄邑,后代遂以娄为姓。又颛顼后裔挟所建邾娄国于战国时被楚所灭,其国人或以邾为姓,或以娄为姓。

危:据说帝舜时,尧的不肖子丹朱荒淫狂傲,因不满尧禅位于舜,联合诸多部落作乱反舜。居住于今洞庭湖至鄱阳湖一带的三苗族因参与了丹朱与舜争夺帝位的叛乱,被舜迁往三危(今甘肃敦煌南),三苗后裔遂以危为姓。

江:伯益后人嬴姓的一支被封于江(今河南正阳西南),建江国,春秋时被楚所灭,后代遂以江为姓。另一支封在江陵(今属湖北省),亦以江为姓。

童:据说颛顼之子中有名字为老童者,声音高亢洪亮,深得颛顼喜爱,老童子孙后代遂以童为姓。又春秋时晋国大夫胥童后人以其名字中的童字为姓。

颜:颛顼帝后裔在周武王时建邾国,邾国传至邾武公,因其字伯颜,世人于是称武公为颜公,颜公后代遂有以颜为姓者。

郭:周文王封其弟虢仲于东虢,另一个弟弟虢叔于西虢。东虢在今河南荥阳东北,春秋时为郑所灭。西虢在今陕西宝鸡东,也称作城虢、小虢,西周灭亡后其支族仍留原地,后被秦所灭。周王室另有姬姓旁支建北虢,在今河南三门峡西和山西平陆一带,后被晋所灭。东虢、西虢、北虢三国相继被灭后,后代均以国名为姓,因虢与郭音同,故都改姓郭。

【原文】 梅盛林刁,钟徐邱骆。高夏蔡田,樊胡凌霍。

【注释】 梅:商王太丁封其弟于梅(今安徽亳县东南),建梅国,世称梅伯。到商纣王时,梅伯被杀,梅国封号被废。武王灭商后,封梅伯后人于黄梅(今属湖北省),后代子孙遂以梅为姓。

盛:周穆王时封其同宗建盛国,春秋时盛国被齐所灭,后代遂改姬姓为盛姓。

林:商纣王暴虐无道,将屡次劝谏自己的叔父少师比干剖心杀死,比干妻逃到了长林,生下遗腹子名坚。武王灭商后拜坚为大夫,因其生长于长林,故赐姓林。又周平王庶子名林开,后代遂以其名中的林字为姓。

刁:周文王时有雕国,其后代遂以国为姓,并以同音字“刁”代替。又古代工匠中有雕人,是专门刻玉的工匠,他们的后代遂以雕为姓,改字作刁。又春秋时齐国大夫竖刁,曾与管仲共同辅佐齐桓公成就霸业,后代于是以其名字中的刁字为姓。

钟:春秋时宋桓公曾孙伯宗在晋国做官,因忠直敢言被杀。伯宗儿子州黎出逃到了楚国,官至太宰,食邑封于钟离(今安徽凤阳东北),子孙后代遂以钟离为姓。秦末,钟离氏有大将钟离昧追随项羽起兵反秦,项羽败亡后钟离昧被刘邦追逼,被迫自刎而死。其子钟离接避难于长社(今河南长葛西),改复姓钟离为钟,史称钟接,世遂有钟姓。

徐:皋陶后代伯益佐禹治水有功,被赐嬴姓。到夏朝时伯益之子若木被封于徐(今安徽泗水北),后建徐国,历夏、商、周三代,一直活跃在江淮之间,史称徐戎、徐夷或徐方。春秋时徐国被吴所灭,子孙遂以国名为姓。

邱:太公望姜子牙辅佐武王灭商有功,封于齐,建齐国,都营丘(今山东淄博东北),子孙遂有以丘为姓者。因孔子名丘,所以后世为避孔子名讳,将丘加邑旁儿改为姓邱。

骆:伯益后代非子因善养马,被周孝王封于秦,赐姓嬴。非子父亲名大骆,大骆的长子成世居大邱,以父亲之名建大骆国,西周厉王时被西戎所灭,后代遂以骆为姓。又姜太公后裔子孙中有公子骆,骆的后代遂以其祖之名为姓。

高:姜太公裔孙齐文公吕赤的一个儿子食邑于高(今河南禹县),人称公子高。公子高有孙名傒,以祖父封邑为姓,世称高傒,后代遂有高姓。又齐惠公之子吕祁,字子高,其后代一支子孙中取高代吕为姓。

夏:春秋时陈宣公有子名少西,字子夏,后代子孙中有叫征舒的,取先祖之字为姓,称夏征舒,陈国的夏姓由此始。又周武王灭商后封夏禹的后裔东楼公于杞,建杞国。夏禹后裔中未得到封地的,后来便以先祖的国名夏为姓氏。

蔡:周武王灭商后把弟弟叔度分封到蔡(今河南上蔡西南)建国,叔度后因随同武庚叛乱被周公旦放逐,改封叔度儿子姬胡于此,世称蔡仲。春秋时蔡国不断受到楚国侵扰威逼,被迫多次迁徙,蔡平侯迁新蔡(今属河南省),蔡昭侯再迁州来(今安徽凤台),称下蔡,战国时蔡被楚灭,子孙遂以国名为姓。

田:周武王灭商后,封舜的后代胡公建陈国,都宛丘(今河南淮阳)。胡公姓妫名满,传至十三代君陈厉公,生子名完字敬仲。至陈宣公时,欲立庶子款继承君位,杀太子御寇。敬仲与太子关系密切,害怕祸及自身,出逃齐国,齐桓公封其食邑于田,遂以田为姓。敬仲后人田和后来推翻姜姓齐国而代之,史称田氏代齐,田姓齐国至齐威王

时成为“战国七雄”之一。

樊:周文王子虞仲的后代有位仲山甫任周宣王卿士,食邑封于邑,后代以樊为姓。又殷商遗民七族中,樊为其中一族,其后代遂以樊为姓氏。

胡:陈国开国君主胡公满,为舜的后裔,春秋末年陈被楚灭,国人中遂有以胡为姓氏者。

凌:周文王儿子康叔是卫国的开国之君,康叔庶子中有在周任凌人官职的,凌人是负责采贮冰块管理冰窖的官员,子孙中遂有以祖上官名凌字为姓者。

霍:周文王第六子名处,封于霍国(今山西霍县),人称霍叔。霍叔与武王弟管叔、蔡叔同为周初三监,因不服周公旦摄政,勾结商纣王子武庚反叛,结果被周公打败。武庚、管叔被杀(一说管叔自杀),蔡叔被放逐,霍叔则降为庶人,霍叔后代遂以国名霍为姓。

【原文】 虞万支柯,昝管卢莫。经房裘缪,干解应宗。

【注释】 虞:周文王的祖父古公亶父被周尊奉为太王,周太王之子虞仲的后代在文王时建立了虞国(今山西平陆北),春秋时晋国以借道攻虢为由趁机灭掉了虞国,虞国后人遂以原国名虞为姓。

万:西周时芮伯受封于芮(今山西芮城),后代中有名万者,人称芮伯万,芮伯万的子孙中遂有以万为姓者。又春秋时晋献公灭掉西周分封的姬姓诸侯国魏国(也在今山西芮城北一带)后,把它封给了晋国大夫毕万,毕万后代遂有以万为姓氏的。

支:古代西域有少数民族所建的月氏国,也称月支,其族最早居住在今甘肃敦煌与青海祁连县之间。汉文帝时月支国被匈奴攻破,一部分迁徙至今伊犁河上游,称大月支;余下的进入祁连山区,称小月支。魏晋南北朝时,大、小月支有与汉民族交往并留居中原者,学习汉俗以支作姓,此后遂有支姓。

柯:春秋时吴王有子名柯卢,子孙后来以柯为姓。

昝:原本出自咎姓。晋文公重耳身边有五名贤士辅佐,其中一名是他的舅父狐偃,狐偃字子犯,史称狐偃咎犯,因“咎”与舅音同,借以代舅意,狐偃的后代中遂有以咎为姓者。然咎字还有灾祸之意,咎姓后人认为不够吉利,于是在这个字下面的口中加上了一横,成为昝字,之后遂有昝姓。

管:武王灭商后,将自己的弟弟鲜封于管(今河南郑州),人称管叔。管叔与蔡叔、霍叔并为周初三监,以监管殷商遗族,后因参与武庚叛乱,被周公杀死(一说自杀),管叔后人遂改姬姓为管姓。

卢:齐文公姜赤之子公子高有孙名姜傒,任齐国正卿,封邑于卢(今山东长青西南),姜傒后代遂以邑名为姓。又齐桓公小白后裔有一支封于卢蒲(在今河北文安西),战国时被燕兼并,子孙遂改姓卢蒲,后又改为单姓卢。故卢姓均为姜太公后裔。另传帝舜后代中一支在夏商时居于卢地(今湖北南漳至襄阳之间),与当地少数民族杂处融合，史称卢戎。周初因其系帝舜后裔故被封为诸侯国，春秋时卢国被楚所灭，子孙后代遂以卢为姓。

莫：颛顼曾建造鄚城，其部族居此城的便以城名“鄚”为姓，后又去邑旁改姓莫。又春秋时楚国有官职称莫敖，地位仅次于令尹，楚庄王大夫屈荡之子屈到就担任过莫敖。因莫敖地位较高，只有王公贵族子弟方可担任，所以担任过莫敖的后代子孙中便有以祖上官职为姓者，再后又演变成单姓莫。

经：春秋时郑武公之子共叔段曾封于京（今河南荥阳东南），世称京城太叔，后出奔到共国，其后代遂有以京为姓者，为避仇杀又改京为经。一说西汉《易经》京氏学创始人京房，本姓李氏，自己推律定为京姓。汉元帝时京房为博士，任魏郡太守，后因与中书令石显争权被下狱处死，其后代为避祸改姓经。另说春秋时魏国有经侯，后代遂以经为姓。

房：尧有儿子名朱，封在丹水，世称丹朱，因其荒淫无能，所以尧禅位于舜。丹朱不服而反舜，被舜击败后改封到房（今河南遂平）建国，世称房侯。房侯之子陵以封国为姓，称房陵，后遂有房姓。

裘：春秋时卫国有大夫封邑于裘，后代遂以裘为姓。又古代制皮工匠中按技能分为五种，裘是其中之一，裘人的后代于是便有以裘为姓者。也有说是由仇姓所改的。

缪：“春秋五霸”之一秦国国君任好，死后谥穆，史称秦穆公。“穆”与“缪”古时音同，故秦穆公后裔中遂有以缪为姓者。

干：春秋时宋国有大夫名干犨，他的后代遂以先祖名中第一字为姓。又说春秋时有小国名干国，干国灭亡后遂有以国为姓者。

解：周成王分封其弟叔虞于唐，世称唐叔虞。唐叔虞儿子名良，食邑于解（今山西解县），人称解良，其子孙遂以解为姓。

应：周武王封自己的一个儿子在应（今河南鲁山东）建国，世称应侯，其后代遂以国名应为姓。

宗：古代职官有宗人，主要负责宗庙祭祀之礼，后代子孙故有以先人官职为姓者。因为宗有祖庙、祖先、宗族的意思，所以历代与此有关的职官名称大多有宗字，比如宗伯主要执掌邦国祭礼典礼，为古代六卿之一，宗伯的后代遂有以此为复姓宗伯的。宗与宗伯虽一为单姓，一为复姓，但都是执管家国祭祀大典职官的后裔。

【原文】 丁宣贲邓，郁单杭洪。包诸左石，崔吉钮龚。

【注释】 丁：西周对姜太公望的儿子伋死后谥号丁公，丁公子孙遂以丁为姓。又三国时吴帝孙权宗室中有中郎将孙匡在伐曹时触犯军纪，孙权强令其族改姓为丁，因丁在古代是苦役的代称。又商代有丁国，第22代商王武丁就曾讨伐过丁国的反叛，丁国随同殷商一起被武王灭掉后，其后代便以丁为姓。

宣：西周厉王之子姬静继承君位，死后谥号宣，即周宣王，宣王子孙中遂有以宣为姓氏的。又春秋时鲁国大夫宣伯后代亦有以宣为姓者。

贲:春秋时鲁国有大夫名县贲父,其后人遂以贲为姓。又春秋时楚国令尹斗椒因罪被杀,其子贲皇投奔晋国,封邑于苗,称苗贲皇。晋楚鄢陵之战中,贲皇为晋侯出谋大败楚军,被晋侯封为大夫,子孙遂以其名中贲字为姓。又据说古有勇士孟贲,其后代亦以贲为姓。

邓:商王武丁封其叔父曼季于邓(今河南邓州)建国,称邓侯,其后代遂以邓为姓。又五代时南唐后主李煜幼子从镒被封作邓王,南唐被宋灭后,从镒子孙为避祸改李姓为邓姓。

郁:春秋时鲁国宰相有名郁黄者,其后代子孙遂以郁为姓。又春秋时吴国大夫食邑中有郁国,之后遂有郁姓。

单:周成王分封少子臻于单(今河南孟津东南),作为周朝王都辖内的诸侯世代拱卫周王室,地位显贵尊荣,人称单伯,其子孙后遂以单为姓。

杭:夏禹治水之后留下许多舟船,便命自己庶子管理这些余下的船只,其封国称余航(故地在今浙江余杭),后代将航去舟旁改作木旁为姓,遂有杭姓。

洪:相传尧有大臣共工,和驩兜、三苗、鲧合称“四凶”。他们或为祸作乱,或治水无功,结果有的被尧流放,有的被杀。共工后代本以共为姓,后为避仇杀,兼欲获水德,遂将共字加水旁成洪姓。又西周时有姬姓诸侯国共国(今河南辉县),春秋时被卫国所灭,后代改姓共氏,又为避难,加水旁改姓洪。

包:春秋时楚国大夫申包胥,其后代子孙中有以包为姓者。又说有鲍姓后人去鱼字旁改姓为包者。

诸:春秋越王勾践的后裔支族有驺无诸,封为闽越王,秦时被废为君长。因参与诸侯反秦有功,汉代时复为闽越王。子孙后因数次反叛,被汉武帝所灭,遂取先祖字中的诸字为姓。又春秋时鲁国有诸邑(今山东诸城西南),食邑于诸的公族大夫后裔中遂有以诸为姓的。

左:周代各诸侯国均设有史官,分左史和右史,左史记言为内史,右史记事为太史。如周穆王有左史戎父、楚威王有左史倚相,他们的后代便以祖上官职左字为姓。

石:西周初周成王封康叔于卫(今河南淇县),世称卫康叔,其后裔子孙中有公孙碏立有大功,被卫桓公封为大夫。公孙碏,字石,史称石碏,后代遂以其字为姓。又自秦汉始,西域地区石姓少数民族不断融入中原。到唐时,以建都昭武(今甘肃临泽境内)的康国为首,石、安、曹等“昭武九姓”少数民族小国全部归附中原,从此石姓也成了我国人口较多的姓氏之一。

崔:春秋时齐国丁公之子季子让君位给其弟叔乙,自己食邑于崔(今山东邹平西),后代遂以崔为姓。又自唐代开始朝鲜半岛上新罗国崔姓朝鲜人不断经中国东北南下进入中原,其中一部分融入汉族,留在东北的部分成为“满洲八旗”崔姓,或形成我国的朝鲜族崔姓。

吉:周宣王时大臣兮甲,字伯吉父,宫职为尹,史称尹吉父。他率军大败猃狁,立有战功,后又负责征收南淮夷族贡赋。子孙以为荣,遂以其字中的吉字为姓。

钮:钮姓世系源出未见记载,因有钮滔见于《晋书》,故推测晋代钮姓大概是此姓氏之祖。

龚:传说尧帝时"四凶"之一共工的后裔,开始时均姓共,后代有加水旁的演化成洪姓。共工儿子中有一个叫句龙,他接替父亲继任水土治理之官,句龙子孙后来为避仇祸,在共字上加一与水有关的龙字,遂有了龚姓。故龚姓与洪姓同为共工后裔。

【原文】 程嵇邢滑,裴陆荣翁。荀羊於惠,甄麴家封。

【注释】 程:颛顼之孙重黎官职火正,负责管理天下火事,其后裔封于程,遂有程氏。一说伏羲氏后裔在夏朝时建立了程国(故地在今河南洛阳东),商朝灭亡后被周武王迁到广平(今河北界内),再被周宣王迁回原程国故地,后代遂以程为姓。又春秋时晋国大夫荀驩的食邑被封于程(今河南洛阳东),后裔亦改姓为程。

嵇:夏朝第六代君少康封自己庶子于会稽,其后代遂以会稽为姓。西汉初会稽公族大姓被迁到谯郡嵇山(今安徽宿县西南),稽与嵇音同,子孙于是改会稽为嵇姓。

邢:周公旦第四子封于邢(今河北邢台),建邢国,春秋时被魏灭掉,后代遂以邢为姓。又春秋时晋国大夫韩宣子家族有食邑于邢邑(今河南温县东)者,子孙于是以邢为姓。

滑:周代有姬姓小国滑国,故地在今河南睢县西北,后迁都于费(今河南偃师西南),又称费滑。春秋时滑国先是被秦所灭,旋印归属晋国,滑国公族后代便以滑为姓。

裴:伯益后裔秦非子旁支子孙中有封于䣸乡者。遂以䣸为姓。到第六世孙陵时封邑改迁别地,陵便将䣸姓去掉下面的邑字换为同音的衣字,遂有裴姓。又春秋时晋平公封颛顼后裔于裴中(今陕西岐山北),人称裴君,后代遂有裴姓。

陆:齐宣王幼子名通,封于陆乡,子孙遂以陆为姓。又春秋时有陆浑国,故地在今河南嵩县东北,是少数民族所建的小国,后来按汉习改为陆姓。南北朝时北魏有步陆孤氏,为鲜卑族,魏孝文帝迁都洛阳后命其改为汉姓陆氏。

荣:周文王大夫荣公受封于荣邑,世称荣夷公,后代遂以荣为姓。又周成王卿士封于荣,世称荣伯,后代以荣为姓。另传说黄帝时命荣将与乐官伶伦一起铸造了十二口编钟,用来演奏黄帝所做的乐曲《咸池》,因编钟音质优美乐律精准,深得黄帝喜爱,于是封荣将为荣国之君,子孙于是以荣为姓。

翁:周昭王庶子受封于翁山(今浙江定海东),子孙后代于是以封地为姓。又说夏朝第二代君主启当政时有贵族名翁难乙,其后人遂以他名字中的翁字为姓。另传说周昭王小儿子出生后左手掌纹似"公"字,右手掌纹似"羽"字,于是左、右相合起名称翁，其子孙遂以翁为姓。

荀：周文王有子封于郇，建郇国，人称郇伯，其子孙后改郇为荀作为姓氏。

羊：春秋时晋国大夫祁盈封于羊舌，遂称羊舌氏，后代去掉舌字改姓羊。又据《周礼》记载古代有官名羊人，掌管宰羊祭祀方面的事情，其后代于是以羊为姓。

於：黄帝有大臣名则，他发明了用草和麻编织鞋子，结束了古人赤脚无鞋的历史，因为这一功绩被封在於邑，人称於则，子孙后代便以於为姓。

惠：周惠王的后代子孙以祖上谥号惠字为姓。又颛顼后裔陆终第二子名惠连，惠连后人遂以惠为姓。

甄：古时制造陶器所用的转轮叫作甄，所以陶瓦工匠就被叫作甄工，据说舜曾做过甄工，后代子孙中遂有以甄为姓者。又说皋陶次子名仲甄，甄姓就是他的后代。

麴：麴（也作麯），即俗称的酒母，是酿酒、制酱用的发酵物，古代掌管酿造官员的后代遂以麴为姓。一说鞠氏后代在汉代为避难而迁徙，同时改鞠姓为麴姓。又中国姓氏中另有曲姓，据《风俗通》说是晋穆侯封小儿子成师于曲沃，后代遂姓曲沃，再去掉沃字改姓曲。另一说则认为曲是夏桀时的一个逆臣，他助桀为虐，被商汤杀死，曲姓就是他的后代。故麴、曲二姓并不同源同宗。

家：周考王有子名家父，是周朝的卿士，其后代遂以家为姓。一说家父就是《诗经·小雅·节南山》的作者，为周代大臣，因为他敢挺身而出揭露执政者尹氏的暴虐，希望周王任用贤士为民造福，所以后代非常尊敬他，遂以其名家字作为姓氏。

封：炎帝裔孙名钜，据说他是黄帝的老师，夏朝时其后代被封在封父（今河南封丘），建立封父国，子孙遂以封或封父为姓。

【原文】　芮羿储靳，汲邴糜松。井段富巫，乌焦巴弓。

【注释】　芮：周武王封姬姓司徒于芮（今陕西大荔南）建芮国，世称芮伯，《诗经·桑柔》据说就是他写的讽谏周厉王搜刮民脂民膏的诗篇。芮伯后代东迁居芮伯城（今山西芮城北），春秋时被晋献公所灭，子孙后代为纪念先祖改姓芮。

羿：夏代有穷氏部落首领名叫后羿，又称夷羿，善于射箭狩猎。他曾一度推翻夏朝，夺取了夏第三代君主太康的王位，但不久就因不理民事而被家众杀死，他的后代遂改用其名字羿为姓。

储：古有储国，储国公族后代遂以储为姓。又春秋时齐国有大夫名储子，子孙于是以储为姓。

靳：战国时楚怀王侍臣名尚，因食邑封于靳（今湖南长沙至宁乡间），史称靳尚。张仪替秦王游说，离间齐、楚联盟，将被楚怀王处死，靳尚通过怀王夫人郑袖说服怀王释放了张仪。靳尚子孙后以其封国之名靳为姓。

汲：周文王之后康叔受封于卫建国，至卫宣公时封儿子于汲（今河南卫辉），人称太子汲，后代子孙遂以汲为姓。

邴:春秋时晋国有大夫豫食邑封于邴(今山东费县界内),人称邴豫,子孙遂姓邴。邴氏后人亦有去掉邑旁改姓为丙的。

糜:夏代姒姓同姓部落中有一族为有糜氏,有糜氏后代遂有取糜字为姓者。一说古代种植粮食作物糜子的人中,后来有以糜为姓者,为的是祈求上天保祐其氏族永远食粮丰足。

松:据说秦始皇登泰山封禅祭祀天地时途中曾遇大雨,幸有一棵大松树得以避雨其下,于是即以当时的第九等爵"五大夫"封之,后来五大夫便成了松树的代称。陪侍始皇泰山封禅的大臣中遂有以松为姓者。一说松姓世系不详,最早见于史籍记载的是隋代松赟。

井:周代虞国有大夫名井伯,晋灭虞之后,井伯后代百里奚入秦,秦穆公用为大夫,与蹇叔、由余等共同辅佐穆公建立霸业,百里奚支族中遂有以先祖井伯之名中的井字为姓者。

段:春秋时郑庄公弟弟共叔段的后代,有以共为姓者,也有以段为姓者。又道家创始人老子后代子孙中,有在鲁国为卿士食邑于段的,后人遂以段为姓。

富;东周时,周襄王准备伐郑,大夫富辰苦谏不听。后襄王利用翟人攻郑,还娶了翟人的女子为自己王后,富辰再谏仍不听。最后翟人反叛,襄王被迫先后出逃到郑国、晋国。富辰后代以祖上忠正贤良为荣,遂取其名字中富字为姓。

巫:古代以舞降神之人称作巫,他们执掌祝祷、占卜、治病等事,被认为是神的代言人,其后代遂以巫为姓。据说黄帝时神巫名咸(一说是商代人),黄帝与炎帝逐鹿中原,大战阪泉之前就是先由巫咸占卜胜负的,故巫姓以巫咸为始祖。一说巫咸之子名贤,商时任太宰,史称巫贤,巫姓就是由他而始。

乌:上古少昊氏以鸟名任命官职,掌管高山丘陵之官名乌鸟,其后代遂以乌为姓。又南北朝魏孝文帝时改变鲜卑风俗,令其民族改姓汉姓,乌石兰氏遂改汉姓作乌氏。

焦:西周初年周武王封神农氏后代子孙于焦地(故址在今河南陕县南部一带),其后人遂以焦为姓。

巴:周代在今四川东部地区有巴人所建巴子国,其不少文化遗存保留至今。巴人的后代遂以国名巴为姓。

弓:古代制造弓弩的官称作弓正,子孙遂以弓为姓。又春秋时鲁大夫叔弓出使晋国,不辱使命,世赞其知礼,死后谥敬子。叔弓之后遂以其名弓为姓。

【原文】 牧隗山谷,车侯宓蓬。全郗班仰,秋仲伊宫。

【注释】 牧:春秋时卫国康叔后代有牧人,为管理放牧之官,其子孙遂有以牧为姓者。又传黄帝有臣名力牧,黄帝梦见他执千钧之弓弩,驱羊万群,勇力过人,遂拜他为将,力牧后裔遂以牧为姓。

隗:商汤灭夏桀后将夏王族封于隗,建隗国(今湖北秭归东),春秋时被楚所灭,后代以隗为姓。

山：周代有山师之官，掌管山林，后代遂以山为姓。传说炎帝出生于厉山（也称烈山，今湖北随县北）的山洞内，遂号厉山氏（烈山氏），后在阪泉（今河北涿鹿东南）被黄帝击败，子孙后裔中的一支遂以山为姓。

谷：颛顼之后秦国开国君主非子，因养马有功被周孝王封于秦谷（今甘肃天水西南），后代遂有以谷或秦为姓者。又南北朝时魏孝文帝命鲜卑族改汉姓，其中谷会氏则改为谷氏。

车："春秋五霸"之一秦穆公死时，辅佐他的子车奄息、子车仲行、子车鍼虎三位良臣被迫殉葬从死，子车氏后代子孙哀悼先人，改姓车氏。《诗经·黄鸟》就是秦国人挽子车"三良"的诗篇。又黄帝时有大臣名车区，负责星相占卜，其后代以车为姓。又汉武帝时有丞相田千秋，因老迈上朝时必须乘车出入，时人谓之车丞相，后其子孙遂有以车为姓者。

侯：西周时封夏侯氏于侯建国，子孙遂以国名侯为姓。又春秋时晋国哀侯兄弟均被晋武公杀死，哀侯子孙避祸出逃，并以原封爵位侯为姓。南北朝魏孝文帝迁入中原后，鲜卑族侯奴氏、侯伏氏改汉姓为侯。

宓：宓姓据说是伏羲氏的后代，因为上古时宓与伏音同，故伏羲也称宓羲，后裔遂有取宓为姓者。

蓬：西周初周王室封支裔子孙于蓬州（一说即蓬陂，在今河南开封南；一说在今四川营山东北），后代遂以蓬为姓。又说蓬是蓬草，蓬姓祖先以蓬草筑屋，认为蓬草为生存必需品，故以蓬为姓。

全：西周设有泉府之官，负责管理钱财，泉府后代遂有以泉为姓者，又因泉与全音同，故演化为全姓。一说全是古代邑名，居住全邑的人于是以全为姓。

郗：东夷族少昊氏挚的后裔西周时被封于郗邑（今河南沁阳一带），子孙遂以郗为姓。

班：楚国若敖有孙子名子文，官职令尹，人称令尹子文，传说小时候他被老虎叼走，是吃虎乳长大的。因老虎身上有斑纹，所以令尹子文的后代就用斑为姓，后写作班。

仰：秦惠王儿子名卬，人称公子卬，子孙后加人字偏旁以仰为姓。又说舜有大臣名仰延，精通音乐，他将原本仅有八根弦的瑟增加到二十五根弦，使其乐律更加丰富宽广，子孙引以为荣，遂改姓仰。

秋：春秋时鲁国大夫仲孙湫的裔孙名胡，在陈国为官，人称湫胡，湫胡后代遂有去水偏旁以秋为姓者。传统京剧中《秋胡戏妻》据说就是根据湫胡的故事改编的。

仲：黄帝后裔高辛氏有才子八人，世称"八元（善）"，舜举之使教化四方。八元中仲熊、仲堪的子孙，遂以先祖名字中的仲字为姓。又商汤王有左相名仲虺，仲虺子孙遂以仲为姓。又周宣王有卿士仲山甫，多次劝谏宣王施行仁政，力佐周室中兴，其后代以仲为姓。

伊：传说帝尧出生于伊水畔，其后代于是以伊为姓。一说商代大臣伊尹，辅佐商汤攻灭夏桀，子孙遂以其名伊为姓。伊尹名伊（一说名挚），尹为官名。

宫：周朝专门负责修缮、清扫宫室庭院的官称宫人，其后人遂以官职宫为姓。又春秋时鲁国孟僖子的儿子食邑于南宫，后代子孙中的一支遂以宫为姓。

【原文】 宁仇栾暴，甘钭厉戎。祖武符刘，景詹束龙。

【注释】 宁：春秋时秦襄公曾孙死后谥宁，世称宁公，子孙遂以宁为姓。又卫武公儿子季亹封于宁邑，后代于是以封地宁为姓。

仇：夏代有诸侯九吾氏，入商后建国名九国，九国的国君九侯商朝末年时被纣王杀死，子孙为避祸遂加人字偏旁改九为“仇”作为姓氏。又春秋时宋缗公被宋万杀死，大夫仇牧闻讯赶赴宫廷救君，在宫门口与宋万狭路相逢，仇牧仗剑斥责宋万，不幸亦被杀死。仇牧后代为纪念先人，取其名字中的仇字为姓。

栾：春秋时晋靖侯有孙子名宾，封食邑于栾（今河北栾城），后代遂以封邑栾为姓。又齐国始祖姜太公后代中有叫子栾的，子栾的后人遂有以栾为姓者。

暴：商代诸侯暴辛公建暴国，周朝时并入郑国，暴辛公后代遂以暴为姓。

甘：夏代时有甘国（今陕西鄠邑区西。一说今河南宜阳或洛阳附近），甘国王族后裔以甘为姓。一说夏代甘国后裔中出了贤士甘盘，在商朝时任第二十二代商王武丁的老师，甘盘子孙因此以甘为姓。又西周时武王，东周时惠王、襄王，都有姬姓王族封邑于甘，他们的子孙后代都以甘为姓。

钭：战国时田氏代齐，史称田齐。姜姓齐国末代君主齐康公被迫流落海滨，用酒器钭当作锅煮食野菜充饥，其支庶子孙中的一支为不忘先祖困苦，遂以钭作为姓氏。

厉：春秋齐国厉公后代以祖上谥号厉为姓。一说上古炎帝生于厉山，号厉山氏，炎帝后裔中遂有以厉为姓者。一说西周时有厉国，故地在今河南桐柏东南一带，厉国公族后代以国名为姓。

戎：周武王封其弟叔振铎于陶丘（今山东定陶西南），建立姬姓诸侯国曹国。当时另一诸侯小国戎国（今山东菏泽西南），是曹国的附庸国，春秋末年戎国随同曹国一起被宋国所灭，戎国公族后裔遂以戎为姓。

祖：商汤后裔子孙中，先后有祖乙、祖辛、祖丁、祖庚、祖甲任第十三、十四、十六、二十三、二十四代商王，他们的后代遂以祖为姓。

武：据说夏代帮助后羿一度夺取夏王太康君位的部族首领中有名武罗者，武罗的子孙后来便以武为姓。又商代中兴之王武丁先后用兵征服了周边各国，后裔子孙中遂有以其名字中的武为姓者。又周平王小儿子出生后因手心中有“武”字手纹，故起名叫武，他的后代于是改姬姓为武姓。

符:春秋时鲁顷公之孙公雅在秦国任符玺令,负责掌管传达命令调遣军队的符节印玺,其后代遂以符为姓。

刘:唐尧儿子丹朱的后裔有名叫累的为夏王孔甲养龙(驯养鳄鱼)有功,封在刘地(故地在今河北唐县),故称刘累,刘累后人遂以刘为姓。刘姓后裔在周代曾被迁到杜邑(今陕西西安一带),后改姓为杜。杜氏子孙中有名隰叔的在晋国任士师,隰叔后代后来分为两支,一支留在晋国以隰叔官职中的士字为姓;一支入秦未归,并且改回最初先祖姓氏即刘姓。战国后期秦灭魏、楚等六国,刘姓亦随秦军东进,其中一支定居在了沛县(今属江苏省),这族中就出了后来的汉高祖刘邦,刘姓也从此成了大姓。又东周匡王姬班少子王季封于刘邑(今河南偃师西南),世称刘康公,后代遂以刘为姓。

景:春秋时楚国大夫景差与宋玉同时,以楚辞见称,他的后人遂以景为姓。又春秋时齐国景公的后代,有以其谥号景为姓者。

詹:舜封黄帝后裔于詹地(在今河南省界内),遂有詹姓。一说周宣王封其支庶子孙于詹地建国,人称詹侯,詹候之后以詹为姓。因黄帝为姬姓,是周始祖,则詹姓源出于姬姓。

束:春秋末期田姓代齐,至战国田齐公族中有踈,(今读作,写作疏)姓,因战乱避祸,去足字偏旁改姓作束。一说踈姓传至汉代,有踈广(疏广)家居传授《春秋》,汉宣帝征召其为博士太中大夫,做太子少傅。王莽篡国后,踈广曾孙踈孟达避难沙鹿山,去掉姓中的足旁改姓束氏,束姓由此而始。

龙:相传黄帝时有臣名叫龙行;帝舜时有臣名龙,官职为纳言(负责上传下达之官),他们的后代遂以先祖名字龙为姓。一说颛顼后裔替舜驯养龙(即鳄鱼),故称豢龙氏,后代于是以龙为姓。一说刘氏先祖刘累曾师从豢龙氏为夏王孔甲养龙,因功封于刘,赐姓御龙氏,故其后代有姓刘者,有姓龙者。一说春秋时鲁国有龙邑,故地在今山东泰安西南,居于此地的人,后代有以龙为姓者。

【原文】 叶幸司韶,郜黎蓟薄。印宿白怀,蒲邰从鄂。

【注释】 叶:春秋时楚国庄王的曾孙沈尹戌为楚平王左司马,在与吴国的交战中被杀。沈尹戌之子沈诸梁,字子高,被封于叶县(今河南南阳)任县尹,自称叶公,因平定楚国王族白公胜之乱有功,子孙世袭其爵,并改沈为叶姓。

幸:幸氏世系不详,有人说因古代君王身边有不少宠幸的侍从之臣,其子孙遂被冠以幸姓。

司:据传神农氏时属下有专门负责占卜祭祷的大臣名叫司怪,司怪子孙遂以司为姓。一说春秋时郑国有大夫名叫司成,司姓就是他的后代。另说复姓司马、司徒、司寇、司城的子孙有改为单姓司的。

韶:帝舜制作的韶乐美妙动听,后被当作庙堂音乐,据说孔子在齐闻韶乐而三月不知肉味，因此有人以韶为姓。一说舜南巡曾登韶石（在今广东韶关北），演奏韶乐，故此地称韶石，居住于此地的人遂以韶为姓。

郜：周文王有小儿子封于郜（在今山东成武东南），春秋时被宋桓公所灭，郜国姬姓王公子孙遂以故国国名郜为姓。

黎：据说颛顼裔孙被封于黎阳（今山西长治西南），建黎国，子孙后代遂以黎为姓。到商朝末年黎国被周所灭，周武王分封帝尧后裔居黎，尧的后裔亦以封地黎为姓。

蓟：西周初武王封黄帝后裔于蓟（今北京大兴）建蓟国，子孙遂以蓟为姓。

薄：商代诸侯中有薄姑氏，其后代遂以薄为姓。又春秋时宋国有大夫封于薄城（今河南商丘北），子孙于是以食邑为姓。又南北朝时鲜卑族有薄奚氏，魏孝文帝下令改汉姓时，一部分改作薄姓，一部分改作奚姓。

印：春秋时郑成公名睔，字子印。他的孙子段为郑国大夫，曾著《蟋蟀赋》，被誉为保家之士，段以祖父之字印为姓，后遂有印姓。

宿：据说西周初周武王封伏羲氏后裔于宿（今山东东平东）建国，子孙后代遂以宿为姓。

白：据说炎帝时有大臣名白阜，负责水利工程，因治水有功深得炎帝赞赏，子孙于是以白为姓。又春秋时秦文公之子公子白的后代以白为姓。又春秋时著名的秦晋殽之战中，秦军统帅为孟明视、西乞术、白乙丙三人。为纪念先祖战功，白乙丙子孙后遂以白为姓，据说战国著名秦将白起就是他的裔孙。又春秋后期楚平王太子建有子名胜，楚惠王时被封在白邑（今河南息县西南）建城，人称白公城，胜则被称为白公胜。白公胜作乱被叶公平定，其后人遂以城邑之名白为姓。又西汉至唐宋时，西域少数民族中亦有大量仿效汉俗起单姓称白氏的。

怀：西周时周武王初封其子叔虞于怀地，后周成王灭唐国（今山西翼城西），把唐封给了叔虞，世称唐叔虞，而原来居住于怀地的叔虞宗族则改姓怀。又春秋时宋国微子启后裔中有改子姓为怀姓的。

蒲：据说是上古有扈氏的后裔。一说夏禹封舜的后代于蒲（今河南长垣；一说今山西吕梁；一说今山西蒲州），蒲人遂以蒲为姓。

邰：据说帝尧封后稷于邰，其子孙遂以邰为姓。后稷就是周的先祖弃，传说他的母亲名姜嫄，为有邰氏之女。姜嫄在田野上见一巨人脚印，好奇踏上去玩，结果因此怀孕而生一子，开始想把这男孩抛弃不要，故名叫弃。弃后来做了尧的农官，教民耕地种植稷、麦等粮食作物，因功封邑于邰（今陕西武功），邰姓和姬姓都是他的子孙后代。

从：东周时平王将小儿子精英封于枞（今安徽枞阳），建枞国，世称枞侯。枞侯后代枞公为刘邦大将，与御史大夫周苛同守荥阳，荥阳城破，枞公被项羽所杀。枞公子孙将枞字去掉木旁改姓从，意思是“去木留从”，枞姓由此渐渐消亡。

鄂:春秋时晋孝侯之子郄接替父位,因其原居于鄂(今山西乡宁南),故称晋鄂侯,鄂侯子孙后遂以鄂为姓。又春秋时楚王有子封于鄂(今湖北鄂城),鄂邑王公子孙后代便以鄂为姓。

【原文】 **索咸籍赖,卓蔺屠蒙。池乔阴郁,胥能苍双。**

【注释】 索:周公平定武庚之乱后,将殷商遗民“殷民七族”和商故都周围地区一并封给了武王弟弟康叔。索氏即为殷七族之一,居住地在今河南商丘东部一带,这就是索姓的先祖。

咸:帝尧大臣有名咸的,是尧的巫祝之官。传说他能为人延年益寿;而且咒树树能枯,咒鸟鸟能坠,子孙为其神通广大而自豪,因此以咸的名字为姓。一说巫咸是商朝时负责掌管占卜巫祝的大臣,成姓就是他的后代。

籍:春秋时晋国大夫荀林父之孙伯黡管理国家典籍文献,后代遂以其官职籍为姓。一说卫国有地名籍圃,居住此地之民遂以籍为姓。

赖:西周初年周武王分封炎帝后裔于赖(今湖北随县)建国,赖国后被楚国所灭,子孙出逃至鄢、傅、罗等地,有的以原国名赖为姓,有的则以寓居地鄢、傅、罗等为姓了。

卓:春秋时楚威王儿子名卓,人称公子卓,卓姓就是他的后代。一说卓姓是楚国大夫卓滑的子孙。

蔺:春秋末韩、赵、魏三家分晋,晋大夫韩武子后代韩景侯建立韩国,子孙后有以韩为姓者。后来韩国公族有支裔孙韩康在赵国为官,食邑封于蔺(故址在今山西离石西),子孙后改以蔺为姓,蔺相如即出自这一家族。

屠:据说东方九黎部族首领蚩尤与黄帝大战涿鹿,兵败被诛。黄帝为使九黎族人难以集聚反抗,将其分散于各地居住,其中居住于屠地(今山东界内)的遂以屠为姓。又商朝王族有封于屠地者,后代去邑偏旁改姓屠。又古有以屠宰牲畜为职业者,其后代遂姓屠。

蒙:夏朝初期封颛顼后裔于蒙双(今山东界内),之后遂有蒙姓。

池:战国时秦国王族中有一公子名池,官居大司马,家族声名显赫,子孙遂以池为姓。又春秋时城邑都建有城墙,城墙外则围有护城河,因护城河称为池,故居住护城河边的人家中便有以池作为姓氏者。

乔:据说轩辕黄帝死后葬于桥山(今陕西黄陵),子孙中留居桥山为其护陵守墓者遂以山名桥字为姓,后去偏旁木字简姓作乔。又东汉太尉桥玄后代裔孙桥勤在北魏时任平原内史,后随孝武帝避乱逃奔关中,投靠大将宇文泰。后宇文泰杀孝武帝立元宝炬为帝,权倾一时,史称西魏。某日宇文泰兴致所至,命桥勤改姓乔木之乔,取其高远之意,桥勤听命而改,据说桥姓简作乔姓的出处即此。

阴:春秋时齐桓公贤相管仲后代孙管修仕楚,封为阴邑大夫,人称阴修。阴修与其先祖一样有贤名,后因白公胜之乱被杀,修的子孙遂以阴为姓。

郁:古代有郁国,是吴大夫封地,其公族后以国名郁为姓。一说古时扶风有郁夷县,胶东有郁秩县,北边还有郁致县,居住在那里的人后来便陆续以郁为姓了。一说春秋时楚国曾征伐郁林氏,将其民强迁至楚都郢的附近,人称郁氏。

胥:春秋时晋有大夫名胥臣,曾陪晋公子重耳出奔。重耳即位后胥臣得以封邑赐爵,子孙以为荣,遂以其名胥为姓。

能:周成王封熊绎建楚国,其子熊挚受封于夔,建夔国。后楚国以夔国不奉祀祖先为罪名灭掉了夔,夔国王族为避株连之祸,将熊字改为能字作姓。

苍:传说黄帝诸子中有一个名叫苍林,其后代遂以先祖名字中的苍字为姓。

双:夏朝时颛顼后裔的一支被封于双蒙,其子孙遂以双为姓。一说封于蒙双的颛顼后裔,后又分为双姓和蒙姓。双蒙与前面"蒙"姓之封地蒙双,实为一地。

【原文】 闻莘党翟,谭贡劳逄。姬申扶堵,冉宰郦雍。

【注释】 闻:春秋时鲁国的少正卯博闻强识学问渊博,但观点政见与孔子不同,他聚徒讲学对孔子的学说冲击很大,孔子做了鲁国司寇执掌刑狱之后便诛杀了少正卯。由于少正卯是当时远近闻名的人,其后代便以"闻人"二字为姓,后来又演变成了单姓闻。

莘:夏代国王启的支系子孙被封于莘,后代遂以封国莘为姓。古史所称商汤娶有莘氏之女,即是莘国女子。

党:夏禹后裔世居党项(今青海、甘肃一带)者以党为姓。又春秋时晋国公族封邑于上党(今山西长治),子孙后代遂以党为姓。又历史上党项一地是民族混居的地区之一,除夏禹后裔,还有很多少数民族,其中的党项羌人学习汉俗亦以党为姓。

翟:黄帝后裔居于翟地者。后便以翟为姓。翟又可读作翟,与狄同,春秋时代居住于北地的狄族故有以翟字作姓者。

谭:周初分封时夏禹的一支子孙被封于谭(今山东章丘西)建国,到春秋时谭国被"春秋五霸"之一的齐桓公所灭,谭国国君逃亡至莒(今山东莒县),留在故国的子孙遂以原国名谭为姓。又谈姓中有因避祸、避讳而改谭姓者。

贡:孔子的著名弟子端木赐。字子贡,其后代子孙中遂有以贡为姓者。

劳:崂山(今山东界内)古称劳山,居住山里的人原来很少与外界来往,西汉初劳山人开始与外界相通,朝廷于是赐山民为劳姓。

逄:相传炎帝有裔孙名陵,商朝时被封于逄建国,世称逄伯陵,其后代遂以封国逄为姓。

姬:传说黄帝出生于姬水畔,于是便以姬为姓,周朝王族是黄帝后裔,遂为姬姓。

申:周朝封姜姓始祖炎帝的后裔于申(故址在今河南南阳北),春秋时申国被楚所灭,其王族后代遂改姜姓为申姓。

扶:夏禹有大臣扶登,其子孙遂以扶为姓。一说西汉初年有一个巫祝名嘉,善于占卜祈祷,预言无不应验,汉高祖刘邦因巫嘉能感召神祇扶助汉室,特赐巫嘉姓扶。

堵:春秋时郑国大夫泄寇受封于堵邑(在今河南界内),世称堵叔。堵叔与叔詹、师叔号称三良臣,辅佐郑君,颇有善名,后代子孙遂以封邑堵为姓。

冉:据说帝喾高辛氏部落中有冉氏,其后裔遂以冉为姓。又周文王第十子名季载,武王灭商后被封于郉,周公推举他做司空辅佐成王,声名显于当时,后代子孙遂把封邑郉去掉右偏旁作冉为姓。又楚有大夫名叔山冉,他的后代也以冉为姓。

宰:本为殷商时代开始设置的掌管家事、家奴的官职,西周时沿置,职权扩大到执掌王家内外事务,或在王的左右辅赞王命。春秋各国亦设此官,多称为太宰。周有大夫孔担任此职,史称宰孔,其子孙遂以其官职宰为姓。

郦:夏禹封黄帝后裔于郦地建国,郦国灭亡后,王公族裔遂以国名为姓。

雍:西周初文王将其一子封于雍地(故地在今陕西西部),人称雍伯,雍伯后代遂以雍为姓。

【原文】 郤璩桑桂,濮牛寿通。边扈燕冀,郏浦尚农。

【注释】 郤:春秋时晋国公族叔虎因战功受封于郤,建郤国,世称郤子,其子孙后代便以封国郤为姓。

璩:璩姓源出不详。因璩本是一种耳环,故一说认为璩姓可能是制作耳环工匠的后代。另一说认为古代有地名蘧,居住于蘧的人遂以蘧为姓,后蘧与璩混同为一姓。今见于著录的如唐代岳州人璩抱朴,春秋卫国大夫蘧瑗,汉代大行令蘧正。

桑:传说古代东夷族首领少昊氏后代有居住于穷桑(故址在今山东曲阜北)的,子孙遂以地名中的桑字为姓。又春秋时秦国公族有公孙枝,字子桑,他的后代遂以其字桑为姓。

桂:周朝王族后裔姬季桢为秦国博士,秦始皇焚书坑儒时被杀。他的弟弟姬季眭为避祸,将季桢的四子统统更改了姓名,其老大改叫桂奕,因“桂”与自己名字“眭”同音,桂姓源出即此。

濮:虞舜有子名散,封地于濮。子孙后以濮为姓。一说春秋时卫国有大夫封于濮,后代遂以封地为姓。

牛:周武王灭商后封商纣王庶兄微子启建宋国,微子启裔孙司寇牛父为保卫宋国战死,子孙引以为荣,以他的名字牛为姓。又北魏侍中寮允,因功赐姓牛,其子牛弘任隋朝吏部尚书,好学博闻,性格宽宏,史称大雅君子。

寿:春秋时周王室支裔吴王寿梦的后代,以其祖名字寿为姓。

通:春秋时巴国有大夫封食邑于通川(故地在今四川省),子孙遂以通为姓。一说秦汉时有爵位名彻侯,金印紫绶,地位极尊。曾有封爵彻侯者的子孙以先人爵位“彻”为姓,后因避汉武帝刘彻名讳,改彻姓为通姓,取“彻”与“通”字意相同之故。

边:商代有小国名边,居其国者以边为姓。又东周襄王时有大夫封邑于边,称边伯,子孙遂以边为姓。一说春秋时宋平公之子御戎,字子边,子孙以他的字边为姓。

扈:夏朝时禹的子孙中有封地于扈者建扈国(今陕西鄠邑区),禹去世后由启继承了王位,引起了其他王族公国的不满,扈国即是反对启的公国之一,结果扈国被启灭掉,国人遂改姓扈。

燕:商朝封黄帝后裔伯鯈于燕(今河南汲县一带),史称南燕国,其国人后以燕为姓。又周武王建国后,分封助其灭商的功臣召公奭于燕(今河北北部和辽宁西部)建国,都城为蓟(在今北京西南部),史称北燕。燕在战国时为七雄之一,后被秦灭,燕国公族遂以燕为姓。又东晋时鲜卑族慕容氏于北方称帝,国号为燕,分前燕、后燕、西燕、南燕、北燕诸国,诸燕相继亡国后,其后人亦有仿汉族以燕为姓者。

冀:唐尧的后裔周朝初年被封于冀(今山西河津一带)建国,春秋时冀国被晋吞并,其王族遂以冀为姓。又冀姓后代追溯其源,认为晋国大夫冀芮食邑于冀,子孙遂以冀为姓,故冀芮实为冀姓之祖。

郏:周成王定国鼎于郏鄏,故址在今河南洛阳西,居住此地的人后遂以郏为姓。又春秋时郑国大夫郏张的先人封邑于郏地(今河南郏县),其族遂以郏为姓。

浦:春秋时晋国大夫浦跞乃姜太公姜尚的后代,浦跞子孙后遂以其名字中的浦字为姓。

尚:夏朝时有王族名尚黑者,他的子孙后以先祖名字中的尚为姓。又姜太公名望,西周初年官拜太师,辅佐武王灭商有功,被尊称为师尚父,也称姜尚。因其封于齐建国,为齐国始祖,故亦称太公。姜太公后裔中遂有以其尊号中的尚为姓者。一说战国时开始设置尚书官职,掌管文书,秦汉后因尚书在皇帝身边办事,地位渐重,尚书的子孙后代遂有取祖上官名中的尚(即执掌之意)为姓者。

农:西周初武王封神农氏后裔为农正,执掌农业生产与农事祈祷等事,农正后代子孙遂以祖上官职为姓。

【原文】 温别庄晏,柴瞿阎充。慕连茹习,宦艾鱼容。

【注释】 温:西周初成王封其弟叔虞于唐,唐叔虞后代子孙中的一支受封于温(今河南温县),其族后人遂以温为姓。又春秋时晋国大夫郤至的食邑封于温,世称温季,温季后代遂以温为姓。又唐代西域有康居国(故址在今新疆北),与唐交往中其国王取汉姓为温,后融入中原成为温姓源流之一支。

别:古代宗法之制,嫡长子族系称宗子,长子之外的次子、三子等诸子族系称小宗。小宗的次子们地位更低,称为别子,因为按照宗法制度别子不能承继祖姓,于是就有了以别为姓以示区别者。别姓既然带有如此明显的尊卑有别之意,所以罕见于世,历史上大多用为元代蒙古族人的姓氏音译。

庄:春秋时楚庄王支系子孙中有以先祖谥号庄为姓者。又春秋时宋戴公名武庄,其后代子孙中遂有以其名字中庄字为姓者。

晏:据说颛顼有裔孙名陆终,陆终第五子名晏安,晏安后人遂以晏为姓。又尧帝时有臣名晏龙,晏龙之后遂取其名字中晏字为姓。又春秋时齐国公族有封于晏(今山东齐河西北)者,后代遂以封邑为姓,身为齐国灵公、庄公、景公三朝大夫的晏婴即出此家族。

柴:齐国姜子牙的后代裔孙有名高柴者为孔子弟子,高柴之孙名举,举以祖父名字中的柴字为姓,称作柴举,柴姓由此而始。又元朝灭亡后,蒙古王公贵族中有不少家族改作汉姓柴氏,到了清代,亦有许多满族人效仿汉姓改称柴氏。

瞿:商朝时有一大夫封食邑于瞿上,世称瞿父,子孙后以先祖封邑为姓。一说孔子有弟子名商瞿,居住地被称作商瞿里,后改称瞿上乡(在今四川双流东),他的后代便以瞿为姓。

阎:西周初武王封周太伯(太王古公亶父的长子)曾孙仲奕于阎乡,其后代遂以封邑阎为姓。又周康王之子封于阎,后代亦以封地为姓。春秋时晋成公之子封于阎,子孙亦以阎为姓。

充:周代官职中有充人,主管饲养祭祀时所用的牲畜,"充"的意思就是使牲畜肥壮,充人后代遂有以祖先官职为姓者。

慕:古代鲜卑族有慕容氏,意思是:仰慕天地二仪之德,承继日、月、星辰三光之容。在不断与中原汉民族融合的过程中。鲜卑慕容氏有改复姓为单姓慕者。

连:颛顼裔孙陆终第三子名惠连,他的后代中遂有以连为姓者。又春秋时齐国大夫连称与管至父一起戍葵丘,后发动叛乱杀死襄公,从而引起国人不满,最终连称亦被杀。连称子孙只好逃出了齐国,为了避祸,他们改掉原姓,以连称名字中的连字作为了新姓氏。又楚国春秋时设有连尹、连敖等军事官职,后合为一职,他们的子孙后来遂有以祖上军职中的连字为姓者。

茹:古代东胡族有柔然部落,南北朝时北朝称其作蠕蠕,南朝称其作芮芮,主要活动在今甘肃敦煌、张掖北部。柔然族人进入中原后改蠕蠕、芮芮为茹茹氏,后又效法汉族以单字茹为姓。

习:古有小国名少习国,其故地在今陕西商州东南一百八十多里的武关北。少习国人后有以习为姓氏者。

宦:宦姓源起不详,有人推测为官宦人家后代自称姓宦。当然是取仕宦之意,而非阉宦之宦。一说战国时赵国有宦者令,汉代有宦者令、宦者丞,均为少府属官,宦姓也可能源于任此官职者的后代。

艾:夏代少康王时,有臣名汝艾辅佐其中兴大业,其子孙后代便以艾为姓。又春秋时齐景公宠臣名孔,因封邑于艾(今山东莱芜东南),人称艾孔,后代遂姓艾。

鱼:春秋时宋桓公因病打算让位,太子兹父请桓公立其庶兄子鱼(名目夷)继位,子鱼一再谦让,最后兹父登基为宋襄公。襄公命子鱼为司马,宋、楚泓之战,宋襄公不听子鱼趁楚军渡河前后阵脚未稳之机击溃楚军的正确建议,结果被楚军打败,襄公自己亦因伤而卒。子鱼后代以先祖贤能为傲,遂以其字鱼为姓。

容:古有容氏国,其国人后遂以容为姓。又古代礼乐之官称作容,据说黄帝的礼官名容成,中国最早的历法就是他发明的,道家更是把他附会作仙人,说他是黄帝或老子的老师,容成的子孙后遂以容为姓。

【原文】 向古易慎,戈廖庾终。暨居衡步,都耿满弘。

【注释】 向:春秋时宋桓公儿子中有公子肸,字向父,其子孙遂以其字向为姓。

古:周太王古公亶父后人中有以古为姓者。又春秋时晋景公大夫郤犨,又称苦成叔,谋事有智,临戎有文,而且有辩才,为使有礼,其后代中有以苦成为姓者。苦成的后人又以音近而改姓古成者;古成的子孙则又有改复姓为单姓古者。

易:春秋时齐桓公有宠臣名雍巫,字牙,精于烹调美食,封邑于易,人称易牙,易牙子孙后代以易为姓。又古代易州在今河北易县,居于此者遂以地名为姓。

慎:春秋时楚太子建的儿子白公胜曾于慎地(今安徽颍上西北)打败吴国军队,后作乱出逃,自缢而死。白公胜的后代居于慎的遂以地名慎为姓。

戈:夏禹后裔子孙中有封于戈地者,遂以封地戈为姓。

廖:商朝时封颛顼后裔叔安于廖国,世称廖叔安,子孙后以廖为姓。又周文王有子名伯廖,伯廖子孙中有以廖为姓者。

庾:古代称露天堆积粮食的临时仓库为庾,远在帝尧时代就有负责看管这种粮仓的官职掌庾大夫,周朝沿置此官职,且子孙一般世袭其职,因此他们的后代中就有以庾为姓者。

终:颛顼裔孙名陆终,陆终子孙中遂有以终为姓者。一说夏桀太史令名终古,子孙遂以其名为复姓终古,后裔中又有改复姓为单姓终者。

暨:据说颛顼裔孙陆终儿子名篯,篯的后人在商代时封于诸暨(今属浙江省),子孙遂以地名中的暨字为姓。

居:春秋时晋国大夫先轸善用兵,先后统帅中军击败楚师,为襄公谋划大败秦师,后不穿胄甲勇入狄师战死。先轸之子先且居继其父职,辅佐晋襄公多有善策,子孙因以为荣,以其名字中的居字为姓。

衡:商汤辅国之臣伊尹,官拜阿衡,至太甲王时改称保衡,为执掌国政之臣,伊尹后代遂以先祖官职名称衡字为姓。又三国时袁绍在官渡被曹操打败,不久病死,其支裔子孙避祸于衡山(今属湖南省)。后便以山名为姓。

步:春秋时晋国大夫郤豹的裔孙名扬,封邑于步,世称步扬,其子孙后代以封邑步为姓。

都:春秋时郑国大夫公孙阏,字子都,好强逞勇,长相俊美,闻名当时。郑庄公命子都与大夫颍考叔伐许,子都因为争功而将颍考叔射杀。子都后人中有以其字都为姓者。

耿:商代自祖乙王至阳甲王均于耿(今河南温县东)建都,后盘庚迁都于殷(今河南安阳小屯村),留在耿的商王族后裔中遂有以耿为姓者。又周灭商后,分封周姬姓王族中一支建诸侯小国耿(在今山西河津南),春秋时为晋所灭,其王族遂以国名耿为姓。

满:周初封舜的裔孙胡公满于陈建国,建都宛丘(今河南淮阳),春秋时陈国被楚所灭,胡公满的后代遂以满为姓。又伊斯兰历史上阿拔斯王朝统治者艾布·贾法尔又名满苏尔,意即胜利者。后满苏尔演变成穆斯林中的一支大姓,在与我国中原汉民族交往融合的过程中,我国回族遂效仿汉姓改满苏尔为满姓。

弘:春秋时卫懿公大臣弘演出使在外,狄人攻卫,杀卫懿公后食尽其肉而丢弃其肝。弘演闻讯赶回卫国,呼天悲号,并自剖己腹将懿公之肝置于内而死。弘演子孙以其祖忠耿为荣,遂改姓弘。

【原文】 **匡国文寇,广禄阙东。欧殳沃利,蔚越夔隆。**

【注释】 匡:春秋时鲁国句须担任匡邑(故地在今山东西南一带)宰,子孙遂以其居官的地名为姓。

国:据说夏禹时,为其掌管车马出巡的御者名国哀,国姓子孙认为国哀即其始祖。又春秋时齐国有上卿名国,子孙以国为姓,世袭上卿。又春秋时郑穆公之子公子发,字子国,后代遂以其字为姓。

文:周武王灭商建周,追谥父亲姬昌为文王,文王后代中遂有以其封谥文为姓者。

寇:西周初苏忿生任武王司寇,负责刑狱尽职尽责,他的后代遂以其官职中寇字为姓。又卫国始祖康叔为周武王弟,周公灭武庚后把殷民七族和商故都土地均封赏给了他,成王时又命他做了司寇,康叔后代中遂有以其官称中的寇字为姓者。又后魏时鲜卑族中的若口引氏改汉姓为寇。

广:据说上古轩辕黄帝时,有号广成子的高人隐居于崆峒山石室中,黄帝曾向他请教过治国之道,广成子后代有以广成为复姓者,亦有以广为单姓者。

禄:商纣王儿子武庚,字禄父,武王灭商后继续守其封地为殷君,周公旦摄政时他勾结"三监"谋反,被周公诛杀。武庚死后,子孙改以其字中的禄字做姓。

阙:相传春秋时孔子讲学授徒之所在洙、泗二水之间的阙里(故地在今山东曲阜北),孔子学生中有定居此地的,其后代遂以阙为姓。一说阙里有邑名阙党,封于阙党邑的鲁人中有以阙为姓者。

东:传说帝舜有七位好友,其中的东不识乃伏羲后裔,东不识的后代子孙遂以东字为姓。

欧:春秋时越国著名的冶炼锻造工匠欧冶子,曾为勾践王制作过湛卢、巨阙等五把名剑,与干将携手为楚王打造了龙渊等三把宝剑,因此名噪当时,他的子孙后以其名字中的欧字为姓。又越王勾践后裔有封为乌程欧阳亭侯者,其子孙遂以欧阳为姓,欧阳复姓在传继过程中又演化出了欧这个单姓。

殳:帝舜是传说中远古部落有虞氏的领袖,他曾命垂担任共工一职,负责执掌百工之事,垂让贤于殳斨,殳斨后代遂以先祖名字中的殳为姓。

沃:商王太甲之子名沃丁,他即位后名相伊尹已卒,沃丁任用贤臣咎单继续实行伊尹善政,天下大治。沃丁后代认为先王治理有方,遂以沃为姓。一说古代居住于沃(今山西曲沃)的人以居住地为姓。

利:帝尧的理官皋陶后裔理利贞,为了躲避商纣王追杀,出逃至今河南嵩县伊水旁,曾以李子充饥,他的后代遂有以李、以理或以利为姓者,故利姓与李姓同出一祖。

蔚:北周宣帝时改代郡为蔚州(今河北蔚县东北)。代郡上溯至春秋时为诸侯小国代国,战国初被赵襄子所灭,其侄赵周受封于此。战国末期赵国为秦攻破,赵公子嘉由邯郸出奔到代,自立为代王。后代国终为秦灭,居住此地的古代国和迁徙来的赵国王公贵族后裔中遂有改姓代者。至北周宣帝改代郡为蔚州后,代姓中又有改姓蔚者,蔚姓由此而始。

越:夏禹后裔夏朝第六代王名少康,少康庶子名无余,建立越国,都城会稽(今浙江绍兴),战国时越被楚灭,王族后裔以国名越为姓。

夔:西周时成王封熊绎建立楚国,其子熊挚受封于夔(今湖北秭归东)建夔国。后楚国以夔不敬祀先祖为借口灭掉了夔,熊挚的后代为免受株连纷纷改姓避祸,有改熊字为能字做姓氏者,有改以封国夔字做姓氏者。

隆:春秋时鲁国境内有隆邑,居住此地的人后便以隆为姓。

【原文】 师巩厍聂,晁勾敖融。冷訾辛阚,那简饶空。

【注释】 师:上古至先秦负责掌管音乐的官员称作师,如轩辕时的司乐师延,传说他拊一弦琴则地祇皆升,吹玉律则天神俱降,听遍诸国乐声,可以从其中分辨出兴亡之兆。商代乐官师涓为商纣王制靡靡之音,武王伐纣时师涓投河自杀。春秋时卫国乐官也称师涓,晋国著名乐师为师旷。这些乐师的后代多以师为姓。

巩:周敬王时有同族姬姓卿士简公封邑于巩(今河南巩义市),世称巩简公,他在辅佐敬王时主张选贤任能,弃用了不少姬姓王族子弟而录用了大批远道前来的异姓诸侯国人才,结果招致王侯子弟的不满而被诛杀,简公的子孙后遂以封地巩为姓。

厍:厍为库的俗字,古代有守库大夫官职,其后代则有以库或厍为姓者。又我国少数民族中多有厍狄、厍门、厍得官等复姓或三字姓,在与汉民族的融合过程中不少改成了单姓厍或库姓。

聂:春秋时齐国有丁公封支庶子孙于聂(今山东省境内),子孙后代遂以聂为姓。一说是卫国大夫(或说是楚国大夫)封地于聂,因以为姓。

晁：西周时景王姬贵小儿子姬朝在王位争夺中失败，被迫出逃至楚国，子孙后以朝的同音字晁为姓。又晁与鼂通，所以鼂姓亦作晁姓，例如西汉著名刑名家、景帝御史大夫鼂错，今多写作晁错。

勾：传说上古有木正、火正等五行之官，木正为春官，主掌天地四时万物生死。勾芒氏为少昊时木正，其后代以勾为姓，勾姓又演化出句姓、钩姓，实为一源。

敖：传说颛顼帝有老师名太敖，其子孙遂以敖为姓。又春秋时楚国称被废被杀没有谥号的国君为敖，他们的后代也有以敖为姓者。

融：传说高辛氏帝喾的火正祝融，执掌火事，他是颛顼后代老童之子，祝融子孙中有以祝或融为姓者。

冷：传说黄帝时有乐官名泠伦，古代乐律就是由他发明创定的，泠与伶通，故乐官、乐人后便称作伶人，他们的后代遂有以泠或伶为姓者。又因为寒冷的"冷"字在表示清凉或象声时可写作泠泠，与冷冷音、义皆同，所以泠姓又有演变成冷姓。

訾：古代有訾陬国，居其国者遂以訾陬为氏，据说帝喾的一个宠妃即訾陬氏人，訾陬后又演化做单姓訾。一说訾姓原本为祭姓，因祭祀要杀牲，祭姓的后代认为姓"祭"不祥，所以改为字形相近的訾姓。（笔者认为訾，有诋怨之意，也不能算作褒义吉祥之字，故訾姓来源祭姓之说略显牵强，聊备一说而已。）

辛：夏禹儿子启建立了夏朝，封其支庶子于莘（今河南开封东南，一说在今山东曹县北），莘国也称有辛、有莘、有侁国，其后人遂以地名莘或辛等为姓，商汤所娶有莘氏即其国之女。又今陕西合阳东南亦曾是古代莘国故地，姒姓，周文王妃太姒即此国之女，居此国者也有以莘或辛为姓者。

阚：春秋时齐国大夫止曾居住于阚（今山东汶上西南），世称阚止，他的子孙遂以阚为姓。一说黄帝后裔南燕国（与北方燕国并非一国，在今河南延津东北）王族中有封于阚邑者，后代以阚为姓。

那：春秋时诸侯小国权国（在今湖北当阳东南）被楚所灭，楚把权人迁徙至那城（故城在今湖北荆门东南），权国王公后裔遂有以那为姓者。

简：春秋时晋国大夫狐鞠居食邑于续，号续简伯，他的后人或以简为姓，或以续为姓，或以狐为姓，故简姓、续姓、狐姓同源同宗。

饶：战国时赵悼襄王封长安君于饶（在今河北界内），其子孙遂以饶为姓。又战国时齐有大夫食邑于饶，他的子孙后代也以饶为姓。

空：古代有小国名空，居其地者称空侯氏，空侯氏后代遂以空为姓。又商代始祖名契，契的后裔中有封于空桐（今河南虞城）者，子孙遂以空桐为姓，继而又演化出单姓空。

【原文】 **曾毋沙乜，养鞠须丰。巢关蒯相，查後荆红。**

【注释】 曾：相传夏禹之后第五代君少康中兴夏室后，封小儿子曲烈于鄫（今山东苍山西北)，建鄫国，历夏、商、周三代至春秋时被莒国所灭。鄫国太子出逃到鲁国为官，其子孙后将原国名鄫去掉偏旁邑(即右阝)，表示离开了故国都邑，只留曾字以为姓。

毋：战国时齐宣王封其弟食邑于毋邱，以延续田氏齐国的祖祀，其子孙后代遂以毋为姓。

沙：相传神农氏即炎帝时有大臣夙沙氏，他的后代遂有以沙为姓者。又春秋时商纣王庶兄微子启后裔中的一支受封食邑于沙(今河北大名东)，子孙后代以沙为姓。

乜：春秋时卫国有大夫封邑于乜，子孙后代遂以封邑乜为姓。

养：春秋时吴国公子掩余、烛庸出逃至楚国，楚王封赏他俩大片田地以做养地食邑，其故址在今河南沈丘东与安徽界首西之间，他们的后代遂以养为姓。

鞠：相传周族始祖后稷的孙子出生下来时手心有菊形花纹，因古代菊与鞠字相通(一说生而有纹在手称作鞠)，所以给他起名叫鞠陶，鞠陶后代遂以先祖名中鞠字为姓。

须：相传中古时东夷族首领太皞即伏羲氏的后裔，春秋时期先后在济水流域建立了须句、任、宿、颛臾等国，其中须句国人后来便以须句或须为姓。一说燕国有附庸小国密须国，密须国公族后代遂以密或须为姓。

丰：西周初周文王灭了商朝崇侯虎的封国酆(今陕西鄠邑区)，将其改作酆邑，武王灭商后封其弟(文王第十七子)于酆为酆侯，酆侯子孙后去偏旁邑字作豊(丰)为姓。又春秋时郑穆公有子名丰，子孙遂以丰为姓。

巢：相传远古时代巢居的发明者教民构木为巢居住在树上，以避免野兽侵袭，史称有巢氏。夏禹时封有巢氏后人建巢国，巢国人遂以巢为姓。

关：夏朝末年有贤臣龙逄，因其封邑于关，世称关龙逄。当时夏帝桀荒淫暴虐，沉溺酒内，不理朝政，关龙逄屡屡直谏触怒了暴君夏桀，结果被囚禁杀死，关龙逄子孙后便以关为姓。

蒯：春秋时卫灵公太子蒯聩欲杀灵公夫人南子，灵公大怒，蒯聩被迫出逃到晋国。后卫国内乱，蒯聩趁机回国即位，是为卫庄公，卫庄公后裔子孙遂以蒯为姓。一说晋国大夫蒯得后代以蒯为姓。一说商代有蒯国。故址在今河南洛阳一带，其国人后遂以蒯为姓。

相：夏朝第五代王名相，建立都城相里，故城在今河北省界内，居住相里的王族后裔遂以相为姓。又商朝第十二代君名河亶甲，也曾居于相地，他的后代中亦有以相为姓者。

查：春秋时，齐顷公有子食邑于楂，“楂”通“楂”，故其后代子孙以楂为姓，后又去掉木字旁改姓查。

後：传说古代东夷族首领太皞裔孙中有名後照者，他的子孙遂以後为姓。此“後”

姓不同于“后”,“后”姓另有起源。

荆:西周时鬻熊立国荆山一带,建都丹阳(今湖北秭归东南),称荆国,为楚国前身,故楚国也称为荆楚,楚国后裔子孙中遂有以荆为姓者。

红:西周周夷王时,楚王熊渠趁周室衰微,不断兴兵吞并周围小国,并封长子熊挚为鄂王。熊挚字红,故其支庶子孙中有以其字红为姓者。又汉高祖刘邦后代中有楚元王刘交,刘交之子刘富封地于红,刘富子孙后代遂以封地红为姓。

【原文】 **游竺权逯,盖益桓公。万俟司马,上官欧阳。**

【注释】 游:春秋时郑穆公有子名偃,字子游,其子孙以其字游为姓。又晋国桓、庄之族后裔有游姓。

竺:商朝末年孤竹国君长子伯夷与次子叔齐争让君位,后双双投奔了周,武王灭商后他俩因不食周粟而死,他们的后代中有以原国名中竹字为姓者,后又有改竹为竺者。又古代西域天竺国(印度古称)僧徒进入中国后,多以竺为姓,而我国僧人又常有取其师之姓为已姓者,如南朝宋时庐山名僧竺道生,本姓魏,出家后就以其师竺法汰之姓为姓。

权:商朝二十二代王武丁裔孙封地于权(今湖北当阳东南),其子孙遂以权为姓。

逯:战国时秦有大夫封邑于逯,子孙遂以逯为姓。又楚国公族中有逯姓。

盖:战国时齐有大夫食邑封于盖(今山东沂水西北),子孙以盖为姓。

益:相传帝舜时掌管刑法的大臣皋陶有子名伯益,伯益为禹重用,助禹治水有功,被禹选为继承人,后被禹子启所杀。伯益支系子孙中有以益为姓者。

桓:相传黄帝时有大臣名桓常,其子孙遂以桓为姓。又春秋时宋国国君宋桓公后代,以其祖先谥号桓为姓。又南北朝时北魏鲜卑族有乌丸氏,魏孝文帝迁都洛阳后,乌丸氏改汉姓为桓。

公:春秋时鲁昭公有两个儿子,名衍与为,他们的封爵是公、侯、伯、子、男中的第一等即公爵,所以世称公衍、公为,其子孙以祖上封爵为姓,遂有公姓。

万俟:南北朝时期北魏孝文帝迁都洛阳,改鲜卑王族拓跋氏为汉姓元,故北魏亦称元魏。在孝文帝倡导下鲜卑族纷纷改姓汉姓,魏献文帝之弟即孝文帝的叔叔这个家族,被赐改称复姓万俟。

司马:传说古代东夷族首领少皞设官职司马,执掌军政大事。但文献记载司马一职始见于西周,春秋战国至汉代一直沿用,负责军政、军赋,周宣王时程伯休父任司马,他的后代遂以司马为姓。

上官:春秋时楚庄王小儿子名子兰,官为上官大夫,他的子孙遂以其官职上官为姓。又在今河南滑县东南三十多里处古时有上官邑,是河南通向河北的通道,居住此地的人遂有以邑名为姓者。

欧阳:战国时,越王勾践第五代孙越王无彊被楚威王杀死,越国被灭。无疆之子蹄被楚王封于乌程欧余山(在今浙江吴兴)南面,因山南为阳,故世称其欧阳亭侯,子孙后遂以欧阳为姓。

【原文】 夏侯诸葛,闻人东方。赫连皇甫,尉迟公羊。

【注释】 夏侯:西周时夏禹后裔东楼公被封于雍丘(今河南杞县),建杞国。战国时杞简公被楚所灭,简公之弟佗出逃奔鲁,鲁公认为佗乃夏禹之后,尊称为夏侯,佗的后代遂以夏侯为姓。

诸葛:相传远古有葛天氏部落,夏代诸侯葛伯即葛天氏后裔。葛伯其国被商所灭后,他的支族中有一支迁至诸(今山东诸城西南),并以迁居地名诸,加上原诸侯国名葛,组合成复姓诸葛。

闻人:春秋时鲁国大学问家少正卯因与孔子政见不同被杀,少正卯曾与孔子同时讲学,他的影响力使得孔子门下三盈三虚,在当时闻名远近,号称"闻人",子孙在其被杀后遂以闻人为复姓,或单姓为闻。

东方:相传伏羲氏创八卦,以震为尊,认为震是雷之象,万物均出于震,与之对应的方位为东方,是太阳神居住之地,伏羲后裔中遂有以东方为姓氏者。

赫连:东汉时长期活跃于漠北的匈奴族开始分裂为两部,留居当地的称北匈奴,南下的称南匈奴。南匈奴右贤王刘豹子后代刘勃勃拥兵自立,号称大夏天王,自创姓氏称赫连,因赫有显耀盛大之意,故赫连意思是光辉显赫与天相连。

皇甫:春秋时宋戴公有子名充石,字皇父,曾任周太师,子孙遂以皇父或皇为姓。汉代时,皇父氏族后裔皇父鸾徙居于茂陵,将姓中的父字改为甫字,这一家族后遂姓皇甫。

尉迟:南北朝时北魏孝文帝迁都洛阳,鲜卑族纷纷改姓汉姓,与鲜卑拓跋部落一起南迁的尉迟部落,从此就以尉迟为姓。

公羊:春秋时鲁国有贵族公孙羊孺,他的子孙后代取其姓和名中各一字组成又一复姓公羊。

【原文】 澹台公冶,宗政濮阳。淳于单于,太叔申屠。

【注释】 澹台:春秋时孔子弟子灭明因家住鲁国澹台山(今山东嘉祥南),故以澹台为姓,称澹台灭明,他的子孙以后均以澹台为姓。

公冶:春秋时鲁国季氏之族有大夫季冶,字公冶,子孙遂以其字为姓。

宗政:汉高祖之弟楚元王刘交之子刘郢客官为宗正,封上邳侯,统掌皇族事务,他的后代遂以其官名宗正为姓,宗正也做宗政,故其姓后改作宗政。

濮阳:古代称山之南水之北为阳,濮阳(今属河南省)为春秋时卫国都城,在濮水之北,居住于此的王公贵族后代遂以都邑之名为姓。

淳于:夏朝时有斟灌国,周武王时封淳于公在此建淳于国(今山东安丘东北),后被杞国所灭。杞文公时杞国迁都淳于,战国时杞国又被楚国所灭。居住于此的原淳于国公族贵戚中，遂有以故都名称为姓者。

单于：汉代时匈奴称其君长为单于，意思是像天一样广大高远，匈奴左贤王去卑单于归降汉朝后，即以其君位之称单于为姓。

太叔：春秋时卫文公儿子姬仪，人称太叔仪，姬仪后代遂改姬姓为太叔。又郑庄公弟弟段封邑于京，世称京城太叔，他的子孙也有以太叔为姓者。

申屠：传说上古神农氏主掌四时、方岳之官称四岳，其后裔于周代时封国于申（故地在今河南南阳北），世称申侯。申侯支裔孙居住在安定（在今河南省境内）的屠原，其子孙后遂以封国申与居住地屠合为复姓申屠。一说夏代有贤人名申徒狄，申徒后转写为申屠，申徒狄后代遂以之为姓。一说春秋时楚有官职称申屠，子孙后代以祖上官称为姓。

【原文】 **公孙仲孙，轩辕令狐。钟离宇文，长孙慕容。**

【注释】 公孙：春秋时列国诸侯王位按例由嫡长子继承，继位前称太子，太子的兄弟称作公子，公子的儿子称公孙，公孙的儿子如果没有封邑爵号的一般皆以公孙为姓，追本溯源可知姓公孙的人非常多，并非一族一姓的后人。一说黄帝本姓公孙，因居姬水故改姓姬，姓公孙者为黄帝之后。

仲孙：春秋时鲁桓公次子名庆父，因排行第二，故称仲庆父、共仲，又称孟氏。庆父弑君作乱，畏罪出逃，后自缢而死，他的子孙遂改姓仲孙或孟孙。

轩辕：传说中中原各部族的共同祖先黄帝号轩辕氏，所以黄帝后裔子孙中有以轩辕为姓者。

令狐：周文王第十五子毕公高的裔孙魏颗，与其父魏犨一样均为春秋时晋国名将，魏颗以战功受封于令狐（今山西临猗西），子孙遂以封邑令狐为姓。

钟离：春秋时晋国有大夫伯宗，因遭受谗言被杀，其子伯州黎出逃到楚邑钟离（今安徽凤阳），伯州黎的后代遂以钟离为姓。

宇文：鲜卑族有部落首领名普回，据说普回有一次外出狩猎时拾获玉玺，上刻文字为“皇帝玺”，普回认为此玺是上天所授，而鲜卑族俗称天子为“宇文”，故普回改称自己部落为宇文，从此该部落遂以宇文为姓。

长孙：北魏道武帝拓跋珪的曾祖拓跋郁律的长子沙英雄，号拔拔，是鲜卑族南部首领；拓跋郁律的次子就是道武帝的祖父。沙英雄的儿子名嵩，按辈分排列应是皇室家族中的长房裔孙，所以道武帝拓跋珪建立北魏后封其为北平王，授官太尉，并赐姓长孙，长孙一姓自此而始。

慕容：鲜卑族涉归单于自称仰慕天地二仪之德，承继日月星三光之容，因此改用慕容为自己部落的姓氏。

【原文】 **鲜于闾丘，司徒司空。亓官司寇，仉督子车。**

【注释】 鲜于：相传西周初武王封商纣王的诸父、贤臣箕子于朝鲜，箕子旁支子名仲,食邑封在了于地,仲的子孙后遂以祖上封邑中的鲜和于,组合成姓氏鲜于。

闾丘:春秋时齐国大夫婴居住在闾丘,世称闾丘婴,子孙后代遂以闾丘为姓。

司徒:相传帝喾之子契因助禹治水有功,被舜任命为司徒,掌管教化,契的后代中遂有以司徒为姓氏者。司徒也作司土,夏商周至春秋时期主要掌管国家的土地民众、田赋徒役,汉代以后司徒官职渐高,职权相当丞相。故祖上担任司徒官职之人的后代子孙,遂以司徒为姓氏。

司空:西周时司空为六卿之一,主管建筑和制作业,春秋时夏禹后裔晋国的士蔿担任司空,子孙后代遂以司空为姓。

亓官:古代插定发髻和弁冕的簪子称笄,弁是贵族戴的一种帽子,冕是帝王、诸侯及卿大夫所戴的礼帽。自周代开始设立了专门执掌王侯冕服与等制的礼官弁师,又称笄官,因"笄"与"亓"通,所以也称亓官,他们的后代中遂有以祖上官职为姓者。

司寇:西周时六卿之一,主管刑狱,周武王时苏忿生为司寇,春秋时卫灵公之子公子郢的后代也担任过司寇,他们的子孙遂以司寇为姓。

仉:春秋时鲁国有大夫党氏,是周公族之后,因"党"与"掌"音同,故又演化出掌氏。"掌"与"仉"通,故又有仉氏,所以党、掌、仉三姓不仅读音相同,而且源出一宗。

督:春秋时宋国大夫华父督的子孙以其祖名字中的督字为姓。又战国时燕国督亢之地(今河北易县、涿州、固安一带)最为肥沃,燕太子丹为刺杀秦王,派荆轲带着夹藏匕首的督亢地图假作进献秦王的礼物,结果行刺失败荆轲被杀,督亢之人因此有以督为姓者。又汉末少数民族"板盾七姓"中,有改称汉姓督氏者。

子车:春秋时秦国有大夫子车氏,其族人中子车奄息与子车仲行、子车鍼虎三位贤臣同时辅佐秦穆公,号称"三良"。秦穆公卒,以三良殉葬,国人哀伤而赋诗《黄鸟》,今复姓子车印为秦国子车氏的后裔。

【原文】 颛孙端木,巫马公西。漆雕乐正,壤驷公良。

【注释】 颛孙:春秋时陈国有公子颛孙在鲁国做官。他的子孙后来便以其名字颛孙为姓。孔子的弟子颛孙师,字子张,据说就是他的后代。

端木:春秋时卫国人端木赐,字子贡,为孔子弟子。子贡有雄辩之才,田常代齐时本想出兵伐鲁,孔子打算选派弟子游说田常而救鲁国,子路、子张、子石争相请行,孔子却点名叫子贡赴齐,结果子贡先后游说田常、吴王,越王、晋君,造成了史籍所称"存鲁,乱齐,破吴,强晋而霸越"的局面,子贡后代遂以其祖之名中的端木二字为姓。

巫马:周代设有巫马官职,掌管疗治马病等事务,子孙遂以祖上官职为姓,孔子弟子巫马期的先人就是周朝时的巫马官。

公西:春秋时鲁国国君桓公的儿子名季友,季友的后裔季孙氏家族自鲁文公以后世代为大夫,权倾一时,以至鲁国公室日益衰卑。季孙氏中有一支子孙后以公西为姓,孔子弟子公西赤即其族人。

漆雕：春秋时鲁国的漆雕氏中有漆雕开、漆雕哆、漆雕徒父三人同时成为孔子弟子。其中漆雕开，字子若，喜读《尚书》，不乐做官，最为孔子赏识，漆雕一姓由此为人广知。

乐正：周代设有大小乐正官，掌管礼乐教化，其后代遂有以祖上官职乐正为姓者。

壤驷：据说周代时已有壤驷氏族，但最早见于史籍的是春秋时的孔子弟子壤驷赤，字子徒（一说字子从），以《诗经》《尚书》见长，复姓壤驷者一般认为壤驷赤即其先祖。

公良：春秋时陈国有公子名良，他的后代遂以公良为姓，孔子弟子公良儒，字子正（一说字子幼），就是出自这一氏族。孔子经过蒲地时被蒲人所困，公良儒驾车仗剑为孔子解围，深得孔子赞赏。

【原文】 拓跋夹谷，宰父穀梁。晋楚闫法，汝鄢涂钦。

【注释】 拓跋：鲜卑族政权北魏王朝自称是黄帝之后，受封于北土，谓黄帝以土德王，而鲜卑语称土为拓，称君主为“跋”，故北魏皇族以拓跋为姓氏。孝文帝拓跋宏迁都洛阳后，以《周易》解释“元”为万善之始，遂改拓跋为汉姓元，所以北魏在历史上亦称拓跋魏或元魏。

夹谷：满族的祖先自五代十国时称女真，到辽代时完颜阿骨打统一各部建立金王朝，金代女真族有加古部落，后来写成夹古，遂成为复姓为子孙沿用。

宰父：周代设有掌管朝议、考核官员职守等级的宰夫官职，后演化成复姓宰父。孔子弟子宰父黑印出自此氏族。

穀梁：春秋时鲁国有大夫食邑封于穀梁，后代遂以先人采邑为姓。孔子弟子子夏的学生战国鲁人穀梁赤，即这一氏族的后人，他后来为《春秋》作传，与《左传》《公羊传》并称“春秋三传”。一说古代种植穀粱的氏族后代以穀粱为姓，后改粱作梁，遂姓穀梁。

晋：西周时周成王封其弟叔虞建唐国，唐叔虞儿子燮继位后因唐国南有晋水，改封国称晋，自称晋侯，晋侯后裔遂以晋为姓。

楚：西周时鬻熊立国于荆山，建都丹阳（今湖北秭归东南），至其裔孙熊绎受封于周成王，被称为楚子（子爵），其国则称为楚、荆楚或荆蛮。之后楚国疆土不断扩大，并迁都至郢（今湖北江陵西北），楚国被秦所灭后，公族后裔遂以楚为姓。

闫：西周时周武王封周太伯（太王古公亶父的长子）曾孙姬仲弈于阎乡，其后人遂有以阎为姓者。阎与闫通，故闫姓与阎姓同宗，是阎姓的别支。

法：战国末期田齐被秦国所灭，齐襄王的子孙为避祸不再称田姓，而改以襄王名字法章中的法字为姓。

汝：西周末年幽王被杀，太子宜臼东迁洛邑（今河南洛阳），建立东周，史称周平王。周平王封少子于汝（今河南省境内），其子孙后以封地汝为姓。一说殷商有贤人名汝鸠,汝鸠后代遂以汝为姓。

鄢:春秋时郑国有鄢邑(今河南鄢陵),《左传》载"郑伯克段于鄢",记郑庄公讨伐反叛的弟弟共叔段至鄢邑,指的就是此地,鄢人后代遂以邑名为姓。

涂:相传夏代有涂山氏,其后代去了山字以涂为姓。又古有涂水(即今安徽东北部的滁河),居住水畔的人们遂以涂为姓。

钦:我国古代少数民族东胡的别支,于秦末被匈奴所灭,避祸迁徙至乌桓山(今内蒙古阿鲁科尔沁旗北),由此改称乌桓族。乌桓族亦称乌丸族,其中的钦志贲部落后裔子孙,在民族融合中改称汉姓钦。

【原文】 段干百里,东郭南门。呼延归海,羊舌微生。

【注释】 段干:春秋时道家学派创始人、思想家老子的儿子李宗为魏国大将,受封邑于段干,其子孙后代以封地段干为姓。

百里:春秋时秦国大夫百里奚(姓百,名奚,字里)原为虞国大夫,虞亡后被晋国俘获当作陪嫁之臣送入秦国,后来一度出走入楚,又被秦穆公用五张黑公羊皮赎回用为秦国大夫,世称五羖大夫。百里奚与蹇叔、由余等共同辅佐秦穆公成就霸业,其子孙后代遂以百里为姓。

东郭:古代城邑筑有城墙围护,称作城;在城的外围再加筑的一道城墙则称作郭。周代齐国公族大夫居住于国都郭墙内东、南、西、北方的,分别有以东郭、南郭、西郭、北郭为姓氏者。

南门:商汤时贤臣蠕居住在都城南门,人称南门蠕,其子孙遂以南门为姓。一说当时有负责开启、关闭都邑南门的管城官,他的后代于是以南门为姓。

呼延:秦汉时散居我国北方大漠南北的匈奴族有呼延(也写作呼衍)、兰、须卜三个贵族部落,匈奴鲜卑族拓跋部建魏并南迁洛阳后,呼延则成了北魏的一个复姓。

归:周代有小国名胡或胡子,故址在今安徽阜阳西北,春秋时被楚所灭。胡子国公族中有归姓,即今归姓公认的始源。

海:春秋时卫灵公有大臣海春,被海姓公认为是氏族的先祖。

羊舌:春秋时晋国公族靖侯封食邑于羊舌,后代遂以其封邑为姓。

微生:周代宋国始祖微子启的后裔中有以微为姓者。微生氏族认为自己的先祖是出生于微家,故姓微生,所以微生与微两姓同源同祖。一说鲁国有贵族微生氏,即微生姓氏的渊源所自。

【原文】 岳帅缑亢,况后有琴。梁丘左丘,东门西门。

【注释】 岳:相传唐尧时设有掌管四方诸侯的大臣,称之为四岳(一说四岳为羲和的四个儿子),四岳的后裔中有以岳为姓者。

帅:上古至先秦掌管音乐的官称作师,其后代遂以师为姓。西晋时为避景帝司马师讳,将师姓去掉一横改姓帅,遂有帅姓。

缑:西周时有卿大夫封食邑于缑(今河南偃师东南),子孙遂以缑为姓。又北魏鲜卑有渴侯氏,孝文帝迁都洛阳后改渴侯为汉姓缑。

亢:西周诸侯国宋国开国君主微子启后裔有伉氏,其后代有去掉人字旁以亢为姓者。又春秋时卫国大夫三伉的后人以亢为姓。又战国时齐国有亢父邑,地势十分险要,故址在今山东济宁南,受封镇守亢父的士大夫后裔中,亦有以亢为姓者。

况:据说三国时蜀国有况长宁,是况姓之始见。一说况姓出自庐江郡,庐江郡即春秋时舒国,在今安徽合肥一带。明代苏州知府况钟,江西靖安人,以刚直清廉、断狱公正见称,是史籍中为数不多的治姓名人,但亦有人考证说沉钟先祖姓况乃黄姓所改。

后:相传与颛顼争帝而发怒头触不周山的共工氏,有个儿子名句龙,句龙担任后土一职,掌管社稷,即田地和五谷。后土自夏、商、周三代以来,被尊奉为土地之神,句龙的后代遂以其官职为姓,称后氏。

有:相传远古巢居的发明者为有巢氏,有巢氏的后代中遂有以有字为姓者。一说孔子的弟子有若,字子有,是有姓的先祖。

琴:春秋时卫国人琴牢,字子开,又字子张,为孔子弟子,他的后代遂以琴为姓。一说古代世世相承的琴师子孙中有以琴为姓者。

梁丘:春秋时鲁国有邑名梁丘,故址在今山东成武东北,有卿大夫封邑于此,后代遂以梁丘为姓。齐景公有下大夫名梁丘据,即出自其族。

左丘:春秋时鲁国有太史左丘明,相传是周代史官之后,世代为左史,故以左为姓,名叫丘明。一说他因家住左丘,名叫明,故称左丘明。左丘明家世代担任史职,故他能搜罗到列国之史以解释《春秋》,著有《春秋左氏传》和《国语》。今复姓左丘者,均以左丘明为其先祖。

东门:春秋时鲁庄公之子公子遂,字襄仲,因居住在都城东门,世称东门襄仲。鲁文公死后他借助齐国之力而立鲁宣公,其子归父也因此受宠于宣公,他们的后代遂以东门为姓。

西门:春秋时郑国有大夫居住于都城西门,后代遂以之为姓,战国魏文侯时邺令西门豹即出此氏族。

【原文】 **商牟佘佴,伯赏南宫。墨哈谯笪,年爱阳佟。**

【注释】 商:相传黄帝之兄有孙封地于商(今陕西商县东南),遂以商为姓。一说商纣王有贤臣商容,他的后代于是以商为姓。又周武王灭商后,商朝公族后代以故国名为姓。又战国时卫国人公孙鞅在秦孝公支持下任秦国左庶长,两次在秦实施变法,并因战功受封商十五邑,号称商君,秦孝公死后他被秦国贵族车裂,子孙遂以商为姓。

牟:春秋时有牟子国,故址在今山东莱芜东,相传是帝喾火官祝融后裔的封国,国人遂以牟为姓。

佘:佘姓起源不详,因古代有余字而无佘字,或是从余姓演化而来,佘姓先祖为春秋时晋人由余。又春秋时齐国有邑名佘丘,齐国公族中有食邑封于此者,后代遂姓佘丘,佘姓或由佘丘演化而成。一说佘丘应作蛇丘,亦作佘丘。另说五代时有佘姓音讹作沙姓,又写作佘姓。总之,佘姓晚于余姓,由余姓声、形讹变的可能性极大。书册上最早著录的是唐代太学博士佘钦;而百姓知道佘姓大多是因为小说戏曲《杨门女将》中的佘太君。

佴:佴姓极少见,起源不详,存世书册中以晋代《山公集》中的佴湛为较早。是随后,居次的意思,但在词汇中亦极少使用。

伯:相传帝舜时任命伯益为掌管山泽的虞官,后伯益助大禹治水有功,被禹选定为继承人,最后被禹的儿子启所杀,伯益的后代遂以伯为姓。

赏:春秋时吴国建都吴中(今江苏苏州),赏姓为当时"吴中八姓"之一,亦是赏姓可以查考的最早记载。

南宫:春秋时鲁人南宫括,字子容,为孔子弟子,言行深得孔子赏识,孔子将哥哥之女嫁其为妻。《史记·仲尼弟子列传·索隐》认为括又作縚,即鲁国大夫孟僖子的儿子仲孙阅,因为居住在南宫,所以以南宫为姓。在《论语》中南宫括又作南容或南宫适,其后代遂继用南宫为姓。

墨:商代孤竹国国君本姓墨胎氏,后改为墨氏。其长子伯夷姓墨名允,字公信;次子叔齐名墨智,字公达,两人皆因耻食周粟而饿死于首阳山中。孤竹国君即墨氏先祖。

哈:我国少数民族回族的姓氏之一。回族的第一大姓为马姓,这是因为回族人民大多信奉伊斯兰教,该教创始人如今译作穆罕默德,而在明清时代"穆"一般译作"马"。除马姓外,哈、白、沙、金也是用得较多的回族姓氏,此外满族中也有一些以哈为姓氏者。

谯:周代召公奭曾佐武王灭商,为燕国开国君主。他的儿子名盛,封地于谯,故址在今安徽亳州一带,其后代遂以谯为姓。又周武王弟弟叔振铎封于曹国,其公族中有食邑封于谯者,子孙后代遂以谯为姓。

笪:起源不详,宋代时有笪深、笪揆见于书册记载。

年:周代齐国始祖姜太公后裔中有以年为姓者。又有严姓因音近而讹传为年姓者。

爱:唐代西域回鹘国,其先为匈奴族,北魏时称高车或敕勒部,唐初称回纥,与唐一直保持着友好关系并从属唐朝。回鹘有一位国相爱邪勿曾出使唐朝,唐朝皇帝赐其汉姓为爱,名弘顺,其子孙后代遂沿用爱姓。

阳:周代有国名阳,故址在今山东沂水西南,春秋时被齐所灭,国人后遂以阳为姓。又东周景王封其小儿子于阳樊(今河南济源),后为避诸侯间不断战乱举族迁往燕国,遂以原封地中的阳字为姓。

佟:商汤灭夏后,夏朝内史终古归附商朝,终古后代以终为姓,因“终”与“佟”音形相近,后又演化出佟姓。又女真族有佟佳氏,努尔哈赤统一女真各部后建立后金,自号满洲汗,女真亦称满族。满族后金于皇太极时改国号为清,清统一中国后在与汉民族融合过程中,佟佳氏逐渐演变为佟姓。

【原文】 第五言福,百家姓终。

【注释】 第五:汉高祖刘邦称帝后,将战国原诸侯国王族后裔迁徙至关中,以削弱地方豪强割据势力。因原齐国田氏族大支众,需要迁徙的园陵太多,故从第一至第八按次第划分排序来代替其原来姓氏,划分为第五氏的后人遂以第五为姓。东汉光武帝时,第五氏族有名叫伦,字伯鱼的儒生被举为孝廉,拜会稽太守,以清廉著名当时,汉章帝时擢升司空,其子孙后亦陆续为官,故“第五”一姓因此而显。其余第一、第二等姓渐衰,子孙亦有改回田姓者。

言:春秋时吴人言偃,字子游,为孔子弟子,任鲁国武城宰,以礼乐教化治理武城人,其后代遂以言为姓。

福:春秋时齐国有大夫名福子丹,当为福姓始祖。又清代满族富察氏、蒙古族旺察氏等都有以福为称谓者,如康熙时进士、大学士福敏,乾隆时参赞大臣福禄,乾隆时大将军福康安等。

千字文

【导语】

《千字文》出自南朝才子周兴嗣手。周兴嗣(?～521年),字思纂,南梁陈郡项(今河南项城)人。祖上曾任汉太子老师,家学素养厚重,本人更是以文学知名当时,深得梁武帝萧衍常识,授官员外散骑侍郎,奉命编纂国史,著有文集百余卷。

周兴嗣像

《千字文》原是周兴嗣奉诏编缀的一篇命题文字,篇名为《次韵王羲之书千字》。《梁书》于其虽有记载,但过简略,好在宋人《太平广记》叙述尚详,为我们保存下来了《千字文》成书情况:

据说《千字文》传出后,世人初始一片疑惑,搞不清为什么周文竟是早其一百多年前的东晋书圣王羲之所书写?

原来梁武帝为了教诸王学习书法,让人在王羲之遗墨书迹中拓出一千个不相重复的字,写在纸片上,因零碎杂乱没有次序,于是召周兴嗣说:"你才思敏捷,可用此千字给我编一篇韵文出来。"不料周兴嗣仅用一个晚上就编好了,只是他的两鬓也在一夜之间都花白了。

《千字文》以"天地玄黄,宇宙洪荒"开头,用被指定的无一重复的一千个单字,条理贯通叙事有序地吟咏了关于天文、博物、社会、历史、伦理、教育等包罗万象的诸方面知识,且结构严简,文采飞扬,对仗工整,协韵流畅,令人叹服称绝。其既可识字、学书、习文,又可增广见闻,兼能启蒙儒家伦理思想,成为我国历史上综合性蒙学读物的开山之作,对后代如《蒙求》《三字经》《龙文鞭影》《弟子规》等一系列蒙书的编写体例和内容,影响深刻。

《千字文》自隋代开始大为流行。南朝陈末至隋初,王羲之七世孙书法家智永和尚为满足时人需求,曾临摹了《千字文》八百册散发赠友,江南各个寺院也都保留了一本,对《千字文》的广为流传功不可没。到清代《千字文》已成为流传最广、最久的蒙学课本,几乎长幼咸知,以致文书编卷都采用天、地、玄、黄……来排列类分。清初学者顾炎武称赞《千字文》"不独以文传,而又以其巧传",道出了其传世经久的缘故。周兴嗣《千字文》后,唐《梵语千字文》、宋《叙古千字文》《续千文》《重续千文》、元《稽古千文》、明《广易千文》《正字千文》、清《训蒙千字文》《续千字文》等模仿续貂之作纷纷问世,虽无一能与周文媲美抗衡,但却可以窥见周文影响的非同一般。

【原文】 天地玄黄[1],宇宙洪荒[2]。日月盈昃[3],辰宿列张[4]。

【注释】 ①玄黄:天地的颜色。玄,高空的深青色。②洪荒:古人想象中远古宇宙一片混沌、蒙昧的状态。③盈:月光圆满。昃:太阳西斜。④辰宿:星辰,星宿。列张:排列分布。

【译文】 苍蓝的上天,灰黄的大地,混沌的宇宙无边又无际。太阳东升西下,月儿圆缺轮替,满天星辰排列自有序。

【原文】 寒来暑往,秋收冬藏。闰余成岁,律吕调阳[1]。云腾致雨,露结为霜。

【注释】 ①律吕:乐律的统称。旧说我国古代用十二个长度不同的律管,吹出十二个高度不同的标准音,称作十二律。十二律从低到高依次排列,奇数各律为阳律,叫"六律";偶数各律为阴律,叫"六吕",合称"律吕"。古人将十二律与十二个月相对应,认为可用律吕调阴阳,使时序不相紊乱。

【译文】 一年四季,寒来暑往,秋天地里收割忙,冬天粮食囤满仓。历法纪年,用闰日闰月来调整,六律六吕,调节时序合阴阳。云气蒸腾,遇冷化作天降雨,夜露凝聚,天寒结成地上霜。

【原文】 金生丽水[1],玉出昆冈[2]。剑号巨阙[3],珠称夜光[4]。

【注释】 ①丽水:金沙江流入今云南丽江境内的一段称丽水,也称丽江,自古出产黄金。②昆冈:昆仑山。③巨阙:春秋时越王勾践的宝剑,乃欧冶子铸锻的五把名剑之一,后代常用作宝剑的通称。其余四剑称湛庐、胜邪、鱼肠、纯钧(一作纯钩)。④夜光:传说中夜里可以闪闪发光的宝珠,据说出自南海,为鲸鱼目瞳所变。一说即隋侯珠,隋侯救助了一条受伤的大蛇,大蛇后来便衔了夜光殊来报答他。

【译文】 黄金出产在金沙江畔,美玉生成于昆仑山冈。锋利的宝剑号称巨阙,珍贵的明珠叫作夜光。

【原文】 果珍李柰[1],菜重芥姜[2]。海咸河淡,鳞潜羽翔[3]。

【注释】 ①柰:沙果,俗称花红。②芥:芥菜。种类很多,叶用芥菜可腌制雪里红,茎用可腌榨菜,根用可腌大头菜,种子可磨碎做芥末。芥姜,与上句"李柰"均泛指果蔬。③鳞:这里泛指鱼类。羽:泛指禽鸟。这句意思是说物产丰饶。

【译文】 果中美味有李子沙果,日常菜蔬离不开芥菜生姜。海水咸,河水淡,鱼儿水里藏,展翅的鸟儿蓝天任飞翔。

【原文】 龙师火帝[1],鸟官人皇[2]。始制文字[3],乃服衣裳[4]。

【注释】 ①龙师:即伏羲氏。相传他用龙给百官命名,故名龙师。火帝:即炎帝。传说炎帝以火纪事,命名百官,并自为火师。②鸟官:即少皞氏,也作少昊氏。传说他以鸟为图腾,并用鸟名为官名。人皇:神话传说中的三皇之一,生有九个头,出巡时乘六鸟所驾云车。③制文字:相传黄帝的史官仓颉创造了汉字。④服衣裳:传说黄帝之妻嫘祖,为西陵氏之女,创造发明了养蚕治丝法,教民制作衣裳。

【译文】 龙师即伏羲,火帝是炎帝,鸟官乃少皞,人皇为古帝。仓颉发明创文字,嫘祖教民始制衣。

【原文】 **推位让国[①],有虞陶唐[②]。吊民伐罪[③],周发殷汤[④]。**

【注释】 ①推位:推让出君位。②有虞:有虞氏,即虞舜,名重华。上古部落联盟领袖,后选拔并让位给治水有功的大禹。陶唐:陶唐氏,即唐尧,名放勋。上古部落联盟领袖,挑选并考察了虞舜三年之后,让位给舜,由舜代他行政。③吊民伐罪:慰问被压迫的百姓,讨伐有罪的统治者。④周发:西周开国君主武王姬发。他讨伐暴君商纣王,灭商建周。殷汤:殷商国王成汤,他率兵赶走夏代暴君桀,建立了商朝。

【译文】 禅让王位和社稷,史颂圣君虞舜与陶唐。安抚百姓讨暴君,世赞英主商汤、周武王。

【原文】 **坐朝问道[①],垂拱平章[②]。爱育黎首[③],臣伏戎羌。遐迩一体[④],率宾归王[⑤]。**

【注释】 ①道:治国方法。②垂拱:垂衣拱手,不做什么。形容古代帝王无为而治。平章:辨别彰明。出自《尚书·尧典》:"平章百姓。"百姓即百官。意思是辨明百官功劳,论功行赏。③黎首:黎元,黎民百姓。④遐迩:远近。⑤率宾:"率土之滨"的省略语,出自《诗·小雅·北山》,意思是四海之内。

【译文】 英明圣君,端坐朝堂,咨问贤臣,治国良方。垂衣拱手,无为而治,考核百官,论功奖赏。爱戴黎民,抚育百姓。戎羌臣服,俯首归降。无论远近,四域八方,江山一统,四海归王。

【原文】 **鸣凤在竹,白驹食场。化被草木[①],赖及万方[②]。**

【注释】 ①被:遍及。②赖:惠,利。

【译文】 凤凰在竹林间欢快地鸣唱,小白马驹悠然地觅食在草场。草木万物沐浴着太平盛世的雨露阳光,君王的仁德恩泽惠及了天下万方。

【原文】 **盖此身发[①],四大五常[②]。恭惟鞠养[③],岂敢毁伤。**

【注释】 ①盖:发语词。②四大:道家以道、天、地、王(一说"王"应为"人")为四大,佛教以地、水、火、风为四大,认为一切事物道理均来源产生于四大。五常:即五伦,五教。旧时礼教宣讲的君臣、父子、兄弟、夫妇、朋友间五种关系,和父义、母慈、兄友、弟恭、子孝的道德伦理。③恭惟:恭敬不安地想。鞠养:抚养。

【译文】 人们的身体发肤,关系到天地伦常。虔敬地想着父母的抚养,哪里敢随便将身体毁伤。

【原文】 **女慕贞洁,男效才良。知过必改,得能莫忘[①]。**

【注释】 ①能:才能,技艺。

【译文】 女子应仰慕操守贞洁之妇,男人要仿效德才兼备人物。知道了过错必定要改正,不可荒废忘掉已有的技能。

【原文】 罔谈彼短[1],靡恃己长[2]。信使可覆[3],器欲难量[4]。墨悲丝染[5],《诗》赞羔羊[6]。

【注释】 ①罔:不可,不要。②靡:不。恃:凭借。③信:诚信。覆:审查。④器:器量。量:计算,测量。⑤墨:墨子,名翟。春秋战国之际思想家、政治家,墨家学派创始人。悲:感叹。丝染:《墨子闲诂·卷一》记墨子见染丝者而叹曰:"染于苍则苍,染于黄则黄。"并进而分析环境对人的重要影响。⑥羔羊:《诗·召南·羔羊》以洁白的"羔羊之皮"来比喻君子品德高洁。

【译文】 不要议论别人有多差,不要自负自己多么强。诚信要使它经得起考验,器量要大到难以被度量。墨子感叹白丝本质容易被色染,《诗经》赞美君子品德洁白如羔羊。

【原文】 景行维贤[1],克念作圣[2]。德建名立,形端表正。

【注释】 ①景行:高尚的德行。语出《诗·小雅·车舝》:"高山仰止,景行行止。"意思是仰慕圣贤高尚品德,与之看齐,站到一起。②念:私欲。

【译文】 高尚的德行,唯有向圣贤看齐,克制私念,就能与他们站列一起。一旦道德树立,声名定会四起,形体端直,堂堂正正,外表自具威仪。

【原文】 空谷传声,虚堂习听[1]。祸因恶积,福缘善庆[2]。尺璧非宝,寸阴是竞。

【注释】 ①习听:重复听到。指有回声。②庆:吉庆,福。《易·坤·文言》:"积善之家必有余庆,积不善之家必有余殃。"

【译文】 空旷山谷,可以很快传回声,空荡大屋,声音发出引共鸣。祸患皆因作恶多端而引起,福运则是积善行德的余庆。一尺长的璧玉并非真正是珍宝,一寸短的光阴不可虚度要力争。

【原文】 资父事君[1],曰严与敬。孝当竭力,忠则尽命。

【注释】 ①资:供养。

【译文】 供养父母,侍奉君主,需要严肃与恭敬。尽孝应该竭尽全力,忠君则当不惜生命。

【原文】 临深履薄,夙兴温凊[1]。似兰斯馨[2],如松之盛。

【注释】 ①夙兴:"夙兴夜寐"的省略语,即早起晚睡。夙,早。温凊:"冬温夏凊"的略语。温,指温被使暖。凊,凉,谓扇席使凉。②斯:这样。馨:散布很远的香气。

【译文】 如临深渊,如履薄冰,早起晚睡,侍奉双亲。冬天温被使暖,夏天扇席使凉。孝行如兰草,芳香不断,品德像松柏,茂盛久长。

【原文】 川流不息,渊澄取映[1]。容止若思[2],言辞安定。

【注释】 ①澄:水清。取映:可用来映照。②容止:仪容举止。

【译文】 河水日日夜夜奔流不停息,潭水宛若明净清澈可照人。仪容举止似思索般安详沉静，言语对答要从容，恰当又稳重。

【原文】 **笃初诚美[1]，慎终宜令[2]。荣业所基，籍甚无竟[3]。**

【注释】 ①笃：诚厚，认真。诚：的确②令：美，善。③籍甚：盛大，多。竟：穷尽。完。

【译文】 真诚认真地开始，确实很美好，始终如一的坚持，更让人称颂。光辉荣耀的事业，德行是基础，根基强大又坚实，前途无止境。

【原文】 **学优登仕，摄职从政。存以甘棠[1]，去而益咏。**

【注释】 ①甘棠：即棠梨树。旧说西周时召伯巡行南方，宣扬文王之政，曾在甘棠树下处理政事，后人怀念他的政绩，保存下来甘棠树而不忍砍伐。"甘棠"也成了后代称赞地方官吏的颂词。

【译文】 书读好了就能做官，可以担任职务，参与国政。做官就要像召伯一样：周人留下了为他遮阳的甘棠树，一直舍不得砍伐，虽然他已离去了，却越发被百姓怀念和歌颂。

【原文】 **乐殊贵贱[1]，礼别尊卑。上和下睦，夫唱妇随。**

【注释】 ①殊：不同。

【译文】 音乐要依照身份的贵贱有所不同，礼节要区别出地位的长幼卑尊。上上下下要做到和睦相处，丈夫倡导的，妻子要附和跟从。

【原文】 **外受傅训[1]，入奉母仪[2]。诸姑伯叔[3]，犹子比儿[4]。**

【注释】 ①傅：傅父，古代保育、辅导子女的师傅，多由老年男子担任。②奉：遵奉。母仪：为人母者的典范。③诸：众。④犹子：侄子。比：类同。

【译文】 在外要接受师傅训导，入内要遵奉母亲教诲。对待姑母、伯伯、叔父，做侄子的一样要恭顺孝敬，就像是他们亲生的儿辈。

【原文】 **孔怀兄弟[1]，同气连枝。交友投分[2]，切磨箴规[3]。**

【注释】 ①孔怀：指非常思念。语出《诗·小雅·常棣》："死丧之威，兄弟孔怀。"意思是死丧可畏。只有兄弟之亲甚相思念。后也以孔怀代指兄弟。孔，甚。怀，思念。②投分：意气相合，相知。③箴：劝告，规诫。

【译文】 要常关怀自己兄弟，因为血脉相同，共通气息，就像连理之树，枝叶永在一起。结交朋友应当志趣相投，互相切磋劝诫，一起探讨研习。

【原文】 **仁慈隐恻[1]，造次弗离[2]。节义廉退[3]，颠沛匪亏[4]。**

【注释】 ①隐恻：忧伤哀痛，对别人不幸表示怜悯、同情。②造次：匆忙，轻易。弗：不。离；指丢失放弃。③退：谦让。④匪：不。亏：缺。

【译文】 做人要仁爱富有怜悯心，不能轻易地丢弃对别人的同情。气节、仁义、清廉、谦让，是必具的美德，即使颠沛困顿，也不能丝毫缺损。

【原文】 **性静情逸，心动神疲。守真志满[1]，逐物意移。坚持雅操，好爵自縻[2]。**

【注释】 ①守真:保持自然本性。②好爵:高官厚禄。自縻:自我束缚。縻,牵系,束缚。

【译文】 内心清静平和,就能舒适安逸,心为外物所动,精神则会疲惫。保持自然本性,知足就会满意,追逐物欲享受,意志就要衰退。坚持高雅情操,不被爵禄所累。

【原文】 **都邑华夏,东西二京[1]。背邙面洛[2],浮渭据泾[3]。**

【注释】 ①二京:汉代洛阳称东京,长安称西京。东汉班固《两都赋》、张衡《二京赋》是描写二都富丽繁华、社会百态的杰作。②邙:邙山。在今河南省西部,西起今三门峡市,东止伊洛河岸。洛:洛水。古人以水北为阳,洛阳地处洛水之北,故称洛阳。③浮渭:远望长安如同浮在渭水上。渭,渭水,源出甘肃渭源西北,入陕西后横贯渭河平原,至潼关入黄河。据泾:凭依泾水。据,凭靠。泾,泾水,源出甘肃平凉,入陕西后在长安东北的今陕西高陵流入渭水。

【译文】 古来华夏都城,富丽要属二京,东京即是洛阳,长安则称西京。洛阳背靠邙山,面前洛水流经,长安北临渭水,泾水汇入其中。

【原文】 **宫殿盘郁[1],楼观飞惊[2]。图写禽兽,画彩仙灵。**

【注释】 ①郁:彩饰华丽。也可指繁多。②观:楼阙,楼台。惊:令人叹惊。

【译文】 两京的宫殿回环曲折,叠叠重重,楼台宫阙凌空欲飞,令人叹惊。宫殿内外画满飞禽走兽,还有彩绘的天仙神灵。

【原文】 **丙舍傍启[1],甲帐对楹[2]。肆筵设席[3],鼓瑟吹笙[4]。升阶纳陛[5],弁转疑星[6]。**

【注释】 ①丙舍:宫中的别室,也泛指正室两旁的房屋。傍:通"旁",旁边。②甲帐:汉武帝时所造账幕以甲、乙等天干数字编次排列,后以甲帐、乙帐代指皇帝闲居游宴休息的地方。对楹:殿堂前部的左右两根大柱子。③肆:摆设。④鼓:弹奏。瑟:这里泛指弦乐器。笙:泛指管乐器。⑤纳:进入。陛:宫殿的台阶。⑥弁:这里指古代官帽,上面缀有珠玉。

【译文】 殿堂两旁敞开着嫔妃的厢房,左右大柱撑起了皇帝的幕帐。处处摆设着丰盛的宴席,弹瑟吹笙乐曲美妙悠扬。官员们上下台阶互相祝酒,珠帽转动乍看疑是满天星斗。

【原文】 **右通广内[1],左达承明[2]。既集坟典[3],亦聚群英。杜稿钟隶[4],漆书壁经[5]。**

【注释】 ①广内:汉代内廷藏书殿府,后泛指帝王书库。②承明:汉代未央宫中的殿名。承明殿旁设有专供侍臣值宿所居之屋,故后以"入承明"为在朝做官的代称。③坟典:《三坟》《五典》,传说中我国最古老的书籍,记载了三皇五帝的事迹。这里泛指古代典籍。④杜稿:东汉杜度奉汉章帝诏所上的草书章奏手稿。后世称为章草。

钟隶:汉末钟繇的隶书真迹。后人赞誉其书法为秦汉以来第一人。⑤漆书:用漆书写的竹简。《后汉书·杜林传》记载杜林曾于西州得到漆书《古文尚书》一卷。壁经:西汉景帝时鲁恭王刘余在曲阜孔子旧宅壁中发现的古文经书,包括《尚书》《论语》等。

【译文】 朝右转可通往广内大殿,向左行见到的殿是承明。广内殿集藏了古籍经典,承明殿汇聚有文武群英。典籍中有杜度章草,钟繇隶书,更有漆简《尚书》,《论语》古经。

【原文】 **府罗将相,路侠槐卿[①]。户封八县[②],家给千兵[③]。**

【注释】 ①侠:同“夹”。槐卿:指三公九卿。周时朝廷种三槐九棘,公卿大夫分坐其下,面对三棵槐树者为三公之位。后因以槐棘指三公之位。②封:封邑。③千兵:兵丁上千。战国时秦有千户侯,封食邑千家,为上卿。这里“千兵”与上句“八县”均为泛指。

【译文】 两京城内将相府第星罗棋布,三公九卿夹道高宅尽显威风。文臣武将户户享有八县多的封地,家家还有上千人的护卫亲兵。

【原文】 **高冠陪辇,驱毂振缨[①]。世禄侈富,车驾肥轻[②]。策功茂实[③],勒碑刻铭[④]。**

【注释】 ①驱毂:驱车。毂,车轮中心的圆木,中有孔,用以插入车轴,也代指车轮。缨:飘带。②肥轻:语出《论语·雍也》:“乘肥马,衣轻裘。”裘,皮衣。③茂:勉励。实:事迹。④勒:刻。铭:铭文。常刻在碑版器物上赞颂功德。

【译文】 将相们头戴高高官帽,陪侍帝王的车辇,看那车轮滚滚,彩饰迎风飘。生活奢侈又富裕,俸禄得世袭,驾华车,骑肥马,身着裘皮衣。功劳记在简册上,以勉慰他们勋业,还要立碑刻铭,来彰显卓著功绩。

【原文】 **磻溪伊尹[①],佐时阿衡[②]。奄宅曲阜[③],微旦孰营[④]?**

【注释】 ①磻溪:指姜太公吕尚。磻溪在今陕西宝鸡东南,吕尚在此钓鱼,遇周文王,被拜为太师,后辅佐武王灭商有功,封于齐。伊尹:原为奴隶,被商汤起用,任以国政,帮助汤攻灭夏桀。汤去世后,继续辅佐卜丙、仲壬二王,是商初辅国重臣。②阿衡:商代官名。商汤授伊尹此官,总理国家大政。后以“阿衡”指代辅导帝王,主持国政。③奄:西周时古国名,在今山东曲阜东。宅:开辟居住之地。曲阜:今属山东省。周武王封周公旦于曲阜,周公因留佐武王而未就封地。成王时,周公使其子伯禽代赴封地,建鲁国,都城曲阜。④微:如果没有,如果不是。旦:周公旦。孰:谁,哪一个。营:建造,经营。

【译文】 伊尹和吕尚,是辅佐君王的一代名相。鲁都曲阜建立在古奄国的土地上,如果不是周公旦,谁能把鲁国经营成这样?

【原文】 **桓公匡合[①],济弱扶倾[②]。绮回汉惠[③],说感武丁[④]。俊乂密勿[⑤],多士寔宁[⑥]。**

【注释】 ①桓公:指齐桓公,名小白,"春秋五霸"之一。匡合:《论语·宪问》称管仲辅佐齐桓公"九合诸侯,一匡天下","匡合"即此省略语。匡,匡正。合,主持会盟。②济:救助。倾:危亡。③绮:绮里季。他与东园公、甪里先生、夏黄公于秦末汉初时隐居商山,时称"商山四皓"。汉惠帝刘盈为太子时因性格柔弱,汉高祖一度想改立赵王如意。吕后采用张良计策,令太子卑词安车迎四皓并与之游,高祖认为太子羽翼已成,遂打消了改立太子的念头。④说:傅说。相传原是服苦役的刑徒,在傅岩筑墙修路,商王武丁因梦中感应,知道他是辅佐殷商的圣人,遂寻访得之,任为治国之相。⑤俊乂:贤德之人。密勿:勤勉努力。⑥多士:英才贤士。寔:是。宁:安定。《诗·大雅·文王》:"济济多士,文王以宁。"意思是人才济济,文王赖之以安邦。

【译文】 齐桓公会盟诸侯,匡正天下,扶助弱国,拯救危亡,多亏有了管仲。绮里季挽回了汉惠帝的太子位,没让他被高祖轻易就黜废。因入梦傅说被武丁感应,由刑徒擢升为治国重臣。英杰贤士佐君王勉励又勤奋,人才济济天下平安社稷得安定。

【原文】 **晋楚更霸[①],赵魏困横[②]。假途灭虢[③],践土会盟[④]。何遵约法[⑤],韩弊烦刑[⑥]。**

【注释】 ①更:更替,变换。②横:连横。战国时秦国强大,齐、楚、燕、赵、魏等六国联合抗秦称为合纵;六国中某些国家追随强秦进攻别国叫作连横。秦国采用范雎谋策,远交近攻,与秦接壤的韩、赵、魏最先被灭,所以说"赵、魏困横"。③假途灭虢:春秋时晋献公借道于虞国(旧址在今山西平陆东北),去攻灭虢国(在今河南陕县东南至三门峡一带,与虞国接壤)。假,借。④践土:地名,在今河南荥阳东北。晋文公城濮之战大胜楚军后,在践土主持诸侯会盟,成为"春秋五霸"之一。⑤何:萧何,西汉高祖时丞相。鉴于百姓对秦苛政的强烈不满,他顺应民意,制订出较为简约的汉代第一部律法《九章律》。⑥韩:韩非,战国末期法家代表人物。提出"法、术、势"三者合一的统治方法,受到秦王嬴政重视,后因遭李斯等陷害,自杀于狱中。烦刑:烦苛的刑法。

【译文】 晋文公、楚庄王先后称霸主,赵国、魏国被秦灭受困于连横。晋献公借道越境将虢国吞并,晋文公在践土召集诸侯会盟。萧何遵奉律法从简制订《九章律》,韩非主张苛刑作法自弊搭性命。

【原文】 **起翦颇牧[①],用军最精。宣威沙漠[②],驰誉丹青[③]。**

【注释】 ①起:白起。战国时秦国名将,长平之战大胜赵军。翦:王翦。战国末年秦国大将,得秦王嬴政重用,先后率军攻破赵、燕,灭掉楚国。颇:战国时赵国名将廉颇。牧:李牧。战国末年赵将,曾于肥(今河北晋州市西)大败秦军。②宣威沙漠:指西汉大将卫青、霍去病、李广。他们率军多次击败匈奴,北方解除了对汉威胁,西边打通了西域之路,宣扬国威,声震大漠。③丹青:史册。古代丹册记勋,青史记事。

【译文】 战国名将白起、王翦、廉颇与李牧,个个善于用兵,作战最为精通。西汉大将卫青、李广还有霍去病,屡屡击败匈奴,大漠威名远震。天下到处赞誉,他们卓著功勋,代代英雄虎将,青史永留英名。

【原文】 九州禹迹,百郡秦并。岳宗泰岱[1],禅主云亭[2]。

【注释】 ①岱:泰山别名。②禅:在泰山南侧支脉辟基祭地称为“禅”。在泰山主峰筑坛祭天称作“封”。云亭:云云、亭亭二山的合称,均为泰山南侧支脉。相传神农、尧、舜在泰山祭天,在云云山祭地;黄帝祭地则在亭亭山。

【译文】 九州大地处处留有大禹治水的足迹,天下郡县在秦并六国后终于归一统。五岳中泰山为尊,帝王祭天凌绝顶,辟基祭地禅礼仪式在云亭。

【原文】 雁门紫塞[1],鸡田赤城[2]。昆池碣石[3],巨野洞庭[4]。旷远绵邈[5],岩岫杳冥[6]。

【注释】 ①雁门:山名,在今山西代县西北,山势险要,上有西陉关,亦称雁门关。紫塞:北方边塞,这里指长城。秦、汉所筑长城,土色发紫。②鸡田:鸡泽。在今河北永年西南,春秋时鲁襄公在此盟会诸侯。赤城:地名。晋、魏时相继于此筑城置戍,以防御柔然入侵。一说赤城为浙江天台山脉山蜂名。道家名山青城山亦称赤城山。③昆池:昆明滇池。汉武帝曾于长安近郊比照滇池开凿昆明池训练水军。碣石:古山名。据考在今河北昌黎西北,秦始皇、汉武帝都曾东巡至此,刻石观海。④巨野:泽名,亦称大野泽,在今山东巨野北。洞庭:湖名,在今湖南省北部。⑤旷:空阔。邈:远。⑥岫:山,山洞。杳:幽暗深远。冥:幽深高远。

【译文】 雁门险关,边塞长城,盟会鸡田,屯戍赤城。昆明巡舟,碣石刻铭,大泽巨野,湖数洞庭。辽阔广大,连绵遥远。高峰峭立,岩穴幽深。山河壮丽,历久永存。

【原文】 治本于农,务兹稼穑[1]。俶载南亩[2],我艺黍稷[3]。税熟贡新[4],劝赏黜陟[5]。

【注释】 ①兹:此。稼:耕种。穑:收割庄稼。②俶载:开始。南亩:泛指农田。《诗·豳风·七月》:“馌彼南亩。”③艺:种植。④熟:指庄稼成熟。⑤劝:奖励。黜陟:指官吏的进退升降。黜,贬斥。陟,提升。

【译文】 治国根本在于农,勉力从事重耕耘。春季开始去田亩,种植五谷忙不停。庄稼成熟交田税,贡进新粮表忠诚,种好种坏赏罚明。

【原文】 孟轲敦素[1],史鱼秉直[2]。庶几中庸[3],劳谦谨敕[4]。

【注释】 ①孟轲:战国时儒家代表人物孟子。敦:勉力,崇尚。素:素位。儒家中庸思想中提倡的安于素常所处地位的立身处世态度。②史鱼:春秋时卫国大夫,以正直敢谏著名。③庶几:希望达到。中庸:儒家倡导的“不偏不倚,无过无不及”的道德标准。④敕:谨严,端正。

【译文】 孟子崇尚安于素位,史鱼坚持正义敢言。想要中庸不偏不倚,恪守勤劳、谦恭、谨严。

【原文】 聆音察理，鉴貌辨色。贻厥嘉猷[①]，勉其祗植[②]。

【注释】 ①贻：留赠。厥：代词，那个。嘉猷：忠告，好的谋划。猷，谋略，方法。②祗：敬。可用以加强词义，这里有敬奉、谨守的意思。植：树立。此指立身处世。

【译文】 聆听谈话要了解人家话中道理，与人交往须辨察对方脸色变化。留赠给人的应当是良谋忠告，勉励为人要谨守立身之道。

【原文】 省躬讥诫[①]，宠增抗极[②]。殆辱近耻[③]，林皋幸即[④]。

【注释】 ①省躬：反省自身。②抗：抵御，防止。极：极端，过度。③殆：近。④林皋：林泉，指退隐之地。皋，沼泽，水边高地。幸：幸好。即：靠近。

【译文】 对别人的讥讽告诫要躬身自省，要时时防止增加过度的荣宠。得意忘形时往往就临近了耻辱，幸好有林泉山野可以及时地归隐。

【原文】 两疏见机[①]，解组谁逼[②]。索居闲处[③]，沉默寂寥。

【注释】 ①两疏：指西汉疏广、疏受叔侄。汉宣帝时疏广任太子太傅，疏受任少傅，在任五年，双双称病还乡，后世用为“功遂身退”的典故。②解组：解下印绶，指辞官。组，系官印的绶带。③索居：孤独生活。

【译文】 疏广、疏受，见机避祸，解印辞官，有谁逼迫？独居日子，悠闲自过，不谈是非，安于寂寞。

【原文】 求古寻论，散虑逍遥[①]。欣奏累遣[②]，戚谢欢招[③]。

【注释】 ①散虑：排散忧虑杂念。②欣：欢欣。奏：进，来。累：疲累烦恼。③戚：悲伤，忧愁。谢：辞别，指离去。招：招致，来到。

【译文】 探求古人古论，思考至理名言。排除忧虑杂念，活得自在逍遥。喜悦如果增添，烦累自然排遣。忧愁一旦离去，欢乐也就出现。

【原文】 渠荷的历[①]，园莽抽条[②]。枇杷晚翠[③]，梧桐蚤凋[④]。

【注释】 ①的历：光亮鲜明。②莽：密生的草。这里泛指园中草木。③晚：指季节晚，这里是说冬季。④蚤：早。

【译文】 夏季池塘荷花艳丽又妖娆，春季园林草木抽出嫩绿的枝条。枇杷树冬日里仍然青翠，梧桐叶子在秋天早早零凋。

【原文】 陈根委翳[①]，落叶飘摇。游鹍独运[②]，凌摩绛霄[③]。

【注释】 ①委：枯萎。翳：通“殪”，树木自己枯死。②运：指飞翔。③绛霄：云霄。

【译文】 可叹老树根已衰萎枯死，落下的叶子在风雨中飘摇。而悠游的鹍鹏正独立翱翔，展翅凌空直冲上九霄。

【原文】 耽读玩市[①]，寓目囊箱[②]。易辅攸畏[③]，属耳垣墙[④]。

【注释】 ①耽：沉迷。玩市：市场。东汉王充家贫无书，常游洛阳市肆，在书摊上只看不买，因为他看上一遍就能背诵下来。②囊箱：指书箱。③易：轻视，轻易。𬨎：

轻车。帝王使臣多乘辖车。这里指东汉党锢之祸严重,朝廷耳目常轻车简从打探搜集文士言论,予以迫害。攸:所。④属耳:倾耳听。此指窃听。

【译文】 最好是沉迷读书徜徉于书摊,满眼见到的都是书袋和书箱。发表议论最怕是轻易随便,要防止隔墙有耳为此惹麻烦。

【原文】 **具膳餐饭,适口充肠。饱饫烹宰[1],饥厌糟糠[2]。**

【注释】 ①饫:饱食。这里指过饱。②厌:饱,满足。

【译文】 准备一日三餐饭菜应平常,适合口味填饱肚子吃啥都一样。吃得太饱肯定不想宰牛又烹羊,饿着肚子决不嫌弃酒糟和米糠。

【原文】 **亲戚故旧,老少异粮[1]。妾御绩纺[2],侍巾帷房[3]。**

【注释】 ①异粮:指不同的食物。②御:指从事。绩:将麻搓捻成线、绳。③巾:头巾,这里泛指衣帽。帷房:内室。

【译文】 假如亲戚朋友登门来拜访,长幼有别款待饭菜不可一个样。妻妾主内每日在家织麻把布纺,递衣递帽侍奉丈夫样样都不忘。

【原文】 **纨扇圆絜[1],银烛炜煌[2]。昼眠夕寐,蓝笋象床[3]。**

【注释】 ①纨扇:绢制的圆扇。絜:洁。②炜:光明。③蓝笋:指青竹编成的席子。蓝,竹子青皮的颜色。

【译文】 绢制的圆扇洁白又漂亮,银白色的蜡烛将室内照得雪亮。白天休憩,夜晚长睡,用的是青蓝的竹席、象牙雕饰的床。

【原文】 **弦歌酒宴,接杯举觞[1]。矫手顿足[2],悦豫且康[3]。**

【注释】 ①觞:喝酒的器具。②矫:举起。③豫:喜悦,安适。

【译文】 盛大酒宴伴随着歌舞弹唱,传杯接盏这酒喝得真酣畅。情不自禁手又舞来足又蹈,愉悦欢欣互相祝酒道安康。

【原文】 **嫡后嗣续[1],祭祀烝尝[2]。稽颡再拜[3],悚惧恐惶。**

【注释】 ①嫡:旧时指正妻及其所生长子,嫡长子具有继承权。嗣:继承,也指子孙后代。②烝尝:古代冬祭名“烝”,秋祭称“尝”,这里泛指祭祀。③稽颡:屈膝下拜以额触地的一种跪拜礼,表示极度悲痛或感激的心情。

【译文】 子孙一代一代向下得传续,按时祭祀请求祖先多祐庇。磕头下拜虔敬按规矩,诚惶诚恐唯恐失礼仪。

【原文】 **笺牒简要[1],顾答审详。骸垢想浴[2],执热愿凉[3]。**

【注释】 ①笺牒:指书信文章。牒,古代书板,也指公文。②骸:指身体。③执热:酷热难解。语出《诗·大雅·桑柔》:“谁能执热,逝不以濯。”意思是谁不愿在酷热时,以沐浴求得凉快。

【译文】 书信文章应简明扼要,回答问话要审慎周详。身上脏了想要洗个澡,酷暑难耐愿意早清凉。

【原文】 **驴骡犊特[1],骇跃超骧[2]。诛斩贼盗,捕获叛亡。**

【注释】 ①犊:小牛。特:公牛。此句泛指不善于奔跑的牲畜。②骧:马头昂举疾奔。这里泛指奔马。

【译文】 毛驴骡子大小牛,受惊奔跑超马速。法律威严杀贼盗,捕获反叛亡命徒。

【原文】 **布射僚丸[1],嵇琴阮啸[2]。恬笔伦纸,钧巧任钓[3]。**

【注释】 ①布:吕布。三国时徐州刺史,善射箭,曾于辕门射戟,解决了刘备与袁术大将纪灵之争。僚:熊宜僚。春秋时楚国勇士,善玩弹丸,楚、宋之战时他于阵前表演弹丸,分散宋军注意力,使楚军趁机大败宋军。②嵇:嵇康。三国时魏国谯郡人,字叔夜,"竹林七贤"之一,工诗文,善鼓琴,精乐理。阮:阮籍。三国时魏国尉氏人,世称阮步兵,"竹林七贤"之一,博览群书,尤好老庄。善于长啸,每至穷途路断,则恸哭。③钧:马钧。三国时魏国扶风人,著名的能工巧匠,发明龙骨水车,创意重造了指南车,造连弩、发石机等兵器。任:任父,亦称任公子。传说中善钓的神人,他以牛做钓饵,下钩至东海,钓得大鱼,以至方圆千里都被鱼的挣扎所震动。

【译文】 吕布善于射箭,熊宜僚善玩弹丸,嵇康善于弹琴,阮籍善于呐喊。蒙恬制造了毛笔,蔡伦发明了造纸,马钧一代巧匠,任父善钓流传。

【原文】 **释纷利俗[1],并皆佳妙。毛施淑姿[2],工颦妍笑[3]。**

【注释】 ①利俗:有利世俗社会。②毛:毛嫱,古代美女。施:西施,春秋时越国美女③工:善于。颦:皱眉。

【译文】 他们或是善解纠纷,或是善于发明创造,或是性格独特有所擅长,因而有利社会世人称好。还有美女毛嫱、西施,个个姿容娇艳美妙,皱眉都显格外俏丽,更有倩曼动人一笑。

【原文】 **年矢每催[1],曦晖朗曜[2]。璇玑悬斡[3],晦魄环照[4]。指薪修祜[5],永绥吉劭[6]。**

【注释】 ①年矢:指光阴似箭。矢,箭。②曦晖:阳光。③璇玑:北斗七星第四星。这里指代北斗七星。斡:指运转。④晦:夜晚。魄:月初出或将没时的微光。⑤指薪:即薪火相传。语出《庄子·养生主》:"指穷于为薪,而火传也,不知其尽也。"意思是脂膏有燃尽的时候,而火种却传延无尽。后来比喻家族或技艺的传承延续。指,同"脂"。祜:福。⑥绥:安。劭:美好。

【译文】 光阴似箭,催人向老,太阳光辉,明朗普照,北斗七星,运转不停,晚月微明,天穹闪耀。修德积福,子孙传续,永远平安,吉祥美好。

【原文】 **矩步引领[1],俯仰廊庙[2]。束带矜庄[3],徘徊瞻眺[4]。**

【注释】 ①矩步:走路步法端正,符合规矩。引领;伸长脖颈,这里指抬头前行。领,脖子。②俯仰:上下,这里指上朝。廊庙:庙堂,指朝廷。③束带:束好衣带,指穿戴衣服。矜庄:保持端庄严肃的态度。④徘徊:作者形容自己等待呈献《千字文》时忐忑紧张的样子。实际上是谦词。瞻眺:仰望。

【译文】 我端正步伐,抬头前行,朝廷在上,须恭敬景仰。穿戴齐整,态度端庄,徘徊不安,敬献此章。

【原文】 **孤陋寡闻,愚蒙等诮[①]。谓语助者,焉哉乎也[②]。**

【注释】 ①诮:讥讽,嘲笑。②焉哉乎也:《千字文》作者以此四个语气助词终结本段,结束全文,并且自谦说自己孤陋寡闻,学识不够。一方面因为本文是奉诏撰写,必须恭敬自谦;另一方面也是将这四个文言虚词自然而然地嵌入了文内,构思十分巧妙。

【译文】 臣实浅陋,鲜有见识,愚笨蒙昧,让人耻笑。学识不过:焉、哉、乎、也,语气助词,四个罢了。

弟子规

【导语】

我国一向有重视儿童启蒙教育的良好传统。早在春秋时期,曾经辅佐齐桓公完成霸业的著名政治家管仲著有《管子》一书,其中"弟子职"一章,主要讲述的就是弟子受业、应客、侍坐、进退、洒扫、馔馈等礼仪规范。比管仲晚一百多年的孔子,是我国古代最为著名的思想家和教育家,由其弟子记录孔子言行而成的《论语》,既是儒家经典,又是我国古代第一部真正意义上的教子弟书。此后,对儿童进行启蒙教育的著作也越来越多。唐代李瀚取《周易》蒙卦"匪我求童蒙,童蒙求我"之义而撰《蒙求》,以教学童。其后遂出现了许多类似的著作,如宋吕本中的《童蒙训》、朱熹的《童蒙须知》、王逢原的《十七史蒙求》、方逢辰的《名物蒙求》、徐伯益的《训女蒙求》,元吴化龙的《左氏蒙求》、胡炳文的《纯正蒙求》,清王筠的《文字蒙求》、罗泽南的《养正蒙求》,等等。启蒙教育早在古代社会就已经成为一门备受社会各界普遍重视的"蒙学"。

蒙以养正。启蒙教育的一个显著特点,就是向儿童传授社会生活知识和儒家伦理道德规范,培养正确规范的言行和浩然正气。虽然各类蒙学著作林林总总,卷帙浩繁,涉及的生活面和知识面也相当广泛,但其主旨都不外乎"养正"二字。"养正"是儿童教育的基础和根本。正如屠义英所言:"《易》曰:'蒙以养正。圣功也。'而养正莫先乎礼。盖人之自失其正,以自外于圣人之途者。率以童幼之年,不闻礼教,则耳目手足,无所持循,作止语默,无所检束。及其既长,沿习偷安,徇情任气,如已决之水,不可堤防;已放之条,不可盘都,何所不至哉!是故,朱子小学,必先洒扫应对之节,程子谓即此便可达天德。信非诬也!"(清张伯行《养正类编》卷三引屠义英《童子礼》)《弟子规》和《弟子职》《小儿语》《续小儿语》《好人歌》《朱子治家格言》,同样也是以养正为旨归,教育儿童识礼仪,懂道理,正其身,慎其言,自幼就养成"富贵不能淫、威武不能屈"的浩然正气。

李毓秀像

《弟子规》出自清康熙年间人李毓秀之手。李毓秀,字子潜,山西绛州(治今山西新绛)人。一生仕途不得志,靠教育童蒙维持生计。在教书生涯中,他根据传统蒙学的要求,结合自己的教书实践,写成了《训蒙文》。此书后经贾有仁修订,改名《弟子规》,意为童蒙应该遵守的规矩。全书以《论语·学而篇》中的"弟子,入则孝,出则弟,谨而信,泛爱众,而亲仁。行有馀力，则以学文”一段文字为纲，以三字韵语的形式，教导儿童如何待人接物、为人处世，如何修身养性、行以正道，如何实践儒家的伦理道德规范。此书虽然出现在清代，比《小儿语》和《续小儿语》等明人之作要晚得多，但影响却比它们还要大一些。现代教育制度出现之前，《弟子规》是许多私塾先生教授学童的必选之书。

一、总叙

【原文】 **弟子规，圣人训[①]。首孝悌[②]，次谨信[③]。泛爱众，而亲仁。有余力，则学文[④]。**

【注释】 ①圣人：指儒家创始人孔子。训：教导，教诲。②悌：弟弟服从兄长。③谨：出言慎重，寡言。信：诚信。④文：文献典籍。

【译文】《弟子规》的核心，本自孔子言论。首先要讲孝悌，其次谨慎诚信。要爱周围大众，亲近仁德贤人。倘有富余精力，读书多做学问。

二、入则孝出则悌

【原文】 **父母呼，应勿缓；父母命，行勿懒。父母教，须敬听；父母责，须顺承。**

【译文】 听到父母呼唤，回答不能迟缓；父母指派差遣，快做不能偷懒。父母谆谆教导，应当恭敬聆听；父母批评责备，必须接受顺从：

【原文】 **冬则温[①]，夏则凊[②]，晨则省[③]，昏则定[④]。出必告，反必面[⑤]，居有常，业无变[⑥]。**

【注释】 ①冬则温：冬天用自己身体先为父母把被窝温暖。②凊：凉。这句说夏天替父母把床铺扇凉。③省：探问，请安。④定：定省，子女早晚问候父母。这里专指昏定，即晚间服侍父母就寝。《礼记·曲礼上》：“凡为人子之礼，冬温而夏凊，昏定而晨省。”⑤反：同“返”，指返家。面：当面向父母禀报平安，让父母放心。⑥业：职业，做事。无变：没有改变。指在外做事有规律、合规矩，不随意改变，以免父母担忧。

【译文】 冬天为亲暖被，夏天把床扇凉，早起问候父母，黄昏要道晚安。外出必须相告，回家当面禀报，按时起居工作，不能随意调换。

【原文】 **事虽小，勿擅为，苟擅为，子道亏[①]。物虽小，勿私藏，苟私藏，亲心伤。**

【注释】 ①子道：子女应当做的。

【译文】 事情即使不大，不可擅作主张，如果任性而为，有失子女本分。虽然东西很小，不能据为己有，假如私自匿藏，会让父母心伤。

【原文】 **亲所好，力为具[①]；亲所恶，谨为去。身有伤，贻亲忧[②]；德有伤，贻亲羞。**

【注释】 ①具：准备，置办。②贻：遗留。

【译文】 父母双亲喜好，竭力为其办到；父母厌恶之事，尽心尽力除掉。身体受到损伤，会让父母担忧；品德若有污点，连累父母蒙羞。

【原文】 **亲爱我，孝何难？亲恶我，孝方贤。亲有过，谏使更[①]，怡吾色[②]，柔吾声。谏不入[③]，悦复谏，号泣随[④]，挞无怨[⑤]。**

【注释】 ①更：改变。②怡：和悦。③入：指采纳。④号：大声哭号。⑤挞：鞭挞。

【译文】 父母非常爱我，孝敬他们不难；父母对我厌恶，尽孝才显我贤。父母若有过错，劝说他们改正，劝时和颜悦色，还应细语柔声。劝说父母不听，待其高兴再劝，悲号哭泣请求，被打也无怨言。

【原文】 **亲有疾，药先尝，昼夜侍，不离床。丧三年，常悲咽，居处变，酒肉绝。丧尽礼，祭尽诚，事死者，如事生。**

【译文】 双亲如果染病，煎药自己先尝，白天黑夜侍奉，寸步不离其床。父母不幸身亡，守丧要满三年，常常伤心哭泣，改变生活起居，一切尽量从简，酒肉享乐不沾。丧事要合礼仪，祭奠竭尽诚意，对待去世父母，一如他们生前。

【原文】 **兄道友[①]，弟道恭！兄弟睦，孝在中。财物轻，怨何生？言语忍，忿自泯[②]。**

【注释】 ①道：应遵行的道德原则。友：友爱亲近。②泯：灭。指消失化解。

【译文】 兄对弟要友善，弟对兄要恭敬，兄弟彼此和睦，孝道体现其中。财物看得很轻，就不怨天尤人，言语不合要忍，愤怒自然不生。

【原文】 **或饮食，或坐走，长者先，幼者后。长呼人，即代叫，人不在，己即到。**

【译文】 无论饮水吃饭，或是坐卧出行，依礼长者为先，幼者应在其后。长辈要是叫人，帮忙代为呼叫，所叫之人不在，自己立即赶到。

【原文】 **称尊长，勿呼名，对尊长，勿见能[①]。路遇长，疾趋揖[②]，长无言，退恭立。骑下马，乘下车，过犹待，百步余。**

【注释】 ①见能：逞能，炫耀，见，同"现"。②疾趋：快步向前。

【译文】 如果称呼尊长，不可直呼其名，若在尊长面前，不可炫耀逞能。路上遇到尊长，快步向前行礼，长辈没有吩咐，退后恭敬侍立。外出见到尊长，赶紧下马下车，恭待长辈离远，目送百步开外。

【原文】 **长者立，幼勿坐，长者坐，命乃坐。尊长前，声要低，低不闻，却非宜。进必趋，退必迟，问起对，视勿移。事诸父[①]，如事父；事诸兄[②]，如事兄。**

【注释】 ①诸父：伯父、叔父。②诸兄：同族兄长，堂兄。

【译文】 长者如果站着，幼者不能就坐，尊长坐定以后，叫你你才能坐。尊长面前说话，声音一定放低，低至不能听到，那也不合规矩。尊长叫你见面，理应快步向前，告退行动要缓，这才合乎礼仪。尊长如果问话，必须起身作答，不可左顾右盼，否则就是失礼。侍奉自己叔伯，也如侍奉父亲；对待同族兄长，也像胞兄一样。

三、谨而信

【原文】 朝起早，夜眠迟，老易至，惜此时。晨必盥，兼漱口，便溺回，辄净手。

【译文】 清晨尽量早起，晚上迟些入睡，人生岁月易老，要把时间珍惜。早上必须盥洗，同时注意漱口，便溺结束回来，则要立即洗手。

【原文】 冠必正，纽必结，袜与履[①]，俱紧切。置冠服，有定位，勿乱顿[②]，致污秽。

【注释】 ①履：鞋。②顿：安置。

【译文】 帽子应戴端正，衣扣必须扣好，袜子要穿平整，鞋带注意系紧。脱下衣帽鞋袜，存放位置固定，不可乱丢乱放，以免弄脏弄乱。

【原文】 衣贵洁，不贵华，上循分[①]，下称家[②]。对饮食，勿拣择，食适可，勿过则。年方少，勿饮酒，饮酒醉，最为丑。

【注释】 ①循：遵循，符合。分：身份，等级。②称：相称，合适。

【译文】 穿衣贵在整洁。不必追求华贵，衣着要合身份，还要考虑家境。饮食应当全面，不能挑挑拣拣。注意适当有节，不要过量无限。年龄如果还小，千万不要饮酒，否则一旦喝醉，失态样子最丑。

【原文】 步从容，立端正，揖深圆，拜恭敬。勿践阈[①]，勿跛倚[②]，勿箕踞[③]，勿摇髀[④]。

【注释】 ①阈：门坎。②跛倚：偏倚，站立不正。语出《礼记·礼器》："有司跛倚以临祭，其为不敬大矣。"③箕踞：两脚伸直岔开的坐姿，形似簸箕。④髀：大腿。

【译文】 走路迈步从容，直立姿态端正，作揖弯腰到位，跪拜认真恭敬。出入不踩门坎，站不歪斜其身，坐不叉开双腿，切忌腿脚抖动。

【原文】 缓揭帘，勿有声，宽转弯，勿触棱[①]。执虚器，如执盈[②]；入虚室，如有人。

【注释】 ①勿触棱：不要撞到家具物品的棱角。②盈：满。

【译文】 掀动门帘要轻，切勿发出声音，走路转弯大些，不要撞上物品。手拿空的器皿，像满装般小心；进入无人空屋，如同屋里有人。做事小心谨慎，不可掉以轻心。

【原文】 事勿忙，忙多错，勿畏难，勿轻略[①]。斗闹场，绝勿近；邪僻事，绝勿问。

【注释】 ①略；忽略

【译文】 做事不要匆忙，忙中大多出错，不必害怕困难，也不轻率随便。打架闹事场合，不可轻易靠近；邪恶荒诞之事，绝不好奇打听。

【原文】 将入门，问孰存[①]；将上堂，声必扬。人问谁？对以名，吾与我[②]，不分明。

【注释】 ①孰：谁，哪一个。存：在家。②吾：我。

【译文】 要进人家大门，先问是否有人？迈入厅堂之前，大声让人知闻。人家问你是谁？定要回答姓名，如果只说是我，对方如何辨明。

【原文】 **用人物，须明求，倘不问，即为偷。借人物，及时还；人借物，有勿悭[1]。**

【注释】 ①悭：吝啬。

【译文】 借用别人物品，必须请求应允，倘若根本不问，无疑与偷等同。借了人家东西，一定及时归还；别人向你借物，有就不要吝啬。

【原文】 **凡出言，信为先，诈与妄[1]，奚可焉[2]！话说多，不如少，惟其是，勿佞巧[3]。刻薄语，秽污词，市井气，切戒之。**

【注释】 ①妄：言辞荒谬，没有根据。②奚：何，怎么。③佞巧：花言巧语骗人。

【译文】 大凡开口说话，要以诚信为先，如果欺诈荒诞，那又怎么可以！话多不如话少，言多语必有失，应当实话实说，不能花言巧语。尖酸刻薄之话，污秽不堪之言，粗俗无赖习气，切记戒除改变。

【原文】 **见未真[1]，勿轻言；知未的[2]，勿轻传。事非宜，勿轻诺，苟轻诺，进退错。**

【注释】 ①真：真实情况。②的：确实。

【译文】 没有弄清之事，不可轻易发言；听到并不确切，不要轻易就传。不合义理之事，不要轻易允诺，如果随便承诺，做与不做都错。

【原文】 **凡道字[1]，重且舒[2]，勿急疾，勿模糊。彼说长，此说短，不关己，莫闲管。**

【注释】 ①道字：说话吐字。②重：指发音吐字清楚。舒：流畅。

【译文】 说话吐字发音，定要清晰流畅，说得不能太急，否则含糊不清。那人过来说长，这人过来说短，事情与己无关，闲事不要去管。

【原文】 **见人善，即思齐，纵去远，以渐跻[1]。见人恶，即内省，有则改，无加警[2]。**

【注释】 ①跻：登，升。这里指升入同一行列，成为同一类人。②无加警：无则加勉，警告自己不去做。

【译文】 见人义举善行，就要向人学习，纵然差距尚远，也要逐渐看齐。见到别人不好，立即反躬自省，有则立刻改正，无则加勉自警。

【原文】 **惟德学，惟才艺，不如人，当自励。若衣服，若饮食，不如人，勿生戚[1]。**

【注释】 ①戚：悲戚，忧伤。

【译文】 注重品德学问，培养才能技艺，发觉己不如人，就当自我激励。诸如衣服饮食，不要与人攀比，即使不如旁人，切勿自卑生气。

【原文】 **闻过怒，闻誉乐，损友来[1]，益友却[2]。闻誉恐，闻过欣，直谅士[3]，渐相亲。**

【注释】 ①损友：对自己有害的朋友。②却：退却，离去。③直：正直。谅：诚信。孔子认为正直、诚信、见闻广博的人是三种有益的朋友，即益友

【译文】 闻听批评即怒，听到赞誉则喜，坏朋友就会来，好朋友就会走。听到恭维不安，听见指责却喜，正直诚信之士，渐会与你亲近。

【原文】 **无心非[①]，名为错[②]；有心非，名为恶。过能改，归于无[③]，倘掩饰，增一辜[④]。**

【注释】 ①非：错误。②名：称作。③归：回到。无：指没有过错。④辜：罪，过错。

【译文】 无意之间失误，可以称为过错；故意去干坏事，那可就是罪恶。有错勇于改正，可以当作无过，倘若文过饰非，就是错上加错。

四、泛爱众而亲仁

【原文】 **凡是人，皆须爱，天同覆[①]，地同载[②]。行高者，名自高，人所重，非貌高[③]。才大者，望自大，人所服，非言大[④]。**

【注释】 ①天同覆：同在蓝天下。覆，遮盖。②地同载：共立大地上。载，承载。以上两句指共同生活在一个世界上。③貌高：指外表高大威严，仪表堂堂，好像正人君子。④言大：自我吹嘘，夸夸其谈。

【译文】 所有一切的人，都须相亲相爱，共享一片蓝天，同有大地承载。德行高尚之人，自然拥有名望，人们看重品德，并非容貌怎样。才学博大精深，肯定天下闻名，人们钦佩其才，并非言辞惊人。

【原文】 **己有能，勿自私；人有能，勿轻訾[①]。勿谄富，勿骄贫，勿厌故，勿喜新。人不闲，勿事搅；人不安，勿话扰。**

【注释】 ①轻：轻易，随便。訾：诋毁，说人坏话。

【译文】 自己若有才能，切勿自私独用；他人才华出众，不要诋毁否定。不应谄媚富人，不可傲慢欺贫，不要喜新厌旧，做个仁德贤人。人家正在忙碌，不可用事打搅；人家心情不好，不要闲话打扰。

【原文】 **人有短，切莫揭；人有私，切莫说。道人善，即是善，人知之，愈思勉。**

【译文】 别人缺点短处，不要轻易揭穿；人家个人隐私，不可到处外传。赞美别人善行，其实就是行善，对方听你称赞，会更勉力为善。

【原文】 **扬人恶，即是恶，疾之甚[①]，祸且作。善相劝，德皆建[②]；过不规[③]，道两亏[④]。**

【注释】 ①疾：痛恨。②德皆建：指双方道德都可建立。③规：规劝。④亏：亏欠，缺失。

【译文】 宣扬别人恶行，等于也是作恶，痛斥别人过分，就会引发灾祸。如果以善相劝，彼此道德完满；过错不加规劝，双方道德缺陷。

【原文】 **凡取与，贵分晓，与宜多，取宜少。将加人，先问己，己不欲，即速已[①]。恩欲报，怨欲忘，报怨短，报恩长。**

【注释】 ①己不欲，即速已：孔子说“己所不欲，勿施于人”，意思是自己不愿意的事,也不要强加于人。已,停止。

【译文】 财物取得、给予,贵在明白其理,给予别人应多,拿取应当要少。强加别人之事,首先问问自己,自己都不愿意,那就马上停止。受人恩惠要报,对人怨恨应忘,怨恨越短越好,报恩长记不忘。

【原文】 **待婢仆[1],身贵端[2],虽贵端,慈而宽。势服人,心不然,理服人,方无言。**

【注释】 ①婢仆:旧时供有钱人家使用的女子称婢,男子称仆。②身:指主人自身。贵:重在。

【译文】 对待婢女男仆,主人自身须正,即使品行端正,还须仁慈宽厚。以势压服别人,别人内心不服,若是以理服人,对方心服口服。

【原文】 **同是人,类不齐,流俗众,仁者稀。果仁者,人多畏,言不讳,色不媚。**

【译文】 虽然同样是人,善恶正邪不同,世俗之人众多,仁德贤者稀少。果真仁德贤士,大家自然敬畏,因其直言不讳,更不阿谀谄媚。

【原文】 **能亲仁,无限好,德日进,过日少。不亲仁,无限害,小人进,百事坏。**

【译文】 能够亲近仁者,一生无限美好,品德与日俱进,过失天天减少。假如不亲仁德,会有无限祸害,小人乘虚而入,凡事注定失败。

五、行有余力则以学文

【原文】 **不力行[1],但学文,长浮华,成何人!但力行,不学文,任己见,昧理真。**

【注释】 ①力行:努力做。这里指身体力行前面所说的孝、悌、谨、信、爱、仁。

【译文】 不去力行实践,只是死读经典,徒增浮华习气,怎能为人典范!只懂一味去做,而不学习经典。任由自己偏见,事理真谛难辨。

【原文】 **读书法,有三到,心眼口,信皆要[1]。方读此,勿慕彼,此未终,彼勿起。**

【注释】 ①信:确实。

【译文】 说到读书方法,必须注意三到,心到、眼到、口到,确实全要做到。开始正读这书,不要又想那书,此书还未读完,那书不可起读。

【原文】 **宽为限,紧用功,工夫到,滞塞通。心有疑,随札记,就人问,求确义。**

【译文】 制定读书方案,不妨放宽期限,一旦实际去读,务必抓紧读完,只要功夫用到,茅塞自然顿开。心有困惑疑问,随手要记笔记,时时向人讨教,求解确切含义。

【原文】 **房室清,墙壁净,几案洁,笔砚正。墨磨偏,心不端,字不敬,心先病。**

【译文】 书房打扫清洁,墙壁保持干净,书桌洁净明亮,笔砚摆放端正。研墨如果磨偏,肯定心不在焉,字体歪歪斜斜,心浮气躁表现。

【原文】 **列典籍,有定处,读看毕,还原处。虽有急,卷束齐,有缺损,就补之。**

【译文】 书籍排列有序,位置固定整齐,如果阅读完毕,必须放回原地。即使再急再忙,书卷也要整理,一旦发现破损,及时修补整齐。

【原文】 **非圣书，屏勿视，蔽聪明，坏心志。勿自暴，勿自弃，圣与贤，可驯致[①]。**

【注释】 ①驯：渐进。

【译文】 不是圣贤书籍，应该摒弃不看，否则蒙蔽智慧，还会败坏意志。坚持既定目标，切勿自暴自弃，圣贤境界虽高，循序渐进可到。

禅宗经典

傳世藏書

导读

禅宗是汉传佛教宗派之一,始于菩提达摩,盛于六祖惠能,中晚唐之后成为汉传佛教的主流,也是汉传佛教最主要的象征之一。汉传佛教宗派多来自印度,但唯独天台宗、华严宗与禅宗,是由中国独立发展出的三个本土佛教宗派。其中又以禅宗最具独特的性格。禅宗祖师会运用各种教学方法,以求达到这种境界,这又称开悟。其核心思想为:“不立文字,教外别传;直指人心,见性成佛”,意指透过自身实践,从日常生活中直接掌握真理,最后达到真正认识自我。

“禅宗”之根本宗旨是“直指人心,见性成佛”。

众生皆有佛性。按照佛教一切唯心、万法唯识的理论,它永恒绝对、灵明不昧,是宇宙的实体,世界的本源,是不朽的宇宙终极存在。佛性超越时空,本自现成,无处不在,无时不在,体具万德,妙用无穷,在圣不增,在凡不减,心思不及,言语莫诠,所谓“离四句,绝百非”。众生之所以流转生死,缘于无明,迷失本心,认幻为真,妄生苦乐、得失。而一旦悟道见性,菩提非从外得。“真如佛性”说并不是惠能禅宗所独有,而是除三论宗、唯识宗之外其他各宗所共有的。但惠能的高明之处在于将这一观念强调到更加突出的地步,并把它同解脱论和修行观密切联系起来。惠能说:

一切万法,尽在自心中,何不从于自心顿现真如本性!

世人性本自净,万法在自性。

如是一切法,尽在自性。自性常清净,日月常明,只为云覆盖,上明下暗,不能了见日月星辰。忽遇惠风吹散,卷尽云雾,万象森罗,一时皆现。世人性净,犹如清天,慧如日,智如月,智慧常明,于外著境,妄念浮云盖覆,自性不能明。故遇善知识,开真正法,吹却迷妄,内外明彻,于自性中,万法皆见,一切法在自性,名为清净法身。

无明智慧等无异,当知万法即皆如……观身与佛不差别。

佛是自性作,莫向身外求。

我心自有佛,自佛是真佛。

金刚经

【导语】

《金刚经》全称为《能断金刚般若波罗蜜经》，是初期大乘佛教的代表性经典之一，也是般若类佛经的纲要书。在中国佛教界，《金刚经》流行得极为普遍，如三论、天台、贤首、唯识等宗派，都各有注疏。尤其是自唐宋以来盛极一时的禅宗，更与《金刚经》有深厚的渊源。宋代，出家人的考试，有《金刚经》一科，也让我们从中看出《金刚经》的弘通之盛！

慧能大师像

《金刚经》以空慧为主要内容，探讨了一切法无我之理，篇幅适中，不过于浩瀚，也不失之简略，因此历来弘传甚广，特别为惠能以后的禅宗所重视。传说惠能就因此经中的“应无所住而生其心”一句经文而开悟。

【原文】 **如是我闻[①]：**

一时，佛在舍卫国祇树给孤独园[②]，与大比丘众千二百五十人俱[③]。尔时，世尊食时着衣持钵[④]，入舍卫大城乞食[⑤]。于其城中次第乞已[⑥]，还至本处。饭食讫，收衣钵，洗足已，敷座而坐[⑦]。

【注释】 ①如是我闻：又作我闻如是、闻如是等。为经典之开头语，是佛经五种证信之一。释尊在《涅槃经》中曾对多闻第一的阿难尊者说，其一生所说之经藏，须于卷首加上“如是我闻”一语，以表示此下所诵的内容乃直接从佛陀处所亲闻。“如是”指经中所述之内容，即经中所说之佛语；“我闻”指经藏编集者阿难自言听闻于释尊之言行。又“如是”意为信顺自己所闻之法；“我闻”则为坚持其信之人。佛教以信为第一，信佛法则能入佛教，理解佛法，得受佛法之功德利益；以信则言如是，不信则言不如是，所以先使众生信受经言，因而于经首置如是语。《大智度论》卷二认为佛教徒应依止经典中的法，法并非仅指佛所说者，除佛陀所说者外，也有由佛弟子、仙人、诸天及化人等所说的法。为令信顺此等为正法，并使佛灭度后，法永远不失，永远正确地传于后世，故释尊对阿难言，须于经典卷首加上“如是我闻”一语。②佛：梵语Buddha之音译，佛陀之略，又作佛驮、休屠、浮陀、浮屠、浮图、浮头、没驮、勃陀、馞陀、步他等。意译觉者、知者、觉，即觉悟真理者之意。亦即具足自觉、觉他、觉行圆满，如实对于宇宙事理无所不知觉，成就无上正等正觉之大圣者，乃佛教修行之最高果位。

“佛”一般用作对佛教创始人释迦牟尼的尊称(释迦牟尼佛有如来、应供、正遍知、明行足、善逝、世间解、无上士、调御大夫、天人师、佛世尊十大名号)。大乘佛教兴起后,“佛”还泛指一切觉行圆满者和一切佛法真谛的化身,宣称过去世有七佛、燃灯佛等,未来将出现弥勒佛。从佛身说,有报身佛、法身佛、应身佛。此处所指的佛是释迦牟尼佛。舍卫国:译为闻者、闻物、丰德、好道、无物不有、多有等。为中印度古王国名,其国本名为㤭萨罗国,为别于南方之㤭萨罗国,故以城名为国号。因此城多出名人,多产胜物,故称闻物国。又有别名叫舍婆提城、尸罗跋提、舍罗婆悉帝夜城等。据英国考古学家康林罕(A·Cunningham)推定,此国即今天拉布提河(Rapti)左岸之沙赫玛赫(Sahet Mahet),接近于尼泊尔之奥都(Oudh)北方九十余公里处。近年在该处发掘铭刻有“舍卫”字样之巨大佛像、《大唐西域记》卷六所说周长约五公里之城壁,及记述布施祇园精舍田地之铜板等,都一一地证明了此处即舍卫国故址。释迦牟尼成佛后,居留此处说法二十五年,较住于其他诸国长久。祇树给孤独园:又称“祇园精舍”或“给孤独园”,为佛陀说法遗迹中最著名者。据说舍卫城须多达长者,好行布施,人誉为给孤独长者。皈依佛陀后,希望佛来舍卫城度其国人,因而欲觅一地作为释迦牟尼在舍卫国说法、驻留的场所。传说祇陀太子之花园颇为合适作为精舍,乃欲购之,然为太子所拒。祇陀太子为令长者却步,遂以黄金铺满花园为出售之条件,给孤独长者即以黄金铺地买下园林。太子感动于其诚心,遂将园中所有林木也捐献给佛陀。因二人共同成就此一功德,故称祇树给孤独园。③比丘:又名苾刍、煏刍等。指男子出家进入佛教教团,满二十岁以上且受具足戒的修行僧,女子出家受具足戒者称为比丘尼。乃五众之一,七众之一。比丘原语是从“求乞”一词而来,也可以解释为破烦恼者之意。《大智度论》卷三列比丘语义为乞士、破烦恼、出家人、净持戒及怖魔等五义。其中,破恶(破烦恼)、怖魔、乞士,称为比丘三义,与“阿罗汉”一词语义中之杀贼、应供、无生等三义,合称为“因果六义”(比丘为因,阿罗汉为果)。在印度,比丘或沙门的生活形态必须遵守一定的戒律,护持三衣一钵,乞食自活,住于阿兰若处,少欲知足,离诸世俗烦恼,精进修道,以期证得涅槃。千二百五十人:指一千二百五十位先事外道,后承佛之化导,而证得圣果者。因感恩于佛陀的度化,遂发愿每次法会都常随不离,协助佛陀弘法利生,成为佛陀的“常随众”。根据《过去现在因果经》,这千二百五十人指耶舍长者子师徒五十人、优楼频螺迦叶师徒五百人、那提迦叶师徒二百五十人、伽耶迦叶师徒二百五十人、舍利弗师徒一百人、目犍连师徒一百人,共一千二百五十人。④世尊:因佛是世人所共尊的人,因此称佛为世尊,音译为“薄伽梵”或“婆伽梵”。意译作“世尊”之外,亦直译作有德、有名声等。即“富有众德、众佑、威德、名声、尊贵者”之意,亦指世界中之最尊者。在古印度,一般用为对尊贵者之敬称,并不限用于佛教;若于佛教,则特为释迦牟尼佛之尊称,属于佛的十大尊号之一。钵:梵语“钵多罗”的简称,为比丘六物之一。钵是比丘的盛饭器,以泥或铁制成,圆形、稍扁、底平、口略小。译作应器，或应量器。“应”有三应，一色相应，钵要灰黑色，令不起爱染心；二体相应，钵体粗质，使人不起贪意；三大小相应，不过量也，乞食不过七家，令人不恣口腹。⑤乞食：十二头陀行之一。乃印度僧人为资养色身而乞食于人的一种行仪，是一种清净的正命。又作团堕（即取置食物于钵中之义）、分卫、托钵、行乞等。其原始意义有二，即《大乘义章十五》所云：“专行乞食。所为有二：一者为自，省事修道。二者为他，福利世人。”自利是为杜绝俗事，方便修道；利他则为福利世人，予众生种福机会。⑥次第乞：也是十二头陀行之一。即指佛心平等，不择贫富，不拣净秽，不受别请，挨户依序托钵而乞食。修行者借助这样的行为，可培养平等心，以消除烦恼。⑦敷座：铺座跏趺而坐，安住于正念中。所谓坐如钟、行如风、卧如弓、立如松，是佛教行、住、坐、卧四威仪之一。修行者平常生活中身体端直是很重要的，因为正确的坐姿不至于使人容易散乱、疲劳和昏沉。佛教对坐的方式、作用有详细的规定，“结跏趺坐”即是其中一例。

【译文】 我曾经听佛这样说：

当时，佛住在舍卫国的祇树给孤独园里，与一千二百五十位大比丘在一起。有一天上午，临吃饭之时，世尊穿上袈裟，拿着饭钵，缓步走进舍卫城去乞食。佛在舍卫城中慈悲平等，不分贫富不分贵贱，挨家挨户地托钵、乞食后，便返回给孤独园中。吃过了饭，将袈裟和钵具收拾好，洗净了双足，铺好座位后，便跏趺而坐。

【原文】 时，长老须菩提在大众中[①]，即从座起，偏袒右肩[②]，右膝着地[③]，合掌恭敬而白佛言[④]：“希有[⑤]，世尊！如来善护念诸菩萨[⑥]，善付嘱诸菩萨。世尊，善男子、善女人[⑦]，发阿耨多罗三藐三菩提心[⑧]，应云何住[⑨]？云何降伏其心[⑩]？”

佛言：“善哉！善哉！须菩提，如汝所说，如来善护念诸菩萨，善付嘱诸菩萨。汝今谛听，当为汝说。善男子、善女人发阿耨多罗三藐三菩提心，应如是住，如是降伏其心。”

“唯然，世尊。愿乐欲闻。”

【注释】 ①长老：又称上座、上首、首座、耆年、耆宿、耆旧、老宿、长宿、住位等。是对年齿长、法腊高，且有智能威德的大比丘之尊称。《长阿含·众集经》列举三种长老：一是年耆长老，指入佛道经年之僧；二是法长老，指精通教法之高僧；三是做长老，为世俗假名之长老。禅家称住持之僧为长老。须菩提：又称苏补底、须扶提、须浮帝、薮浮帝修、浮帝、须枫等。意译为善业、善吉、善现、善实、善见、空生等。原来是古印度舍卫国鸠罗长者之子，为佛十大弟子中之最善解空理者，所以有“解空第一”的称号。也是大乘诸部般若经（如此经）中，佛陀在解说空义时的当机者。②偏袒右肩：又作偏露右肩、偏袒一肩、偏露一膊等，略称偏袒。为“通肩”一词之相对语。即披着袈裟时袒露右肩，覆盖左肩。在古印度，请法时“偏袒右肩”是最尊重的礼节，佛教沿用之，即于比丘拜见佛陀或问讯师僧时及从事拂床、洒扫等工作，须偏袒右肩，所以偏袒右肩即意谓便于服劳、听令使役,也是表示比丘恭敬尊者的相貌。③右膝着地:是印度的俗礼。右是正道,左为邪道,袒右跪右,以表示顺于正道,也显示劝请正法,去邪从实,应依谦卑之礼。另一方面,膝也象征般若智,地则象征实相;右膝着地,正表示般若与实相互相应合。④合掌:又名合十。乃印度自古所行之礼法,佛教沿用之。印度人认为右手为神圣之手,左手为不净之手,故有分别使用两手之习惯;然若两手合而为一,则为人类神圣面与不净面之合一,故借合掌来表现人类最真实之面目。合掌即合并两掌置于胸前,集中心思,因而也表示吾心专一之敬礼法及皈向中道。双掌合一,也可解释为表示方便权巧与实相究竟是一而不二,大小乘皆可融通。又十指表十法界;合十,表示结合十法界存于一心之中,也即是表示事理一如,权实圆融。⑤希有:谓事之甚少者、无相类者。尤指如来之示现及其一代教法,故有“希有大法王”“希法”之称。若能了知诸佛妙法,生尊重不思议心者,亦称为希有人。佛陀有四种“希有”,即:一、时希有,表示佛陀之出世,非旷世所常有;二、处希有,佛陀不出现于三千世界中的他处,唯降生于迦毗罗卫城;三、德希有,佛陀具有无量的福德智慧,所以是最尊贵的,无人能比;四、事希有,佛陀一生都以佛法普利众生,为希有殊胜之事。⑥如来:佛十种尊号之一。音译作多陀阿伽陀、多他阿伽度、多陀阿伽度、怛萨阿竭、怛他哦多、多阿竭等。如,即是真如,乘真如之道而成正觉之故,所以名为如来。又,乘真如之道来三界垂化之故,谓之如来。又,如诸佛而来,故名如来。又,“如来”之称呼,亦为诸佛之通号。护念:谓诸佛、菩萨、诸天善神等对于修善众生或佛弟子加以护持摄受,使之不致遭受障碍。又佛菩萨经常如影随形地护念行者,使恶魔等无法障害,故称影护护念。又为众生证明教法之确实,使其生信而脱离苦患,受无穷利益,此称证诚护念。在此,可以把护念解释为摄受,对于久学的菩萨,佛能善巧的摄受他,使他契入甚深的佛道,得如来护念的究竟利益。菩萨:音译菩提萨埵,又作菩提索多、冒地萨怛缚、扶萨等。旧译为大道心众生、道众生等,新译为大觉有情、觉有情等。指唯有大觉悟的众生能发无量大愿,上求无上菩提,下而利益众生;修诸波罗蜜行,将来要入佛果位。与声闻、缘觉并称为“三乘”。⑦善男子、善女人:指良家之男子、女子。经典中对在家的信男、信女,每用善男子、善女人的称呼。善者,是对信佛、闻法、行善业者之美称。窥基《阿弥陀经通赞》认为善男子、善女人是梵语优婆塞、优婆夷之译,指持五戒之男子、女人。此外,大乘经典中,呼菩萨时,多称善男子,呼比丘时,多呼其名。然有时亦以“善男子”称呼比丘。⑧发阿耨多罗三藐三菩提心:阿耨多罗三藐三菩提,是梵语之音译,意指完成之人,故一般译为无上正等正觉、无上正等觉、无上正遍知等。“阿耨多罗”意译为“无上”,表示佛陀所证悟的道是圆满无上的;“三藐三菩提”意译为“正遍知”,表明周遍证知最究极之真理,而且平等开示一切众生,令其达到涅槃。发阿耨多罗三藐三菩提心,即发起宏大深远的誓愿,以崇高、伟大、无上、究竟的佛果为目标。⑨应云何住:当住于何处或应当怎样安住。住即不违法性的住于正。凡发大菩提心者，在动静、语默、来去、出入、待人接物一切中，如何能使菩提心不生变悔，不堕于凡外，常安住于菩提心而不动？所以问"应云何住"。⑩云何降伏其心：降伏离于邪，也就是以威力降伏妄心，云何降伏其心，即怎样止灭妄心、杂念。众生心中，有种种的颠倒戏论，有各式各样的妄想杂念，这不但障碍修行，也是菩提心不易安住的大病。要把颠倒戏论一一消除，所以问云何降伏其心。

【译文】 这时，众僧中德高年长的须菩提长老，从自己的座位上站了起来，他斜披袈裟，偏袒着右肩，以右膝跪在地上，双手合十，虔诚恭敬地向佛行礼并对佛说道："世间稀有难得的世尊！佛善于护持眷念诸菩萨，善于咐嘱指导诸菩萨。世尊，倘若有善男子和善女人，发愿成就无上正等正觉的菩提心，那么他们应如何使这个菩提心常住不退呢？如果他们起了妄念的时候，又要怎样去降伏他的妄心呢？"

佛陀嘉许说："很好！很好！须菩提，正如你所说的那样，佛善于护持眷念诸菩萨，善于咐嘱指导诸菩萨。你们现在认真地细心静听，我将为你们宣说。善男子、善女人，发愿成就无上正等正觉的菩提心，就应该如此这般地保住菩提心，就应该要这样去降伏妄念心。"

菩提回答说："好的，佛陀。我们都乐意欢喜地聆听您的教诲。"

【原文】 **佛告须菩提："诸菩萨摩诃萨应如是降伏其心①：所有一切众生之类，若卵生，若胎生，若湿生，若化生②；若有色，若无色③；若有想④，若无想⑤，若非有想非无想⑥，我皆令入无余涅槃而灭度之⑦。如是灭度无量无数无边众生，实无众生得灭度者。何以故？须菩提，若菩萨有我相、人相、众生相、寿者相⑧，即非菩萨。"**

【注释】 ①摩诃萨：即摩诃萨埵之略，乃菩萨或大士之通称。摩诃，意译作大；萨埵，乃有情、众生之义。摩诃萨埵即为大心，或大有情、大众生，指发大心愿成就佛果的众生，亦即大菩萨。"大"有三种：愿大、行大、度众生大，即谓此大众生于世间诸众生中为最上，不退其大心，故称摩诃萨埵。摩诃萨埵具备了七个条件：一、具大根，二、有大智，三、信大法，四、解大理，五、修大行，六、经大时，七、证大果。②卵生、胎生、湿生、化生：即四生，指产生三界六道有情的四种类别。卵生是离开母体时，还不是完成的身形，仅是一个卵。须经一番保护孵化，才能脱卵壳而出，如鸟类；胎生，又作腹生。其最初的自体，必须保存在母胎中，等到身形完成，才能离母体而出生，如人类；湿生，又作因缘生、寒热和合生。即由粪聚、注道、腐肉、丛草等润湿地之湿气所产生者，如蚊及水中极细虫等；化生是说这类有情，不须要父母外缘，凭自己的生存意欲与业力，就会忽然产生出来，如诸天和地狱的众生。③有色、无色：从众生自体的物质说，有两类，即有色的，如欲界与色界的众生，是有物质形体的众生，包括欲界六道众生及色界四禅天。无色的，是无色界众生。是没有男女之欲与物质形体，但仍存有识心，如无色界的四空天。④有想：从众生的有没有情识说，有"有想""无想"与"非有想非无想"三种众生。有想，指具有感觉、认识、意志、思考等意识作用；或指具有此等作用之有情众生。有想，又指有想天，是有想众生居住的地方。在一切的天中，除了色界无想天与无色界非想非非想天之外，其他都是有想天。⑤无想：指全无想念之状态。或指入灭尽定，证得无想果者。或为无想天之略称。无想天在色界，生此天者，念想灭尽，仅存色身及不相应行蕴，故称无想天。⑥非有想非无想：指住在无色界非想非非想处的众生。即没有下界众生粗想的烦恼，所以是非有想或非想，但还有细想的烦恼，故又名非无想或非非想。⑦无余涅槃：涅槃，又译作泥日、泥洹、涅槃那等，意译为灭、灭度、寂灭、安乐、无为、不生、解脱、圆寂。涅槃的字义，有消散的意思，即苦痛的消除而得自在。也就是灭生死之因果，渡生死之瀑流，达到智悟的菩提境界。"无余涅槃"为"有余涅槃"之对称，一个修行者证得阿罗汉果，这时业报之因已尽不受后有，但还有业报身心的存在，故称有余涅槃；及至连酬报过去世业因的身心皆已灰灭，而完全无所依处，便达至无余涅槃。⑧我相、人相、众生相、寿者相："相"即形相或状态之意，指诸法的形像状态，表现在外而想象于心的形相。在佛典中，曾以"相"来描述诸法的各类相状、发展过程，乃至于真如的功德等等。"我相"意指我的相状，凡夫误认为外在的我为实相而执着之。"人相"谓众生妄计在六道轮回的自体为真实存在的外在相状。"众生相"谓众生把依五蕴和合而生的自体当成真实存在的外在相状。"寿者相"谓执着众生的从生到死，有一期的生命相续，可以传之长久。这四相实际上都是由一个"我相"所开展出来，所以，佛教特别注重破除"我执"。

【译文】 佛告诉须菩提说："诸大菩萨应该要这样修持降伏迷妄的心：无论是依卵壳而出世的众生，还是由母胎而出生的众生；无论是因潮湿而生出的众生，还是无所依托而仅借其业力得以出现的众生；又无论是欲界与色界中有物质形体的众生，还是无色界中没有物质形体的众生；无论是有心识活动的众生，还是一切没有心识活动的众生，以及说不上有无心识活动的各类众生，我都要使他们达到脱离生死轮回的涅槃境界，断尽他们的烦恼、永绝诸苦，让他们获得最终的解脱。但是，虽然这样度化了无数的众生，然而，实际上却没有任何一个众生得到救度断除了烦恼。为什么这么说呢？须菩提，如果菩萨在心中还存有自我的相状、他人的相状、众生的相状、寿命的相状，那他就不成其为菩萨了。"

【原文】 "复次，须菩提，菩萨于法应无所住[①]，行于布施[②]。所谓不住色布施，不住声、香、味、触、法布施[③]。须菩提，菩萨应如是布施，不住于相。何以故？若菩萨不住相布施，其福德不可思量[④]。须菩提。于意云何？东方虚空可思量不[⑤]？"

"不也，世尊。"

"须菩提，南、西、北方、四维、上下虚空可思量不[⑥]？"

"不也，世尊。"

"须菩提，菩萨无住相布施福德，亦复如是不可思量。须菩提，菩萨但应如所教住。"

【注释】 ①法:音译为达磨、达摩、驮摩、昙摩、昙无、昙等。一切的事物,不论大的小的,有形的或是无形的,都叫作法,不过有形的叫作色法,无形的叫作心法。应无所住:意即不论处于何境,此心皆能无所执着,而自然生起。心若有所执着,犹如生根不动,则无法有效掌握一切。②布施:音译为檀那、柁那、檀等,又称施。即以慈悲心而施福利予人之义,使他离苦得乐。布施有三种,一是财施,即以财物去救济疾病贫苦的人;二是法施,即以正法去劝人修善断恶;三是无畏施,即不顾虑自己的安危去令众生离诸怖畏。其中又以法布施为最,所以云:"诸供养中,法布施最。"③色、声、香、味、触、法:即"六尘",指色尘、声尘、香尘、味尘、触尘、法尘,又名六处、六境、六贼。色,指物质现象,为眼根所对、眼识所缘的境;声,一切声、音、乐,为耳根的认识对象;香,一切物品乃至男女身体所有之气息,为鼻根所感觉的对象;味,饮食馔肴美味和辛辣等味,为舌根所感觉的对象;触,冷暖寒热及硬软细滑等感觉,为身根的认识对象;法,即是识心所想及的心法,为意根所能意识的对象。④福德:指过去世及现在世所行的一切善行,及由于一切善行所得之福报。⑤虚空:虚无形质,空无障碍,故名虚空。指一切诸法存在之场所、空间。有周遍、不动、无尽、永恒等四义。⑥四维:即"四隅",指东南、西南、东北、西北四个方向。一般是以四维加四方,称为八方;若再加上、下二方,则合称为十方。

【译文】 佛继续说道:"再者,须菩提,菩萨对于万法,都应该无所执着,以不执着的心态来施行布施。即不应执着于形色而布施,亦不应执着于声音、香气、味道、触觉、意识而行布施。须菩提,菩萨就应该这样去布施,即不执着于诸相而修行布施。这是什么缘故呢?因为菩萨如果能这样不执着于诸相而布施,那么因布施而获得的福德就不可思议和无法估量。须菩提,你意下如何?东方的虚空可以想象和度量吗?"

须菩提回答:"不可度量的,佛陀。"

佛又问:"须菩提,那么南方、西方、北方、东南、西南、东北、西北及上下方的虚空,可以想象和度量吗?"

须菩提回答:"不可度量的,佛陀。"

佛说:"须菩提,菩萨不执着于诸相布施而进行布施的福德,也和十方虚空一样不可想象和度量。须菩提,菩萨就应该是这样不执着于诸相,自然能令妄心不起,真正安住于清净的菩提本心。"

【原文】 "须菩提,于意云何?可以身相见如来不[①]?"

"不也,世尊。不可以身相得见如来。何以故?如来所说身相即非身相。"

佛告须菩提:"凡所有相皆是虚妄。若见诸相非相,即见如来。"

【注释】 ①身相:身之相貌,此指佛的特殊妙好之相。

【译文】 佛问:"须菩提,你意下如何?可以依如来具足相好的身体相貌来认识如来的真实本性吗?”

须菩提回答:“不可以,世尊。不可以依如来具足相好的身体相貌来认识如来的真实本性。为什么呢?因为如来所具足相好的身体相貌,并非是真实存在的身相。”

佛陀告诉须菩提:“一切诸相都是虚妄不实的。若能悟得诸相皆虚妄不实,就能证见如来了。”

【原文】 须菩提白佛言:“世尊,颇有众生得闻如是言说章句,生实信不[①]?”

佛告须菩提:“莫作是说。如来灭后,后五百岁[②],有持戒修福者,于此章句能生信心,以此为实。当知是人不于一佛、二佛、三、四、五佛而种善根[③],已于无量千万佛所种诸善根。闻是章句乃至一念生净信者[④]。须菩提,如来悉知悉见,是诸众生得如是无量福德。何以故?是诸众生无复我相、人相、众生相、寿者相,无法相亦无非法相[⑤]。何以故?是诸众生,若心取相,则为著我、人、众生、寿者;若取法相,即著我、人、众生、寿者。何以故?若取非法相,即著我、人、众生、寿者,是故不应取法,不应取非法。以是义故,如来常说汝等比丘知我说法如筏喻者[⑥]。法尚应舍,何况非法。”

【注释】 ①实信:是与智慧相应的证信,非泛泛的信仰。信必须具备信实、信德、信能三条件。②后五百岁:大集经说有五个五百岁,此“后五百岁”,即指第五个五百年。第一与第二个五百年合起来是一千年的“正法时期”;第三与第四个五百年合起来是一千年的“像法时期”;第五个五百年又叫“末法初期”,末法将历时一万年。③善根:即善之根本,又称善本、德本。指能生出善法的根本。无贪、无嗔、无痴三者为善根之体,合称为三善根。贪、嗔、痴三者则为三不善根,或称三毒。又善法为得善果之根本,所以称为善根。④净信:清净之信心。⑤法相、非法相:法相,指诸法所具本质之相状(体相),或指其意义内容(义相);非法相,即一切存在现象绝对断灭的相状。法相通常指执五蕴、十二处、十八界等诸法为实有,是一种“有病”,无法相,即离诸法的自性执而得法空。非法相指执着诸法皆空,是一种“空病”,无非法相,即离我法二空的空相执而得空。此处之“法相”则有所专指,是指执着般若波罗蜜法为实有不变的有为法,也是属于一种“有病”;“非法相”则专指外道执着诸法皆无、涅槃亦无的“断灭空见”。⑥筏喻:出自《中阿含·大品阿梨咤经》,经中佛为阿梨咤比丘说筏喻。筏是竹筏,交通不便或水浅的地方,竹筏可用作交通工具。利用竹筏,即能由此岸到彼岸。到了彼岸,竹筏当然舍去了,谁还把他带着走!以此比喻佛之教法如筏,既至涅槃彼岸,正法亦当舍弃。所以经中云:“法尚应舍,何况非法。”

【译文】 须菩提向佛陀问道:“世尊,后世的芸芸众生听闻您今日所宣说的微妙内容,能不能因此而生起真实的信心?”

佛陀回答须菩提说:“你不必有这样的疑虑。在我灭度后的第五个五百年,会有持守戒律、广修福德的人,能从这些经义中产生真实信心,以此经义为真实所依。应当知道这些人不只曾经于一佛、二佛、三佛、四佛、五佛处种下了众善根前缘,而是已于无量千万佛处积集深厚的善根。因此，听到了这些微妙经义，便会在一念之间产生清净的信心。须菩提，如来完全确知确信，这些善根众生将会得到无可估量的福报和功德。为什么这么说呢？是因为这些善根众生，不再妄执有自我的相状、他人的相状、众生的相状、寿命的相状，也不在有法相和非法相的分别执着了。这是什么缘故呢？如果众生心念中执取于相状，也就执着于自我的相状、他人的相状、众生的相状、寿命的相状；若众生执着种种法相，亦会有自我的相状、他人的相状、众生的相状、寿命的相状的执着。什么缘故呢？如果众生心念中执着于无法相，那也会执着于自我的相状、他人的相状、众生的相状、寿命的相状，所以既不应执着任何法相，也不应执着于非法相。正因为如此，如来才经常告诫你们这些比丘，我所说的法，就像船筏之譬喻一样。佛法尚且应该舍去，何况那些与佛法相违背的非法。”

【原文】 “须菩提，于意云何？如来得阿耨多罗三藐三菩提耶？如来有所说法耶？”

须菩提言：“如我解佛所说义，无有定法名阿耨多罗三藐三菩提，亦无有定法如来可说。何以故？如来所说法皆不可取[①]，不可说，非法、非非法。所以者何？一切圣贤皆以无为法而有差别[②]。”

【注释】 ①取：有执取、执持二义，亦与“执着”同义，即对所喜欢的境界执取追求。取也是烦恼的异名。②圣贤：圣人与贤人之并称。圣，即具有正理的意思，指证见谛理，舍去凡夫之性，发无漏智而证理断惑，属见道的人。贤，即善和之意，指见道以前，调伏自己的心而远离恶的行为的人；谓凡夫离恶而未发无漏智，不证理亦未断惑，是见道以前的修行人。无为法：又称“无为”，与“有为法”对称。指非由因缘所造作，离生灭变化而绝对常住之法。

【译文】 佛陀又问：“须菩提！你意下如何？如来已证得了无上正等正觉吗？如来真的说过什么法吗？”

须菩提回答说：“就我所了解佛所说法的义理，没有固定的法可以叫作无上正等正觉，也没有固定的法为是如来所宣说的。什么缘故呢？因为如来所说的法义都不可以执取，也不能用语言诠释，它不是佛法，也不是非佛法。为什么呢？一切贤圣皆因为在所了知的无为法方面，因证悟的深浅不同而有深浅的差别。”

【原文】 “须菩提，于意云何？若人满三千大千世界七宝[①]，以用布施，是人所得福德宁为多不？”

须菩提言：“甚多，世尊。何以故？是福德即非福德性[②]，是故如来说福德多。”

“若复有人于此经中，受持乃至四句偈等[③]，为他人说，其福胜彼。何以故？须菩提，一切诸佛及诸佛阿耨多罗三藐三菩提法皆从此经出。须菩提，所谓佛法者即非佛法。”

【注释】 ①三千大千世界：古代印度人的宇宙观。“世”指时间，“界”指空间。

又作一大三千大千世界、一大三千世界、三千世界等。指由小、中、大等三种“千世界”所成的世界。古代以须弥山为中心,周围环绕四大洲及九山八海,称为一小世界。合一千个小世界为小千世界,合一千个小千世界为中千世界,合一千个中千世界为大千世界。因为这中间有三个千的倍数,所以大千世界,又名为三千大千世界。然据正确推定,所谓三千世界实则为十亿个小世界,而三千大千世界实为千百亿个小世界,与一般泛称无限世界、宇宙全体之模糊概念实有差距。佛典的宇宙观认为,三千世界是一个佛所教化的领域,所以也称为一佛国。七宝:即七种珍宝,又称七珍,指世间七种珍贵之宝玉。诸经说法不一,《般若经》所说的七宝是金、银、琉璃、珊瑚、琥珀、砗渠、玛瑙。《法华经》所说的七宝是金、银、琉璃、砗渠、玛瑙、珍珠、玫瑰。《阿弥陀经》所说的七宝是金、银、琉璃、玻璃、砗渠、赤珠、玛瑙。《大智度论》所说的七宝是金、银、琉璃、颇梨(水晶)、砗渠、赤珠、玛瑙。②福德性:即真正、超越、无相的福德,亦即自性中的智慧福德。③偈:又名为首卢迦,是印度人对于经典文字的计算法。音译伽陀、伽他、偈陀、偈他等。意译讽诵、偈颂、造颂、孤起颂、不重颂偈、颂、歌谣等。汉译经典中,多处提及偈颂,但各经却没有一致的说法。《百论疏》卷上指出偈有两种,一种称通偈,即首卢迦,为梵文三十二音节构成;一种称别偈,由四言、五言、六言、七言,皆以四句而成。在禅宗,禅僧开悟时,也常有人将其悟境以偈颂的形式表现出来。

【译文】 佛说:“须菩提,你意下如何?如果有人将充满三千大千世界的所有七种珍宝,全部拿来进行布施,你认为此人因此而获得的福德果报多不多呢?”

须菩提回答道:“很多,佛陀。为什么说福德多呢?因为这样的世间福德本身是空性的,而非无相的福德,所以如来从这个意义上说此人所获得的福德果报多。”

佛又说:“如果又有一人,能够虔诚信受此部经,即使奉持其中四句偈等,又能够为他人解说,那么此人所获得的福德果报更要胜过布施充满三千大千世界的所有七种珍宝的人。什么缘故呢?须菩提,因为十方一切诸佛及诸佛具有的无上正等正觉的法,皆从此经缘生的。须菩提,所谓的佛法,其本性并非实有,故非佛法。”

【原文】 “须菩提,于意云何?须陀洹能作是念①,我得须陀洹果不?”

须菩提言:“不也,世尊。何以故?须陀洹名为入流,而无所入,不入色、声、香、味、触、法,是名须陀洹。”

“须菩提,于意云何?斯陀含能作是念②,我得斯陀含果不?”

须菩提言:“不也,世尊。何以故?斯陀含名一往来,而实无往来,是名斯陀含。”

“须菩提,于意云何?阿那含能作是念③,我得阿那含果不?”

须菩提言:“不也,世尊。何以故?阿那含名为不来,而实无不来,是故名阿那含。”

“须菩提,于意云何?阿罗汉能作是念④,我得阿罗汉道不?”

须菩提言:“不也,世尊。何以故?实无有法名阿罗汉。世尊,若阿罗汉作是念,

我得阿罗汉道，即为著我、人、众生、寿者。世尊，佛说我得无诤三昧[⑤]，人中最为第一，是第一离欲阿罗汉。世尊，我不作是念，我是离欲阿罗汉。世尊，我若作是念，我得阿罗汉道，世尊则不说须菩提是乐阿兰那行者[⑥]。以须菩提实无所行，而名须菩提，是乐阿兰那行。"

【注释】 ①须陀洹：旧译为入流、至流、逆流、沟港等，新译为预流，是声闻四果中之初果，已断除三界一切见惑，初得法眼者。全称须陀般那，又称须氀多阿半那、窣路陀阿钵囊、窣路多阿半那等。有三种意义：一、入流，是初入圣人之流的意思；二、逆流，是断三界之见惑，逆生死之流的意思；三、预流，是初证圣果，预入圣者之流的意思。得此果位者，再经七番生死，必入涅槃。②斯陀含：又译为一来果，也作沙羯利陀伽弥。意译为一来、一往来，是声闻四果中之二果。又分为斯陀含向与斯陀含果，斯陀含向或称一来果向，即初果之圣者进而更断除欲界修所断惑中前五品；若更断除欲界第六品之修惑，还须一往天上、一来人间受生，方得究竟，至此以后，不再受生，称为斯陀含果，或一来果，一来就是一度往来之义。③阿那含：旧译不来、阿那伽弥、阿那伽迷等，意译不还、无还、无来、不来、不来相。从名相上看，无来果可以有无来的概念，是声闻四果中之三果。又可分为阿那含向和阿那含果，若断尽欲界九品之惑，则称阿那含果；若断除七品或八品，则称阿那含向。修到此果位者，未来当生于色界无色界，不再来欲界受生死，所以叫作不还。④阿罗汉：又作阿卢汉、阿罗诃、阿啰呵、阿黎呵、遏啰曷帝等，略称罗汉、啰呵。意译为应供、应真、杀贼、不生、无生、无学、真人等。是声闻四果中之四果，属声闻乘中的最高果位。又可分为阿罗汉向和阿罗汉果，尚在修行阶段，而趋向于阿罗汉果者称阿罗汉向；阿罗汉果则指断尽一切烦恼，解脱生死，不受后有，而应受世间大供养之圣者。约阿罗汉的恩德说，阿罗汉应受天上人间的供养，为世间作大福田，名为应供；约他的断德说，阿罗汉杀尽一切烦恼之贼，故曰杀贼；约其智德说，阿罗汉彻证无生寂灭性，解脱生死不受后有，故谓之无生。广义而言，也泛指大、小乘佛教中之最高果位，也为如来的十种称号之一。⑤无诤三昧：谓住于空理而与他无诤之三昧。诤，即诤论，为烦恼之异名。在佛弟子中，解空第一的须菩提最通解空理，故于众弟子中所得之无诤三昧，最为第一。无诤三昧，从外在表现来说，即不与他诤执，处处随顺众生。觉得人世间已够苦了，我怎么再与他争论，加深他的苦迫呢？如从无诤三昧的证境来说，由于通达法无自性，一切只是相依相缘的假名，所以自不烦恼、无欲无念、不起争辩、争胜之心的一种精神状态。无诤就是能令诸有情不生贪嗔痴等烦恼之智慧，而且有止息他人烦恼之力，也指离烦恼之法。三昧，又名三摩提，或三摩地，意译为正定，即将心定于一处（或一境）的一种安定状态。⑥阿兰那：原意为"树林"，意译为寂静处、空闲处、无诤处、远离处等，指适合修行与居住的场所。乐阿兰那行者，即是乐于在山林中寂居静修的人；喜欢在清净的山林修清净行、无诤行的修行人。"阿兰那"也意为寂静，即身体寂静，烦恼调伏。玄奘译《金刚经》时，将此处译为“无诤住”。

【译文】 佛又问：“须菩提，你有什么看法？你认为证得须陀洹圣果的修行者，会生起‘我已证得须陀洹果位’这样的心念吗？”

须菩提回答说：“不会的，世尊。为什么呢？须陀洹的意思是入圣流，而实际又是无所入的，不执着于色、声、香、味、触、法六尘，证悟对五欲六尘无有执着的境界，因此才叫作须陀洹。”

佛接着问：“须菩提，你有什么看法？你认为证得斯陀含圣果的修行者，会生起‘我已证得斯陀含果位’这样的心念吗？”

须菩提回答说：“不会的，世尊。为什么呢？斯陀含的意思是一往来，而实际又是无所往来的，心中已没有往来不往来的分别，因此才叫作斯陀含。”

佛又问：“须菩提，你有什么看法？你认为证得阿那含圣果的修行者，会生起‘我已证得阿那含果位’这样的心念吗？”

须菩提回答说：“不会的，世尊。为什么呢？阿那含的意思是不来，而实际又是无所不来的，心中已没有来不来的分别，因此才叫作斯陀含。”

佛继续问：“须菩提，你有什么看法？你认为证得阿罗汉圣果的修行者，会生起‘我已证得阿罗汉果位’这样的心念吗？”

须菩提回答说：“不会的，世尊。为什么呢？因为实际上并没有什么法叫阿罗汉。世尊，如果阿罗汉生起‘我已证得阿罗汉果位’的心念，那么，就执着于自我的相状、他人的相状、众生的相状、寿命的相状。世尊，佛说我已证得无诤三昧，是人中第一，亦为罗汉中第一离欲的阿罗汉。世尊，我不起这样的念头，说我是一位远离各种欲望的阿罗汉。世尊，如果我生起‘我已证得阿罗汉果位’的念头，那么世尊就不会说我是个乐于在山林中寂居静修的阿兰那行者。正因为须菩提并不存有修行的执着心念，只是假名为须菩提，所以才称为是欢喜修阿兰那行的修行者。”

【原文】 佛告须菩提：“于意云何？如来昔在燃灯佛所①，于法有所得不？”

“不也，世尊。如来在燃灯佛所，于法实无所得。”

“须菩提，于意云何？菩萨庄严佛土不②？”

“不也，世尊。何以故？庄严佛土者则非庄严，是名庄严。”

“是故，须菩提，诸菩萨摩诃萨应如是生清净心③，不应住色生心，不应住声、香、味、触、法生心，应无所住而生其心。须菩提，譬如有人身如须弥山王④，于意云何？是身为大不？”

须菩提言：“甚大，世尊。何以故？佛说非身是名大身。”

【注释】 ①燃灯佛：音译提和竭罗、提洹竭等，又作然灯佛、普光佛、锭光佛。为于过去世为释迦菩萨授记成佛的本师。锭光本为提和卫国圣王的太子，国王临终前将国家付托给太子。但太子知世间之无常，复将国家授予其弟，自己却出家为沙门，后终成佛果，也就是燃灯佛。据说释迦在过去修菩萨行时，有一天，见城中市容整饬，街道洁净，问起路人，才知是预备欢迎燃灯佛的。于是买得金色莲花，至诚而欢喜的去供养燃灯佛。见到佛及弟子的威仪，从心灵深处生起虔诚的敬信。进城的必经道上，有一滩的水，他就伏在地上，散开自己的头，掩盖污泥，让佛踏过。佛知他信证法性，得无生忍，所以就替他授记曰："过后九十一劫，等你修满三阿僧祇时，你应当作佛，号释迦牟尼。"②庄严佛土：庄严，有庄盛严饬之意，即布列种种宝物、鲜花、宝盖、幢、幡、璎珞等，以装饰严净道场或国土等。将浊恶世界净化，即庄严佛土，这是以愿力为本的。菩萨立大愿，集合同行同愿的道伴，实践六度万行功德、四摄的善行，并以之回向，庄严成时之依报国土，谓之庄严佛土。③清净心：指无疑净信之心、远离烦恼之无垢心、自性清净之心。胜鬘宝窟上本曰："清净心，净者信也。起净信之心，又不杂烦恼心，名为净心。"这里指"诸菩萨摩诃萨应如是生清净心，不应住色生心，不应住声、香、味、触、法生心"。即指应该无执于任何所缘的境界、超越能所对待、有无分别，而生起离一切边执的清净心。④须弥山王：即是须弥山，音译为苏迷卢山、须弥卢山、须弥留山、修迷楼山等，意译作妙高山、好光山、好高山、善高山、善积山、妙光山、安明由山等。原为印度神话中之山名，佛教之宇宙观沿用之，谓其为耸立于一小世界中央之高山。以此山为中心，外围有八大山、八大海顺次环绕，而形成一世界（须弥世界）。须弥山高出水面八万四千由旬，水面之下亦深达八万四千由旬。须弥山顶有三十三天宫，为帝释天所居住之处，四王天则居于山腰四面。此山是由金、银、琉璃、水晶四宝所成，花果繁盛，香风四起，无数之奇鸟，相和而鸣，诸鬼神住于其中。因此山高出众山之上，故称山王。

【译文】 佛陀再问须菩提："你有怎样的看法？如来往昔在然灯佛前，有没有得到什么成佛的妙法？"

须菩提回答："没有的，世尊。如来往昔在燃灯佛前，实际未得到任何妙法。"

佛陀接着问："须菩提，你有怎样的看法？菩萨有没有庄严清净佛土呢？"

须菩提回答："没有的，世尊。为什么呢？因为所谓庄严佛土，非胜义中存在实有的庄严，不过是庄严的外在名相罢了。"

佛说："所以，须菩提，诸位大菩萨都应当像这样生起清净心，不应该对眼识所见的种种色法生起执着心，也不应于声、香、味、触及法等尘境生起执着心，应该于无任何所缘执着而生起离一切边执的清净心。须菩提，譬如有一个人身体像须弥山王那样高大，你有什么看法？他的身体是不是很高大？"

须菩提回答："很大，世尊。为什么呢？佛说的并不是实有的身体，只不过假借一个名，称之为大身而已。"

【原文】 "须菩提，如恒河中所有沙数[1]，如是沙等恒河，于意云何？是诸恒河沙宁为多不？"

须菩提言:"甚多,世尊。但诸恒河尚多无数,何况其沙!"

"须菩提,我今实言告汝:若有善男子、善女人,以七宝满尔所恒河沙数三千大千世界,以用布施,得福多不?"

须菩提言:"甚多,世尊。"

佛告须菩提:"若善男子、善女人,于此经中乃至受持四句偈等,为他人说,而此福德胜前福德。"

【注释】①恒河:为印度五大河之一,又作恒迦河、恒伽河、殑伽河等,意为"由天堂而来"。在地理上,它是亚洲的大河流之一,上游在喜马拉雅山南坡,中途汇集百川,经过印度、孟加拉国而进入印度洋。其两岸人口稠密,经济繁荣,交通发达,物产丰富,故印度人民对恒河有着深厚的感情,将两岸约1500公里之地视为神圣的朝拜地区,于河岸两旁建筑无数寺庙,各教教徒常至此巡礼。至释迦佛陀应世,恒河两岸更是佛陀及弟子教化活动之重要区域。恒河沙粒至细,其量无法计算,诸经中凡形容无法计算之数,多以"恒河沙"一词为喻。

【译文】佛说:"须菩提,像恒河中所有的无可计数的沙数,假如这条河中的每一粒沙子又成一条恒河,你有什么看法?所有恒河中的尘沙加在一起,你认为那沙子算不算多呢?"

须菩提回答:"非常多,世尊。仅仅是恒河之沙那么多的恒河已是无可计数,何况所有河中的沙子的数量呢。"

佛说:"须菩提,我今天实实在在地以真实语向你宣说,如果有善男子、善女人,用遍满上述所有恒河沙数那么多的三千大千世界的七宝,来进行布施,他们所获得的福报功德多不多?"

须菩提回答:"非常多,世尊。"

佛进一步告诉须菩提:"如果有善男子、善女人,能对此经信受奉持,甚至只是受持其中的四句偈,并向他人讲解演说,其所获得的福德胜过前面所说以满恒河沙数那么多的三千大千世界的七宝做布施的福德。"

【原文】"复次,须菩提,随说是经乃至四句偈等,当知此处一切世间天、人、阿修罗[1],皆应供养如佛塔庙[2],何况有人尽能受持、读诵。须菩提,当知是人成就最上第一希有之法。若是经典所在之处,即为有佛,若尊重弟子[3]。"

【注释】①世间:音译作路迦。指被烦恼缠缚的三界及有为、有漏诸法之一切现象。又因"世"有迁流之义、破坏之义、覆真之义,"间"为间隔之义,所以与"世界"一语同义,包含有情世间与器世间两种。有情世间,又作众生世间、有情界。器世间,又作物器世间、器世界、器界、器,指一切有情众生居住的山河大地、国土等。相对于含有世俗意味之"世间"而言,超越世间者,则称出世间(出世)。天、人、阿修罗:合称为"三善道"。天,音译作提婆,又名素罗,有光明、自然、清净、自在、最胜等义。与天上、天有、天趣、天道、天界、天上界等同义。指在迷界之六趣中，最高最胜之有情，或指这些天人所居住的处所。天界可分为欲界、色界、无色界。欲界六天，皆有饮食男女之欲；色界十八天，多习禅定，无男女之欲，但还有色身；无色界四天，禅功更深，色身已无。人，世间的生存者，欲界所属之有情，思虑最多者，过去曾修中品善之因，故今世召感人道之果。阿修罗，又作阿须罗、阿须伦、阿苏罗、阿素罗等。为六道之一，也是天龙八部及十界之一。义为"不端正"，言其男性容貌丑陋，但女性相貌却端正。又译为"非天"，说明其果报胜似天而无天之德。阿修罗原为古印度神祇之一，属于战斗一类之鬼神，经常被视为恶神，而与帝释天争斗不休，因此后世亦称战场为修罗场或修罗战。佛教沿用其传说，并说其皈依佛法。②供养：供给资养之义，又作供、供施、供给、打供等。即以饮食、衣服等物供给佛法僧三宝、父母、师长、亡者等。总括供养物之种类、供养方法与供养对象等，有各种不同之分类。初期教团所受之供养以衣服、饮食、卧具、汤药等为主，称为四事供养。五种供养有涂香（持戒）、花鬘（布施）、焚香（精进）、饮食（禅定）、燃灯（智慧），另加阏伽（净水［忍辱］），即为六种供养。花、香、璎珞、末香、涂香、烧香、缯盖、幢幡、衣服、伎乐则合称十种供养。塔：又作塔婆、兜婆、偷婆、浮图等。原指为安置佛陀舍利等物，而以木、砖等构造成的覆钵型建筑物，但后世却与"支提"混同，而泛指于佛陀降世、成道、转法轮、般涅槃等处，以堆土、石、砖、木等筑成，作为供养礼拜之建筑物。其实两者是有差别的，凡有佛陀舍利者，称为塔；无佛陀舍利者，称为支提。庙：佛典中的庙，与中国传统意义上的庙不同，而相当于梵语之"窣堵波"，即塔。③弟子：意译所教，即就师而受教者。佛陀在世时之声闻等，乃至佛陀入灭后之比丘、比丘尼、优婆塞、优婆夷等，皆称为佛弟子。就佛而言，声闻、菩萨虽皆为弟子，但因声闻道时人之形仪最亲顺于佛，故特称为弟子。此处指受天、人、阿修罗等尊重的佛的大弟子，如舍利弗、目犍连、阿难等。

【译文】 佛接着又说："再次，须菩提，能够观机随缘的向他人宣说此经，甚至只是讲解经中的四句偈而已，那么应当知道此讲经之处，一切世间所有的天、人、阿修罗，都应该前来护持、恭敬供养，就如同供养佛塔庙宇一样，更何况有人能够完全信受奉行、诵读这部经。须菩提，当知此人已成就最无上第一稀有的无上菩提。这部经典所在之处，那里就会有佛，也就有尊重佛的弟子在那里。"

【原文】 **尔时，须菩提白佛言："世尊，当何名此经？我等云何奉持？"**

佛告须菩提："是经名为《金刚般若波罗蜜》，以是名字，汝当奉持。所以者何？须菩提，佛说般若波罗蜜，即非般若波罗蜜，是名般若波罗蜜。须菩提，于意云何？如来有所说法不？"

须菩提白佛言："世尊，如来无所说。"

"须菩提，于意云何？三千大千世界所有微尘①，是为多不？"

须菩提言："甚多，世尊。"

"须菩提，诸微尘，如来说非微尘，是名微尘。如来说世界非世界，是名世界。须菩提，于意云何？可以三十二相见如来不[②]？"

"不也，世尊。不可以三十二相得见如来，何以故？如来说三十二相即是非相，是名三十二相。"

"须菩提，若有善男子、善女人，以恒河沙等身命布施，若复有人，于此经中乃至受持四句偈等，为他人说，其福甚多。"

【注释】 ①微尘：即眼识所能看到的最微细者。在佛教而言，极微是指物质存在之最小单位。以一极微为中心，合七极微为一微尘，合七微尘为一金尘，合七金尘为一水尘。又，微尘之量虽小，然其数甚多，故经典中经常以"微尘"比喻量极小，以"微尘数"比喻数极多。②三十二相：是转轮圣王及佛之应化身所具足之三十二种殊胜容貌与微妙形相。又作三十二大人相、三十二大丈夫相、三十二大士相、大人三十二相等。略称为大人相、四八相、大士相、大丈夫相等。此三十二相，不限于佛。具有此相者，在家必为转轮圣王，出家则必定会证得无上菩提。此处指如来具有三十二种显著特征、殊胜的容貌。依《大智度论》卷四所载，三十二相即：（一）足下安平立相、（二）足下二轮相、（三）长指相、（四）足跟广平相、（五）手足指缦网相、（六）手足柔软相、（七）足趺高满相、（八）腨如鹿王相、（九）垂手过膝相、（十）阴藏相、（十一）身广长等相、（十二）毛上向相、（十三）一孔一毛生相、（十四）金色相、（十五）大光相、（十六）细薄皮相、（十七）七处隆满相、（十八）两腋下隆满相、（十九）上身如狮子相、（廿）大直身相、（廿一）肩圆好相、（廿二）四十齿相、（廿三）齿齐相、（廿四）牙白相、（廿五）狮子颊相、（廿六）味中得上味相、（廿七）广长舌相、（廿八）梵声相、（廿九）真青眼相、（卅）牛眼睫相、（卅一）顶髻相、（卅二）眉间毫相。以上三十二相，行百善乃得一妙相，故称为"百福庄严"。

【译文】 这时候，须菩提向佛陀请示："世尊，我们应当怎样称呼这部经？我们又应该怎样受持奉行这部经呢？"

佛告诉须菩提："这部经就取名为《金刚般若波罗蜜经》，以此名称，你应当奉持。为什么呢？须菩提，因为佛所说的般若波罗蜜，并不是实有的般若波罗蜜，而在名相上称之为般若波罗蜜。须菩提，你认为如何？如来有所说过什么法吗？"

须菩提回答道："世尊，如来没有说过什么法。"

佛再问："须菩提，你是怎么想的？你认为三千大千世界里所有的微尘，算不算多呢？"

须菩提答："非常多，世尊。"

佛说："须菩提，所有的微尘，如来说它不是微尘，才假名叫作微尘。如来说世界即是非世界，并非实有世界，只是假名为世界而已。须菩提，你认为如何？是否可以通过如来色身的三十二种殊妙相貌来认识真正的如来？"

须菩提答："不可以，世尊。不可以通过如来色身的三十二种殊妙相貌而见如来的真实面目。为什么呢？如来所说的三十二相并非是三十二种真实形相，只是因缘和合的假名三十二相。"

佛说："须菩提，如果有善男子、善女人，以恒河沙数那样多的身体和生命来布施，又如果再有人，能信受奉持这部经，甚至只是经中的四句偈而已，并广为他人宣说，他得到的福报功德就更多了。"

【原文】 尔时，须菩提闻说是经，深解义趣，涕泪悲泣而白佛言："希有，世尊。佛说如是甚深经典，我从昔来所得慧眼①，未曾得闻如是之经。世尊，若复有人得闻是经，信心清净②，即生实相③，当知是人成就第一希有功德。世尊，是实相者，即是非相，是故如来说名实相。世尊，我今得闻如是经典，信解受持不足为难④。若当来世后五百岁，其有众生得闻是经，信解受持，是人即为第一希有。何以故？此人无我相、无人相、无众生相、无寿者相。所以者何？我相即是非相，人相、众生相、寿者相即是非相。何以故？离一切诸相即名诸佛。"

佛告须菩提："如是，如是。若复有人得闻是经，不惊不怖不畏，当知是人甚为希有。何以故？须菩提，如来说第一波罗蜜，即非第一波罗蜜⑤，是名第一波罗蜜。

"须菩提，忍辱波罗蜜⑥，如来说非忍辱波罗蜜，是名忍辱波罗蜜。何以故？须菩提，如我昔为歌利王割截身体⑦，我于尔时无我相、无人相、无众生相、无寿者相。何以故？我于往昔节节支解时，若有我相、人相、众生相、寿者相，应生嗔恨⑧。

"须菩提，又念过去于五百世作忍辱仙人，于尔所世无我相、无人相、无众生相、无寿者相。是故，须菩提，菩萨应离一切相，发阿耨多罗三藐三菩提心。不应住色生心，不应住声、香、味、触、法生心，应生无所住心⑨。若心有住，即为非住。是故，佛说菩萨心不应住色布施。须菩提，菩萨为利益一切众生故，应如是布施。如来说一切诸相即是非相，又说一切众生即非众生。

"须菩提，如来是真语者、实语者、如语者、不诳语者、不异语者。须菩提，如来所得法，此法无实无虚。须菩提，若菩萨心住于法而行布施，如人入暗即无所见。若菩萨心不住法而行布施，如人有目，日光明照，见种种色。

"须菩提，当来之世，若有善男子、善女人，能于此经受持读诵，即为如来以佛智慧悉知是人，悉见是人，皆得成就无量无边功德。"

【注释】 ①慧眼：指智慧之眼。为声闻、缘觉二乘人所证得的眼。为三眼之一、五眼之一。慧能起观照，所以名为眼。了知诸法平等、性空之智慧，故称慧眼。因慧眼能照见诸法真相，所以能度众生至彼岸。②信心：信受所闻所解之法而无疑心，亦即远离怀疑之清净心。是离戏论而显的清净心，是如实相而知的证信，即清净增上意乐或不坏信。信心乃为入道之初步，故置于"信、进、念、定、慧"等五根之首，主旨概为信仰佛法僧三宝及因果之理。③实相：原义为本体、实体、真相、本性等；指一切万法真实不虚之体相，或真实之理法、不变之理、真如、法性等。实，就是真实不虚；相，谓事物的本性或相状。宇宙间一切事物都是因缘（条件）组成、变化无常的，都没有永恒的、固定不变的自体，以世俗观念认识的一切现象均为假象，这就包含“空”之意义。这种空就是宇宙万有的“真性”，亦即诸法实相。诸法实相为万有的本性，所以又叫“法性”，此法性真实常住不变，所以又名真如。此外还有真谛、中道、涅槃、实际、实性、法身、法界、佛性、如来藏、般若等种种异名。此实相之相状，一般认为不得以言语或心推测之。④信解：闻佛之说法初信之，后解之，谓之信解。亦指修行之阶位，为七圣之一。钝根者见此经能信之，利根者读此经能解之，合谓之信解。又信者能破邪见，解者能破无明。⑤第一波罗蜜：即自生死迷界之此岸而至涅槃解脱之彼岸。“波罗蜜”又作波罗蜜多、波啰弭多。意译为到彼岸、度无极、度、事究竟。到彼岸的方法，总括而言，有六波罗蜜、十波罗蜜、四波罗蜜等分别。其中以六波罗蜜，为诸部般若经之说。六波罗蜜中最殊胜的就是般若波罗蜜，故称“第一波罗蜜”。般若波罗蜜意译为慧到彼岸、智度、明度、普智度无极。即以智慧照见世间的实相，为度生死此岸而至涅槃彼岸之船筏，故谓之波罗蜜。般若波罗蜜为六波罗蜜之根本，一切善法之渊源，故又称诸佛之母。其他五度（布施、持戒、忍辱、精进、禅定），都要以般若为前导，不然即如盲行。⑥忍辱波罗蜜：梵语为羼提，意译为安忍、忍等。忍，是能忍之心；辱，是所忍的境。忍不但忍辱，还忍苦耐劳，即认透确定事理。忍有三种，对于人事方面的毁誉，皆能安然顺受，不生嗔恚之心，叫生忍；忍受身心的劳苦病苦，以及风雨寒热等苦，能处之泰然，叫法忍；菩萨修行六度时，了知一切诸法无我、本然不生的空理，将真智安住于理而不动，叫无生忍，无生忍即般若慧。菩萨修此忍力，即能不为一切外来或内在的恶环境、恶势力所屈服。所以，忍是内刚而外柔，能无限的忍耐，而内心能不变初衷，最终达成理想的目标。佛法劝人忍辱，是劝人学菩萨，是无我大悲的实践，非奴隶式的忍辱。⑦歌利王：又作哥利王、羯利王、迦梨王、迦陵伽王、羯陵伽王、迦蓝浮王等。意译作斗诤王、恶生王、恶世王、恶世无道王等。佛陀于过去世修行时，歌利王为乌苌国的国王。他的行为非常凶暴恶劣，臣民们都很害怕他，唯恐避之不及。一次，国王带了宫女们，入山去打猎。宫女们趁国王休息时，就自由游玩。在深林中，当她们见到一位仙人在坐禅时，对他生起很大信心，仙人也就为他们说法。国王一觉醒来，不见一人，到各处去寻找，见他们围着仙人在谈话，心中生起嗔恨心并责问仙人，且不分青红皂白地用刀砍下仙人的手脚，看他是否能忍。当时，仙人毫无怨恨，神色不变，不但不嗔恨，反而对国王生起大悲心。这仙人，即释迦牟尼佛的前生。⑧嗔恨：又作嗔恚、嗔怒、恚、怒。三毒之一，也是六根本烦恼之一。对于苦与产生苦的事物，厌恶憎恚，谓之嗔。嗔恨能使身心热恼，起诸恶业。⑨无所住心：即其心无住。无住，即无著、不执着。无所住是不滞住善恶、是非、空有、断常、迷悟等等对待的两边，连中道亦不住。

【译文】 这时候,须菩提听闻了这部经,深刻领会了其中的真谛,禁不住感激涕零地对佛说:“太稀有了,世尊。佛陀宣说了如此甚深微妙的经典,这是从我见道得慧眼以来,未曾听到过的如此殊胜的经典。世尊,如果有人听闻了这样的经义,而能生起清净的信心,即能证悟万法实相,应该知道此人已经成就了最殊胜稀有的功德。世尊,这个真如实相,并不是真实的真如实相,所以如来佛才说它假名为实相。世尊,我今日能够亲闻佛陀讲这部经典,理解其义并受持此经不算难得稀有。如果到了后世的最后一个五百年中,有众生听闻这微妙经义,并能信受奉持,此人才是非常稀有难得的。为什么呢?因为此人已没有对自我相状、他人相状、众生相状和寿命相状产生执着。为什么是这样呢?因为他已经了悟我相本非真实,人相、众生相、寿者相也一样本非真实。为什么呢?远离一切对虚妄之相的执着,就可以称之为佛了。”

佛告诉须菩提说:“是这样的,是这样的。如果有人听闻这部经典,而能够不惊疑、不恐怖、不生畏惧,应当知道这人是非常殊胜稀有的。为什么呢?须菩提,如来所说的第一波罗蜜,实即并非实有的第一波罗蜜,只是假名的第一波罗蜜。

“须菩提,所谓的忍辱波罗蜜,如来说并非实有的忍辱波罗蜜,只是假名的忍辱波罗蜜。为什么呢?须菩提,比如我过去被歌利王用刀支解身体,我在当时就没有心存自我的相状、他人的相状、众生的相状和寿命的相状。为什么这样说呢?如果我当时被节节支解时,在心中执着我的相状、他人的相状、众生的相状和寿命的相状,就必定会生起嗔恨的心。

“须菩提,我回想起我在过去五百世做忍辱仙人时,那时,我就不执着于自我的相状、他人的相状、众生的相状和寿命的相状。所以,须菩提,菩萨应该舍离所有一切的相状,生发无上正等正觉的菩提心。不应该执着于色尘而产生心念,不应该执着于声、香、味、触、法诸尘而产生心念,应当生起无所执着的清净心。如果心中有所执着,就无法无住而生其心了。所以,佛说菩萨的心念不应该执着于色相而布施。须菩提,菩萨为了利益一切的众生,应当如此进行布施。如来说一切所有的形相都是因缘聚合的假名形相,又说一切所有的众生也不是真实的众生。

“须菩提,如来是讲真话的人,讲实话的人,讲真理的人,而不是说谎话的人、不是讲怪异话的人。须菩提,如来所证得的法,既非实有又非虚无。须菩提,如果菩萨心里执着于法相而行布施,就会好像人进入黑暗中什么也看不到。如果菩萨心里不执着于法相而行布施,就好像人有双眼,在日光的照耀下,能一清二楚地看见各种色法一样。

“须菩提,未来之世,如果有善男子、善女人,能对这部经信受奉行和诵念受持,如来凭佛无碍的智慧可以悉知这种人,也可以悉见这种人,一定能成就无量无边无尽的功德。”

【原文】 “须菩提,若有善男子、善女人,初日分以恒河沙等身布施,中日分复以

恒河沙等身布施，后日分亦以恒河沙等身布施[①]，如是无量百千万亿劫以身布施[②]。若复有人闻此经典，信心不逆，其福胜彼，何况书写、受持、读诵、为人解说！

“须菩提，以要言之，是经有不可思议、不可称量无边功德[③]。如来为发大乘者说[④]，为发最上乘者说。若有人能受持、读诵、广为人说，如来悉知是人，悉见是人，皆得成就不可量、不可称、无有边、不可思议功德。如是人等，即为荷担如来阿耨多罗三藐三菩提。何以故？须菩提，若乐小法者[⑤]，著我见、人见、众生见、寿者见，则于此经不能听受、读诵、为人解说。

“须菩提，在在处处，若有此经，一切世间天、人、阿修罗所应供养，当知此处即为是塔，皆应恭敬作礼围绕[⑥]，以诸华香而散其处。”

【注释】 ①初日分、中日分、后日分：犹言一天中的上午、中午、晚上三个时段。约十点钟以前为初日分，十点到下午二点为中日分，二点钟以后是后日分。②劫：古代印度的时间单位，佛教沿用之。泛指极长的时间。音译为劫波、劫跛、劫簸、羯腊波等。意译为分别时分、分别时节、长时、大时、时等。在印度，通常以一劫为梵天的一日，即人间的四亿三千二百万年。佛教则视之为不可计算的极长时间，故经论中多以譬喻故事喻显之。佛教对于“时间”的观念，以劫为基础，来说明世界生成与毁灭的过程。③功德：音译作惧曩、虞曩、求那等。功是指福利之功能，德则指此功能为善行之德。德者得也，修功有所得，故曰功德。即意指功能福德，亦谓行善所获之果报。又世人拜佛诵经布施供养等，都叫功德。④大乘：音译为摩诃衍那、摩诃衍等。又作上衍、上乘、胜乘、第一乘等。乘即交通工具之意，指能将众生从烦恼之此岸载至觉悟之彼岸之教法而言。不以个人之觉悟为满足，而以救度众生为目的，一如巨大之交通工具可载乘众人，故称为大乘。以此为宗旨之佛教，即是大乘佛教。⑤小法：即指小乘法。佛之说法，实际并无二致，只因弟子发心不同，致使浅者见浅，深者为深，而有大小乘之别。⑥作礼围绕：佛在世时，弟子来见佛，大都绕佛一匝或三匝，然后至诚顶礼。在古印度，环绕佛塔右行三匝或更多匝，是一种表示虔诚恭敬的礼仪。此作礼围绕的习俗亦随佛教的传播，而在世界各地沿用至今。

【译文】 佛说：“须菩提，如果有善男子、善女人，上午以恒河沙数那样多的身体来布施，中午也以恒河沙数那样多的身体来布施，下午也同样以恒河沙数那样多的身体来布施，如此经百千万亿劫都没有间断过以身体来布施。如果又有一个人，听闻了此经典，生起不退的信心，他所得的福德胜过前述以身命布施的人，更何况抄写经文、信受奉行、阅读背诵、为他人解说呢！

“须菩提，简而言之，此经具有不可思议、不可估量、无边无际的功德。如来本为发大乘菩萨道心的人而说，为发最上佛乘的众生而说。如果有人能信受持行、阅读背诵、广为他人宣说，如来可以悉知这个人，也可以悉见这个人，一定能成就不可衡量、不可称计、无边无际、不可思议的功德。这样的人，就担当得起如来无上正等正觉的家业。为什么呢？须菩提，一般乐于小乘佛法的人，会执着于自我相状、他人相状、众生相状和寿命相状，对于此经典他们不会听闻信受、阅读背诵、广为他人宣说。

“须菩提，无论何时何地，只要有这部经典，一切世间的天神、人类、阿修罗都应该于此虔诚供养。应当知道此经所在之处即等于是佛塔的所在地，就应恭恭敬敬围绕示礼，以各种芳香的花朵和细香散于其四周，虔诚地供养。”

【原文】“复次，须菩提。若善男子、善女人受持读诵此经，若为人轻贱，是人先世罪业应堕恶道[①]，以今世人轻贱故，先世罪业则为消灭，当得阿耨多罗三藐三菩提。

“须菩提，我念过去无量阿僧祇劫[②]，于燃灯佛前，得值八百四千万亿那由他诸佛[③]，悉皆供养承事无空过者。若复有人于后末世，能受持读诵此经所得功德，于我所供养诸佛功德，百分不及一，千万亿分乃至算数、譬喻所不能及。

“须菩提，若善男子、善女人于后末世，有受持读诵此经，所得功德，我若具说者，或有人闻心则狂乱，狐疑不信。须菩提，当知是经义不可思议，果报亦不可思议[④]。”

【注释】①业：音译为“羯磨”。最早见于印度的古奥义书，是婆罗门教、耆那教等都袭用的术语。佛教中一般解释为造作。意谓行为、所作、行动、作用、意志等身心活动，或单由意志所引生之身心生活。若与因果关系结合，则指由过去行为延续下来所形成的力量。此外，“业”亦含有行为上善恶苦乐等因果报应思想，及前世、今世、来世等轮回思想。一般而言，业分身、语、意等三业，以身体之行动与言语表现其意志者，即是身业、语业；内心欲行某事之意志称为意业。业生灭相续，必感苦乐等果，果是业果，结果的因即是业因。业虽由人的身口意所造，但受烦恼的支配。若造善恶之业，其后必招感相应之苦乐果报。以有业因，故招感业果；非善非恶之无记业则无招果之力。佛教所说的恶业（罪业）有不同的说法，其中有五恶业和十恶业。五恶业即杀生、偷盗、邪淫、妄语和饮酒，反之，则称五善。十恶业则包含杀生、偷盗、邪淫、妄语、两舌、恶口、绮语、贪欲、嗔恚和邪见。离以上十恶，则为十善。恶道：为“善道”之对称，与“恶趣”同义，即顺着恶行而趋向的道途。即指生前造作恶业，而于死后往生的苦恶处所。在六道之中，一般把阿修罗、人间、天上称为三善道，地狱、饿鬼、畜生则称为三恶道。②阿僧祇：印度数目之一，又作阿僧伽、阿僧企耶、阿僧、僧祇等，意谓无量数或无穷极之数。此词多用于计量劫数，而计量劫数时，有小阿僧祇劫与大阿僧祇劫两种。③那由他：数目名，又作那庾多、那由多、那术、那述等。指极大之数，有说是相等于今天的百亿，也有说是千亿，或更大之数。④果报：由过去业因所招感的结果。又作异熟、果熟、报果、应报、异熟果等。由于过去的业因造成现在的结果，所以叫作果，又因为这果是过去的业因所召感的酬报，所以又叫作报。譬如米麦的种子是因，农夫之力或雨露之润等是缘。当来年米麦成熟时，对于之前的米麦种子而言，则是果，对于过去农夫之力、雨露等而言，则为报。

【译文】佛接着又说：“再次，须菩提，如果有善男子、善女人能对这部经信受奉行和讽诵受持，反而受人轻贱，这个人前世所造的罪业本应该堕入恶道，因为现世被世人所轻贱，他前世的罪业就因此而消除，他也可以证得无上正等正觉。

“须菩提，我想起过去无量无尽的劫前，在燃灯佛前，曾遇到过八百四千万亿那由他的佛，我全都一一亲承供养，一个也没有错失过。如果有人于未来之世，能够受持读诵此经，他所得到的功德，和我过去供养诸佛的功德相比，我不及他百分之一，千万亿分之一乃至数字、譬喻都无法达到的无数分之一。

“须菩提，如果有善男子、善女人在未来世中，能够受持读诵此经，他所得到的功德，我如果一一具体细说，也许有的人听到后会心慌意乱，狐疑而不相信。须菩提，应当了解此经的内容意义是不可思议的，所得到的果报也是不可思议的。”

【原文】 **尔时，须菩提白佛言：“世尊，善男子、善女人发阿耨多罗三藐三菩提心，云何应住？云何降伏其心？”**

佛告须菩提：“善男子、善女人发阿耨多罗三藐三菩提者，当生如是心。我应灭度一切众生，灭度一切众生已，而无有一众生实灭度者。何以故？须菩提，若菩萨有我相、人相、众生相、寿者相，即非菩萨。所以者何？须菩提，实无有法发阿耨多罗三藐三菩提心者。须菩提，于意云何？如来于燃灯佛所，有法得阿耨多罗三藐三菩提不？”

“不也，世尊。如我解佛所说义，佛于燃灯佛所，无有法得阿耨多罗三藐三菩提。

佛言：“如是如是。须菩提，实无有法如来得阿耨多罗三藐三菩提。须菩提，若有法如来得阿耨多罗三藐三菩提者，燃灯佛则不与我授记[①]，汝于来世当得作佛，号释迦牟尼[②]。以实无有法得阿耨多罗三藐三菩提，是故燃灯佛与我授记，作是言，汝于来世当得作佛，号释迦牟尼。何以故？如来者，即诸法如义。若有人言如来得阿耨多罗三藐三菩提，须菩提，实无有法佛得阿耨多罗三藐三菩提。

“须菩提，如来所得阿耨多罗三藐三菩提，于是中无实无虚。是故如来说一切法皆是佛法。须菩提，所言一切法者，即非一切法，是故名一切法。须菩提，譬如人身长大。”

须菩提言：“世尊，如来说人身长大则为非大身，是名大身。”

“须菩提，菩萨亦如是。若作是言，我当灭度无量众生，即不名菩萨。何以故？须菩提，实无有法名为菩萨。是故佛说一切法无我、无人、无众生、无寿者。须菩提，若菩萨作是言，我当庄严佛土[③]，是不名菩萨。何以故？如来说庄严佛土者，即非庄严，是名庄严。须菩提，若菩萨通达无我法者，如来说名真是菩萨。”

【注释】 ①授记：又作授决、受决、受记、受别、记别、记说、记等。本指分析教说，或以问答方式解说教理；后来转指弟子所证或死后之生处；再后来却专指诸佛对发大心的众生预先记名，某世证果，及其国土、名号，而予以记别。最著名的例子有释尊于过去世得燃灯佛之授记；法藏比丘得世自在王佛授记，而成阿弥陀佛；及弥勒曾经受释尊之授记。②释迦牟尼：又作释迦文尼、奢迦夜牟尼、释迦牟曩、释迦文等。略称释迦、牟尼、文尼等。牟尼，意译为能仁、能忍、能寂、寂默、能满、度沃焦。乃佛教创始人。本名悉达多，姓乔答摩（瞿昙），诞生于迦毗罗卫国城东的蓝毗尼园。因其为释迦族，成道后被尊称为释迦牟尼，意为“释迦族出身之圣人”。其他称号有佛陀（觉者）、世尊、释尊等。

③佛土：又作佛国、佛国土、佛界、佛刹。指佛所住之国土，或佛教化之国土。不仅指净土，亦有可能是秽土、报土、法性土等。庄严佛土，就是化秽土而成净土。

【译文】 这时候，须菩提向佛陀请示道：“世尊，善男子、善女人已经发心求无上正等正觉，他们的心念该如何安住？应如何降伏他们的迷妄心呢？”

佛告诉须菩提说：“善男子、善女人中凡发心求无上正等正觉者，应当生起这样的心志。我应该度化一切众生，如此灭度了一切众生，而实际上并没有一个众生被度脱。为什么呢？须菩提，如果菩萨执着自我的相状、他人的相状、众生的相状和寿命的相状，就不是真正的菩萨。为什么这样呢？须菩提，实际上并没有一种法名为发心求无上正等正觉者。须菩提！你认为如何？如来在燃灯佛那里，有没有得到一种法叫作无上正等正觉的？”

须菩提回答道：“没有的，世尊。依据我对佛陀所讲的教义的理解，佛陀在燃灯佛那里，并没有什么佛法可以得到无上正等正觉的。”

佛答复说：“是这样，是这样。须菩提，实际上并没有什么佛法可以使如来得到无上正等正觉的。须菩提，如果有佛法使如来得到无上正等正觉，燃灯佛就不会为我授记：你在来世必当成佛，名释迦牟尼。正因为并没有佛法使如来得到无上正等正觉，所以燃灯佛才会为我授记，并这样说：你在来世必当成佛，名号为释迦牟尼。为什么呢？所谓如来，即是诸法的本义，一切诸法体性空寂。如果有人说如来证得了无上正等正觉果位，须菩提，实际上并没有佛法使佛可证得无上正等正觉。

“须菩提，如来所证得的无上正等正觉，于彼中既不是实有，也不是虚无。所以，如来说一切诸法都是佛法。须菩提，所说的一切法，都不是一切法，所以才叫作一切假名的法。须菩提，譬如说人的身形高大。”

须菩提回答说：“世尊，如来说人的身形高大，实际上不是真实的身形高大，只是假名的高大身形。”

佛说：“须菩提，菩萨也是如此。如果菩萨这样说：我应当灭度无量的众生，就不能叫作菩萨。为什么呢？须菩提，实际上没有一个法名为菩萨。所以佛说一切诸法都没有自我的相状、他人的相状、众生的相状、寿命的相状。须菩提，如果菩萨这么说：我应当清净庄严佛土，就不能叫作菩萨。为什么呢？如来说清净庄严佛土，就不是清净庄严，只是假名的清净庄严。须菩提，如果菩萨能够透彻无我的真理，如来就说他是真正的菩萨。”

【原文】 “须菩提，于意云何？如来有肉眼不[①]？”

"如是,世尊,如来有肉眼。"

"须菩提,于意云何?如来有天眼不[2]?"

"如是,世尊,如来有天眼。"

"须菩提,于意云何?如来有慧眼不[3]?"

"如是,世尊,如来有慧眼。"

"须菩提,于意云何?如来有法眼不[4]?"

"如是,世尊,如来有法眼。"

"须菩提,于意云何?如来有佛眼不[5]?"

"如是,世尊,如来有佛眼。"

"须菩提,于意云何?如恒河中所有沙,佛说是沙不?"

"如是,世尊,如来说是沙。"

"须菩提,于意云何?如一恒河中所有沙,有如是沙等恒河,是诸恒河所有沙数佛世界,如是宁为多不?"

"甚多,世尊。"

佛告须菩提:"尔所国土中所有众生,若干种心如来悉知[6]。何以故?如来说诸心皆为非心,是名为心。所以者何?须菩提,过去心不可得,现在心不可得,未来心不可得。"

【注释】 ①肉眼:乃五眼之一。指人之肉眼。凡夫以此肉眼可分明照见色境,但肉眼受种种障碍而不通达,据《大智度论》卷三十三载,肉眼能清晰照见近处之景物,至于远处的东西则无法看见;照见眼前之景物时,但无法同时照见背后的东西;能照见外在者,却无法照见内在的东西;白昼时能照见诸物,黑夜中则没办法看见。②天眼:五眼之一。为天趣之眼,故名天眼。一般人修行禅定也可得到天眼。天眼能洞见内外、粗细、前后、远近、明暗、上下,但仍有理障。天眼有两种,一种是从福报得来,谓为生得或报得之天眼,如天人;一种则是从修行得来,谓为修得之天眼。③慧眼:为五眼之一。指智慧之眼,二乘圣贤照见诸法平等、性空之智慧,故称慧眼,因其照见诸法真相,故能度众生至彼岸。但慧眼因所知障故,有智无悲,虽胜天眼,犹不及法眼能悲智并用。④法眼:为五眼之一。指彻见一切法之实相,了知俗谛万有之智慧眼。是菩萨为适应机缘,度化众生,故以清净法眼遍观诸法,知一切众生之方便门,故能令众生修行证道。⑤佛眼:为五眼之一。指诸佛照破诸法实相,而慈心观众生之眼。佛名觉者,觉者之眼就叫作佛眼,即能照见诸法实相之眼。诸佛也同时具有肉、天、慧、法四眼的作用,所以无所不见、无事不知不闻,一切皆见。⑥若干种心:即指依各种情形对"心"的分类,如真心、妄心、贪心、痴心、嗔心等。心,又作心法、心事。泛指所有的精神现象,即通常所说的心、意、识。佛教对于心与物之存在,乃主张心与物为相辅相成之关系,不论任何一方皆不能单独存在,所以说色心不二。

【译文】 佛问："须菩提，你认为如何？如来是否有肉眼？"

须菩提答："是的，世尊，如来有肉眼。"

"须菩提，你认为如何？如来是否有天眼？"

"是的，世尊，如来有天眼。"

"须菩提，你认为如何？如来是否有慧眼？"

"是的，世尊，如来有慧眼。"

"须菩提，你认为如何？如来是否有法眼？"

"是的，世尊，如来有法眼。"

"须菩提，你认为如何？如来是否有佛眼？"

"是的，世尊，如来有佛眼。"

佛又问："须菩提，你认为如何？像恒河中所有的沙粒，佛说这所有的沙是沙吗？"

须菩提回答："是的，世尊，如来说是沙。"

佛继续问："须菩提，你认为如何？譬如一条恒河中所有的沙粒，每一个沙粒又是一条恒河，这么多恒河的所有的沙都是佛土，它的数目是不是很多呢？"

须菩提答："很多，世尊。"

佛告诉须菩提："你所处的这么多国土中的所有众生，所有种种不同的心念如来都完全知晓。为什么呢？如来说的种种的心，都并非是真正的心，只是假名称之为心。为什么这样说呢？须菩提，过去的心是不可得到的，现在的心也是不可得到的，未来的心也一样是不可得到的。"

【原文】 "须菩提，于意云何？若有人满三千大千世界七宝以用布施，是人以是因缘得福多不[①]？"

"如是，世尊，此人以是因缘得福甚多。"

"须菩提，若福德有实，如来不说得福德多。以福德无故，如来说得福德多。"

【注释】 ①因缘："因"与"缘"的并称。"因"是产生结果的直接内在原因；"缘"是相资助的外在间接条件。一切万有皆由因缘之聚散而生灭。因此，由因缘生灭的一切法，称为因缘生灭法；而由因与缘和合所产生之结果，称为因缘和合。一切存在的现象和物质都是由因缘和合而成的假有，所以并没有自性，这便是"因缘即空"之理。

【译文】 佛问："须菩提，你意下如何？如果有人用充满三千大千世界的七种珍宝来行布施，这个人因这布施的因缘而得到的福报多不多呢？"

须菩提回答："是的，世尊。这个人因这布施的因缘而得到的福报非常多。"

佛又说："须菩提，如果福德是真实存在的体性，如来就不会说得到的福德很多。正因为并没有真实存在的福德，所以如来说得到的福德很多。"

【原文】 "须菩提，于意云何？佛可以具足色身见不[①]？"

“不也,世尊,如来不应以具足色身见。何以故?如来说具足色身,即非具足色身,是名具足色身。”

“须菩提,于意云何?如来可以具足诸相见不[②]?”

“不也,世尊。如来不应以具足诸相见。何以故?如来说诸相具足即非具足,是名诸相具足。”

【注释】 ①具足色身:指有形质之身,即肉身。反之,无形者称为法身,或智身。此词虽被广泛用来指肉身而言,但佛典中亦多用以指佛、菩萨的相好身。也就是指具足圆满报身佛的总相,即佛、菩萨的三十二相。②具足诸相:指圆满报身佛的别相,“诸相”指如来的各种相貌特征,即三十二相、八十种细微殊好特征结合起来的殊胜容貌形相。因此,具足诸相即指报身佛的身体相貌各部分完美齐备,而且每一相中也有无量相好具足。

【译文】 佛又问:“须菩提,你意下如何?佛可以依圆满庄严的色身形相来证见吗?”

须菩提回答说:“不可以,世尊。如来不能依圆满庄严的色身来证见。为什么呢?如来说的完美的色身形相,不是真实不变的色身形相,只是假名为色身而已。”

佛紧接着又问:“须菩提,你意下如何?如来可以依所具备的种种圆满妙相来证见吗?”

须菩提回答说:“不可以,世尊。如来不能依种种的圆满妙相来证见。为什么呢?因为如来所说的圆满诸相不是真实的相貌,只不过是假名为圆满诸相而已。”

【原文】“须菩提,汝勿谓如来作是念,我当有所说法,莫作是念。何以故?若人言如来有所说法即为谤佛,不能解我所说故。须菩提,说法者无法可说,是名说法。”

尔时,慧命须菩提白佛言[①]:“世尊,颇有众生于未来世闻说是法,生信心不?”

佛言:“须菩提,彼非众生非不众生。何以故?须菩提,众生众生者,如来说非众生,是名众生。”

【注释】 ①慧命:指法身以智慧为生命。如色身必赖饮食来延续生命,而法身必赖智慧以长养。智慧之命夭伤,则法身之体亡失。慧命又意谓具寿命,乃佛教尊称有德之长老、比丘,表示道德智能圆满,所以言“慧命须菩提”。

【译文】 佛说:“须菩提,你不要认为如来有这样的意念:我应当有所说法,你不要如此生心动念。为什么呢?如果有人说如来有所说法的念头即是毁谤佛陀,因为他不能了解我所说的真谛。须菩提,所谓说法,实际并没有什么法可说,只是假名其为说法。”

这时候,道德智能圆满的须菩提当机启问佛说:“世尊,如果有众生在未来之世听闻您说的法,能够生起信心吗?”

佛回答说："须菩提，他们既不是众生，又非不是众生。为什么呢？须菩提，众生之称作众生，如来说他们并非真实的众生，只是假名为众生而已。"

【原文】 须菩提白佛言："世尊，佛得阿耨多罗三藐三菩提，为无所得耶？"

佛言："如是如是。须菩提，我于阿耨多罗三藐三菩提，乃至无有少法可得，是名阿耨多罗三藐三菩提。"

【译文】 须菩提向佛禀问："世尊，佛证得无上正等正觉佛智，也就是没有得到正等正觉佛智吗？"

佛说："正是，正是。须菩提，我对于无上正等正觉佛智，甚至没有一点法可得，只是假名称之为无上正等正觉而已。"

【原文】 "复次，须菩提，是法平等无有高下，是名阿耨多罗三藐三菩提。以无我、无人、无众生、无寿者修一切善法[1]，即得阿耨多罗三藐三菩提。须菩提，所言善法者，如来说即非善法，是名善法。"

【注释】 ①善法：与"恶法"对称。指合乎于"善"的一切道理，即合理益世之法。一般以五戒、十善为世间之善法，三学、六度为出世间之善法，二者虽有深浅之差异，但皆为顺理益世之法，故称为善法。

【译文】 佛继续说："再者，须菩提，诸法是绝对平等的，没有上下高低的分别，所以才名为无上正等正觉。只要不执着于自我的相状、他人的相状、众生的相状、寿命的相状的妄想分别心去修持一切善法，那么即可证得无上正等正觉。须菩提，所谓的善法，如来说它并不是真实的善法，只是假名为善法而已。"

【原文】 "须菩提，若三千大千世界中所有诸须弥山王，如是等七宝聚，有人持用布施。若人以此般若波罗蜜经乃至四句偈等，受持读诵，为他人说，于前福德百分不及一，百千万亿分乃至算数、譬喻所不能及。"

【译文】 佛进一步说："须菩提，如果有三千大千世界中所有的须弥山王这么多的七种珍宝，有人用这些珍宝来做布施。然而如果有人以这部《金刚般若波罗蜜经》乃至只是其中的四句偈，加以信受奉行和讽诵受持，并广为他人宣说，则前者以七宝布施所得的福德不及后者所得福德的百分之一，百千万亿分之一乃至数字、譬喻都无法说清楚的无数分之一。"

【原文】 "须菩提，于意云何？汝等勿谓如来作是念，我当度众生。须菩提，莫作是念。何以故？实无有众生如来度者，若有众生如来度者，如来则有我、人、众生、寿者。"

"须菩提，如来说有我者[1]，即非有我，而凡夫[2]之人以为有我。须菩提，凡夫者，如来说即非凡夫，是名凡夫。"

【注释】 ①我：通常佛教中所说的"我"，大抵可分为实我、假我、真我三类。有常、一、主、宰等义之实在我体，称为实我，乃凡夫所迷妄执情的我。假我为真我之对称。以佛教的立场而言，所谓“我”者，实际上并无“我”之存在，仅由五蕴和合所成之身，假名为我而已，故称假我。真我意指真实之我，就是诸法平等的真性，不但诸佛已依此得到了归趣，即一切众生也是依此为最后的归趣，所谓“真我与佛无差别，一切有情所归趣”。②凡夫：指未见四圣谛之理而凡庸浅识之人，也就是指迷惑事理和尚流转于生死大海的平常人。

【译文】 佛再次询问：“须菩提，你认为如何呢？你不要认为如来有这样的意念：我应当度化众生。须菩提，不要如此生心动念。为什么呢？因为实在没有众生让如来度化，如果真有众生让如来度化，那么如来就落入自我、他人、众生和寿者相状的执着之中。”

“须菩提，我虽口称有我，实际上并不是真实的我，但是凡夫却以为有一个真实的我。须菩提，所谓的凡夫，如来说他并不是真实的凡夫，只是假名为凡夫而已。”

【原文】 “须菩提，于意云何？可以三十二相观如来不？”

须菩提言：“如是如是，以三十二相观如来。”

佛言：“须菩提，若以三十二相观如来者，转轮圣王即是如来[①]。”

须菩提白佛言：“世尊，如我解佛所说义，不应以三十二相观如来。”

尔时，世尊而说偈言：“若以色见我，以音声求我，是人行邪道，不能见如来。”

【注释】 ①转轮圣王：又作转轮王、飞行转轮帝、转轮圣帝、轮王或飞行皇帝等，是佛教政治理想中的统治者。依佛典所载，与佛一样具有三十二相，为世间第一有福之人，具足四德（大富、端正姝好、无疾病、长寿），成就七宝（轮、象、马、珠、女、居士、主兵臣）。常乘轮宝巡视所统一的须弥四洲，以十善法治世的大帝王，故称转轮圣王。转轮王出现时，天下太平，人民安乐，没有天灾人祸。转轮圣王出现之说盛行于释尊时代，《大智度论》卷二十五即以转轮圣王之七宝及其治化，与佛之七觉支等并举。又将佛陀说法称作转法轮，比拟转轮圣王之转轮宝。

【译文】 佛又问：“须菩提，你认为如何？可以依三十二种殊妙身相来证见如来吗？”

须菩提答：“是的，是的，可以依三十二种殊妙身相来证见如来。”

佛说：“须菩提，若能依三十二种殊妙身相来证见如来，那么转轮圣王就是如来。”

须菩提对佛陈白：“世尊，如依据我对佛陀所说之佛法的理解，是不应该依三十二种殊妙身相来证见如来。”

这时候，佛陀以偈说道：“若想凭色相见我，若以声音寻求我，此人修行邪魔道，必不能证见如来。”

【原文】 “须菩提，汝若作是念，如来不以具足相故，得阿耨多罗三藐三菩提。须菩提，莫作是念，如来不以具足相故，得阿耨多罗三藐三菩提。须菩提，汝若作是念，发阿耨多罗三藐三菩提心者，说诸法断灭[①]，莫作是念。何以故？发阿耨多罗三藐

三菩提心者，于法不说断灭相。”

【注释】 ①断灭：又作断见。主张众生在死后，生命即完全断灭、空无的看法。有七种断灭，所以又称作七种断灭论、七断灭论。这种看法，与“常见”相对，持常见者主张世界为常住不变，人类的自我不灭，人类死后自我亦不消灭，且能再生而再以现状相续，即说我为常住。佛教既不偏于常见，亦不偏于断见，而主张远离有、无两边，而取中道。“断、常”二见，俱非中道。

【译文】 佛又说：“须菩提，你如果有这样的念头，如来不以具足三十二种殊妙相的缘故，才能证得无上正等正觉。须菩提，你不应当有这样的念头，认为如来不以具足三十二种殊妙相的缘故，才能证得无上正等正觉。须菩提，你如果有这样的念头，发无上正等正觉菩提心者，就会说一切诸法都是断灭空性，你不应当有这样的念头。为什么呢？发无上正等正觉菩提心者，对一切法不说断灭相，不著法相，也不著断灭相。”

【原文】 “须菩提，若菩萨以满恒河沙等世界七宝持用布施，若复有人知一切法无我，得成于忍，此菩萨胜前菩萨所得功德。何以故？须菩提，以诸菩萨不受福德故。”

须菩提白佛言：“世尊，云何菩萨不受福德？”

“须菩提，菩萨所作福德，不应贪著①，是故说不受福德。”

【注释】 ①贪著：即贪爱执着。属于六烦恼（根本烦恼）之一，三毒、五盖、十恶之一。欲求五欲、名声、财物等而无厌足之精神作用，即染著五欲之境而不离。凡夫对于自己所好之物，生起染污之爱著心，逐而引生种种的苦恼。

【译文】 佛又说：“须菩提，如果菩萨用满恒河沙数那么多的七种珍宝来布施，倘若又有人透彻一切法都是无自性的，便能证得无生法忍，那么这位菩萨所获得的福报功德胜过前面所说的那位菩萨。为什么呢？须菩提，这是因为所有的菩萨都不领受有为福报功德的。”

须菩提向佛提问：“世尊，为什么说菩萨不领受有为福报功德？”

佛回答说：“须菩提，菩萨对他所做的福报功德，不应贪求而生起贪著执取，所以才说菩萨不领受有为福报功德。”

【原文】 “须菩提，若有人言如来若来，若去，若坐，若卧，是人不解我所说义。何以故？如来者，无所从来，亦无所去，故名如来。”

【译文】 佛说：“须菩提，如果有人说，如来也是有来、有去、有坐、有卧等相，这个人就是没有透彻我所说的佛法义旨。为什么呢？所谓如来，实在是无所来处，也无所去处，所以才称之为如来。”

【原文】 “须菩提，若善男子、善女人，以三千大千世界碎为微尘，于意云何？是微尘众宁为多不？”

须菩提言："甚多，世尊。何以故？若是微尘众实有者，佛即不说是微尘众。所以者何？佛说微尘众即非微尘众，是名微尘众。世尊，如来所说三千大千世界，即非世界，是名世界。何以故？若世界实有者，即是一合相[①]。如来说一合相，即非一合相，是名一合相。"

"须菩提，一合相者，即是不可说，但凡夫之人贪著其事。"

【注释】 ①一合相：指一个由众多极微分子合成的有形物质。以佛教之观点言之，世间的一切法，皆为一合相。世界也是由无数的微尘集合而成的，故也称世界为一合相；人体是由四大五蕴合成，因此人身也是一合相。

【译文】 佛问："须菩提，如果有善男子、善女人，把三千大千世界都捣碎成粉末微尘，你有什么看法？这些微尘多不多呢？"

须菩提回答说："非常多，世尊。为什么呢？如果实际上这些微尘都是真实存在的，佛就不会说这微尘很多了。这是什么缘故呢？佛陀所说的很多微尘，实际上并不是真说很多微尘，只是一个假名的微尘而已。世尊，如来所说的三千大千世界，并不是真实的世界，只是假名为世界而已。为什么呢？如果世界是真实存在的，那只是一种聚合的形相。如来说一个聚合的形相，并不是一个真实的聚合的形相，只是假名为聚合的形相。"

佛说："须菩提，所谓一个聚合的形相，妙不可言喻。可是一些凡夫俗子却偏偏要贪恋执着有个真实的聚合的形相。"

【原文】 "须菩提，若人言佛说我见、人见、众生见、寿者见，须菩提，于意云何？是人解我所说义不？"

"不也，世尊，是人不解如来所说义。何以故？世尊说我见、人见、众生见、寿者见，即非我见、人见、众生见、寿者见，是名我见、人见、众生见、寿者见。"

"须菩提，发阿耨多罗三藐三菩提心者，于一切法，应如是知，如是见，如是信解，不生法相。须菩提，所言法相者，如来说即非法相，是名法相。"

【译文】 佛问："须菩提，如果有人说佛陀宣说自我相状、他人相状、众生相状和寿命相状。须菩提，你有怎样的看法呢？你认为这个人透彻了佛所说的佛法义旨吗？"

须菩提回答："没有，世尊，这个人没有透彻佛所说的佛法义旨。为什么呢？佛说自我相状、他人相状、众生相状和寿命相状，都不是真实存在的自我相状、他人相状、众生相状和寿命相状，只是假名的自我相状、他人相状、众生相状和寿命相状。"

佛说："须菩提，发无上正等正觉菩提心的人，对于一切万法，应当这样去认知，应当这样去见解，应当这样去信仰理解，心中不生起任何的法相。须菩提，所谓的法相，如来说它并非是真实存在的法相，只是假名的法相。"

【原文】 "须菩提，若有人以满无量阿僧祇世界七宝持用布施，若有善男子、善

女人发菩提心者，持于此经乃至四句偈等，受持读诵，为人演说，其福胜彼。云何为人演说？不取于相，如如不动[1]？何以故？一切有为法，如梦幻泡影，如露亦如电，应作如是观。”

佛说是经已，长老须菩提及诸比丘、比丘尼、优婆塞、优婆夷[2]，一切世间天、人、阿修罗，闻佛所说，皆大欢喜，信受奉行[3]。

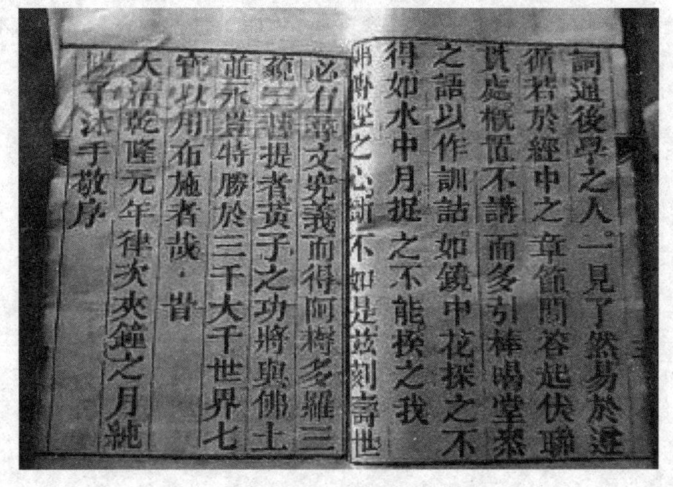
詞通後學之人一見了然易於逕
循若於經中之章節問答起伏聯
貫處概置不講而多引棒喝掌棻
之語以作訓詁如鏡中花探之不
得如水中月捉之不能挨之我
佛[illegible]經之心[illegible]不如是茲刻壽世
必有尋文究義而得阿耨多羅三
藐三菩提者黃子之功將與佛土
並永豈特勝於三千大千世界七
寶以用布施者哉·皆
大清乾隆元年律次夾鐘之月純
[illegible]子沐手敬序

《金刚经》书影

【注释】 ①如如：又作真如、如实，是五法之一。指正智所契合的真理，即不变不异一切存在的本体。诸法虽各有差别，然此真如法性，乃是平等不二的，故称之为“如”。此“真如”乃是万有诸法之真实本体，万法不离真如，因此，万法彼此也是平等一如的，所以又叫作“如如”。②比丘、比丘尼：为出家受具足戒者之通称。男曰比丘，女曰比丘尼。比丘又作苾刍、备刍、比呼等。据《大智度论》卷三记载，比丘有五种语义，即乞士（行乞食以清净自活者）、破烦恼、出家人、净持戒和怖魔。乃五众之一，七众之一。指出家得度，受具足戒之男子。至于比丘尼又作苾刍尼、备刍尼、比呼尼等。意为乞士女、除女、熏女等。指出家得度受具足戒之女子。比丘原语是从“求乞”一词而来，也可以被解释为破烦恼者。优婆塞、优婆夷：此二词原为印度各宗教所通用的名称，原义为“侍奉者”“服侍者”，指侍奉或服侍出家修行者。佛教取之以作为男性及女性在家佛教徒之专用语。优婆塞意译为近事、近事男、近善男、信士、信男、清信士等。即在家皈依佛法僧三宝、受持五戒、施行善法之男居士。优婆夷意译为清信女、近善女、近事女、近宿女、信女等。即亲近三宝、受持五戒、施行善法之女众。比丘、比丘尼、优婆塞、优婆夷合称佛的四众弟子。若再加上式叉摩那、沙弥、沙弥尼则为佛之七众弟子。③皆大欢喜，信受奉行：为佛经结束语中的习惯用语。表示大家听了本经，感到佛法的稀有，都能法喜充满，信受如来所说的法，并切实奉行如来所说的法。

【译文】 佛说：“须菩提，如果有人以遍满无数世界的七种珍宝进行布施，又如果有善男子、善女人发了殊胜的无上菩提心，受持这部经乃至只是其中的四句偈，加以信受奉行和讽诵受持，并广为他人宣说，他所获得的福报功德要远远超过那位以遍满无数世界的七种珍宝进行布施的人。应当如何为他人宣说此经呢？那就应当不执着于一切相，安住于一切法性空而不为法相分别所倾动？为什么呢？一切世间的有为诸法，皆如梦如幻、如泡如影、如露也如电，应作如是的观照。”

佛已经圆满宣说这部经，须菩提长老及在场的众多比丘、比丘尼、优婆塞、优婆夷，一切世间的天、人、阿修罗等，听闻了佛陀说法之后，无不法喜充满，信受和切实奉行如来所说的法。

心　经

【导语】

《般若波罗蜜多心经》，简称《心经》，是一部几乎家家都念诵，人人皆知的佛经。这同阿弥陀佛、观世音菩萨两句圣号一样的普遍于人间。这部《心经》，从汉译佛经流通方面观之，可说是“风行天下”，并且持诵者亦多，其普及程度非常的广。虽然言简文略，全文仅仅二百六十字，但含义却极广博而精深。它在一代圣教中的地位，算是一部很重要而负有声望的经典；六百卷般若经当中，最简括切要、提纲挈领者，当推《心经》了。

观世音菩萨像

【原文】　观自在菩萨[①]，行深般若波罗蜜多时[②]，照见五蕴皆空[③]，度一切苦厄[④]。

【注释】　①观自在菩萨：先从字面上来解释，“观”字，非眼观之观，乃心观之观。即是以自心观照身心世界之境，破除一切执着。“自在”，即一切都不再是挂碍，一切都已安然，对于万事万物产生随缘的态度，对一切的外境外缘也就能随意而自由自在。“菩萨”即菩提萨埵之略称，意思为求大觉之人、求道之大心人。即指以智慧上求无上菩提，以悲下化众生，修诸波罗蜜行，于未来成就佛果之修行者。亦即自利利他二行圆满、勇猛求成佛者。观自在菩萨，合起来说，就是能观照自心，不为世间或出世间的万物所动，心中常能住寂，又能以智慧悲悯众生，自己已经得到解脱无碍，并能使他人也得解脱无碍自在的觉有情。从菩萨名号来解释，观自在菩萨，又作观世音菩萨。以慈悲救济众生为本愿之菩萨，即闻众生悲苦之音而进行予乐拔苦的救济工作。观世音菩萨与裟婆众生特别有缘，随类现身，寻声救苦，这是菩萨历劫度生的悲愿，因此观世音圣号来得格外普遍，同时也可说是因为这位菩萨的悲心救苦，利生事业之深入人心的一种表征。以菩萨有大智故，于一切事理悉皆通达无碍，所以称观自在；有大悲故，能够随类现身，寻声救苦，所以称观世音。②般若波罗蜜多：又作般若波罗蜜、般罗若波罗蜜。意译作慧到彼岸、智度、明度、普智度无极等。为六波罗蜜之一，十波罗蜜之一。般若译为智慧，即明见一切事物及道理之高深智慧。波罗蜜译为度或到彼岸，通常指菩萨之修行而言，即菩萨通过自行化他之事，由生死之此岸到达涅槃之彼岸，故称到彼岸。因此般若波罗蜜即观照诸法实相，而穷尽一切智慧之边际，度生死此岸至涅槃彼岸之菩萨大慧。菩萨为达彼岸，必修六种行，即修六波罗蜜。其中之般若波罗蜜，被称为"诸佛之母"，成为其他五波罗蜜之根据，而居于最重要之地位。③照见：照是观照，见即彻见。即以般若智慧体察一切事物皆是因缘和合的。五蕴：又作五阴、五众、五聚等。蕴是积集、类别的意思。佛教将包括个人身心与身心环境的一切物质与精神分成五种"聚集"，故称为五蕴。五蕴就是色蕴、受蕴、想蕴、行蕴、识蕴。（一）色蕴：色就是一般所说肉体或物质，其语义即为物质或肉体的积集。（二）受蕴：受是领纳义，即肉体对境之感受与精神之知觉等的感受作用。（三）想蕴：即对于已受境界，重加分别想象。亦即对外境而在心中想象事物种种相貌形状之作用。（四）行蕴：行是迁流造作义，前灭后生，念念不停，所以叫作行，即意志与心之作用。（五）识蕴：识是了别义，即了别和识知所缘所对的事物。这里说五蕴皆空，意谓不论物质现象（相当于色）或精神现象（受、想、行、识）均属因缘所生法，无固定不变之自性，唯有假名，而无实体。④苦厄：苦，是苦恼，能逼恼身心。厄，是灾厄，即指祸患险难。这里指若能照见五蕴都是空的，就能登至彼岸，自可度脱一切烦恼生死之苦厄。

【译文】 观世音菩萨，修习深妙般若，功行到了极其深妙的时候，观照彻见五蕴都是因缘和合的，并没有自性，当体即空，除去了造业受苦的根源而无有烦恼，因而得以度脱一切烦恼生死之苦厄。

【原文】 舍利子[①]，色不异空，空不异色，色即是空，空即是色[②]，受、想、行、识，亦复如是。

【注释】 ①舍利子：即舍利弗，是此经的当机者，又作舍利弗多、舍利弗罗、舍利弗怛罗、舍利弗多罗、奢利富多罗、奢利弗多罗、奢唎补怛罗、设利弗呾罗等。是佛陀十大弟子之一。其母为摩伽陀国王舍城婆罗门论师之女，出生时以眼似舍利鸟，所以命名为舍利；故舍利弗之名，即谓"舍利之子"。舍利弗自幼形貌端严，年少时修习诸技艺，通晓四吠陀。十六岁时即能挫伏他人之论议，诸族弟皆归服于他。幼时，即与邻村之目犍连结交，后因一次参加只离渠呵山的大祭，见到群众杂沓，油然心生无常之感，遂相约投六师外道中之删阇耶毗罗胝子出家学道。仅七日七夜即会通其教旨，成为其门人二百五十人中之上首，然舍利弗犹深憾未能尽得解脱。其时，佛陀成道未久，住于王舍城竹林精舍，弟子马胜比丘着衣持钵，入城中乞食。舍利弗见其威仪端正，行步稳重，遂问所师何人，所习何法。马胜比丘乃以佛陀所说之因缘法示之，令舍利弗了知诸法无我之理。舍利弗旋即与目犍连各率弟子二百五十人同时到竹林精舍皈依佛陀。皈依佛陀后，常随从佛陀，破斥外道，论究法义，代佛说法，主持僧事，领导僧团，多方翼赞佛化。在佛陀弟子之中，舍利弗与目犍连被称为佛陀门下的"双贤"，是佛陀弘法的左右手。而舍利弗复以聪明胜众,被誉为佛弟子中“智慧第一”。舍利弗一生为僧伽长老崇敬,且屡为佛陀所赞美。后较佛陀早入灭,七日后荼毗,葬遗骨衣钵于祇园,须达多长者还为他建了一座塔。②“色不异空”四句:“色”即物质,“异”字除作各异的解释外,还可作离字解。“空”指虚空、真空。空的意思并不是说没有色就是空,或者说色灭为空,因为空并不是空无所有,不是虚无。缘起假象谓之“色”,缘生无性谓之“空”;所谓色虽分明显现而无实体,故说色不异空;虽无实体,而分明显现,故说空不异色。空与色本来就是不可以分析为二的。色身借四大和合而成,自体就是空,一切色法皆藉众缘而生起,本无自性,莫不当体即空;四大若离散,则复归空无,故说色即是空。人间之物质、身体本系空无实体,而由地、水、火、风四大和合而成,故称空即是色。括要而说,因缘起而性空——“色不异空”,依性空而缘起——“空不异色”;缘起无自性当体即性空——“色即是空”,性空为缘起所依即是缘起之本体——“空印是色”。所谓五蕴皆空,意谓不论物质现象(相当于色)或精神现象(受、想、行、识)均属因缘所生法,无固定不变之自性;若以其为实有自性,则是虚妄分别,故色之本质为空。也就是说五蕴与空是不异,而且相即。

【译文】 舍利弗!世间存在的(色)本来就与空不是异质的,作为存在之底蕴的空也与任何物质形式没有什么不同。那么,物质的本体就是空,空的现象就是物质。人的受、想、行、识也应该看作是这种“色”与“空”的统一。

【原文】 **舍利子,是诸法空相[①],不生不灭,不垢不净,不增不减[②]。**

【注释】 ①诸法空相:“诸法”又作万法。现代语称之为存在、一切现象等。此处指五蕴诸法,也包含之后的六根、六识、十二因缘、四谛等。“空相”指诸法皆空之相状,或指真空之体相。因缘生之法,无有自性,即空之相状。《大智度论》卷六云:“因缘生法,是名空相,亦名假名,亦说中道。”这里意谓色、受、想、行、识五蕴等诸法,皆是缘起性空的一种现象,当体即是空相,所以说诸法空相。②“不生不灭”三句:这是在讲一切事物的空的状态,其状态是什么呢?即:不生、不灭、不垢、不净、不增、不减。为什么是不生、不灭、不垢、不净、不增、不减?因为在空性中,是不存在生、灭、垢、净、增、减的,一旦我们体证了这种空性,内心也就不存在生、灭、垢、净、增、减等的分别,自然也就达到了一种没有妄想执着的心境。世间一切事物与现象,实相理体真常不变,并不能特意使其生,也不能破坏而使其灭;亦不是以般若照见后才谓之生(本来不生),亦非般若未照见前就没有所谓的灭(本来不灭),所以说不生不灭。实相理体本来空寂,并非可以染之使其垢,治之使其净;也不因被恶的因缘所染而变为垢,或为善的因缘所熏习而成净,而本来无所谓净或垢,所以说不垢不净。实相理体本自圆满,无法加之使其增,损之使其减,所以说不增不减。

【译文】 舍利弗!这些五蕴等一切诸法,是因缘和合的,当体即是空相,本来没有所谓缘聚为生,和缘尽为灭;不因被恶的因缘所染而变为垢,亦不为善的因缘所熏习而成净，也不是悟时为增，迷时为减的虚妄之相。

【原文】 **是故，空中无色，无受、想、行、识；无眼、耳、鼻、舌、身、意①；无色、声、香、味、触、法②；无眼界，乃至无意识界；无无明，亦无无明尽，乃至无老死，亦无老死尽③；无苦、集、灭、道④，无智亦无得⑤。**

【注释】 ①眼、耳、鼻、舌、身、意：即六根，又作六情。指六种感觉器官，或认识能力。根，为认识器官之意。眼根指视觉器官及其能力；耳根指听觉器官及其能力；鼻根指嗅觉器官及其能力；舌根指味觉器官及其能力；身根指触觉器官及其能力；意根指思维器官及其能力。前五种又称五根。五根乃物质上存在之色法，即色根。意根则为心之所依生起心理作用之心法，即无色根。②色、声、香、味、触、法：即六尘，又作六贼。色尘即眼所见的一切对象，眼根对于色尘而生眼识。声尘即耳所闻的一切对象，耳根对于声境而生耳识。香尘即鼻所嗅的一切对象，鼻根对于香境而生鼻识。味尘即舌所尝的一切对象，舌根对于味境而生舌识。触尘即身所觉触的一切对象，身根对于触境而生身识。法尘即意所缘的一切对象，意根对于法境而生意识。尘即染污之义，谓能染污情识，而使真性不能显发。众生以六识缘六尘而遍污六根，此六尘在心之外，故称外尘。此六尘犹如盗贼，能劫夺一切之善法，故称六贼。六根与六尘的相互作用使众生生出了种种虚妄分别心，造作种种业因，感受种种果报。③“无无明”四句：“无”作空字解（谓无明空，乃至老死空）。“尽”即灭尽的意思。“乃至”二字是超略词，略去了十二因缘中间的行、识、名色、六入、触、受、爱、取、有、生，只例了无明和老死。十二因缘包括：(1)无明，就是不明，乃一切烦恼的总称。于缘起性空无所明了，因而妄生一切执着，此谓无明。(2)行是造作义，指一切行为，即依无明所造的善恶业。(3)识就是业识，此识随业受报，为过去业力所驱，挟持所造善恶种子而来投胎。(4)名色，名指心识，色指形体。由于一念爱染投入母体为名，成胎后为色。所谓心物和合而成胎，胎相初成叫作名色。(5)六入即六根。在母胎十个月的中间，由名色渐渐成长到六根完备，于出胎后对六尘境有互相涉入的作用，故名六入。(6)触即接触。根、尘和合而成触。指出胎后六根与一切外境之接触。(7)受即领受。根境相对于违顺二种境界上，生起苦乐二种感觉谓之受，此即为对境所起的一种情绪。(8)爱即贪爱。对于五尘欲境，心生贪著，此即为对境所起的一种贪染心。(9)取即妄取，追取。遇喜欢之乐境则念念贪求，必尽心竭力以求得之而后已，遇所憎之苦境则念念厌离，必千方百计以图舍之而后已，此即为爱染欲境的一种趋求。(10)有即业。即有因有果，由前际因（爱取），生后际果（生老死），业力牵引，因果不亡，遂演成三界轮回的事实来。此为所作业力感报的一种规定。(11)生即受生。以现在所造之业为因，依因感果，必招来世受生，此即为未来受报的一种活动。(12)老死即老耄和死亡。诸根衰败叫作老，身坏命终谓之死。有生就不能不死，四大和合的身躯自然从少至老，无常转变必至于死，此即为未来受报的一种结果。无明与行二者为过去因，识、名色、六入、触、受,此五者为现在果。爱、取、有三者为现在因,生、老死二者为未来果。前因今果,今因后果,如是辗转依因再感果,果上再造因,因果不昧,前后相继不断,生死轮回无尽。吾人如顺着生死潮流,则无明缘行,乃至生缘老死,于是乎永受生死,这叫作流转门。反之能逆了生死潮流,则无明灭,乃至老死灭,于是乎获得解脱,就是还灭门。解脱是要有般若智慧,有了般若智慧,则自然不会愚痴(无明),也就不会有错误的行为(行),没有行为上的不良作为,则自然没有不好的潜能(种子)随识流转,乃至不会有五蕴、六根、触、受、爱、取、有、生、老死等,这便是出世的解脱。而在空性中,是没有实在的有情在生死中流转,也没有实在的有情在涅槃中解脱,所以说是"无无明,亦无无明尽,乃至无老死,亦无老死尽"。④苦、集、灭、道:苦、集、灭、道即佛教所说的四圣谛。佛成道后,至鹿野苑为五贤者作第一次说法,是为佛转法轮之初,故称初转法轮。此次说法的内容就是四谛之教。所以四圣谛是释尊最初所说的法。谛谓审实不虚之义,即指苦、集、灭、道四种正确无误之真理。此四者皆真实不虚,故称四谛、四真谛;又此四者为圣者所知见,故称四圣谛。苦即苦圣谛。指圣者如实审察三界有漏之苦果(有情及器世间)。对于凡夫而言,现实生活的一切现象(有漏法)可以说都是苦的。生、老、病、死之四苦,加上怨憎会、爱别离、求不得、五取蕴苦之四苦,即为八苦。集即集圣谛,又作习谛、苦习圣谛、苦集谛等。集是集起,有原因及理由的意思,即指事物集起的原因。也就是关于世间众生沉沦生死、遭受苦果的原因。苦之根源为渴爱,以渴爱之故,形成"来世"与"后有"。渴爱之核心乃由无明生起之虚妄我见,若有渴爱,便有生死轮回。灭即灭圣谛,又作苦灭谛、苦尽谛、苦灭圣谛、爱灭苦灭圣谛等。灭,灭尽、息灭之义。指灭息苦之根本,即永断无明、欲爱等一切烦恼,从相续不断之苦中获得解脱与自由;亦即涅槃境界。道即道圣谛、趣苦灭道圣谛、苦灭道圣谛、苦出要谛等,是指灭除烦恼。达苦灭之境而依之修行的方法,分为八部分而成为神圣的八正道。所谓八正道,即正见、正思维、正语、正业、正命、正精进、正念、正定。其中,苦与集表示迷妄世界之果与因,而灭与道表示证悟世界之果与因;即世间有漏之果为苦谛,世间有漏之因为集谛,出世无漏之果为灭谛,出世无漏之因为道谛。⑤无智亦无得:"智"即是"般若",亦即是智慧、能知的妙智。"智"为能求的心;"得"为所证的佛果或者所求的境界。能空诸法之智与空智所得之法空,二者俱不可得,便是无智亦无得。这里是说明菩萨之修(智)证(得),当要离相无住,即不著所修之行,也不取所证之果,一有所住即是执著,便成法缚。一再存有能观之"智想",与所得之"空想",仍是一种法执,未契般若真空妙义,所以亦要空之。其实以般若观照,并没有修习的事,因此也就没有什么可以证得。所以不见有知的大智,也就没有所证的果德,若是以有所得的心去求,就已经不是真空。

【译文】 因此从根本上看,这个空之中并没有物质之色,并没有感受、想象、意志和意识;也没有作为认知活动依据的眼耳鼻舌身意官能,也不存在那作为六种认识官能的对象的色、声、香、味、触、法，也没有能见之眼根，乃至于没有别尘境之意根；也没有作为认知所得的六种意识。没有无明，也没有灭尽的无明，甚至于没有老死，也没有灭尽的老死。也即没有知苦、断集、修道、证灭的圣教实践过程；没有根本的般若智慧，也没有凭借此智慧所证的佛果或者所求的境界。

【原文】 以无所得故，菩提萨埵①，依般若波罗蜜多故，心无挂碍②。无挂碍故，无有恐怖。远离颠倒梦想③，究竟涅槃④。三世诸佛⑤，依般若波罗蜜多故，得阿耨多罗三藐三菩提⑥。

【注释】 ①菩提萨埵：即菩萨，又作菩提索多、菩提索埵，摩诃菩提质帝萨埵等。意译为道众生、道心众生、大觉有情、觉有情等，又译作开士、始士、高士、大士等。"菩提"有觉、智、道之意；"萨埵"有众生、有情之意。菩萨有上求菩提（自利）、下化众生（利他）两种任务。因此菩提萨埵即指以智上求无上菩提，以悲下化众生，修诸波罗蜜行，将来可成佛之大心众生。亦即自利利他二行圆满、勇猛求菩提者。菩萨所修之行，称作菩萨行。②挂碍："挂"即牵挂或被网罩的意思，比喻为无明烦恼蔽覆真心，如被罗网罩着不得自由；"碍"即妨碍或是阻滞的意思，比喻为众生对事物的执着，阻碍正道，不得前进。意谓由于物欲等无明牵挂妨碍，所以不得自在的意思。③远离颠倒梦想：指永远脱离令人忧悲苦恼不已的颠倒与梦想，而得解脱。"颠倒"意谓众生将因缘和合的现象认为是真实的。"梦想"指在梦中之幻想，是一种虚妄不实的。一切梦境皆为幻现，而非实事，而梦中人错认为真。凡夫无知，被无明所迷，于是产生颠倒执着，妄造恶业，进而继续轮回生死。众生应以般若起观照，让自已从无明中解脱出来，让实相得以显现，如梦初醒，这就是远离颠倒梦想的意思。④涅槃：又作泥洹、泥曰、涅槃那、涅隶盘那、抳缚南、匿缚喃等。意译作灭、寂灭、灭度、寂、无生等。在印度的原语应用上，是指火的熄灭或风的吹散，如灯火熄灭了称为"灯焰涅槃"。印度其他宗教很早就采用此词作为最高的理想境界，并非是佛教专有的名词。唯这名词一出现在佛教经典上，便给它以新的内容，到现在差不多变成佛教特有而庄严的名词了。涅槃具有"灭"义，指的是消灭烦恼灾患，这说明灭是以灭尽烦恼与苦为义；烦恼与苦消灭，就会出现寂静、安稳、快乐的境界。玄奘法师译涅槃为"圆寂"。具足一切福德智慧叫作"圆"；永离一切烦恼生死叫作"寂"。即福慧皆达到圆满无缺（圆），三惑烦恼彻底清除，完全度脱生死（寂），永远不再被烦恼生死所困扰，而获得一种纯善纯美的庄严解脱。涅槃有两种：一者有余涅槃，二者无余涅槃。前者诸根的身依还存在，饥时要吃，寒时要穿，四大不调时也会生病；唯由于烦恼之漏已尽，六根所反映的种种好丑境界，不会令其起执着爱憎之心，可是残余的身尚存在，故称有余涅槃。至于无余涅槃与前者所区别的，是在寿命已尽，肉体消灭，现在的身受心受的牵引因已断，对于未来更达到了灰身泯智的境界。⑤三世诸佛："三世"指过去、现在、未来三者，此处含有"十方三世"的意思。三世诸佛即统称全宇宙中所有的佛；统指出现于三世的一切佛。即过去、现在、未来等十方三世之众多诸佛。所以又做一切诸佛、十方佛、三世佛。在佛教成立的当时，释迦牟尼佛被称为现在佛，在释迦牟尼佛以前的一切佛被称为过去佛，在释迦牟尼佛以后成佛的被称为未来佛。⑥阿耨多罗三藐三菩提：略称阿耨三菩提、阿耨菩提等。“阿耨多罗”意译为“无上”，指所悟之道为至高无上，“三藐三菩提”意译为“正遍知”，表示所悟之道周遍而无所不包。因此“阿耨多罗三藐三菩提”可译为“无上正等正觉”，乃佛陀所觉悟之智慧，是真正平等觉知一切真理的无上智慧。佛陀从一切邪见与迷失中解脱出来，圆满成就无上智慧，周遍证知最究极之真理，而且平等开示一切众生，令其到达最高的、清净的涅槃。另外，又音译为“阿耨多罗三藐三佛陀”，意谓成就阿耨多罗三藐三菩提之人，系为佛陀之尊称。

【译文】 由于并不存所证之果，所以菩萨依止般若波罗蜜多的胜妙法门修行，而不再有牵挂滞碍。因为没有牵挂滞碍，所以不再有恐怖畏惧。因而远离了关于一切事物的颠倒和幻想，达到了究竟的涅槃。十方三世的所有佛世尊，也都是如此依止般若波罗蜜多的胜妙法门修行，而证得无上正等正觉圆满佛果。

【原文】 故知般若波罗蜜多，是大神咒，是大明咒，是无上咒，是无等等咒①，能除一切苦，真实不虚。

【注释】 ①“故知”五句：此一段赞誉般若的功能。“故知”二字，总结前面说的般若功用，引起后面所说的般若利益。就是说因般若波罗蜜多而能够了脱生死苦恼，驱除烦恼魔障，所以“是大神咒，是大明咒，是无上咒，是无等等咒”。咒，原作祝，是向神明祷告，令怨敌遭受灾祸，或欲祛除厄难、祈求利益时所诵念之密语。印度古吠陀中即有咒术。这里指真言密咒，又称神咒、密咒或咒文，意即不能以言语说明的特殊灵力之秘密语。咒也叫“总持”，音译为“陀罗尼”，指能“总持”一切善法令其不失去，“总持”一切恶法令其不生起。咒是有力量的语言，能成就除恶生善的事实。咒有善咒、恶咒之别。如为人咒病或为防护已身者，即为善咒；诅咒他人令罹灾害者即为恶咒。佛陀禁止习此等咒术以谋生，但允许为治病或护身而持咒。“大神咒”即是说般若智慧有大神力，神有妙力之义，能令受持者，驱除烦恼魔，解脱生死苦。“大明咒”是说般若智慧有大光明，无所遮蔽，如同日光照世。能照彻一切皆空，令受持者破除疑痴，照见无明虚妄。“无上咒”，是说般若智慧能令受持者，直趋无上涅槃，世出世间无有一法能出其上，若依此修行，便能证得无上的佛果；“无等等咒”是说般若智慧能令受持者，成就无上菩提，是没有什么能与它相等同，般若法是佛的修行心要，是圣中之圣。修般若法，能无牵无挂，不但明心见性，还可以此证佛果，尽除一切众生所受的苦厄灾难。所以说，般若法门“真实不虚”。

【译文】 所以，确知般若波罗蜜多是一种大神力的咒，是一种具有大光明的咒，是一种至高无上的咒，是一种绝对无与伦比的咒，它能解除世间一切众生的苦难，这是的的确确的事实。

【原文】 **故说般若波罗蜜多咒，即说咒曰：**

揭谛，揭谛，波罗揭谛，波罗僧揭谛，菩提萨婆诃[①]**。**

【注释】 ①“揭谛”五句：此为梵文咒语。本经前面，从“观自在菩萨”始，至“真实不虚”为显说般若，此段咒语则为密说般若。“揭谛”有“去”或“度”之意，这也就是般若的甚深功能，能度众生去到彼岸；重复“揭谛”二字，无非是表示自度又能度他人的意思。“波罗”可译为“彼岸”；“波罗揭谛”就是“度到彼岸去”的意思。至于“僧揭谛”的“僧”，是指“众”“总”或“普”等，那么“波罗僧揭谛”的意思便是“普度众人一起到彼岸去”。“菩提”则译为“觉”“智”“知”“道”，即无上佛果。“萨婆诃”有“速疾”之意，表示依此心咒，便能急速得成大觉，成就无上的菩提。由于咒语有其特殊意义，因此咒为五不翻中秘密不翻。

【译文】 所以，在这里宣说般若波罗蜜多的总持法门，也就是宣说如下的咒语：

揭谛，揭谛，波罗揭谛，波罗僧揭谛，菩提萨婆诃。

医学经典

导读

如今，一个不争的事实是，许多人面对中医所依赖的中国古代哲学体系和中医思维方法时，普遍感到迷茫，更是弄不通《黄帝内经》等中医典籍中深邃的中国文化思想。若想解决上述问题，必须回归经典。

我国的医学经典是中医药学的理论渊源和学术精粹所在。中医理论是古人经过漫长的生存实践对人类疾病(健康认识)进行自然观察而总结出的规律，它运用阴阳五行、气化论等中国固有的文化理论来对人体的病因病机、治疗原则进行了深刻的阐述和高度的总结，是后世医家认识和诊疗疾病所要遵循的根本法则。

纵观中国中医发展史，大家不难从其中提取出“伟人的思想是如何微妙，且从生活入手提取而最终运用于生活的”，这就是伟大思想的伟大之处。《医学经典》作为中华文化的重要组成部分，充满了文史哲的“味道”。这里有个关键词叫“觉悟”。读经典常常使人顿悟，找到深入中医之精髓的窍门；同时，读经典要能“思求经旨，演其所知”。这里，“演”的内涵包括了推演、扩大、发展、延续的意思，使个人有限的知识拓展开来，使中医学不断发扬光大。

黄帝内经

【导语】

《黄帝内经》简称《内经》,包括《素问》和《灵枢》两部分,各十八卷、各八十一篇。《黄帝内经》之名最早见于《汉书·艺文志·方技略》。该书以黄帝和岐伯等人对话的形式写成,作者似乎就是黄帝和岐伯等人。

《黄帝内经》是我国现存最早的医学典籍,但其内容又不仅限于医学,而与中国古代的哲学、天文、地理等学科密切相关,是一部关于哲学和自然科学的综合著作。在现代学术分类的视野下,医学作为以治疗疾病,维护人体健康为目的的学科,归属于自然科学的范畴。但医学在其本性上并不仅属于自然科学,它更蕴含着社会科学的内容。所以西方有的医学家认为与其说医学是自然科学,不如说是社会科学更为合适;与人有关的学科就不仅是自然科学所能涵盖,必然蕴含着社会文化的内容。我国古代的医学家从来没有把医学看成是孤立的为医学专家所垄断的专门学问,而是把它放在天地自然和社会文化的大视野中来思考的。所谓"道者,上知天文,下知地理,中知人事,可以长久"(《素问·气交变大论》)。《黄帝内经》医学著述写作于诸子百家学术争鸣的年代,与诸子之学相互唱和,对诸子学多有吸收,并深受其影响。从《内经》文本看,黄老道家、《周易》与《内经》关系最紧密。如老子的无为思想,庄子的真人、至人、圣人、贤人人格,在《内经》的很多篇章中出现,《内经》多处引用《老子》《庄子》中的语言。可以说,在价值观上,《内经》与黄老道家是一致的,有的学者将《内经》看成是黄老学派的著作是不无道理的。这也是《内经》托名黄帝的内在根源。《周易》的"象数"思维是《内经》理论体系的核心方法。脏象学说、十二经脉理论与《周易》有着渊源关系。《周易》的观象论、制器尚象论导出了医学上的脏象学说。《周易》对阴阳的太少划分、八卦的三爻论及天地人三才论,成为医学三阴三阳、十二经脉理论的依据。《周易》对《内经》论述运气学说的七篇大论影响更为明显。《天元纪大论》与《周易》的乾坤两卦的《彖传》有着明显的渊源承袭关系。可以说,运气学说的理论框架深受《周易》的理论框架的影响。另外,儒家的中庸、中和,有诸内必形诸外以及重"本"的观念等也都是《内经》医学的重要

黄帝像

观念。

《内经》的医学理论之所以与诸子百家之学有着如此密切的关系,是因为中国古代的学术是一个一以贯之的统一整体。虽然在今天看来,医学与诸子学分属于科学与哲学两个截然不同的领域,但在中国古代并没有这种分别。中国古代的学问并不像源自西方的现代学术那样有着明显的学科划分,而是存在着一个普遍的大道贯穿于一切学术之中。不同的学术都是这同一大道的显现。另外,从中国古代的宇宙观来看,古人把包括人在内的整个宇宙看成是一个大生命的流行发育过程,一切学问都是对这大生命流行发育的揭示,医学与其他学术之间并不是外在的关系,而是内在统一的,都是关于生命的学问。

阅读中国文化的经典,首先要排除现代思维定势的干扰,进入古人的思维之中,才可能理解经典的本来意蕴。借用当年公乘阳庆传授仓公医术时,让其尽弃其旧学的方法,请读者朋友先把我们已形成的思想观念悬搁起来,摆脱其束缚,倾听古人的声音。

素　问

上古天真论篇

【题解】

《内经》在自然观、价值观上接受了道家思想,认为人类的道德是一个退化的过程。上古是人类道德水平最高和生活最合乎理想的时期,那时的人类完全取法于自然之道而生活,能够享尽天赋百年寿命,而当世的人们因违背了养生之道,难获天赋之年。号召人们遵循道家自然无为的态度,合乎养生之道去生活。养生的核心要义在于保持“形与神俱”的形神统一状态。“天真”即天赋予人的真精真气,上古懂得养生之道的人明白保养天真的重要意义,故以《上古天真论》名篇。本篇还依据女七、男八的自然节律论述了人体生理变化的规律,以指导养生实践。最后,论述了真人、至人、圣人和贤人四等养生成就所达到的境界。本篇名言:“行不欲离于世,举不欲观于俗。”

【原文】 **昔在黄帝①,生而神灵,弱而能言,幼而徇齐②,长而敦敏③,成而登天。**

【注释】 ①黄帝:传说中的古代帝王。学者认为黄帝为中华民族始祖,古代许多文献,常冠以“黄帝”字样,以示学有根本。②徇齐:此指思维敏捷,理解事物迅速。徇,通“睿”,迅疾。齐,敏捷。《荀子·修身》:“齐以便利,即节之以动止。”③敦敏:敦厚,勤勉。

【译文】 古代的轩辕黄帝,生来就异常聪明,小时候就善于言辞,很小的时候就对事物有着敏锐的洞察力，长大后，敦厚朴实而又勤勉努力，到了成年就登上了天子位。

【原文】 乃问于天师曰[①]：余闻上古之人，春秋皆度百岁[②]，而动作不衰；今时之人，年半百而动作皆衰者。时世异耶？人将失之耶？

岐伯对曰：上古之人，其知道者[③]，法于阴阳[④]，知于术数[⑤]，食饮有节，起居有常，不妄作劳，故能形与神俱[⑥]，而尽终其天年[⑦]，度百岁乃去。今时之人不然也，以酒为浆，以妄为常，醉以入房，以欲竭其精，以耗散其真[⑧]。不知持满，不时御神[⑨]，务快其心，逆于生乐，起居无节，故半百而衰也。

【注释】 ①天师：黄帝对岐伯的尊称。②春秋：指人的年龄。③知道：懂得养生的道理。④法：取法，效法。阴阳：天地变化的规律。⑤术数：古代称各种技术为术数，包括类似于今天的科学技术及各种技艺等方面的内容。因为在"术"中有"数"的规定，故称"术数"。⑥形与神俱：形体与精神活动一致。形神是中国哲学及中国医学的重要范畴。古人认为人是形与神的统一体，形体来源于地的阴气，精神来源于天的阳气，二者结合化生为人，二者的分离就是人的死亡。因此，养生的要义就是要保证形与神的统一。⑦天年：人的自然寿命。⑧精：精气。真：真气。⑨御神：控制精神过度思虑，以免过度消耗精气。

【译文】 黄帝问岐伯道：我听说上古时代的人，年龄都超过了百岁，但行动没有衰老的迹象；现在的人，年龄到五十岁，动作就显得衰老了。这是时代的不同呢？还是人们违背了养生之道的缘故呢？

岐伯回答说：上古时代的人，大都懂得养生之道，取法天地阴阳的变化规律，用保养精气的方法来调和，饮食有节制，起居有规律，不过分劳作，所以形体和精神能够协调统一，享尽自然的寿命，度过百岁才离开世间。现在的人就不同了，把浓酒当作甘泉般地贪饮，把任意妄为当作生活的常态，醉后还勉强行房，纵情声色，以致精气衰竭，真气耗散。不懂得保持精气的盈满，不明白节省精神，一味追求感官快乐，违背了生命的真正乐趣，起居没有规律，所以五十岁左右就衰老了。

【原文】 夫上古圣人之教也[①]，下皆为之。虚邪贼风[②]，避之有时，恬惔虚无[③]，真气从之，精神内守，病安从来？是以志闲而少欲，心安而不惧，形劳而不倦。气从以顺，各从其欲，皆得所愿。故美其食[④]，任其服，乐其俗，高下不相慕，其民故曰朴。是以嗜欲不能劳其目，淫邪不能惑其心。愚智贤不肖不惧于物[⑤]，故合于道。所以能年皆度百岁而动作不衰者，以其德全不危故也。

【注释】 ①圣人：古代指道德修养极高的人。各个学派有不同的理解，儒家认为圣人是道德修养的最高境界，是与天合德的人；而道家关于道德修养成就的说法比儒家多，有真人、至人、圣人、贤人等不同说法，而且圣人也不是道德修养的最高境界。②虚邪贼风：四时不正之气。虚邪，中医把一切致病因素称为邪。四时不正之气乘人体气虚而侵入致病，故称“虚邪”。贼风，中医认为风为百病之长，因邪风伤人，故称“贼风”。③恬惔虚无：清静安闲，无欲无求。语源《庄子·刻意》。④美其食：以下五句，语源《老子·八十章》：“甘其食，美其服，安其居，乐其俗。邻国相望，鸡犬之声相闻。民至老死不相往来。”⑤不惧于物：即“不攫于物”，不追求酒色等外物。

【译文】 上古时期，对通晓养生之道的圣人的教诲，人们都能遵守。对于四时不正之气，能够及时回避，思想上清静安闲，无欲无求，真气深藏顺从，精神持守于内而不耗散，这样，疾病怎么会发生呢？所以他们心志闲淑，私欲很少，心情安宁，没有恐惧，形体虽然劳动，但不过分疲倦。真气从容和顺，每个人的希望和要求，都能满足。无论吃什么都觉得甜美，穿什么都觉得漂亮，喜欢社会习俗，互相之间也不羡慕地位的高低，人们日渐变得自然朴实。所以过度的嗜好，不会干扰他的视听，淫乱邪说也不会惑乱他的心志。无论愚笨聪明有能力无能力的，都不追求酒色等身外之物，所以合于养生之道。因而他们都能够度过百岁而动作不衰老，这是因为他们的养生之道完备而无偏颇的缘故。

【原文】 帝曰：人年老而无子者，材力尽邪[1]？将天数然也[2]？

岐伯曰：女子七岁，肾气实，齿更发长。二七而天癸至，任脉通[3]，太冲脉盛[4]，月事以时下，故有子。三七，肾气平均，故真牙生而长极[5]。四七，筋骨坚，发长极，身体盛壮。五七，阳明脉衰[6]，面始焦，发始堕。六七，三阳脉衰于上[7]，面皆焦，发始白。七七，任脉虚，太冲脉衰少，天癸竭，地道不通，故形坏而无子也。

【注释】 ①材力：筋力。②天数：天赋之数，即天癸之数。指自然的生理变化规律。③任脉：奇经八脉之一，循行路线为人体前正中线，从百会穴至会阴穴。主调月经，妊育胎儿。任，接受的意思，受纳经络之气血，任脉受纳一身阴经之气血，故名任脉。④太冲脉：奇经八脉之一，能调节十二经的气血，主月经。冲脉之“冲”大概源于老子。《老子》云：“万物负阴而抱阳，冲气以为和也。”又：“道冲而用之或不盈。”冲意为虚。气无形，其性虚，故称“冲气”。中医认为冲脉为十二经之海，气血大聚于此，故称冲脉。⑤真牙：智齿。⑥阳明脉：指十二经脉中的手阳明、足阳明经脉，这两条经脉上行于头面发际，如果经气衰退，则不能营于头面而致面焦发脱。⑦三阳脉：指会于头部的手足太阳、手足阳明、手足少阳六条经脉。

【译文】 黄帝问道：人年老了，就不能再生育子女，是筋力不足呢？还是自然的生理变化规律，就是这样的呢？

岐伯回答说：女子到了七岁，肾气开始充实，牙齿更换，头发生长。到了十四岁时，天癸发育成熟，任脉畅通，冲脉旺盛，月经按时而来，所以能够孕育子女。到了二十一岁，肾气平和，智齿生长，身高长到最高点。到了二十八岁，筋骨坚强，毛发长到了极点，身体非常强壮。到了三十五岁，阳明经脉开始衰微，面部开始枯槁，头发也开始脱落。到了四十二岁，三阳经脉之气从头部开始都衰退了，面部枯槁，头发变白。

到了四十九岁，任脉空虚，太冲脉衰微，天癸枯竭，月经断绝，所以形体衰老，不能再生育儿女。

【原文】 **丈夫八岁，肾气实，发长齿更。二八，肾气盛，天癸至，精气溢，阴阳和[①]，故能有子。三八，肾气平均，筋骨劲强，故真牙生而长极。四八，筋骨隆盛，肌肉满壮。五八，肾气衰，发堕齿槁。六八，阳气衰竭于上，面焦，发鬓颁白。七八，肝气衰，筋不能动。八八，天癸竭，精少，肾脏衰，则齿发去，形体皆极[②]。肾主水，受五脏六腑之精而藏之，故脏腑盛，乃能泻。今五脏皆衰，筋骨解堕，天癸尽矣，故发鬓白，身体重，行步不正，而无子耳。**

【注释】 ①阴阳和：此处阴阳指男女。和，和合，交媾。②形体皆极：形体衰弱至极。

【译文】 男子八岁时，肾气开始充实，头发生长，牙齿更换。到了十六岁时，肾气盛满，天癸发育成熟，精气充满，如男女交合，就能生育子女了。到了二十四岁，肾气平和，筋骨强劲，智齿生长，身高也长到最高了。到了三十二岁，筋骨粗壮，肌肉充实。到了四十岁，肾气开始衰退，头发开始脱落，牙齿干枯。到了四十八岁，人体上部阳明经气衰竭了，面色憔悴，发鬓斑白。到了五十六岁，肝气衰，筋脉迟滞，手足运动不灵活了。到了六十四岁，天癸枯竭，精气少，肾脏衰，牙齿头发脱落，身体感到为病所苦。人体的肾脏主水，它接受五脏六腑的精华以后贮存在里面，所以脏腑旺盛，肾脏才有精气排泄。现在年龄大了，五脏皆衰，筋骨无力，天癸竭尽，所以发鬓斑白，身体沉重，走路不稳，不能再生育子女。

【原文】 **帝曰：有其年已老而有子者何也？**

岐伯曰：此其天寿过度[①]，气脉常通，而肾气有余也。此虽有子，男不过尽八八，女不过尽七七，而天地之精气皆竭矣[②]。

【注释】 ①天寿：先天禀赋，即上文之“天年”。②天地：指男女。

【译文】 黄帝问道：有人年纪已很大，还能生育子女，是什么道理？

岐伯说：这是因为他的先天禀赋超过了常人，气血经脉还畅通，而肾气有余。虽然能够生育，但在一般情况下，男子不超过六十四岁，女子不超过四十九岁，到这个岁数男女的精气都穷尽了。

【原文】 **帝曰：夫道者年皆百数，能有子乎？**

岐伯曰：夫道者，能却老而全形，身年虽寿，能生子也。

【译文】 黄帝问：养生有成的人，年纪都达百岁，能不能生育呢？

岐伯说：善于养生的人，能够推迟衰老，保全身体如壮年，所以即使年寿很高，仍然能生育。

【原文】 **黄帝曰：余闻上古有真人者[①]，提挈天地[②]，把握阴阳。呼吸精气[③]，独立守神，肌肉若一。故能寿敝天地，无有终时。此其道生。**

【注释】 ①真人:至真之人。谓养生修养最高的一种人。②提挈天地:把握住自然的变化规律。③呼吸精气:吐故纳新,汲取天地精气的导引行气方法。

【译文】 黄帝说:我听说上古时代有真人,他能与天地阴阳自然消长变化的规律同步,自由地呼吸天地之间的精气,来保守精神,身体与精神合而为一。所以寿命就与天地相当,没有终了之时。这就是因得道而长生。

【原文】 **中古之时,有至人者[1],淳德全道,和于阴阳[2]。调于四时[3],去世离俗。积精全神,游行天地之间,视听八达之外。此盖益其寿命而强者也。亦归于真人。**

【注释】 ①至人:指修养高,次于真人的人。②和于阴阳:符合阴阳变化之道。③调于四时:适应四时气候的往来。

【译文】 中古时代有至人,他道德淳朴完美,符合天地阴阳的变化。适应四时气候的变迁,避开世俗的喧闹。聚精会神,悠游于天地之间,所见所闻,能够广及八方荒远之外。这是能够延长寿命,身体强健的人。这种人也属于真人。

【原文】 **其次有圣人者,处天地之和,从八风之理[1],适嗜欲于世俗之间,无恚嗔之心[2]。行不欲离于世,举不欲观于俗。外不劳形于事,内无思想之患。以恬愉为务[3],以自得为功。形体不敝,精神不散,亦可以百数。**

【注释】 ①八风:指东、南、西、北、东南、西南、西北、东北八方之风。②恚嗔:生气。③恬愉:清静愉悦。

【译文】 其次有圣人,能够安居平和的天地之间,顺从八风的变化规律,调整自己的爱好以适合世俗习惯,从来不生气。行为不脱离世俗,但举动又不仿效世俗而保有自己独特的风格。在外不使身体为事务所劳,在内不使思想有过重负担。以清静愉悦为本务,以悠然自得为目的。所以形体毫不衰老,精神也不耗散,年寿也可以达到百岁。

【原文】 **其次有贤人者,法则天地,象似日月。辩列星辰[1],逆从阴阳[2]。分别四时,将从上古。合同于道,亦可使益寿而有极时。**

【注释】 ①辩:通“辨”,分辨。②逆从阴阳:顺从阴阳升降的变化。逆从,偏义复词,意偏于从。

【译文】 其次有贤人,能效法天地的变化,取象日月的升降。分辨星辰的运行,顺从阴阳的消长。根据四时气候的变化来调养身体,追随上古真人,以求合于养生之道,这样,也可以延长寿命而接近自然的天寿。

四气调神大论篇

【题解】

四气,春温、夏热、秋凉、冬寒的四时之气。调神,调理精神情志。人作为天地之气化生的产物,人的生命活动时时离不开自然,与自然之气相通。同时,人作为万物之灵，精神是其生命活动的主宰。因此，在天地四时之气的变化中调摄好精神情志是养生的关键，本篇对此问题做了专门的论述。所以名为《四气调神大论》。本篇首先论述了依据四时之气的变化而调摄形神的具体方法；其次论述了异常的气候变化对生命活动的消极影响；指明违逆四时养生原则所造成的伤害。最后，提出了“阴阳四时者，万物之终始也，死生之本也”的命题，指出了“春夏养阳，秋冬养阴”的养生原则和“治未病”的积极思想。

【原文】 春三月[①]，此谓发陈[②]。天地俱生，万物以荣[③]。早卧早起，广步于庭。被发缓形[④]，以使志生。生而勿杀，予而勿夺，赏而勿罚[⑤]。此春气之应，养生之道也。逆之则伤肝，夏为寒变[⑥]。奉长者少。

【注释】 ①春三月：指农历的正、二、三月。按节气为立春、雨水、惊蛰、春分、清明、谷雨。②发陈：推陈出新。③万物：古人常指草木。物，本意为杂色牛，在古代文献中，多引申为有生命之物。泛指一切存在之物是近代以来的事。④被发：披散开头发。被，同“披”。缓形：松解衣带，使身体舒缓。⑤“生而”三句：“生”“予”“赏”，象征顺应春阳生发之气的神志活动，“杀”“夺”“罚”，指与春阳生发之气相悖的神志活动。⑥寒变：夏月所患寒性疾病之总名。

【译文】 春季三个月，是万物复苏的季节。大自然生机勃发，草木欣欣向荣。适应这种环境，应当夜卧早起，在庭院里散步。披开束发，舒缓身体，以使神志随着生发之气而舒畅。神志活动要顺应春生之气，而不要违逆它。这就与春生之气相适应，是养生的方法。违背了这个方法，会伤肝，到了夏天就要发生寒变。这是因为春天生养的基础差，供给夏天成长的条件也就差了。

【原文】 夏三月[①]，此谓蕃秀[②]。天地气交，万物华实。夜卧早起，无厌于日。使志无怒，使华英成秀[③]。使气得泄，若所爱在外。此夏气之应，养长之道也。逆之则伤心，秋为痎疟[④]。奉收者少。

【注释】 ①夏三月：指农历的四、五、六月。按节气为立夏、小满、芒种、夏至、小暑、大暑。②蕃秀：草木繁茂，华美秀丽。秀，华美。③华英：这里指人的容貌面色。华，古“花”字，花乃后起之俗字。英，草之花。④痎疟：疟疾的总称。

【译文】 夏季三个月，是草木繁茂秀美的季节。天地阴阳之气上下交通，各种草木开花结果。适应这种环境，应该夜卧早起，不要厌恶白天太长。心中没有郁怒，使容色秀美。并使腠理宣通，如有为所爱之物吸引一样，使阳气疏泄于外。这就是与夏长之气相应，是养长的方法。如果违背了这个道理，会损伤心气，到了秋天就会患疟疾。这是因为夏天长养的基础差，供给秋天收敛的能力也就差了。

【原文】 秋三月[①]，此谓容平[②]。天气以急，地气以明。早卧早起，与鸡俱兴。使志安宁，以缓秋刑。收敛神气，使秋气平。无外其志，使肺气清。此秋气之应，养收之道也。逆之则伤肺，冬为飧泄[③]。奉藏者少。

【注释】 ①秋三月:指农历的七、八、九月。按节气为立秋、处暑、白露、秋分、寒露、霜降。②容平:草木到秋天已达成熟阶段。荣,为草木之形态。平,成,成熟。③飧泄:完谷不化的泄泻。飧,本意为夕食,引申有水浇饭之意。

【译文】 秋季三个月,是草木自然成熟的季节。天气劲急,地气清明。适应这种环境,应当早卧早起,和鸡同时活动。保持意志安定,从而舒缓秋天劲急之气对身体的影响。精神内守,不急不躁,使秋天肃杀之气得以平和。不使意志外驰,使肺气清和均匀。这就是与秋收之气相应,是养收的方法。如果违背了这个方法,会损伤肺气,到了冬天就要生飧泄病。这是因为秋天收敛的基础差,供给冬天潜藏之气的能力也就差了。

【原文】 **冬三月[1],此谓闭藏[2]。水冰地坼,无扰乎阳。早卧晚起,必待日光。使志若伏若匿,若有私意。若已有得,去寒就温。无泄皮肤,使气亟夺[3]。此冬气之应,养藏之道也。逆之则伤肾,春为痿厥[4]。奉生者少。**

【注释】 ①冬三月:指农历的十、十一、十二月。按节气为立冬、小雪、大雪、冬至、小寒、大寒。②闭藏:密闭潜藏。指万物生机潜伏。③气:指"阳气"。亟:频繁,多次。夺:被耗伤。④痿厥:四肢枯萎,软弱无力。

【译文】 冬季三个月,是万物生机潜伏闭藏的季节。寒冷的天气,使河水结冰,大地冻裂。这时不能扰动阳气。适应这种环境,应该早睡晚起,一定等到太阳出来时再起床。使意志如伏似藏,好像心里很充实。好像已经得到满足,还要避开寒凉,保持温暖。不要让皮肤开张出汗,而频繁耗伤阳气。这就是与冬藏之气相应,是养藏的方法。如果违背了这个道理,会损伤肾气,到了春天,就要得痿厥病。这是因为冬天闭藏的基础差,供给春季生养的能力也就差了。

生气通天论篇

【题解】

生气,是人体生命活动的动力;天是自然界。中医认为,人体生命之气时时与自然相通,这就是天人相应的思想。人体内的五味、五气等都取之于自然界;而五味、五气失于正常,又能伤害人体。本篇具体讨论了这些问题,故以《生气通天论》名篇。本篇提出的重要思想有:一、"阳气者若天与日,失其所则折寿而不彰",成为后世重视阳气的温补学派的理论渊薮。二、"阴平阳秘,精神乃治;阴阳离决,精气乃绝",阐明了阴阳的平秘对于生命活动的重要意义,成为中医学认识人体生命的最高原理和养生治疗的最高价值追求。

【原文】 **黄帝曰:夫自古通天者,生之本,本于阴阳。天地之间,六合之内[1],其气九州、九窍、五藏、十二节[2],皆通乎天气。其生五[3],其气三[4]。数犯此者,则邪气伤人。此寿命之本也。**

【注释】 ①六合：四方上下为六合。②九州：古指冀、兖、青、徐、扬、荆、豫、梁、雍为九州。九窍：上七窍：耳二、目二、口一、鼻孔二；下窍二：前阴、后阴。十二节：四肢各有三大关节，上肢：腕、肘、肩；下肢：踝、膝、髋，共十二节。③其生五："其"指天之阴阳，"五"指金、木、水、火、土五行。④其气三：指阴阳之气各有三，即三阴三阳。

【译文】 黄帝说：自古以来人的生命活动与自然界的变化就是息息相通的，这是生命的根本，生命的根本就是阴阳。在天地之间，四方上下之内，无论是地之九州，还是人的九窍、五脏、十二节，都与自然之气相通。天之阴阳化生地之五行之气，地之五行又上应天之三阴三阳。如果经常违反阴阳变化的规律，那么邪气就会伤害人体。所以说阴阳是寿命的根本。

【原文】 苍天之气[①]，清净则志意治[②]，顺之则阳气固。虽有贼邪[③]，弗能害也。故圣人传精神[④]，服天气而通神明[⑤]。失之则内闭九窍，外壅肌肉[⑥]，卫气散解[⑦]，此谓自伤，气之削也。

【注释】 ①苍天：天空，天气。②治：平和调畅。③贼邪：贼风邪气，泛指外界致病因素。④传：通"抟"，专一，集中。⑤神明：指阴阳的变化。⑥壅：阻塞。⑦卫气：属于阳气的一种，如同保卫于人体最外层的樊篱，所以称卫气。

【译文】 自然界的天气清净，人的意志就平和，顺应这个道理，阳气就固密。即使有贼风邪气，也不能侵害人体。所以善于养生的圣人，能够聚集精神，呼吸天地精气，而与天地阴阳的神明变化相统一。如果违背这个道理，在内会使九窍不通，在外会使肌肉壅阻，卫阳之气耗散，这是自己造成的伤害，而使阳气受到削弱。

【原文】 阳气者若天与日，失其所则折寿而不彰[①]。故天运当以日光明，是故阳因而上，卫外者也。

【注释】 ①折寿：短寿。不彰：不明。彰，明，著。

【译文】 人体的阳气，就像天上的太阳一样，太阳不能在其轨道上正常运行，万物就不能生存；人体的阳气不能正常运行于人体，就会缩短寿命而不能使生命成长壮大。所以天体运行不息，是借着太阳的光明，同理人体健康无病，是依赖阳气的轻清上浮保卫于体表。

【原文】 因于寒，欲如运枢[①]，起居如惊[②]，神气乃浮。因于暑，汗，烦则喘喝，静则多言[③]，体若燔炭，汗出乃散。因于湿，首如裹[④]，湿热不攘[⑤]，大筋緛短[⑥]，小筋弛长[⑦]，緛短为拘[⑧]，弛长为痿。因于气，为肿，四维相代[⑨]，阳气乃竭。

【注释】 ①运枢：因天寒，当深居周密，如枢纽之内动，不应烦扰筋骨，使阳气发泄于皮肤，而为寒邪所伤。②惊：妄动。③"烦则"两句：指阳证热证的一种表现。喝，是指喘促而发出的一种声音。④首如裹：头部沉重不爽，如有物蒙裹。⑤攘：排除。⑥緛短：收缩。⑦弛：松懈。⑧拘：蜷缩不伸而拘挛。⑨四维：古人认为天由四柱支撑，称作"四维"。这里指人的四肢。

【译文】 人感受了寒邪，阳气就会像门户的开阖一样相应抗拒，起居不宁；如果起居妄动，神气浮越，阳气就不能固密了。如果感受暑邪，就会多汗，烦躁，甚至喘促，喝喝有声；及至暑邪伤气，即使不烦喘时，也会多言多语，身体发热如炭烧，必须出汗，热才能退。如果伤于湿邪，头部就会沉重，如同裹着东西，如果湿热不能及时排除，就会出现大筋收缩不伸，小筋弛缓无力。大筋收缩不伸叫拘，小筋弛缓无力叫痿。如果气被风邪所缚，发为气肿，四肢交替肿痛不休，这是阳气已衰竭了。

【原文】 阳气者，烦劳则张[①]，精绝[②]，辟积于夏[③]，使人煎厥[④]。目盲不可以视，耳闭不可以听，溃溃乎若坏都[⑤]，汩汩乎不可止[⑥]。阳气者，大怒则形气绝，而血菀于上[⑦]，使人薄厥[⑧]。有伤于筋，纵，其若不容[⑨]。汗出偏沮[⑩]，使人偏枯[⑪]。汗出见湿，乃生痤疿[⑫]。高梁之变[⑬]，足生大疽，受如持虚。劳汗当风，寒薄为皶，郁乃痤。

【注释】 ①张：亢盛而外越。②精绝：是指水谷精气衰竭。因阳气亢盛而导致阴精伤耗。③辟积：病久积累。辟，通"襞"，裙褶。这里引申为累积。④煎厥：病名。因这种厥的发生不是偶然的，而有其一定的原因，如物之煎熬而然，因此称煎厥。⑤溃溃：溃决。都：水泽所聚之处。⑥汩汩：象声词，形容水势汹涌而不可遏止。⑦血菀于上：血淤于头部。菀，蕴淤。⑧薄厥：即"暴厥"，发病急骤之厥证。⑨不容：肢体不能随意运动。⑩汗出偏沮：汗出偏于身体半侧。⑪偏枯：半身不遂。⑫痤：小疮疖。疿：汗疹。⑬高：同"膏"，指肥甘之味。梁：同"粱"，即细粮、精米。

【译文】 人体的阳气，由于过度烦劳，就会亢盛外越，导致阴精耗竭，病拖延到了夏天，就容易使人发生煎厥病。主要症状是眼睛昏蒙看不清东西，耳朵闭塞听不见声音，病势危急，就像湖水溃决，流速迅急，不可遏止。人体的阳气，大怒时会造成形与气隔绝，血郁积头部，使人发生暴厥。大怒之后不发暴厥之证的，那就会伤筋。筋受伤，会弛缓不收，肢体行动不自由。半身汗出的，会发生偏枯病。汗出以后感受湿邪，会发生小疖和汗疹。多吃肥甘厚味，能够使人生大疽，发病就像拿着空器皿盛东西一样容易。劳动之后，汗出当风，寒气阻遏于皮肤，会成为粉刺，郁积不解，可成为疮疖。

【原文】 阳气者，精则养神，柔则养筋。开阖不得，寒气从之，乃生大偻[①]。营气不从，逆于肉理，乃生痈肿。陷脉为瘘[②]，留连肉腠[③]。俞气化薄[④]，传为善畏，及为惊骇。魄汗未尽[⑤]，形弱而气烁[⑥]，穴俞以闭，发为风疟。

【注释】 ①大偻：曲背。②陷脉：邪气深入脉中。瘘：凡日久成脓溃漏，都叫作瘘。③留连：留滞。肉腠：肌肉纹理。④俞：通"腧"，经络的孔穴。⑤魄汗：自汗。魄，本意是与人体同时存在的生理本能，如目视耳听。熟语有"体魄"一词。这里的"魄"可理解为"体"，魄汗，即体汗、自汗。⑥气烁：气消。

【译文】 人体的阳气，养神则精微，养筋则柔软。如果腠理开阖失调，寒邪乘机侵入，就会发生背部屈曲的大偻病。如果寒气入于经脉，营气不能顺着经脉走，阻滞在肌肉之中，会发生臃肿。邪气留滞在肌肉纹理，日久深入血脉，可以形成瘘疮。外邪从背部腧穴侵及脏腑，会出现善畏和惊骇之证。汗出不透，形体衰弱，阳气消耗，腧穴闭塞，就会发生风疟。

【原文】 故风者，百病之始也，清静则肉腠闭，阳气拒，虽有大风苛毒[①]，弗之能害。此因时之序也。

【注释】 ①苛毒：厉害的毒邪。

【译文】 风是引发各种疾病的始因，但是，只要精神安静，意志安定，腠理就能闭密，阳气就能卫外，即使有大风苛毒，也不能造成伤害。这是顺应四时气候变化规律来养生的结果。

金匮真言论篇

【题解】

金匮，金属制成的藏书柜，用来收藏重要的书籍。真言，真理之言。本篇论述了"五脏应四时"的理论。根据五行学说，中医学建立了以五行为内核，四时(五时)、五方为间架，五脏为中心，配合以人的五窍、五体、五华、五志等及外界的五色、五味、五音、五畜、五谷等，形成了一个相互联系统一的医学宇宙观。这就是"五脏应四时"的理论。这部分内容是中医学的理论核心之一，所以用《金匮真言论》名篇。该篇还论述了外邪触犯人体的发病规律和特点，对阴阳学说也有初步的论述，并且提出了"精者，身之本"的重要命题，对保精养生具有重要指导意义。

【原文】 黄帝问曰：天有八风，经有五风[①]，何谓？

岐伯对曰：八风发邪，以为经风，触五脏，邪气发病。所谓得四时之胜者[②]，春胜长夏[③]，长夏胜冬，冬胜夏，夏胜秋，秋胜春。所谓四时之胜也。

【注释】 ①五风：指肝风、心风、脾风、肺风、肾风。②胜：克制。③长夏：夏秋两季之间，相当于农历六月。

【译文】 黄帝问道：天有八方之风，人的经脉有五脏之风，是指什么呢？

岐伯回答说：八风会产生致病的邪气，侵犯经脉的风邪，触动人的五脏，因而发病。所说的感受四时季节相克的情况是指，春胜长夏，长夏胜冬，冬胜夏，夏胜秋，秋胜春。这就是所说的四时季节相克。

【原文】 东风生于春[①]，病在肝[②]，俞在颈项[③]；南风生于夏，病在心，俞在胸胁；西风生于秋，病在肺，俞在肩背；北风生于冬，病在肾，俞在腰股[④]；中央为土，病在脾，俞在脊。

【注释】 ①东风生于春：马莳："春主甲乙木，其位东，故东风生于春。"南风、北风、西风可以类推。②病在肝：根据五行学说春季与东方及人的肝脏对应，东风成为致病邪气则伤肝，所以说病在肝。其他，在心、在肺、在脾、在肾可以类推。③俞在颈项;俞,通"腧",腧穴。"腧"与"输"为同源字,有运输气血的意思。腧穴既是气血积聚处,也是外邪侵入人体的通道。④股:大腿。

【译文】 东风生于春季,病变多发生在肝经,而表现于颈项;南风生于夏季,病变常发生在心经,而表现于胸胁;西风生于秋季,病变常发生在肺经,而表现于肩背;北风生于冬季,病变常发生在肾经,而表现于腰股;中央属土,病变常发生在脾经,而表现于脊背。

【原文】 故春气者病在头[1],夏气者病在脏[2],秋气者病在肩背,冬气者病在四支[3]。

【注释】 ①气:外界气候。②脏:内脏。此处指心。③四支:即四肢。

【译文】 所以春气为病,多在头部;夏气为病,多在心;秋气为病,多在肩背;冬气为病,多在四肢。

【原文】 故春善病鼽衄[1],仲夏善病胸胁,长夏善病洞泄寒中[2],秋善病风疟,冬善病痹厥[3]。

【注释】 ①鼽:鼻流清涕。衄:鼻出血。②寒中:寒气在中,指里寒证。③痹厥:手足麻木逆冷。

【译文】 所以春天多生鼻流清涕和鼻出血的病,仲夏多生胸胁病,长夏多生里寒洞泄病,秋天多生风疟病,冬天多生痹病。

【原文】 故冬不按跻[1],春不鼽衄,春不病颈项,仲夏不病胸胁,长夏不病洞泄寒中,秋不病风疟,冬不病痹厥、飧泄而汗出也。

【注释】 ①按跻:按摩导引。这里指扰动筋骨的过度活动。

【译文】 所以冬天不做剧烈运动而扰动潜伏的阳气,春天就不会发生鼽衄,不发生颈项病,夏仲也不会发生胸胁病,长夏不会发生里寒洞泄病,秋天不会发生风疟病,冬天也不会发生痹证、飧泄、汗出过多的病。

【原文】 夫精者[1],身之本也。故藏于精者,春不病温。夏暑汗不出者,秋成风疟。

【注释】 ①精:饮食所化之精华,人类生殖之原质都叫精。

【译文】 精对人体就如同树木的根,是生命的源泉。所以冬季善于保养精气的,春天就不易得温病。夏天暑热之时,应该汗出而不出汗,到了秋天就会得风疟病。

【原文】 故曰:阴中有阴,阳中有阳。平旦至日中[1],天之阳,阳中之阳也;日中至黄昏[2],天之阳,阳中之阴也;合夜至鸡鸣[3],天之阴,阴中之阴也;鸡鸣至平旦[4],天之阴,阴中之阳也。故人亦应之。

【注释】 ①平旦至日中:清晨至中午,即六至十二时。②日中至黄昏:中午至日落,即十二至十八时。③合夜至鸡鸣:日落至半夜,即十八至二十四时。④鸡鸣至平旦:半夜至清晨,即零时至六时。

【译文】　所以说：阴中有阴，阳中有阳。从清晨至中午，自然界的阳气是阳中之阳；从中午至黄昏，自然界的阳气是阳中之阴；从日落到半夜，自然界的阴气是阴中之阴；从半夜到清晨，自然界的阴气是阴中之阳。所以人的阴阳之气也是如此。

【原文】　夫言人之阴阳，则外为阳，内为阴。言人身之阴阳，则背为阳，腹为阴。言人身之脏腑中阴阳，则脏者为阴，腑者为阳。肝心脾肺肾五脏皆为阴，胆胃大肠小肠膀胱三焦、六腑皆为阳。所以欲知阴中之阴、阳中之阳者，何也？为冬病在阴，夏病在阳；春病在阴，秋病在阳。皆视其所在，为施针石也①。故背为阳，阳中之阳，心也；背为阳，阳中之阴，肺也；腹为阴，阴中之阴，肾也；腹为阴，阴中之阳，肝也；腹为阴，阴中之至阴②，脾也。此皆阴阳、表里、内外、雌雄相输应也③。故以应天之阴阳也。

【注释】　①针：针刺。石：砭石。②至阴：根据中医理论，脾属土。古人认为天为最大的阳，地为最大的阴，即至阴。所以脾为至阴。③阴阳、表里、内外、雌雄：这些相对的名词都是用来取象比类说明阴阳的。输应：阴阳、表里、内外、雌雄发生相互对应、呼应的关系。

【译文】　就人体阴阳来说，外部为阳，内部为阴。单就身体部位来说，背为阳，腹为阴。就脏腑来说，脏属阴，腑属阳。肝、心、脾、肺、肾五脏都属阴；胆、胃、大肠、小肠、膀胱、三焦、六腑都属阳。为什么要知道阴中有阴、阳中有阳的道理呢？这因为冬病发生在阴，夏病发生在阳；春病发生在阴，秋病发生在阳。都要根据疾病所在部位来进行针刺或砭石治疗。所以说，背部为阳，阳中之阳为心；背部为阳，阳中之阴为肺；腹部为阴，阴中之阴为肾；腹部为阴，阴中之阳为肝；腹部为阴，阴中之至阴为脾。这些都是人体阴阳、表里、内外、雌雄的相应关系。它们合于自然界的阴阳变化。

阴阳应象大论篇

【题解】

该篇是《内经》阐述中医学基本理论的最重要的篇章，所以称为“大论”。该篇首先给出了阴阳的概念，论述了阴阳对整个自然界万事万物发生发展消亡的重要意义。进而详细地论述了阴阳水火，精气味形之间相互转化的关系，阴阳偏盛偏衰所造成的疾病及依照阴阳学说确立的养生原则。“象”指万物之现象。根据《周易》的原理，纷繁的万象可以归结为不同的种类。《周易》之八卦即是八种象，五行就是五种象，而最基本的象就是阴阳之象，所谓“阴阳应象”就是把纷繁的万象归属于阴阳。该篇实际上又结合五行学说，把万象分属于五行。建立了以五方、五脏为核心的天人一体的整体医学宇宙观。

古人认为天人都由一气所化，遵循共同的生化规律和运动法则，天地万物与人类可以通过“气”和“象”联通起来。“象”是“气”的显现，同样的“气”有同样的“象”，彼此之间具有感应亲和关系，所谓“同气相求”“同类相动”。古人所理解的“象”并不是固定不变的形象,更重要的是功能之象,即功能相同或相通的事物具有相同的"象",所以才能通过"象"把外形不同,但功能相关的事物联系成一个以阴阳五行为内在结构的整体网络系统,这个系统的各部分相互作用、相互关联构成一个动态平衡的开放体系。这成为古人认知世界的基本模式,具有极其重要的理论价值。最后该篇根据阴阳学说论述了人体的生理特点、早期治疗的意义,针刺、诊病及治疗的基本原则。本篇名言:"智者察同,愚者察异。""阴在内,阳之守也;阳在外,阴之使也。"

【原文】 **黄帝曰:阴阳者,天地之道也,万物之纲纪①,变化之父母②,生杀之本始③,神明之府也④,治病必求于本⑤。故积阳为天,积阴为地。阴静阳躁,阳生阴长,阳杀阴藏。阳化气,阴成形⑥,寒极生热,热极生寒。寒气生浊,热气生清。清气在下,则生飧泄。浊气在上,则生䐜胀⑦。此阴阳反作,病之逆从也⑧。**

【注释】 ①纲纪:有纲领的意思。总的为纲,分支为纪。②变化之父母:万物生长变化的根源。父母,有根源、起源的意思。③生:生长。杀:杀伐,消亡。本始:根本。④神明:变化不测谓之神,品物流行谓之明。推动万物生成和变化的力量称为神明。⑤本:根源,根本。这里指阴阳。⑥阳化气,阴成形:这里的气指能力、力量。形,指形体、物质。⑦䐜胀:上腹部胀满。⑧逆:病的异常称逆证。从:病的正常称顺证。

【译文】 黄帝说:阴阳,是天地间的普遍规律,是一切事物的纲领,是万物发展变化的起源,是生长毁灭的根本,是万物发生发展变化的动力源泉,因此,治病必须寻求治本的方法。清阳之气,积聚上升,就成为天;浊阴之气,凝聚下降,就成为地。阴主静,阳主动,阳主发生,阴主成长,阳主杀伐,阴主收藏。阳能化生力量,阴能构成形体。寒到极点会转化生热,热到极点会转化生寒。寒气的凝聚,能产生浊阴,热气的升腾可产生清阳。清阳之气在下,如不得上升,就会发生飧泄。浊阴之气在上,如不得下降,就会发生胀满。这是违反了阴阳运行规律,因此疾病也有顺证和逆证的不同。

【原文】 **故清阳为天,浊阴为地。地气上为云,天气下为雨。雨出地气,云出天气。故清阳出上窍①,浊阴出下窍②。清阳发腠理,浊阴走五脏。清阳实四支,浊阴归六腑。**

【注释】 ①上窍:指眼耳口鼻七窍。②下窍:指前后二阴。

【译文】 在自然界,清阳之气变为天,浊阴之气变成地。地气上升就成为云,天气下降就变成雨。雨虽从天气下降,却是地气所化;云虽形成于地气,却赖天气的蒸发。这些都是由于阴阳相互转化造成的。同样,在人体的变化中,清阳出于上窍,浊阴出于下窍。清阳发散于腠理,浊阴注入于五脏。清阳使四肢得以充实,浊阴使六腑能够相安。

【原文】 **水为阴,火为阳。阳为气①,阴为味②。味归形,形归气③。气归精④,精归化⑤。精食气⑥,形食味⑦。化生精,气生形⑧。味伤形,气伤精⑨。精化为气,气伤**

于味[10]。

【注释】 ①气：指功能或活动能力。②味：泛指一切食物。③形：指形体，包括脏腑、肌肉、血脉、筋骨、皮毛等。归：生成、滋养。④气归精：真气化生精。⑤精归化：精血充盛，又可化生真气。化，化生。⑥精食气：精仰赖气化而成。食，仰求、给养或依赖。⑦形食味：形体有赖食物的营养。⑧化生精，气生形：气化、生化的作用，促进了精的生成，同时又充养了形体。⑨味伤形，气伤精：味和气也能伤害人体的形和精。⑩精化为气，气伤于味：精可以化生气，产生功能，饮食五味失调也可以伤气，损伤功能。

【译文】 水属于阴，火属于阳。阳是无形的气，而阴则是有形的味。饮食五味进入身体中的胃腑，胃能够腐熟蒸化出水谷中的清气。清气进入五脏与五脏中的精气结合，而化生人体生命的营养物质。精仰赖水谷清气的补养，形体仰赖饮食五味的补给。饮食经过生化生成精，精气化后来充养形体。饮食不节，也能伤害形体，气偏盛，也能损伤精。精血充足，又能够化而为气，气也能被五味太过所伤害。

【原文】 阴味出下窍，阳气出上窍。味厚者为阴[1]，薄为阴之阳。气厚者为阳，薄为阳之阴。味厚则泄，薄则通。气薄则发泄，厚则发热。壮火之气衰[2]，少火之气壮[3]。壮火食气[4]，气食少火[5]。壮火散气，少火生气。气味，辛、甘发散为阳，酸、苦涌泄为阴。

【注释】 ①味厚者为阴：根据中医药学理论，药物之性包括四气五味。四气源于一年四季寒热温凉的变化，所以药气分为温、热、凉、寒四大类。五味源于地气，分为酸、苦、甘、辛、咸五大类。因四气源于天所以属阳，五味源于地所以属阴。但气味又有厚薄的不同。气厚的为纯阳，味厚的为纯阴，气薄的为阳中之阴，味薄的为阴中之阳。②壮火：过于亢盛的阳气，这种火实质上已经不是生理性的而是病理性的邪火了。③少火：微少的阳气，这种火属于生理性的，是人体生命活动的动力。④壮火食气：壮火侵蚀，消耗元气。⑤气食少火：元气依赖于少火的充养。

【译文】 味属阴，所以趋向下窍；气属阳，所以趋向上窍。五味之中，味厚的属于纯阴，味薄的属于阴中之阳。气厚的属于纯阳，气薄的属于阳中之阴。味厚的有泄下作用，味薄的有疏通作用。气薄的能够向外发泄邪气，气厚的能助阳发热。亢阳能使元气衰弱，微阳能使元气旺盛。因为亢阳会侵蚀元气，而元气有赖于微阳的煦养。亢阳耗散元气，微阳却使元气增强。气味之中，辛甘而有发散作用的属阳，酸苦而有涌泄作用的属阴。

【原文】 阴胜则阳病，阳胜则阴病。阳胜则热，阴胜则寒。重寒则热，重热则寒。寒伤形，热伤气。气伤痛，形伤肿。故先痛而后肿者，气伤形也；先肿而后痛者，形伤气也。风胜则动，热胜则肿，燥胜则干，寒胜则浮[1]，湿胜则濡泻[2]。

【注释】 ①浮：浮肿。②濡泻：湿泻。

【译文】 阴气偏胜,阳气就会受病;阳气偏胜,阴气也会受病。阳气偏胜会生热,阴气偏胜会生寒。寒到极点,会出现热象;热到极点,又会出现寒象。寒邪会损伤人的形体,热邪会损伤人的真气。真气受伤会产生疼痛,形体受伤会发生肿胀。凡是先疼后肿的,是因为真气先伤而影响到形体;先肿后痛的,则是形体先伤而影响真气。风邪太过,就会发生痉挛动摇;热邪太过,肌肉就会发生红肿;燥邪太过,津液就会干涸;寒邪太过,就会发生浮肿;湿邪太过,就会发生泄泻。

【原文】 天有四时五行,以生长收藏,以生寒暑燥湿风。人有五脏化五气①,以生喜怒悲忧恐。故喜怒伤气,寒暑伤形;暴怒伤阴,暴喜伤阳。厥气上行②,满脉去形。喜怒不节,寒暑过度,生乃不固。故重阴必阳,重阳必阴。故曰:冬伤于寒,春必温病;春伤于风,夏生飧泄;夏伤于暑,秋必痎疟;秋伤于湿,冬生咳嗽。

【注释】 ①五气:五脏之气,由五气而生五志,即喜怒悲忧恐。②厥气:逆行之气。

【译文】 自然界有春夏秋冬四时的推移、五行的变化,形成了生长收藏的规律,产生了寒暑燥湿风的气候。人有五脏,五脏化生五气,产生喜怒悲忧恐五种情志。所以过喜过怒可以伤气,寒暑外侵,会损伤形体;大怒会伤阴气,大喜会伤阳气。如果逆气上冲,血脉阻塞,也会神气浮越,离形体而去。因此,不节制喜怒,不调适寒暑,生命就不会稳固。阴气过盛会转化为阳,阳气过盛也会转变为阴。所以说:冬天感受寒气过多,到了春天就容易发生热性病;春天感受风气过多,到了夏天就容易发生飧泄;夏天感受暑气过多,到了秋天就容易发生疟疾;秋天感受湿气过多,到了冬天就容易发生咳嗽。

【原文】 帝曰:余闻上古圣人,论理人形,列别脏腑①;端络经脉②,会通六合③,各从其经;气穴所发,各有处名;谿谷属骨④,皆有所起;分部逆从,各有条理;四时阴阳,尽有经纪。外内之应,皆有表里。其信然乎?

岐伯对曰:东方生风,风生木,木生酸,酸生肝,肝生筋,筋生心。肝主目。其在天为风,在地为木,在体为筋,在藏为肝,在色为苍,在音为角,在声为呼,在变动为握,在窍为目,在味为酸,在志为怒。怒伤肝,悲胜怒;风伤筋,燥胜风;酸伤筋,辛胜酸。

【注释】 ①列别:分别,分辨。②端络经脉:审察经脉的相互联系。端络,作动词解。③六合:四方上下为六合。另十二经脉的阴阳配合也称六合。这里包含这两个意思。联系自然界的四方上下六合来排比十二经脉的阴阳六合。④谿谷:两山之间的夹道或流水道称“谷”。山间的河沟为“谿”,同“溪”。中医借用来指肌肉会聚之处。因肌肉会聚处肌腱交迭而形成凹陷似“谿谷”。属骨:骨相连之处。

【译文】 黄帝问道:我听说古代圣人,谈论人体的形态,排列辨别脏腑的阴阳;联系会通四方上下六合,来审察十二经脉阴阳六合的起止循行与络属关系;气穴各有它所发的部位和名称;连属于骨骼的“谿谷”,都有它们的起止点;皮部浮络的属阴属阳,为顺为逆,也各有条理;四时阴阳变化,有一定规律;外在环境与人体内部的对应关系也都有表有里。真是这样吗?

岐伯回答说:东方属春,阳气上升而生风,风能滋养木气,木气能生酸,酸味能养肝,肝血又能养筋,筋又能养心。肝气上通于目。它的变化是在天为六气里的风,在地为五行里的木,在人体中为筋,在五脏中为肝,在五色中为苍,在五音中为角,在五声中为呼,在人体的变动中为握,在七窍中为目,在五味中为酸,在情志中为怒。怒能够伤肝,但悲伤能够抑制怒;风气能够伤筋,但燥能够抑制风;过食酸味能够伤筋,但辛味又能够抑制酸味。

【原文】 **南方生热,热生火,火生苦,苦生心,心生血,血生脾。心主舌。其在天为热,在地为火,在体为脉,在脏为心,在色为赤,在音为徵,在声为笑,在变动为忧,在窍为舌,在味为苦,在志为喜。喜伤心,恐胜喜;热伤气,寒胜热;苦伤气,咸胜苦。**

【译文】 南方属夏,阳气大盛而生热,热能生火,火气能产生苦味,苦味能养心,心能生血,血能养脾。心气上通于舌。此时阴阳变化,在天为六气中的热,在地为五行中的火,在人体中为血脉,在五脏中为心,在五色中为赤,在五音中为徵,在五声中为笑,在人体的变动中为忧,在七窍中为舌,在五味中为苦,在情志中为喜。过喜能伤心,但恐可以抑制喜;热能伤气,但寒气可以抑制热;苦味能伤气,但咸味可以抑制苦味。

【原文】 **中央生湿,湿生土,土生甘,甘生脾,脾生肉,肉生肺。脾主口。其在天为湿,在地为土,在体为肉,在藏为脾,在色为黄,在音为宫,在声为歌,在变动为哕,在窍为口,在味为甘,在志为思。思伤脾,怒胜思;湿伤肉,风胜湿;甘伤肉,酸胜甘。**

【译文】 中央属长夏,蒸发而生湿,湿能使土气生长,土能产生甘味,甘味可滋养脾气,脾气能够滋养肌肉,肌肉健壮能使肺气充实。脾气通于口。它的变化,在天为六气中的湿,在地为五行中的土,在人体中为肌肉,在五脏中为脾,在五色中为黄,在五音中为宫,在五声中为歌,在人体的变动中为干哕,在七窍中为口,在五味中为甘,在情志中为思。思虑可以伤脾,但怒可以抑制思虑;湿气能伤肌肉,但风气可以抑制湿气;过食甘味能伤肌肉,但酸味可以抑制甘味。

【原文】 **西方生燥,燥生金,金生辛,辛生肺,肺生皮毛,皮毛生肾。肺主鼻。其在天为燥,在地为金,在体为皮毛,在脏为肺,在色为白,在音为商,在声为哭,在变动为咳,在窍为鼻,在味为辛,在志为忧。忧伤肺,喜胜忧;热伤皮毛,寒胜热;辛伤皮毛,苦胜辛。**

【译文】 西方属秋,天气劲急而生燥,燥能使金气旺盛,金能产生辛味,辛味能够直通肺气,肺气能够滋养皮毛,皮毛润泽又能滋生肾水。肺气通于鼻。它的变化,在天为六气中的燥,在地为五行中的金,在人体中为皮毛,在五脏中为肺,在五色中为白,在五音中为商,在五声中为哭,在人体的变动中为咳,在七窍中为鼻,在五味中为辛，在情志中为忧。忧能伤肺，但喜可抑制忧；热能伤皮毛，但寒可以抑制热；辛味能伤皮毛，但苦味可以抑制辛味。

【原文】 **北方生寒，寒生水，水生咸，咸生肾，肾生骨髓，髓生肝。肾主耳。其在天为寒，在地为水，在体为骨，在脏为肾，在色为黑，在音为羽，在声为呻，在变动为栗，在窍为耳，在味为咸，在志为恐。恐伤肾，思胜恐；寒伤血，燥胜寒；咸伤血，甘胜咸。**

【译文】 北方属冬，阴凝而生寒，寒气能使水气旺，水能产生咸味，咸味能滋养肾气，肾气能滋养骨髓，骨髓充实又能养肝。肾气联通于耳。它的变化在天为六气中的寒，在地为五行中的水，在人体中为骨髓，在五脏中为肾，在五色中为黑，在五音中为羽，在五声中为呻吟，在人体的变动中为战栗，在七窍中为耳，在五味中为咸，在情志中为恐。恐能伤肾，但思可以抑制恐；寒能伤骨，但燥可以抑制寒；咸能伤骨，但甘味可以抑制咸。

【原文】 **故曰：天地者，万物之上下也；阴阳者，血气之男女也**①**；左右者，阴阳之道路也**②**；水火者，阴阳之征兆也**③**；阴阳者，万物之能始也**④**。故曰：阴在内，阳之守也；阳在外，阴之使也。**

【注释】 ①血气之男女：借用男女气血来说明阴阳的相对关系。②“左右者”两句：古人认为，阴气右行，阳气左行。③征兆：即是象征。④能始：变化生成之开始。

【译文】 所以说：天地上下是负载万物的区宇；阴阳是化生气血，形成雌雄生命体的动源；左右是阴阳运行的道路；而水火则是阴阳的表现；总之，阴阳的变化，是一切事物生成的原始。再进一步说：阴阳是相互为用的。阴在内，有阳作为它的卫外；阳在外，有阴作为它的辅助。

灵兰秘典论篇

【题解】

灵兰即灵台兰室，传说为黄帝藏书之所。秘典即宝贵的典籍。本篇主要论述了脏腑的生理功能，这是医学理论的基础，古人极为珍视，以为秘典，藏之灵兰。故以《灵兰秘典论》名篇。本篇以古代中国社会政治体制中的官制类比人的脏腑功能，认为脏腑各有不同职能，其中以心为统帅，称为君主之官；各脏腑之间协调配合，实现各自的生理机能，共同推动人体生命活动的完成。该篇特别强调作为君主之官的心对养生和生命活动的重要意义。《管子·心术上》云：“心之在体，君之位也。”《荀子·解蔽》云：“心者，形之君也，而神明之主也。”以心为君主是中国古代学术的共同观念。

【原文】 **黄帝问曰：愿闻十二脏之相使**①**，贵贱何如**②**？**

岐伯对曰：悉乎哉问也！请遂言之。心者，君主之官也③**，神明出焉。肺者，相傅之官**④**，治节出焉。肝者，将军之官**⑤**，谋虑出焉。胆者，中正之官**⑥**，决断出焉。膻中**

者[7]，臣使之官[8]，喜乐出焉。脾胃者，仓廪之官[9]，五味出焉。大肠者，传道之官[10]，变化出焉[11]。小肠者，受盛之官[12]，化物出焉[13]。肾者，作强之官[14]，伎巧出焉[15]。三焦者，决渎之官[16]，水道出焉。膀胱者，州都之官[17]，津液藏焉，气化则能出矣[18]。凡此十二官者，不得相失也。故主明则下安，以此养生则寿，殁世不殆，以为天下则大昌。主不明则十二官危，使道闭塞而不通[19]，形乃大伤，以此养生则殃，以为天下者，其宗大危，戒之戒之！

【注释】 ①十二脏：指心、肝、脾、肺、肾、膻中、胆、胃、大肠、小肠、三焦、膀胱十二个脏器。相使：相互联系。②贵贱：主要与次要。③官：职守。④相傅：辅佐君主的宰相。相，为佐君者。傅，为教育太子及诸皇子者。⑤将军：以将军比喻肝的易动而刚强之性。⑥中正：即中精，胆为清净之府，藏清汁。决断：决定判断的能力。⑦膻中：心脏的外围组织，也叫心包。⑧臣使：即内臣。因膻中贴近心，故为心的臣使。⑨仓廪：贮藏粮食的仓库。脾胃有受纳水谷和运化精微之能，故称"仓廪之官"。⑩传道：转送运输。道，同"导"。⑪变化：饮食消化、吸收、排泄的过程。⑫受盛：接受和容纳。⑬化物：分别清浊，消化食物。⑭作强：作用强力，即指能力充实。⑮伎巧：技巧。⑯决渎：通利水道。⑰州都：水液聚集的地方。⑱气化：气的运动而产生的生理变化。⑲使道：十二官相互联系的通道。

【译文】 黄帝说：我希望听听十二脏器在体内的相互作用，有无主从的区别？

岐伯回答说：问得真详细啊！让我说说吧。心就像君主，智慧是从心产生的。肺好像宰相，主一身之气，治理调节人体内外上下的活动由它完成。肝好比将军，谋虑是从它那来的。胆是清虚的脏器，具有决断的能力。膻中像内臣，心的喜乐，都由它传达。脾胃受纳水谷，好像仓库，五味转化为营养，由它那产生。大肠主管输送，食物的消化、吸收、排泄过程在那里最后完成。小肠接受脾胃已消化的食物后，进一步分清别浊。肾是精力的源泉，能产生技巧。三焦主疏通水道，周身行水的道路，由它管理。膀胱是水液聚会的地方，经过气化作用，才能把尿排出体外。以上十二脏器的作用，不能失去协调。当然，君主是最主要的。心的功能正常，下边就能相安。依据这个道理来养生，就能长寿，终身不致有严重的疾病；根据这个道理来治理天下，国家就会繁荣昌盛。反之，如果君主昏庸，功能失常，那么十二官就出问题了。而各个脏器的活动一旦闭塞不通，失去联系，形体就会受到伤害，对于养生来说，这是最大的祸殃。这样治国，国家就有败亡的危险，要千万警惕啊！

【原文】 至道在微，变化无穷，孰知其原[1]？窘乎哉[2]！消者瞿瞿[3]，孰知其要？闵闵之当[4]，孰者为良？恍惚之数[5]，生于毫釐[6]，毫氂之数，起于度量，千之万之，可以益大，推之大之，其形乃制。

【注释】 ①原：本源。②窘：困难。③瞿瞿：惊疑貌。④闵闵：忧愁貌。⑤恍惚：似有似无。⑥毫氂：形容极微小。氂，同"厘"。

【译文】 医学的道理极其微妙，变化没有穷尽，谁能了解它的本源呢？困难得很哪！形体日渐消瘦的人虽然很惊疑，谁能明白其中的原因呢？纵然对自己的身体非常担心，谁能知道如何才好？事物发展的一般规律都是从似有似无极其微小开始的，虽然极其微小，也是可以度量的，千倍万倍地增加，事物就一步步地增大，扩大到一定程度它的形状就明显了。疾病的发生发展也是这个道理，由极其隐微逐渐发展而成。

【原文】 黄帝曰：善哉！余闻精光之道[①]，大圣之业。而宣明大道[②]，非斋戒择吉日[③]，不敢受也。

黄帝乃择吉日良兆，而藏灵兰之室[④]，以传保焉。

【注释】 ①精光：精纯明白。②宣明：通达光明。③斋戒：洗心曰斋，诚意曰戒。即诚心诚意。④灵兰之室：黄帝藏书的地方。

【译文】 黄帝说：说得好！我听到了一番精纯明白的道理和圣人的事业。这些通达光明的道理，如不诚心诚意选择吉日，是不敢接受的。

黄帝就选择了吉日良辰，把这些道理，保存在灵台兰室，如同宝物一般，让它传流下去。

六节脏象论篇

【题解】

节，指度数，古人以甲子纪天度，一个甲子之数六十日为一节，一年三百六十日为六节。脏，藏也。古人认为五脏在内，是人体生命活动赖以进行的精气的储藏之所；象，为体内五脏机能活动表现于外的征象。本篇首先讨论六六之节和九九制会，属于运气学说；其次又讨论脏象，阐述脏腑功能与四时的关系。由于内容有这两个重点，故以《六节脏象论》名篇。本篇名言："形脏四，神脏五"，"气合而有形，因变以正名"。

【原文】 黄帝问曰：余闻天以六六之节[①]，以成一岁，地以九九制会[②]，计人亦有三百六十五节以为天地[③]，久矣。不知其所谓也？

岐伯对曰：昭乎哉问也！请遂言之。夫六六之节，九九制会者，所以正天之度[④]，气之数也[⑤]。天度者，所以制日月之行也，气数者，所以纪化生之用也。天为阳，地为阴；日为阳，月为阴。行有分纪[⑥]，周有道理[⑦]。日行一度，月行十三度而有奇焉[⑧]。故大小月三百六十五日而成岁，积气余而盈闰矣[⑨]。立端于始[⑩]，表正于中[⑪]，推余于终，而天度毕矣。

【注释】 ①六六：六十日为一甲子，是为一节。"六六"就是六个甲子。②九九制会：以九九之法，与天道会通。③节：指腧穴，是人体气血交会出入的地方。以为天地：即人与天地相应。④度：周天三百六十五度。⑤数：一年二十四节气的常数。⑥行有分纪：日月是按照天体中所划分的区域和度数运行的。⑦周有道理：日月环周运行有一定的轨道。⑧“日行”两句：奇，余数。地球绕太阳公转一周（360度）要365天，平均每天运行近似一度。古人认为地不动而日行，故曰日行一度。月亮绕地球运转一周，要27.32天，平均每日运行十三度有余（360度÷27.32＝13.18度），故曰“日行一度，月行十三度而有奇”。⑨积气余而盈闰矣：气，节气。闰，谓置闰，古历月份以朔望计算，每月平均得29.5日。节气以日行十五度来计，一年二十四节气，正合周天365.25度，一年十二个月共得354日，因此，月份常不足，节气常有余，余气积满二十九日左右，即置一闰月。故三年必有一闰月，约十九年间须置七个闰月，才能使节气与月份归于一致。⑩立端于始：立，确立。端，岁首。即冬至节。古历确定冬至节为一年节气的开始。⑪表正于中：以圭表测量日影的长短变形，计算日月的运度，来校正时令节气。表，即圭表，古代天文仪器之一。正，校正。

【译文】 黄帝问道：我听说天是以六个甲子日合成一年，地气是以九九之法与天相会通的，而人也有三百六十五节，与天地之数相合，这种说法已经很长期间了。但不知是什么道理。

岐伯回答说：问得真高明啊！我就说说吧。六六之节和九九之法，是确定天度和气数的。天度，是用来确定日月行程、迟速的标准；气数，是用来标明万物化生的循环周期的。天是阳，地是阴；日是阳，月是阴。日月运行有一定部位，万物化生的循环也有一定的规律。每昼夜日行周天一度，而月行十三度有余。所以有大月小月，合三百六十五天为一年，而余气积累，则产生了闰月。那么怎样计算呢？首先确定一年节气的开始，用圭表测量日影的长短变化，校正一年里的时令节气，然后再推算余闰，这样，天度就可全部计算出来了。

【原文】 **帝曰：余已闻天度矣，愿闻气数，何以合之？**

岐伯曰：天以六六为节，地以九九制会。天有十日[①]，日六竟而周甲[②]，甲六复而终岁，三百六十日法也。夫自古通天者，生之本，本于阴阳。其气九州、九窍，皆通乎天气。故其生五，其气三。三而成天，三而成地，三而成人，三而三之，合则为九，九分为九野[③]，九野为九脏，故形脏四，神脏五[④]，合为九脏以应之也。

【注释】 ①天有十日：“天”指天干，天干有十，即甲、乙、丙、丁、戊、己、庚、辛、壬、癸。古以天干纪日，故曰“天有十日”。②日六竟而周甲：即十个天干与十二地支（子、丑、寅、卯、辰、巳、午、未、申、酉、戌、亥）相合，凡六十日为甲子一周，故称为周甲。③九野：九州之野。④形脏四，神脏五：人身形脏指胃、大肠、小肠、膀胱。神脏指心、肝、脾、肺、肾五脏。即心藏神、肝藏魂、脾藏意、肺藏魄、肾藏志。

【译文】 黄帝道：我已听到关于天度的道理了，希望再听听气数是怎样与天度相配合的？

岐伯说：天是以六六之数为节度，地是以九九之法与天相会通的。天有十个日干，代表十天，六个十干，叫作一个周甲，六个周甲成为一年，这是三百六十日的计算方法。从古以来,懂得天道的,都认为天是生命的本源,生命是本于阴阳的。无论地之九州还是人之九窍,都与天气相通。因为它们的生长禀受了自然界的五行和三阴三阳之气。天有三气,地有三气,人有三气,三三合而为九,在地分为九野,在人分为九脏,即四个形脏五个神脏,合为九脏,以与天的六六之数相应。

【原文】 帝曰:余已闻六六九九之会也,夫子言积气盈闰,愿闻何谓气?请夫子发蒙解惑焉[①]!

岐伯曰:此上帝所秘,先师传之也。

帝曰:请遂闻之。

岐伯曰:五日谓之候[②],三候谓之气[③];六气谓之时,四时谓之岁。而各从其主治焉[④]。五运相袭[⑤],而皆治之;终期之日[⑥],周而复始。时立气布[⑦],如环无端,候亦同法。故曰:不知年之所加[⑧],气之盛衰,虚实之所起,不可以为工矣。

【注释】 ①发蒙解惑:启发蒙昧,解释疑惑。②五日谓之候:五日称为一候。候,指气候。③三候谓之气:三候称为一个节气。气,指节气。④各从其主治:治病就应顺从其当旺之气。主治,主管,当令。四时各有当令之主气,如木旺春、火旺夏等。⑤五运相袭:五行运行之气,相互承袭。⑥期:周年。⑦时立气布:一年之中分立四时,四时之中分布节气。⑧年之所加:指各年主客气加临情况。

【译文】 黄帝说:我已知道了六六与九九相会通的道理,但夫子说积累余气成为闰月,那什么叫作气呢?请夫子启发我的愚昧,解除我的疑惑!

岐伯说:这是上帝所隐秘,而由先师传给我的。

黄帝道:希望讲给我听听。

岐伯说:五天叫一候,三候成为一个节气;六个节气叫一时,四时叫一年。治病就应顺从其当旺之气。五行气运相互承袭,都有主治之时;到了年终之日,再从头开始循环。一年分立四时,四时分布节气,如圆环一样没有开端,五日一候的推移,也是如此。所以说:不知道一年中当王之气的加临,节气的盛衰,虚实产生的原因,就不能当医生。

【原文】 帝曰:五运终始,如环无端,其太过不及何如?

岐伯曰:五气更立[①],各有所胜,盛虚之变,此其常也。

帝曰:平气何如?

岐伯曰:无过者也[②]。

帝曰:太过不及奈何?

岐伯曰:在经有也[③]。

帝曰:何谓所胜?

岐伯曰:春胜长夏,长夏胜冬,冬胜夏,夏胜秋,秋胜春,所谓得五行时之胜,各以其气命其脏。

帝曰：何以知其胜？

岐伯曰：求其至也，皆归始春。未至而至④，此谓太过。则薄所不胜⑤，而乘所胜也⑥，命曰气淫⑦。至而不至，此谓不及。则所胜妄行，而所生受病，所不胜薄之也，命曰气迫。所谓求其至者，气至之时也，谨候其时，气可与期。失时反候，五治不分，邪僻内生⑧，工不能禁也。

【注释】 ①五气更立：木、火、土、金、水五运之气更替主时。②无过：没有太过不及。③经：指古医经。④未至而至：前一“至”指时令，后一“至”指气候。“未至而至”，就是未到其时令而有其气候。⑤薄：同“迫”，侵犯，伤害。⑥乘：欺凌，凌侮。⑦气淫：气太过。⑧邪僻：不正之气。

【译文】 黄帝道：五运终而复始，循环往复，像圆环一样没有开端，那么它的太过和不及如何呢？

岐伯说：五行运气，更迭主时，各有其所胜，所以实虚的变化，这是正常的事情。

黄帝问：平气是怎样的？

岐伯说：没有太过，也没有不及。

黄帝道：太过和不及的情况怎样？

岐伯说：经书里有记载。

黄帝问：什么叫作所胜？

岐伯说：春胜长夏，长夏胜冬，冬胜夏，夏胜秋，秋胜春。这是五行之气以时相胜的情况，而人的五脏就是根据这五行之气来命名的。

黄帝说：怎样可以知道它们的所胜呢？

岐伯说：推求脏气到来的时间，都以立春前为标准。如果时令未到而相应的脏气先到，就称为太过。太过就侵犯原来自己所不胜的气，而凌侮它所能胜的气，这叫“气淫”。如果时令已到而相应的脏气不到，就称为不及。不及则已所胜之气因无制约就要妄行，所生之气也因无所养而要受病，所不胜之气也来相迫，这叫“气迫”。所谓求其至，就是在脏气来到的时候，谨慎地观察与其相应的时令，看脏气是否与时令相合。假如脏气与时令不合，并且与五行之间的对应关系无从分辨，那就表明内里邪僻之气已经生成，这样，就连医生也无能为力了。

【原文】 帝曰：有不袭乎？

岐伯曰：苍天之气，不得无常也。气之不袭，是谓非常，非常则变矣。

帝曰：非常而变，奈何？

岐伯曰：变至则病。所胜则微，所不胜则甚。因而重感于邪则死矣。故非其时则微，当其时则甚也。

【译文】 黄帝问道：五行气运有不相承袭的情况吗？

岐伯回答说：自然界的气运不能没有规律。气运失其承袭，就是反常，反常就要变而为害。

黄帝道:反常变而为害又怎样呢?

岐伯说:这会使人发生疾病。如属所胜,患病就轻;如属所不胜,患病就重。假若这个时候再感受了邪气,就会死亡。也就是说,五行气运的反常,在不当克我的时候,病比较轻,而在正值克我的时候,病就重了。

【原文】 **帝曰:善!余闻气合而有形,因变以正名[①],天地之运,阴阳之化,其于万物,孰少孰多,可得闻乎?**

岐伯曰:悉乎哉问也!天至广不可度,地至大不可量,大神灵问[②],请陈其方。草生五色,五色之变,不可胜视;草生五味,五味之美,不可胜极。嗜欲不同,各有所通。天食人以五气[③],地食人以五味。五气入鼻,藏于心肺,上使五色修明,音声能彰;五味入口,藏于肠胃,味有所藏,以养五气,气和而生[④],津液相成,神乃自生。

【注释】 ①变:变化,变异。正:确定,定正。②大神灵问:所提问题是涉及天地阴阳、变化莫测、微妙难穷的大问题。大神灵,道理广泛深奥。③天食人以五气:天供给人们五气。食,供给。五气,指五脏之气。④气和:五脏之气协调正常。生:生化机能。

【译文】 黄帝道:说得好!我听说天地之气化合而成形体,又根据不同的形态变化来确定万物的名称,那么天地的气运和阴阳的变化,对于万物所起的作用,哪个大哪个小,可以听听吗?

岐伯说:你问得很详细啊!天很广阔,不容易测度,地很博大,也难以测量,不过既然你提出了这样的问题,那么我就说说其中的道理吧。草有五种不同的颜色,这五色的变化,是看不尽的;草有五种不同的气味,这五味的美妙也是不能穷尽的。人的嗜欲不同,对于色味,是各有其不同嗜好的。天供给人们五气,地供给人们五味。五气由鼻吸入,贮藏在心肺,能使面色明润,声音洪亮:五味由口进入,藏在肠胃里,所藏的五味,来供养五脏之气。五气和化,就有生机,再加上津液的作用,神气就会旺盛起来。

五脏别论篇

【题解】

本篇主要讨论了奇恒之腑和五脏六腑的功能特点及区别,讨论方法与《六节脏象论》和《五脏生成篇》均有不同,所以名曰《五脏别论》。所谓"奇恒之腑"即异于一般的腑。中医认为五脏是储藏精气的,故藏而不泻;六腑是传导化物的,故泻而不藏。而"脑髓、骨、脉、胆、女子胞"六者,从形态上看,中空而类腑;从功能上看,藏储精血而类脏。故称"奇恒之腑"。本篇名言:"五脏者,藏精气而不泻也,故满而不能实。六腑者,传化物而不藏,故实而不能满也。"

【原文】 黄帝问曰:余闻方士[①],或以脑髓为脏,或以肠胃为脏,或以为腑。敢问更相反,皆自谓是,不知其道,愿闻其说。

岐伯对曰:脑髓、骨、脉、胆、女子胞[②],此六者,地气之所生也,皆藏于阴而象于地,故藏而不泻,名曰奇恒之腑[③]。夫胃、大肠、小肠、三焦、膀胱,此五者,天气之所生也,其气象天,故泻而不藏,此受五脏浊气,名曰传化之腑[④]。此不能久留,输泻者也。魄门亦为六腑[⑤],使水谷不得久藏。所谓五脏者,藏精气而不泻也,故满而不能实。六腑者,传化物而不藏,故实而不能满也。水谷入口,则胃实而肠虚;食下,则肠实而胃虚,故曰实而不满。

【注释】 ①方士:王冰"谓明悟方术之士也"。这里指医生。②女子胞:即子宫。③奇恒之腑:异于一般的腑。④传化之腑:指五腑,即胃、大肠、小肠、三焦、膀胱。⑤魄门:即肛门。魄,通"粕"。王冰:"魄门谓之肛门也。内通于肺,故曰魄门。"中医认为肺藏魄,肺与大肠相表里。

【译文】 黄帝问道:我从方士那儿听说,有的把脑髓叫作脏,有的把肠和胃叫作脏,但又有把肠胃叫作腑的。他们的意见不同,却都自以为是,我不知到底谁说得正确,希望听你讲一下。

岐伯回答说:脑、髓、骨、脉、胆和女子胞,这六者,是感受地气而生的,都能藏精血,像地之厚能盛载万物那样,它们的作用,是藏精气以濡养机体而不泄于体外,这叫作"奇恒之腑"。像胃、大肠、小肠、三焦、膀胱,这五者,是感受天气而生的,它们的作用,像天之健运不息一样,所以是泻而不藏,它们受纳五脏的浊气,叫作"传化之腑"。就是说它们受纳水谷浊气以后,不能久停体内,经过分化,要把精华和糟粕分别输送和排出的。加上"魄门",算是"六腑",它的作用,同样是使糟粕不能长久留存在体内。五脏是藏精而不泻的,所以虽然常常充满,却不像肠胃那样,要由水谷充实它。六腑是要把食物消化、吸收、输泻出去,所以虽然常常是充实的,却不能像五脏那样的被充满。水谷入口以后,胃里虽实,肠子却是空的;等到食物下去,肠中就会充实,而胃里又空了,所以说六腑是"实而不满"的。

【原文】 帝曰:气口何以独为五脏主[①]?

岐伯曰:胃者,水谷之海,六腑之大源也。五味入口,藏于胃以养五脏气。气口亦太阴也,是以五脏六腑之气味,皆出于胃,变见于气口。故五气入鼻,藏于肺,肺有病,而鼻为之不利也。凡治病必察其下[②],适其脉[③],观其志意,与其病也。

【注释】 ①气口:诊脉部位,即掌后动脉部位。中医认为五脏六腑的脉气在此表现最为明显,故称气口,也叫"脉口"。又因诊脉部位距掌后横纹一寸,又称"寸口"。②下:指大小便。③适:调适,诊察。

【译文】 黄帝问道:诊察气口之脉,为什么能够知道五脏六腑十二经脉之气呢?

岐伯说:胃是水谷之海,六腑的源泉。凡是五味入口后,都存留在胃里,经过脾的运化,来营养脏腑血气。气口属于手太阴肺经,而肺经主朝百脉,所以五脏六腑之气,都来源于胃,而其变化则表现在气口脉上。五气入鼻,进入肺里,而肺一有了病,鼻的功能也就差了。凡是在治疗疾病时,首先要问明病人的二便,辨清脉象,观察他的情志以及病症如何。

【原文】 **拘于鬼神者,不可与言至德[①];恶于针石者,不可与言至巧[②];病不许治者,病必不治,治之无功矣。**

【注释】 ①至德:医学道理。②至巧:针石技巧。

【译文】 如果病人为鬼神迷信所束缚,就无须向他说明医学理论;如果病人厌恶针石,就无须向他说明针石技巧;如果病人不同意治疗,病一定治不好,即使治疗也不会有效果。

异法方宜论篇

【题解】

本篇论述了居住在东、南、西、北、中不同地方的人,由于受自然环境及生活条件的影响,形成了生理上、病理上不同的特点,因而发生的疾病各异,在治疗时就必须采取不同的方法,才能做到因地、因人制宜,故篇名为《异法方宜论》。

【原文】 **黄帝问曰:医之治病也,一病而治各不同,皆愈,何也?**

岐伯对曰:地势使然也[①]。故东方之域,天地之所始生也[②],鱼盐之地。海滨傍水,其民食鱼而嗜咸,皆安其处,美其食。鱼者使人热中[③],盐者胜血[④]。故其民皆黑色疏理,其病皆为痈疡。其治宜砭石,故砭石者,亦从东方来。

【注释】 ①地势:指高低、燥湿等因素。②始生:开始生发。取法春生之气。③热中:热邪滞留在肠胃里。因鱼性属火,多食使人热积于中,而痈发于外。④盐者胜血:盐味咸,咸能入血,多食则伤血。

【译文】 黄帝问道:医生治病,一样的病,而治法不同,但都痊愈了,这是什么道理?

岐伯答说:这是地理因素造成的。东方地区,气候像生发的春气,是出产鱼盐的地方。由于靠近海边,当地居民,喜欢吃鱼盐一类东西,习惯于他们居住的地方,觉得吃得好。但是鱼性热,吃多了,使人肠胃内热;盐吃多了,会伤血。所以当地的百姓,大都皮肤色黑,肌理疏松,多生痈疡一类的病。在治疗上,适合用砭石,所以砭石疗法,来自东方。

【原文】 **西方者,金玉之域,沙石之处[①],天地之所收引也[②]。其民陵居而多风[③],水土刚强。其民不衣而褐荐[④],华食而脂肥[⑤],故邪不能伤其形体,其病生于内。其治宜毒药,故毒药者[⑥],亦从西方来。**

【注释】 ①沙石:即流沙,今称沙漠。②收引:收敛引急,秋天的气象。③陵居:

依山而居。④不衣：不穿丝绵。褐荐：用毛布为衣、细草为席的生活习惯。褐，毛布。荐，草席。⑤华食：指吃鲜美酥酪、肉类食物。⑥毒药：泛指治病的药物。

【译文】 西方地区，出产金玉，是沙漠地带，气候像收敛的秋季。那里的百姓都是依山而居，多风沙，水土性质刚强。当地居民不穿丝绵，多使用毛布和草席；喜欢吃肥美，容易使人发胖的食物，所以外邪不易犯害他们的躯体，他们的疾病是由饮食、情志内因造成的，容易生内脏疾病。治疗上，就需用药物，所以药物疗法，来自西方。

【原文】 **北方者，天地所闭藏之域也。其地高陵居，风寒冰冽。其民乐野处而乳食[1]，脏寒生满病[2]。其治宜灸焫[3]，故灸焫者，亦从北方来。**

【注释】 ①乐野处：乐于野外居住，即游牧生活。乳食：以牛羊乳为食品。②脏寒生满病：内脏受寒，而发生胀满等疾病。③灸焫：一种治疗方法，即用艾灼烧皮肤。

【译文】 北方地区，气候像闭藏的冬季。地势高，人们住在山上，周围环境是寒风席卷冰冻的大地。当地居民，习惯于住在野地里，吃牛羊乳汁。这样，内脏就会受寒，容易生发胀满病。治疗上，应该使用灸焫，所以灸焫疗法，来自北方。

【原文】 **南方者，天地之所长养[1]，阳之所盛处也。其地下[2]，水土弱[3]，雾露之所聚也。其民嗜酸而食胕[4]，故其民皆致理而赤色[5]，其病挛痹[6]。其治宜微针[7]，故九针者，亦从南方来。**

【注释】 ①长养：南方的气候水土，适宜生长养育万物。②地下：地势低洼。③水土弱：水土卑湿。④胕：即"腐"字。经过发酵腐熟的食物。⑤致理：肌肤密致。⑥挛痹：筋脉拘挛，麻木不仁。⑦微针：小针。

【译文】 南方地区，气候类似于长养万物的夏季，是阳气盛大的地方。地势低洼，水土卑湿，雾露聚集多。当地百姓，喜欢吃酸类和腐臭的食品，所以当地人的皮肤致密色红，容易发生拘挛湿痹等病。治疗上，应该使用微针，所以微针疗法，来自南方。

【原文】 **中央者，其地平以湿，天地所以生万物也众[1]。其民食杂而不劳[2]，故其病多痿厥寒热。其治宜导引按跻[3]，故导引按跻者，亦从中央出也。**

【注释】 ①"天地"句：中央之地，地势平坦，气候适宜，物产丰富。②食杂：所食之物繁多。③导引按跻：古代保健和治病的方法，类似于气功和按摩。

【译文】 中央地区，地势平坦多湿，是自然界中物种和数量最为丰富的地方。那里食物的种类很多，人们不感觉烦劳，多生发痿厥寒热等病。在治疗上，应该使用导引按跻的方法，所以导引按跻疗法，来自中央地区。

【原文】 **故圣人杂合以治[1]，各得其所宜，故治所以异而病皆愈者，得病之情[2]，知治之大体也。**

【注释】 ①杂合以治：综合各种疗法，用以治病。②得病之情：能够了解病情。

【译文】 高明的医生综合各种疗法，针对病情，采取恰当的治疗，所以疗法尽管不同,疾病却都能痊愈,这是由于了解病情,掌握了治病大法的原因啊!

移精变气论篇

【题解】

移精变气,即运用某种疗法,转变病人的精神,改变其气血紊乱的病理状态,从而达到治疗疾病的目的。由于篇首从"古之治病,惟其移精变气,可祝由而已"谈起,所以篇名《移精变气论》。本篇与《上古天真论》一样,赞同道家以上古为恬惔无为的至德之世的思想。上古之人基本能够合于养生之道,即使患病也较轻微可以用移精变气的祝由术治愈。对时人背离养生之道提出了严厉的批评。对于古人的崇古思想我们应有正确的认识。在古人的崇古非今思想中,其古今已经不是时间意义上的古今,而成为价值判断上的古今了。古,指的是理想的合理的生活方式,而今则指当下现实的不合理的生活方式。这一思想即使在当今仍然有着现实的意义。中医学遗留给我们的不仅是具体的治病方法,更重要的是启示给我们一种更合理的生活方式,这才是健康长寿的根本。"移精变气",所强调的是精神意识对于生理机能的重要影响,心对身的调控作用,其养生意义已经为我们祖先千百年的实践所证明。《老子》曰:"心使气曰强。"当今心身医学的兴起和发展正是中医学强调心神对养生和治疗意义的佐证。本篇名言:"标本已得,邪气乃服。""逆从倒行,标本不得,亡神失身。去故就新,乃得真人。""得神者昌,失神者亡。"

【原文】 **黄帝问曰:余闻古之治病,惟其移精变气[①],可祝由而已[②]。今世治病,毒药治其内,针石治其外,或愈或不愈,何也?**

岐伯对曰:往古人居禽兽之间,动作以避寒,阴居以避暑。内无眷慕之累,外无伸宦之形[③]。此恬惔之世,邪不能深入也。故毒药不能治其内,针石不能治其外,故可移精变气,祝由而已。当今之世不然。忧患缘其内,苦形伤其外,又失四时之从,逆寒暑之宜,贼风数至,虚邪朝夕,内至五藏骨髓,外伤空窍肌肤,所以小病必甚,大病必死,故祝由不能已也。

【注释】 ①惟其移精变气:通过思想意识调控来改善精气的活动状态。②祝由:古代"毒药未兴,针石未起"时,求神祛疾的一种方法,用来改变人的精神状态,类似今日的精神疗法。③伸宦:求取做官为宦。

【译文】 黄帝问道:我听说古时治病,只是转变病人的思想精神,用"祝由"的方法就可以治愈。现在治病,用药物从内治,用针石从外治,结果还是有好有不好的,这是什么道理呢?

岐伯答说:古时候,人们穴居野外,周围都是禽兽,靠活动来驱寒,住在阴凉地方来避暑。在内心没有爱慕的累赘,在外没有奔走求取官宦的形役。这是恬淡的时代,外邪不易侵犯人体。因此既不需要"毒药治其内",也不需要"针石治其外",所以只是改变精神状态，断绝病根就够了。现在就不同了。人们心里经常为忧虑所苦，形体经常被劳累所伤，再加上违背四时的气候和寒热的变化，这样，贼风虚邪早晚不断侵袭，就会内犯五脏骨髓，外伤孔窍肌肤，所以小病会发展成为重病，而大病就会病危或死亡，因此，仅依靠祝由是不能把病治好的。

【原文】 帝曰：善。余欲临病人，观死生，决嫌疑[①]，欲知其要，如日月光，可得闻乎？

岐伯曰：色脉者，上帝之所贵也，先师之所传也。上古使僦贷季[②]，理色脉而通神明，合之金木水火土，四时、八风、六合[③]，不离其常，变化相移，以观其妙，以知其要。欲知其要，则色脉是矣。色以应日，脉以应月，常求其要，则其要也。夫色之变化，以应四时之脉。此上帝之所贵，以合于神明也。所以远死而近生，生道以长，命曰圣王。中古之治病，至而治之。汤液十日，以去八风五痹之病，十日不已，治以草苏草荄之枝[④]。本末为助[⑤]，标本已得[⑥]，邪气乃服。暮世之治病也则不然。治不本四时，不知日月[⑦]，不审逆从，病形已成，乃欲微针治其外，汤液治其内，粗工兇兇[⑧]，以为可攻，故病未已，新病复起。

【注释】 ①嫌疑：疑似。②僦贷季：古时名医，相传是岐伯的祖师。③六合：指东、南、西、北、上、下六个方位。④草苏草荄之枝：即草叶和草根。苏，叶。荄，根。枝，茎。⑤本末为助：在医疗活动中本人与医生的配合是治疗的关键。本，指病人。末，指医生。⑥标：即末，指医生。⑦不知日月：不了解色脉的重要。日月，指色脉。⑧粗工兇兇：技术不高明的医生，大吹大擂。兇兇，即与“凶凶”“匈匈”通假。

【译文】 黄帝说：很好！我希望遇到病人，能够观察疾病的轻重，决断疾病的疑似。掌握其要领时，心中就像有日月一样光明，可以让我听听吗？

岐伯回答说：对色和脉的诊察，是上帝所重视，先师所传授的。上古时候，有位名医叫僦贷季，他研究色和脉的道理，通达神明，能联系金木水火土，四时八风六合，不脱离色脉诊法的正常规律，并能从相互变化当中，观察它的奥妙，了解它的要领。所以要想了解诊病的要领，那就是察色与脉。气色就像太阳一样有阴有晴，而脉息像月亮一样有盈有亏，经常注意气色明晦，脉息虚实的差异，这就是诊法的要领。总之，气色的变化跟四时的脉息是相应的。这一道理，上帝是极重视的，因为它合于神明。掌握了这样的诊法，就可以避免死亡而生命安全，生命延长了，人们要称颂为圣王啊！中古时候的医生治病，疾病发生了才加以治疗。先用汤液十天，祛除风痹病邪，如果十天病还没好，再用草药治疗。另外，医生和病人也要相互配合，这样，病邪才会被驱除。后世医生治病就不这样了。治病不根据四时的变化，不了解色、脉的重要，不辨别色、脉的顺逆，等到疾病已经形成了，才想起用汤液治内，微针治外，还大肆吹嘘，自以为能够治愈，结果，原来的疾病没好，又添上了新病。

【原文】 帝曰：愿闻要道。

岐伯曰:治之要极,无失色脉。用之不惑,治之大则。逆从倒行,标本不得,亡神失身。去故就新,乃得真人。

帝曰:余闻其要于夫子矣。夫子言不离色脉,此余之所知也。

岐伯曰:治之极于一。

帝曰:何谓一?

岐伯曰:一者因问而得之。

帝曰:奈何?

岐伯曰:闭户塞牖[①],系之病者,数问其情,以从其意。得神者昌,失神者亡。

帝曰:善。

【注释】 ①闭户:关门。塞牖:关窗。

【译文】 黄帝说:我希望听到有关治疗的根本道理。

岐伯说:治病最重要的,在于不误用色诊脉诊。使用色脉诊法,没有疑虑,是诊治的最大原则。如果把病情的顺逆搞颠倒了,处理疾病时又不能取得病人的配合,这样,就会使病人的神气消亡,身体受到损害。所以医生一定要去掉旧习的简陋知识,钻研崭新的色脉学问,努力进取,就可以达到上古真人的水平。

黄帝说:我从您那儿听说了治疗的根本法则。您这番话的要领是,治疗不能丢弃气色和脉象的诊察。这我已经知道了。

岐伯说:诊治的极要关键,还有一个。

黄帝问:是什么?

岐伯说:这个关键就是问诊。

黄帝说:怎么去做呢?

岐伯说:关好门窗,向病人详细地询问病情,使他愿意如实地主诉病情。经过问诊并参考色脉以后,即可做出判断:如果病人面色光华,脉息和平,这叫"得神",预后良好,如果病人面色无华,脉不应时,这叫"失神",预后不佳。

黄帝说:说得好。

汤液醪醴论篇

【题解】

汤液醪醴,都是由五谷制成的酒类,其中清稀淡薄的叫作汤液,稠浊味厚的叫作醪醴。本篇首先论述汤液醪醴的制法和治疗作用;其次指出严重病情和情志内伤治病,非药石所能见功;最后介绍水气病的病情和治疗。由于开首是从汤液醪醴谈起,所以篇名《汤液醪醴论》。本篇对道德的重视、对神在生命活动中的重要意义的重视,与《移精变气论》相同。二篇宜合参细玩。本篇名言:"病为本,工为标;标本不得,邪气不服。"

【原文】 黄帝问曰:为五谷汤液及醪醴奈何[①]?

岐伯对曰:必以稻米,炊之稻薪。稻米者完,稻薪者坚。

帝曰:何以然?

岐伯曰:此得天地之和,高下之宜,故能至完,伐取得时,故能至坚也。

【注释】 ①汤液:煮米取汁。醪醴:酒类:醪,浊酒。醴,甜酒。

【译文】 黄帝问道:怎样用五谷来制作汤液和醪醴呢?

岐伯答说:用稻米来酝酿,用稻秆做燃料。因为稻米之气完备,而稻秆则很坚硬。

黄帝说:这是什么道理?

岐伯说:稻谷得天地和气,生长在高低适宜的地方,所以得气最完备,又在适当的季节收割,所以稻秆最坚实。

【原文】 帝曰:上古圣人作汤液醪醴,为而不用[①],何也?

岐伯曰:自古圣人之作汤液醪醴者,以为备耳,夫上古作汤液,故为而弗服也。中古之世,道德稍衰[②],邪气时至,服之万全。

帝曰:今之世不必已,何也?

岐伯曰:当今之世,必齐毒药攻其中[③],镵石针艾治其外也[④]。

帝曰:形弊血尽而功不立者何?

岐伯曰:神不使也。

帝曰:何谓神不使?

岐伯曰:针石,道也[⑤]。精神不进,志意不治,故病不可愈。今精坏神去,荣卫不可复收。何者?嗜欲无穷,而忧患不止,精气弛坏,荣泣卫除[⑥],故神去之而病不愈也。

【注释】 ①为而不用:制备后用来祭祀和宴请宾客而不用以煎药。②道德稍衰:讲究养生之道,追求合乎道德的生活方式的人逐渐减少了。③必齐:必用。齐,通"资",用。④镵石:即砭石。⑤道:引导气血。⑥荣泣:荣血枯涩。泣,通"涩"。卫除:卫气消失。

【译文】 黄帝说:上古时代的医生,制成了汤液醪醴,只是供给祭祀宾客之用,而不用它煎药,这是什么道理?

岐伯说:上古医生制成了汤液醪醴,是以备万一的,所以制成了,并不急于用。到了中古时代,社会上讲究养生的少了,外邪乘虚经常侵害人体,但只要吃些汤液醪醴,病也就会好的。

黄帝说:现在人有了病,虽然也吃些汤液醪醴,而病不一定都好,这是什么道理呢?

岐伯说:现在有病,必定要内服药物,外用镵石针艾,然后病才能治好。

黄帝说:病人形体衰败,气血竭尽,治疗不见功效,这是什么原因?

岐伯说:这是因为病人的精神,已经不能发挥应有作用了。

黄帝说:什么叫作精神不能发挥应有作用呢?

岐伯说:针石治病,只是引导血气而已,主要还在于病人的精神志意。如果病人的神气已经衰微,病人的志意已经散乱,那病是不会好的。而现在病人正是到了精神败坏、神气涣散,荣卫不能恢复的地步了。为什么病会发展得这样重呢?主要是由于情欲太过,又让忧患萦心,不能停止,以致精气衰败,荣血枯涩,卫气消失,所以神气就离开人体,而疾病也就不能痊愈了。

【原文】 帝曰:夫病之始生也,极微极精①,必先入结于皮肤。今良工皆称曰,病成名曰逆②,则针石不能治,良药不能及也。今良工皆得其法,守其数③,亲戚兄弟远近④,音声日闻于耳,五色日见于目,而病不愈者,亦何暇不早乎?

岐伯曰:病为本,工为标;标本不得,邪气不服。此之谓也。

【注释】 ①极微极精:疾病初起时是很轻浅隐蔽的。②病成:病情严重。③数:指技术。④远近:即亲疏。

【译文】 黄帝说:病在初起的时候,是极其轻浅而隐蔽的,病邪只是潜留在皮肤里。现在,医生一看,都说是病情严重,结果针石不能奏效,汤药也不管用了。现在的医生都能掌握医道的法度,遵守医道的具体技术,与病人的关系像父母兄弟一样近,每天都能听到病人声音的变化,每天都能看到病人五色的改变,可是病人却没有治好,是不是没有提早治疗的缘故呢?

岐伯说:病人是本,医生是标,二者必须相得;病人和医生不能相互配合,病邪就不能驱除。说的就是这种情况啊!

【原文】 帝曰:其有不从毫毛而生,五脏阳以竭也。津液充郭①,其魄独居,孤精于内,气耗于外②,形不可与衣相保,此四极急而动中③。是气拒于内,而形施于外。治之奈何?

岐伯曰:平治于权衡④。去宛陈莝⑤,微动四极,温衣,缪刺其处⑥,以复其形。开鬼门,洁净府⑦,精以时服。五阳已布,疏涤五脏,故精自生,形自盛,骨肉相保,巨气乃平。

帝曰:善。

【注释】 ①津液充郭:津液充满皮肤之内。郭,通"廓"。②"其魄"三句:精得阳则化气行水,今阳气衰竭,体内阴精过剩,水液停留,所以说"其魄独居"。阴盛则阳愈衰,所以说"孤精于内,气耗于外"。这是病理上的连锁关系。魄,指阴精。③四极:又称"四末",即四肢。④权衡:秤砣和秤杆。指衡量轻重。⑤去宛:去淤血。陈莝:即"莝陈",消积水。⑥缪刺:即病在左取之右,病在右而取之左的针刺方法。⑦洁净府:利小便。

【译文】 黄帝说:有的病并不先从体表发生,而是五脏的阳气衰竭。以致水气充满于皮肤,而阴气独盛,阴气独居于内,则阳气更消耗于外,形体浮肿,原来的衣服不能穿了，四肢肿急，影响内脏。这是阴气格拒于内，而水气弛张于外。对这种病怎么治疗呢？

岐伯说：要平复水气。根据病情衡量轻重，去淤血，消积水，叫病人轻微地活动四肢，穿温暖的衣服，使阳气渐渐传布，然后用缪刺方法，使他的形体恢复起来。再使汗液畅达，小便通利，使阴精归于平复。待五脏阳气输布了，五脏郁积荡涤了，那么精气自然会产生，形体自然会强盛，骨骼和肌肉也就会相辅相成，正气自然就恢复了。

黄帝说：讲得很好。

脉要精微论篇

【题解】

本篇是专门讨论诊断方法的。如望诊的精明、五色，以及五腑的形态变化；闻诊的声音变化；问诊的大小便和各种梦境；切诊的脉象、诊法，以及与时令、疾病的关系等。内容丰富多彩，已经具备了中医诊断学的初步规模。而经文中特别强调了望色、切脉的重要性，并论述了脉诊的要领，以及望色等有关的精湛微妙的问题，所以篇名《脉要精微论》。本篇名言："得守者生，失守者死。""持脉有道，虚静为保。"

【原文】 **黄帝问曰：诊法何如？**

岐伯对曰：诊法常以平旦，阳气未动，阴气未散，饮食未进，经脉未盛，络脉调匀，气血未乱，故乃可诊有过之脉①。

【注释】 ①有过之脉：有病之脉。

【译文】 黄帝问道：诊脉的方法如何？

岐伯回答说：诊脉常在清晨，因为这时阳气未曾扰动，阴气还未散尽，又未用过饮食，经脉之气不亢盛，络脉之气也调和，气血未扰乱，所以容易诊出有病的脉象。

【原文】 **切脉动静而视精明①，察五色②，观五脏有余不足，六腑强弱，形之盛衰，以此参伍③，决死生之分。**

【注释】 ①动静：脉象搏动的变化。精明：即精光，两目的瞳神。②五色：面部红、黄、青、白、黑五种色泽。③参伍：相参互证，对比异同。

【译文】 在诊察病人脉象动静变化的同时，还要看他的两目瞳神，面部色泽，从而分辨五脏是有余还是不足，六腑是强还是弱，形体是盛还是衰，将这几个方面加以综合考察，来判别病人的死、生。

【原文】 **夫脉者，血之府也①。长则气治②，短则气病③，数则烦心④，大则病进⑤。上盛则气高⑥，下盛则气胀。代则气衰⑦，细则气少⑧，涩则心痛⑨。浑浑革至如涌泉⑩，病进而危弊；绵绵其去如弦绝⑪，死。**

【注释】 ①脉者，血之府：脉是血液聚会的地方。②长：指长脉，脉体过于本位。治：有顺的意思。③短：短脉，脉体短而不及本位。④数：数脉，即一息六至。烦心：心里烦热。⑤大:大脉,脉象满指,大实有力。病进:病势正在发展。⑥上盛:上部脉,寸脉搏动有力。盛,搏动有力。下文"下盛",下部脉,尺脉。⑦代:代脉。来数中止,不能自还,为一种有规律的间歇脉。⑧细:细脉。应指脉细如丝。⑨涩:涩脉,往来滞涩,如轻刀刮竹。⑩"浑浑"句:王冰:"浑浑,言脉气乱也。革至者,谓脉来弦而大,实而长也。如涌泉者,言脉汩汩,但出而不返也。"⑪"绵绵"句:王冰:"绵绵,言微微似有,而不甚应手也。如弦绝者,言脉卒断,如弦之绝去也。"

【译文】 脉是血液聚会的地方,而血的循行,要依赖气的统率。脉长说明气机顺达,脉短说明气分有病,脉数说明心里烦热;脉大是表示病势进增。若见上部脉盛,是病气塞于胸;若见下部脉盛,是病气胀于腹。代脉是病气衰,细脉是病气少,涩脉是病气痛。脉来刚硬混乱,势如涌泉,这是病情加重,到了危险地步;若脉来似有似无,其去如弓弦断绝,那是必死的。

【原文】 夫精明五色者,气之华也。赤欲如白裹朱,不欲如赭[①];白欲如鹅羽,不欲如盐;青欲如苍璧之泽[②],不欲如蓝;黄欲如罗裹雄黄[③],不欲如黄土;黑欲如重漆色[④],不欲如地苍[⑤]。五色精微象见矣,其寿不久也[⑥]。夫精明者,所以视万物,别白黑,审短长。以长为短,以白为黑,如是则精衰矣。

【注释】 ①赭:色赤而紫。②苍璧之泽:色泽青而明润。苍,青绿色。璧,玉石。③罗裹雄黄:黄中透红之色。罗,丝织物。雄黄,药名。④重漆色:色泽黑而有光泽。重,重复,漆之又漆,谓重漆。⑤地苍:地之苍黑,枯暗如尘。⑥"五色"两句:吴昆:"真元精微之气,化作色相,毕现于外,更无藏蓄,是真气脱也,故寿不久。"

【译文】 眼目、面部五色,是精气的外在表现。赤色应该像白绸里裹着朱砂一样,隐现着红润,不应像赭石那样,赤而带紫;白色应该像鹅的羽毛,白而光洁,不应像盐那样,白而晦暗;青色应该像苍璧,青而润泽,不应像青靛那样,青而沉暗;黄色应该像罗裹雄黄,黄中透红,不应像土那样,黄而沉滞;黑色应该像重漆,黑而明润,不应像地苍色那样,黑而枯暗。假如五脏真脏之色显露于外,那么寿命也就不能长了。人的眼睛,是用来观察万物,辨别黑白,审察长短的。如果长短不分,黑白颠倒,就证明精气衰败了。

【原文】 五脏者,中之守也[①]。中盛藏满,声如从室中言,是中气之湿也。言而微,终日乃复言者,此夺气也。衣被不敛,言语善恶,不避亲疏者[②],此神明之乱也。仓廪不藏者[③],是门户不要也[④]。水泉不止者[⑤],是膀胱不藏也。得守者生,失守者死。

【注释】 ①五脏者,中之守:五脏的作用是藏精气而守于内。中,内。守,藏。②不避:不别,不分。③仓廪:指脾胃。谷藏曰仓,米藏曰廪。仓廪指储藏米谷的仓库。中医认为脾胃有受纳腐熟水谷,运化精微的功能,故称脾胃为仓廪。④门户不要:大便失禁。要,约束。⑤水泉:小便的美称。

【译文】 五脏的作用是藏精守内的。如果腹气盛,脏气虚满,说话声音重浊,像从内室中发出的一样，这是中气被湿邪阻滞的缘故。如果讲话时声音低微，好半天才说下句话，这表明正气衰败了。如果病人不知收拾衣被，言语错乱，不分亲疏远近，这是精神错乱了。如果肠胃不能纳藏水谷，大便失禁，这是肾虚不能固摄造成的；如果小便失禁，这是膀胱不能闭藏造成的。总之，如果五脏能够内守，病人的健康就能恢复；否则，五脏失守，病人就会死亡。

【原文】 **夫五府者，身之强也。头者，精明之府[①]，头倾视深[②]，精神将夺矣。背者，胸中之府，背曲肩随，府将坏矣。腰者，肾之府，转摇不能，肾将惫矣。膝者，筋之府，屈伸不能，行则偻附[③]，筋将惫矣。骨者，髓之府，不能久立，行则振掉[④]，骨将惫矣。得强则生，失强则死。**

【注释】 ①精明之府：精气聚集的处所。②头倾视深：头部侧垂，两目深陷无光。③偻附：曲背低头。④振掉：动摇。

【译文】 五府是人体强健的基础。头是精明之府，如果头部下垂，眼胞内陷，说明精神要衰败了。背是胸之府，如果背弯曲而肩下垂，那是胸要坏了。腰是肾之府，如果腰部不能转动，那是肾气要衰竭了。膝是筋之府，如果屈伸困难，走路时曲背低头，那是筋要疲惫了。骨是髓之府，如果不能久立，行走动摇不定，那是骨要衰颓了。总之，如五府能够由弱转强，就可复生；否则，就会死亡。

【原文】 **岐伯曰：反四时者，有余为精，不足为消。应太过，不足为精；应不足，有余为消。阴阳不相应，病名曰关格。**

【译文】 岐伯说：脉气有时会与四时之气相反，如相反的形象为有余，这是邪气胜了精气；相反的形象为不足，这是由于血气先已消损。按照时令来讲，脏气当旺，脉气应有余，却反见不足的，这是邪气胜了精气，脉气应不足，却反见有余的，这是正不胜邪，血气消损而邪气猖獗。这种阴阳气血不相顺从、邪正不相适应的情况，发生的疾病名叫关格。

玉机真藏论篇

【题解】

玉机，有珍重之意；真藏，指脉来无胃气。本篇论五脏脉与四时的关系、脉有胃气的状态、五脏疾病的传变、五脏的虚实，以及一些其他诊察方法等。其中尤以诊脉为重点；而脉息的变化，又以胃气为最要紧，“有胃则生，无胃则死”。无胃气之脉叫真脏脉，真脏脉见，是死证。之所以篇名为《玉机真藏论》，张介宾认为：“玉机，以璇玑玉衡，可窥天道，而此篇神理，可窥人道，故以并言，而实则珍重之辞也。”

【原文】 **黄帝问曰：春脉如弦，何如而弦？**

岐伯对曰：春脉者肝也，东方木也，万物之所以始生也。故其气来[①]，软弱轻虚而滑，端直以长，故曰弦，反此者病。

帝曰：何如而反？

岐伯曰：其气来实而强，此谓太过[2]，病在外；其气来不实而微[3]，此谓不及[4]，病在中。

帝曰：春脉太过与不及，其病皆何如？

岐伯曰：太过则令人善忘，忽忽眩冒而巅疾[5]；其不及，则令人胸痛引背，下则两胁胠满[6]。

帝曰：善。

【注释】 ①气：指脉气。②太过：是说脏气大盛。③不实：脉不充盈。微：脉来微弱。④不及：是说脏气不足。⑤巅疾：巅顶的病，如头痛。⑥胠：腋下胁肋部位。

【译文】 黄帝问道：春天的脉象如弦，那么怎样才算弦呢？

岐伯答说：春脉是肝脉，属东方的木，具有万物生长的气象，因此它的脉气弱软轻虚而滑，正直而长，所以叫作弦脉。与此相反，就是病脉。

黄帝问：什么是与此相反呢？

岐伯答说：脉气来时，实而且强，这叫作太过，主病在外；脉气来时不实而且微弱，这叫作不及，主病在内。

帝曰：春脉太过与不及，都能够发生什么病变呢？

岐伯回答说：太过了，会使人善忘，发生目眩冒闷头痛；如果不及，会使胸部疼痛，牵引背部，向下两胁胀满。

黄帝说：说得好。

【原文】 帝曰：夏脉如钩，何如而钩？

岐伯曰：夏脉者心也，南方火也，万物之所以盛长也。故其气来盛去衰，故曰钩，反此者病。

帝曰：何如而反？

岐伯曰：其气来盛去亦盛，此谓太过，病在外；其气来不盛去反盛，此谓不及，病在中。

帝曰：夏脉太过与不及，其病皆何如？

岐伯曰：太过则令人身热而骨痛，为浸淫[1]；其不及则令人烦心，上见咳唾，下为气泄[2]。

帝曰：善。

【注释】 ①浸淫：浸淫疮。②气泄：失气，俗称放屁。

【译文】 帝曰：夏天的脉象如钩，那么怎样才算钩呢？

岐伯答说：夏脉就是心脉，属南方的火，具有万物盛长的气象。因此脉气来时充盛，去时反衰，犹如钩的形象，所以叫作钩脉。与此相反，是病脉。

黄帝说：什么是与此相反呢？

岐伯说：其脉气来时盛去时也盛，这叫太过，主病在外；脉气来时不盛，去时反而充盛，这叫不及，主病在内。

黄帝说：夏脉太过与不及，都会发生什么病变呢？

岐伯说：太过会使人发热、骨痛，发浸淫疮；不及会使人心烦，在上部会发生咳唾，在下部会发生失气。

黄帝说：说得好。

【原文】 帝曰：秋脉如浮，何如而浮？

岐伯曰：秋脉者肺也，西方金也，万物之所以收成也。故其气来，轻虚以浮，来急去散，故曰浮，反此者病。

帝曰：何如而反？

岐伯：其气来，毛而中央坚[①]，两傍虚，此谓太过，病在外；其气来，毛而微，此谓不及，病在中。

帝曰：秋脉太过与不及，其病皆何如？

岐伯曰：太过则令人逆气而背痛，愠愠然[②]；其不及，则令人喘，呼吸少气而咳，上气见血，下闻病音[③]。

帝曰：善。

【注释】 ①毛：指脉气来时，轻浮如毛。中央坚：中央坚实。②愠愠：气郁不舒。③病音：喘息的声音。

【译文】 黄帝问：秋天的脉象如浮，那么怎样才算浮呢？

岐伯答说：秋脉是肺脉，属西方的金，具有万物收成的气象。因此脉气来时，轻虚而且浮，来急去散，所以叫作浮脉。与此相反，就是病脉。

黄帝说：什么是与此相反呢？

岐伯回答说：其脉气来时浮软而中央坚实，两旁虚空，这叫太过，主病在外；其脉气来时浮软而微，这叫不及，主病在里。

黄帝说：秋脉太过和不及，都会发生什么病变呢？

岐伯说：太过会使人气逆，背部作痛，郁闷而不舒畅；如果不及，会使人喘促，呼吸气短、咳嗽，在上部会发生气逆出血，在下的胸部则可以听到喘息的声音。

黄帝说：说得好。

【原文】 帝曰：冬脉如营[①]，何如而营？

岐伯曰：冬脉者肾也，北方水也，万物之所以合藏也。故其气来沉以濡，故曰营，反此者病。

帝曰：何如而反？

岐伯曰：其气来如弹石者[②]，此谓太过，病在外；其去如数者[③]，此谓不及，病在中。

帝曰：冬脉太过与不及，其病皆何如？

岐伯曰：太过则令人解㑊，脊脉痛，而少气，不欲言；其不及则令人心悬如病饥，䏚中清[④]，脊中痛，少腹满，小便变。

帝曰：善。

【注释】 ①冬脉如营：指冬季脉气营居于内，即沉脉、石脉。吴崑："营，营垒之营，兵之守者也。冬至闭藏，脉沉石，如营兵之守也。"②弹石：指脉气来如弹石击手。③如数：脉虚软。④䏚：指季胁下挟脊两旁的空软处。

【译文】 黄帝问：冬天的脉象如营，那么怎样才算营呢？

岐伯说：冬脉是肾脉，属北方的水，具有万物闭藏的气象。因此脉气来时沉而濡润，所以叫作营脉，与此相反，就是病脉。

黄帝说：什么是与此相反呢？

岐伯说：其脉气来时如弹石击手，这叫太过，主病在外；如果脉象浮软，这叫不及，主病在里。

黄帝说：冬脉太过与不及，发生什么病变？

岐伯说：太过会使人身体倦怠，腹痛、气短，不愿说话；不及会使人的心像饥饿时一样感到虚悬，季胁下空软部位清冷，脊骨痛，小腹胀满，小便变色。

黄帝说：说得好。

【原文】 帝曰：四时之序，逆从之变异也，然脾脉独何主？

岐伯曰：脾脉者土也，孤脏以灌四傍者也[①]。

帝曰：然则脾善恶，可得见之乎？

岐伯曰：善者不可得见，恶者可见[②]。

帝曰：恶者何如可见？

岐伯曰：其来如水之流者，此谓太过，病在外；如鸟之喙者，此谓不及，病在中。

帝曰：夫子言脾为孤脏，中央土以灌四傍，其太过与不及，其病皆何如？

岐伯曰：太过则令人四支不举；其不及则令人九窍不通，名曰重强[③]。

【注释】 ①"孤脏"句：张介宾："脾属土，土为万物之本，故运行水谷，化津液以灌溉于肝心肺肾四脏者也。土无定位，分王四季，故称孤脏。"②"善者"两句：正常的脾脉体现于四季的脉象中有柔软和缓之象，而不能单独出现，所以说"善者不可得见"。有病的脾脉则可单独出现，所以说"恶者可见"。③重强：脾病则身体皆重，舌本强，所以说四肢不举及九窍不通。

【译文】 黄帝说：四时的顺序，是导致脉象逆顺变化的根源，但是脾脉主哪个时令呢？

岐伯说：脾属土，是个独尊之脏，它的作用是用来滋润四旁其他的脏腑的。

黄帝说：那么脾的正常与否，可以看出来吗？

岐伯说：正常的脾脉看不出来，但病脉是可以看出来的。

黄帝说：那么脾的病脉是怎样的呢？

岐伯说：其脉来时，如水流动，这叫太过，主病在外；其脉来时，如鸟啄食，这叫不及，主病在里。

黄帝说：您说脾是孤脏，位居中央属土，滋润四旁之脏，那么它的太过与不及，都会发生什么病变呢？

岐伯说：太过会使人四肢不能举动，不及会使人九窍不通，身重而不自如。

【原文】 帝瞿然而起[①]，再拜稽首曰[②]：善。吾得脉之大要，天下至数。五色脉变，揆度奇恒，道在于一[③]。神转不迴，迴则不转，乃失其机。至数之要，迫近以微，著之玉版，藏之脏腑，每旦读之，名曰《玉机》。

【注释】 ①瞿然：惊异貌。②稽首：古时一种跪拜礼，即叩头至地。③道在于一：为医之道在于气血神机的运转如一。一，指气血神机。

【译文】 黄帝惊异地站了起来，跪拜后说：好！我已懂得了诊脉的根本要领，和天下的至理。考察五色和四时脉象的变化，诊察脉的正常与异常，它的精要，归结在于一个"神"字。神的功用运转不息，向前不回，倘若回而不运转，就失去了生机。这是最重要的真理，是非常切近微妙的，把它记录在玉版上，藏在脏腑里，每天早上诵读，就把它叫作《玉机》吧。

【原文】 五脏受气于其所生[①]，传之于其所胜[②]，气舍于其所生[③]，死于其所不胜。病之且死，必先传行至其所不胜[④]，病乃死，此言气之逆行也[⑤]。肝受气于心，传之于脾，气舍于肾，至肺而死。心受气于脾，传之于肺，气舍于肝，至肾而死。脾受气于肺，传之于肾，气舍于心，至肝而死。肺受气于肾，传之于肝，气舍于脾，至心而死。肾受气于肝，传之于心，气舍于肺，至脾而死。此皆逆死也。一日一夜五分之[⑥]，此所以占死者之早暮也[⑦]。

【注释】 ①"五脏"句：五脏所受的病气，来源于它所生的脏。气，指病气。②传：指病气相传。所胜：所克之脏。③舍：留止。④传行：指病气的传变。⑤气之逆行：指病气的逆传。⑥一日一夜五分之：一昼夜分为五个阶段，配合五脏：平旦属肝，日中属心，薄暮属肺，夜半属肾，午后属脾。⑦占：推测，预测。

【译文】 五脏所受的病气来源于它所生之脏，传给它所克之脏，留止在生己之脏，死于克己之脏。当病到了要死的时候，必先传到克己之脏，病人才死，这所说的就是病气逆行的情况。肝受病气于心，传行到脾，病气留止于肾，传到肺就死了。心受病气于脾，传行到肺，病气留止于肝，传到肾就死了。脾受病气于肺，传行到肾，病气留止于心，传到肝就死了。肺受病气于肾，传行到肝，病气留止于脾，传到心就死了。肾受病气于肝，传行到心，病气留止于肺，传到脾就死了。这都是病气逆行的情况，以一昼夜的时辰来归属五脏，就可推测出死亡的大体时间。

【原文】 黄帝曰:五脏相通,移皆有次。五脏有病,则各传其所胜。不治[①],法三月若六月,若三日若六日[②],传五脏而当死,是顺传所胜之次。故曰:别于阳者,知病从来;别于阴者,知死生之期[③],言至其所困而死。

【注释】 ①不治:不及时治疗。②“法三月”两句:指患病传变过程的快慢。③死生:偏意复词,指死。

【译文】 黄帝说:五脏是相通的,病气的转移,都有它的次序。五脏如果有病,就会传给各自所克之脏。若不及时治疗,那么多则三个月、六个月,少则三天、六天,只要传遍五脏就必死。这是指顺所克次序的传变。所以说:能够辨别外证,就可知病在何经;能够辨别里证,就可知危在何日,就是说某脏到了它受困的时候,就死了。

【原文】 是故风者百病之长也[①]。今风寒客于人,使人毫毛毕直,皮肤闭而为热,当是之时,可汗而发也;或痹不仁肿痛,当是之时,可汤熨及火灸刺而去之。弗治,病人舍于肺,名曰肺痹,发咳上气。弗治,肺传之肝,病名曰肝痹,一名曰厥,胁痛出食,当是之时,可按若刺耳。弗治,肝传之脾,病名曰脾风,发瘅[②],腹中热,烦心出黄[③],当此之时,可按可药可浴。弗治,脾传之肾,病名曰疝瘕,少腹冤热而痛[④],出白,一名曰蛊[⑤],当此之时,可按可药。弗治,肾传之心,筋脉相引而急,病名曰瘛[⑥],当此之时,可灸可药。弗治,满十日,法当死。肾因传之心,心即复反传而行之肺,发寒热,法当三日死,此病之次也。

【注释】 ①风者百病之长也:六淫之气始于风,故称之为“长”。②发瘅:发黄。吴昆:“瘅,热中之名。”③出黄:小便黄。④冤热:蓄热。热极而烦闷。⑤蛊:病名。指病深日久,形体消瘦,精神萎靡,如虫食物故名。⑥瘛:指筋脉拘急相引一类的病。

【译文】 风为六淫之首,所以说它是百病之长。风寒侵入了人体,就会使人的毫毛都立起来,皮肤闭塞,内里发热,这时,可以用发汗的方法治愈;有的会出现麻痹不仁、肿痛等症状,此时可用热敷、火、灸或针刺等方法治愈。如果耽误了,病气就会传行并留止于肺部,这就是肺痹,发为咳嗽上气。如果还不治疗,就会从肺传到肝,这叫肝痹,也叫肝厥,会发生胁痛、不欲食等症状,这时,可用按摩或针刺等方法治疗。如果仍不及时治疗,病气从肝传到脾,这时的病叫作脾风,会发生黄疸、腹中热、烦心、小便黄色等症状,这时,可用按摩、药物和汤浴等方法治疗。如再不及时治疗,病气从脾传到肾,这时的病叫疝瘕,会出现小腹蓄热作痛、小便白浊等症状,又叫作蛊病,这时,可用按摩、药物等方法治疗。如继续耽误下去,病气从肾传到心,就会出现筋脉相引拘挛的症状,叫作瘛病,这时,可用艾灸、药物来治疗。如仍治不好,十天以后,就会死亡。倘病邪由肾传到心,心又反传到肺脏,又发寒热,三天就会死亡,这是疾病传递的次序。

【原文】 然其卒发者[①],不必治于传,或其传化有不以次[②],不以次入者。忧恐悲喜怒,令不得以其次,故令人有卒病矣。因而喜则肾气乘矣[③],怒则肺气乘矣,思则

肝气乘矣，恐则脾气乘矣，忧则心气乘矣。此其道也。故病有五，五五二十五变，反其传化。传，乘之名也。

【注释】 ①卒：同"猝"。②次：次序，顺序。③乘：乘虚侵袭。

【译文】 但假如是猝然发病，就不必根据这个传变的次序治疗；而有的传变也不一定完全依着这个次序。忧、恐、悲、喜、怒这五种情志就会使病气不按着这个次第传变，而突然发病。如过喜伤心，克它的肾气就因而乘之；怒伤肝，克它的肺气就因而乘之；过思伤脾，克它的肝气就因而乘之；过恐伤肾，克它的脾气就因而乘之；过忧伤肺，克它的心气就因而乘之。这就是疾病不依次序传变的规律。所以病虽有五变，但能够发为五五二十五变，这和正常的传化是相反的。传，是"乘"的别名。

【原文】 **急虚身中卒至[1]，五脏绝闭，脉道不通，气不往来，譬于堕溺[2]，不可为期。其脉绝不来，若人一息五六至，其形肉不脱，真脏虽不见，犹死也。**

【注释】 ①急虚身中卒至：正气一时暴绝，外邪突然中于身，客邪突然至于内脏而产生的病变。②堕：倾跌下坠。溺：落水淹没。

【译文】 正气一时暴虚，外邪突然侵入人体，五脏隔塞，脉道不通，大气已不往来，就好像跌坠或溺水一样，这样的突然病变，是不能预测死期的。如果其脉绝而不至，或一吸五六至，形肉不脱，就是不见真脏脉，也要死亡。

【原文】 **真肝脉至，中外急，如循刀刃责责然[1]，如新张弓弦，色青白不泽[2]，毛折，乃死。真心脉至，坚而搏，如循薏苡子累累然[3]，色赤黑不泽，毛折，乃死。真肺脉至，大而虚，如以毛羽中人肤，色白赤不泽，毛折，乃死。真肾脉至，搏而绝，如指弹石辟辟然[4]，色黑黄不泽，毛折，乃死。真脾脉至，弱而乍数乍疏，色黄青不泽，毛折，乃死。诸真脏脉见者，皆死不治也。**

【注释】 ①责责然：刀作响的声音，即震震然。②不泽：不光润。③薏苡子：药名。即薏苡仁。累累然：形容心之真脏脉象短而坚实。④辟辟然：形容肾之真脏脉象沉而坚硬。

【译文】 肝脏的真脏脉来的时候，内外劲急如同循着刀刃震震作响，好像新张开的弓弦，面色显著青白而不润泽，毫毛也枯损不堪，是要死亡的。心脏的真脏脉来的时候，坚而搏指，像循摩意苡仁那样小而坚实，面色显著赤黑而不润泽，毫毛也枯损不堪，是要死亡的。肺脏的真脏脉来的时候，洪大而又非常虚弱，像毛羽触人皮肤，面色显著白赤而不润泽，毫毛也枯损不堪，是要死亡的。肾脏的真脏脉来的时候，既坚而沉，像用指弹石那样硬得很，面色显著黑黄而不润泽，毫毛也枯损不堪，是要死亡的。脾脏的真脏脉来的时候，软弱并且忽数忽散，面色显著黄青而不润泽，毫毛也枯损不堪，是要死亡的。总而言之，凡是见了真脏脉，都是不治的死证。

三部九候论篇

【题解】

本篇主要讨论三部九候的诊脉方法。三部指诊脉的部位即头、手、足上中下三部;九候是指每一部位中又分为天地人三候,三部综合,共得九候。从三部九候的脉象分析,以了解病情和判断预后,故篇名《三部九候论》。诊脉何以"三部九候",这与古代的数理哲学有关。张景岳说:"天地虽大,万物虽多,莫有能出乎数者。"客观世界存在着数量关系,即数的规定性。古人很早就发现了这一现象,而且认为数是决定世界万物存在的本质力量,产生了对数的崇拜,进而发展为数理哲学,即以数理作为考察、认识世界的基本框架。中国文化"重数"以《周易》为代表,《易传》说:"极其数,遂定天下之象","极数知来之谓占"。其后,《管子》《吕氏春秋》《礼记·月令》都有"重数"的传统。同样,数理哲学观念也成为《内经》观察世界的重要方法之一。表现在脉诊上就是"三部九候"理论。其根据是"天地之至数,始于一,终于九焉。……故人有三部,部有三候,以决死生,以处百病,以调虚实,而除邪疾。"

【原文】 **黄帝问曰:余闻九针于夫子[①],众多博大,不可胜数。余愿闻要道,以属子孙[②],传之后世,著之骨髓,藏之肝肺[③],歃血而受[④],不敢妄泄,令合天道,必有终始,上应天光星辰历纪[⑤],下副四时五行。贵贱更立,冬阴夏阳,以人应之奈何?愿闻其方。**

岐伯对曰:妙乎哉问也!此天地之至数。

帝曰:愿闻天地之至数,合于人形血气,通决死生,为之奈何?

岐伯曰:天地之至数,始于一,终于九焉[⑥]。一者天,二者地,三者人,因而三之,三三者九,以应九野。故人有三部,部有三候,以决死生,以处百病,以调虚实,而除邪疾。

【注释】 ①九针:此指九候。"针"疑是误字。②属:通"嘱",嘱咐。③著之骨髓,藏之肝肺:形容深刻领会,铭记在心。著,有纳的意思。④歃血:古时盟誓的一种仪式。歃,饮。⑤天光:指日月。⑥始于一,终于九:数理哲学认为数始于一,而终止于九。九加一为十,十又是一的开始,所以说始于一终于九。最基本的数就是一至九,"一"为数之始,"九"为数之终。

【译文】 黄帝问说:我听了九候的道理,内容众多而广博,难以尽述。希望再听些主要的道理,以传给子孙,流传后世。我一定会把那些话铭刻在心,藏于肺腑。我发誓接受所学,不敢随便泄漏,使它合于天道,有始有终,上应日月星辰节气之数,下合四时五行之变。就五行来说有盛有衰,就四时来说冬阴夏阳,那么人怎样才能够和这些自然规律相适应呢?希望听听具体的方法。

岐伯说:问得好!这是天地间的至理啊!

黄帝说:希望听听这天地间的至理,从而使它合于人的形体,通利血气,并决定死生。怎样才能做到呢?

岐伯说:天地的至数,是从一开始,至九终止,一为阳,代表天,二为阴,代表地,人生天地之间,所以用三代表人。而天地人又合而为三,三三为九,与九野之数对应。所以人有三部脉,每部各有三候,根据它去决定死生,诊断百病,调和虚实,祛除疾病。

【原文】 帝曰:何谓三部?

岐伯曰:有下部,有中部,有上部,部各有三候,三候者,有天有地有人也,必指而导之,乃以为真。故下部之天以候肝,地以候肾,人以候脾胃之气。

帝曰:中部之候奈何?

岐伯曰:亦有天,亦有地,亦有人。天以候肺,地以候胸中之气,人以候心。

帝曰:上部以何候之?

岐伯曰:亦有天,亦有地,亦有人。天以候头角之气,地以候口齿之气,人以候耳目之气。三部者,各有天,各有地,各有人。三而成天,三而成地,三而成人,三而三之,合则为九。九分为九野,九野为九脏。故神脏五,形脏四,合为九脏。五脏已败,其色必夭,夭必死矣。

【译文】 黄帝问道:什么叫作三部?

岐伯说:有下部,有中部,有上部,而每部又各有三候,三候是以天地人来代表的,必须有人指导,才能得到真传。下部的天可以用来诊察肝脏之气,下部的地可以用来诊察肾脏之气,下部的人可以用来诊察脾胃之气。

黄帝说:那么中部的情况怎样呢?

岐伯说:中部也有天地人三部。中部之天可以用来诊察肺脏之气,中部之地可以用来诊察胸中之气,中部之人可以用来诊察心脏之气。

黄帝说:上部的情况又怎样呢?

岐伯说:上部也有天地人三部。上部之天可以用来诊察头角之气,上部之地可以用来诊察口齿之气,上部之人可以用来诊察耳目之气。总之,三部之中,各有天,各有地,各有人。三候为天,三候为地,三候为人,三三相乘,合为九候。脉有九候,以应地之九野;地之九野,以应人之九脏。肝、肺、心、脾、肾五神脏,胃、大肠、小肠、膀胱四形脏,合为九脏。如果五脏败坏,气色必见晦暗,而气色晦暗必然要死亡。

【原文】 帝曰:以候奈何?

岐伯曰:必先度其形之肥瘦,以调其气之虚实,实则泻之,虚则补之。必先去其血脉[①],而后调之,无问其病,以平为期。

【注释】 ①去其血脉:除去脉道中的淤血。

【译文】 黄帝说:诊察的方法怎样?

岐伯说:一定得先估量病人形体的肥瘦程度,来调和其气的虚实。气实就泻其有余，气虚就补其不足。首先要想法去掉血脉里的淤滞，然后再调和气的虚实，不管治什么病，达到五脏的平和是最终目的。

【原文】 帝曰：决死生奈何？

岐伯曰：形盛脉细，少气不足以息者危。形瘦脉大，胸中多气者死。形气相得者生[1]，参伍不调者病[2]。三部九候皆相失者死。上下左右之脉相应如参舂者病甚[3]。上下左右相失不可数者死。中部之候虽独调，与众脏相失者死，中部之候相减者死。目内陷者死[4]。

【注释】 ①形气相得：形体和气息相符合。如形盛脉盛，形瘦脉细。气，指脉息。得，有"合"的意思。②参伍不调：指脉动错乱不协调。③参舂：参差不齐。参，即参差。舂，用杵捣米，上下不一。④目内陷者死：目眶塌陷是脏腑精气衰竭的现象，主死。

【译文】 黄帝说：怎样决断死生呢？

岐伯说：形体盛，脉反细，气短，呼吸不连续，主危。形体瘦，脉反大，胸中多气胀满，也主死。形体和脉息相称的主生，脉象错杂不调的主病。三部九候都失其常度的主死。上下左右之脉相应，一上一下像舂杵一样，大数而鼓，说明病情很严重。上下左右之脉失去了协调，以至于不可计其至数的，是死候。中部的脉，虽然独自调和，而上部下部众脏之脉已失其常的，也是死候，中部的脉较上下两部偏少的，也是死候。眶内陷的，是精气衰竭的现象，也会死亡。

经脉别论篇

【题解】

本篇主要讨论六经病脉象、症状、治法及饮食物的生化过程。因与常论不同，所以叫"别论"。吴昆说："言经脉别有论，出于常谈之外也。"本书仅选其论饮食物生化过程及三阳经脉象部分。

【原文】 岐伯曰：……故饮食饱甚，汗出于胃；惊而夺精，汗出于心；持重远行，汗出于肾；疾走恐惧，汗出于肝；摇体劳苦，汗出于脾。故春秋冬夏，四时阴阳，生病起于过用，此为常也。

【译文】 岐伯说：……所以饮食过饱的时候，由于食气蒸发而汗出于胃；受惊而影响精神的时候，由于心气受伤而汗出于心；带着重东西远行，胃劳气越而汗出于肾；走得快并且害怕，肝气受伤而汗出于肝；肢体摇动劳累过度的时候，脾气受伤而汗出于脾。所以春秋冬夏四时阴阳变化之中，生病的原因，多是由于体力、饮食、劳累、精神等过度而来，这是一定的。

【原文】 食气入胃，散精于肝，淫气于筋[1]。食气入胃，浊气归心[2]，淫精于脉。脉气流经，经气归于肺，肺朝百脉[3]，输精于皮毛。脉合精，行气于腑。腑精神明，留于

四脏[4]。气归于权衡，权衡以平[5]，气口成寸，以决死生。

【注释】 ①淫气：滋润.浸润。②浊气：谷气。人体营养，一为源于天的空气，古人称为“清气”；一为源于地的五谷之气，古人称为“浊气”。③肺朝百脉：百脉会合于肺。朝，会。④四脏：指心、肝、脾、肾四脏。⑤权衡：指阴阳气血平衡。

【译文】 食物入胃，经过消化把一部分精微输散到肝脏，经过肝的疏泄，将浸淫满溢的精气滋养于筋。食物入胃，化生的另一部分浓厚的精气，注入于心，再由心输入血脉。血气流行在经脉之中，上达于肺，肺又将血气送到全身百脉，直至皮毛。脉与精气相合，运行精气到六腑。六腑的精气化生神明，输入留于四脏。这些正常的生理活动，取决于阴阳气血平衡，其平衡的变化，就能从气口的脉象上表现出来，气口脉象变化，可以判断疾病的预后。

【原文】 **饮入于胃，游溢精气[1]，上输于脾；脾气散精，上归于肺，通调水道，下输膀胱。水精四布，五经并行，合于四时五脏阴阳，揆度以为常也[2]。**

【注释】 ①游溢：敷布分散。②揆度：测度。

【译文】 水液进入胃里，分离出精气，上行输送到脾脏；脾脏散布精华，又向上输送到肺；肺气通调水道，又下行输入膀胱。这样，气化水行，散布于周身皮毛，流行在五脏经脉里，符合于四时五脏阴阳动静的变化，这是可以测度的经脉的正常现象。

【原文】 **帝曰：太阳脏何象？**

岐伯曰：象三阳而浮也。

帝曰：少阳脏何象？

岐伯曰：象一阳也，一阳脏者，滑而不实也。

帝曰：阳明脏何象？

岐伯曰：象大浮也。太阴脏搏，言伏鼓也；二阴搏至，肾沉不浮也。

【译文】 黄帝说：太阳经脉的脉象怎样？

岐伯说：太阳经脉象三阳经脉那样极盛，同时它还轻浮。

黄帝说：少阳经脉的脉象怎样？

岐伯说：少阳经脉与一阳经脉一样，脉象是滑而不实的。

黄帝说：阳明经脉之象怎样？

岐伯说：脉象大而且浮。太阴经脉搏动，其脉象沉伏而实鼓指；二阴经脉搏动，是肾脉沉而不浮的现象。

宝命全形论篇

【题解】

宝，通“保”，珍惜之意。全，即保全之意。本篇内容说明天地之间，万物悉备，莫贵于人。而人体能够保命全形，又与天地的变化密切相关。作为医生，应该时刻注意这种气血虚实与天地阴阳的变化关系。运用针刺,就必须懂得其中的道理。由于前人非常重视这种道理,所以篇名《宝命全形论》。本篇名言:“凡刺之真,必先治神。”“道无鬼神,独来独往。”

【原文】 **黄帝问曰:天覆地载,万物悉备,莫贵于人。人以天地之气生,四时之法成。君王众庶[①],尽欲全形,形之疾病,莫知其情,留淫日深[②],著于骨髓[③]。心私虑之,余欲针除其疾病,为之奈何?**

岐伯对曰:夫盐之味咸者,其气令器津泄;弦绝者,其音嘶败[④];木敷者,其叶发[⑤];病深者,其声哕。人有此三者,是谓坏腑[⑥],毒药无治,短针无取,此皆绝皮伤肉,血气争矣。

【注释】 ①众庶:老百姓。②留淫:积累而逐渐发展。③著:潜藏。④嘶:声破为嘶。⑤木敷者,其叶发:张介宾:“敷,内溃也。”意思是虽枝叶繁茂,毕竟是外盛中虚,不可长久。⑥坏腑:脏腑损坏。

【译文】 黄帝问道:天地之间,万物俱全,但没有什么比人更为宝贵的。人禀受天地之气而生存,随着四时规律成长的。无论是君王,还是平民,都愿意保持形体的健康,但往往身体有了疾病,自己也不知其所以然,因此病邪就积累日深,潜藏骨髓之内,不易去掉了。这是我心中所担忧的,我想用针刺来解除他们的疾病痛苦,怎样办呢?

岐伯回答说:诊断疾病,应该注意观察它所表现的症候:比如盐贮藏在器具中,能够使器具渗出水来;琴弦快断的时候,会发出撕破的声音;树木弊坏,叶子就要落下来;疾病到了严重阶段,人就要打嗝。人有了这样四种现象,说明脏腑已有严重破坏,药物和针刺都不起作用,这都是皮肉血气各不相得,病不容易治了。

【原文】 **帝曰:余念其痛,心为之乱惑[①],反甚其病,不可更代[②]。百姓闻之,以为残贼[③],为之奈何?**

岐伯曰:夫人生于地,悬命于天[④],天地合气,命之曰人。人能应四时者,天地为之父母;知万物者,谓之天子。天有阴阳,人有十二节[⑤];天有寒暑,人有虚实。能经天地阴阳之化者[⑥],不失四时;知十二节之理者,圣智不能欺也[⑦];能存八动之变[⑧],五胜更立[⑨];能达虚实之数者,独出独入,呿吟至微[⑩],秋毫在目[⑪]。

【注释】 ①惑:惶惑,迷乱。②不可更代:不能以自己替代病者之身。③残贼:残忍不仁。④悬命于天:与天相关联。⑤十二节:指上肢的肩、肘、腕和下肢的股、膝、踝关节。⑥“能经天地”句:能效法天地阴阳的变化。经,效法。⑦欺:加,超过。⑧能存八动:能够观察八风的变动。存,察。⑨五胜更立:指五行递相衰旺。⑩呿吟:指呼吸。呿,张口。吟,呻。⑪秋毫:比喻事物的微细。

【译文】 黄帝道:我很感伤病人的痛苦,心里惶惑不安,治疗疾病,搞不好,反使病情加重,我又不能替代他们。百姓听了,都会认为我是残忍的人,怎么办好呢?

岐伯说:人虽然是生活在地上,但片刻也离不开天,天地之气相合,才产生了人。人如果能适应四时的变化,那么自然界的一切,都会成为他生命的泉源;如果能够了解万物的话,那就是天子了。人与自然是相应的,天有阴阳,人有十二骨节;天有寒暑,人有虚实。所以能效法天地阴阳的变化,就不会违背四时的规律;了解十二骨节的道理,就是所谓圣智也不能超过他;能够观察八风的变动和五行的衰旺,又能够通达虚实的变化规律,就能洞晓病情,即使像病人呼吸那样的细微不易察觉的变化,也如秋毫在目,也逃不过他的眼睛。

【原文】 **帝曰:人生有形,不离阴阳;天地合气,别为九野,分为四时。月有大小,日有短长,万物并至,不可胜量,虚实呿吟[①],敢问其方。**

岐伯曰:木得金而伐,火得水而灭,土得木而达,金得火而缺,水得土而绝。万物尽然,不可胜竭。故针有悬布天下者五[②],黔首共余食[③],莫知之也。一曰治神,二曰知养身,三曰知毒药为真[④],四曰制砭石小大,五曰知腑脏血气之诊。五法俱立,各有所先。今末世之刺也,虚者实之,满者泄之,此皆众工所共知也。若夫法天则地,随应而动,和之者若响,随之者若影。道无鬼神,独来独往[⑤]。

【注释】 ①虚实呿吟:上文"能达虚实之数者,独出独入,呿吟至微,秋毫在目"的简缩语,引申指病人的痛苦。②悬布:张贴公布。③黔首:秦代对百姓的称呼。④知毒药为真:了解药物的真假,引申指了解药物性能。为,通"伪",假。⑤"道无"两句:医道并非有鬼神在暗中帮助,只要对医道有深刻把握,在治疗实践中就会有独来独往般的自由。

【译文】 黄帝道:人生而有形体,离不开阴阳;天地之气相合以后,生成了世界上的万物,从地理上,可以分为九野;从气候上,可以分为四时。月份有大有小,白天有短有长,万物同时来到世界,实在是度量不尽的,我只希望解除病人的痛苦,请问应该用什么方法呢?

岐伯说:治疗的方法,可根据五行变化的道理分析。如木遇到金,就被折断;火遇到水,就会熄灭;土遇到木,就要松软;金遇到火,就要熔化;水遇到土,就要遏绝。这种种变化,万物都是这样,不胜枚举。所以有五种针法已向天下公布了,但人们只知饱食,而不去了解它们。那五种治法是什么呢?第一要精神专一,第二要修养形体,第三要了解药物的真假性能,第四要制定大小砭石以适应不同的疾病,第五要懂得脏腑血气的诊断方法。这五种治法,各有所长,先用哪个,要视具体情况而定。现在针刺的疗法,用补治虚,用泻治实,而这是普通医生所共知的。至于能够取法天地阴阳的道理,虽其变化而施针法,就能取得如响应声,如影随形的疗效。这并没有什么神秘,只是功力积久,就有这样的高超技术。

【原文】 **帝曰:愿闻其道。**

岐伯曰:凡刺之真[①],必先治神,五脏已定,九候已备,后乃存针。众脉不见[②],众

凶弗闻[3]。外内相得[4]，无以形先，可玩往来，乃施于人。人有虚实，五虚勿近[5]，五实勿远[6]，至其当发，间不容瞋[7]。手动若务[8]，针耀而匀。静意视息，观适之变，是谓冥冥[9]，莫知其形，见其乌乌，见其稷稷[10]，徒见其飞，不知其谁，伏如横弩，起如发机[11]。

【注释】 ①凡刺之真：针刺的正法。真，正。②众脉：有人旁观。脉，通“眽”，视。③众凶：众人喧嚣的声音。凶，喧嚣之声。④外内：指察色诊脉。色以应日，属外；脉以应月，属内。⑤五虚：指脉细、皮寒、气少、泄利前后、饮食不入。⑥五实：指脉盛、皮热、腹胀、二便不通，闷瞀。⑦瞋：同“瞬”，一眨眼的时间。⑧手动若务：手捻针时，若无二事。⑨冥冥：无形无象貌。⑩稷稷：形容气盛像稷一样繁茂。稷，谷物名。⑪机：弩上的机栝。

【译文】 黄帝道：我希望听一下其中的道理。

岐伯说：针刺的正法，要先集中精神，待五脏虚实已定，脉象九候已备知，然后再下针。在针刺的时候，必须精神贯注，即使有人旁观，也像看不见一样，有人喧嚣，也像听不到一样。同时还要色脉相参，不能仅看外形，必须将发病的机理揣摩清楚，才能给人治病。病人有虚有实，见到五虚的症状，不能随意去泻；见到五实的症状，也不可远而不泻，在应该进针时，就是一瞬间也不能耽搁。在手捻针时，什么事也不想，针要光净匀称。针者要平心静气，观察病人的呼吸。那血气的变化无形无象，虽不可见，而气至之时，好像群乌一样集合，气盛之时，好像稷一样繁茂。气之往来，正如见鸟之飞翔，而无从捉摸它形迹的起落。所以用针之法，当气未至的时候，应该留针候气，正如横弩之待发，气应的时候，则当迅速起针，正如弩箭之疾出。

【原文】 帝曰：何如而虚？何如而实？

岐伯曰：刺虚者须其实，刺实者须其虚。经气已至，慎守勿失。深浅在志，远近若一[1]。如临深渊，手如握虎，神无营于众物。

【注释】 ①远近若一：取穴无论远近，得气的道理是一样的。

【译文】 黄帝道：怎样刺虚？又怎样刺实？

岐伯说：刺虚证，须用补法；刺实证，须用泻法。经气已经到了，应慎重掌握，不失时机。无论针刺深浅，无论取穴远近，得气是一样的。在捻针的时候，像面临深渊时那样的谨慎；又像手中捉着老虎那样坚定有力，集中神志，不为其他事物所干扰。

八正神明论篇

【题】本篇内容有二：一是从四时八正、日月星辰的变化，说明它与人体气血虚实和针刺补泻的密切关系；一是论望闻问切四诊应结合阴阳四时虚实，来分析病情和诊断疾病。由于讨论了这两个重点，所以篇名叫《八正神明论》。本篇根据天人相应的原理认为人的气血随着寒温的变化，月亮的圆缺而呈现相对充实和虚弱的周期性变化规律，因此在用针治疗时必须根据天时的变化而调气血。基本原则是“天寒无刺，天温无疑；月生无泻，月满无补；月郭空无治。是谓得时而调之”。这样就做到了“因天之序”。本篇内容从总体看是有内在关联的，但具体的写作形式有明显的不同。从“法往古”至“见邪形也”一段显然是“传文”的写作方式。所以该文应该不是原作而是后人根据内容的相关性集结而成。本篇还提出了在诊疗水平上存在的“形”“神”之异的重要问题。所谓“形”指的是仅仅拘泥于疾病的表面现象而勉强应对的下工，而“神”则是指能够在疾病尚处于隐微状态就能够及时发现或在诊治中能够不为疾病的表象所束缚，把握病人内在脏腑经脉气血的改变而及时施以正确治疗的上工，也就是“神医”。《内经》认为只有“上工”“神医”才是可以托付生命的人。可见为医之难，责任之大。本篇名言：“血气者，人之神，不可不谨养。”

【原文】　黄帝问曰：用针之服[1]，必有法则焉，今何法何则？

岐伯对曰：法天则地，合以天光。

【注释】　①服：事。此指针刺技术。

【译文】　黄帝问道：用针的技术，必然有一定法则，那么究竟取法于什么呢？

岐伯回答说：要取法于天地阴阳，并结合日月星辰之光来研究。

【原文】　帝曰：愿卒闻之。

岐伯曰：凡刺之法，必候日月星辰，四时八正之气[1]，气定乃刺之。是故天温日明，则人血淖液而卫气浮[2]；天寒日阴，则人血凝泣而卫气沉。月始生，则血气始精，卫气始行；月郭满[3]，则血气实，肌肉坚；月郭空，则肌肉减，经络虚，卫气去，形独居，是以因天时而调血气也。是以天寒无刺，天温无疑；月生无泻，月满无补；月郭空无治。是谓得时而调之。因天之序，盛虚之时，移光定位[4]，正立而待之。故曰月生而泻，是谓重虚；月满而补，血气盈溢，络有留血，命曰重实；月郭空而治，是谓乱经。阴阳相错，真邪不别，沉以留止，外虚内乱[5]，淫邪乃起。

【注释】　①八正：八节的正气。即二分（春分、秋分）、二至（夏至、冬至）、四立（立春、立夏、立秋、立冬）。②淖：润泽。③月郭：月亮的轮廓。④移光定位：用针当随日的长短，而定其气之所在。光，日光。位，气之所在。⑤外：指络脉。内：指经脉。

【译文】　黄帝道：希望详细听听。

岐伯说：大凡针刺之法，必须察验日月星辰四时八正之气，气定了，才能进行针刺。如果气候温和，日光明亮，那么人体血液就濡润而卫气上浮；如果气候寒冷，日光晦暗，那么人体血液就滞涩而卫气沉伏。月亮初生的时候，人的血气随月新生，卫气亦随之畅行；月亮正圆的时候，人的血气强盛，肌肉坚实；月黑无光的时候，人的肌肉消瘦，经络空虚，卫气不足，形体独居，所以要顺着天气而调和血气。因此说，气候寒冷，不要行针刺；气候温暖，不要迟疑；月初生的时候，不要用泻法；月正圆的时候，不要用补法；月黑无光的时候，不要进行治疗。这叫顺应天时而调养血气。按照天时推移的次序，结合人身血气的盛衰，来确定气的所在，并聚精会神地等待治疗的最好时机。所以说,月初生时用泻法,这叫作重虚;月正圆时用补法,使血气充溢,经脉中血液留滞,这叫作重实;月黑无光的时候而用针刺,就会扰乱经气,这叫作乱经。这些都是阴阳相错,正气邪气分不清楚,邪气沉伏留而不去,致使络脉外虚,经脉内乱,所以病邪就乘之而起。

【原文】 帝曰:星辰八正四时何候?

岐伯曰:星辰者,所以制日月之行也。八正者,所以候八风之虚邪,以时至者也;四时者,所以分春秋冬夏之气所在,以时调之也。八正之虚邪,而遇之勿犯也。以身之虚,而逢天之虚,两虚相感,其气至骨,人则伤五脏,工候救之,弗能伤也。故曰:天忌不可不知也[1]。

【注释】 ①天忌:天时的宜忌。

【译文】 黄帝曰:星辰、八正、四时怎么候察呢?

岐伯说:星辰的方位,可以用来测定日月循行的规律。八节常气的交替,可以用来测出八风病邪什么时候到来;四时,可以用来分别春秋冬夏之气的所在;按照时序来调整气血,避免八正病邪的侵犯。假如身体虚弱,又遭遇自然界的虚邪,两虚相感,邪气就会侵犯至骨,进而深入五脏。医生能候察气候变化的道理而及时挽救,病邪就不能伤人。所以说:天时的宜忌,不可不了解。

【原文】 帝曰:善。其法星辰者,余闻之矣,愿闻法往古者。

岐伯曰:法往古者,先知《针经》也。验于来今者,先知日之寒温,月之虚盛,以候气之浮沉,而调之于身,观其立有验也。观于冥冥者,言形气荣卫之不形于外,而工独知之。以日之寒温,月之虚盛,四时气之浮沉,参伍相合而调之。工常先见之,然而不形于外,故曰观于冥冥焉。通于无穷者,可以传于后世也,是故工之所以异也。然而不形见于外,故俱不能见也。视之无形,尝之无味,故谓冥冥,若神仿佛[1]。虚邪者,八正之虚邪气也。正邪者[2],身形若用力,汗出,腠理开,逢虚风,其中人也微,故莫知其情,莫见其形。上工救其萌芽[3],必先见三部九候之气,尽调不败而救之,故曰上工。下工救其已成,救其已败。救其已成者,言不知三部九候之相失,因病而败之也。知其所在者,知诊三部九候之病脉处而治之,故曰守其门户焉,莫知其情而见邪形也。

【注释】 ①仿佛:模糊,看不清楚。②正邪:与能致人生病的虚邪相对,为自然界正常之风。当人体虚弱汗出腠理开张时也能伤人,故曰正邪。③萌芽:指疾病刚刚发生。

【译文】 黄帝道:说得好。取法星辰的道理,我已经听到了,希望再听听效法往古的道理。

岐伯说:效法往古,要先懂得《针经》。想把前人的针术在现在加以验证,先要知道太阳的寒温,月亮的盈虚,来候察气的浮沉,来给病人进行调整,就会看到它是立有效验的。所谓"观于冥冥",是说血气荣卫的变化并不显露于外,而医生却能懂得。这就是把太阳的寒温，月亮的盈虚，四时气候的浮沉等情况，综合起来考察以调整病人。这样，医生就常能预见病情，然而疾病尚未显露于外，所以叫“观于冥冥”。所谓“通于无穷”，是说医生的高超技术可以流传后世，这就是医生与一般人不同的地方。不过是病情还没有显露出来，大家都不能发现罢了。看不见形象，尝不到味道，所以叫作“冥冥”，就像神灵一样若隐若现，难以捉摸。虚邪，就是四时八节的病邪。正邪，就是身体因劳累出汗，腠理开张，而为虚风侵袭，正邪伤人轻微，所以一般人不了解它的病情，看不到它的病象。高明的医生，在疾病刚开始就救治，先去候查三部九候的脉气，及时调治，不使脉气衰败，所以疾病容易痊愈，所以叫高明的医生。而低劣的医生，却等疾病已形成，或疾病已经败坏时才治疗。等到病已形成后才治疗，就是不懂得三部九候的脉气混乱是由疾病发展所导致的。他所谓知道疾病的所在，只不过是知道三部九候病脉的所在部位罢了。所以这就像把守门户一样，已经陷入了被动地位。其原因就是不了解病理，而只看到病症的表面现象。

【原文】　帝曰：余闻补泻，未得其意。

岐伯曰：泻必用方。方者，以气方盛也[1]，以月方满也，以日方温也，以身方定也。以息方吸而内针[2]，乃复候其方吸而转针[3]，乃复候其方呼而徐引针[4]。故曰泻必用方，其气乃行焉。补必用员[5]。员者行也，行者移也，刺必中其荣[6]，复以吸排针也[7]。故员与方，排针也。故养神者，必先知形之肥瘦，荣卫血气之盛衰。血气者，人之神，不可不谨养。

【注释】　①方盛：正盛。②内针：进针。内，同“纳”。③转针：捻转针。④引针：拔出针。⑤员：同“圆”。⑥荣：指荣分、血脉。⑦排针：推移其针。

【译文】　黄帝道：我听说针法有补有泻，但不懂它的含义。

岐伯说：泻法必须掌握一个“方”字。因为“方”就是病人邪气正盛，月亮正圆，天气正温和，身体尚安定的时候。要在病人正吸气的时候进针，再等到他正吸气的时候转针。还要等他正呼气的时候慢慢地拔出针来，所以说“泻必用方”，这样，邪气排出，正气流畅，病就会好了。补法必须掌握一个“圆”字。“圆”就是使气运行的意思，行气就是导移血气以至病所，针刺时必须达到荣分，还要在病人吸气时推移其针。所以说圆与方的行针，都要用排针之法。所以善用针术养神的人，必须观察病人形体的肥瘦和荣卫血气的盛衰。因为血气是人的神气寄存之处，不可不谨慎调养。

【原文】　帝曰：妙乎哉论也！合人形于阴阳四时，虚实之应，冥冥之期，其非夫子孰能通之？然夫子数言形与神，何谓形？何谓神？愿卒闻之。

岐伯曰：请言形，形乎形，目冥冥。问其所病，索之于经，慧然在前。按之不得，不知其情，故曰形。

【译文】　黄帝说：讲得妙极了！把人的形体与阴阳四时结合起来，虚实的感应，无形的病况，要不是夫子您谁能明白呢？然而夫子多次说到形和神，究竟什么叫形神？希望详细听听。

岐伯说：请让我先讲形。所谓形，就是说还没有对疾病看得很清楚。问病人的病痛，再从经脉的变化去探索，病情才突然出现在眼前。要是按寻而不可得，便不知道病情了。因为靠诊察形体，才能知道病情，所以叫作形。

【原文】 **帝曰：何谓神？**

岐伯曰：请言神。神乎神，耳不闻，目明心开而志先，慧然独悟，口弗能言[①]。俱视独见[②]，适若昏[③]，昭然独明[④]，若风吹云，故曰神。三部九候为之原，九针之论不必存也。

【注释】 ①口弗能言：不能用言语形容。②俱视独见：大家共同察看，唯有自己能看见。③适：刚才。④昭然：明显、显著的样子。独：又。

【译文】 黄帝道：那什么叫神呢？

岐伯说：请让我讲讲神。所谓神，就是耳不闻杂声，目不见异物，心志开朗，非常清醒地领悟其中的道理，但这不是用言语所能表达的。有如观察一种东西，大家都在看，但只是自己看得真，刚才还好像很模糊的东西，突然明显起来，好像风吹云散，这就叫作神。对神的领会，是以三部九候脉法为本源的，真能达到这种地步，九针之论，就不必太拘泥了。

热论篇

【题解】

本篇对热病的概念、成因、主证、传变规律、治疗大法、禁忌和预后等问题做了较为系统的论述，是一篇研究热病的重要文献，所以名《热论篇》。东汉医家张仲景创立的六经辨证的理论体系就以《热论篇》为其理论来源之一。张仲景在《伤寒杂病论》序中说："撰用《素问》《九卷》《八十一难》《阴阳大论》《胎胪药录》，并平脉辨证，为《伤寒杂病论》，合十六卷。"

【原文】 **黄帝问曰：今夫热病者[①]，皆伤寒之类也[②]。或愈或死，其死皆以六七日之间，其愈皆以十日以上者，何也？不知其解，愿闻其故。**

岐伯对曰：巨阳者[③]，诸阳之属也。其脉连于风府[④]，故为诸阳主气也。人之伤于寒也，则为病热，热虽甚不死。其两感于寒而病者[⑤]，必不免于死。

【注释】 ①热病：指一切外感发热性疾病，如温病、暑病、风病等。②伤寒：指广义的伤寒，即多种外感病的总称。③巨阳：即太阳。巨、太，都是"大"的意思，所以太阳，也称为"巨阳"。④风府：穴名。在项后入发际一寸，属督脉。⑤其：如果。两感于寒而病者：表里俱受寒邪，也就是阴阳俱病。

【译文】 黄帝问道：一般所谓热病，都属于伤寒一类。有的痊愈了，有的死亡了，死亡的都在六七日之间，痊愈的大约在十日以上，这是什么道理？我不知其中的缘故，希望听听其中的道理。

岐伯答道：足太阳经，是诸阳联属会合之处。它的经脉上连风府，所以能够为诸阳主气。人为寒邪所伤，就要发热，如果单是发热，即便热得很厉害，也不会死。但假如阳经、阴经同时感受寒邪为病，就必然死亡。

【原文】 **帝曰：愿闻其状。**

岐伯曰：伤寒一日，巨阳受之，故头项痛，腰脊强。二日，阳明受之，阳明主肉，其脉挟鼻络于目，故身热，目疼而鼻干，不得卧也。三日，少阳受之，少阳主胆，其脉循胁络于耳，故胸胁痛而耳聋。三阳经络皆受其病，而未人于脏者，故可汗而已；四日，太阴受之，太阴脉布胃中，络于嗌，故腹满而嗌干。五日，少阴受之，少阴脉贯肾络于肺，系舌本，故口燥舌干而渴。六日，厥阴受之，厥阴脉循阴器而络于肝，故烦满而囊缩[①]。三阴三阳，五脏六腑皆受病，荣卫不行[②]，五脏不通，则死矣。

【注释】 ①烦满而囊缩：烦闷并且阴囊紧缩。②荣卫：营气、卫气。荣，通“营”。

【译文】 黄帝道：希望听听伤寒的症状。

岐伯说：伤寒第一天，太阳经感受寒邪，所以头项疼痛，腰脊僵硬。第二天，病邪传到阳明，阳明经主肌肉，它的经脉挟鼻，络于目，所以身热、目疼、鼻干，不能安卧。第三天，病邪传到少阳，少阳主胆，它的经脉循行于两胁，络于两耳，所以胸胁痛，耳聋。如果三阳经络都已受病，但还没有传入到脏腑里的，可以用发汗来治愈。第四天，病邪传到太阴，太阴经脉分布于胃，络于咽嗌，所以腹胀满，咽嗌发干。第五天，病邪传入少阴，少阴经脉通肾、络肺，连系舌根，所以口燥，舌干而渴。第六天，病邪传入厥阴，厥阴经脉环绕阴器，络于肝，所以烦闷、阴囊紧缩。如果三阴三阳经、五脏六腑都受了病害，营卫不运行，腑脏不通畅，那就要死了。

【原文】 **其不两感于寒者，七日，巨阳病衰，头痛少愈。八日，阳明病衰，身热少愈。九日，少阳病衰，耳聋微闻。十日，太阴病衰，腹减如故，则思饮食。十一日，少阴病衰，渴止不满，舌干已而嚏。十二日，厥阴病衰，囊纵[①]，少腹微下，大气皆去[②]，病日已矣。**

【注释】 ①囊纵：阴囊松缓。②大气：邪气。

【译文】 如果不是两感于寒邪，到第七天，太阳病就会减轻，头痛也就会稍好一些。到第八天，阳明病会减轻，身热也会渐渐消退。到第九天，少阳病会减轻，耳聋也会好转而能听到点声音。到第十天，太阴病会减轻，胀起的腹部也会平软得和往常一样，就想吃东西了。到第十一天，少阴病会减轻，口不渴了，也不胀满了，舌也不干了，还会打喷嚏。到第十二天，厥阴病减轻了，阴囊也松缓下来，少腹部也觉得舒服，邪气全退了，病也就好了。

【原文】 **帝曰：治之奈何？**

岐伯曰：治之各通其脏脉，病日衰已矣。其未满三日者，可汗而已；其满三日者，

可泄而已。

【译文】 黄帝又问：怎样治疗呢？

岐伯回答说：治疗的方法，应根据脏腑经脉的症状，分别施治，疾病就会日渐衰退。受病未满三天的，可以通过发汗治愈；病已超过三天的，可以通过泻下治愈。

【原文】 帝曰：热病已愈，时有所遗者[1]，何也？

岐伯曰：诸遗者，热甚而强食之，故有所遗也。若此者，皆病已衰而热有所藏[2]，因其谷气相薄，两热相合[3]，故有所遗也。

帝曰：善。治遗奈何？

岐伯曰：视其虚实，调其逆从，可使必已矣。

帝曰：病热当何禁之？

岐伯曰：病热少愈，食肉则复，多食则遗，此其禁也。

【注释】 ①遗：遗留余热。②热有所藏：残余之热未尽。藏，残留。③两热：指病的余热和新食谷气的热。

【译文】 黄帝道：热病已经好了，常常遗有余热，为什么？

岐伯说：凡是余热，都是因为发热重的时候，还勉强吃东西造成的。像这样，病虽然已经减轻，可是余热未尽，于是谷气与余热搏结在一起，所以就有余热现象。

黄帝说：说得好。那么怎样治疗余热呢？

岐伯说：只要根据病的或虚或实，而分别给以正治和反治，病就会好的。

黄帝道：患了热病有什么禁忌呢？

岐伯说：患热病的，如果稍好些，马上吃肉类食物，就会复发，如果多吃谷食，也会有余热，这就是热病的禁忌。

【原文】 帝曰：其病两感于寒者，其脉应与其病形何如？

岐伯曰：两感于寒者，病一日，则巨阳与少阴俱病，则头痛，口干而烦满；二日，则阳明与太阴俱病，则腹满，身热，不欲食，谵言[1]；三日，则少阳与厥阴俱病，则耳聋，囊缩而厥。水浆不入，不知人，六日死。

帝曰：五脏已伤，六腑不通，荣卫不行，如是之后，三日乃死，何也？

岐伯曰：阳明者，十二经脉之长也。其血气盛，故不知人，三日其气乃尽，故死矣。

【注释】 ①谵言：神志不清，语无伦次。

【译文】 黄帝道：假如两感于寒的病人，它的脉象和症状怎样呢？

岐伯说：两感于寒的病人，第一天太阳和少阴二经都患病，就有头痛、口干、烦闷而渴的症状；第二天阳明与太阴二经都患病，就有腹满、发烧、不想吃东西，语无伦次的症状；第三天少阳与厥阴二经都患病，就有耳聋、阴囊紧缩、厥逆的症状。如果再发展到水浆不入口，昏迷不醒，第六天就得死。

黄帝说：病情发展到五脏都已损伤，六腑不通，营卫不和的地步以后，三天之后就死亡了,这是为什么?

岐伯说:阳明经是十二经脉中最重要的。这一经血气与邪气都盛,正邪相搏病人容易神志昏迷,三天以后阳明经气已尽,所以就死亡了。

【原文】 凡病伤寒而成温者[①],先夏至日者为病温,后夏至日者为病暑。暑当与汗皆出,勿止。

【注释】 ①温:此指温热病。

【译文】 凡伤于寒邪而变成瘟病的,在夏至以前发病的叫作温病;在夏至以后发病的叫作暑病。暑病应当发汗,使热从汗出,而不能止汗。

咳论篇

【题解】

本篇讨论了各种咳嗽的成因、症状、传变、治疗等;特别指出了咳嗽虽然为肺病,而五脏六腑之病皆能犯肺作咳。因为本篇是专论咳嗽,所以篇名《咳论》。本篇名言:"五脏六腑皆令人咳,非独肺也。"

【原文】 黄帝问曰:肺之令人咳,何也?

岐伯对曰:五脏六腑皆令人咳,非独肺也。

帝曰:愿闻其状。

岐伯曰:皮毛者,肺之合也。皮毛先受邪气,邪气以从其合也[①]。其寒饮食入胃,从肺脉上至于肺则肺寒,肺寒则外内合邪[②],因而客之,则为肺咳。五脏各以其时受病[③],非其时,各传以与之。人与天地相参[④],故五脏各以治时感于寒则受病[⑤]。微则为咳,甚者为泄为痛。乘秋则肺先受邪,乘春则肝先受之,乘夏则心先受之,乘至阴则脾先受之[⑥],乘冬则肾先受之。

【注释】 ①邪气以从其合也:风寒等邪气侵袭于皮毛,再深入于肺。②外内合邪:外,皮毛感受风寒邪气。内,胃有寒饮食在内。二者相合而伤肺,这就是"外内合邪"。③五脏各以其时受病:五脏各有所主的时令,如肝主春,心主夏,脾主长夏,肺主秋,肾主冬,各在主时易受病。④相参:相合,相应。⑤治时:指五脏所主的时令,也叫旺时。⑥至阴:农历六月为至阴,也称季夏。

【译文】 黄帝问道:肺脏能使人咳嗽,为什么?

岐伯回答说:五脏六腑都能使人咳嗽,不只是肺脏能使人咳嗽。

黄帝道:希望听听具体情况。

岐伯说:皮毛主表,和肺是相配合的。皮毛受了寒气,寒气就会侵入肺脏。假若喝了冷水或者吃了冷东西,寒气人胃,从肺脉上注于肺,肺也会因此受寒。这样,内外的寒邪互相结合,留止在肺脏,就成为肺咳。至于五脏六腑的咳嗽,是五脏各在所主的时令受病,并不是肺在它所主之时受病,各自传给它的。人与天地相参应,五脏各在它所主的时令中受了寒邪，便能得病。若轻微的，就是咳嗽；严重的，寒气入里，就成为泻泄、腹痛。一般情况是在秋天肺先受邪，在春天肝先受邪，在夏天心先受邪，在季夏脾先受邪，在冬天肾先受邪。

【原文】 帝曰：何以异之？

岐伯曰：肺咳之状，咳而喘，息有音，甚则唾血[①]。心咳之状，咳则心痛，喉中介介如梗状[②]，甚则咽肿喉痹。肝咳之状，咳则两胁下痛，甚则不可以转，转则两胠下满，脾咳之状，咳则右胁下痛，阴阴引肩背[③]，甚则不可以动，动则咳剧。肾咳之状，咳则腰背相引而痛，甚则咳涎[④]。

【注释】 ①唾血：血随咳唾而出。②介介：形容喉中有物如梗塞状。③阴阴：即隐隐。④咳涎：咳出粘沫。

【译文】 黄帝问道：怎样来区别这些咳嗽呢？

岐伯说：肺咳的症状，咳嗽的时候，喘息有声音，严重的，还会唾血。心咳的症状，咳嗽的时候，感到心痛，喉中像有东西堵塞，严重的，咽喉肿痛闭塞。肝咳的症状，咳嗽的时候，两胁疼痛，严重的，不能行走，如果行走，两脚就会浮肿。脾咳的症状，咳嗽的时候，右胁痛，隐隐然痛牵肩背，严重的，不能活动，一活动，咳嗽就加重。肾咳的症状，咳嗽的时候，腰背互相牵扯作痛，严重的，就要咳出粘沫来。

【原文】 帝曰：六腑之咳奈何？安所受病？

岐伯曰：五脏之久咳，乃移于六腑。脾咳不已，则胃受之；胃咳之状，咳而呕，呕甚则长虫出。肝咳不已，则胆受之；胆咳之状，咳呕胆汁。肺咳不已，则大肠受之；大肠咳状，咳而遗矢[①]。心咳不已，则小肠受之；小肠咳状，咳而失气[②]，气与咳俱失。肾咳不已，则膀胱受之；膀胱咳状，咳而遗溺。久咳不已，则三焦受之，三焦咳状，咳而腹满，不欲食饮。此皆聚于胃，关于肺，使人多涕唾而面浮肿气逆也[③]。

【注释】 ①遗矢：即大便失禁。矢，通“屎”。②失气：即放屁。③涕唾：稠痰。

【译文】 黄帝道：六腑咳嗽的症状怎样？又是怎么得病的呢？

岐伯说：五脏咳嗽，日久不愈，就要转移到六腑。脾咳不好，胃就要受病；胃咳的症状，咳而呕吐，厉害的时候，可呕出蛔虫。肝咳不好，胆就要受病；胆咳的症状，咳嗽起来，可吐出胆汁。肺咳不好，大肠就要受病；大肠咳的症状，咳嗽的时候，大便失禁。心咳不好，小肠就要受病；小肠咳的症状，咳嗽时要放屁，经常是咳嗽和放屁并作。肾咳不好，膀胱就要受病；膀胱咳的症状，咳嗽的时候，小便失禁。以上各种咳嗽，如果经久不愈，那么三焦就要受病；三焦咳的症状，是咳嗽的时候，肚肠胀满，不想吃东西。这些咳嗽，无论是哪一脏腑的病变，其寒邪都是聚合于胃，联属于肺，使人多吐稠痰，面目浮肿，气逆。

【原文】 帝曰：治之奈何？

岐伯曰：治脏者，治其俞[①]；治腑者，治其合[②]；浮肿者，治其经[③]。

帝曰:善。

【注释】 ①俞:腧穴。②合:合穴。③经:经穴。输、合、经穴之义,详见本书《九针十二原》注。

【译文】 黄帝问道:治疗的方法怎样?

岐伯说:治疗五脏的咳嗽,要取腧穴;治疗六腑的咳嗽,要取合穴;凡是由于咳嗽而致浮肿的,要取经穴。

黄帝说:说得好!

痹论篇

【题解】

痹,闭也,闭阻不通之义。痹病为邪风侵袭于肌肉骨节经络之间,导致气血运行不畅或闭阻不通,引起肢节疼痛、麻木、屈伸不利的病症;还包括邪气所引起的全身性的多种疾病在内。由于本篇系统论述了痹病的病因、病机、症状、分类、治法和预后等,所以篇名叫《痹论》。本篇名言:"饮食自倍,肠胃乃伤。"

【原文】 **黄帝问曰:痹之安生[①]?**

岐伯对曰:风寒湿三气杂至合而为痹也。其风气胜者为行痹[②],寒气胜者为痛痹[③],湿气胜者为著痹也[④]。

【注释】 ①痹:闭阻不通。②行痹:又称"风痹"。表现为肢节疼痛,游走不定。③痛痹:又称"寒痹"。表现为肢体疼痛较重,得热则缓,遇冷加剧。④著痹:又称"湿痹"。表现为肢体疼痛重著,固定不移,或肌肉麻本不仁。

【译文】 黄帝问道:痹病是怎样发生的?

岐伯回答说:风、寒、湿三气混杂在一起入侵人体而形成痹证。风偏重的,叫行痹;寒偏重的,叫痛痹;湿偏重的,叫作著痹。

【原文】 **帝曰:其有五者何也?**

岐伯曰:以冬遇此者为骨痹[①];以春遇此者为筋痹[②];以夏遇此者为脉痹[③];以至阴遇此者为肌痹[④];以秋遇此者为皮痹[⑤]。

【注释】 ①骨痹:病名。表现为骨痛,身重,四肢沉重难举。②筋痹:病名。表现为筋脉拘急,关节疼痛,难以屈伸。③脉痹:病名。表现为不规则的发热,肌肤有灼热感,疼痛,皮肤或见红斑。④肌痹:病名。表现为肌肉麻木,或酸痛无力、困倦、汗出等。⑤皮痹:病名。表现为皮肤枯槁麻木,微觉痛痒。

【译文】 黄帝道:痹病分为五种,都是什么?

岐伯说:在冬天得病的叫骨痹;在春天得病的叫筋痹;在夏天得病的叫脉痹;在夏季得病的叫肌痹;在秋天得病的叫皮痹。

【原文】 **帝曰:内舍五脏六腑,何气使然?**

岐伯曰:五脏皆有合,病久而不去者,内舍其合也[①]。故骨痹不已,复感于邪,内舍于肾;筋痹不已,复感于邪,内舍于肝;脉痹不已,复感于邪,内舍于心;肌痹不已,复感于邪,内舍于脾;皮痹不已,复感于邪,内舍于肺。所谓痹者,各以其时重感于风寒湿之气也[②]。

【注释】 ①内舍:指病邪居留潜藏于内。合:五脏与五体内外相应。②各以其时:指五脏所主的季节,如肝主春,心主夏,脾主长夏,肺主秋,肾主冬。

【译文】 黄帝道:痹病的病邪有内藏于五脏六腑的,这是什么气使它这样的呢?

岐伯说:五脏都有外合的筋、脉、肉、皮、骨,病邪久留在体表不去,就会侵入它所相应的内脏。所以骨痹不愈,又感受了邪气,就内藏于肾;筋痹不愈,又感受了邪气,就内藏于肝;脉痹不愈,又感受了邪气,就内藏于心;肌痹不愈,又感受了邪气,就内藏于脾;皮痹不愈,又感受了邪气,就内藏于肺。所谓的痹病,是在五脏所主季节里感受风、寒、湿三气所形成的。

【原文】 **凡痹之客五脏者,肺痹者,烦满喘而呕。心痹者,脉不通,烦则心下鼓[①],暴上气而喘[②],嗌干善噫,厥气上则恐。肝痹者,夜卧则惊,多饮数小便,上为引如怀。肾痹者,善胀[③],尻以代踵[④],脊以代头[⑤]。脾痹者,四支解堕[⑥],发咳呕汁,上为大塞[⑦]。肠痹者,数饮而出不得,中气喘争[⑧],时发飧泄。胞痹者,少腹膀胱按之内痛,若沃以汤[⑨],涩于小便,上为清涕。**

【注释】 ①心下鼓:即心悸。②暴上气而喘:气逆上冲而致喘。③善胀:肿胀,胀满。④尻以代踵:能坐不能行。⑤脊以代头:背曲头俯不能仰,脊骨高耸反过于头。⑥四支解堕:四肢困倦无力。⑦大塞:即痞塞。⑧中气喘争:肠胃之气上迫于肺以致喘息气急。⑨若沃以汤:好像浇了热水的样子。汤,热水。

【译文】 凡痹病侵入到五脏,肺痹的症状,是烦闷,喘息而呕。心痹的症状,是血脉不通,心烦而且心跳,暴气上冲而喘,咽喉干燥,经常嗳气。逆气上乘于心,就令人惊恐。肝痹的症状,是夜间睡眠多惊,好饮水,小便次数多,上引少腹,膨满像怀孕时一样。肾痹的症状,是浑身肿胀,胀得能坐而不能行,能低头而不能仰头,好像用尾骨着地,又好像颈骨下倾、脊骨上耸一样。脾痹的症状,是四肢倦怠无力,咳嗽,呕吐清汁,胸部痞塞。肠痹的症状,是常常喝水而小便困难,中气上逆,喘而急迫,有时要发生飧泄。胞痹的症状,是手按小腹、膀胱,内有痛感,且腹中觉热,好像浇了热水一样,小便涩滞,上部鼻流清涕。

【原文】 **阴气者[①],静则神藏,躁则消亡。饮食自倍,肠胃乃伤[②]。淫气喘息,痹聚在肺;淫气忧思,痹聚在心;淫气遗溺,痹聚在肾;淫气乏竭[③],痹聚在肝;淫气肌绝,痹聚在脾。诸痹不已,亦益内也。其风气胜者,其人易已也。**

【注释】 ①阴气:此处指五脏精气。②饮食自倍,肠胃乃伤:如果饮食过多了,肠胃就要受到损伤。自,若,如果。③乏竭:疲乏口渴。

【译文】 五脏的阴气,安静时就精神内藏,躁动时就易于耗散。假如饮食过多了,肠胃就要受伤。气失其平和而喘息迫促,那么风寒湿的痹气就容易凝聚在肺;气失其平和而忧愁思虑,那么风寒湿的痹气就容易凝聚在心;气失其平和而遗尿,那么风寒湿的痹气就容易凝聚在肾;气失其平和而疲乏口渴,那么风寒湿的痹气就容易凝聚在肝;气失其平和而过饥伤胃,那么风寒湿的痹气就容易凝聚在脾。各种痹病日久不愈,会越来越往人体的内部发展。如属于风气较胜的,那么病人就比较容易痊愈。

【原文】 帝曰:痹,其时有死者,或疼久者,或易已者,其故何也?

岐伯曰:其人脏者死,其留连筋骨者疼久[①],其留皮肤间者易已。

【注释】 ①留连:即流连。

【译文】 黄帝问:痹病时有会死的,有疼痛很久不好的,有很快就好的,这是什么缘故?

岐伯说:痹病侵入五脏的,就会死亡;缠绵在筋骨里的,疼痛就会长久不好;如邪气只留在皮肤里的,那就容易好。

【原文】 帝曰:其客于六腑者,何也?

岐伯曰:此亦其食饮居处[①],为其病本也。六腑亦各有俞[②],风寒湿气中其俞,而食饮应之,循俞而入,各舍其府也。

【注释】 ①"此亦"句:饮食不节,居处失宜,是腑痹致病的根本原因。②"六腑"句:六腑各有腧穴。亦,语助词。

【译文】 黄帝道:痹病有的侵入到六腑,是什么情况?

岐伯说:这是由于饮食不节,居处失宜,成为腑痹的根本原因。六腑各有腧穴,风、寒、湿三气从外侵袭了一定的腧穴,而又内伤饮食,外内相应,病邪就循着腧穴而入,各自潜留在本腑。

【原文】 帝曰:以针治之奈何?

岐伯曰:五脏有俞[①],六腑有合[②],循脉之分,各有所发,各随其过,则病瘳也[③]。

【注释】 ①五脏有俞:即五脏各有腧穴。如肝输太冲,心输大陵,脾输太白,肺输太渊,肾输太溪。②六腑有合:六腑各有合穴。如胃之合三里,胆之合阳陵泉,大肠之合曲池,小肠之合小海,三焦之合委阳,膀胱之合委中。③瘳:病愈。

【译文】 黄帝道:用针刺治疗痹证应怎样?

岐伯说:五脏有腧穴,六腑有合穴,循着经脉所属的部分,各有发生疾病的部位,只要在各发生疾病的地方进行治疗,病就会痊愈的。

【原文】 帝曰:荣卫之气,亦令人痹乎?

岐伯曰:荣者[①],水谷之精气也。和调于五脏,洒陈于六腑[②],乃能人于脉也,故循脉上下,贯五脏络六腑也。卫者,水谷之悍气也[③],其气慓疾滑利,不能入于脉也,故循皮肤之中,分肉之间,熏于肓膜[④],散于胸腹。逆其气则病,从其气则愈。不与风寒湿

气合，故不为痹。

【注释】 ①荣者：指荣气，也称营气。②洒陈：散布。③悍气：强悍之气。④肓膜：心下膈上之膜。

【译文】 黄帝道：营气、卫气也与风、寒、湿三气相合而成痹病吗？

岐伯说：营气是水谷所化成的精气。它调和于五脏，散布在六腑，然后进入脉中，循着经脉的道路上下，贯通五脏、联络六腑。卫气是水谷所化生的悍气，悍气急滑，不能进入脉中，所以只循行皮肤之中，分肉之间，上熏蒸于肓膜，下散布于胸腹。如果卫气不顺着脉外循行，就会生病，但只要其气顺行，病就会好。总之，卫气是不与风、寒、湿三气相合的，所以不能发生痹病。

【原文】 帝曰：善。痹，或痛，或不仁，或寒，或热，或燥，或湿，其故何也？

岐伯曰：痛者，寒气多也，有寒故痛也。其不痛不仁者，病久入深，荣卫之行涩，经络时疏[1]，故不痛；皮肤不营，故为不仁。其寒者，阳气少，阴气多，与病相益，故寒也。其热者，阳气多，阴气少，病气胜，阳遭阴，故为痹热。其多汗而濡者，此其逢湿甚也。阳气少，阴气盛，两气相感[2]，故汗出而濡也。

【注释】 ①疏：通。②两气：指湿气与阴气。

【译文】 黄帝道：说得好！痹病有痛的，有麻木的，并有寒、热、燥、湿等不同情况，是什么原因？

岐伯说：痛的是寒气偏多，有寒气就疼痛。麻木不痛的，那是病程日久，病邪深入，营卫运行迟滞，但经络有时还能疏通，所以不痛；皮肤得不到营养，所以麻木不仁。寒多的，是阳气少，阴气多，阴气加剧了风寒湿的痹气，所以寒多；热多的，是阳气多，阴气少，病气过强，阳为阴迫，所以是痹热。多汗出而沾湿的，是感受湿气太甚。阳气不足，阴气有余，阴气和湿气相感，所以多汗出而沾湿。

【原文】 帝曰：夫痹之为病，不痛何也？

岐伯曰：痹在于骨则重，在于脉则血凝而不流，在于筋则屈不伸，在于肉则不仁，在于皮则寒。故具此五者，则不痛也。凡痹之类，逢寒则急，逢热则纵[1]。

帝曰：善。

【注释】 ①纵：弛缓。

【译文】 黄帝道：痹病有不痛的，这是什么缘故？

岐伯说：痹在骨的则身重，痹在脉的则血凝滞而不流畅，痹在筋的则屈而不伸，痹在肌肉的则麻木不仁，痹在皮肤的则寒凉。所以有这五种症状的，就不会有疼痛。大凡痹病之类，遇到寒气就挛急，遇到热气就弛缓。

黄帝说：说得好！

调经论篇

【题解】

调经即调治经络。本篇内容,说明了经络是气血运行和沟通脏腑内外的道路,邪气可以由经络传入脏腑或传出体表,所以治疗上要调治经络;并且讨论了运用针刺治疗脏腑经络寒热虚实病变的原理、症状和补泻手法,所以篇名《调经论》。本篇名言:"五脏之道,皆出于经隧,以行血气。血气不和,百病乃变化而生。是故守经隧焉。"

【原文】　黄帝问曰:余闻刺法言,有余泻之,不足补之,何谓有余?何谓不足?

岐伯对曰:有余有五,不足亦有五,帝欲何问?

帝曰:愿尽闻之。

岐伯曰:神有余有不足,气有余有不足,血有余有不足,形有余有不足,志有余有不足。凡此十者,其气不等也。

【译支】黄帝问道:我听刺法上说,病属有余的用泻法,病属不足的用补法。什么是有余,什么是不足呢?

岐伯回答说:有余有五种,不足也有五种,你要问哪一种呢?

黄帝道:希望都听听!

岐伯说:神有有余和不足,气有有余和不足,血有有余和不足,形有有余和不足,志有有余和不足。这十种情况,随气流变,变化无穷。

【原文】　帝曰:人有精气津液,四支九窍,五脏十六部[①],三百六十五节[②],乃生百病,百病之生,皆有虚实。今夫子乃言有余有五,不足亦有五,何以生之乎?

岐伯曰:皆生于五脏也。夫心藏神,肺藏气,肝藏血,脾藏肉,肾藏志,而此成形。志意通,内连骨髓,而成身形五脏。五脏之道,皆出于经隧,以行血气。血气不和,百病乃变化而生。是故守经隧焉[③]。

【注释】　①十六部:指手足十二经脉,二跻脉,一督脉,一任脉。②三百六十五节:指人的全身关节。③经隧:经脉流行之道。

【译文】　黄帝问道:人有精气津液,四肢、九窍,五脏、十六部,三百六十五节,能够发生各种疾病,而各种疾病发生,各有虚实的不同。现在,夫子您只说有余的有五种,不足的也有五种,究竟是怎样发生的呢?

岐伯说:都是从五脏发生的。心藏神,肺藏气,肝藏血,脾藏肉,肾藏志,因而生成人的形体。而志意通达,与内部骨髓互相连系,而形成了人的身体五脏。五脏之间相互联系的通道,都是出自经脉之间,从而运行血气。如果血气不调和,就会变化发生各种疾病。所以诊断治疗,要以经脉作为根据。

【原文】　帝曰:神有余不足何如?

岐伯曰:神有余则笑不休,神不足则悲。血气未并[①],五脏安定,邪客于形,洒淅起

于毫毛,未入于经络也,故命曰神之微[②]。

帝曰:补泻奈何?

岐伯曰:神有余,则泻其小络之血,出血勿之深斥[③],无中其大经,神气乃平。神不足者,视其虚络[④],按而致之,刺而利之,无出其血,无泄其气,以通其经,神气乃平。

帝曰:刺微奈何?

岐伯曰:按摩勿释,著针勿斥,移气于不足,神气乃得复。

【注释】 ①血气未并:血气未有偏聚。②神之微:心经的微邪。因心藏神,故有此说。③深斥:推针深刺。④虚络:指虚而陷下的络脉。

【译文】 黄帝问:神有余和不足的情况如何?

岐伯说:神有余就大笑不止,神不足就悲忧。如果病邪还未与血气混杂,那么,五脏还是安定的,这时病邪只是滞留在身体表面,只是肌肤毫毛恶寒,尚未进入经络,这叫作心经的微邪。

黄帝又问:治疗时怎样使用补泻之法呢?

岐伯说:神有余的,就刺它的小络之脉,使之出血,使之出血但不要推针深刺,更不要刺伤大的经脉,这样,神气就自然平调了。神不足的要用补法,看准那虚络,按摩以达病所,再配合针刺通利经气,不令出血,也不使其气外泄,只是疏通它的经脉,神气就平调了。

黄帝又问:针刺微邪应该怎样?

岐伯说:按摩病处,不要停止,针刺时不向深推针,只是引导转移病人之气,使之充足,神气就能恢复。

【原文】 帝曰:善。有余不足奈何?

岐伯曰:气有余则喘咳上气,不足则息不利少气。血气未并,五脏安定,皮肤微病,命曰白气微泄。

帝曰:补泻奈何?

岐伯曰:气有余,则泻其经隧,无伤其经,无出其血,无泄其气。不足,则补其经隧,无出其气。

帝曰:刺微奈何?

岐伯曰:按摩勿释,出针视之,曰故将深之。适入必革,精气自伏,邪气散乱[①],无所休息,气泄腠理,真气乃相得。

【注释】 ①"精气"两句:精气贯注于内,邪气散乱于浅表。

【译文】 黄帝道:很好！气有余和不足的情况是怎样的?

岐伯说:气有余就喘咳、上逆,气不足就呼吸不利、气短。如果邪气尚未与气血混杂,那么五脏还是安定的,这时皮肤只是微病,病势尚轻,这叫作肺气微虚。

黄帝又问道:补泻的方法怎样?

岐伯说：气有余就泻经隧，但不要伤了经脉，不能出血，不能气泄。如气不足的，就要补经隧，不能出气。

黄帝又问道：针刺微病时应怎样？

岐伯说：应按摩病处，不要停止，同时拿出针让病人看，并佯说，准备深刺。但是刚进针还是改为浅刺，这样病人的精气自然贯注于内，而邪气就散乱于浅表，无处留止，邪气从腠理发泄了，真气自然就能恢复正常。

【原文】 **帝曰：善。血有余不足奈何？**

岐伯曰：血有余则怒，不足则恐。血气未并，五脏安定，孙络外溢，则络有留血[①]。

帝曰：补泻奈何？

岐伯曰：血有余，则泻其盛经出其血；不足，则视其虚经，内针其脉中。久留而视，脉大，疾出其针，无令血泄。

帝曰：刺留血奈何？

岐伯曰：视其血络，刺出其血，无令恶血得入于经，以成其疾。

【注释】 ①络有留血：络内血行不畅，有留滞现象。

【译文】 黄帝说：很好！血有余和不足的情况是怎样的？

岐伯说：血有余就易发怒，血不足就易悲忧。如果邪气尚未与血气混杂，五脏还安定，只是孙络邪盛外溢，络内就会有淤血现象。

黄帝又问道：补泻的方法怎样？

岐伯说：血有余，泻他的盛经，刺之出血；血不足，看他虚弱的经脉，把针扎在经脉上。在进针后，如病人脉象正常，留针时间就要稍长；如脉见洪大，就要立刻拔针，不使出血。

黄帝又问道：刺留血的方法怎样？

岐伯说：看准哪有留血的络脉，刺出其血，但注意不要让恶血回流入经脉，而引起其他疾病。

【原文】 **帝曰：善。形有余不足奈何？**

岐伯曰：形有余则腹胀，泾溲不利[①]；不足则四支不用。血气未并，五脏安定，肌肉蠕动，命曰微风。

帝曰：补泻奈何？

岐伯曰：形有余则泻其阳经[②]，不足则补其阳络。

帝曰：刺微奈何？

岐伯曰：取分肉间，无中其经，无伤其络，卫气得复，邪气乃索[③]。

【注释】 ①泾溲不利：大小便不利。②阳经：和下文的“阳络”，指足阳明经脉、足阳明络脉。③索：消散。

【译文】 黄帝道：很好！形有余和不足的情况是怎样的？

岐伯说:形有余就腹胀,小便不利;形不足则手足不灵活。如果邪气尚未与血气混杂,五脏还安定,只是肌肉有些微微蠕动的感觉,这叫"微风"。

黄帝又问道:补泻的方法怎样?

岐伯说:形有余就泻足阳明胃经的经脉之气,形不足就补足阳明胃经的络脉之气。

黄帝又问道:针刺微风之病应怎样?

岐伯说:刺其分肉间以散其邪,不要刺中经脉,也不要伤及络脉,卫气能够恢复,邪气就消散了。

【原文】 帝曰:善。志有余不足奈何?

岐伯曰:志有余则腹胀飧泄,不足则厥。血气未并,五脏安定,骨节有动[①]。

帝曰:补泻奈何?

岐伯曰:志有余则泻然筋血者[②],不足则补其复溜[③]。

帝曰:刺未并奈何?

岐伯曰:即取之,无中其经,邪所乃能立虚。

【注释】 ①骨节有动:骨节之间有微动感。②然筋:即然谷穴。③复溜:穴名。在足内踝上二寸处,属足少阴肾经。

【译文】 黄帝道:很好!志有余和不足的情形是怎样的?

岐伯说:志有余就要腹胀飧泄,志不足就手足厥冷。如果邪气尚未与气血混杂,那么五脏还是安定的,只是骨节间有微动感。

黄帝又道:补泻的方法是怎样的?

岐伯说:志有余就刺泻然谷出血,志不足就在复溜穴采取补法。

黄帝又问道:在邪气与血气尚未相混的时候,怎样刺治呢!

岐伯说:就刺骨节微动的地方,不要伤及经脉,只刺邪所留止处,病邪马上就能除去。

【原文】 帝曰:善。余已闻虚实之形,不知其何以生。

岐伯曰:气血以并,阴阳相倾[①]。气乱于卫,血逆于经,血气离居[②],一实一虚。血并于阴,气并于阳,故为惊狂。血并于阳,气并于阴,乃为炅中[③]。血并于上,气并于下,心烦惋善怒[④]。血并于下,气并于上,乱而喜忘。

帝曰:血并于阴,气并于阳,如是血气离居,何者为实?何者为虚?

岐伯曰:血气者,喜温而恶寒。寒则泣不能流,温则消而去之[⑤],是故气之所并为血虚[⑥],血之所并为气虚。

【注释】 ①阴阳相倾:阴阳失去平衡。②血气离居:血气失去正常状态。③炅中:内热。④惋:闷。⑤温则消而去之:温暖则气血散开而流走。⑥并:偏胜。

【译文】 黄帝道:很好!我已经听到关于虚实的各种情况,但还不知道是怎样产生的?

岐伯说:虚实的发生,是由于邪气与血气混杂,阴阳混乱,失去平衡。这样,气窜乱于卫分,血逆行于经络,血气都离了本位,就形成了一虚一实的情况。如果血与阴邪相混,气与阳邪相混,就会发生惊狂的病症。如果血与阳邪相混,气与阴邪相混,就会发生内热的病症。如果血与邪气在人体上部相混杂,气与邪气在人体下部相混杂,就会心中烦闷,多怒。如果血与邪气在下部相混杂,气与邪气在人体上部相混杂,就会使人气乱健忘。

黄帝道:血与阴邪相混,气与阳邪相混,像这样血气离了本位,怎样才算实,怎样才算虚呢?

岐伯说:血和气都喜欢温暖而厌恶寒冷。寒冷会使血气涩滞不能畅通,温暖就能使血气消散而易于运行,所以气若偏胜,就有血虚的现象;而血若偏胜,就有气虚的现象。

【原文】 **帝曰:人之所有者,血与气耳。今夫子乃言血并为虚,气并为虚,是无实乎?**

岐伯曰:有者为实,无者为虚,故气并则无血,血并则无气,今血与气相失[①],故为虚焉。络之与孙脉俱输于经,血与气并,则为实焉。血之与气并走于上,则为大厥[②],厥则暴死,气复反则生,不反则死。

【注释】 ①血与气相失:血和气失去了相互联系。②大厥:突然昏倒,中风之类疾病。

【译文】 黄帝说:人体最宝贵的,就是血和气了。现在夫子您说血偏胜,气偏胜都是虚,那么就没有实了吗?

岐伯说:多余的就叫作实,不足的就叫作虚。因为,气偏胜,血就显得不足;血偏胜,气就显得不足。加之血和气失去了正常联系,所以就成为虚了。大络和孙络里的血气都流注到经脉,如果血与气混杂,那就成为实了。如血和气混杂后,循着经络上逆,就会发生大厥证,得了大厥证,就会突然昏死过去,如果气能恢复就能活,否则就会死去。

【原文】 **帝曰:实者何道从来?虚者何道从去?虚实之要,愿闻其故。**

岐伯曰:夫阴与阳皆有俞会[①]。阳注于阴,阴满之外,阴阳匀平,以充其形,九候若一,命曰平人。夫邪之生也,或生于阴,或生于阳。其生于阳者,得之风雨寒暑;其生于阴者,得之饮食居处,阴阳喜怒[②]。

【注释】 ①阴与阳:阴经和阳经。②阴阳:指男女。

【译文】 黄帝道:实是从什么渠道来的?虚又是从什么渠道去的?虚实的关键,我希望听听其中的缘故。

岐伯说:阴经和阳经,都有输入和会合的腧穴。阳经的气血,灌注到阴经,阴经气血充满了，就流走到其他地方，这样阴阳平衡，来充实人的形体，九候的脉象一致，就是正常人。凡邪气的发生，有生于阴分，有生于阳分。生于阳分，是感受了风雨寒暑；生于阴分，是由于饮食不节，起居失常，房事过度，喜怒无常。

【原文】 帝曰：风雨之伤人奈何？

岐伯曰：风雨之伤人也，先客于皮肤，传人于孙脉，孙脉满则传人于络脉，络脉满则输于大经脉，血气与邪并客于分腠之间，其脉坚大，故曰实。实者外坚充满，不可按之，按之则痛。

帝曰：寒湿之伤人奈何？

岐伯曰：寒湿之中人也，皮肤收[①]，肌肉坚紧，荣血泣，卫气去，故曰虚。虚者，聂辟气不足[②]，按之则气足以温之，故快然而不痛。

【注释】 ①收：急而聚，拘急。②聂辟：即折皱的意思。此处指皮肤上的皱纹。聂，通"摺"。辟，通"襞"，指衣服上的皱褶。

【译文】 黄帝道：风雨伤人的情况如何？

岐伯说：风雨伤人是先侵入皮肤，然后传入孙脉，孙脉充满再传到络脉，络脉充满就注入大经脉，血气和邪气混杂于分肉腠理之间，其脉象坚大，所以说是实证。实证外表坚实充满，肌肤不能够按触，按触就会疼痛。

黄帝又问：寒湿伤人的情况如何？

岐伯说：寒湿伤人，会使皮肤拘急，肌肉坚紧，营血凝涩，卫气耗散，所以说是虚证。病虚的人，多是皮肤松弛而有皱纹，卫气不足。按摩就会血脉流畅，则气足而温暖了，所以感觉舒服不痛了。

【原文】 帝曰：善！阴之生实奈何？

岐伯曰：喜怒不节则阴气上逆[①]，上逆则下虚，下虚则阳气走之[②]，故曰实矣。

帝曰：阴之生虚奈何？

岐伯曰：喜则气下，悲则气消。消则脉虚空。因寒饮食，寒气熏满，则血泣气去，故曰虚矣。

【注释】 ①喜怒：偏义复词，偏指怒。②下虚则阳气走之：下部阴气不足，阳气就来凑合。

【译文】 黄帝道：很好！阴分发生的实证是怎样的？

岐伯说：多怒不节制，就会使阴气上逆。如果阴气上逆，下部的阴气就要不足，下部的阴气不足，阳气就来凑合，所以说是实证。

黄帝又道：阴分发生的虚症是怎样的？

岐伯说：喜乐太过，其气下陷；悲哀太过，其气消散。气消耗，血脉就虚了。若再吃寒冷的饮食，寒气乘虚而充满于经脉，就会使血涩滞而气耗散，所以说是虚证。

【原文】 帝曰：经言阳虚则外寒，阴虚则内热，阳盛则外热，阴盛则内寒。余已闻之矣,不知其所由然也。

岐伯曰:阳受气于上焦,以温皮肤分肉之间。今寒气在外,则上焦不通,上焦不通,则寒气独留于外,故寒慄。

帝曰:阴虚生内热奈何?

岐伯曰:有所劳倦,形气衰少,谷气不盛,上焦不行,下脘不通。胃气热,热气熏胸中,故内热。

帝曰:阳盛生外热奈何?

岐伯曰:上焦不通利,皮肤致密,腠理闭塞,玄府不通,卫气不得泄越,故外热。

帝曰:阴盛生内寒奈何?

岐伯曰:厥气上逆,寒气积于胸中而不泻,不泻则温气去[①],寒独留,则血凝泣,凝则脉不通,其脉盛大以涩,故中寒。

【注释】 ①温气:阳气。

【译文】 黄帝道:古经上所说的阳虚产生外寒,阴虚产生内热,阳盛产生外热,阴盛产生内寒。我已听到了这种说法,但不知其所以然。

岐伯说:诸阳都是受气于上焦的,来温养腠理之间。现在寒气侵袭于外,就会使上焦之气不能达于肤腠之间,上焦之气不达于肤腠之间,以致寒气独留在外表,所以恶寒战慄。

黄帝又问:阴虚产生内热是怎么回事?

岐伯说:劳倦过度,形体气力衰疲,谷气不足,上焦不能宣发五谷之味,下脘不能布化五谷之精,胃气郁遏生热,上熏胸中,所以阴虚生内热。

黄帝又问:阳盛产生外热是怎么回事?

岐伯说:上焦之气不畅通顺利,皮肤紧密,腠理闭塞,汗孔不通,卫气不能发泄外越,所以就发生外热。

黄帝又问道:阴盛产生内寒是怎么回事?

岐伯说:由于厥逆之气上冲,寒气积在胸中而不得下泻,寒气不泻,使阳气消散,而寒气独留,因而血液凝涩,血液凝涩则脉不通畅,其脉虽盛大却兼涩象,所以成为寒中。

【原文】 帝曰:阴与阳并,血气以并,病形以成,刺之奈何?

岐伯曰:刺此者取之经隧,取血于营,取气于卫,用形哉,因四时多少高下。

帝曰:血气以并,病形以成,阴阳相倾,补泻奈何?

岐伯曰:泻实者气盛乃内针[①],针与气俱内,以开其门,如利其户[②]。针与气俱出,精气不伤,邪气乃下[③]。外门不闭[④],以出其疾,摇大其道,如利其路,是谓大泻。必切而出,大气乃屈。

帝曰:补虚奈何?

岐伯曰：持针勿置[⑤]，以定其意。候呼内针，气出针入[⑥]。针空四塞，精无从去。方实而疾出针，气入针出，热不得还。闭塞其门，邪气布散，精气乃得存。动气候时，近气不失，远气乃来，是谓追之[⑦]。

【注释】 ①气盛乃内针：邪气盛才进针。②如：而。③邪气乃下：邪气才退。④外门：针孔。⑤持针勿置：拿针不立即刺入。⑥气出针入：在呼气时将针刺入。⑦追之：针刺中的补法。

【译文】 黄帝道：阴与阳相混杂，同时又与血气相混杂，病已经形成，刺治的方法应怎样？

岐伯说：刺治这样的病症，取其经隧刺之，并刺脉中营血和脉外卫气，同时还要观察病人形体的长短肥瘦和四时气候的不同，而采取或多或少或高或下的刺法。

黄帝又道：邪气已经和血气混杂，病形已成，阴阳失去平衡，这时补法和泻法怎样运用呢？

岐伯说：泻实的方法是在邪气盛时进针，使针与气一起入内，从而开放邪气外泄的门户。拔针时，要使气和针一同出来，精气不受伤，邪气就会消退。不闭塞针孔，让邪气出尽，这就要摇大针孔，从而通利邪气外出的道路，这就叫大泻。拔针时一定要急出其针，邪气才会退。

黄帝又问：补虚的方法又是怎样的？

岐伯说：拿着针先不要忙着针刺，必须定神定志。等待病人呼气时下针，呼气出而针入。这样，针孔四围紧密，使精气没有地方外泄。待气正实的时候迅速把针拔出，气入而针出。这样，针下的热气不能随针而出。堵住其散失之路，而邪气散去，人的精气就能保存了。总而言之，在针刺时，不论入针还是出针都要不失时机，使已得之气不致从针孔外泄散失，使未至之气能够引导而来，这就叫作补法。

【原文】 帝曰：夫子言虚实者有十[①]，生于五脏，五脏五脉耳。夫十二经脉皆生其病，今夫子独言五脏。夫十二经脉者，皆络三百六十五节，节有病必被经脉[②]，经脉之病皆有虚实，何以合之？

岐伯曰：五脏者，故得六腑与为表里[③]。经络支节，各生虚实。其病所居，随而调之。病在脉，调之血；病在血，调之络；病在气，调之卫；病在肉，调之分肉；病在筋，调之筋；病在骨，调之骨。燔针劫刺其下及与急者[④]。病在骨，焠针药熨；病不知所痛，两跻为上[⑤]；身形有痛，九候莫病，则缪刺之；痛在于左而右脉病者，巨刺之。必谨察其九候，针道备矣。

【注释】 ①虚实者有十：神、气、血、肉、志各有虚实，计有十种情况。②被：及。③故：通“固”，本来。④燔针劫刺：针刺入后，用微火烧其针。⑤两跻：即阴阳跻脉。

【译文】 黄帝道：你说虚实有十种，都产生于五脏，具体说是与五脏相联系的五脉。可是人身有十二经脉，能够产生各种病变，现在夫子您只是谈了五脏。那十二经脉,联络人体的三百六十五个气穴,每个气穴有病,必定波及经脉,经脉的病又都有虚实,它们与五脏的虚实关系如何呢?

岐伯说:五脏本来和六腑有表里的关系,其经络和支节,各有虚实的病症。根据病变的所在,随时调治。病在脉,可以调治其血;病在血,可以调治其络;病在气,可以调治其卫气;病在肌肉,可以调治其分肉;病在筋,可以调治其筋。病在骨,可以调治其骨。用火针劫刺病处和拘急的地方。如病在骨,可用火针深刺,并用药温熨病处;如病人不知疼痛,最好针刺阳跻阴跻二脉;如人身的形体有疼痛,而九候的脉象没有变化,就用缪刺法治疗;如疼痛在左侧,而右脉出现病象,用巨刺法治疗。必须谨慎审察病人九候的脉象,然后进行针治,这样,针刺的道理就算完备了。

标本病传论篇

【题解】

本篇内容是论述疾病的标本关系及其治法,以及疾病的传变和预后等,所以叫"标本病传论"。本书仅选录其论"标本"部分。标本是中医学的重要范畴,相当于哲学上的本末范畴。"标本"的含义较多,"本"指病因、病机,则"标"指症状表现;"本"指久病,则"标"指新病;另外,在其他篇中,"本"指病人,"标"指医生。治疗的原则是先治本后治标,甚至治本而无须治标,而标病自除。但在标病危急的特殊情况下则先治其标后治其本。

【原文】 **黄帝问曰:病有标本,刺有逆从[①],奈何?**

岐伯对曰:凡刺之方,必别阴阳,前后相应,逆从得施[②],标本相移[③]。故曰:有其在标而求之于标,有其在本而求之于本,有其在本而求之于标,有其在标而求之于本。故治有取标而得者,有取本而得者,有逆取得者,有从取而得者。故知逆与从,正行无问,知标本者,万举万当;不知标本,是谓妄行。

【注释】 ①"病有"两句:疾病有标病、本病,治法有逆治、从治。②逆从得施:施行逆治,从治。③标本相移:标病与本病的治疗,可根据具体情况相互转移。

【译文】 黄帝问道:病有标病本病,刺法有逆治从治,是怎么回事?

岐伯回答说:大凡针刺的原则,必定要先辨别疾病的阴阳属性,把病情的前期和后期联系起来研究,然后确定是用逆治还是从治,治标还是治本。所以说:有的病在标而治标,有的病在本而治本,有的病在本而治标,有的病在标而治本。所以在治疗上,有治标而取效的,有治本而取效的,有反治而取效的,有正治而取效的。所以懂得了治疗的逆从法则,那么就可以放手治疗而无所疑虑;懂得了治标治本的法则,就能屡试不爽,万无一失;如果不懂得标本,这叫胡乱施治。

【原文】 **夫阴阳、逆从、标本之为道也,小而大,言一而知百病之害;少而多,浅而博,可以言一而知百也。以浅而知深,察近而知远,言标与本,易而勿及[①]。**

【注释】 ①言标与本,易而勿及:讲标与本的道理容易理解,而掌握应用就不容易做到了。

【译文】 阴与阳、逆与从、标与本,作为一种原则,可以使人由小到大地认识疾病,从某一点,就能知道各种疾病的害处;还能由少到多,由浅到博,从一种疾病而推知各种疾病。从浅就能知深,察近就能知远,谈论标与本的道理,这两个字容易理解,但真正掌握与熟练运用却不容易做到。

【原文】 **治反为逆,治得为从[1]。先病而后逆者治其本,先逆而后病者治其本[2],先寒而后生病者治其本,先病而后生寒者治其本,先热而后生病者治其本,先热而后生中满者治其标,先病而后泄者治其本,先泄而后生他病者治其本。必且调之,乃治其他病。先病而后生中满者治其标,先中满而后烦心者治其本。人有客气[3],有同气[4]。小大不利治其标,小大利治其本。病发而有余[5],本而标之,先治其本,后治其标。病发而不足,标而本之,先治其标,后治其本。谨察间甚[6],以意调之,间者并行[7],甚者独行[8]。先小大不利而后生病者治其本。**

【注释】 ①治反为逆,治得为从:逆其病情而治为逆治,顺其病情而治为从治。②逆:指气血不和。③客气:即所受的邪气。④同气:与客气相对,指正气。⑤有余:指邪气有余。⑥间:病轻浅。甚:病深重。⑦并行:标本兼治。⑧独行:单独用治标或治本的一种方法。

【译文】 背逆病情而治的为逆治,顺从病情而治的为从治。先患某病,然后发生气血逆乱的,治疗它的本病;若先气血不和,然后才患病的,也应先治其本病;先感受寒邪而后发生其他病变的,应当先治其本;先患病而后生寒变的,也当先治其本病;先患热病而后发生其他病变的,应当治其本病;先患热病而后生胸腹胀满的,就应治它的标病;先患病而后发生泄泻的,应先治其本病;先患泄泻而后又生其他病的,应先治它的本病。一定得先把泄泻治好,才可治疗其他病症。先患病而后发生中满的,应当先治它的标病;先患胸腹胀满证,而后又增加了心烦不舒的,应当治其本病。人体有邪气,也有真气。大小便不利的,应当先治其标病;大小便通利的应当先治其本病。如发病表现为有余的实证,应当用本而标之的治法,即先治其本,后治其标;如发病表现为不足的虚证,应当用标而本之的治法,即先治其标,后治其本。要谨慎地观察病情的轻重,根据具体病情而进行治疗,病轻的可以标本兼治,病重的就要根据病情,或治本或治标。先大小便不通利,而后并发其他疾病的,应当先治其本病。

天元纪大论篇

【题解】

本篇论述了"五运六气"学说的一些基本法则,从太过、不及、平气的岁气变化,说明运气对宇宙万物的影响。因其用天干以纪地气,地支以纪天气,天地运气是宇宙万物生化的本源，本篇专门纪而论之，故以《天元纪大论》名篇。本篇总论天地万物生成部分的内容与《易传》，特别是其中论乾元、坤元在万物生化中的重要作用有密切关系，当是《易传》思想在医学方面的发展。读者宜参考《周易》来理解这段文字。

【原文】 **黄帝问曰：天有五行，御五位[①]，以生寒、暑、燥、湿、风。人有五脏，化五气，以生喜、怒、思、忧、恐。《论》言：五运相袭而皆治之[②]，终期之日[③]，周而复始。余已知之矣，愿闻其与三阴三阳之候奈何合之？**

鬼臾区稽首再拜对曰[④]：昭乎哉问也！夫五运阴阳者，天地之道也，万物之纲纪，变化之父母，生杀之本始，神明之府也，可不通乎！故物生谓之化[⑤]，物极谓之变[⑥]，阴阳不测谓之神[⑦]，神用无方谓之圣[⑧]。夫变化之为用也，在天为玄，在人为道，在地为化。化生五味，道生智，玄生神。神在天为风，在地为木；在天为热，在地为火，在天为湿，在地为土；在天为燥，在地为金；在天为寒，在地为水。故在天为气，在地成形，形气相感而化生万物矣[⑨]。然天地者，万物之上下也；左右者，阴阳之道路也；水火者，阴阳之征兆也；金木者，生成之终始也[⑩]。气有多少，形有盛衰，上下相召，而损益彰矣。

【注释】 ①御：有“主”“统属”的意思。五位：东、南、中央、西、北五方。②《论》言：指《素问·六节脏象论》。③期：一年。④鬼臾区：人名。黄帝的大臣。⑤物生谓之化：万物的生长是由五运阴阳变化而成的，称为“化”。⑥物极谓之变：万物生长发展到极端，称之为“变”。⑦阴阳不测谓之神：阴阳变化不可揣测，称为“神”。语出《易传·系辞》。⑧神用无方谓之圣：神的作用（阴阳运动）变化无穷叫作“圣”。方，边的意思。《易传》云：“神无方，而易无体。”⑨“形气”句：在天无形之气与在地有形的质（五行）相互感应，从而化生万物。⑩“金木”两句：金，代表秋；木，代表春。万物生发于春，收成于秋，一生一成，而成为万物的终始。

【译文】 黄帝问道：天有五行，统率东、南、西、北、中五方之位，产生寒、暑、燥、湿、风的气候变化。人有五脏，化生五气，产生喜、怒、思、忧、恐。《六节脏象论》说道：五运之气相承袭，都有其固定的顺序，到岁终的那一天是一个周期，然后开始新的循环。这些道理我已经了解了，希望再听听五运与三阴三阳这六气是怎样结合的？

鬼臾区恭敬地行了两次礼回答说：你问得很明确啊！五运阴阳是天地自然的根本规律，是一切事物的纲领，是千变万化的起源，是生长、毁灭的根本，是天地万物神奇变化的内在动力，能不通晓它吗！所以万物的生长称为“化”，生长发展到极端就叫“变”，阴阳的变化不可测度叫“神”，神的作用变化没有方所叫“圣”。神明变化的作用，在天就是深奥不测的宇宙，在人就是社会人事的道理，在地就是万物的化生。地能够化生，就产生了万物的五味；人明白了道理，就产生了智慧；天的深奥不测，就产生了神明。而神明变化，在天为风，在地为木；在天为热，在地为火；在天为湿，在地为土；在天为燥，在地为金；在天为寒，在地为水。总之在天为无形的六气，在地为有形的五行，形气相互交感，就能化生万物了。然而，天地是万物的上下范围，左右是阴阳升降的道路,水火是阴阳的表现,秋春是生长收成的终结与开始。气有多少的不同,形有盛衰的分别,形气相互交感,或者衰弱或者强盛的现象,也就很明显了。

【原文】 帝曰:愿闻五运之主时也何如?

鬼臾区曰:五气运行,各终期日[①],非独主时也。

帝曰:请闻其所谓也。

鬼臾区曰:臣积考《太始天元册》文曰[②]:太虚寥廓[③],肇基化元[④],万物资始[⑤],五运终天,布气真灵,揔统坤元[⑥]。九星悬朗[⑦],七曜周旋[⑧],曰阴曰阳,曰柔曰刚。幽显既位[⑨],寒暑弛张。生生化化[⑩],品物咸章[⑪]。臣斯十世,此之谓也。

【注释】 ①期日:即三百六十五日。②《太始天元册》:古代占候之书,已佚。③太虚寥廓:太空苍茫辽阔,无边无际。④肇基化元:化生万物的基础。肇,开始。元,根源,本始。⑤资:依靠。⑥揔统坤元:天之气统摄着生化万物的大地。揔,总。统,统摄,统领。坤元,大地。⑦九星:指天蓬、天芮、天冲、天辅、天食、天心、天任、天柱、天英九星。⑧七曜周旋:七曜环绕旋转。七曜,古时指日、月、土、火、木、金、水七星。⑨幽显既位:昼夜的明暗有固定的规律。幽,暗。显,明。⑩生生化化:指万物不断地生长变化。⑪品物:万物。

【译文】 黄帝道:我想听听五运主四时的情况如何?

鬼臾区说:五气运行,每气冬尽一年的三百六十五日,并不是仅仅主四时的。

黄帝又问道:希望听听其中的缘由。

鬼臾区说:我查考了《太始天元册》,上面说:广阔无垠的天空,是化生万物的基础,万物依靠它开始成长,五运终而复始地运行于宇宙之中,敷布真灵之气,统摄着作为万物生长之根本的坤元。九星悬挂辉耀,七曜环绕旋转,在天产生了阴与阳的变化,在地有了柔与刚的分别。昼夜的明暗有了固定的规律,四时寒暑更替有常。这样生化不息,万物自然就繁荣昌盛了。我家已经十世相传,就是前面所讲的这些道理。

疏五过论篇

【题解】

本篇内容主要讨论诊治上的五种过错,并且指出临证诊治,必须结合饮食、人事、脏象、色脉等进行分析和研究,才能正确地诊断和治疗。疏,分条陈述;五过,五种过错。马莳说:"疏,陈也。内有五过,故名篇。"本篇名言:"治病之道,气内为宝。"

【原文】 黄帝曰:呜呼远哉!闵闵乎若视深渊[①],若迎浮云。视深渊尚可测,迎浮云莫知其际。圣人之术,为万民式[②],论裁志意[③],必有法则,循经守数[④],按循医事,为万民副[⑤]。故事有五过,汝知之乎?

雷公避席再拜曰:臣年幼小,蒙愚以惑[⑥],不闻五过,比类形名,虚引其经,心无所对。

【注释】 ①闵闵:深远貌。形容医道深奥无穷。②圣人之术,为万民式:圣人的医术,是众人的典范。③论裁:讨论决定。④循经守数:遵守常规和法则。⑤为万民副:为众人谋福利。副,辅助,引申为谋福利。⑥蒙愚以惑:愚笨而又不明事理。

【译文】 黄帝道:哎呀,真是太深远了!深远得好像探视深渊,又好像面对空中浮云。深渊还可以测量,而浮云就很难知道它的尽头了。圣人的医术,是众人的典范,他讨论决定医学上的认识,必然有一定的法则。遵守常规和法则,依循医学的原则治疗疾病,才能给众人谋福利。所以在医事上面有五过的说法,你知道吗?

雷公离开座位再拜说:我年岁幼小,愚笨而又糊涂,不曾听到五过的说法,只能在疾病的表象和名称上进行比类,空洞地引用经文,而心里却无法对答。

【原文】 **帝曰:凡诊病者,必问尝贵后贱,虽不中邪,病从内生,名曰脱营[①]。尝富后贫,名曰失精。五气留连[②],病有所并。医工诊之,不在脏腑,不变躯形,诊之而疑,不知病名。身体日减,气虚无精,病深无气,洒洒然时惊[③]。病深者,以其外耗于卫,内夺于荣。良工所失,不知病情。此亦治之一过也[④]。**

【注释】 ①脱营:与下文的"失精",皆病症名。皆为情志郁结所致。②五气:即五脏之气,实指五脏所生之情志而言。③洒洒然:恶寒貌。④"此亦"句:这在诊治上是第一种过失。亦,句中助词。过,过失。

【译文】 黄帝道:凡是在诊病的时候,必须询问病人是否以前高贵而后来卑贱,那么虽然不中外邪,疾病也会从内而生,这种病叫"脱营"。如果是以前富裕而后来贫困而发病,这种病叫"失精"。这两种病都是由于情志不舒,五脏气血郁结,渐渐积累而成的。医生诊察时,疾病的部位不在脏腑,身躯也没有变化,所以诊断上发生疑惑,不知道是什么病。但病人身体却一天天消瘦,气虚精耗,等到病势加深,就会毫无气力,时时怕冷,时时惊恐。这种病会日渐加深,就是因为情志抑郁,在外耗损了卫气,在内劫夺了营血的关系。医生的失误,是不懂得病情,随便处理。这在诊治上是第一种过失。

【原文】 **凡欲诊病者,必问饮食居处。暴乐暴苦,始乐后苦,皆伤精气,精气竭绝,形体毁沮[①]。暴怒伤阴,暴喜伤阳,厥气上行,满脉去形[②]。愚医治之,不知补泻,不知病情,精华日脱,邪气乃并[③]。此治之二过也。**

【注释】 ①毁沮:毁坏。②满脉:即张脉。经脉张满。去形:形体羸瘦。③邪气乃并:邪气愈加盛实。

【译文】 凡是诊察病人,一定得问他饮食起居的情况。精神上有没有突然的欢乐,突然的痛苦,原生活安逸后来生活艰难,这些都能伤害精气,精气衰竭,形体毁坏。暴怒会损伤阴气,暴喜会损伤阳气。阴阳受伤,厥逆之气就会上行而经脉张满,形体羸瘦。愚笨的医生诊治时,不知道该补还是该泻,也不了解病情,以致病人脏腑精华一天天损耗,而邪气愈加盛实。这是诊治上的第二种过失。

【原文】 **善为脉者，必以比类、奇恒、从容知之[①]。为工而不知道，此诊之不足贵，此治之三过也。**

【注释】 ①比类：用取类相比，以求同中之异或异中之同。奇：指异常的。恒：指正常的。

【译文】 善于诊脉的医生，必然能够别异比类，分析奇恒，从容细致地掌握疾病的变化规律。作为医生而不懂医道，那他的诊治就没有什么值得称许的了。这是诊治上的第三种过失。

【原文】 **诊有三常[①]，必问贵贱。封君败伤，及欲侯王。故贵脱势，虽不中邪，精神内伤，身必败亡。始富后贫，虽不伤邪，皮焦筋屈，痿躄为挛[②]。医不能严，不能动神，外为柔弱，乱至失常[③]，病不能移[④]，则医事不行。此治之四过也。**

【注释】 ①三常：这里指贵贱、贫富、苦乐三种情况。②躄：足痿弱不能行走。③乱至失常：诊治上失去常法。乱，反训为"治"。④病不能移：病患不能除去。

【译文】 诊病时，对于病人的贵贱、贫富、苦乐三种情况，必须先问清楚。比如原来的封君公侯，丧失原来的封土，以及想封侯称王而未成功。过去高贵后来失势，虽然不中外邪，而精神上先已受伤，身体一定要败坏，甚至死亡。如先是富有的人，一旦贫穷，虽没有外邪的伤害，也会发生皮毛枯焦，筋脉拘挛，成为痿躄的病。这种病人，医生如不能认真对待，去转变患者的精神状态，而仅是顺从病人之意，敷衍诊治，以致在治疗上丢掉法度，那么病患就不能去除，当然也就没有什么疗效了。这是诊治上的第四种过失。

【原文】 **凡诊者，必知终始，有知余绪[①]。切脉问名[②]，当合男女，离绝菀结[③]，忧恐喜怒。五脏空虚，血气离守。工不能知，何术之语。尝富大伤，斩筋绝脉，身体复行，令泽不息[④]，故伤败结，留薄归阳，脓积寒炅。粗工治之，亟刺阴阳，身体解散，四肢转筋，死日有期。医不能明，不问所发[⑤]，唯言死日，亦为粗工。此治之五过也。**

【注释】 ①余绪：末端。既察其本，又知其末。②问名：问症状。③离绝：指生离死别。菀结：情志郁结。④令泽不息：使津液不能滋生。⑤不问所发：不问发病的原因。

【译文】 凡是诊治疾病，必须了解疾病的全部过程，同时还要察本而能知末。在切脉问证的时候，应注意到男女性别的不同，以及生离死别，情怀郁结，忧愁恐惧喜怒等因素。这些都能使五脏空虚，血气难以持守。如果医生不知道这些，还谈什么治疗技术。比如有人曾经富有，一旦失去财势，身心备受打击，以致筋脉的营养断绝，虽然身体还能行动，但津液不能滋生，过去形体的旧伤疼被引发，血气内结，迫于阳分，日久成脓，发生寒热。粗率的医生治疗时，多次刺其阴阳经脉，使病人的身体日见消瘦，难于行动，四肢拘挛转筋，死期已经不远了。而医生不能明辨，不问发病原因，只能说出哪一天会死，这也是粗率的医生。这是诊治上的第五种过失。

【原文】 凡此五者，皆受术不通，人事不明也。故曰：圣人之治病也，必知天地阴阳，四时经纪，五脏六腑，雌雄表里[1]，刺灸砭石，毒药所主。从容人事，以明经道，贵贱贫富，各异品理[2]，问年少长，勇怯之理，审于分部，知病本始，八正九候，诊必副矣。

【注释】 ①雌雄表里：此指经脉而言。如六阴为雌，六阳为雄，阳脉行表，阴脉行里。②贵贱贫富，各异品理：指由于贵贱贫富的不同，其体质亦异。

【译文】 以上所说的五种过失，都是由于所学医术不精深，又不懂得贵贱、贫富、苦乐人事的缘故啊！所以说：高明的医生治病，必须知道天地阴阳，四时经络，五脏六腑的相互关系，经脉的阴阳表里，刺灸、砭石、毒药所治疗的主要病症。联系人事的变迁，掌握诊治的常规。贵贱贫富及各自不同的体质，询问年龄的少长，分析个性的勇怯，再审查疾病的所属部分，就可以知道疾病的根本原因；然后参考八正的时节，九候的脉象，那么诊治就一定精确了。

【原文】 治病之道，气内为宝[1]，循求其理。求之不得，过在表里。守数据治，无失俞理。能行此术，终身不殆。不知俞理，五脏菀热[2]，痈发六腑。诊病不审，是谓失常。谨守此治，与经相明。《上经》《下经》，揆度阴阳，奇恒五中[3]，决以明堂[4]，审于终始[5]，可以横行[6]。

【注释】 ①气内为宝：张介宾："气内，气之在内者，即元气也。"指察病人元气的强弱是治病的关键。②菀热：郁热。③五中：即五脏，因脏腑在体内故也称五中。这里指五脏的气色。④明堂：明堂为古时朝廷议政的大堂，一般位居皇宫中央。因鼻位居面部中央，故以明堂喻鼻。这里泛指面部颜色。⑤终始：始为初病，终是现病。⑥横行：遍行，自由行走。

【译文】 治病的关键，在于深察病人元气的强弱，来寻求邪正变化的机理。假如不能切中，那么过失就在于对表里关系的认识了。治疗时，应该守数据治，不要搞错取穴的理法。能这样进行治疗，可以一生不发生医疗过错。若不知取穴的理法，妄施刺灸，就会使五脏郁热，六腑发生痈疡。诊病不能审慎，叫作失去常规。谨守常规来治疗，自然就与经旨相合了。《上经》《下经》二书，都是研究揆度阴阳奇恒之道的，五脏之病，表现于气色，取决于颜色，能从望诊上了解病的终始，可以无往而不胜。

征四失论篇

【题解】

征，通"惩"。"征四失"是"惩戒四种过失"的意思。本篇是讨论医生临证中易犯的四种过失，所以提出来做惩戒，故篇名叫作《征四失论》。

【原文】 黄帝在明堂，雷公侍坐。黄帝曰：夫子所通书受事众多矣，试言得失之意，所以得之，所以失之。

雷公对曰：循经受业，皆言十全，其时有过失者，请闻其事解也。

【译文】 黄帝坐在明堂里,雷公在一旁侍坐。黄帝说:你研读医书接受医业已经很多了,试谈谈对治病成功失败的看法,治愈没有治愈的原因。

雷公回答说:我在研习医经接受医业当中,听说可以得到十全的疗效,但常常还是没有治好的,希望听听其中的说法。

【原文】 帝曰:子年少智未及邪?将言以杂合耶?夫经脉十二,络脉三百六十五,此皆人之所明知,工之所循用也。所以不十全者,精神不专,志意不理,外内相失,故时疑殆。诊不知阴阳逆从之理。此治之一失也。

【译文】 黄帝道:你是因为年轻智力不够呢,还是由于杂合各家学说,缺乏一以贯之的独立见解呢?十二经脉,三百六十五络脉,这是人人都明白了解的,也是医工们所遵循使用的。之所以不能得到十全的疗效,是由于精神不能集中,思想上不加分析,又不能把外在的症状和内在的病机结合起来,因此时常产生疑问和困难。在诊治上,不懂得阴阳逆从的道理。这是治疗工作中的第一个失败原因。

【原文】 受师不卒,妄作杂术,谬言为道,更名自功,妄用砭石,后遗身咎。此治之二失也。

【译文】 从师学习尚未毕业,就胡乱地搞起庞杂的疗法,还荒谬地说是真理,或窃取别人成果而冠以己名,乱用砭石,结果给自己造成了罪过。这是治疗工作中第二个失败原因。

【原文】 不适贫富贵贱之居,坐之薄厚①,形之寒温,不适饮食之宜,不别人之勇怯,不知比类,足以自乱,不足以自明。此治之三失也。

【注释】 ①坐之薄厚:居处环境的好坏。坐,古人席地而坐,这里指居处。

【译文】 不理解贫富贵贱的状况,居处环境的好坏,形体的寒温,不理解适宜的饮食,不能区别性格的勇怯,不知道取象比类的分析方法。像这样,足以搞乱自己的头脑,而不能有清楚的认识。这是治疗工作中第三个失败原因。

【原文】 诊病不问其始,忧患饮食之失节,起居之过度,或伤于毒?不先言此,卒持寸口,何病能中?妄言作名,为粗所穷。此治之四失也。

【译文】 诊断疾病,不问发病的原因,是由于精神刺激,饮食不节制,生活起居违背常规,还是由于中毒?不先把这些问题搞清楚,就贸然诊察病人的脉息,怎能诊断出什么病呢?信口胡说,编造病名,就会因技术低劣,而陷于困境。这是治疗工作中的第四个失败原因。

【原文】 是以世人之语者,驰千里之外,不明尺寸之论,诊无人事。治数之道,从容之葆,坐持寸口,诊不中五脉,百病所起,始以自怨,遗师其咎。是故治不能循理,弃术于市,妄治时愈,愚心自得。呜呼!窈窈冥冥,孰知其道?道之大者,拟于天地,配于四海,汝不知道之谕,受以明为晦。

【译文】 有些医生说起话来,夸大到千里之外,却不明白尺寸诊法,论治疾病,也不考虑人事。诊病技术的原则,医生的从容和缓是最宝贵的,仅知诊察寸口,不能精确地诊察五脏之脉,就不知道百病发生的原因。医疗上出了问题,开始自怨所学不精,继则归罪于老师教得不好。所以治病如果不能遵循医学道理,就不会为人所信任,任意乱治,偶尔有治好的,就夸耀己功。唉!医学的道理是微妙高深的,有谁能够了解其中的道理?医学理论的远大,能和天地相比,能和四海相配,你不了解明白医理,即使名师传授明白的道理,也依然糊涂。

灵枢

九针十二原

【题解】

九针,古代用来针治的九种针具,即镵针、员针、鍉针、锋针、铍针、员利针、毫针、长针、大针。针具何以为九种,这与古人的数字崇拜有关。古人在生产生活的实践中发现客观世界存在着数量关系,这种数量关系似乎是世界的本质,决定着万物的存在方式。数,不仅是单纯的计算工具,而且是自然规律的反映。于是产生了数理哲学,来指导人类的社会实践。《素问·三部九候论》云:“天地之至数,始于一,终于九焉。”“九”为数之极,所以针具也有九种。十二原,指十二原穴。具体指五脏各二原穴,合膏之原、肓之原各一,共十二穴。“原”即源,本源之义。所以篇中云:“五脏有疾,应出十二原”,五脏之病在十二原穴上有反映,因此“五脏有疾,当取之十二原”。本篇主要内容有三部分,首先论述了针刺中经气的微妙变化及针刺的疾、徐、迎、随、开、阖等手法和补泻作用。其次,详论了九针之形制及各自适宜的主治病症。最后叙述了分布在肘、膝、胸、脐等处的十二个原穴及脏腑疾病分别取用十二原穴的道理。取其论述所及内容“九针”和“十二原”而名篇。

【原文】 **黄帝问于岐伯曰:余子万民①,养百姓②,而收其租税。余哀其不给,而属有疾病③。余欲勿使被毒药④,无用砭石,欲以微针通其经脉,调其血气,营其逆顺出入之会。令可传于后世,必明为之法。令终而不灭,久而不绝,易用难忘,为之经纪⑤。异其章,别其表里,为之终始,令各有形,先立《针经》。愿闻其情。**

【注释】 ①子万民:爱万民。②百姓:百官。③属:连续。④被:受。毒药:治病药物。古人以药能治病,谓之毒药。⑤经纪:条理。

【译文】 黄帝问岐伯说:我养万民、养百官,而征收他们的租税。很怜悯他们不能终尽天年,还接连不断地生病。我想叫他们不服药,也不用砭石,只用细针,刺入肌肤,就能疏通经脉,调和气血,使气血运行,在经脉中逆来顺往出入会合。使这种疗法,可以传到后世,就必须明确地制定出针经大法。为使针法永远不会磨灭,历久相传而不断绝，在学习中，容易运用，难以忘记，这又必须制定出微针使用的准则。另外，更要辨章析句，辨别表里，讲明用针的终始之道，把九针的形状写清楚，首先编成一部《针经》。我希望听到实际内容。

【原文】 岐伯答曰：臣请推而次之，令有纲纪，始于一，终于九焉。请言其道。小针之要①，易陈而难入②。粗守形，上守神③。神乎神，客在门④。未睹其疾，恶知其原？刺之微，在速迟。粗守关，上守机⑤。机之动，不离其空⑥。空中之机，清静而微。其来不可逢，其往不可追⑦。知机之道者，不可挂以发⑧；不知机道，叩之不发。知其往来，要与之期。粗之暗乎，妙哉！工独有之。往者为逆，来者为顺⑨，明知逆顺，正行无问。逆而夺之，恶得无虚？追而济之，恶得无实？迎之随之，以意和之，针道毕矣。

【注释】 ①小针：也叫微针，即今之毫针。②易陈而难入：简单的容易操作，精微的难以掌握。③粗守形，上守神：技术低下的医生拘泥于有形的刺法，而高明的医生却能够把握气血变化和精神而施针。④神乎神，客在门：人身气血精神的运行通道，也是客邪侵入人体的门户。⑤粗守关，上守机：粗率的医生仅知道守着四肢关节附近的穴位施针，高明的医生等待经气的到来而施以补泻手法。⑥不离其空：经气的往来离不开腧穴。空，通"孔"，腧穴。⑦其来不可逢，其往不可追：当邪气正盛时，不可迎而补之；当邪气衰，正气未复时，不可用泻法。⑧不可挂以发：此处以发射弓弩的技术比喻针刺。"不可挂以发"诸家解释都认为是指针刺技术精深之义。但对其本意未有确解。"不可挂以发"与"叩之不发"意正相反。后者意为虽箭在弦上却不能射出。窃以为"不可挂以发"，意指不将箭与弦挂得过紧，则可较容易地把箭发出。⑨往者为逆，来者为顺：往，指经气去；来，指经气至。去者为逆，来者为顺。

【译文】 岐伯答道：我愿意把所知道的按着次序来谈，这样才有条理，从一到九，终始不乱。先谈谈针刺治疗的一般道理。小针的关键所在，说起来容易，可是达到精微的境界却很难啊！粗率的医生拘守形体，仅知在病位上针刺，高明的医工却懂得根据病人的神气变化针治疾病。神啊！神啊！气血循行经脉，出入有一定的门户，病邪可从门户侵入体内，医生看不出是什么病，哪能了解病变的原因呢？针刺的巧妙，在于如何运用疾徐手法。粗率的医生拘守四肢关节的穴位治疗，高明的医工却能观察经气。经气的循行，离不开腧穴。邪气随着经气而流动，腧穴所体现的经气虚实变化是清静微妙的，必须仔细体验。当邪气盛时，不可迎而补之，在邪气衰时，不可追而泻之。懂得气机变化的道理，就不会有毫发的差失；不懂得气机变化的道理，就像箭扣弦上，不能射出一样。所以针刺必须掌握气的往来顺逆盛衰之机，才能确有疗效。粗率的医生对此昏昧无知，这种妙处，只有高明的医工才能有。什么是逆顺呢？正气去叫作"逆"，正气来复叫作"顺"，明白逆顺之理，就可以放胆直刺，无须四顾询问了。那正气已虚，反而用泻法，怎么不会更虚呢？邪气正盛，反而用补法，怎么不会更实呢？必须迎其邪而泻，随其去而补，对于补泻手法，能用心体察，那么针刺之道，也就尽在其中了。

【原文】 **凡用针者，虚则实之，满则泄之，宛陈则除之[①]，邪胜则虚之。《大要》曰：徐而疾则实[②]，疾而徐则虚[③]。言实与虚，若有若无[④]。察后与先[⑤]，若存若亡[⑥]。为虚与实，若得若失[⑦]。虚实之要，九针最妙。补泻之时，以针为之。泻曰：必持内之，放而出之[⑧]，排阳得针[⑨]，邪气得泄。按而引针，是谓内温[⑩]，血不得散，气不得出也。补曰：随之，随之，意若妄之[⑪]，若行若按[⑫]，如蚊虻止，如留如还，去如弦绝。令左属右[⑬]，其气故止，外门以闭，中气乃实。必无留血，急取诛之。持针之道，坚者为宝[⑭]，正指直刺，无针左右，神在秋毫，属意病者，审视血脉，刺之无殆。方刺之时，必在悬阳[⑮]，及与两卫[⑯]，神属勿去，知病存亡。血脉者，在腧横居，视之独澄[⑰]，切之独坚。**

【注释】 ①宛陈则除之：血气淤滞日久，当排除之。宛，通"郁"，积聚。②徐而疾则实：进针慢，出针快，出针后急按针孔的刺法，属补法。③疾而徐则虚：进针快，出针慢，出针后不闭针孔的刺法，属泻法。④言实与虚，若有若无：针下有气为实，无气为虚。有气指针刺后在刺穴周围产生的酸麻胀痛之感，甚至沿经脉传导，在医生手下有紧滞感。无气则为针刺后没有感觉，医生下针如刺豆腐。气本无形，故云若有若无。⑤察后与先：审察疾病的缓急，决定治疗先后的次序。⑥若存若亡：根据气之虚实，而决定是否留针及留针的久暂。⑦为虚与实，若得若失：形容针刺补泻手法的作用。实证，泻而取之，使患者若有所失；虚证，补而实之，使患者若有所得。⑧放而出之：摇大针孔，使邪气得出。⑨排阳得针：有三说。一、阳指皮肤浅表部位，排开浅表部位，使邪气随针外泄。二、阳指表阳，排开表阳，以去邪气。三、排阳，推扬，转针。⑩内温：气血内蕴。温，同"蕴"。⑪意若妄之：随意而为，好像漫不经心。⑫行：行针导气。按：按压孔穴以下针。⑬令左属右：右手出针，令左手急按针孔。⑭坚者为宝：针刺时要紧固有力。⑮悬阳：凡刺时必举阳气为主，故曰悬阳。悬，举。阳，神气。⑯两卫：卫气在阳，肌表之卫。脾气在阴，脏腑之卫。二者皆神气所居，不可伤犯。凡用针首宜顾此。⑰视之独澄：看得很清楚。

【译文】 凡是针刺时，正气虚用补法，邪气实用泻法，有淤血的用破除法，邪气胜的用攻邪法。《大要》说：慢进针而快出针，急按针孔的为补法，快进针而慢出针，不按针孔的为泻法。说到针下有气感为实，针下无气感为虚，因为气本无形，所以似有似无。根据疾病的缓急及气的虚实来决定补泻的先后次序，根据气之虚实，而决定是否留针及留针的久暂。总的说来，如掌握得法，就能达到补虚泻实的目的，使患者感到补之若有所得，泻之若有所失。补虚泻实的要点，在于巧妙地使用九针。或补或泻，用针刺手法来解决。泻法的要领是：持针纳入，得气后，摇大针孔，转而出针，这可使邪气随针外泄。假如出针随即按闭针孔，会使邪气蕴郁于内，淤血不散，邪气不得外泄。补法的要领是：顺随经脉循行的方向进针，好像漫不经心地轻轻刺人。在行针引气，按穴下针时，像蚊虫叮咬一样似留似去的感觉，得气以后，急速出针像箭离弓弦一样快。右手出针，左手急闭针孔，经气因而留止，针孔已闭，中气就会充实了。如有皮下出血，应该速予除去。持针的准则，以手下坚牢有力最可贵。对准腧穴，端正直刺，针不偏左偏右，行针者的精神要集中在针端，注意观察病人，仔细看其血脉，进针时避开它，这样，就不会发生危险了。要进针的时候，一定要注意病人的精神状态及卫气、脾气的状况，而针者也须聚精会神，毫不疏忽，从而测知病气的存亡。血脉之所在，横布在腧穴周围，看起来显得很清楚，用手去摸按也会感到坚实。

【原文】 九针之名，各不同形：一曰镵针[①]，长一寸六分；二曰员针，长一寸六分；三曰鍉针[②]，长三寸半；四曰锋针，长一寸六分；五曰铍针[③]，长四寸，广二分半；六曰员利针，长一寸六分；七曰毫针，长三寸六分；八曰长针，长七寸；九曰大针，长四寸。镵针者，头大末锐，去泻阳气；员针者，针如卵形，揩摩分间，不得伤肌肉，以泻分气；鍉针者，锋如黍粟之锐，主按脉勿陷，以致其气；锋针者，刃三隅，以发痼疾；铍针者，末如剑锋，以取大脓；员利针者，尖如氂[④]，且员且锐，中身微大，以取暴气；毫针者，尖如蚊虻喙，静以徐往，微以久留之而养，以取痛痹；长针者，锋利身长，可以取远痹；大针者，尖如梃[⑤]，其锋微员，以泻机关之水也。九针毕矣。

【注释】 ①镵针：因其针形尖锐，故名镵针。镵，锐。②鍉针：因其针形似箭而得名。③铍针：因其针锋如剑而得名。铍，两刃小刀。④氂：牦牛尾，也指马尾。⑤尖如梃：大针尖如折竹之锐。梃，专折竹梃。

【译文】 九针的名称不同，形状也各异。第一种叫镵针，长一寸六分；第二种叫作员针，长一寸六分；第三种叫作鍉针，长三寸五分；第四种叫锋针，长一寸六分；第五种叫铍针，长四寸，宽二分半；第六种叫员利针，长一寸六分；第七种叫作毫针，长三寸六分；第八种叫作长针，长七寸；第九种叫大针，长四寸。镵针，针头大而针尖锐利，适于浅刺以泻皮肤之热；员针，针形如卵，用于按摩分肉之间，既不会损伤肌肉，又能够疏泄分肉的邪气；鍉针，针尖像小米粒的微圆，用于按摩经脉，流通气血，但不能深陷肌肉之内，否则反伤正气；锋针，三面有刃，用以治疗积久难治之病；铍针，针尖像剑锋一样锐利，用以刺痈排脓；员利针、针尖像马尾，圆而锐利，针身稍粗，用于治疗急证；毫针，针尖像蚊虻的嘴，轻缓的刺入皮内，留针养神，可以治疗痛痹；长针，针锋锐利，针身薄而略长，可以治疗久痹证；大针，针尖如折竹，其锋稍圆，可用以泻去关节积水。所有九针的情况，大致如此而已。

【原文】 夫气之在脉也，邪气在上[①]；浊气在中[②]，清气在下[③]，故针陷脉则邪气出[④]，针中脉则浊气出[⑤]，针太深则邪气反沉[⑥]，病益。故曰：皮肉筋脉，各有所处，病各有所宜，各不同形，各以任其所宜。无实无虚，损不足而益有余，是谓甚病，病益甚。取五脉者死[⑦]，取三脉者恇[⑧]。夺阴者死，夺阳者狂。针害毕矣。刺之而气不至，无问其数；刺之而气至，乃去之，勿复针。针各有所宜，各不同形，各任其所为。刺之要，气至而有效，效之信，若风之吹云，明乎若见苍天。刺之道毕矣。

【注释】 ①邪气在上:风热阳邪侵犯人体上部。②浊气在中:寒温不适,饮食不节,浊气留于肠胃。浊气,饮食积滞之气。③清气在下:清冷寒湿之邪,侵入人体必从足部开始。④针陷脉则邪气出:各经腧穴多在人体凹陷部位,驱寒邪,需刺各经陷脉,经气行,则邪气出,所以取阳邪在上部。⑤针中脉则浊气出:针三里可排除肠胃浊气。中脉,中部阳明之合穴,即足三里穴。⑥"针太深"句:应浅刺之病,深刺反会引邪深入。⑦五脉:五脏腧穴。⑧取三脉者恇:泻手足三阳经穴,致形气虚弱。三脉,手足三阳脉。

【译文】 邪气在人体经脉之内,风热之气常在上部;饮食积滞之气常停中部,寒湿之气常留下部,因而针刺部位也就不同了,刺上部各经腧穴可使风热之气外出;刺阳明之脉,可以排除胃肠积滞;病在浅表而针刺太深了,能够引邪入里,加重病势。因此说:皮肉筋脉各有它的部位,病症各有它的适应孔穴,情况不同,就应该随着病情慎重施针。不能实证用补法,虚证用泻法,这就是损不足而益有余,会加重病情。精气虚的病人,误泻五脏腧穴,会置人于死;阳气不足的病人,误泻三阳经的腧穴,可以致正气怯弱,神志错乱。总之,误泻阴经,耗伤了脏气,会致死;误泻阳经,损伤了阳气,会发狂证。用针不当的害处大致如此。针刺时,需要候气,如刺后尚未得气,不应拘泥手法次数的多少,必须等待经气到来;如果针已得气,就可去针不再刺了。九针各有不同适用证,针形也不一样,在使用时,要根据病情分别选用。总之,针刺的关键,是要得气,针下得气,必有疗效,疗效显著的,就像风吹云散,可以看到明朗的天空那样。这些都是针刺的道理。

【原文】 **黄帝曰:愿闻五脏六腑所出之处①。**

岐伯曰:五脏五腧,五五二十五腧②;六腑六腧,六六三十六腧③。经脉十二,络脉十五④。凡二十七气,以上下。所出为井⑤,所溜为荥⑥,所注为输⑦,所行为经⑧,所入为合⑨。二十七气所行,皆在五腧也。节之交,三百六十五会⑩。知其要者,一言而终;不知其要,流散无穷。所言节者,神气之所游行出入也,非皮肉筋骨也。

【注释】 ①五脏六腑所出之处:脏腑各自联属的经脉脉气所出之处。②二十五腧:每脏有井、荥、输、经、合之五腧穴,五脏共二十五穴。③三十六腧:每腑有井、荥、输、原、经、合六腧,六腑共三十六腧穴。④络脉十五:十二经各有一络脉,加任、督及脾之大络,共十五络。⑤所出为井:古代以泉源出水之处为井。人之血气,出于四肢,故脉出处,为井。⑥所溜为荥:形容脉气流过的地方,像刚从泉源流出的小水流。《说文·水部》"荥,绝小水也"。⑦所注为输:形容脉气流注到此后又灌注到彼。注,灌注。输,运输。脉注于此而输于彼,其气渐盛。⑧所行为经:脉气由此通过。经,通。⑨所入为合:形容脉气汇合处。⑩"节之交"两句:节之交,人体关节等部交接处的间隙。这些间隙共有三百六十五个,为经脉中气血渗灌各部的汇合点。

【译文】 黄帝说:我希望听到脏腑脉气所出之处的情况。

岐伯说：五脏经脉，各有井、荥、输、经、合五个腧穴，五五共二十五个腧穴；六腑经脉，各有井、荥、输、原、经、合六个腧穴，六六共三十六个腧穴，人体有十二经脉，每经各有一络，加上任督之脉各一络和脾之大络，共十五络，这二十七脉之气循行周身。脉气所出之处叫"井"，脉气流过之处叫"荥"，脉气灌注运输之处叫"输"，脉气通过之处叫"经"，脉气汇聚之处叫"合"。这二十七气出入于上下手足之间，它的脉气由始微而趋向正盛，最后入合于内。这二十七气流注运行都在这五腧之中，昼夜不息。人体关节等相交部位的间隙，共有三百六十五个会合处。知道这些要妙所在，就可以一言以蔽之，否则就漫无边际了。这里所说的"节"，都是血气游行出入和络脉渗灌诸节的地方，不是指皮肉筋骨说的。

邪气脏腑病形

【题解】

本篇主要论述了邪气中人的不同原因和部位，以及中阴中阳的区别；阐述了察色、按脉、问病、诊尺肤等诊法在诊断上的重要性，以及色与脉、脉与尺肤的相应情况；列举了五脏病变的缓、急、大、小、滑、涩六脉及其症状和针刺治疗原则；列举了六腑病变的症状和取穴法与针刺法。是论述邪气与脏腑及疾病症状关系的重要篇章。本篇的关键词是"邪气"，疾病的病因；"脏腑"，疾病伤及的部位；"病形"，疾病的表现症状。因此以《邪气脏腑病形》名篇。本篇名言："形寒寒饮则伤肺"。感受寒凉和饮用冷水易伤肺致咳，为千古不变之真理，提示我们在养生当中应注意保暖，不饮冷水，免伤阳气。

【原文】 **黄帝问于岐伯曰：邪气之中人也，奈何？**

岐伯答曰：邪气之中人高也。

黄帝曰：高下有度乎？

岐伯曰：身半已上者，邪中之也；身半已下者，湿中之也。

故曰：邪之中人也，无有常。中于阴则溜于腑，中于阳则溜于经①。

【注释】 ①溜：流，淌。

【译文】 黄帝问岐伯说：外邪伤人的情况怎样呢？

岐伯回答说：邪气伤人会在人体的上下部。

帝又问说：部位的上下，有一定的常规吗？

岐伯说：上半身发病的，是受了风寒外邪所致；下半身发病的，是受了湿邪所致。因此说：外邪侵犯人体，没有固定部位。外邪侵犯阴经，会流传到六腑，外邪侵犯阳经，也可能流传在本经的通路而发病。

【原文】 **黄帝曰：阴之与阳也，异名同类①，上下相会，经络之相贯，如环无端。邪之中人，或中于阴，或中于阳，上下左右，无有恒常，其故何也？**

岐伯曰：诸阳之会，皆在于面。中人也，方乘虚时，及新用力，若饮食汗出，腠理开，而中于邪。中于面则下阳明，中于项则下太阳，中于颊则下少阳，中于膺背两胁亦中其经。

【注释】 ①异名同类：人体三阴三阳之脉名虽然不同，但都由气血流行所贯通。

【译文】 黄帝说：经脉的阴和阳，名称虽然不同，其实同属于经络系统，上下互相会合，经络之间彼此联贯，如圆环没有开端。外邪伤人，有的侵入阴经，有的侵入阳经，或上、或下、或左、或右，没有固定部位，是什么道理呢？

岐伯说：手足的三阳经，都聚合到头面部。邪气伤人，往往趁着体虚之时，以及刚劳累用力后，或热饮热食出了汗，腠理开泄，而被邪气侵袭。邪气侵入面部，就会下行至足阳明胃经；邪气侵入项部，就会下行至足太阳膀胱经；邪气侵入颊部，就会下行至足少阳胆经；如果邪气侵入胸膺、脊背、两胁，也会分别下行它所属的阳明经、太阳经、少阳经。

【原文】 黄帝曰：其中于阴，奈何？

岐伯曰：中于阴者，常从臂胻始[①]。夫臂与胻，其阴皮薄，其肉淖泽[②]，故俱受于风，独伤其阴。

【注释】 ①胻：足胫。②淖泽：润泽。在此。作"柔软"解。

【译文】 黄帝问道：邪气侵入阴经，怎么样呢？

岐伯回答说：邪气侵入阴经，往往是从手臂或足胫开始的。因为手臂和足胫内侧的皮肤较薄，肌肉柔润，所以身体各部同样受了风邪，而这些部位最易受伤。

【原文】 黄帝曰：此故伤脏乎？

岐伯答曰：身之中于风也，不必动脏。故邪人于阴经，则其脏气实，邪气人而不能客，故还之于腑。故中阳则溜于经，中阴则溜于腑。

【译文】 黄帝又问道：这邪气也会伤及五脏吗？

岐伯回答说：人身感受风邪，不一定会伤及五脏。假若外邪侵入了阴经，而脏气充实，就是邪气入里也留不住，必定还归六腑。因此阳经受了邪，就流注于本经而发病；阴经受了邪，就会流注于六腑而发病。

【原文】 黄帝曰：邪之中人脏，奈何？

岐伯曰：愁忧恐惧则伤心。形寒寒饮则伤肺[①]。以其两寒相感，中外皆伤，故气逆而上行。有所堕坠，恶血留内，若有所大怒，气上而不下，积于胁下则伤肝。有所击仆，若醉人房，汗出当风则伤脾。有所用力举重，若入房过度，汗出浴水则伤肾。

黄帝曰：五脏之中风，奈何？

岐伯曰：阴阳俱感，邪气乃往。

黄帝曰：善哉。

【注释】 ①形寒寒饮则伤肺：喻昌说："肺气外达皮毛，内行水道。形寒则外寒，从皮毛而入；饮冷则水冷从肺上溢，遏抑肺气，不令外扬下达，其治节不行，周身之气，无所禀仰而肺病矣。”

【译文】 黄帝问：邪气伤及五脏是怎样的？

岐伯说：愁忧恐惧会使心脏受伤。形体受寒，又喝了冷水，就会使肺脏受伤。因为两种寒邪交感，内外受伤，就会发生肺气上逆的病变。如从高处跌坠，淤血留滞体内，又因大怒刺激，气上冲而不下，郁结胁下，就会伤肝。被人打击跌倒，或醉后行房，出汗冒风，就会伤脾。如用力举重，或房事过度，或出汗以后，浴于水中，就会伤肾。

黄帝又问：五脏为风邪所伤，为什么呢？

岐伯说：一定是内脏先伤再感受外邪，内外之邪结合，风邪才能侵入内脏。

黄帝说：说得真好！

【原文】 **黄帝问于岐伯曰：首面与身形也，属骨连筋，同血合于气耳。天寒则裂地凌冰，其卒寒，或手足懈惰，然而其面不衣，何也？**

岐伯答曰：十二经脉，三百六十五络，其血气皆上于面而走空窍，其精阳气上走于目而为睛，其别气走于耳而为听，其宗气上出于鼻而为臭，其浊气出于胃走唇舌而为味。其气之津液皆上熏于面，而皮又厚，其肉坚，故热甚，寒不能胜之也。

【译文】 黄帝问岐伯说：人的头面和全身形体，都是由筋骨支撑的，由气血滋养。当天寒地裂，滴水成冰的时候，如突然感受寒气，手足就会瑟缩不伸，麻木不灵，可是面部却不用衣服御寒，这是什么缘故？

岐伯回答说：周身十二经脉和三百六十五络，所有血气都上行达到头面部，分别流入各个孔窍，那精阳之气上注于目，使眼睛能看；那旁行的经气上达于耳，使耳能听；那宗气上出于鼻，使鼻能嗅；那由胃生出来的谷气，上走唇舌，使唇舌有味觉。所有这些气和津液，都上行熏蒸于面部，面部的皮又厚，肌肉坚实，因此面上的阳热已极，就是天气极寒冷也能适应。

【原文】 **黄帝曰：邪之中人，其病形何如？**

岐伯曰：虚邪之中身也[①]，洒淅动形；正邪之中人也微[②]，先见于色，不知于身，若有若无，若亡若存，有形无形，莫知其情。

黄帝曰：善哉。

【注释】 ①虚邪：四时反常的邪风，即虚邪贼风。②正邪：四时正常的风气，也能乘人之虚，侵袭人体而引起疾病。

【译文】 黄帝说：外邪侵犯人体，发病的症状是怎样的呢？

岐伯说：虚邪伤了人，病人会战栗恶寒；正邪伤人发病比较轻微，先看到气色方面有点变异，身上没有什么感觉，像有病又像没有病，似有症状又似没有症状，不容易知道它的病情。

黄帝说：讲得好。

【原文】 黄帝问于岐伯曰：余闻之，见其色，知其病，命曰明；按其脉，知其病，命曰神；问其病，知其处，命曰工。余愿见而知之，按而得之，问而极之，为之奈何？

岐伯答曰：夫色脉与尺之相应也，如桴鼓影响之相应也[①]，不得相失也。此亦本末根叶之殊候也，故根死则叶枯矣。色脉形肉不得相失也，故知一则为工，知二则为神，知三则神且明矣。

【注释】 ①桴鼓：比喻事物相应，就像用鼓槌击鼓而有声一样。桴。鼓槌。

【译文】 黄帝问岐伯说：我听说医生看病人气色，就知道病情的叫"明"；按病人脉象，就知道病情的叫"神"；问病情，就知道病情的叫"工"。我希望听一下，闻声、望色就能知道病情，切脉就能得到病况，问病就可彻底了解病苦的所在，怎么做才能有如此水平呢？

岐伯回答说：病人的气色、脉象、尺肤都与疾病有相应关系，就像如响随鼓、如影随形一样，不会有差错。这也像树木的根本和枝末一样，根衰败，枝叶必然枯槁。人的面色，脉象与皮肉外形的表现是不会不一致的。知其一为工，知其二为神，知其三就是神医了。

【原文】 黄帝曰：愿卒闻之。

岐伯答曰：色青者，其脉弦也[①]；赤者，其脉钩也[②]；黄者，其脉代也[③]；白者，其脉毛也[④]；黑者，其脉石[⑤]。见其色而不得其脉，反得其相胜之脉则死矣[⑥]；得其相生之脉则病已矣[⑦]。

【注释】 ①弦：弦脉端直以长，如张弓弦，为肝脉。②钩：钩脉来盛去衰，为心脉。③代：此处为脾之平脉，有更代的意思。④毛：毛脉轻虚而浮，为肺脉。⑤石：石脉沉濡而滑，为肾脉。⑥相胜之脉：相胜就是相克，如肝病见肺之毛脉，是金克木，这就是相胜之脉。⑦相生之脉：如肝病见肾之石脉，是水生木，即为相生之脉。

【译文】 黄帝说：希望听你详尽解释。

岐伯回答说：面色青的，脉象应弦；面色红的，脉象应钩；面色黄的，脉象应代；面色白的，脉象应毛；面色黑的，脉象应石。如果看到面色与脉象不合，反而诊得相克脉象，就会死亡；若能诊得相生脉象，疾病就会痊愈。

【原文】 黄帝问于岐伯曰：五脏之所生，变化之病形，何如？

岐伯答曰：先定其五色五脉之应，其病乃可别也。

黄帝曰：色脉已定，别之奈何？

岐伯曰：调其脉之缓急、小大、滑涩，而病变定矣。

【译文】 黄帝问岐伯说：五脏所生疾病的变化和表现是怎样的？

岐伯回答说：必先确定五色和五脉的相应关系，疾病就可以区别。

黄帝说：气色和脉象已经确定了，怎么区别病情呢？

岐伯说：只要诊察出脉的缓急、小大、滑涩，病变就确定了。

【原文】 黄帝曰:调之奈何?

岐伯答曰:脉急者,尺之皮肤亦急;脉缓者,尺之皮肤亦缓;脉小者,尺之皮肤亦减而少;脉大者,尺之皮肤亦贲而起[①];脉滑者,尺之皮肤亦滑;脉涩者,尺之皮肤亦涩。凡此变者,有微有甚,故善调尺者,不待于寸;善调脉者,不待于色。能参合而行之者,可以为上工,上工十全九;行二者为中工,中工十全七;行一者为下工,下工十全六。

【注释】 ①贲:大。

【译文】 黄帝说:诊察的方法如何呢?

岐伯回答说:脉急促的,尺肤的皮肤也紧急;脉徐缓的,尺肤的皮肤也弛缓;脉象小的,尺肤的皮肤也瘦小;脉象大的,尺肤的皮肤也大而突起;脉象滑的,尺肤的皮肤也滑润;脉象涩的,尺肤的皮肤也涩滞。以上六种变化,有轻有重,所以善于诊察尺肤的,不必等诊寸口脉;善于诊察脉象的,不必等望色。能够察色、辨脉、观察尺肤三者配合起来而进行诊断的,称为上工,上工治愈十分之九;能够运用两种方法诊察的,称为中工,中工治愈十分之七;仅能运用一种方法进行诊察的,称为下工,下工治愈十分之六。

【原文】 黄帝曰:病之六变,刺之奈何?

岐伯答曰:诸急者多寒[①],缓者多热,大者多气少血,小者血气皆少,滑者阳气盛、微有热,涩者多血少气、微有寒。是故刺急者,深内而久留之[②];刺缓者,浅内而疾发针[③],以去其热;刺大者,微泻其气,无出其血;刺滑者,疾发针而浅内之,以泻其阳气而去其热;刺涩者,必中其脉,随其逆顺而久留之,必先按而循之,已发针,疾按其羊痏[④],无令其血出,以和其脉;诸小者,阴阳形气俱不足,勿取以针,而调以甘药也。

【注释】 ①急:紧脉。②深内:深刺。内,同"纳",指进针。③浅内:浅刺。④痏:泛指针孔。

【译文】 黄帝问道:疾病出现六种脉象变化,怎样针刺呢?

岐伯回答说:凡是脉象紧的多属寒,脉象缓的多属热,脉象大的多属气有余而血不足,脉象小的多属气血都不足,脉象滑的属阳气盛而微有热,脉象涩的血少气少而微有寒。因此,在针刺急脉的病变,进针要深,留针时间要长;针刺缓脉的病变,进针应该浅,出针要快,以散其热;针刺大脉的病变,略微泻其气,不能出血;针刺滑脉的病变,应快出针,浅刺,以泻阳气,排除热邪;针刺涩脉的病变,必须刺中经脉,随着气行的逆顺方向行针,留针时间要长,还要先按摩经脉,使脉气舒缓,出针以后,赶快按住针孔,不使出血,以调和经脉;凡是脉象小的,阴阳形气都虚弱,不宜用针刺,而用缓和之药调治。

【原文】 黄帝曰:余闻五脏六腑之气,荥输所人为合,令何道从入,入安连过?愿闻其故。

岐伯答曰:此阳脉之别人于内,属于腑者也。

黄帝曰：荥输与合，各有名乎？

岐伯答曰：荥输治外经，合治内腑。

【译文】 黄帝说：我听说五脏六腑的脉气，都出于井穴，从荥、输而进入合穴。这是从哪条经脉进入合穴的？进入后又和哪些脏腑经脉有联系呢？希望听听其中的缘故？

岐伯回答说：这就是手足阳经，由别络进入内部而又属于六腑的。

黄帝说：荥、输与合穴，在治疗上各有一定的作用吗？

岐伯说：荥、输的脉气浮浅，可以治外经的病，合的脉气深入，可以治疗内腑的病。

【原文】 黄帝曰：治内腑奈何？

岐伯曰：取之于合。

黄帝曰：合各有名乎？

岐伯答曰：胃合于三里，大肠合入于巨虚上廉，小肠合入于巨虚下廉，三焦合入于委阳，膀胱合入于委中央，胆合入于阳陵泉。

【译文】 黄帝说：治疗体内的腑病，怎样取穴呢？

岐伯说：应取合穴。

黄帝说：合穴各有名称吗？

岐伯回答说：胃的合穴在三里，大肠的合穴在巨虚上廉，小肠的合穴在巨虚下廉，三焦的合穴在委阳，膀胱的合穴在委中，胆的合穴在阳陵泉。

【原文】 黄帝曰：取之奈何？

岐伯答曰：取之三里者，低跗取之①；巨虚者，举足取之；委阳者，屈伸而索之；委中者，屈而取之；阳陵泉者，正竖膝，予之齐②，下至委阳之阳取之；取诸外经者，揄申而从之③。

【注释】 ①低跗：马莳说："取三里者，将足之跗面低下著地而取之，不使之举足。"跗，足背部。②正竖膝，予之齐：即正身蹲坐，竖起膝部，使两膝齐平。③揄申而从之：周学海说："《骨空论》注云：揄，摇也。谓或摇或伸而寻之。"

【译文】 黄帝说：怎样取合穴呢？

岐伯回答说：取三里穴，应足背低平；取巨虚穴，应举足；委阳穴，应先屈后伸下肢取穴；委中穴，应屈膝取穴；阳陵泉穴，应正立竖膝使两膝齐平，至委中的外侧取穴；凡取治在外经脉的病变，应该用或摇或伸的方式取穴。

寿夭刚柔

【题解】

本篇主要论述人的体质有刚柔的不同，而"刚"和"柔"可以从形体的缓急、正气的盛衰、骨骼的大小、肌肉的坚脆、皮肤的厚薄等方面进行分辨。体质刚柔不但与发病和治疗密切相关，而且与人的寿命长短有着直接联系，因此观察形气是否相称也可以预测寿命的长短。由于文中内容以“寿夭刚柔”为主，故以此名篇。本篇特别详尽地论述了“形”与“气”的关系。形气是中医学及中国哲学的一对重要范畴。中医和中国哲学认为事物包含“形”“气”两方面。“形”为事物的载体，“气”为事物生存的动力，形气应该和谐相称。在两者之中，气是事物的本质，决定事物的性质和状态以及存亡。因此，中医学极为重视形气的相称、和谐。特别看重气对人体生命的意义，强调气对治疗和养生的意义。本篇的名言是：“形与气相任则寿，不相任则夭；皮与肉相裹则寿，不相裹则夭；血气经络胜形则寿，不胜形则夭。”

【原文】 **黄帝问于少师曰[①]：余闻人之生也，有刚有柔，有弱有强，有短有长，有阴有阳，愿闻其方。**

少师答曰：阴中有阴，阳中有阳，审知阴阳，刺之有方，得病所始，刺之有理，谨度病端[②]，与时相应。内合于五脏六腑，外合于筋骨皮肤，是故内有阴阳，外亦有阴阳。在内者，五脏为阴，六腑为阳；在外者，筋骨为阴，皮肤为阳。故曰病在阴之阴者[③]，刺阴之荥输；病在阳之阳者[④]，刺阳之合；病在阳之阴者[⑤]，刺阴之经；病在阴之阳者[⑥]，刺络脉。故曰病在阳者命曰风，病在阴者命曰痹，阴阳俱病命曰风痹。病有形而不痛者，阳之类也；无形而痛者，阴之类也。无形而痛者，其阳完而阴伤之也，急治其阴，无攻其阳；有形而不痛者，其阴完而阳伤之也，急治其阳，无攻其阴。阴阳俱动，乍有形，乍无形，加以烦心，命曰阴胜其阳，此谓不表不里，其形不久[⑦]。

【注释】 ①少师：相传为黄帝之臣。②谨度病端：意谓慎重地推测疾病发生的原因。度，推测，衡量。端，有“本”“始”的含义。③病在阴之阴者：指病变部位在脏。内为阴，五脏为阴中之阴。④病在阳之阳者：病变部位在皮肤。外为阳，皮肤为外之阳，故云阳之阳。⑤病在阳之阴者：病变部位在筋骨。外为阳，筋骨为外之阴。⑥病在阴之阳者：病变部位在腑。内为阴，六腑为阴中之阳。⑦其形不久：即预后不良。

【译文】 黄帝问少师说：我听说人的先天禀赋，有刚柔、强弱、长短、阴阳的区别，希望听一下其中的道理。

少师回答说：就人体阴阳来说，阴当中还有阴，阳当中还有阳，只有了解阴阳的规律，才能很好地运用针刺方法，了解疾病发生的情况，才能在针刺时做出适当的手法，同时要认真地揣度发病的经过与四时变化的相应关系。人体的阴阳，在内合于五脏六腑，在外合于筋骨皮肤，所以人体内有阴阳，体外也有阴阳。在体内的，五脏为阴，六腑为阳；在体外的，筋骨为阴，皮肤为阳。因此，病在阴中之阴的，当刺阴经的荥输；病在阳中之阳的，当刺阳经的合穴；病在阳中之阴的，当刺阴经的经穴；病在阴中之阳的，当刺阳经的络穴。这是根据阴阳内外与疾病的关系，而选取针刺穴位的基本法则。阴阳也可以作为疾病的分类准则，病在阳经的叫风，病在阴经的叫痹，阴阳两经都有病的叫风痹。病有形态变化而不疼痛的，属于阳经一类；病无形态变化而疼痛的，属于阴经一类。没有形态变化而感到疼痛的，是阳经未受侵害，只是阴经有病，赶快在阴经取穴治疗，不要攻治阳经；有形态变化而不感觉疼痛的，是阴经未受侵害，只是阳经有病，赶快在阳经取穴治疗，不要攻治阴经。阴阳表里都有病，忽然有形态变化，忽然又没了，更加上心烦，叫阴病重于阳，这是所谓的不表不里，预后不能良。

【原文】 **黄帝问于伯高曰[①]：余闻形气，病之先后、外内之应，奈何？**

伯高答曰：风寒伤形，忧恐忿怒伤气。气伤脏，乃病脏。寒伤形，乃应形。风伤筋脉，筋脉乃应。此形气外内之相应也。

【注释】 ①伯高：相传为黄帝之臣。

【译文】 黄帝问伯高说：我听说形气与发病有先后内外的相应关系，是什么道理？

伯高回答说：风寒外袭，先伤形体，忧恐愤怒的精神刺激，先伤内气。气逆伤了五脏之和，就会使五脏有病。寒邪侵袭形体，就会使肌表皮肤发病。风邪伤了筋脉，就会使筋脉发病。这就是形气与疾病外内相应的关系。

【原文】 **黄帝曰：刺之奈何？**

伯高答曰：病九日者，三刺而已；病一月者，十刺而已。多少远近，以此衰之[①]。久痹不去身者[②]，视其血络，尽出其血。

黄帝曰：外内之病，难易之治，奈何？

伯高答曰：形先病而未入脏者，刺之半其日；脏先病而形乃应者，刺之倍其日。此外内难易之应也。

【注释】 ①以此衰之：意谓按比数递减。马元台："人之感病不同，日数各有多少远近，以此大略，病三日而刺一次者之法，等而杀之。"衰之，在此有"减少"的含义。②久痹不去身：病邪内闭，经久不愈。

【译文】 黄帝说：怎样针刺治疗呢？

伯高回答说：病九天的，刺三次可以好；病一个月的，刺十次可以好。病程时日的多少远近，都可以根据三日一刺的标准来计算。经久不愈的痹证，根据血络变化，尽力去掉淤血。

黄帝又说：人体在内在外的疾病，针刺难易的情况怎样呢？

伯高回答说：形体先有病还未传人内脏的，针刺的次数，可以根据已病的日数减半计算；内脏先有病而形体也有反应的，针刺的日数就要加倍。这就是疾病有内外、针治有难易的对应关系。

【原文】 **黄帝问于伯高曰：余闻形有缓急，气有盛衰，骨有大小，肉有坚脆，皮有厚薄，其以立寿夭，奈何？**

伯高答曰：形与气相任则寿[①]，不相任则夭；皮与肉相裹则寿，不相裹则夭；血气经络胜形则寿[②]，不胜形则夭。

【注释】 ①相任:相当,相称。②胜形:血气经络不但与外形相称,而且要更为强盛才能长寿。

【译文】 黄帝问伯高说:我听说人的外形有缓有急,正气有盛有衰,骨骼有大有小,肌肉有坚有脆,皮肤有厚有薄,从这些怎样来确定人的寿夭呢?

伯高回答说:外形与正气相称的多长寿,不相称的多夭亡;皮肤与肌肉结合紧密的多长寿,不紧密的多夭亡;血气经络充盛胜过外形的多长寿,血气经络衰弱不能胜过外形的多夭亡。

【原文】 **黄帝曰:何谓形之缓急?**

伯高答曰:形充而皮肤缓者则寿,形充而皮肤急者则夭。形充而脉坚大者顺也,形充而脉小以弱者气衰,衰则危矣。若形充而颧不起者骨小,骨小则夭矣。形充而大肉䐃坚而有分者肉坚[1],肉坚则寿矣;形充而大肉无分理不坚者肉脆,肉脆则夭矣。此天之生命,所以立形定气而视寿夭者。必明乎此立形定气,而后以临病人,决死生。

【注释】 ①䐃:肌肉突起处。

【译文】 黄帝说:什么叫作形体的缓急?

伯高回答说:形体充实而皮肤柔软的人,多长寿;形体充实而皮肤坚紧的人,多短命。形体充实而脉气坚大的为顺;形体充实而脉气弱小的属于气衰,气衰是危险的。如果形体充实而面部颧骨不突起的人,骨骼必小,骨骼小的多短命。形体充实而臂腿臀部肌肉突起坚实而有肤纹的,称为肉坚,肉坚的人多长寿。形体充实而臂腿臀部肌肉没有肤纹的,称为肉脆,肉脆的人多短寿。这是自然界赋予人生命所形成的形体与生气的自然状态,可据此来判断人的寿命长短。医者,必须了解形体与生气的状态,然后可以临床治病,判断死生。

【原文】 **黄帝曰:余闻寿夭,无以度之。**

伯高答曰:墙基卑,高不及其地者[1],不满三十而死;其有因加疾者,不及二十而死也。

黄帝曰:形气之相胜,以立寿夭奈何?

伯高答曰:平人而气胜形者寿;病而形肉脱,气胜形者死,形胜气者危矣。

【注释】 ①“墙基卑”两句:这是以比喻的方法来说明面部形态。墙基,在此指耳边下部。地,指耳前肌肉。大意是说面部肌肉陷下,四周骨骼显露。

【译文】 黄帝说:我听说人有寿夭,但无法推测。

伯高回答说:衡量人的寿夭,凡是面部肌肉陷下,而四周的骨骼显露,不满三十岁就会死的;再加上疾病影响,不到二十岁,就可能死亡。

黄帝说:从形与气的相胜,怎样用它去确定寿命长短呢?

伯高回答说:健康人,正气胜过形体的可以长寿;有病的人,形体肌肉很消瘦,即使其气胜过形体,也是要死的;即使形体尚可,但元气已衰,也很危险。

本神

【题解】

本，这里是动词，探究本原、本质的意思。神，一般指精神活动，是心的主要功能，并主宰着整个人体的生命活动。广义的神，还包括肝、肺、脾、肾等脏所主的魂、魄、意、志，以及思、虑、智、忆等精神思维活动在内。本篇对于精神活动的产生、变化，与五脏的关系，以及发病后的症状表现等，都一一做了阐述，特别提出"凡刺之法，先必本于神"的论点，故以《本神》名篇。神是中国文化和哲学的重要范畴之一。《周易》认为"阴阳不测之谓神"，神既是天地阴阳之道变化的内在动力，又是其外在的极致表现。中国哲学注重对宇宙变化之神的探求。中医学重视人身之神，在养生上强调"养神"；在治疗上强调"治神"；医学上的最高成就者称为"神医"。中国的文学、艺术强调"神韵"，艺术上追求"出神入化"。总之，"神"是把握中国文化和中医学的关键范畴之一。《内经》的很多篇章都有指示，读者宜深玩。

【原文】　黄帝问于岐伯曰：凡刺之法，先必本于神[①]。血、脉、营、气、精、神，此五脏之所藏也。至其淫泆离脏则精失[②]，魂魄飞扬[③]，志意恍乱[④]，智虑去身者，何因而然乎？天之罪与？人之过乎？何谓德、气、生、精、神、魂、魄、心、意、志、思、智、虑[⑤]？请问其故。

岐伯答曰：天之在我者，德也，地之在我者，气也，德流气薄而生者也[⑥]。故生之来谓之精，两精相搏谓之神[⑦]，随神往来者谓之魂，并精而出入者谓之魄，所以任物者谓之心[⑧]，心之所忆谓之意，意之所存谓之志，因志而存变谓之思，因思而远慕谓之虑，因虑而处物谓之智。

【注释】　①神：这是广义的神，概括了人体整个生命活动现象。包括下文所讲"血、脉、营、气、精、神"等生理活动的内容。②淫泆：指七情过度，任性恣纵。泆，恣纵。③魂魄：魂，是精神活动之一。魄，是先天的本能，如感觉、运动等。《左传·昭公七年》孔颖达疏："形气既殊，魂魄各异，附形之灵为魄，附气之神为魂也。附形之灵者，谓初生之时，耳目心识，手足运动，啼呼为声，此则魄之灵也；附气之神者，谓精神性识，渐有所知，此则附气之神也。"④志意恍乱：思想混乱，茫然无主。⑤德、气：古代哲人认为万物由天之气、地之形和合化生。《管子·内业》："凡人之生也，天出其精，地出其形，合此以为人。"有时天气也称为"天德"，包括上文所提到的精、神、魂、魄等。人死后，精神魂魄又回到了天上，所以古人祭祀祖先，是相信祖先的灵魂在天上存在。现在的很多注家把德理解为四时气候以及日光、雨露等自然界的正常变化。这样理解虽然有其合理性，但与古人原意并不符合。⑥德流气薄：在天之气下流与在地之气结合。薄，迫近，附着。⑦两精相搏：张景岳："两精者，阴阳之精也。搏，交结也。"即男女交媾，两精结合。搏，结合。⑧任：负担，主持。

【译文】 黄帝问岐伯说：针刺的法则，必须先研究病人的精神状态。因为血、脉、营、气、精、神，这都是五脏所藏的。至其失了正常，离开所藏之脏，五脏精气走失，魂魄也飞扬了，志意也烦乱了，智慧和思考能力离开了自身，为什么会这样呢？是上天的惩罚呢，还是人为的过失呢？什么叫德、气、生、精、神、魂、魄、心、意、志、思、智、虑？希望听到其中的道理。

岐伯回答说：天赋予我们人类的是德，地赋予我们人类的是气，由于天德下流与地气上交，阴阳相结合，使万物化生成形，人才能生存。所以，人体生命的原始物质，叫精；阴阳两精相结合产生的生命活动，叫神；随着神的往来活动而出现的知觉机能，叫魂；跟精气一起出入而产生的运动机能，叫魄；可以支配外来事物的，叫心；心里有所忆念而留下的印象，叫意；意念所在，形成了认识，叫志；根据认识而反复研究事物的变化，叫思；因思考而有远的推想，叫虑；因思虑而能定出相应的处理事物方法，叫智。

【原文】 **故智者之养生也，必顺四时而适寒暑，和喜怒而安居处，节阴阳而调刚柔，如是则僻邪不至，长生久视①。**

【注释】 ①长生久视：是寿命延长，不易衰老之意。《吕氏春秋》有“莫不欲长生久视”，注云：“视，活也。”《老子·五十九章》有“是谓深根固柢，长生久视之道”。

【译文】 因此，智者养生必定顺着四时来适应寒暑的气候，调和喜怒而安定起居，节制房事，调和刚柔。这样，虚邪贼风就不能侵袭人体，自然可以延寿，不易衰老了。

【原文】 **是故怵惕思虑者则伤神①，神伤则恐惧，流淫而不止②。因悲哀动中者，竭绝而失生③。喜乐者，神惮散而不藏④。愁忧者，气闭塞而不行。盛怒者，迷惑而不治⑤。恐惧者，神荡惮而不收⑥。**

【注释】 ①怵惕：恐惧的样子。怵，恐惧。惕，敬畏。②流淫而不止：张景岳：“流淫谓流泄淫溢。如下文所云恐惧而不解则伤精，精时自下者是也。”③竭绝而失生：张景岳：“悲则气消，悲哀太甚则胞络绝，故至失生。竭者绝之渐，绝则尽绝无余矣。”④神惮散而不藏：张景岳：“喜发于心，乐散在外，暴喜伤阳，故神气惮散而不藏。惮，惊惕也。”意谓神气耗散而不能归藏于心。⑤迷惑而不治：张景岳：“怒则气逆，甚者心乱，故至昏迷惶惑而不治。不治，乱也。”⑥荡惮而不收：张景岳：“恐惧则神志惊散，故荡惮而不收。上文言喜乐者，神惮散而不藏，与此稍同。但彼云不藏者，神不能持而流荡也；此云不收者，神为恐惧而散失也。所当详辨。”

【译文】 所以过分的恐惧忧思，就会损伤心神，损伤心神就恐惧，使阴精流失不止。悲哀过度伤了内脏，会使气机竭绝，丧失生命。喜乐过度，会致喜极气散不能收藏。愁忧过度，就会使气机闭塞，不能流畅。大怒，就会使神志昏迷，失去常态。恐惧过度，就会由于精神动荡而精气不能收敛。

【原文】 **心，怵惕思虑则伤神，神伤则恐惧自失，破䐃脱肉，毛悴色夭，死于冬。**

【译文】 心过度恐惧忧思，就会伤神，神伤，就会时时恐惧不能自控，时间久了，肌肉消瘦，毛发憔悴，面色异常，死在冬季。

【原文】 **脾，愁忧不解则伤意，意伤则悗乱[①]，四肢不举，毛悴色夭，死于春。**

【注释】 ①悗：闷也。胸膈苦闷。乱：烦乱。

【译文】 脾过度忧愁不能解除，就会伤意，意伤，就会苦闷烦乱，手足乏力，不能抬起来，进而毛发憔悴，面色异常，死在春季。

【原文】 **肝悲哀动中则伤魂，魂伤则狂忘不精，不精则不正，当人阴缩而挛筋，两胁骨不举，毛悴色夭，死于秋。**

【译文】 肝过度悲哀影响内脏，就会伤魂，魂伤，会出现精神紊乱症状，导致肝脏失去藏血作用，使人阴器萎缩，筋脉挛急，两胁不能舒张，进而毛发憔悴，面色异常，死在秋季。

【原文】 **肺喜乐无极则伤魄，魄伤则狂，狂者意不存人，皮革焦，毛悴色夭，死于夏。**

【译文】 肺过度喜乐，就会伤魄，魄伤，会形成狂病，狂者思维混乱，不识旧人，皮肤枯槁，进而毛发憔悴，面色异常，死在夏季。

【原文】 **肾盛怒而不止则伤志，志伤则喜忘其前言，腰脊不可以俯仰屈伸，毛悴色夭，死于季夏。**

【译文】 肾大怒不能遏止，就会伤志，志伤，就容易忘记自己说过的话，腰脊不能随意俯仰，进而毛发憔悴，面色异常，死在季夏。

【原文】 **恐惧而不解则伤精，精伤则骨痠痿厥，精时自下。是故五脏主藏精者也，不可伤，伤则失守而阴虚，阴虚则无气，无气则死矣。是故用针者，察观病人之态，以知精神魂魄之存亡，得失之意，五者以伤，针不可以治之也。**

【译文】 过度恐惧而解除不了，就会伤精，精伤，就会发生骨节酸痛和痿厥，并常有遗精。所以五脏是主藏精气的，不可被损伤；伤了，就会使精气失守，形成阴虚，阴虚则阳气的化源断绝，离死就不远了。所以运用针刺的人，必定要观察病人的形态，以了解他的精、神、魂、魄等精神活动的旺盛或衰亡，如果五脏精气已经损伤，就不能用针刺治疗了。

【原文】 **肝藏血，血舍魂[①]。肝气虚则恐，实则怒。脾藏营，营舍意。脾气虚则四肢不用，五脏不安，实则腹胀，经溲不利[②]。心藏脉，脉舍神。心气虚则悲，实则笑不休。肺藏气，气舍魄。肺气虚，则鼻塞不利，少气；实则喘喝，胸盈仰息。肾藏精，精舍志，肾气虚则厥，实则胀，五脏不安。必审五脏之病形，以知其气之虚实，谨而调之也。**

【注释】 ①血舍魂：意即魂的功能凭依于血。舍，有住宿、寄居的含义。②经溲不利：大小便不利。经，《甲乙经》作“泾”。《素问·调经论》王冰注：“经，大便；溲，小便也。"

【译文】 肝贮藏血,魂依附血液。肝气虚,会恐惧;肝气盛,容易发怒。脾贮藏营气,意念依附营气。脾气虚,会使四肢运用不灵,五脏不能调和;脾气壅实,会使腹部胀满,大小便不利。心藏神,神寄附在血脉中。心气虚,会悲伤;心气太盛,会笑而不止。肺藏气,魄依附在肺气中。肺气虚,会感到鼻塞,呼吸不便,气短;肺气壅实,会大喘,胸满,甚至仰面而喘。肾藏精,意志依附精气。肾气虚,会手足厥冷,肾有实邪,会腹胀,并连及五脏不能安和。因此说:治病必须审察五脏病的症状,以了解元气虚实,从而谨慎地加以调治。

终始

【题解】

终始,是中国古代哲学的重要范畴。中国哲学关注的是包括人类在内的天地万物的生生化化,是关乎生命的学问。中国的医学与哲学一样也是关乎生命的科学而不仅仅是治病祛疾之术。生命是在时间中展开的过程,对于时间的关注,成为中国哲学和医学的根本特征。古人认为生命是在阳变阴合的大化流行中永不停息,循环往复的过程。标志这一循环往复过程的范畴就是终始。生命活动以及生命活动过程中正常和异常的变化都有这种终而复始的规律。抓住了终始范畴就掌握了事物发展变化的关键。正如《大学》所说:"物有本末,事有终始,知所先后,则近道矣。""终始"范畴见于《内经》的诸多篇章,是贯穿于《内经》中的重要思想线索之一。本篇以《终始》名篇,来组织有关材料,对临床医家有重要的提示作用。本篇的中心内容,是从脉口、人迎的脉象对比,来诊察十二经气血阴阳的变化;根据病症情况,以确定针刺治疗的原则和方法。篇首以"明知终始,五脏为纪"开端,篇末以六经终绝的症状结尾,前后呼应,层次分明,以示读者掌握这些自始至终的规律,所以篇名《终始》。本篇名言:"散气可收,聚气可布。""深居静处,占神往来。"

【原文】 **凡刺之道,毕于《终始》。明知终始,五脏为纪①,阴阳定矣。阴者主脏,阳者主腑。阳受气于四末,阴受气于五脏②。故泻者迎之,补者随之。知迎知随,气可令和。和气之方,必通阴阳。五脏为阴,六腑为阳。传之后世,以血为盟③。敬之者昌,慢之者亡。无道行私,必得夭殃④。**

【注释】 ①五脏为纪:意谓"终始"的内容,以五脏为纲领。纪,总要。②"阳受气"两句:马元台:"阳在外,受气于四肢;阴在内,受气于五脏。"四末,即四肢。③以血为盟:是古人盟誓时一种极其郑重的仪式。即宰杀牲畜取血,由参加订盟的人共同吸饮或涂于口旁,以此表示决不背信弃约。④无道行私,必得夭殃:张景岳:"不明至道,而强不知以为知,即无道行私也。"夭殃,夭折死亡的祸害。

【译文】 大凡针刺的法则,全在《终始》篇里。明确了解终始的意义,就必须以五脏为纲纪，可以确定阴经阳经的关系。阴经是与五脏相通，阳经是与六腑相通。阳经承受四肢的脉气，阴经承受五脏的脉气。所以泻法是迎而夺之，补法是随而济之。知道迎随补泻的方法，可以使脉气调和。而调和脉气的关键，必定要明白阴阳的规律。五脏在内为阴，六腑在外为阳。要将刺法流传于后世，必须严肃认真地对待，如同“以血为盟”一样。重视此法会使它发扬光大，忽视此法能使其散失消亡。如果不懂装懂，一定会危害人的生命。

【原文】 **谨奉天道，请言终始！终始者，经脉为纪。持其脉口人迎，以知阴阳，有余不足，平与不平。天道毕矣。所谓平人者不病。不病者，脉口人迎应四时也，上下相应而俱往来也，六经之脉不结动也，本末之寒温之相守司也，形肉血气必相称也。是谓平人。少气者，脉口人迎俱少而不称尺寸也。如是者，则阴阳俱不足。补阳则阴竭，泻阴则阳脱。如是者，可将以甘药，不可饮以至剂。如是者，弗灸。不已者，因而泻之，则五脏气坏矣。**

【译文】 慎重地遵循天地阴阳变化规律，让我谈谈针刺的终始意义吧！所谓终始，是以十二经脉为纲纪，从脉口、人迎两部的脉象了解阴经阳经的脉象是实是虚，上下之脉是相应平衡还是不平衡。这样，阴阳变化就大致掌握了。所谓平人，就是没有病的人，无病人的脉口和人迎的脉象是和四时相应的；脉口，人迎互相呼应，往来不息；六经之脉搏动不止；人体上下内外，在寒温不同的环境里能够保持平衡；形肉和血气也能够协调一致。这就是没有病的人。气虚的人，脉口、人迎的脉象细小，而尺肤和脉象不相称。像这样，就是阴阳都不足的病症。补阳就会使阴气衰竭，泻阴就会使阳气亡脱。这样的病人，只可以用缓剂补养，不能用峻猛的药物攻泻。这种病症也不能用灸法。因为病未愈，而用泻法，那就会败坏五脏真气。

【原文】 **凡刺之道，气调而止。补阴泻阳，音气益彰，耳目聪明。反此者，血气不行。**

【译文】 大凡针刺的原则，阴阳之气调和了，就要停针。要注意阴阳补泻，这样才会有语音清朗，耳聪目明的效果。相反，血气就不能正常运行。

【原文】 **所谓气至而有效者[①]，泻则益虚。虚者，脉大如其故而不坚也。坚如其故者，适虽言快，病未去也。补则益实。实者，脉大如其故而益坚也。夫如其故而不坚者，适虽言快，病未去也。故补则实，泻则虚。痛虽不随针，病必衰去。必先通十二经脉之所生病，而后可得传于终始矣。故阴阳不相移，虚实不相倾，取之其经。**

【注释】 ①气至而有效：中医以针刺治病取效的关键在于得气，即“气至”。人体生命活动的关键在于气血的畅通周流，疾病之所以发生就是因为气血出了问题，治疗时也是以调动和恢复气血的功能为目标。所以只有“气至”，即有了酸麻胀痛及循经感传的现象，才会有疗效。

【译文】 所谓针下气至而获得疗效，是说实证用了泻法，就会由实转虚。这虚的脉象仍旧大，却不坚实。如果脉象坚实照旧，虽说一时觉得舒服，其实病情并没有减轻。虚证用了补法，就会由虚转实。这实的情况，是脉象仍旧大些，并且更坚实了。如果脉象大虽照旧而并不坚实，虽说一时觉得舒服，其实病情并没有减轻。所以准确地运用补法，会使正气充实；准确地运用泻法，会使病邪衰退。即使病不随着针立即除去，但病势必定减轻。必须先明白十二经脉与各种疾病的关系，然后才可以做到有始有终。阴经和阳经是不会互相改变的，虚证和实证也是不会相反的，所以针治疾病，就要取其所属的经脉。

【原文】　凡刺之属，三刺至谷气[①]。邪僻妄合[②]，阴阳易居。逆顺相反，沉浮异处[③]。四时不得[④]，稽留淫泆。须针而去。故一刺则阳邪出，再刺则阴邪出，三刺则谷气至，谷气至而止。所谓谷气至者，已补而实，已泻而虚，故以知谷气至也。邪气独去者，阴与阳未能调，而病知愈也。故曰补则实，泻则虚。痛虽不随针，病必衰去矣。

【注释】　①三刺：指针刺皮肤、肌肉、分肉三种深浅不同的刺法。②邪僻妄合：指不正之气即邪气与血气混合。③沉浮异处：脉气当沉而反浮之在表，当浮而反沉之在里。杨上善："春脉或沉，冬脉或浮，故曰异处。"④四时不得：脉气不能与四时顺应。张志聪："四时不得者，不得其升降浮沉也。"

【译文】　大凡针刺所应该注意的是采用三刺法使正气徐徐而来。那邪僻不正之气与血气混合，使阴阳失其常位而逆乱。气血运行的逆顺颠倒，脉象沉浮异常。脉气与四时不相应合，患者或血气留滞，或血气妄行。所有这许多病变，都有待用针刺去排除。因此要注意三刺法：初刺能使阳分的病邪排出，再刺会使阴分的病邪排出，三刺就会使正气徐徐而来，这时就应该出针了。所谓谷气至，是说已经用了补法，就觉得气充实些；已经用了泻法，就觉得病邪衰退些。从这些表现就知道谷气已至。起初，仅是邪气排除了，阴与阳之间的血气还没有调和，但是已能知道病要痊愈了。所以说用补法而能使正气充实，用泻法而能使邪气衰退。病痛虽未能随针立即消除，但病势必会减轻。

【原文】　阴盛而阳虚，先补其阳，后泻其阴而和之。阴虚而阳盛，先补其阴，后泻其阳而和之。

【译文】　阴经邪气盛，阳经正气虚，先补阳经正气，后泻阴经邪气，从而调和有余和不足。阴经正气虚，阳经邪气盛，先补阴经正气，后泻阳经邪气，从而调和有余和不足。

【原文】　三脉动于足大指之间[①]，必审其实虚。虚而泻之，是谓重虚。重虚，病益甚。凡刺此者，以指按之。脉动而实且疾者则泻之，虚而徐者则补之。反此者，病益甚。其动也，阳明在上，厥阴在中，少阴在下。膺腧中膺，背腧中背。肩膊虚者，取之上[②]。重舌[③]，刺舌柱以铍针也[④]。手屈而不伸者，其病在筋；伸而不屈者，其病在骨。在骨守骨，在筋守筋。

【注释】 ①三脉:指足阳明、足厥阴、足少阴三脉。马元台:“阳明动于大指次指之间,凡厉兑、陷谷、冲阳、解溪,皆在足跗上也。厥阴动于大指次指之间,正以大敦、行间、太冲、中封,在足跗内也。少阴则动于足心,其穴涌泉,乃足跗之下也。”②“膺腧”四句:张景岳:“凡肩膊之虚软而痛者,病有阴经阳经之异。阴经在膺,故治阴病者,当取膺腧而必中其膺;阳经在背,故治阳病者,当取背腧而必中其背。病在手经,故取之上。上者,手也。如手太阴之中府、云门,手厥阴之天池,皆膺腧也。手少阳之肩髎、天髎,手太阳之天宗、曲垣、肩外俞,皆背腧也。咸主肩膊虚痛等病。”③重舌:舌下的血脉胀起,形如小舌,似为两舌相重,故称重舌。④舌柱:即舌下的筋,像柱一样,故称舌柱。

【译文】 足阳明经、足厥阴经、足少阴经三条经脉,都有动脉散布于足大指之间,在针刺时,必须审察它是属于虚证,或是属于实证。假如虚证误用了泻法,这叫重虚。虚而更虚,病就更厉害了。大凡针刺这些病症时,先用手指去按动脉,脉的搏动实而快的就用泻法,脉的搏动虚而缓的就用补法。如所用的补泻之法,与此相反,那么病就会更加重。至于动脉的所在,足阳明经在足跗之上,足厥阴经在足跗之内,足少阴经在足跗之下。取胸部腧穴必中其胸。取背部腧穴必中其背。肩膊出现酸胀麻木的虚证,应取上肢经脉的腧穴。对于重舌的患者,应该用铍针,刺舌下根柱,使之出血。手指弯曲而不能够伸直,那病在筋上;伸直了而不能够弯曲,那病在骨上。病在骨,应该求之于主骨的各个穴位去治疗;病在筋,应该求之于主筋的各个穴位去治疗。

【原文】 **泻一方实,深取之,稀按其痏[①],以极出其邪气;补一方虚,浅刺之,以养其脉,疾按其痏[②],无使邪气得入。邪气来也紧而疾,谷气来也徐而和。脉实者,深刺之,以泄其气;脉虚者,浅刺之,使精气无得出,以养其脉,独出其邪气。刺诸痛者,其脉皆实。**

【注释】 ①稀按其痏:杨上善:“希,迟也。迟按针伤之处,使气泄也。”痏,针孔。②疾按其痏:杨上善:“按针伤之处,急关其门,使邪气不入,正气不出也。”

【译文】 补泻的大法,在于泻的时候要注意脉气之实,深刺,出针后,缓按针孔,以尽量泄去邪气;补的时候要注意脉气之虚,浅刺,以保养所取的经脉,出针后,急按针孔,不叫邪气侵入。邪气来了,针下会感到拘急;谷气来了,针下会感到徐和。脉气盛实的,深刺,使邪气外泄;脉气虚弱的,浅刺,使精气不外泄,以养其经脉,而仅让邪气排出。对于各种疼痛的病症,要一律深刺,因为疼证的脉象都是实的。

【原文】 **故曰:从腰以上者,手太阴阳明皆主之;从腰以下者,足太阴阳明皆主之。病在上者下取之,病在下者高取之,病在头者取之足,病在足者取之腘。病生于头者头重,生于手者臂重,生于足者足重。治病者先刺其病所以生者也。**

【译文】 所以说:腰以上的病,都在手太阴肺经、手阳明大肠经的主治范围;腰以下的病,都在足太阴脾经、足阳明胃经的主治范围。病在上部的,可以取下部的穴位;病在下部的,可以取上部的穴位;病在头部的,可取足部的穴位;病在腰部的,可取腘部的穴位。病患于头部的,头必觉得重;病患于手部的,臂必觉得重;病生于足部的,足必觉得重。治疗这些病症,应当先针刺疾病开始发生的部位。

【原文】 **春,气在毛;夏,气在皮肤;秋,气在分肉;冬,气在筋骨。刺此病者各以其时为齐[①]。故刺肥人者,以秋冬之齐;刺瘦人者,以春夏之齐。病痛者,阴也。痛而以手按之不得者,阴也,深刺之[②]。痒者,阳也,浅刺之[③]。病在上者,阳也;病在下者,阴也。**

【注释】 ①齐:同"剂"。在此可理解为"标准"。②"病痛者"五句:张景岳:"凡病痛者,多由寒邪滞逆于经,及深居筋骨之间,凝聚不散,故病痛者为阴也。按之不得者,隐藏深处也,是为阴邪,故刺亦宜深。然则痛在浮浅者,由属阳邪可知也。但诸痛属阴者多耳。"③痒者,阳也,浅刺之:张景岳:"痒者,散动于肤腠,故为阳。"

【译文】 春天,邪气在毫毛;夏天,邪气在皮肤;秋天,邪气在分肉;冬天,邪气在筋骨。治疗这些与时令有关的病症,针刺的浅深,应该根据季节而变化。所以刺胖人,要用适于秋冬的深刺法;刺瘦人,就用适于春夏的浅刺法。感到疼痛的病人,多属阴证。疼痛时用手按压,不能缓解的,也是属于阴证、要深刺。患者身上发痒,是病邪在外属阳,要浅刺。病在上部的属阳,病在下部的属阴。

【原文】 **病先起阴者,先治其阴而后治其阳;病先起阳者,先治其阳而后治其阴。刺热厥者,留针,反为寒;刺寒厥者,留针,反为热。刺热厥者,二阴一阳;刺寒厥者,二阳一阴。所谓二阴者,二刺阴也;一阳者,一刺阳也。久病者,邪气入深。刺此病者,深内而久留之,间日而复刺之。必先调其左右,去其血脉。刺道毕矣。**

【译文】 病先起于阴经的,应该先治疗阴经,然后再治疗阳经;病先起于阳经的,应该先治疗阳经,然后再治疗阴经。针刺热厥,留针可以由热转寒;针刺寒厥,留针可以由寒转热。针刺热厥,当刺阴经二次,刺阳经一次;针刺寒厥,当刺阳经二次,阴经一次。所谓二阴的意思,就是在阴经针刺二次,一阳的意思,就是在阳经针刺一次。患病的时间长了,病邪深入脏腑。针治这类宿疾,应该深刺并且长时间地留针,每隔一日,再继续针刺。还要首先察明病邪在左在右的偏盛现象,去掉血脉中的淤滞。针刺的原则无非就是这些。

【原文】 **凡刺之法,必察其形气。形肉未脱,少气而脉又躁,躁疾者,必为缪刺之。散气可收,聚气可布[①]。深居静处,占神往来;闭户塞牖,魂魄不散。专意一神,精气之分,毋闻人声,以收其精,必一其神,令志在针。浅而留之,微而浮之,以移其神,气至乃休。男内女外,坚拒勿出。谨守勿内,是谓得气。**

【注释】 ①散气可收,聚气可布:杨上善:"缪刺之益,正气散而收聚,邪气聚而可散也。"

【译文】 大凡针刺的法则,必须诊察患者的形气。形肉虽然不显消瘦,但是气短,脉又躁动而快,出现了躁动而且快的脉象,就应当采用缪刺法。使耗散的真气可以收住,积聚的邪气可以散去。在针刺时,医生就好像深居静处,只与神往来;又像闭户塞窗,意识不乱。念头单纯,心神一贯,精气不分,听不到旁人的声音,从而使精神内守,专一地集中在针刺上。浅刺留针,或微捻提针,以转移病人的精神紧张,直到针下得气为止。针刺之时,男子浅刺候气于外,女子深刺候气于内,坚拒正气不使之出。严防邪气不使之人,这叫做得气。

经脉

【题解】

本篇详细叙述了十二经脉的起止点、循行部位、发病症候及治疗原则,并分别说明十二络脉的循行和病候,五阴经气绝所出现的特征和预后。因篇中重点是论述十二经脉,篇首即着重指出经脉在决死生、处百病、调虚实等方面的重要作用,故以《经脉》名篇,是中医经络学说的重要文献。篇幅所限,本书仅选录其论十二经脉循行部分的内容。本篇名言:“经脉者,所以能决死生,外百病,调虚实,不可不诵。”

【原文】 **雷公问于黄帝曰:《禁服》之言,凡刺之理,经脉为始。营其所行,制其度量。内次五脏,外别六腑。愿尽闻其道。**

黄帝曰:人始生,先成精,精成而脑髓生;骨为干,脉为营,筋为刚,肉为墙;皮肤坚而毛发长。谷入于胃,脉道以通,血气乃行。

雷公曰:愿卒闻经脉之始生。

黄帝曰:经脉者,所以能决死生,处百病,调虚实,不可不通。

【译文】 雷公问黄帝说:《禁服》篇说过,针刺的道理,从研究经脉开始。揣度它的运行,知道它的长短,向内联系五脏,在外联系六腑。希望详细地听听其中的道理。

黄帝说:人最初生成,首先形成精,由精发育而生脑髓;此后就逐渐形成人体。以骨为支柱,以经脉作为营运气血的通道,以坚劲的筋来约束骨骼,肌肉像墙一样卫护机体;到皮肤坚韧、毛发生长,人形即成。出生以后,水谷入胃,化生精微,脉道内外贯通,血气即可在脉中运行不止。

雷公说:我希望听到经脉最初发生的情况。

黄帝说:经脉的作用,可以决断死生,处理百病,察明虚实,作为医生,不可不明白。

【原文】 **肺手太阴之脉,起于中焦[①],下络大肠[②],还循胃口[③],上膈属肺[④]。从肺系横出腋下[⑤],下循臑内[⑥],行少阴心主之前,下肘中,循臂内,上骨下廉[⑦],入寸口,上鱼[⑧],循鱼际[⑨],出大指之端;其支者,从腕后直出次指内廉,出其端。**

【注释】 ①中焦:指中脘部位。②络:联络。凡萦绕于与本经相表里的脏腑均称络。③还:指经脉循行去而复回。循:沿着。胃口:指胃上口贲门与下口幽门。④

属:隶属。凡经脉连于其本经的脏腑均称属。⑤肺系:指与肺连接的气管、喉咙等组织。⑥臑:上臂。⑦廉:边缘。⑧鱼:手大指本节后掌侧肌肉隆起处,形状如鱼,故名。⑨鱼际:"鱼"的边缘为鱼际。

【译文】 肺手太阴的经脉,从中焦腹部起始,下绕大肠,返回循着胃的上口,上膈膜,属于肺。再从气管横走而出腋下,沿着上臂内侧,行在手少阴与手厥阴两经的前面,下至肘内,沿着臂的内侧和掌后高骨下缘,人寸口,沿着鱼际,出拇指尖端;它的支脉,从手腕后,直出食指尖端内侧,与手阳明大肠经相接。

【原文】 大肠手阳明之脉,起于大指次指之端,循指上廉,出合谷两骨之间[①],上入两筋之中[②],循臂上廉,入肘外廉,上臑外前廉,上肩,出髃骨之前廉[③],上出于柱骨之会上[④],下人缺盆络肺[⑤],下膈属大肠;其支者,从缺盆上颈贯颊,人下齿中,还出挟口,交人中,左之右,右之左,上挟鼻孔。

【注释】 ①两骨之间:即第一、二掌骨之间,俗名虎口,又名合谷。②两筋之中:指手腕背侧,拇长伸肌腱与拇短伸肌腱两筋间陷中,有穴名叫阳溪。③髃骨:为肩胛骨与锁骨相连接的地方,即肩髃穴处。④柱骨之会上:肩胛骨上,颈骨隆起处,即大椎穴处。因诸阳脉会于大椎,故称会上。⑤缺盆:即锁骨窝。

【译文】 大肠手阳明的经脉,起始于食指尖端,沿食指上侧,出合谷穴拇指、食指歧骨之间,上入腕上两筋凹陷处,沿前臂上方,人肘外侧,再沿上臂外侧前缘,上肩,出肩端的前缘,上出于肩胛上,与诸阳经会合于大椎,向下入缺盆络肺,下贯膈膜,会属于大肠;它的支脉,从缺盆上走颈部,通过颊部,下入齿缝中,回转过来绕至上唇,左右两脉交会于人中,左脉向右,右脉向左,上行挟于鼻孔两侧,与足阳明胃经相接。

【原文】 胃足阳明之脉,起于鼻之交頞中[①],旁纳太阳之脉,下循鼻外,入上齿中,还出挟口,环唇,下交承浆,却循颐后下廉[②],出大迎,循颊车,上耳前,过客主人,循发际,至额颅[③];其支者,从大迎前下人迎,循喉咙,人缺盆,下膈,属胃,络脾;其直者,从缺盆下乳内廉,下挟脐,人气街中[④];其支者,起于胃口,下循腹里,下至气街中而合,以下髀关,抵伏兔,下膝膑中,下循胫外廉,下足跗,人中指内间;其支者,下廉三寸而别,下人中指外间;其支者,别跗上,入大指间,出其端。

【注释】 ①頞:鼻梁。②颐:在口角的外下方,腮的前下方。③额颅:即前额骨部,在发下眉上处。④气街:又叫"气冲"。在少腹下方,毛际两旁。

【译文】 胃足阳明的经脉,起于鼻孔两旁的迎香穴,旁入足太阳的经脉,下沿鼻外侧,入上齿缝中,回来环绕口唇,下交于承浆穴处,再沿腮下后方,出大迎穴,沿颊车穴,上至耳前,通过客主人穴,沿发际,至额颅部;它的支脉,从大迎穴的前面,向下至人迎穴,沿喉咙人缺盆,下贯膈膜,会于胃腑,与脾脏联系;它另有一支直行经脉,从缺盆下至乳房的内侧,再向下挟脐,入毛际两旁气街部;另一支脉,起胃下口,下循腹里,至气街前与直行的经脉相合,循髀关穴,至伏兔部,下至膝盖,沿胫骨前外侧,下至足背，入中指内侧；另一支脉，从膝下三寸处别行，下至足中指外侧；它另一支脉，从足背面，进入足大指，直出大指尖端，与足太阴脾经相接。

【原文】 脾足太阴之脉，起于大指之端，循指内侧白肉际[①]，过核骨后[②]，上内踝前廉，上踹内[③]，循胫骨后，交出厥阴之前，上膝股内前廉，入腹属脾络胃，上膈，挟咽，连舌本[④]，散舌下；其支者，复从胃，别上膈，注心中。

【注释】 ①白肉际：又称赤白肉际，是手足两侧阴阳界面的分界处。阳面赤色，阴面白色。②核骨：是足大趾本节后内侧凸出的圆骨。形如果核，故名。③踹：小腿肚。④舌本：舌根。

【译文】 脾足太阴的经脉，起于足大指尖端，沿着大指内侧白肉处，经过核骨，上行至内踝前面，再上小腿肚，沿胫骨后方，与厥阴肝经交叉出于其前，上行膝股内侧前缘，入腹，属脾、络胃，上过膈膜，挟行咽喉部，连于舌根，并散布于舌下；它的支脉，又从胃腑分出，别出上走膈，注入心中，与手少阴心经相接。

【原文】 心手少阴之脉，起于心中，出属心系[①]，下膈络小肠；其支者，从心系上挟咽，系目系[②]；其直者，复从心系却上肺，下出腋下，下循臑内后廉，行手太阴心主之后，下肘内，循臂内后廉，抵掌后锐骨之端[③]，入掌内后廉，循小指之内出其端。

【注释】 ①心系：指心脏与其他脏器相联系的脉络。张景岳："心当五椎之下，其系有五，上系连肺，肺下系心，心下三条，连脾肝肾，故心通五脏之气而为之主也。"②目系：眼球内连于脑的脉络。③锐骨：指掌后小指侧的高骨。

【译文】 心手少阴的经脉，起于心脏里，出属于心的脉络，下贯膈膜，联络小肠；它的支脉，从心系的脉络上行，挟于咽喉，关联到目珠连于脑的脉络；它另有直行的经脉，又从心脏的脉络上行于肺部，向下横出腋下，再向下沿上臂内侧的后缘，行于手太阴肺经和手厥阴心包络经的后面，下行肘内，沿着前臂内侧的后缘，到掌后小指侧高骨的尖端，入掌内后侧，沿着小指的内侧至指端。

【原文】 小肠手太阳之脉，起于小指之端，循手外侧上腕，出踝中[①]，直上循臂骨下廉，出肘内侧两筋之间，上循臑外后廉，出肩解[②]，绕肩胛，交肩上，人缺盆络心，循咽下膈，抵胃属小肠；其支者，从缺盆循颈上颊，至目锐眦[③]，却人耳中；其支者，别颊上𩑶抵鼻[④]，至目内眦[⑤]，斜络于颧。

【注释】 ①踝：此处指手腕后方小指侧的高骨。②肩解：即肩后骨缝。③目锐眦：眼外角。④𩑶：眼眶的下方，包括颧骨内连及上牙床的部位。⑤目内眦：眼内角。

【译文】 小肠手太阳的经脉，起于手小指尖端，循行手外侧，上入腕部，出小指侧的高骨，直上沿前臂骨的下缘，出肘内侧两筋之间，再向上沿上臂外侧后缘，出肩后骨缝，绕行肩胛部，交于肩上，入缺盆，联络心脏。再沿咽部下穿横膈膜，至胃，再向下属于小肠；它的支脉，从缺盆沿头颈上抵颊部，至眼外角，回入耳中；另有支脉，从颊部上眼眶下，至鼻，再至眼内角。斜行络于颧骨部，与足太阳经相接。

【原文】 **膀胱足太阳之脉，起于目内眦，上额交巅[1]；其支者，从巅至耳上角[2]；其直者，从巅入络脑，还出别下项，循肩髆内[3]，挟脊抵腰中，入循膂[4]，络肾属膀胱；其支者，从腰中下挟脊贯臀，入腘中；其支者，从髆内左右，别下，贯胛，挟脊内，过髀枢[5]，循髀外，从后廉下合腘中，以下贯踹内，出外踝之后，循京骨[6]，至小指外侧。**

【注释】 ①巅：指头顶正中最高点，当百会穴处。②耳上角：即耳壳的上部。③肩髆：即肩胛骨。④膂：挟脊两旁的肌肉。⑤髀枢：指股骨上端的关节，即环跳穴处。为髀骨所嵌入的地方，有转枢作用，故称髀枢。⑥京骨：足外侧小趾本节后突出的半圆骨，又穴名。京，本意为高地、高处。

【译文】 膀胱足太阳的经脉，起于眼内角，向上过额部，会于头顶之上；它的支脉，从头顶至耳上角；它的直行经脉，从头顶入络于脑，还出，另下行过项，沿肩胛骨内侧，夹脊椎两旁，直至腰部，沿脊肉深入，联系肾脏，会于膀胱；它另有支脉，从腰中，会于后阴，通过臀部，直入膝腘窝中；它又有直脉，从左右肩胛骨内侧，另向下行，贯穿肩胛，挟行脊内，过髀枢部，沿大腿外侧后缘，向下行合于膝弯内，又向下通过小腿肚，出外踝骨的后边，沿着京骨，至小指外侧尖端，与足少阴肾经相接。

【原文】 **肾足少阴之脉，起于小指之下，邪走足心[1]，出于然谷之下，循内踝之后，别入跟中，以上踹内，出腘内廉，上股内后廉，贯脊，属肾，络膀胱；其直者，从肾上贯肝膈，入肺中，循喉咙，挟舌本；其支者，从肺出络心，注胸中。**

【注释】 ①邪：偏斜。

【译文】 肾足少阴的经脉，起于足小指之下，斜向足掌心，出于然谷穴之下，沿着内踝骨的后方，另入足跟，上小腿肚内侧，出腘内侧，上行股部内侧后缘，穿过肾脏，与膀胱联系；其直行的经脉，从肾脏向上经过肝和横膈膜，进入肺脏，沿着喉咙，归结于舌根；它的支脉，从肺联系心脏，注于胸中，与手厥阴心包经相接。

【原文】 **心主手厥阴心包络之脉，起于胸中，出属心包络，下膈，历络三焦[1]；其支者，循胸出胁，下腋三寸，上抵腋，下循臑内[2]，行太阴少阴之间，入肘中，下臂行两筋之间，入掌中，循中指出其端；其支者，别掌中，循小指次指出其端。**

【注释】 ①历络三焦：自胸至腹依次联络上中下三焦。②臑：上臂。

【译文】 心主手厥阴心包络的经脉，起于胸中，出属于心包络，下穿膈膜，依次地联系胸腹的上中下三焦；它的支脉，循行胸中横出胁下，当腋缝下三寸处，又向上行至腋部，沿着上臂内侧，行于手太阴肺经与手少阴心经的中间，入肘中，下循臂，行掌后两筋之间，进入掌中，循中指，至指端；它另有支脉，从掌内分出，沿无名指直达指端，与手少阳三焦经相接。

【原文】 **三焦手少阳之脉，走于小指次指之端，上出两指之间，循手表腕[1]，出臂外两骨之间，上贯肘，循臑外，上肩，而交出足少阳之后，入缺盆，布膻中，散络心包，下膈，循属三焦；其支者，从膻中上出缺盆，上项，系耳后直上，出耳上角，以屈下颊至顷；**

其支者，从耳后入耳中，出走耳前，过客主人前，交颊，至目锐眦。

【注释】 ①手表腕：指手与腕的背面。

【译文】 三焦手少阳的经脉，起于无名指尖端，上出小指与无名指之间，沿着手背，出前臂外侧两骨的中间，向上穿过肘，沿上臂外侧，上肩，而交出于足少阳胆经之后，人缺盆，分布于膻中，散布络于心包，下过膈膜，依次会属于上中下三焦；它的支脉，从膻中上出缺盆，上颈项，夹耳后，直上出耳上角，由此屈而下行额部，至眼眶下；它另有支脉，从耳后进入耳中，再出走耳前，通过客主入穴的前方，与前支脉会于颊部，而至眼外角，与足少阳胆经相接。

【原文】 **胆足少阳之脉，起于目锐眦，上抵头角，下耳后，循颈行手少阳之前，至肩上，却交出手少阳之后，人缺盆；其支者，从耳后入耳中，出走耳前，至目锐眦后；其支者，别锐眦，下大迎，合于手少阳，抵于出页，下加颊车，下颈合缺盆，以下胸中，贯膈络肝属胆，循胁里，出气街，绕毛际[①]，横入髀厌中[②]；其直者，从缺盆下腋，循胸过季胁，下合髀厌中，以下循髀阳[③]，出膝外廉，下外辅骨之前[④]，直下抵绝骨之端[⑤]，下出外踝之前，循足跗上，人小指次指之间；其支者，别跗上，人大指之间，循大指歧骨内出其端，还贯爪甲，出三毛[⑥]。**

【注释】 ①毛际：耻骨部生阴毛之处。②髀厌：就是髀枢，即环跳部。③髀阳：大腿的外侧。髀，大腿部。阳，指外侧。④外辅骨：即腓骨。小腿骨有胫骨、腓骨两支，胫骨为主，腓骨为辅，且在外侧，故称外辅骨。⑤绝骨：在外踝直上三寸许腓骨的凹陷处。腓骨至此似乎绝断，故称绝骨。⑥三毛：足大趾爪甲后生毛处。

【译文】 胆足少阳的经脉，起于眼外角，上至额角，向下绕至耳后，沿颈部，行于手少阳三焦经的前面，至肩上，又交叉到手少阳三焦经的后面，而进入缺盆；它的支脉，另从眼外角，下行至大迎穴附近，与手少阳三焦经相合，至眼眶下，向颊车，下颈，与前入缺盆的支脉相合，然后下行胸中，贯膈，络肝，属胆，沿着胁内，出少腹两侧的气街，绕过阴毛际，横入环跳部；它的直行经脉，从缺盆下走腋，沿胸部过季胁，与前支脉合于环跳部，再下沿髀部外侧，出阳陵泉，下行于腓骨之前，直下抵阳辅穴，下出外踝之前，沿着足背，出足小指与第四指之间；它的另一支脉，由足背走向足大指间，沿着大指的骨缝，到它的尖端，又返回穿入爪甲，出三毛与足厥阴肝经相接。

【原文】 **肝足厥阴之脉，起于大指丛毛之际[①]，上循足跗上廉，去内踝一寸，上踝八寸，交出太阴之后，上腘内廉，循股阴入毛中，过阴器，抵小腹，挟胃属肝络胆，上贯膈，布胁肋，循喉咙之后，上入颃颡，连目系，上出额，与督脉会于巅；其支者，从目系下颊里，环唇内；其支者，复从肝别贯膈，上注肺。**

【注释】 ①丛毛：即上文“三毛”。

【译文】 肝足厥阴的经脉，起于足大指丛毛上的大敦穴，沿着足背上侧，至内踝前一寸处，向上至踝骨上八寸处，交叉于足太阴脾经的后方，上腘内缘，沿阴股，人阴毛中，环绕阴器一周，至小腹，夹行于胃的两旁，属肝，络胆，上通膈膜，散布于胁腹部，沿喉咙的后侧，入喉咙的上孔，联系眼球深处的脉络，与督脉会合于巅顶的百会，它的支脉，从眼球深处脉络，向下行于颊部内侧，环绕口唇之内；它另有一支脉，又从肝脏通过膈膜，上注于肺脏与手太阴肺经相接。

营卫生会

【题解】

营卫来源于水谷，生成于脾胃，分为两条道路：清纯的为营气，行于脉中；慓悍的为卫气，行于脉外。一昼夜之间，两者各行于阳二十五周次，行于阴亦二十五周次，当黎明与日落的时候，交相出入，至半夜大会于手太阴。由于本篇主要论述营卫的生成和会合，故命名《营卫生会》。本篇名言："血之与气，异名同类"，"人生有两死，而无两生"，"上焦如雾，中焦如沤，下焦如渎"。

【原文】　黄帝问于岐伯曰：人焉受气？阴阳焉会？何气为营？何气为卫？营安从生？卫于焉会？老壮不同气，阴阳异位，愿闻其会。

岐伯答曰：人受气于谷。谷人于胃，以传于肺，五脏六腑，皆以受气。其清者为营，浊者为卫[①]。营在脉中，卫在脉外。营周不休，五十而复大会。阴阳相贯，如环无端。卫气行于阴二十五度，行于阳二十五度，分为昼夜。故气至阳而起，至阴而止。故曰：日中而阳陇为重阳，夜半而阴陇为重阴。故太阴主内，太阳主外。各行二十五度，分为昼夜。夜半为阴陇，夜半后而为阴衰，平旦阴尽，而阳受气矣。日中为阳陇[②]，日西而阳衰。日入阳尽，而阴受气矣。夜半而大会，万民皆卧，命曰合阴。平旦阴尽而阳受气。如是无已，与天地同纪。

【注释】　①清者为营，浊者为卫：张景岳："谷气出于胃，而气有清浊之分。清者，水谷之精气也；浊者，水谷之悍气也。诸家以上下焦言清浊者皆非。清者属阴，其性精专，故化生血脉，而周行于经隧之中，是为营气；浊者属阳，其性慓疾滑利，故不循经络，而直达肌表，充实于皮毛分肉之间，是为卫气。"②陇：隆盛的意思。

【译文】　黄帝问岐伯说：人的精气来自哪里？阴和阳在哪里会合？什么叫作营气？什么叫作卫气？营卫之气是从哪里产生的？卫营之气在哪里会合？老年人和壮年人气的盛衰不同，昼夜气行的位置各异，我希望听听会合的道理。

岐伯回答说：人的精气，来源于饮食物。当饮食入胃，它的精微就传给了肺脏，五脏六腑都因此接受了营养。其中清的称为营气，浊的称为卫气。营气运行于脉中，卫气运行于脉外。在周身运行不休，营卫各运行五十周次又会合。阴阳相互贯通，如环周一样没有开头。卫气行于阴分二十五周次，又行于阳分二十五周次，昼夜各半。所以卫气的循行，从属阳的头部起始，到手足阴经为止。所以说：卫气行于阳经，中午阳气最盛，称为重阳；夜半行于阴经，阴气最盛，称为重阴。太阴主管人体内部，太阳主管人体外部，营卫在其中各运行二十五周次，都是以昼夜来划分的。半夜是阴气最盛的时候，夜半以后阴气渐衰，黎明阴气衰退而阳气继起。中午阳气最盛，日落而阳气衰退。当日入黄昏，阳气已尽而阴气继起。到夜半，营卫之气始相会合，这时人们都入睡，这叫合阴。到黎明阴气衰尽，而阳气又继起了。如此循行不止，和自然界日月运行的道理一致。

【原文】 黄帝曰：老人之不夜瞑者，何气使然？少壮之人不昼瞑者，何气使然？

岐伯答曰：壮者之气血盛，其肌肉滑，气道通，营卫之行，不失其常，故昼精而夜瞑[①]。老者之气血衰，其肌肉枯，气道涩，五脏之气相搏，其营气衰少而卫气内伐[②]，故昼不精，夜不瞑。

【注释】 ①精：此指神清气爽，精神饱满。②伐：衰败。

【译文】 黄帝说：老人往往夜里入睡困难，是什么气使他这样呢？青壮人白天往往不睡觉，是什么气使他这样呢？

岐伯回答说：壮年人的气血充盛，肌肉滑润，气道通畅，营气卫气的运行不失常规，所以白天神气清爽，夜里睡得香。老人的气血衰退，肌肉消瘦，气道涩滞，五脏之气损耗，营气衰少，卫气内乏，所以白天神不清爽，夜里也不易入睡。

【原文】 黄帝曰：愿闻营卫之所行，皆何道从来？

岐伯答曰：营出于中焦，卫出于下焦[①]。

黄帝曰：愿闻三焦之所出。

岐伯答曰：上焦出于胃上口，并咽以上，贯膈而布胸中，走腋，循太阴之分而行，还至阳明，上至舌，下足阳明。常与营俱行于阳二十五度，行于阴亦二十五度，一周也。故五十度而复大会于手太阴矣[②]。

黄帝曰：人有热，饮食下胃，其气未定，汗则出，或出于面，或出于背，或出于身半，其不循卫气之道而出，何也？

岐伯曰：此外伤于风，内开腠理，毛蒸理泄，卫气走之，固不得循其道。此气慓悍滑疾，见开而出，故不得从其道，故命曰漏泄。

【注释】 ①“营出”两句：张景岳：“营气者，由谷入于胃，中焦受气取汁，化其精微，而上注于肺，乃自手太阴始，周行于经隧之中，故营气出于中焦。卫气者，出其悍气之慓疾，而先行于四末分肉皮肤之间，不入于脉，故于平旦阴尽，阳气出于目，循头项下行，始于足太阳膀胱经，而行于阳分，日西阳尽，则始于足少阴肾经，而行于阴分，其气自膀胱与肾由下而出，故卫气出于下焦。”②大会于手太阴：张景岳：“上焦之气，常与营气俱行于阳二十五度，阴亦二十五度。阳阴者，言昼夜也。昼夜周行五十度，至次日寅时，复会于手太阴肺经，是为一周，然则营气虽出于中焦，而施化则由于上焦也。”

【译文】 黄帝说：我希望听到营、卫二气的运行，都是从哪里发出来的？

岐伯回答说：营气发于中焦，卫气发于上焦。

黄帝说：希望听一下发于上焦的情况。

岐伯回答说：上焦之气从胃上口发出，并食道上行，穿过膈膜，散布胸中，横走腋下，沿手太阴肺经范围下行，返回到手阳明大肠经，上行至舌，又下流注于足阳明胃经，卫气与营气一样都是运行于阳分二十五周，运行于阴分二十五周，这就是昼夜一周的大循环。所以卫气五十周次行遍全身，再与营气大会于手太阴肺经。

黄帝说：人在有热时，就会饮食刚入胃，其精微之气还未化成，汗就先出来了。或出于面，或出于背，或出于半身，并不沿着卫气运行的道路而出，是什么道理呢？

岐伯说：这是为风邪所伤，以致腠理舒张，皮毛为风热所蒸，腠理开泄，卫气行至肌表疏松的地方，就不沿着它的流行道路走了。卫气的性质慓悍滑利，见到开泄的地方就走，所以不能从它正常运行之道而出，这叫漏泄。

【原文】　黄帝曰：愿闻中焦之所出。

岐伯答曰：中焦亦并胃中，出上焦之后。此所受气者，泌糟粕，蒸津液，化其精微，上注于肺脉，乃化而为血。以奉生身，莫贵于此。故独得行于经隧，命曰营气。

黄帝曰：夫血之与气，异名同类，何谓也？

岐伯答曰：营卫者，精气也；血者，神气也。故血之与气，异名同类焉。故夺血者无汗，夺汗者无血。故人生有两死，而无两生①。

【注释】　①人生有两死，而无两生：人体夺血会致死亡，夺汗也会致死亡，所以说“有两死”。血与汗两者缺一则不能生，所以说“无两生”。

【译文】　黄帝说：希望听到中焦的出处？

岐伯回答说：中焦的部位与胃并列，在上焦之后。这里主化生水谷之味，泌去糟粕，蒸腾津液，化生精微，向上传注于肺脉，再化生而为血液。用它奉养周身，没有比它更宝贵的了。所以独能行于经脉之内，叫作营。

黄帝说：血和气，名称虽不一样，而其实却是同类，这是为什么？

岐伯回答说：营和卫都是水谷精气化成；血是精气化生最宝贵的物质，称为“神气”。因此血和气，名虽不同，却属于同类。凡失血过多的人，其汗也少；出汗过多的人，其血亦少。所以说人体夺血或夺汗均可死亡，而血与汗缺一则不能生存。

【原文】　黄帝曰：愿闻下焦之所出。

岐伯答曰：下焦者，别回肠，注于膀胱，而渗入焉。故水谷者，常并居于胃中，成糟粕而俱下于大肠，而成下焦。渗而俱下，济泌别汁，循下焦而渗入膀胱焉。

黄帝曰：人饮酒，酒亦人胃，谷未熟而小便独先下，何也？

岐伯答曰：酒者，熟谷之液也，其气悍以清，故后谷而入，先谷而出焉。

黄帝曰：善。余闻上焦如雾，中焦如沤，下焦如渎，此之谓也。

【译文】　黄帝说：我希望听到下焦的出处？

岐伯回答说:下焦可另将糟粕输送到回肠,又将水液渗透注入膀胱。所以水谷一类,常并存在胃中,经过消化,形成了糟粕,向下输送到大肠,成为下焦的主要功能。至于水液,也都是向下渗灌,排去其水,保留清液,其中浊秽部分,就沿着下焦而渗入膀胱。

黄帝说:人喝酒,酒入胃中,谷物还未腐熟,而酒液先从小便排泄,这是什么缘故?

岐伯回答说:酒是谷类发酵而酿成的液体,其气剽悍清纯,所以比食物后入,反比食物先从小便排出。

黄帝说:很对。我听说,三焦的功能,上焦像雾一样,中焦像沤物池一样,下焦像水沟一样。

师传

【题解】

本篇首先强调了医生临床思维方法的重要性,提出了"顺"与"便"两个对临证具有一般指导意义的范畴。认为无论治国与治家,还是治身都必须以"顺"为最高的原则。这一思想是老子"道法自然""无为而无不为"思想在医学上的发挥。老子认为依道而生的自然万物包括人类,都依照道的法则自然生化发展,人类作为有智慧的存在,虽然有自由行动的能力,但人类的行动必须因顺道的自然法则,才能成功,否则必然失败。这就是"无为而无不为"。"无为"不是无所作为,而是不以人的私意妄为,因外物变化之道而为。在医学上就要求医家认真研究病人的人情和疾病的自然规律,顺之而为,以获十全之功。所谓"顺者,非独阴阳脉论气之逆顺也,百姓人民皆欲顺其志也"。"临病人问所便","便"为病人人情所喜爱,或"相宜"于疾病之情,是"顺"这一原则的具体体现。"便"有三种具体的运用。对病情,既有"便寒""便热"之常,又有"便其相逆"之变;在人情上,还有王公大人、血食之君,"禁之则逆其志,顺之则加其病"这种难以应对的情况。都必须予以妥善的处理才能取得理想的疗效。可见,作者对"顺"和"便"的认识是非常全面深刻而富于辩证精神的。作者认为,这些知识和智慧,来源于前人的经验积累,因此必须从临床实践中,接受先师传授下来的宝贵经验,故以《师传》名篇。最后叙述了"从外知内"的诊断机理,即根据肢体、五官的形态及功能改变,来测候内脏的大小、强弱和预后吉凶等,以说明望诊的重要性。

【原文】 黄帝曰:余闻先师,有所心藏,弗著于方[①]。余愿闻而藏之,则而行之。上以治民,下以治身,使百姓无病。上下和亲,德泽下流。子孙无忧,传于后世。无有终时,可得闻乎?

岐伯曰:远乎哉问也。夫治民与自治,治彼与治此,治小与治大,治国与治家,未有逆而能治之也,夫惟顺而已矣。顺者,非独阴阳脉论气之逆顺也,百姓人民皆欲顺其志也。

【注释】 ①方：方版，古代书写用的木板。

【译文】 黄帝说：我听说先师有许多心得，没记载在书籍中。我希望听听这些心得而珍藏起来，作为准则推行，上以治民，下以治身，使百姓无病。上下和美亲善，恩德教泽在民间流行。子孙无病可虑，传于后代，永无终止。所有这些，可以让我听到吗？

岐伯说：您问得深远啊。治民和治己，治彼和治此，治小和治大，治国和治家，从来没有用逆行的方法而能治理好的，只有采取顺行的方法。但所说的顺，不仅是指阴阳经脉营卫的逆顺，对待人民百姓，也要顺着他们的意愿。

【原文】 黄帝曰：顺之奈何？

岐伯曰：入国问俗，入家问讳，上堂问礼，临病人问所便[1]。

黄帝曰：便病人奈何？

岐伯曰：夫中热消瘅则便寒，寒中之属则便热。胃中热则消谷，令人悬心善饥。脐以上皮热，肠中热，则出黄如糜。脐以下皮寒，肠中寒，则肠鸣飧泄。胃中寒，肠中热，则胀而且泄。胃中热，肠中寒，则疾饥，小腹痛胀。

【注释】 ①便：可理解为病者"喜爱"或"相宜"的意思。张景岳："便者，相宜也。有居处之宜否，有动静之宜否，有阴阳之宜否，有寒热之宜否，有性情之宜否，有味气之宜否。临病人而失其宜，施治必相左矣。故必问病人之所便，是皆取顺之道也。"

【译文】 黄帝说：顺之怎样去做呢？

岐伯说：进入一个国家，要问明当地的风俗，进入人家，要问明他家的忌讳，登堂更要问明人家的礼节，医生临证也要问病人怎样觉得舒适。

黄帝说：怎样使病人觉得舒适呢？

岐伯说：人内热患了消瘅病，适宜于寒治法；寒中病适于热治法。胃中有热，谷物消化得就快，人心如悬，总有饿感。脐以上的皮肤发热，是肠中有热，排出的粪便黄如糜粥。脐以下的皮肤觉寒，是肠中有寒，会肠鸣飧泄。胃中有寒，肠中有热，会出现腹胀腹泻。胃中有热，肠中有寒，出现易饿，小腹胀痛。

【原文】 黄帝曰：胃欲寒饮，肠欲热饮，两者相逆，便之奈何？且夫王公大人血食之君，骄恣从欲，轻人，而无能禁之，禁之则逆其志，顺之则加其病，便之奈何？治之何先。

岐伯曰：人之情，莫不恶死而乐生。告之以其败，语之以其善，导之以其所便，开之以其所苦。虽有无道之人，恶有不听者乎？

【译文】 黄帝说：胃热宜于寒饮，肠寒宜于热饮，二者寒热相反，应该怎样治疗呢？尤其像王公大人，肉食之君，都骄傲纵欲，轻视别人，无法劝阻他们，劝阻就违背他们的意志，如顺着他们的意志，就会加重病情。像这样，如何治疗？先从哪里着手呢？

岐伯说：人之常情，没有不怕死而喜爱活着的。告诉他哪些对人有害处，哪些对人有好处，用适宜的指导他，解开他心中的苦痛。就是不太懂理的人，怎么会不听劝告呢？

【原文】 **黄帝曰：治之奈何？**

岐伯曰：春夏先治其标，后治其本；秋冬先治其本，后治其标。

【译文】 黄帝说：怎样治疗呢？

岐伯说：春夏，先治在外的标病，后治在内的本病；秋冬，先治在内的本病，后治在外的标病。

【原文】 **黄帝曰：便其相逆者奈何[①]？**

岐伯曰：便此者，食饮衣服，亦欲适寒温。寒无凄怆[②]，暑无出汗。食饮者，热无灼灼[③]，寒无沧沧[④]，寒温中适。故气将持。乃不致邪僻也。

【注释】 ①便其相逆：张景岳："谓于不可顺之中，而复有不得不委曲，以便其情者也。"②凄怆：形容寒冷很重。③灼灼：形容食物过热。灼，烧。④沧沧：形容食物过凉。沧，寒冷。

【译文】 黄帝说：怎样从病人的喜爱来适应其病情呢？

岐伯说：顺应这样的病人，在饮食衣服方面，应注意使他寒温适中。天寒时，多加衣服，不要着凉；天热时，要少穿，不要热得出汗。在饮食上不要过热过凉，应寒温合适。这样，真气就能内守，外邪就不能侵入体内。

海论

【题解】

古人在人身小宇宙，宇宙大人体，天人相应哲学观念指引下，认为人与自然界无论是在结构形态还是在生理功能上都有着相通相应的关系，可以用自然界的形态功能来比拟说明人体的形态结构和功能。由此而导出了"取类比象"或曰"取象比类"的基本方法。自然界有十二经水，人体有十二经脉与之相应。自然界的十二经水，有东、西、南、北四海为之调节。人体十二经脉中营卫气血的生成和运行，同样有四海作为汇聚之所。本篇详论髓海（脑）、血海（冲脉）、气海（膻中）、水谷之海（胃）的生理，以及有余不足的病理，因而以《海论》名篇。

【原文】 **黄帝问于岐伯曰：余闻刺法于夫子，夫子之所言，不离于营卫血气。夫十二经脉，内属于腑脏，外络于肢节，夫子乃合之于四海乎？**

岐伯答曰：人亦有四海、十二经水[①]。经水者，皆注于海，海有东西南北，命曰四海。

黄帝曰：以人应之奈何？

岐伯曰：人有髓海，有血海，有气海，有水谷之海，凡此四者，以应四海也。

【注释】 ①四海：古人认为海为江河之水汇聚之处，海有四。人身髓、气、血以及饮食物也有其所汇聚之处，故比称为"四海"。

【译文】 黄帝问岐伯说：我听夫子您讲过刺法，您所讲的离不开营卫气血。十二经脉，在内连属于五脏六腑，在外网络于四肢关节，怎么把它和四海相配合呢？

岐伯回答说：人体也有四海、十二经水。十二经水的流行，都从四方会合注入大海，海有东西南北，所以叫四海。

黄帝说：人体怎样和四海相应呢？

岐伯说：人体有髓海，有血海，有气海，有水谷之海，以上四者，所以和四海相应。

【原文】 黄帝曰：远乎哉！夫子之合人天地四海也。愿闻应之奈何？

岐伯答曰：必先明知阴阳表里荥输所在①，四海定矣。

【注释】 ①荥输：在此做流转、输注解。

【译文】 黄帝说：讲得真深远啊！先生把人体和天地四海配合起来了。希望再听听它们是怎样相应的？

岐伯说：必先明确知道经脉的阴阳表里荥输的部位，就可以确定髓、血、气、水谷这四海了。

【原文】 黄帝曰：定之奈何？

岐伯曰：胃者，水谷之海①，其输上在气街，下至三里；冲脉者，为十二经之海②，其输上在于大抒，下出于巨虚之上下廉；膻中者，为气之海③，其输上在于柱骨之上下④，前在于人迎；脑为髓之海⑤，其输上在于其盖⑥，下在风府。

【注释】 ①"胃者"两句：胃能容纳饮食物，故称"水谷之海"。水谷为五脏六腑所需营养物质的根本来源，因此《灵枢·动输》及《素问·太阴阳明论》《素问·痿论》等，又称胃(阳明)为五脏六腑之海。②"冲脉"两句：即上文所说的"血海"。张景岳："此即血海也。冲脉起于胞中，其前行者，并少阴之经，侠脐上行，至胸中而散，其后行者，上循背里，为经络之海，其上行者出于颃颡，下行者出于足，故其输上在于足太阳之大杼，下在于足阳明之巨虚上下廉。"③"膻中者"两句：膻中，在此系指胸中部位。张景岳："膻中，胸中也，肺之所居。诸气者，皆属于肺，是为真气，亦曰宗气。宗气积于胸中，出于喉咙，以贯心脉，而行呼吸，故膻中为之气海。"④柱骨之上下：指项后的哑门与大椎二穴。柱骨，亦称"天柱骨"，系指全部颈椎。⑤脑为髓之海：张景岳："凡骨之有髓，惟脑为最巨，故诸髓皆属于脑，而脑为髓之海。"⑥盖：指脑盖骨。张景岳："盖，脑盖骨也。即督脉之囟会、风府，亦督脉穴，此皆髓海之上下前后输也。"

【译文】 黄帝说：究竟是怎样确定呢？

岐伯说：胃是水谷之海，它的输注要穴，上在气冲，下在三里穴；冲脉是十二经之海，也就是血海，它的输注要穴，上在大杼，下在上巨虚和下巨虚穴；膻中是气海，它的输注要穴，在柱骨上的痖门、柱骨下的大椎，前在人迎穴；脑是髓海，它的输注要穴，上在百会，下在风府穴。

【原文】　黄帝曰：凡此四海者，何利何害？何生何败？

岐伯曰：得顺者生，得逆者败；知调者利，不知调者害。

【译文】　黄帝说：关于人身的四海，怎样会有益？怎样会有害？怎样会生机旺盛？怎样会衰退？

岐伯说：人身的四海顺乎生理规律的就生机旺盛，反之就会衰退；懂得调养四海的就有益于身体，否则就有害。

【原文】　黄帝曰：四海之逆顺奈何[①]？

岐伯曰：气海有余者，气满胸中，悗息面赤；气海不足，则气少不足以言。血海有余，则常想其身大，怫然不知其所病[②]；血海不足，亦常想其身小，狭然不知其所病[③]。水谷之海有余，则腹满；水谷之海不足，则饥不受谷食。髓海有余，则轻劲多力，自过其度[④]；髓海不足，则脑转耳鸣，胫痠眩冒，目无所见，懈怠安卧。

【注释】　①逆顺：保持正常，或虽有病而趋向好转者为顺；发生病变，甚至逐渐恶化的为逆。②怫然：郁闷貌。不知其所病：形容病势进展缓慢，自己不觉得有病。③狭然：狭小貌。张景岳："狭，隘狭也，索然不广之貌。"④自过其度：超过常人一般的水平。四海之有余不足共八条，唯有"髓海有余"而见"轻劲有力，自过其度"一条，诸家都认为是无病之象。

【译文】　黄帝说：四海的逆顺情况怎样呢？

岐伯说：气海有余，是邪气盛，就会气满胸中，呼吸急促，面赤；气海不足，就会气短，说话无力。血海有余，因为血多脉盛，就会想象身体似大起来，虽然心情怫郁，而说不出病来；血海不足，就会经常感觉身体轻小，虽然心情不舒，也说不出病来。水谷之海有余，就会腹部胀满；水谷之海不足，就会觉得饥饿而不想吃东西。髓海有余，就会使身体轻劲多力，耐劳超过常度；髓海不足，就会脑似旋转，耳鸣，小腿发痠，眩晕，眼睛看不见东西，懈怠，嗜睡。

【原文】　黄帝曰：余已闻逆顺，调之奈何？

岐伯曰：审守其输[①]，而调其虚实，无犯其害。顺者得复，逆者必败。

黄帝曰：善。

【注释】　①审守其输：审察和掌握四海所流注部位的腧穴。

【译文】　黄帝说：我已听到逆顺的情况，怎样调治呢？

岐伯说：精确掌握那些与四海相通的上下腧穴，来调治，依据虚则补之，实则泻之的法则，不犯虚虚实实的错误。能这样做，病人就会安康；否则，病人就会衰败。

黄帝说：说得好。

逆顺肥瘦

【题解】

逆顺是中国哲学和中国医学的重要范畴。所谓“逆”即与自然之势相逆反,顺即与自然之势相顺应。《易传》说:“数往者顺,知来者逆。”逆顺成为中国古代哲人考察自然之道的重要范畴之一。《内经》以“逆顺”名篇者就有《素问·四时刺逆从论》(逆从即逆顺)、《灵枢·逆顺》和本篇。逆顺作为医学和中国哲学的范畴更是贯穿于《内经》的主要思想线索之一。逆顺运用于疾病预后,指顺证、逆证。所谓“顺证”,指预后良好的疾病,而逆症则是预后较差或可能死亡的病症。就本篇来说,逆顺指十二经脉走向与气血运行的逆顺规律。此外,本篇探讨了针刺的深浅、快慢、次数,必须根据人体的胖瘦以及年龄大小、皮肤黑白、体质强弱等来酌量决定。因以《逆顺肥瘦》名篇。

【原文】 **黄帝问于岐伯曰:余闻针道于夫子,众多毕悉矣。夫子之道应若失,而据未有坚然者也[①]。夫子之问学熟乎,将审察于物而心生之乎?**

岐伯曰:圣人之为道者,上合于天,下合于地,中合于人事。必有明法,以起度数、法式检押[②],乃后可传焉。故匠人不能释尺寸而意短长,废绳墨而起平木也;工人不能置规而为圆,去矩而为方。知用此者,固自然之物,易用之教,逆顺之常也。

【注释】 ①坚然:形容病症顽固。②法式:方式,方法。检押:规则。

【译文】 黄帝问岐伯说:我听夫子讲针道,知道很多了。根据夫子的理论针刺,常常手到病除,从没有坚不可除的病症。先生是向前辈的先生询问继承的呢?还是从审察事物中而发明的呢?

岐伯说:圣人所作针刺的道理,对上合于天文,对下合于地理,对中合于社会人事。一定有明确的法则,以立尺度长短,模式规矩,然后才可传于后世。所以匠人不能丢掉尺寸而妄揣短长,放弃绳墨而求平直;工人不能丢开规而去画圆,去了矩而去画方。知道运用这一法则的,是顺应了自然的物理,是便于应用的教法,也就是衡量逆顺的常规。

【原文】 **黄帝曰:愿闻自然奈何?**

岐伯曰:临深决水,不用功力,而水可竭也;循掘决冲[①],而经可通也[②]。此言气之滑涩,血之清浊,行之逆顺也。

【注释】 ①循掘决冲:沿着窟处来开要塞之意。掘,通“堀”。“堀”同“窟”。②经:路径。

【译文】 黄帝说:希望听听自然之道是怎样的?

岐伯说:到深河那里放水,不用多大功力,就可以把水放完;从洞穴里开地道,则直行的大道很容易通开。这是说人身的气有滑有涩,血有清有浊,气血的远行有逆有顺。治疗时应该顺应其自然。

【原文】　黄帝曰：愿闻人之白黑肥瘦少长，各有数乎？

岐伯曰：年质壮大，血气充盈，肤革坚固，因加以邪。刺此者，深而留之，此肥人也。广肩腋项，肉薄厚皮而黑色，唇临临然[①]，其血黑以浊，其气涩以迟。其为人也，贪于取与。刺此者，深而留之，多益其数也。

【注释】　①唇临临然：形容口唇肥厚下垂。《广雅·释诂》："临，大也。"大，引申有厚意。

【译文】　黄帝说：我希望听听人的白黑肥瘦少长，在针刺时，是否有不同呢？

岐伯说：壮年而体质强壮的人，血气充足旺盛，皮肤坚密，在感受病邪时，针刺这种人，应该深刺、留针，这是刺肥壮人的标准。另有一种人，肩腋很开阔，颈项肉薄、皮厚、色黑，唇厚，血色黑浊，气行涩迟。这种人，贪图便宜，追求利益。针刺是应该深刺，留针，多增加针刺的次数。

【原文】　黄帝曰：刺瘦人奈何？

岐伯曰：瘦人者，皮薄色少，肉廉廉然[①]，薄唇轻言。其血清气滑，易脱于气，易损于血。刺此者，浅而疾之。

【注释】　①廉廉然：形容肌肉瘦薄。

【译文】　黄帝说：针刺瘦人用什么针法呢？

岐伯说：瘦人皮薄颜色淡，肌肉消瘦，唇薄，语声低。他的血清稀而气滑利，像这样，气、血都容易虚脱、损耗。针刺时应该浅刺、急速出针。

【原文】　黄帝曰：刺常人奈何？

岐伯曰：视其白黑，各为调之。其端正敦厚者，其血气和调，刺此者，无失常数也。

【译文】　黄帝说：针刺普通人用什么针法呢？

岐伯说：观察他的肤色白黑，分别配合针刺深浅的标准。属于端正纯厚的人，它的血气和调，针刺时依据正常的针法标准。

【原文】　黄帝曰：刺壮士真骨者奈何？

岐伯曰：刺壮士真骨[①]，坚肉缓节监监然[②]。此人重则气涩血浊，刺此者，深而留之，多益其数。劲则气滑血清，刺此者，浅而疾之。

【注释】　①真骨：坚固的骨骼。②坚肉：结实的肌肉。缓节：筋骨坚强，关节舒缓。监监然：形容坚强有力。

【译文】　黄帝说：针刺壮士用什么针法呢？

岐伯说：壮士骨骼坚固，肌肉丰厚，关节坚大。这样的人，性情稳重的，气涩血浊，针刺就当深刺、留针，并且增加针刺次数。而性情好动的，气滑血清，针刺就当浅刺而急速出针。

【原文】　黄帝曰：刺婴儿奈何？

岐伯曰：婴儿者，其肉脆血少气弱，刺此者，以毫针，浅刺而疾发针，日再可也。

【译文】　黄帝说：针刺婴儿用什么针法呢？

岐伯说：婴儿肉软、血少、气弱，针刺时用毫针，浅刺进针要快，一天针刺两次就够了。

【原文】　黄帝曰：临深决水，奈何？

岐伯曰：血清气浊，疾泻之，则气竭焉。

黄帝曰：循掘决冲，奈何？

岐伯曰：血浊气涩，疾泻之，则经可通也。

【译文】　黄帝说：临深决水，运用于针刺上是怎样的？

岐伯说：血清气浊的人，用疾泻的针法，就会使真气衰竭。

黄帝说：循掘决冲，运用于针刺上是怎样的？

岐伯答说：血浊气涩的人，用疾泻的针法，会使真气通畅。

病传

【题解】

本篇论述疾病由外而内逐步入侵脏腑的情况；说明了脏腑疾病的传变规律以及不同的传变方式对疾病预后的影响。故以《病传》名篇。本篇名言："道，昭乎其如日醒；窘乎其如夜瞑。"疾病的发生无声无形如夜瞑，而对疾病阴阳变化之道的把握只有昭如日醒，才能获得十全疗效。提示医者，必须深研医理，通晓天地变化之道，才符合医道的要求。

【原文】　黄帝曰：余受九针于夫子，而私览于诸方。或有导引行气[①]，乔摩、灸、熨、刺、焫、饮药[②]。之一者可独守耶，将尽行之乎？

岐伯曰：诸方者，众人之方也，非一人之所尽行也。

【注释】　①导引行气：凡人自摩自捏，伸缩手足，除劳去烦，名为导引。通过导引，以达到行气活血，养筋壮骨的目的，故曰"导引行气"。②乔摩：即按摩。乔，《甲乙经》作"按"。乔，即"跻"。

【译文】　黄帝说：我从夫子那里学到了九针知识，自己又看了记载其他疗法的方书，又有导引行气，按摩、灸、熨、刺、烧、饮药。在治疗时，是指用其中一种方法呢？还是导引等法都综合使用呢？

岐伯说：多样的治疗方法，是适应于众人疾病的，不是某一个人都需要使用的。

【原文】　黄帝曰：此乃所谓守一勿失，万物毕者也[①]。今余已闻阴阳之要，虚实之理，倾移之过，可治之属。愿闻病之变化，淫传绝败而不可治者，可得闻乎？

岐伯曰：要乎哉问！道，昭乎其如日醒；窘乎其如夜瞑。能被而服之，神与俱成。毕将服之，神自得之。生神之理，可著于竹帛，不可传于子孙。

【注释】 ①万物毕者也:马元台:"诸方虽行于众病,而医工当知乎守一。守一者,合诸方而尽明之,各守其一而勿失也。庶于万物之病,可以毕治而无误矣。"

【译文】 黄帝说:这就是所谓坚守一个总的原则,而不放弃,就能解决各种复杂病情。现在我已听到阴阳的要领,虚实的道理,腠理不固与正气不足的病变,以及病还有可治的机会等。此外,希望再听一下疾病的变化,淫邪传递,正气绝败,以致不可治疗,可以听听吗?

岐伯说:你问的是非常重要的。道,它的明显就像"日醒"一样,它的迫切就像"夜瞑"一样。能按照去做,时刻不离于身,心领神会,就会与道合一,始终运用它,自然就会得到神妙。这种"生神"的医理,可以刻在竹帛上,传于后世,不可自私地传给子孙。

【原文】 黄帝曰:何谓日醒?

岐伯曰:明于阴阳,如惑之解,如醉之醒。

黄帝曰:何谓夜瞑?

岐伯曰:瘖乎其无声,漠乎其无形。折毛发理,正气横倾。淫邪泮衍[①],血脉传溜。大气入藏[②],腹痛下淫[③]。可以致死,不可以致生。

【注释】 ①淫邪:指偏胜的病邪。泮衍:扩散,蔓延。②大气入藏:此谓严重病邪入侵于内脏。张景岳:"大气,大邪之气也。"③下淫:下焦脏气逆乱。淫,乱。

【译文】 黄帝说:什么叫"日醒"?

岐伯说:明白了阴阳的规律,好像解开疑惑,又像醉酒醒过来一样。

黄帝说:什么叫"夜瞑"?

岐伯说:外邪侵害身体,既没有声响,也没有形迹。只是在不知不觉中毛发折断,腠理开泄,正气随时耗散,淫邪散溢肌体,邪气传留血脉之中。因之流入内脏,腹部作痛,下焦脏气逆乱。可以致死,而不可以使人再活下去。

【原文】 黄帝曰:大气人藏,奈何?

岐伯曰:病先发于心,一日而之肺,三日而之肝,五日而之脾。三日不已,死。冬夜半,夏日中。

【译文】 黄帝说:邪气入脏,怎样传变呢?

岐伯说:疾病开始发于心脏的,过了一日,就传到肺脏,过了三日,又传到肝,过了五日,又传到脾脏。如果再过三日,病还不好,就会死的。冬季死在半夜,夏季死在中午。

【原文】 病先发于肺,三日而之肝,一日而之脾,五日而之胃。十日不已,死。冬日入,夏日出。

【译文】 疾病开始发于肺脏的,过了三日,就传到肝脏,再过一日,就传到脾脏,过了五日,就传到胃腑。如果再过十日,病还不好,就会死的。冬季死在日入的时候,夏季死在日出的时候。

【原文】 病先发于肝,三日而之脾,五日而之胃,三日而之肾。三日不已,死。冬日入,夏早食。

【译文】 疾病开始发于肝脏的,过了三日,就传到脾脏,过了五日,就会传到胃腑,再过三日,就传到肾脏。如再过三日,还不好,就会死。冬季死在日入的时候,夏季死在早饭的时候。

【原文】 病先发于脾,一日而之胃,二日而之肾,三日而之膀胱。十日不已,死。冬人定[1],夏晏食。

【注释】 ①人定:戌时。相当19—21时。

【译文】 疾病开始发生在脾脏的,一日就传到胃腑,过了二日,就传到肾脏,经过三日,就会传到膀胱。如再过十日,还不好,就会死。冬季死在人定的时候,夏季死在晚饭的时候。

【原文】 病先发于胃,五日而之肾,三日而之膀胱,五日而上之心。二日不已,死。冬夜半,夏日昳[1]。

【注释】 ①日昳:约当未时。未时,相当于13—15时。马元台:"夏之日昳在未,土气正衰,故夏死于昳也。"

【译文】 疾病开始发生于胃的,过了五日,就传到肾脏,再过三日,就传到了膀胱,再经过五日,就向上传到心脏。如再过二日,还不好,就会死。冬季死在夜半,夏季死在午后未时。

【原文】 病先发于肾,三日而之膀胱,三日而上之心,三日而之小肠。三日不已,死。冬大晨[1],夏晏晡[2]。

【注释】 ①大晨:早晨天光大亮,约当寅末卯初,即早5时左右。马元台:"冬之大晨在寅末。"②晏晡:晚7—9时。张景岳:"晏晡,戌时也。"

【译文】 疾病开始发生于肾的,过了三日,就传到膀胱,再过三日,向上传到心脏,传到小肠。如再过三日,还不好,就会死。冬季死在黎明,夏季死在夜间。

【原文】 病先发于膀胱,五日而之肾,一日而之小肠,一日而之心。二日不已,死。冬鸡鸣,夏下晡[1]。

【注释】 ①下晡:下午1—3时。张景岳:"夏之下晡在未。"

【译文】 疾病开始发生在膀胱的,过了五日,就传到肾脏,再过一日,就传到小肠,再过一日,就传到心脏。如再过二日,还不好,就会死。冬季死在夜半后鸡叫时分,夏季死在午后未时。

【原文】 诸病以次相传,如是者,皆有死期,不可刺也!间一脏及至三四脏者[1],乃可刺也。

【注释】 ①间一脏及至三四脏:间一脏,是间隔一脏相传的意思。间脏传是传其所生。如《难经·五十三难》说:“假令心病传脾,……是子母相传。”这是按火、水、土、木、金的顺序,五行配五脏,间一脏便属母子之间相传,如心病传脾,脾病传肺,肺病传肾等,便属传及二、三、四脏了。

【译文】 各种疾病都是按着一定的次序相互传变的。像这样的传变,都可预期死亡,不能用针刺治疗!如果疾病的传变次序是间隔一脏或间隔三脏、四脏的,才可以用针刺治疗。

外揣

【题解】

中国文化认为事物的外在形态是其内在本性的表现,而内在本性一定在外部有所表现。用孟子的话说:“有诸内,必形诸外。”(《孟子·告子》)所以儒家很早就形成了从人外部的容颜仪表、言行举止来判断人的品性的道德评价方法。同样,中医学也认为人体脏腑经脉气血的生理和病理的变化也会在人的外部表现出来。内外的关系就如同形影声响一样不可分离。正如篇中所云:“昭昭之明不可蔽。”“若清水明镜之不失其形也。”本篇强调阴阳内外的密切联系与相互影响,说明从外以知内的道理,从而启发人们重视外在客观的临床表现,作为诊断疾病的依据。医生临床时,从病人的声、色等进行揣摩,可以了解病因、病机和病位等概况,故以《外揣》名篇。本篇不是具体论述某种疾病的诊治规律,而是提示给医家临床思维的重要方法。读者宜深思揣摩。

【原文】 **黄帝曰:余闻九针九篇,余亲受其词[①],颇得其意。夫九针者,始于一而终于九[②],然未得其要道也。夫九针者,小之则无内,大之则无外,深不可为下,高不可为盖。恍惚无穷,流溢无极。余知其合于天道、人事、四时之变也。然余愿杂之毫毛,浑束为一,可乎?**

岐伯曰:明乎哉问也!非独针道焉,夫治国亦然。

【注释】 ①亲受其词:亲身接受他的智慧和方略。②始于一而终于九:指九针的理论和各种针具的名称。因为叙述这些理论以及各种类型针具的使用,都要有条理和次序,所以称为“始于一而终于九”。此文原出《九针十二原》篇。

【译文】 黄帝说:我听过九针九篇,亲自领略着智慧的理论,深受其益。这九针,是从一到九,道理深刻,可是还没有完全懂得其中的主要道理。九针的道理,精到不能再细,大到不能再大,深到不能再深,高到无盖可盖。它的奥妙恍惚无穷,它的运用流溢不尽。以上种种,我知道它是合于天道、人事、四时变化的,我希望把这像毫毛一样细的东西,归纳成为一个总纲,这可以吗?

岐伯说:你问得高明极了,不仅是针道要有一个总纲,就是治国也是这样的。

【原文】 **黄帝曰:余愿闻针道,非国事也。**

岐伯曰：夫治国者，夫惟道焉。非道，何可小大深浅，杂合而为一乎？

【译文】 黄帝说：我希望听的是针道，并不是国事。

岐伯说：治理国事，就是要有一个一以贯之的“道”。没有“道”，怎么能把小大、深浅的许多复杂的事务，综合为一个总纲呢？

【原文】 黄帝曰：愿卒闻之。

岐伯曰：日与月焉，水与镜焉，鼓与响焉。夫日月之明，不失其影；水镜之察，不失其形；鼓响之应，不后其声。动摇则应和，尽得其情。

【译文】 黄帝说：希望详尽地听一下。

岐伯说：这可用日和月，水和镜，鼓和响来比喻。日月照明，物影立现；水镜之光，容颜不失；击鼓作响，其声紧随。所以形与影，声与响是相互应和的，明白了这些，就能够掌握针刺的法则了。

【原文】 黄帝曰：窘乎哉！昭昭之明不可蔽。其不可蔽，不失阴阳也。合而察之，切而验之，见而得之，若清水明镜之不失其形也。五音不彰，五色不明，五脏波荡，若是则内外相袭①，若鼓之应桴，响之应声，影之似形。故远者司外揣内②，近者司内揣外。是谓阴阳之极，天地之盖。请藏之灵兰之室③，弗敢使泄也。

【注释】 ①相袭：相互影响。②司外揣内：观察外表，可以推测内脏病变。司，主事为司。揣，推测。③灵兰之室：传说中黄帝藏书的地方。王冰：“灵兰室，黄帝之书府也。”

【译文】 黄帝说：这个问题说起来真困难啊！尽管困难，但深刻的真理之光，是不可遮蔽的。它所以不可遮蔽，是由于不失去阴阳相对的道理。在临证时，综合病人的情况而观察它，切诊来验证脉象，望诊来得到外部情况，这就像清水明镜之不失真一样。人的声音色泽，是内脏功能的反应，如果五音不响亮，五色不鲜明，五脏动摇，像这样内外相因，就像鼓与槌相和，响与声相应，影与形相类一样。因此说，从远看，观察在外的声音色泽，可以测知内脏的症候；从近看，观察在内的脏腑，可以测知声音色泽的变化。这可说是阴阳变化的极点，天地所包的道理也尽在其中。希望把它藏在灵兰室，不敢使它散失。

本脏

【题解】

本，动词，探求本源之意，“本脏”的字面意思就是探求五脏的本源。本篇首先概要指出了血气、精神、卫气、经脉、五脏、六腑的生理功能。其次，从小大、高下、坚脆、端正偏斜、长短、厚薄、结直、缓急方面详论了五脏六腑的形态特点及其与疾病发生的关系。认为脏腑的大小形态位置结构与人体健康与否存在着直接的关系，而且不同形态结构的脏腑在体表对应上有不同的形态结构。由此认为人的素体禀赋的强弱以五脏六腑为本,人体外在组织的强弱,也是源于内在的脏腑。本文认为人体发病与否的关键不在于外邪的侵袭,而在于人的体质的强弱。这是对"邪之所凑,其气必虚",与"正气存内,邪不可干"的具体说明。基于对生理功能的这种认识,所以在发病时,可以"视其外应,以知其内脏,则知所病矣"。这些成为中医诊断学"有诸内,必形诸外"及"从外以知内"的基本观点的理论来源。可见脏腑是健康与疾病的根本,故以《本脏》名篇。

【原文】 **黄帝问于岐伯曰:人之血气精神者,所以奉生而周于性命者也[1]。经脉者,所以行血气而营阴阳,濡筋骨,利关节者也;卫气者,所以温分肉,充皮肤,肥腠理,司开阖者也[2];志意者,所以御精神,收魂魄,适寒温,和喜怒者也。是故血和则经脉流行,营复阴阳,筋骨劲强,关节清利矣。卫气和则分肉解利,皮肤调柔,腠理致密矣。志意和则精神专直[3],魂魄不散,悔怒不起,五脏不受邪矣。寒温和则六腑化谷,风痹不作,经脉通利,肢节得安矣。此人之常平也。五脏者,所以藏精神血气魂魄者也;六腑者,所以化水谷而行津液者也。此人之所以具受于天也,无愚智贤不肖,无以相倚也[4]。然有其独尽天寿,而无邪僻之病,百年不衰,虽犯风雨卒寒大暑,犹有弗能害也;有其不离屏蔽室内[5],无怵惕之恐,然犹不免于病,何也?愿闻其故。**

【注释】 ①奉生:养生。周:合。②司开阖:主管皮肤腠理之开合。③精神专直:精神专一而正。《易传·系辞》:"其静也专,其动也直。"④倚:异,不同。⑤屏蔽:屏风。

【译文】 黄帝问于岐伯说:人体的血气精神,是养生而使性命存续的物质。人的经脉是运行血气,转输清浊之气,濡润筋骨,滑利关节的;人的卫气是温养肌肉,充养皮肤,肥盛腠理,管理皮肤腠理开合的;人的志意是驾驭精神,收聚魂魄,适应寒温变化,调节情绪的。所以血脉调和则经脉流行,营养周身内外,筋骨强劲,关节滑利。卫气调和则分肉感到舒畅滑利,皮肤和柔,腠理致密。志意和顺则精神专一,魂魄不散漫,悔怒不妄起,五脏不受邪气侵袭。适应气候的寒温变化,则六腑能正常运化水谷,不致发生风痹,经脉畅通,四肢关节活动正常。这些都是人体协调的常态。五脏是储藏精神血气魂魄的;六腑是运化谷物而布散津液的。这些都是人天然的禀受,不论愚智贤不肖,没有不同的。但有的人独享大寿,未发生过什么疾病,直到百岁,身体不衰,虽然遇到了风雨、暴冷、大暑的气候,也不能损害其健康;还有的人从不离开屏风、室内,也没遭到惊恐害怕的事,但仍然免不了生病,这是为什么?希望听一下其中的缘故。

【原文】 **岐伯对曰:窘乎哉问也!五脏者,所以参天地,副阴阳[1],而连四时,化五节者也[2]。五脏者,固有大小、高下、坚脆、端正、偏倾者;六腑亦有小大、长短、厚薄、结直、缓急。凡此二十五者[3],各不同,或善或恶,或吉或凶。请言其方。**

【注释】 ①副:本意为助理,此作配合、符合解。②化五节:张景岳:"化五节者,应五行之节序而为之变化也。”也就是五脏各与五季(春、夏、长夏、秋、冬)的五行变化相应。③二十五者:指五脏各有大小、坚脆、高下、端正偏倾等不同情况,合为二十五种。

【译文】 岐伯回答说:你问得很难回答啊！五脏,与天地相参,阴阳相配,与四时五季的变化相应。五脏本来有小大、高下、坚脆、端正偏倾等不同;六腑也有小大、长短、厚薄、曲直、缓急等差异。这二十五种变化,各不相同,或善或恶,或吉或凶,请让我说说它的道理吧。

【原文】 心小则安,邪弗能伤,易伤以忧;心大则忧不能伤,易伤于邪。心高则满于肺中,悗而善忘,难开以言;心下则脏外[1],易伤于寒,易恐以言。心坚则脏安守固;心脆则善病消瘅热中。心端正则和利难伤;心偏倾则操持不一,无守司也。

【注释】 ①心下则藏外:心脏低则心阳涣散。外,疏。《礼记·大学》:“外本内末。”孔疏:“外,疏也。”引申为疏散、涣散。

【译文】 心脏小的,则心气安定,外邪不能伤害,但易被内忧所伤;心脏大的,不致被内忧所伤,但易为外邪所伤。心脏位置高,则充满肺部,多烦闷,好忘事,很难用言语开导他;心脏位置低,则脏气不紧密,易为寒邪所伤,又容易用言语去恐吓他。心脏坚实的,则所藏的神气安定,内守固密;心脏脆弱的,则多患消瘅热中。心脏位置端正,则脏气和谐,外邪难以伤害,心脏位置偏倾不正,则操持各种事物不能如一,这是精神不能内守去约束。

【原文】 肺小则少饮,不病喘喝;肺大则多饮,善病胸痹、喉痹、逆气。肺高上气肩息咳;肺下则居贲迫肺,善胁下痛。肺坚则不病咳上气;肺脆则苦病消瘅易伤。肺端正则和利难伤;肺偏倾则胸偏痛也。

【译文】 肺脏小的,就饮水少,也不患喘喝的病;肺脏大的,就饮水多,容易患胸痹、喉痹、逆气等证。肺脏位置高的,就会气逆向上、肩息、咳嗽等证;肺脏位置低的,就会逼迫胸膈,多胁下痛。肺脏坚实的,就不会患咳嗽、气逆向上的病;肺脏脆弱的,就会患消瘅病,容易感受外邪。肺脏位置端正,则肺气和利,外邪难以伤害;肺脏位置偏倾不正,就会影响胸胁偏痛。

【原文】 肝小则脏安,无胁下之病;肝大则逼胃迫咽,迫咽则苦膈中,且胁下痛。肝高则上支贲切[1],且胁悗,为息贲;肝下则逼胃,胁下空,胁下空则易受邪。肝坚则脏安难伤;肝脆则善病消瘅易伤。肝端正则和利难伤;肝偏倾则胁下痛也。

【注释】 ①上支贲切:张景岳:“上支贲切,谓肝经上行之支脉,贲壅迫切,故胁为悗闷,为息贲喘息也。”

【译文】 肝脏小的,则脏气安定,没有胁下作痛的病;肝脏大的,就会逼近胃部,上迫咽喉,胸中膈塞不通,并且胁下疼痛。肝脏位置高的,就会上支胸膈,并且胁下拘急,发为息贲;肝脏位置低的,则胃部安和,胁下空虚,因为空虚就容易感受外邪。肝脏坚实，则脏气安定，外邪难以伤害；肝脏脆弱，则多患消瘅，而易被外邪所伤。肝脏的位置端正，则肝气和利，不易为外邪伤害；肝脏的位置偏倾的，则胁下也会偏痛的。

【原文】 **脾小则脏安，难伤于邪也；脾大则苦凑𦙶而痛[①]，不能疾行。脾高则𦙶引季胁而痛[②]；脾下则下加于大肠，下加于大肠则脏苦受邪。脾坚则脏安难伤；脾脆则善病消瘅易伤。脾端正则和利难伤，脾偏倾则善满善胀也。**

【注释】 ①凑：充聚。𦙶：胁下空软处。②季胁：相当于侧胸第十一、十二肋软骨处。此处为肋骨之末端，故称季胁。

【译文】 脾脏小的，则脏气安定，外邪难以伤害；脾脏大的，就会经常影响腋下胁上空软部分作痛，走路不快。脾脏位置高的，胁下空软处会牵引季胁作痛；脾脏位置低，就向下加于大肠之上，常受邪气伤害。脾脏坚实的，则脏气安和，难被外邪所伤；脾脏脆弱的，就会患消瘅病，容易为外邪侵害。脾脏位置端正，则脾气和利，不易为外邪伤害；脾脏位置偏倾，就容易发生胀满。

【原文】 **肾小则脏安难伤；肾大则善病腰痛，不可以俯仰，易伤以邪。肾高则苦背膂痛，不可以俯仰；肾下则腰尻痛[①]，不可以俯仰，为狐疝。肾坚则不病腰背痛；肾脆则善病消瘅易伤。肾端正则和利难伤；肾偏倾则苦尻痛也。凡此二十五变者，人之所苦常病。**

【注释】 ①尻：尾骶部的通称。

【译文】 肾脏小的，则脏气安定，外邪难以伤害；肾脏大的，则常患腰痛，不能俯仰，容易为邪所伤。肾脏位置高，经常有脊背疼痛，不能俯仰；肾脏位置低，就会腰尻部疼痛，不能前后俯仰，且有狐疝。肾脏坚实，就没有腰背痛；肾脏脆弱，就多病消瘅，容易为邪气所伤。肾脏位置端正，则肾气和利，不易为外邪伤害；肾脏位置偏倾，就会经常发生腰尻偏痛。以上这二十五种变化，是人经常发生的疾病。

【原文】 **黄帝曰：何以知其然也？**

岐伯曰：赤色小理者心小，粗理者心大。无髃骬者，心高；髃骬小、短、举者，心下。髃骬长者，心下坚；弱以薄者，心脆。髃骬直下不举者，心端正；骨曷骬倚一方者，心偏倾也。

【注释】 ①髃骬：胸骨下端蔽心之骨，或名鸠尾、蔽骨，即胸骨剑突。

【译文】 黄帝说：怎样知道五脏的大小、高低、坚脆、端正与偏倾呢？

岐伯说：皮肤红色，纹理细密的，心脏就小，纹理粗疏的，心脏就大。看不见胸骨剑突的，心脏的位置就高；胸骨剑突小，短而鸡胸的，心脏的位置就低。胸骨剑突长的，心脏就坚实；胸骨剑突弱小而较薄的，心脏就脆弱。胸骨剑突直下而不突起的，心脏就端正；胸骨剑突偏在一面的，心脏就偏倾不正。

【原文】 **白色小理者，肺小；粗理者，肺大。巨肩反膺陷喉者，肺高[①]；合腋张胁者，肺下[②]。好肩背厚者，肺坚；肩背薄者，肺脆。背膺厚者，肺端正；胁偏疏者，肺偏**

倾也。

【注释】 ①反膺陷喉：张景岳："胸前两旁为膺，胸突而向外者，是为反膺。肩高胸突，其喉必缩，是为陷喉。"②合腋张胁：张景岳："合腋张胁者，腋敛胁开也。"指两腋窄紧，胸廓上部敛缩，下部开张。

【译文】 皮肤白色，纹理细密的，肺脏就小；纹理粗疏的，肺脏就大。两肩高大，胸部向外突出，而咽喉内陷的，肺脏的位置就高；两腋收敛，两胁开张的，肺脏的位置就低。肩背部宽厚的，肺脏就坚实；肩背部薄弱的，肺脏就脆弱。背部及胸膺宽厚的，肺脏就端正；胸部偏斜的，肺就偏倾不正。

【原文】 青色小理者，肝小；粗理者，肝大。广胸反骹者，肝高[1]；合胁兔骹者，肝下[2]。胸胁好者，肝坚；胁骨弱者，肝脆。膺腹好相得者，肝端正；胁骨偏举者，肝偏倾也。

【注释】 ①反骹：即偏下的胁骨突起。张景岳："胁下之骨为骹也。反骹者，胁骨高而张也。"骹，偏下的胁骨。②兔骹：张景岳："兔骹者，胁骨低合如兔也。"

【译文】 皮肤青色，纹理细密的，肝脏就小；纹理粗疏的，肝脏就大。胸部宽阔，胁骨隆起的，肝脏的位置就高；胁部狭窄，胁骨低的，肝脏的位置就低。胸胁健壮的，肝脏就坚实；胁骨柔软的，肝脏就脆弱。胸腹好，比例匀称的，肝脏就端正；胁骨偏斜而高起的，肝脏就偏倾不正。

【原文】 黄色小理者，脾小；粗理者，脾大。揭唇者[1]，脾高；唇下纵者，脾下。唇坚者，脾坚；唇大而不坚者，脾脆。唇上下好者，脾端正；唇偏举者，脾偏倾也。

【注释】 ①揭唇：嘴唇上翻。揭，举起貌。

【译文】 皮肤黄色，纹理细密的，脾脏就小；纹理粗疏的，脾脏就大。嘴唇上翻的，脾脏的位置就高；嘴唇下垂的，脾脏的位置就低。嘴唇坚实的，脾脏就坚实；嘴唇大而不坚实的，脾脏就脆弱。嘴唇上下均匀的，脾脏就端正；嘴唇偏耸的，脾脏就偏倾不正。

【原文】 黑色小理者，肾小；粗理者，肾大。高耳者，肾高；耳后陷者，肾下。耳坚者，肾坚；耳薄不坚者，肾脆。耳好前居牙车者，肾端正[1]，耳偏高者，肾偏倾也。凡此诸变者，持则安，减则病也。

【注释】 ①牙车：即牙床。颊车穴部位。

【译文】 皮肤黑色，纹理细密的，肾脏就小；纹理粗疏的，肾脏就大。两耳高的，肾脏的位置就高；两耳向后陷下的，肾脏的位置就低。耳朵皮肉坚实的，肾脏就坚实；耳薄而皮肉不坚实的，肾脏就脆弱。两耳皮肉丰厚，位于两侧颊车之前的，肾脏就端正；两耳一边偏高的，肾脏就偏倾不正。以上各种变化情况，如能注意调养，就仍能保持正常，如不善调理，有所伤损，就会发生疾病。

【原文】 帝曰：善。然非余之所问也。愿闻人之有不可病者，至尽天寿，虽有深

忧大恐，怵惕之志，犹不能感也[1]，甚寒大热，不能伤也；其有不离屏蔽室内，又无怵惕之恐，然不免于病者，何也？愿闻其故。

岐伯曰：五脏六腑，邪之舍也，请言其故。五脏皆小者，少病，苦憔心[2]，大愁忧；五脏皆大者，缓于事，难使以忧。五脏皆高者，好高举措；五脏皆下者，好出人下。五脏皆坚者，无病；五脏皆脆者，不离于病。五脏皆端正者，和利得人心；五脏皆偏倾者，邪心而善盗，不可以为人，卒反复言语也。

【注释】 ①感：与下文"伤"同义。②憔：同"焦"，焦虑，焦躁。

【译文】 黄帝说：说得好。但这些不是我要问的。我希望听听有的人从不患病，能享大寿。虽然遇到深忧大恐，情绪上极坏，也不能损伤他，酷寒炎暑，都不能损伤他；还有的人，不离开屏风室内，也没有深忧大恐，可仍不免患病，这是什么道理？希望知道其中的缘故。

岐伯说：五脏六腑，是可以被外邪侵入之处，请让我讲讲其中的缘故。五脏都小的，生病就少，但经常要劳心焦虑，免不了忧愁；五脏都大的，做事缓慢，很难使他忧愁。五脏的位置都高，举动措置，好高骛远而不切实际；五脏的位置都低，意志薄弱，情愿居于人下。五脏都坚实的，不会生病；五脏都脆弱的，病患缠身。五脏的位置都端正的，性情和顺而受人喜欢；五脏的位置都偏倾的，居心不正而常为盗窃，不够做人的条件，他的言语竟反复无常。

【原文】 黄帝曰：愿闻六腑之应。

岐伯答曰：肺合大肠，大肠者，皮其应；心合小肠，小肠者，脉其应。肝合胆，胆者，筋其应；脾合胃，胃者，肉其应；肾合三焦膀胱，三焦膀胱者，腠理毫毛其应。

【译文】 黄帝说：希望听一下六腑与人体组织的相应情况。

岐伯回答说：肺与大肠表里配合，大肠外应于皮肤；心与小肠表里配合，小肠外应于血脉。肝与胆表里配合，胆外应于筋；脾与胃表里配合，胃外应于肉；肾与三焦膀胱表里配合，三焦膀胱外应于毫毛腠理。

【原文】 黄帝曰：应之奈何？

岐伯曰：肺应皮。皮厚者大肠厚，皮薄者大肠薄。皮缓，腹裹大者大肠大而长[1]，皮急者大肠急而短。皮滑者大肠直[2]，皮肉不相离者大肠结[3]。

【注释】 ①腹裹：肚囊。②大肠直：在此并非指脏器伸而不屈，而是喻大肠的功能畅通，故曰大肠直。不相离：即不相附丽，如皮皱脱屑之类。③离，附丽、依附的意思。

【译文】 黄帝说：脏腑和各组织的相应关系怎样呢？

岐伯说：肺与皮肤相应，又与大肠相表里。那么皮肤厚的，大肠就厚；皮肤薄的，大肠就薄。皮肤松，肚囊大的，大肠就缓纵而长；皮肤紧，大肠就紧而短。皮肤滑润的，大肠就滑利；皮肉不相附丽的，大肠就不滑利。

【原文】 心应脉。皮厚者脉厚，脉厚者小肠厚；皮薄者脉薄，脉薄者小肠薄；皮缓者脉缓，脉缓者小肠大而长；皮薄而脉冲小者[1]，小肠小而短。诸阳经脉皆多纡屈者小肠结。

【注释】 ①脉冲小：脉来虚弱。

【译文】 心与血脉相应，又与小肠相表里。脉在皮中，那么皮肤厚的，血脉就厚，血脉厚的，小肠就厚；皮肤薄的，血脉就薄，血脉薄的，小肠就薄；皮肤弛缓的，血脉就弛缓，血脉弛缓的，小肠的形状就大而长；皮肤薄，血脉虚少的，小肠的形状就小而短。各条阳经脉络显现有纡屈现象的，就可知小肠之气也会有所郁结的。

【原文】 脾应肉。肉䐃坚大者胃厚，肉䐃幺者胃薄[1]。肉䐃小而幺者胃不坚；肉䐃不称身者胃下，胃下者下管约不利[2]。肉䐃不坚者胃缓，肉䐃无小裹累者胃急[3]。肉䐃多少裹累者胃结，胃结者上管约不利也[4]。

【注释】 ①幺：细小。②下管：胃之下脘幽门。③小裹累：即小果累，小颗粒累累无数。④上管：胃之上脘贲门。

【译文】 脾与肉相应，而与胃相表里。脾主肉，那么肉䐃坚大的，胃体就厚；肉䐃小的，胃体就薄。肉䐃小而且薄的，胃就不坚实；肉䐃与身体不相称的，胃的位置偏下，而致胃下口被压迫拘束，食物不能顺利通过。肉䐃不坚实的，则胃弛缓；肉䐃上没有小颗粒累累相连的，则胃体紧敛。肉䐃上出现很多小颗粒的，则胃气郁结，这样，则胃上口拘束，就会饮食困难。

【原文】 肝应爪。爪厚色黄者胆厚，爪薄色红者胆薄。爪坚色青者胆急，爪濡色赤者胆缓。爪直色白无约者胆直，爪恶色黑多纹者胆结也[1]。

【注释】 ①爪恶：爪甲畸形。

【译文】 肝与爪甲相应，而与胆相表里。肝主筋，爪甲是筋之余，爪甲厚而色黄的，胆囊就厚；爪甲薄而色红的，胆囊就薄。爪甲坚硬而色青的，胆紧敛；爪甲柔润而色赤的，胆弛缓。爪甲平直无纹而色白的，胆气舒畅和顺；爪甲畸形色黑而多纹的，胆气郁结不舒。

【原文】 肾应骨，密理厚皮者，三焦膀胱厚[1]，粗理薄皮者，三焦膀胱薄。疏腠理者，三焦膀胱缓，皮急而无毫毛者，三焦膀胱急。毫毛美而粗者，三焦膀胱直，稀毫毛者，三焦膀胱结也。

【注释】 ①"密理"两句：倪冲之："太阳之气主皮毛，三焦之气通腠理，是以视皮肤腠理之厚薄，则内应于三焦、膀胱矣。"

【译文】 肾与骨相应，而肾主骨，内与三焦膀胱相应。纹理密，皮肤厚，则三焦膀胱厚；纹理粗，皮肤薄，则三焦膀胱薄。腠理疏松的，则三焦膀胱之气就和缓，皮肤紧绷，而无毫毛的，则三焦膀胱之气就紧促。毫毛美好而粗的，则三焦膀胱之气就条达；毫毛稀少的，则三焦膀胱之气就郁结不舒了。

【原文】 黄帝曰:厚薄美恶皆有形,愿闻其所病。

岐伯答曰:视其外应,以知其内脏,则知所病矣。

【译文】 黄帝说:脏腑的厚薄美恶,既然都有形状,希望再听一下它所发生的疾病。

岐伯回答说:观察它在外的相应情况,可以测知内脏变化,也就知道所发生的疾病。

五色

【题解】

本篇是《内经》论述五色诊的重要文献,可谓色诊大纲。本文认为,脏腑和肢节的病变反应于面部时,各有其分布的一定位置以及与五色的配合关系。根据面部色泽的变化以判断疾病深浅、新久和疾病的转归、预后等。由于主要内容是以五色分属五脏作为临床诊断的依据,故以《五色》名篇。主要内容包括:一、说明颜面各部的名称,从五色主病、五色部位的移转,来了解病症性质与病邪的传变概况。二、指出黑色出于庭、赤色出两颧,大如拇指,在预后诊断上的价值。三、具体说明首面、咽喉、五脏六腑、四肢关节等在面部的反映区域。四、论述颜面的脏腑分属部位,举例说明其表现气色与疾病的关系;论证了脏部五色对诊断疾病所在的可靠性,更指出五色和五脏以及五脏与外在组织的密切关系。本篇名言:"故相气不微,不知是非。属意勿去,乃知新故。"

【原文】 雷公问于黄帝曰:五色独决于明堂乎?小子未知其所谓也①。

黄帝曰:明堂者,鼻也;阙者,眉间也;庭者,颜也;蕃者,颊侧也;蔽者,耳门也。其间欲方大②,去之十步,皆见于外。如是者寿,必中百岁。

【注释】 ①小子:自谦之词,与《禁服》"细子"义同。张景岳:"诸臣之中,惟雷公独少,故自称小子。"②方大:端正、宽大、丰隆之意。

【译文】 雷公问黄帝说:观察面部的五色,仅是取决于明堂吗?我还不太了解。

黄帝说:明堂,就是鼻;阙,就是两眉之间;天庭,就是额部;蕃,就是两颊之侧;蔽,就是耳门。这些部位之间,端正丰厚,在十步之外,一望而见。这样的人,一定会享百岁高寿。

【原文】 雷公曰:五官之辨奈何?

黄帝曰:明堂骨高以起,平以直。五藏次于中央①,六府挟其两侧②。首面上于阙庭,王宫在于下极③。五藏安于胸中,真色以致,病色不见。明堂润泽以清。五官恶得无辨乎。

雷公曰:其不辨者,可得闻乎?

黄帝曰:五色之见也,各出其色部。部骨陷者,必不免于病矣。其色部乘袭者④,

虽病甚，不死矣。

雷公曰：官五色奈何？

黄帝曰：青黑为痛，黄赤为热，白为寒。是谓五官。

【注释】 ①五藏次于中央：五脏反映的部位居于面部的中央。次，次序、位居。②六府挟其两侧：六腑附在五脏部位的两侧。挟，依附。③王宫：指心所属的下极（居两目之间）部位。心为君主之宫，故心居之所称为王宫。这里指在面部的对应部位。④乘袭：指乘虚侵袭。张志聪："乘袭者，谓子袭母气也。如心部见黄，肝部见赤，肺部见黑，肾部见青，此子之气色，乘袭于母部。"

【译文】 雷公说：五官各部的病色应怎样辨别呢？

黄帝说：鼻骨高而隆起，正而且直。五脏部位，依次排列在鼻部的中央，六腑挟附在它的两旁。在上的阙中和天庭，主头面；在两目之间的下极，主心之王宫。当胸中五脏安和，相应部位就会出现正常色泽，看不到病色。鼻部的色泽，显得清润。这样，五官的病色，哪会辨别不出来呢？

雷公说：还有不这样辨别的，可以听听吗？

黄帝说：五脏病色都有一定的显现部位，如该部的不正气色，有深陷入骨的征象，必然要患病。如它的部色，有彼此相生的征象，就是病情严重，也不会死亡。

雷公说：五色所主的是什么？

黄帝说：青黑主痛，黄赤主热，白主虚寒。这就是五色所主。

【原文】 雷公曰：病之益甚，与其方衰，如何？

黄帝曰：外内皆在焉。切其脉口滑小紧以沉者，病益甚，在中；人迎气大紧以浮者，其病益甚，在外。其脉口浮滑者，病日进；人迎沉而滑者，病日损。其脉口滑以沉者，病日进，在内；其人迎脉滑盛以浮者，其病日进，在外。脉之浮沉及人迎与寸口气小大等者，病易已。病之在脏，沉而大者，易已，小为逆；病在腑，浮而大者，其病易已。人迎盛坚者，伤于寒；气口盛坚者，伤于食。

【译文】 雷公说：疾病加重和病邪将衰，怎样去认识呢？

黄帝说：应该色脉结合，全面诊察。按切病人的脉口，出现滑、小、紧、沉的，其病会日趋严重，这是病在五脏；人迎脉气，出现大、紧、浮的，其病情也会日趋严重，这是病在六腑。若脉口部脉现浮滑的，病就日渐加重；人迎脉现沉而滑的，病就日渐轻减。如脉口部脉现滑而沉的，病就日加严重，属于五脏病；如人迎部脉现滑盛而浮的，病也会日加严重，属于六腑病。至于脉象或沉或浮及人迎和脉口部的小大相等的，病就容易好。病在五脏，脉现沉而大的，病就容易好；脉现沉而小的，就是逆象；病在六腑，脉现浮而大的，病就容易好。人迎主表，脉现盛而坚的，是伤于寒；脉口主里，脉现盛而坚的，是伤于食。

【原文】 雷公曰：以色言病之间甚，奈何？

黄帝曰：其色粗以明[①]，沉夭者为甚[②]。其色上行者，病益甚，其色下行，如云彻散者，病方已。五色各有藏部[③]，有外部，有内部也。色从外部走内部者，其病从外走内；其色从内走外者，其病从内走外。病生于内者，先治其阴，后治其阳。反者益甚。其病生于阳者，先治其外，后治其内。反者益甚。其脉滑大以代而长者，病从外来。目有所见，志有所恶。此阳气之并也，可变而已。

【注释】 ①色粗以明：指面色明亮。粗，显。②沉夭：晦滞。③藏部：指五色所主的脏腑部位。张志聪："藏部，脏腑之分部也。"

【译文】 雷公说：从面部病色，来判断病情轻重，怎样呢？

黄帝说：如病人面部色泽微亮的是病轻，沉滞晦暗的是病重。如病色向上走的病就加重；如病色向下走，像浮云散去的，病就要好了。五脏的病色，各有脏腑的部位，有属于外部的六腑，有属于内部的五脏。病色从外部走向内部的，是病邪从表入里；病色从内部走向外部的，是病邪从里出表。病生于里的，先治其脏，后治其腑。治反了，病就更加严重。病生于外的，先治其表，后治其里。治反了，病就更加严重。脉象滑大或代或长，是病邪从外而来。目有妄见，神志反常，这是阳盛之病，可以泻阳补阴，病就会好的。

【原文】 雷公曰：小子闻风者，百病之始也；厥逆者，寒湿之起也。别之奈何？

黄帝曰：常候阙中，薄泽为风[①]，冲浊为痹[②]，在地为厥[③]。此其常也。各以其色言其病。

【注释】 ①薄泽：指色浮浅而光泽。②冲浊：即色深沉而浑浊。冲，深。浊，浑浊不清。③地：指面的下颌部，又名地阁，在巨分、巨屈处（巨分、巨屈，参见下文注释）。

【译文】 雷公说：我听说风邪是百病的起因；厥痹是由于寒湿之气所致。从色泽怎样辨别呢？

黄帝说：这应该观察眉间的气色，色现浮薄光泽的是风病，色现沉滞晦浊的是痹病，病色出现在面的下部是厥病。这是一般规律。总的说来，要分别根据色泽说明病变。

【原文】 雷公曰：人不病卒死，何以知之？

黄帝曰：大气人于脏腑者[①]，不病而卒死矣。

雷公曰：病小愈而卒死者，何以知之？

黄帝曰：赤色出两颧，大如母指者[②]，病虽小愈，必卒死。黑色出于庭，大如母指，必不病而卒死。

【注释】 ①大气：就是大邪之气，指极厉害的病邪。张景岳："大气，大邪之气也。大邪之人者，未有不由正气大虚而后邪得袭之，故致卒死。"②大如母指：形容搏聚成块的病色，如拇指样大。母指，即大拇指。

【译文】 雷公说：有的人没有病象而突然死亡，怎样预知呢？

黄帝说：大邪之气侵入脏腑，虽然没有病象，也会突然死亡的。

雷公说：病稍微见好，而突然死亡的，怎样预知呢？

黄帝说：赤色出现在两颧上.如拇指大，病虽稍微好转，还会突然死亡；黑色出现在天庭，如拇指大，虽没有显著病象，也会突然死亡。

【原文】 雷公再拜曰：善哉！其死有期乎？

黄帝曰：察色以言其时。

雷公曰：善乎！愿卒闻之。

黄帝曰：庭者，首面也；阙上者，咽喉也；阙中者，肺也；下极者①，心也；直下者②，肝也；肝左者，胆也；下者③，脾也；方上者④，胃也；中央者⑤，大肠也；挟大肠者，肾也；当肾者，脐也；面王以上者⑥，小肠也；面王以下者，膀胱、子处也；颧者，肩也；颧后者，臂也；臂下者，手也；目内眦上者，膺乳也；挟绳而上者⑦，背也；循牙车以下者⑧，股也；中央者，膝也；膝以下者，胫也；当胫以下者，足也；巨分者⑨，股里也；巨屈者⑩，膝膑也。此五藏六府肢节之部也，各有部分。有部分，用阴和阳，用阳和阴。当明部分，万举万当。能别左右，是谓大道。男女异位，故曰阴阳。审察泽夭，谓之良工。

【注释】 ①下极：两目之间。②直下：张景岳："肝在心之下，故直下应肝。"指鼻柱部位应肝。③下者：指肝之下。亦即鼻之准头部位应脾。④方上：鼻准头的两旁处，即迎香穴略上方。张景岳："准头两旁为方上，即迎香之上，鼻隧是也。"⑤中央：两颧稍下，鼻两旁迎香以外的部位。张景岳："中央者，面之中央，谓迎香之外，颧骨之下，大肠之应也。"⑥面王：即鼻尖部。王者居中，鼻居面部之中，故称"面王"。⑦挟绳而上：马元台："挟，近也，故近耳边直上之部分，所以候背之病。"绳，指耳边部位。蒋示吉："绳，耳边也。耳边如绳突起，故曰绳。"⑧牙车：即牙床，颊车穴部位。⑨巨分：指上下牙床大分处。巨，大。⑩巨屈：在颊下的曲骨部。

【译文】 雷公再拜说：说得好，那猝死的人，能预知死期吗？

黄帝说：观察面部色泽的变化，可以断定死亡的时日。

雷公说：好呀！我希望完全知道。

黄帝说：天庭，主头面病；眉心之上，主咽喉病；眉心，主肺脏病；两目之间，主心脏病；由两目之间直下的鼻柱的部位，有一定的部位，主肝脏病；在这部位的左面，主胆病；从鼻柱以下的鼻准之端，主脾脏病；挟鼻准之端而略上，主胃病；面之中央，主大肠病；挟两颊部，主肾脏病；当肾脏所属颊部的下方，主脐部病；在鼻准的上方两侧，主小肠病；在鼻准以下的人中部，主膀胱和子宫病；至于各部所主的四肢疾病，就是颧骨主肩；颧骨的后方主臂；在此之下主手；眼内角的上方，主胸部和乳部；颊的外部以上应背；沿牙车以下之处，主大腿部；两牙床的中央部位，主膝部；膝以下的部位，主胫部；由胫以下，主足部；口角大纹处，主大腿内侧；颊下曲骨的部位，主膝盖骨。以上是五脏六腑肢体分布在面部的情况,各有一定的部位。在治疗时,用阴和阳,用阳和阴。只要审明各部分所表现的色泽,就会诊治不失。能够辨别阳左阴右,就了解阴阳的变化规律。男女病色的顺逆,其位置是不同的,所以说必须了解阴阳的规律。再观察面色的润泽和晦滞,从而诊断出疾病的好坏,这就是高明的医生。

天年

【题解】

天年,天赋之年,自然应有的寿命。本篇从父精母血的合和开始,论述了人的生成,在于血气和、营卫通、五脏成以及神气舍心,魂魄毕具。并以十年为一个阶段论述了各个时期人的生理特点。随着气血的盛衰人的生理机能表现出由稚嫩到盛壮再到衰弱的变化规律。详尽地揭示人的形成和生长衰老过程。重点论述了人的寿夭,与血气的盛衰、脏器的强弱、皮肤致密、肌肉解利,以及营卫运行的不失其常等因素有关。因本篇论述了从出生到百岁这整个生命过程中生理上、体态上、性格上的变化,从而说明防止衰老以及摄生防病的重要意义。故以《天年》名篇。

【原文】 **黄帝问于岐伯曰:愿闻人之始生,何气筑为基?何立而为楯?何失而死?何得而生?**

岐伯曰:以母为基,以父为楯①。失神者死,得神者生也。

黄帝曰:何者为神?

岐伯曰:血气已和,荣卫已通,五脏已成,神气舍心②,魂魄毕具,乃成为人。

【注释】 ①以母为基,以父为楯:人体胚胎的形成,全赖父母精气的结合而成。根据阴主内、阳主外的功能特性,认为阴血在内为基质,阳气在外为外卫,阴阳互根,从而促成了胚胎的生长发育,故曰以母为基,以父为楯。基,张景岳:"基,址也。"就是基础,或基质。楯,就是栏槛。在此比喻捍卫的功能。《说文》段注:"栏槛者,今之栏干是也,纵曰槛,横曰楯。"②神气舍心:即神气舍藏于心。舍,止,藏。

【译文】 黄帝问岐伯说:人在生命开始的时候,是以什么为基础?以什么作为外卫?失去什么就会死亡?得到什么才会生存呢?

岐伯说:以母为基础,以父为外卫。没了神气就会死亡,有了神气才能生存。

黄帝说:什么叫神呢?

岐伯说:血气已经和调,荣卫已经通畅,五脏已经形成,神气潜藏于心,魂魄具备了,就成为人。

【原文】 **黄帝曰:人之寿夭各不同,或夭或寿,或卒死,或病久,愿闻其道。**

岐伯曰:五脏坚固,血脉和调。肌肉解利①,皮肤致密。营卫之行,不失其常。呼吸微徐②,气以度行。六腑化谷,津液布扬。各如其常,故能长久。

【注释】 ①肌肉解利:就是形容肌肉之间,气行滑顺通利而没有涩滞的现象。

解,气行之道开放。②呼吸微徐:指气息调匀,不粗不疾。

【译文】 黄帝说:人的年岁长短各不相同,有的命短,有的寿长,有的突然死亡,有的患病日久,希望听到其中的道理。

岐伯说:五脏形质坚固,血脉和顺协调。肌肉滑润,皮肤细密。营卫之气的运行,不背离常规。呼吸徐缓,经气循度而行。六腑消化谷物,津液布散周身。以上各方面,都能正常活动,寿命就能长久。

【原文】 **黄帝曰:人之寿百岁而死,何以致之?**

岐伯曰:使道隧以长[①],基墙高以方[②]。通调营卫,三部三里起[③]。骨高肉满,百岁乃得终。

【注释】 ①使道隧以长:人中沟深而且长的意思。使道,指人中沟,马元台:"使道者,水沟也(俗云人中)"。②基墙高以方:有三说:一指明堂。基墙高大方正,为长寿的表现。如杨上善:"鼻之明堂,墙基高大方正,为寿二也"。二指面之地部为基,即地阁部位,墙是指蕃蔽而言。高以方,是指高厚方正的意思。三指面部而言,骨骼为基,蕃蔽为墙。③三部三里起:一说指面部的上、中、下三停。起,是高起而不平陷的意思。马元台:"面之三里,即三部也,皆已耸起。"三部即上中下三停。二说指身之上、中、下三部,三里指手足阳明之脉,皆起发而平等。张志聪:"三部者,形身之上中下;三里者,手阳明之脉,皆起发而平等也。"

【译文】 黄帝说:人怎样才能活到百岁而死呢?

岐伯说:长寿者的鼻孔深而长,鼻的部位,高大方正。营卫循行畅通无阻,面部的三停高起而不平陷,骨骼高起,肌肉丰满,这种健壮的形体,是能活到百岁的象征。

【原文】 **黄帝曰:其气之盛衰,以至其死,可得闻乎?**

岐伯曰:人生十岁,五脏始定,血气已通,其气在下,故好走[①]。二十岁,血气始盛,肌肉方长,故好趋[②]。三十岁,五脏大定,肌肉坚固,血脉盛满,故好步[③]。四十岁,五脏六腑十二经脉,皆大盛以平定。腠理始疏,荣华颓落,发颇斑白,平盛不摇,故好坐。五十岁,肝气始衰,肝叶始薄,胆汁始减,目始不明。六十岁,心气始衰,苦忧悲,血气懈惰,故好卧。七十岁,脾气虚,皮肤枯。八十岁,肺气衰,魄离,故言善误。九十岁,肾气焦,四脏经脉空虚。百岁,五脏皆虚,神气皆去,形骸独居而终矣。

【注释】 ①走:蹦跳。②趋:快走。③步:行走。

【译文】 黄帝说:人的体气盛衰,从幼年直到死亡,可以听听吗?

岐伯说:人生到十岁,五脏才开始健全,血气已经通畅,这时他的经气,还在下肢,所以喜跑。到了二十岁,血气开始旺盛,肌肉正在发达,所以喜快走。到了三十岁,五脏完全健全,肌肉坚固,血脉盛满,所以喜欢缓行。到了四十岁,五脏六腑和十二经脉已发育很好,并且稳定。腠理开始稀疏,面部华色开始衰落,发鬓颁白,经气平定盛满至极,精力已不十分充足,所以好坐。到了五十,肝气开始衰退,肝叶薄弱,胆汁逐渐减少，眼睛开始有不明的感觉。到了六十岁，心气开始衰退，经常有忧虑悲伤之苦，血气运行缓慢，所以喜欢躺卧。到了七十岁，脾气虚弱，皮肤干枯。到了八十岁，肺气衰退，魂魄离散，所以言语常常错误。到了九十岁，肾气焦竭，肝、心、脾、肺四脏和经脉都空虚了。到了百岁，五脏就都空了，神气也都没有了，这时，就仅留下形体而死亡了。

【原文】　黄帝曰：其不能终寿而死者，何如？

岐伯曰：其五脏皆不坚，使道不长。空外以张，喘息暴疾。又卑基墙，薄脉少血，其肉不石。数中风寒，血气虚，脉不通。真邪相攻，乱而相引。故中寿而尽也。

【译文】　黄帝说：有人不能享尽天年就死了，是为什么？

岐伯说：那是五脏都不坚实，人中不长。鼻孔向外张开，呼吸急速。鼻梁骨低，脉小血少，肌肉不坚实。屡受风寒，血气虚弱，经脉不通。正邪相攻，体内血气失常，引邪深入。所以中年就会死。

贼风

【题解】

本篇指出疾病的发生是内外二因互相作用的结果，虽然有时所感受的贼风邪气不易察觉，但疾病的发生绝不是因为鬼神所致。本篇还批判了鬼神致病的错误认识。因篇首以“贼风”发问，故名篇。随着中国古代哲学气论自然观的诞生，中医学就摒弃了上古以来形成的鬼神致病的传统，鲜明地举起了“百病皆生于气”的旗帜，与鬼神致病论进行了尖锐的斗争。扁鹊就有“信巫不信医，六不治也”之论。《素问·五脏别论》云：“拘于鬼神者，不可与言至德。”《素问·宝命全形论》云：“道无鬼神，独来独往。”《内经》的这一理论立场使得两千年来的中医学能够沿着健康的轨道发展，具有重要的理论和实践意义。

【原文】　黄帝曰：夫子言贼风邪气之伤人也，令人病焉。今有其不离屏蔽，不出空穴之中，卒然病者，非不离贼风邪气，其故何也？

岐伯曰：此皆尝有所伤于湿气，藏于血脉之中，分肉之间，久留而不去；若有所堕坠，恶血在内而不去。卒然喜怒不节，饮食不适，寒温不时，腠理闭而不通。其开而遇风寒，则血气凝结，与故邪相袭，则为寒痹。其有热则汗出，汗出则受风。虽不遇贼风邪气，必有因加而发焉。

【译文】　黄帝说：您说过四时不正之气伤害人体，使人生病。可是有人不离开屏风，亦不出屋中，忽然生病，并不是没有避开贼风邪气，这是什么缘故呢？

岐伯说：这都是曾经为湿邪所伤，湿邪蕴藏在血脉和分肉之内，长久留止而不能排除；或者有因堕落，淤血在内未散。忽然喜怒过度，饮食不适宜，寒温不调，致使腠理闭塞，壅滞不通。或在腠理开张之时，遭遇风寒，就会使血气凝聚，以前湿邪和新感风寒相合，就成为寒痹。或有因热出汗，出汗时受了风。以上这些，虽然没有遇到贼风邪气，也会因为原有宿邪加上新感之邪而发病。

【原文】 **黄帝曰：今夫子之所言者，皆病人之所自知也。其毋所遇邪气，又毋怵惕之所志，卒然而病者，其故何也？唯有因鬼神之事乎？**

岐伯曰：此亦有故邪留而未发，因而志有所恶，及有所慕，血气内乱，两气相搏。其所从来者微，视之不见，听而不闻，故似鬼神。

【译文】 黄帝说：像夫子您所说的这些，都是病人自己所知道的。那些没有遭到四时不正之气，也没有恐惧等情志刺激，忽然就发病了，是什么缘故？是真有鬼神作祟吗？

岐伯说：这也是先有宿邪留在体内，还没发作，由于思想上有厌烦的事，或向往的事，不能遂心，以致血气不和，新病与宿邪相搏，所以突然发病。它的病因极为微妙，既看不见，也听不见，所以像有鬼神作祟一样。

【原文】 **黄帝曰：其祝而已者[①]，其故何也？**

岐伯曰：先巫者，因知百病之胜，先知其病之所从生者，可祝而已也[①]。

【注释】 ①祝而已者：祝，祝由；已，病愈。祝由是古代精神疗法。吴鞠通："按，'祝由'二字，出自《素问》。祝，告也。由，病之所从出也。近时以巫家为祝由科，并列于十三科之中，《内经》谓信巫不信医不治，巫岂可列之医科中哉！吾谓凡治内伤者，必先祝由详告以病之所由来，使病人知之，而不敢再犯，又必细体变风变雅，曲察劳人思妇之隐情，婉言以开导之，安言以振惊之，危言以惊惧之，必使之心悦诚服，而后可以奏效如神。"吴氏明确指出祝由科不得与巫医之流混同起来，并具体指明精神疗法的内容。

【译文】 黄帝说：那些用祝由术而治好的病，道理何在？

岐伯说：前代的巫师，因为懂得各种疾病之间相互制约的关系，首先掌握疾病发生的由来，所以用祝由术能把病治好。

五味论

【题解】

本篇主要论述五味与人体经络脏腑的关系及五味偏嗜太过所出现病理变化而引起的各种疾病，故名《五味论》。本篇提示我们，饮食五味虽然是人体营养的源泉，但五味偏嗜，失去平衡也是伤生致病之由。因此，在生活中必须注意保持饮食营养的均衡，正如《素问·生气通天论》所云："阴之所生，本在五味，阴之五宫，伤在五味。"

【原文】 **黄帝问于少俞曰：五味入于口也，各有所走，各有所病。酸走筋，多食之，令人癃；咸走血，多食之，令人渴；辛走气，多食之，令人洞心；苦走骨，多食之，令人变呕；甘走肉，多食之，令人悗心。余知其然也，不知其何由，愿闻其故。**

少俞答曰：酸人于胃，其气涩以收，上之两焦[1]，弗能出入也。不出即留于胃中，胃中和温，则下注膀胱。膀胱之胞薄以懦[2]，得酸则缩绻，约而不通，水道不行，故癃。阴者，积筋之所终也[3]，故酸入而走筋矣。

【注释】 ①之：动词，行，走。两焦：即上、中二焦。②胞：皮。③"阴者"两句：阴者，指前阴而言。积筋，即诸筋或宗筋。人的前阴，就是人身诸筋终聚之处。杨上善："人阴器，一身诸筋终聚之处。"张景岳："阴者，阴气也；积筋者，宗筋之所聚也。"

【译文】 黄帝问少俞说：五味进入口中，各进入所喜的脏器，各有所发生的病变。酸味走筋，多食酸味，会使人小便不通；咸味走血，多食咸味，会使人发渴；辛味走气，多食辛味，会使人心闷；苦味走骨，多食苦味，会使人呕吐；甘味走肉，多食甘味，会使人心闷。我已知道五味食之过度，能发生这些病症，但不理解其中的道理，希望听到其中的缘故。

少俞回答说：酸味入胃以后，因气味涩滞，而有收敛作用，只能行于上、中二焦，不能遽行出入。既然不出，就流于胃里，胃里温和，就向下渗注到膀胱。由于膀胱之皮薄而软，受到酸味，就会缩屈，使膀胱出口处约束不通，以致小便不畅，因此发生癃闭。人体的阴器，是周身诸筋终聚之处，所以酸味入胃而走肝经之筋。

【原文】 黄帝曰：咸走血，多食之，令人渴，何也？

少俞曰：咸入于胃，其气上走中焦，注于脉，则血气走之。血与咸相得则凝，凝则胃中汁注之。注之则胃中竭，竭则咽路焦[1]，故舌本干而善渴。血脉者，中焦之道也，故咸人而走血矣。

【注释】 ①咽路：咽道。

【译文】 黄帝说：咸味走血分，多食咸味，使人口渴，为什么？

少俞说：咸味入胃以后，它所化之气向上走于中焦，再由中焦流注到血脉，与血相和。咸与血相和，脉就要凝涩，脉凝涩则胃的水液也要凝涩，胃的水液凝涩则胃里干竭，由于胃液干竭，咽路感到焦躁，因而舌干多渴。血脉是输送中焦精微于周身的道路，血亦出于中焦，咸味上行于中焦，所以咸入胃后，就走入血分。

【原文】 黄帝曰：辛走气，多食之，令人洞心，何也？

少俞曰：辛入于胃，其气走于上焦，上焦者，受气而营诸阳者也。姜韭之气熏之，营卫之气不时受之，久留心下，故洞心。辛与气俱行，故辛入而与汗俱出。

【译文】 黄帝说：辛味走气分，多食辛味，使人感觉如烟熏心，为什么？

少俞说：辛味入胃以后，其气走向上焦，上焦有受纳饮食精气以运行腠理而卫外的功能。姜韭之气，熏至营卫，不时受到辛味的刺激，如久留在胃中，所以有如烟熏心的感觉。辛走卫气，与卫气同行，所以辛味入胃以后，就会和汗液发散出来。

【原文】 黄帝曰：苦走骨，多食之，令人变呕，何也？

少俞曰：苦人于胃，五谷之气，皆不能胜苦。苦入下脘，三焦之道皆闭而不通，故

变呕。齿者,骨之所终也,故苦入而走骨,故入而复出,知其走骨也。

【译文】 黄帝说:苦味善走骨,多食令人呕吐,为什么?

少俞说:苦入胃后,五谷之气味都不能胜过苦味。当苦味进入下脘后,三焦的气机阻闭不通,三焦不通,则入胃之水谷,不得通调而散,胃阳受到苦味的影响而功能失常,胃气上逆而变为呕吐。牙齿是属骨的部分,称骨之所终,苦味入胃后,走骨也走齿。因此,如已入胃的苦味而重复吐出,就可以知其已经走骨了。

【原文】 黄帝曰:甘走肉,多食之,令人悗心,何也?

少俞曰:甘入于胃,其气弱小,不能上至于上焦,而与谷留于胃中者,令人柔润者也。胃柔则缓,缓则虫动,虫动则令人悗心。其气外通于肉,故甘走肉。

【译文】 黄帝说:甘味善走肌肉,多食则令人心中烦闷,为什么?

少俞说:甘味人胃后,甘气柔弱而小,不能上达上焦,与饮食物一同留于胃中,所以胃气也柔润。胃柔则胃功能减弱,胃的功能减弱则肠中寄生虫乘机而动,虫动则使人心中闷乱。另外,由于甘味入脾,脾主肌肉,所以甘味外通于肌肉。

通天

【题解】

本篇根据人的禀赋不同、阴阳属性差异,划分为太阴、少阴、太阳、少阳、阴阳和平等五种不同类型,并分别描述了他们在意识、性格上的特征,提出了因人施治的法则。篇中认为,人体的素质,有阴阳气血偏多偏少之分,皆出于天然禀赋,所以篇名《通天》。本篇对五种类型的人的意识及性格特点的描述有客观的事实根据,而五种类型的划分却鲜明地体现了中国古代阴阳哲学的文化特征,古希腊伟大医学家希波克拉底关于人的四种气质类型则与古希腊四元素说密切相关,是四元素说在医学上的运用。可见,各民族的医学与其哲学有着密切的联系。阴阳和平这一类型,反映了《黄帝内经》作者对黄老道家价值观的认同与推崇。

【原文】 黄帝问于少师曰:余尝闻人有阴阳,何谓阴人,何谓阳人?

少师曰:天地之间,六合之内,不离于五,人亦应之,非徒一阴一阳而已也。而略言耳,口弗能遍明也。

黄帝曰:愿略闻其意,有贤人圣人,心能备而行之乎?

少师曰:盖有太阴之人,少阴之人,太阳之人,少阳之人,阴阳和平之人。凡五人者①,其态不同,其筋骨气血各不等。

【注释】 ①凡五人者:张景岳:"太阴、少阴、太阳、少阳者,非如经络之三阴三阳也。盖以天禀之纯阴者太阴,多阴少阳者曰少阴,纯阳者为太阳,多阳少阴者为少阳,并阴阳和平之人,而分为五态也。"

【译文】 黄帝问少师说:我曾经听说人有阴与阳的不同,什么是属阴的人?什么是属阳的人？

少师说：天地之间，四方上下之内，都离不开五行，人也和五行相应，并不是仅有相对的一阴一阳而已。这只是大概一说，至于其复杂情形，用语言难以说清。

黄帝说：希望听到大概的情况，有贤人圣人，他们是否能够达到阴阳平衡呢？

少师说：人大致可以分为太阴、少阴、太阳、少阳、阴阳和平五种类型。这五种类型的人，他们的形态不同，筋骨强弱，气血盛衰，也各不相同。

【原文】 黄帝曰：其不等者，可得闻乎？

少师曰：太阴之人，贪而不仁，下齐湛湛[①]，好内而恶出[②]，心和而不发[③]，不务于时，动而后之[④]，此太阴之人也。

【注释】 ①下齐：是形容谦虚下气，待人周到，假装正经。下，谦下。湛湛：深貌。这里是形容深藏险恶之心。马元台："下齐湛湛，内存阴险，外假谦虚，貌似下抑整齐。"②好内而恶出：就是好得恶失，喜进不喜出。马元台："内，同纳。好纳而恶出者，有所得则喜，有所费则怒也。"③心和而不发：指心情和顺，而不外露，即"喜怒不形于色"。④不务于时，动而后之：即不识时务，而只知利己，看风使舵，行动后发制人。张景岳："不务于时，知有己也。动而后之，不先发也。"

【译文】 黄帝说：那不同情况，可以让我听听吗？

少师说：属于太阴的人，性情贪婪不仁厚，表面谦虚，假装正经，内心却深藏阴险，好得恶失，喜怒不形于色，不识时务，只知利己，看风使舵，行动上惯用后发制人的手段。具有这些特性的，就是太阴之人。

【原文】 少阴之人，小贪而贼心，见人有亡[①]，常若有得，好伤好害，见人有荣，乃反愠怒，心疾而无恩[②]。此少阴之人也。

【注释】 ①亡：泛指损失、不幸之事。②心疾而无恩：对人心怀嫉妒而忘恩负义。疾，通"嫉"。

【译文】 属于少阴的人，贪图小利，而有害人之心，看到别人有了损失，就像拣到便宜一样高兴，好伤人，好害人，看到别人光荣，就恼怒，心怀嫉妒，没有同情心。有这些特征的，就是少阴之人。

【原文】 太阳之人，居处于于[①]，好言大事，无能而虚说，志发于四野[②]，举措不顾是非，为事如常自用[③]，事虽败而常无悔。此太阳之人也。

【注释】 ①于于：自满自足。《庄子·盗跖》："卧则居居，起则于于。"疏："于于，自得之貌。"②志发于四野：形容好高骛远。③为事如常自用：指常常意气用事，而自以为是。如，通"而"，转接连词。

【译文】 属于太阳的人，平时自鸣得意，好讲大事，无能却空说大话，言过其实，好高骛远。行动不顾是非，做事经常自以为是，做事虽然失败，却没有后悔之心。有这些特征的，就是太阳之人。

【原文】 **少阳之人,諟谛好自贵①,有小小官,则高自宜,好为外交而不内附。此少阳之人也。**

【注释】 ①諟谛:审慎。张景岳:“諟谛,审而又审也。”即反复考查研究,做事仔细。

【译文】 属于少阳的人,做事审慎,好抬高自己,有了小小的官职,就自以为了不起,向外宣扬,好交际,而不能踏踏实实地工作。有这些特征的就是少阳之人。

【原文】 **阴阳和平之人,居处安静,无为惧惧,无为欣欣,婉然从物①,或与不争,与时变化,尊则谦谦,谭而不治②,是谓至治③。古人善用针艾者,视人五态乃治之。盛者泻之,虚者补之。**

【注释】 ①婉然从物:善于顺从和适应事物的发展规律。婉然,和顺貌。②谭而不治:用说服的方法以德感人,而不是用强力的方法以统治人。谭,同“谈”。③至治:即最好的治理方法。至,极。

【译文】 属于阴阳和平的人,生活安静,心安无所畏惧,不追求过分喜乐,顺从事物发展的自然规律,遇事不与人争,善于适应形势的变化,地位虽高却很谦虚,以理服人,而不是用压服的手段来治人,具有极好的治理才能。具有这些特性的,就是阴阳和平之人。古代善用针灸疗法的医生,观察五类人的形态,分别给以治疗。气盛的用泻法,气虚的用补法。

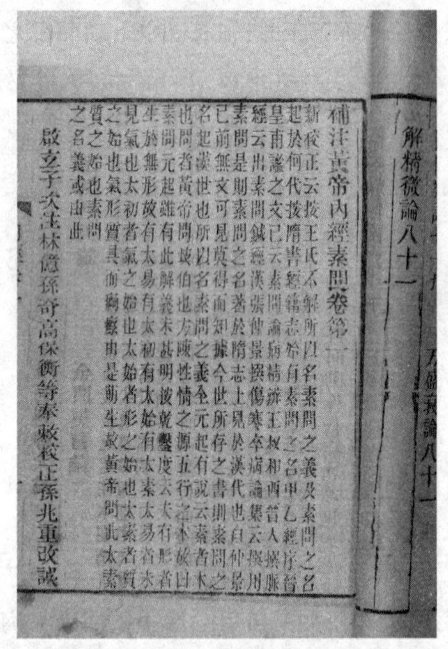

補注黃帝內經素問卷第一

新校正云按王氏不解所以名素問之義及素問之名起於何代按隋書經籍志始有素問之名甲乙經序晉皇甫謐之文已云素問論病精辨王叔和西晉人撰脈經云出素問鍼經漢張仲景撰傷寒卒病論集云撰用素問是則素問之名著於隋志上見於漢代也自仲景已前無文可見莫得而知據今世所存之書則素問之名起漢世也所以名素問之義全元起有說云素者本也問者黃帝問岐伯也方陳性情之源五行之本故曰素問元起雖有此解義未甚明按乾鑿度云夫有形者生於無形故有太易有太初有太始有太素太易者未見氣也太初者氣之始也太始者形之始也太素者質之始也氣形質具而痾瘵由是萌生故黃帝問此太素質之始也素問之名義或由此

啟玄子次注林億孫奇高保衡等奉敕校正孫兆重改誤

解精微論八十一

《黄帝内经》书影

【原文】 **黄帝曰:治人之五态奈何?**

少师曰:太阴之人,多阴而无阳。其阴血浊,其卫气涩。阴阳不和,缓筋而厚皮。不之疾泻,不能移之。少阴之人,多阴少阳,小胃而大肠①,六腑不调。其阳明脉小而太阳脉大,必审调之。其血易脱,其气易败也。

【注释】 ①小胃而大肠:即胃小肠大。张景岳:“阳明为五脏六腑之海,小肠为传送之腑,胃小则贮藏少,而气必微,小肠大则传送速而气不畜,阳气既少,而又不畜,则多阴少阳矣。”据此,肠是指小肠而言。

【译文】 黄帝说:针治五种形态的人,是怎样的?

少师说:属于太阴的人,阴偏多,却无阳。他们的阴血重浊,卫气涩滞。阴阳不调和,形体表现为筋缓皮厚的特征。像这样的人,不用急泻针法,就不能去除他的病。

属于少阴的人，阴多阳少，他们的胃小而肠大，六腑的功能不协调。因为他的足阳明经脉气偏小，而手太阳经脉气偏大，一定要审慎调治。因为他的血容易耗损，他的气也容易败伤。

【原文】 太阳之人，多阳而少阴。必谨调之，无脱其阴，而泻其阳。阳重脱者易狂[①]，阴阳皆脱者，暴死，不知人也[②]。

【注释】 ①阳重脱者易狂：虚阳浮越，易发狂躁，为阳气欲脱的先兆。《素问·腹中论》："石之则阳气虚，虚则狂。"②暴死：有二义，一指突然死亡；一指突然不省人事的假死，急救得当，尚能回生。

【译文】 属于太阳的人，阳多阴少。一定谨慎地进行调治，不能再耗损其阴，只可泻其阳。阳大脱就易发狂躁，如果阴阳都耗损就会突然死亡，或不省人事。

【原文】 少阳之人，多阳少阴，经小而络大[①]。血在中而气在外，实阴而虚阳，独泻其络脉，则强气脱而疾，中气不足，病不起也。

【注释】 ①"多阳"两句：络脉浅，在表属阳；经脉深，在里属阴。多阳，指络脉大。少阴，指经脉小。张景岳："经脉深而属阴，络脉浅而属阳，故少阳之人，多阳而络大，少阴而经小也。"

【译文】 属于少阳的人，阳多阴少，经脉小而络脉大。血在中而气在外，在治疗时，应当充实阴经而泻其阳络，但是单独过度地泻其阳络，就会迫使阳气很快的耗损，以致中气不足，病也就难以痊愈了。

【原文】 阴阳和平之人，其阴阳之气和，血脉调。谨诊其阴阳，其邪正，安容仪。审有余不足。盛则泻之，虚则补之，不盛不虚，以经取之。此所以调阴阳，别五态之人者也。

【译文】 属于阴阳和平的人，他们的阴阳之气和谐，血脉调顺。在治疗时，应当谨慎地观察他的阴阳变化，了解他的邪正盛衰，看明他的容颜表现。然后细审是哪一方面有余，哪一方面不足。邪盛用泻法，正虚用补法，如果不盛不虚，就治疗病症所在的本经。这就是调治阴阳，辨别五种不同形态人的标准。

【原文】 黄帝曰：夫五态之人者，相与毋故，卒然新会，未知其行也，何以别之？

少师答曰：众人之属[①]，不如五态之人者，故五五二十五人，而五态之人不与焉。五态之人，尤不合于众者也。

【注释】 ①众人：指《灵枢·阴阳二十五人》而言，与五态之人不同。

【译立】 黄帝说：与五种形态的人，素不相识，乍一见面，很难知道他们的作风和性格属于哪一类型的人，应怎样来辨别呢？

少师回答说：一般人不具备这五种人的特性，所以"阴阳二十五人"，不包括在五态人之内。因为五态之人是具有代表性的五种类型，他们和一般人是不相同的。

【原文】 黄帝曰：别五态之人奈何？

少师曰：太阴之人，其状黮黮然黑色[①]，念然下意[②]，临临然长大[③]，腘然未偻[④]。此

太阴之人也。

【注释】 ①黮黮然：形容面色阴沉的样子。黮，黑色。②念然下意：指故作姿态，谦虚下气。张景岳："念然下意，意念不扬也。即上文'下齐'之谓。"③临临然：《广雅·释诂》："临，大也。"马元台："临临然，长大之貌也。"④腘然未偻：形容假作卑躬屈膝的姿态，并非真有佝偻病。张景岳："腘然未偻，言膝腘若屈，而实非佝偻之疾也。"

【译文】 黄帝说：怎样分别五种形态的人呢？

少师说：属于太阴的人，面色阴沉黑暗，而假意谦虚，身体本来高大，却卑躬屈膝，故作姿态，而并非真有佝偻病，这就是太阴之人的形态。

【原文】 **少阴之人，其状清然窃然[①]，固以阴贼，立而躁崄，行而似伏。此少阴之人也。**

【注释】 ①清然窃然：清然，是形容言貌好像清高的样子。窃然，指行动鬼祟，偷偷摸摸，即上文"贼心"的表现。张景岳："清然者，言似清也。窃然者，行为鼠雀也。"

【译文】 属于少阴的人，外貌好像清高，但是行动鬼祟，偷偷摸摸，深怀阴险害人之贼心，站立时躁动不安，显示出邪恶之象，走路时状似伏身向前。这是少阴之人的形态。

【原文】 **太阳之人，其状轩轩储储[①]，反身折腘[②]。此太阳之人也。**

【注释】 ①轩轩储储：形容高贵自尊，骄傲自满的样子。张景岳："轩轩，高大貌，犹俗谓轩昂也。储储，畜积貌，盈盈自得也。"②反身折腘：是形容仰腰挺胸时，身躯向后反张，膝窝随之曲折的样子。张景岳："反身折腘，言仰腰挺腹，其腘似折也，是皆妄自尊大之状。"

【译文】 属于太阳的人，外貌表现高傲自满，仰腰挺胸，好像身躯向后反张和两腘曲折那样。这是太阳之人的形态。

【原文】 **少阳之人，其状立则好仰，行则好摇，其两臂两肘则常出于背。此少阳之人也。**

【译文】 属于少阳的人，在站立时惯于把头仰得很高，行走时惯于摇摆身体，常常反挽其手于背后。这是少阳之人的形态。

【原文】 **阴阳和平之人，其状委委然[①]，随随然[②]，颙颙然[③]，愉愉然[④]，暶暶然[⑤]，豆豆然[⑥]，众人皆曰君子。此阴阳和平之人也。**

【注释】 ①委委然：雍容自得貌。②随随然：顺从貌，指善于适应环境而言。义同上文"婉然从物"。③颙颙然：态度严正而又温和貌。④愉愉然：和颜悦色貌。⑤暶暶然，目光慈祥和善貌。⑥豆豆然：举止有度，处事分明貌。

【译文】 属于阴阳和平的人，外貌从容稳重，举止大方，性格和顺，善于适应环境，态度严肃，品行端正，待人和蔼，目光慈祥，作风光明磊落，举止有度，处事条理分明，众人都说有德行。这是阴阳和平之人的形态。

本草纲目

【导语】

《本草纲目》是我国古代最著名的本草学、博物学巨著。明李时珍撰写于1578年，初刊于1593年。全书载药1892种，其中植物药1094种，动物药443种，矿物药161种，其他类药物194种，由李时珍新增入的药物就有374种。书中附有药物图1109幅，方剂11096首，其中约有8000多首是李氏自己收集或拟定的。每种药物分列释名、集解、修治、气味、主治、发明、正误、附方等项。书中不仅考正了过去本草学中的若干错误，综合了大量的科学资料，也提出了相当科学的药物分类方法，特别是书中将动物药按"从贱到贵"的顺序排列，记载了动物对生活环境适应的重要资料，说明李时珍具备生物学进化思想。

李时珍像

《本草纲目》这种"从贱至贵"的排列顺序，蕴含生物从简单到复杂，从低等到高等的进化论思想，是当时世界上最先进的分类法。此书曾先后刻印数十次，在中国促进了本草学、生物学研究，在世界上也产生了很大影响，出现英、法、德、日等多种文字的节译本或全译本。其中的一些资料，直接影响达尔文进化论的形成。达尔文在自己的著作中提到的《中国古代百科全书》，据所引的材料分析，指的就是《本草纲目》。

《本草纲目》集中体现了中国古代医学所取得的最高成就，是取之不尽的中华医药学知识宝库，素享"医学之渊海""格物之通典"之美誉。其涉及内容极为广泛，如在生物、化学、天文、地理、地质、采矿，以及历史学等方面都有一定的成就，所以可以说是一部有着世界性影响的博物学著作。自问世以来，一直以其前无古人、后无来者之雄姿独占中国古代药学之鳌头，成为中国古代药学史上部头最大、内容最丰富的巨著，曾被英国生物学家达尔文誉为"中国的百科全书"，成为历代医者和读书人孜孜以求的必修书。

本草序例

本草纲目序例内容很多，我们选择了服药食忌、饮食禁忌、妊娠禁忌、五味宜忌、相反诸药及各种有毒的兽、鸟、鱼、果这几点以实用为原则，进行了重新编排。

服药食忌

凡是服用一切药,不可多吃生蒜、胡荽、生葱、各种水果,还不可多吃肥猪肉、狗肉、油腻、鱼腥的东西。另外。在服食下列药物时。还有一定的禁忌:

白术、苍术　忌同时吃桃、李、雀肉、菘菜及青鱼。

巴豆　忌同时吃芦笋、酱、豆豉、冷水及野猪肉。

黄莲、胡黄连　忌同时吃猪肉及冷水。

半夏、菖蒲　忌同时吃饴糖、羊肉及羊血。

空青、丹砂和轻粉　忌同时吃一切血。

天门冬、紫苏、丹砂和龙骨　忌同时吃鲤鱼。

土茯苓和威灵仙　忌同时吃面汤和菜。

牡丹　忌同时吃胡荽和蒜。

鳖甲　忌同时吃苋菜。

常山　忌同时吃生葱和生菜。

商陆　忌同时吃狗肉。

藜芦和细辛　忌同时吃猪肉和生菜。

地黄和何首乌　忌同时吃葱、蒜、萝卜及一切血。

甘草　忌同时吃菘菜、猪肉及海菜。

饮食禁忌

本草纲目中提出:同是饮食也不适宜错杂,物性相反的很多,一旦触犯,轻则致病。重则丧命,人们不可不谨慎。只有知道了这些,大家在饮食时才会加以注意避让。

猪肉　忌与生姜、荞麦、葵菜、胡荽、梅子、炒豆、牛肉、羊肝、龟鳖及鹌鹑等同食。

猪肝　忌与腌鱼、鹌鹑、鲤鱼肠子等同食。

猪心肺　忌与饴糖、白花菜、吴茱萸等同食。

羊肉　忌与梅子、小豆、豆酱、荞麦、鱼干、猪肉、醋、酪及一切酸物同食。

羊心肝　忌与梅、小豆、生椒、苦笋等同食。

犬肉　忌与菱角、蒜、牛肠、鲤鱼、鳝鱼等同食。

白狗血　忌与羊、鸡等同食。

牛肉　忌与黍米、韭薤、生姜、猪肉、狗肉、栗子等同食。

牛肝　忌与鲇鱼同食。

牛奶　忌与生鱼和一切酸物同食。

兔肉　忌与生姜、橘皮、芥末、鸡肉、鹿肉、獭肉等同食。

獐肉　忌与梅、李、生菜、虾等同食。

鸡肉　忌与胡蒜、芥末、生葱、糯米、李子、鱼汁、狗肉、鲤鱼、兔肉、鳖肉、野鸡同食。

鸡蛋　忌与鸡等同食。

野鸭　忌与胡桃、木耳等同食。

雀肉　忌与李子、酱和各种动物的肝同食。

鹌鹑　忌与菌子和木耳同食。

鲤鱼　忌与猪肝、葵菜、狗肉、鸡肉等同食。

鲫鱼　忌与芥菜、蒜、糖、猪肝、鸡和野鸡等同食。

青鱼　忌与豆藿同食。

鱼干　忌与豆霍、酱、蒜、葵和绿豆等同食。

黄鱼　忌与荞麦同食。

鲈鱼　忌与乳酪同食。

鲟鱼　忌与干笋同食。

鳅、鳝　忌与狗肉同食,不可用桑柴火煮食。

鳖肉　忌与苋菜、薄荷、芥菜、桃子、鸡蛋、鸭肉、猪肉及兔肉等同食。

螃蟹　忌与荆芥、柿子、橘子及软枣等同食。

虾子　忌与猪肉、鸡肉同食。

李子　忌与蜜、浆水、鸭、雀肉、鸡、獐等同食。

枣子　忌与葱、鱼同食。

桃子　忌与鳖肉同食。

橙橘　忌与槟榔、獭肉同食。

枇杷　忌与热面同食。

杨梅　忌与生葱同食。

银杏　忌与鳗鲡同食。

各种瓜　忌与油饼同食。

沙糖　忌与鲫鱼、笋、葵菜同食。

荞麦　忌与猪肉、羊肉、野鸡肉及黄鱼同食。

黍米　忌与葵菜、蜜及牛肉同食。

绿豆　忌与榧子及鲤鱼同食。

炒豆　忌与猪肉同食。

胡荽　忌与猪肉同食。

韭薤　忌与蜜和牛肉同食。

苋菜　忌与蕨和鳖同食。

白花菜　忌与猪心肺同食。

胡蒜　忌与腌鱼、鲫鱼、狗肉及鸡同食。

梅子　忌与猪肉、羊肉及獐肉等同食。

生葱　忌与蜜、鸡、枣、狗肉及杨梅等同食。

生姜　忌与猪肉、牛肉、兔肉、马肉等同食。

芥末　忌与鲤鱼、兔肉、鸡肉、鳖等同食。

干笋　忌与沙糖、鲟鱼、羊心肝等同食。

木耳　忌与野鸡肉、野鸭、鹌鹑等同食。

核桃　忌与野鸭、酒、野鸡等同食。

栗子　忌与牛肉同食。

妊娠禁忌

本草纲目中指出孕妇在怀孕的过程中，为了保证胎儿及自身的健康，必须在饮食上多加小心。

吃姜会使孩子多指、得眼病。

吃了豆酱合藿会使孕妇堕胎。

吃桑椹、鸭蛋，会使孩子倒生，孕妇难产且会生心寒。

吃山羊肉，会使孩子出生后多病，山羊肝更是不能吃。

吃鲤鱼的内脏杂物及鸡蛋会使孩子成疳、多疮。

吃狗肉，会使孩子出生后无声音。

吃兔肉，会使孩子嘴唇豁裂。

吃骡、驴、马肉，会使孕妇延月难产。

鸡肉和糯米同食，会使孩子长寸白虫。

鸡蛋和干姜同食，会使孩子多长疮。

吃雀肉又饮酒，生下的孩子多心性淫乱。

豆酱与雀肉同吃，会使孩子脸上生斑。

吃了慈姑，会消胎气。

吃了麋脂及梅李，孩子生后容易得青光眼。

鳝同白鸡吃了，会使孩子喑哑。

吃了鳖，会使孩子颈子短，并且会损伤胎儿。

吃了蟹，会使孩子横生。

吃浆水粥，会使孩子身体瘦弱而难以成人。

五味宜忌

五欲　肝欲酸，心欲苦，脾欲甘，肺欲辛，肾欲咸，此意象征着五味合五脏之气也。

五宜　青色宜酸，肝病宜食食物为麻、犬、李、韭。赤色宜苦，心病宜食食物为麦、羊、杏、薤。黄色宜甘，脾病宜食食物为粳、牛、枣、葵。白色宜辛，肺病宜食食物为黄黍、鸡、桃、葱。黑色宜咸，肾病宜食食物为大豆、黄豆、猪、栗、藿。

五禁　肝病禁辛，宜食粳、牛、枣、葵等甘味食物。心病禁咸，宜食麻、犬、李、韭等酸味食物。脾病禁酸，宜食大豆、豕、栗、藿等成味食物；肺病禁苦，宜食麦、羊、杏、薤等苦味食物。肾病禁甘，宜食黄黍、鸡、桃、葱等辛味食物。

五走　酸走筋，筋病者不可多食酸，多食令人癃。酸气涩收，胞得酸而收缩，故水道不通也。苦走骨，骨病者不可多食苦，多食令人变呕。苦味入下脘，三焦皆闭，故变呕也。甘走肉，肉病者不可多食甘，多食令人心烦意乱。甘气柔润，胃柔则缓，缓则虫动，故心烦。辛走气，气病者不可多食辛，多食令人辣心。辛走上焦，与气俱行，久留心下，故辣心。咸走血，血病者不可多食咸，多食令人渴。血与咸相得则凝，凝则胃汁注之，故咽路焦而舌本干。

五伤　酸伤筋，辛胜酸。苦伤气，咸胜苦。甘伤肉，酸胜甘。辛伤皮毛，苦胜辛。咸.伤血，甘胜咸。

五过　味不可过于酸，否则肝气以津，脾气乃绝，肉胝䐢而唇揭。味不可过于苦，否则脾气不濡，胃气乃厚，皮槁而毛拔。味不可过于甘，否则心气喘满，色黑，肾气不平，骨痛而发落。味不可过于辛，否则筋脉沮绝，精神乃失，筋急而爪枯。味不可过于咸，否则大骨气劳，短肌，心气抑，脉凝涩而变色。

相反诸药

甘草　与大戟、芫花、甘遂及海藻相反。

大戟　与芫花及海藻相反。

乌头　与贝母、栝楼、半夏、白蔹及白及相反。

藜芦　与人参、沙参、丹参、玄参、苦参、细辛、芍药及狸肉相反。

河豚　与煤炲、荆芥、防风、菊花、桔梗、甘草、乌头及附子相反。

蜜　与生葱相反。

柿　与蟹相反。

各种有毒的兽

兽尾有叉、鹿长豹的花纹、羊独角及多角、羊心有孔、白羊黑头、黑羊白头、白马黑头、暴晒的肉不干燥、肉不沾土、马蹄夜目、犬悬蹄肉、米瓮中肉、肝有黑色、肉中多有黑星者都为有毒的兽。

各种有毒的鸟

眼睛是白色的鸭、爪后面突出像脚趾的部分有四个的鸡、白鸟黑头、黑鸟白头、鸟脚不伸展、腹有八字纹、爪后面突出像脚趾的部分有四个或六个的鸟俱有毒。

各种有毒的鱼

眼睛上长有睫毛的鱼、眼睛能开合的鱼、脑中连珠的鱼、无腮的鱼、两个眼睛不同的鱼、腹下有红字的鱼、眼睛为白色的鳖、颔下有骨的鳖、煮不弯的虾、长白胡须的虾、腹下有毛的蟹及两眼睛相向的蟹都有毒性。

各种有毒的果

有两个核仁的桃及果中没有长核的都有毒。五月吃未长成核的果,会使人发疮疖及寒热。秋冬时节果落地上被恶虫喙蚀的,吃了使人患久漏。

百病诸治

诸风

吐痰　方一:用食盐煎汤服;方二:把瓜蒂、赤小豆捣碎后取汁调服;方三:把莱菔子研磨取汁服;方四:醋、蜜调和同服;方五:大虾煮熟后食虾饮汁,再用鹅毛等物刺激咽部的方法引起呕吐,以吐出毒物;方六:苦茗茶喝后刺激咽部引起呕吐。

发散　方一:荆芥同薄荷熬成膏服或研末加童尿、酒调服;方二:食用葱白或生姜。

风寒风湿　方一:石菖蒲泡酒服用;方二:把炒焦后大豆投入酒中饮用;方三:豆豉浸酒后饮用;方四:食用秦椒或蜀椒;方五:用五加皮酿酒服;方六:取乌蛇或白花蛇浸酒服;方七:鳝鱼剁成肉羹取汁食用;方八:水龟酿酒服或煮食;方九:将鸡屎白炒后研成末,豆淋酒服。

风热温热　方一:甘草、菊花或桔梗煎汤服;方二:绿豆煎汤服;方三:取生梨汁服食;方四:一把侧柏叶加葱白捣酒煎服;方五:竹沥或竹叶煎汤服,加上姜汁效果更好。

血滞　方一:当归煎汁制成蜜丸服或丹参浸酒服;方二:韭汁饮服;方三:桃仁浸酒制成丸服。

风虚　方一:取天麻或人参煎汤服;方二:每日食用数枚栗子或松子;方三:用枸杞子或冬青子浸酒服;方四:用酒乌骨鸡煮食。

痉风

风寒风湿　方一:将黑大豆炒成半熟时研末蒸,再以酒淋汁饮服;方二:白花蛇同乌蛇或蜈蚣同研成末食用;方三:鸡屎白与黑豆一同炒黄,加酒温服或加竹沥食服;方四:取雀屎研末,加酒服五分;方五:将鸭涎滴入口中。

风热湿热　方一:将杏仁杵烂蒸熟后取汁饮服;方二:蝉蜕炒研成末,每次用酒服1钱;方三:发或须烧成灰饮服。

外敷　方一：将葱煨后敷在金疮流水处或同干姜一起煎水洗患处；方二：薤白或韭叶捣烂烘后敷于患处；方三：桑枝烤热后烙在患部，冷后再换，可重复多次使用。

项强

风湿　方一：防风煎汤服；方二：薄荷或菊花煎汤服。

癫痫

吐痰　方一：饮服芭蕉油后再催吐；方二：瓜蒂煎汤服后再催吐。

风热惊痰　方一：鸭跖草或细辛、防风煎汤服；方二：雄黄与丹砂同研成末制成丸，服食；方三：蚯蚓、蜈蚣、白僵蚕浸酒饮服；方四：可将人胎血煮熟后食用。

风虚　方一：人参、辰砂与蛤蚧粉同研成末，加猪心血制成丸服；方二：天麻或当归煎汤服；方三：酸石榴加酿蝎 5 枚，用泥包裹煅熟后研成末，每次服 5 分即可；方四：取蜂蜜和鸡蛋同食。

伤寒热病

发表　方一：豆豉与葱白一起食用；方二：生姜、小蒜或葱白食用有效；方二：饮服茗茶；方四：杏仁与醋同煎汁饮服有疗效。

攻里　方一：取大黄煎汤服；方二：取桃仁煎汤服。

和解　方一：防风、黄连、五味子煎汤服；方二：赤小豆、薏苡仁、粳米同食；方三：甜菜汁及生瓜菜汁饮服；方四：大枣、杏仁、桃仁、乌梅及橘皮煎汤服；方五：生吞鸡蛋一枚或打破煮成浆食用；方六：胎盘血饮服。

温经　方一：附子或人参煎汤服；方二：黑大豆炒焦后用酒热服；方三：韭根、葱白煎服；方四：蜀椒、胡椒煎汤服；方五：鸽屎炒焦后用酒送下。

食复劳复　方一：麦门冬同甘草、竹叶、粳米一同煎汤服；方二：饭烧成灰研末饮服；方三：橘皮水煎服；方四：鳖甲烧存性研末用水冲服。

瘟疫

瘴疠（疟疾）　方一：取大黄、附子或肉豆蔻煎汤服用；方二：将葱、蒜与烧酒同食；方三：槟榔、乌梅同食；方四：食用猪血。

暑

中暑（热）　方一：大蒜捣碎与道中热土一同用水灌服；方二：灌服地浆。

中暑（凉）　方一：黄连用酒煮后，制成丸服；方二：取车前草或半夏煎汤，服用；方三：白扁豆、薏苡仁、稷米或大蒜服食；方四：枇杷叶或赤茯苓煎汤服。

泻火益元　方一：黄芪、人参或麦冬煎汤服；方二：苦茗同姜或醋一起煎汤服；方三：饮服乌梅、西瓜、甜瓜和椰子汁。

湿

风湿　方一:取羌活、防风、浮萍、葱白、薏苡仁、蜀椒红、松叶、枸杞或五加皮等分,煎汤服;方二:蝎烧研后,加入麝香浸酒服;方三:鳝鱼制成肉羹食用。

寒湿　方一:附子、乌头或艾叶煎汤服;方二:饮用葡萄酒、烧酒;方三:生姜、干姜、蒜或葫蒜煎汤服;方四:胡椒、莲实煎汤服。

湿热　方一:黄连、白术、半夏及夏枯草等分,煎汤服;方二:将赤小豆、薏苡仁或旱芹制成丸服;方三:干姜、生姜、酸枣、或柳叶煎汤服。

火热

升散　方一:取柴胡煎汤服;方二:薄荷叶或水萍煎汤服。

泻水　方一:黄连、黄芩、桔梗、青蒿等分,水煎服;方二:李叶、桃叶、枣叶分别水煎服;方三:饮用雪水、冰水、井水;方四:牛胆、猪胆研成末口服或制成丸服。

缓火　方一:用生甘草捣汁服;方二:生食梨、柿、李、乌梅、香蕉、甘蔗;方三:鳖肉同柴胡等药制成丸服或食鸭肉、鸽肉、兔肉,有解热和凉补作用;方四:肥胖的人宜食猪肉;方五:饮服人乳。

滋阴　方一:生地黄制成蜜丸或用蜂蜜煎服;方二:熟地黄研成末后,加姜汁制成丸服;方三:玄参或丹参水煎服。

诸气

郁气　方一:香附可解一切气郁,宜用水煎服;方二:赤豆有缩气、散气作用,宜水煎服;方三:食用莱菔子、葱白、胡荽、蒿苣有化积、开胸、顺气的作用;方四:青橘皮同茴香、甘草末同服可解郁气。

痰气　方一:半夏、桔梗或苏子煎服去痰顺气;方二:荞麦、生姜、山楂、橘皮、橙皮或柚皮煮食或煎汤服;方三:取枇杷叶、杨梅煎汤服;方四:龟甲加酒烧烤后,与柏叶、香附制成丸服。

血气　方一:当归、姜黄煎汤服;方二:乳香、没药水共同煎服。

冷气　方一:艾叶捣汁服用;方二:豆蔻或五味子水煎服;方三:取胡蒜、芥、干姜、蜀椒、胡椒和旱菜食用。方四:鳢鱼与胡椒、大蒜、小豆、葱同煮食用。

痰饮

风寒湿郁　方一:半夏同生姜或茯苓煎汤服,也可直接嚼食法半夏;方二:干姜或生姜同附子水煎服;方三:米醋或烧酒饮服;方四:橙皮、柚皮、橘皮均可用水煎服;方五:杉木水煎服或白杨树皮浸酒饮服。

湿热火郁　方一:取甘蔗汁、梨汁、藕汁或茗茶饮服;方二:取竹沥、竹茹、竹叶水煎服;方三:茯苓用水煎服;方四:食用牡蛎或蛤粉。

气滞食积　方一：曲或神曲用水煎服；方二：醋、莱菔子水煎服；方三：旱菜、茼蒿、山楂、盐杨梅食用；方四：食用牡蛎、蚌粉。

宣吐　方一：饮用梨汁、苦茗、石胡荽汁或虾汁；方二：萝卜子、乌梅煎汤服。

荡涤　方一：桃花研为末后，水冲服或用芫花水煎服。

脾胃

劳倦　方一：甘草水煎服；方二：人参煎成膏与姜、蜜同食；方三：茼蒿、荠菜、苜蓿、胡萝卜、大麦、小麦、糯米、粳米和各种豆类等都可壮气益肌，可经常食用；方四：大枣、橘皮、橄榄、莲实、藕、甘蔗可补益脾胃，应经常食用；方五：蜂蜜、鳟鱼、鲫鱼、鲤鱼、虾、鳖等，以及鸡、雀、鸡肉、羊肉和牛肉均有补脾胃的历效。

虚寒　方一：附子、山姜水煎服；方二：姜蒜、韭菜、薤、糯米和烧酒宜常服用；方三：食用椒类物质。

食滞　方一：大麦、荞麦、饴糖助消化，宜经常食用；方二：杏仁研末用茶饮服，或食用山楂、李子；方三：取食盐擦牙漱口；方四：食用鳖甲、淡菜和鳝头。

酒毒　方一：饮用葛根汁、白茅根汁；方二：菊花制成末酒服；方三：绿豆、黑豆或红小豆煮食；方四：将水芥、白灰用泥煅烤，再加醋糊成丸，服食。方五：鸡内金与豆粉制成的丸服；方六：猪肾加入葛粉烤烧食用。

反酸

痰食　方一：生食萝卜；方二：米醋饮服；方三：神曲、橘皮、山楂等分，水煎服；方四：蚬壳烧存性研末，冲服。

阳陷　方一：人参同干姜制成丸服；方二：吴茱萸与醋煎水服；方三：多食鱼。

噎膈

利气化痰　方一：取芦根或橘皮，水煎服；方二：取槟榔与杏仁，以童尿煎服；方三：茯苓、沉香、青橘皮加木香或枳壳研成末，盐汤送服。

开结消积　方一：杵头糖加蜜制成丸含咽服或煎汤服；方二：韭菜捣汗，放点盐、姜汁和牛奶饮服，治反胃；方三：鲫鱼酿大蒜后，泥包裹后煨焦制成丸食用；方四：狗宝加威灵仙用盐浸，水煎服，每日三次；方五：胞衣水饮用一盏。

反胃

温中开结　方一：附子以石灰泡热，用姜汁淬二次，再同丁香、粟米煎服；方二：韭菜炸熟后，加盐、醋吃十顿；方三：生姜汁煮粥食；方四：栗子壳水煎服；方五：鲤鱼用童子尿浸泡后，煨烂研成末，入粥食用；方六：孵出小鸡的壳烧成末用酒调服。

和胃润燥　方一：人参水煎服或煮粥食用；方二：取生马齿苋捣汁饮用；方三：甘蔗汁与姜汁同饮服；方四：干柿子连蒂一起捣烂，用酒调服；方五：用蚕茧煎出的汁煮鸡蛋食用;方六:羊肉与蒜、薤一同生食;方七:乌雄鸡中人胡荽子煮食,二只即愈。

呕吐

痰热　方一:将葛根捣成粉食用;方二:赤小豆、豌豆煎汤服;方三:蝉蜕加滑石粉末加水煎服;方四:用小儿吐出的乳,加葱姜煎服。

虚寒　方一:取糯米煎粥,食用;方二:烧酒、豇豆、干姜用醋煎,饮用汤汁;方三:蜀椒、胡椒煎汤服。

积滞　方一:大黄水煎服;方二:神曲水煎服;方三:五灵脂和狗胆制成丸服。

泄泻

湿热　方一:白术或车前子研成末,冲服;方二:粟米、青粱米、薏苡仁煮食;方三:栀子水煎服;方四:猪胆入白通汤内,煎服。

虚寒　方一:甘草、白术、人参制成丸服;方二:将糯米粉与山药、砂糖一同食用;方三:烧酒饮服;方四:白扁豆、薏苡仁、干姜炙烧后,研成末冲服;方五:栗子煨食;方六:橡子、大枣煨后,研成末,加入粥中食用;方七:乌鸡骨与肉豆蔻、草果一起煮食;方八:猪肾、猪肝煨食或猪肠与吴茱萸蒸熟后制成丸服。

积滞　方一:荞麦粉加砂糖水煎服 3 钱。

外治　方一:用田螺敷脐;方二:将椒红炒酥后,贴于小儿囟门;方三:蒜捣成泥贴两足心,或赤小豆捣烂用酒调贴于两足心。

痢

积滞　方一:莱菔捣汁和蜜同服;方二:山楂煮服;方三:荞麦粉加鸡蛋清制成丸服;方四:鸡内金焙烤后食用。

温热　方 一:黄连水煎后,露置一夜后再热用,小儿可加点蜜和当归末、麝香用米汤送服;方二:绿豆同火麻煮汁服,或绿豆皮蒸食;方三:豆豉炒焦后酒调服;方四:葱白煮粥食;方五:将黄瓜与蜜同食;方六:柏叶同芍药炒后,水煎服;方七:童子尿煮杏仁、猪肝同食。

虚寒　方一:甘草水煎服;方二:人参加生姜,水煎服或同莲肉煎服;方三:将糯壳爆米花后,以姜汁冲服;方四:薤白煮粥食用;方五:韭白用醋炒食;方六:沙糖与乌梅煎汁饮服;方七:蜂蜜用姜汁调服;方八:将鲤鱼烧成灰,用水冲服,或鲫鱼酿五倍子烧成灰末冲服;方九:乌骨鸡煮汤服,或将鸡蛋用醋煮食;方十:牛肝与醋一同煮食,或猪肝杏仁、童尿一同煮食。

止涩　方一:苦茶末冲服,或同醋、姜煎服;方二:乌梅水煎服;方三:大枣与米粉一起烧食;方四:猪蹄加水煎服。

外治　方一:将田螺或蚂蝗加点麝香捣烂后,贴于脐部;方二:蓖麻与硫磺捣烂后,敷贴于脐部。

疟

暑热　方一：将柴胡水煎，服用；方二：麦苗捣汁饮服；方三：蜀椒、甘蔗、竹叶用水煎服；方四：蚯蚓研成末，加薄荷、姜和蜜食服；方五：乌贼骨或龟壳烧成末，用酒调服；方六：鳖甲用醋烧烤后，研成末服用。

寒湿　方一：附子与红枣、葱、姜一起用水煎服；方二：将生姜汁露置一夜后饮服；方三：独蒜烧研成末用酒调服；方四：橘皮以姜汁浸煮后，焙烧研成末，再加入大枣水煎服；方五：用醋煮食牛肝，或羊肉、黄狗肉捣成肉羹食用。

痰食　方一：白僵蚕制丸服；方二：当归、柴胡、知母一起蒸后同酒制成丸服。

吐痰　方一：取石胡荽汁饮服；方二：瓜蒂捣擂出水饮服。

外治　方一：马齿苋、小蒜同胡椒、百草加露水共同杵汁饮服；方二：用鱼腥草擦身，直到出汗为止。

心下痞满

湿热气郁　方一：桔梗与枳壳一同水煎服；方二：茯苓同人参水煎服。

痰食　方一：生姜同半夏用水煮服；方二：橘皮水煎服，或将青橘皮与茴香、甘草、白盐制成末，服食。

脾虚　方一：人参加橘红制丸服；方二：羊肉同橘皮、姜、面制成肉羹食用。

胀满

湿热　方一：桔梗同半夏、橘皮水煎服；方二：猪血晒干，研成末，早晨用酒调服，晚上忌食。

寒湿　方一：附子与人参，生姜末水煎服。

气虚　方一：山药炒至半熟时研成末，用米汤送下；方二：甘草或人参水煎服；方三：生槟榔捣成粉末冲服。

积滞　方一：神曲同莱菔子水煎服；方二：胡蒜、山楂水煎服；方三：橘皮水煎服。

黄疸

湿热　方一：茵陈加附子或大黄，水煎服；方二：萵苣子水煎服；方三：芹菜煮汁饮服；方四：蟹烧研成末，制成丸服；方五：生的螺擂成末用酒调服；方六：牛乳煮粥食，适合老人。

脾胃　方一：用竹刀采摘老茄，阴干研为末，每次用酒调服 2 钱；方二：黄雌鸡煮食并饮它的汁；方三：将鸡蛋用酒、醋浸一夜，食蛋清数枚。

食积　方一：丝瓜莲子一起烧研后煎汤服，每次 2 钱；方二：五灵脂加点麝香，制成丸服。

脚气

风寒湿气　方一：高良姜水煎服；方二：青鱼、鳢鱼或乌骨雄鸡汁饮服；方三：猪肚烧研成末，用酒调服；方四：牛乳调硫磺末服，汗出为止。

湿热流注　方一：赤小豆同鲤鱼煮食；方二：黑大豆煮汁饮；方三：桃仁研成末，用酒调服；方四：枇杷叶水煎服；方五：淡菜煮汁饮服。

敷贴　方一：附子、草乌头用姜汁调和；方二：羊角烧研成末，用酒调和后敷贴。

痿

湿热　方一：五加皮水煎服；方二：黄檗水煎服。

痰湿　方一：苍术水煎服；方二：橘皮水煎服。

虚燥　方一：人参、甘草煎服；方二：枸杞子、杜仲水煎服。

转筋

内治　方一：木香煎汁，加酒调服；方二：桔梗、五味子、高良姜煎汤饮服；方三：松节同乳香炒至焦黄研成末，用木瓜酒调服；方四：鸡矢白研成末，用水调服。

外治　方一：蒜加盐捣烂后敷脐部；方二：柏叶捣烂敷患处，并煎汁淋洗患处；方三：铜器炙，熨患处。

咳逆

风寒　方一：苏叶同橘皮水煎服；方二：桂同干姜、皂荚制成丸服；方三：鲤鱼研成末后，加入粥中食用。

痰气　方一：半夏加皂荚水煎服；方二：橘皮、杏仁炒熟研成末，用蜜调和后口含；方三：猪蹄甲加半夏、白矾煅烧后研成末，再加点麝香口服；方四：阿胶同紫苏、乌梅火煎服。

虚促　方一：人参研成末用汤送服；方二：韭汁饮服1升；方三：将蛤蚧与人参制成丸，加入糯米粥中服食。

咳嗽

风寒　方一：百部浸酒饮服或煎成膏食用；方二：蜂房烧研成末，冲服；方三：鲫鱼烧研成末，饮服；方四：鸡蛋白加麻黄研成末，调服。

痰湿　方一：莱菔子煎汤服或莱菔煮食；方二：白果、榧子煎服；方三：橘皮加甘草制成丸服，或加神曲、生姜蒸饼丸食用。

痰火　方一：沙参水煎服；方二：食用生梨，或将它的汁加蜜、地黄汁熬稠后口含；方三：甘蔗汁加青粱米煮粥食用；方四：大枣、桑叶、石蜜煎汤服。

虚劳　方一：人参加鹿角胶末煎服，或加鸡蛋清五更调服；方二：鳖同柴胡等药煮汁饮食;方三:猪肺用麻油炒食;方四:羊胰加大枣浸酒饮服,或食羊肉。

虚损

气虚　方一:人参加柴胡煎水服;方二:莲实用酒浸泡后放入猪肚中煮熟后制成丸服;方二:鲫鱼、鲥鱼、鳖肉、淡菜烧烤食用;方三:将猪肚同人参、粳米、姜、椒一起煮食。

血虚　方一:地黄加人参、茯苓煎汁,用来酿酒或煮粥食用;方二:食用牛骨髓、牛乳或羊乳;方三:食用羊肉,或将羊肝同枸杞根制成羹食用。

精虚　方一:肉苁蓉加羊肉煮食;方二:食用猪或羊的脊髓。

寒热

和解　方一:知母或丹参加甘草煎汤服;方二:冬瓜泡汁饮服;方三:茄子、马齿苋、薤白煎汤服;方四:龟甲或蛤蜊、贝子煎汤服。

补中清肺　方一:黄芪、沙参煎汤服;方二:豌豆、绿豆、赤小豆煎汤服;方三:茯苓、酸枣、山茱萸煎汤服。

吐血、鼻出血

逐瘀散滞　方一:用葱塞鼻,可止血;方二:藕榨汁饮服;方三:蜗牛烧成末,同乌贼骨吹鼻,可止血;方四:发烧研成灰,每日 3 次,每次 1 方寸匕,或吹入鼻中止血。

滋阴抑阳　方一:生地黄取汁和大黄末制成丸服;方二:当归制成末,调服;方三:莲花研成末,用酒调服;方四:柏叶煎汁饮服;方五:竹叶、竹茹煎汤服。

调中补虚　方一:人参 1 两水煎服;方二:代赭石研成末,水冲服;方三:水牛脑加杏仁、胡桃、白蜜、麻油熬干,制成末,冲服;方四:羊血热饮。

牙齿出血

除热　方一:防风、羌活水煎服。

清补　方一:人参加茯苓、麦门冬煎服。

外治　方一:香附加姜汁炒研成末,外涂;方二:丝瓜藤烧成灰外敷;方三:地龙加点石矾研成末,外敷。

咳血

火郁　方一:麦门冬、桔梗水煎服;方二:杏仁加干柿煨熟,每日食用;方三:韭汁加童尿饮服;方四:发灰加童尿饮服。

虚劳　方一:人参、五味子、阿胶烧烤后研成末,用汤冲服;方二:猪心中包埋沉香、半夏末煨食。

诸汗

气虚　方一:人参与当归、猪肾一起煮食;方二:艾叶同茯神、乌梅煎水服;方三:黄雌鸡同麻黄根煮汁后,加肉苁蓉、牡蛎粉水煎服;方四:猪肝制成丸服,食后汗出即可;方五:牛胃制成肉羹食用。

血虚　方一:当归、地黄加姜汁、蜜、酒煎服;方二:猪心加人参、当归煮食。

风热　方一:荆芥煮汤服;方二:小麦、浮麦、麦面制成丸后煮食;方三:经霜的桑叶研成末服;方四:竹沥汁热饮服。

健忘

补虚　方一:人参用猪油炼过后,酒送服;方二:莲实研末,饮服;方三:酸枣、茯苓水煎服。

痰热　方一:桃枝作为枕芯用,或刻成胸前饰物佩戴。

丹毒

内解　方一:取马齿苋捣汁,饮服;方二:连翘、丹皮、大青叶用水煎服。

外涂　方一:绿豆加大黄捣烂涂敷;方二:蜜和干姜汁外涂。

瘿瘤疣痣

内治　方一:贝母加连翘煎服;方二:小麦醋浸后,加海藻末,用酒调服;方三:食用牡蛎、淡菜、蛤蜊等海产品。

疣痣　方一:杏仁、李仁加鸡蛋清研汁,外涂。

瘰疬

内治　方一:夏枯草水煎汁或熬膏服;方二:连翘加瞿麦、大黄、甘草,水煎服;方三:蜗牛壳加牛乳炒研成末,加大黄末,取利。

外治　方一:半夏加南星、鸡蛋清外涂;方二:蒜和吴茱萸捣烂,外涂。

痈疽

肿疡　方一:连翘水煎服;方二:绿豆粉加乳香、甘草,水冲服;方三:赤小豆加鸡蛋清涂擦患处。

溃疡　方一:黄芪或人参熬膏服;方二:柳枝熬膏服;方三:猪蹄煮汁洗患处,或与通草煮羹食。

乳痈　方一:大黄加甘草熬膏贴,或研成末敷;方二:橘叶或赤小豆研成末,用酒服。

诸疮

疔疮　方一:丝瓜叶加葱白、韭菜捣汁和酒服,渣敷患处。

恶疮　方一:牛膝捣烂涂患处;方二:蒲公英、冬瓜叶捣烂敷患处;方三:鸡、葱、韭、鱼类食物勿食。

疥癣　方一:苦参、草蒲、剪草、百部浸酒服;方二:将海虾、鳝鱼、鳗鲡捣烂,涂患处。

头疮　方一:菖蒲生的涂患处;方二:蜜蜂研烂涂患处;方三:桃花研成末,涂患处。

阴疮　方一:甘草煎蜜涂患处;方二:海螵蛸、鲤鱼胆、鲫鱼胆混匀涂患处。

跌仆折伤

内治活血　方一:大黄加当归或桃仁水煎服;方二:黑大豆煮汁频饮。

外治散瘀接骨　方一:大黄用姜汁调涂患处;方二:麦麸用醋炒后食用;方三:萝卜、生姜加葱白、面同炒,敷患处。

妇女经水

活血疏气　方一:香附炒黑后研成末,服用;方二:当归加红花水煎服;方三:丹参研成末,用温酒调服;方四:大枣加小麦、甘草水煎服。

益气养血　方一:人参加熟地研成末,制成丸服,方二:阿胶炒研成末,用酒调服。

带下　方一:艾叶煮鸡蛋食;方二:槐花加牡蛎粉,用酒调服,或冬瓜仁炒研成末,汤送服;方三:食用乌骨鸡、鸡内金、鲤鱼鳞、鳖肉、牡蛎及猪肾等食品。

崩中漏下

调营清热　方一:当归、丹参研成末,水送服;方二:将淡竹茹微炒后,水煎服;方三:羊肉煮当归、干姜食用;方四:食用乌骨鸡、猪肾及鸡内金等食物。

胎前

安胎　方一:黄芩或白术水煎服或研成末,水冲服;方二:糯米加黄芩煎服。

产难

催生　方一:香附子加缩砂、甘草研成末,水冲服;方二:人参加乳香、丹砂,以鸡蛋清、姜汁调服;方三:食用兔血、兔脑或加乳香丸服。

产后

补虚活血　方一:人参加紫苏、童尿煎酒服;方二:羊肉加当归、甘草,水煎服;方三：黄雌鸡煮食，或加百合、粳米煮食；方四：马齿苋用水煎服。

血气痛　方一：生姜或山楂水煎服。

寒热　方一：猪肾、狗肾煮食。

血渴　方一：黄芩加麦门冬煎水服。

下乳汁　方一：母猪蹄与通草用煮，食肉，饮汁；方二：牛鼻做羹食用；方三：羊肉煮肉羹食；方四：虾汁做羹食用；方五：赤小豆、豌豆煮汁饮用。

回乳　方一：将神曲砂研成末，用酒送服，每次 2 钱。

阴病

阴寒　方一：吴茱萸同椒煎水服。

阴痒阴蚀　方一：蛇床子、荆芥水煎汁，擦洗患处。

小儿初生诸病

沐浴　方一：黄连、桃叶、李叶煮汁，洗浴。

便闭　方一：甘草加枳壳煎水，灌服。

脐肿　方一：荆芥煎汤洗后，用煨葱贴患处。

惊悸

清镇　方一：人参、麦门冬、茯苓煮汁，饮服；方二：酸枣仁煮汁，饮服；方三：自然铜或铁粉煮汁，饮服；方四：牛黄煮汁服；方五：猪心煮食，或猪心血加青黛、朱砂制成丸食用。

烦躁

清镇　方一：甘蔗根、五味子、甘草，用水煎服；方二：小麦、糯米水、赤小豆、米醋、水芹菜煎汁服；方三：西瓜、甜瓜、乌梅、大枣捣汁饮服；方四：取荔枝、橄榄、菠萝蜜、梨汁、葡萄、甘蔗、藕等果品食用；方五：竹沥、淡竹叶、酸枣仁煮汁服；方六：孵出小鸡的壳烧研成末，用酒调服。

失眠

清热　方一：灯心草煎汤，代茶频饮用；方二：酸枣炒熟研成末，用竹叶煎汤送服；方三：大枣同葱白煎水服；方四：蜂蜜、白鸭煮汁饮服。

多眠

脾湿　方一：木通煎水服；方二：花构叶晒干，研成末，用汤送服。

风热　方一：白苣、苦苣食用；方二：酸枣生研成末，煎汤服，或枣叶煎饮服。

消渴

生津润燥　方一：白芍药加甘草煎汤服，每日三次；方二：青粱米、粟米、麻子仁煮汁饮服；方三：蔓菁根、竹笋、生姜加鲫鱼胆制成丸服；方四：乌梅稍微烘烤后研成末，水煎服；方五：煨鸡汤澄清饮服，一般用 3 只即可，或将煨成半熟的猪肉汤澄清，每日饮服。

降火清金　方一：麦门冬加黄连制成丸服；方二：小麦做粥饮食；方三：薏苡仁煮汁饮服，或赤小豆、绿豆煮汁，饮服；方四：冬瓜杵成汁，饮服；方五：梨或西瓜煎汁，饮服；方六：蚕茧煮汁服，或蚕蛹煎酒服；方七：猪脬烧研成末，用酒调服。

补虚滋阴　方一：人参研成末，加鸡蛋清调服；方二：糯米粉加蜜制成丸服；方三：藕汁、椰子浆加栗壳煮汁饮服；方四：枸杞煮食或泡酒服；方五：鲤鱼或鲫鱼酿茶饮用，并煨食；方六：鹅、白雄鸡或黄雌鸡煮汁服；方七：雄猪肚煮汁饮服，或猪脊骨加甘草、木香、石莲、大枣，水煎服；方八：羊肉同瓠子、姜汁、白面煮食；方九：水牛肉或牛脑煮食；方十：兔头骨煮汁饮服。

杀虫　方一：苦楝根皮加少许麝香水，煎服；方二：鲫鱼胆、鸡肠、鸡内金加栝楼根炒研成末，制成丸服；方三：鳝鱼头加鳅鱼烧研成末，加薄荷叶，用新汲水送服，每次 2 钱。

遗精梦泄

心虚　方一：人参加茯苓、石莲制为丸服；方二：莲须水煎服，或莲子心加辰砂制成末，水冲服。

肾虚　方一：山药研成末用酒调饮；方二：五味子煎熬成膏后，每日服 1 次；方三：黄雌鸡或乌骨鸡加白果、莲肉、胡椒，煮食；方四：猪肾加附子末煨烂食用。

湿热　方一：车前草捣汁，饮服；方二：铁锈用冷水调服，每次 1 钱；方三：牡蛎粉用醋糊成丸服。

赤白浊

湿热　方一：稻草煎浓汁，露置一夜，饮服；方二：神曲、萝卜酿吴茱萸，熏蒸后，制成丸服；方三：冬瓜仁研成末，用米饮服；方四：在清明日采摘柳叶，水煎代茶饮服。

虚损　方一：黄芪用盐炒后，加茯苓研成丸服；方二：五味子研成末，用醋糊成丸服；方三：羊骨研成末，用酒调服。

溲数遗尿

虚热　方一：香附研成末，用酒调服；方二：牡丹皮水煎服；方三：雌黄加盐炒的干姜，制成丸服。

虚寒　方一：补骨脂加茴香制成丸服；方二：韭子同糯米煮粥食；方三：莲实放人

猪肚中煮后，再加醋糊成丸服；方四：黄雌鸡或雄鸡肺、肠、嗉一同煮食；方五：羊肺或羊肚做成肉羹食用；方六：猪脬烧烤食用，或在猪肚和猪脬中盛入糯米，煮食。

止寒　方一：酸石榴烧研成末，冲服，或以榴白皮煎汤服，每次2钱，每日2次。

小便血

尿血　方一：生地黄汁加姜汁和蜜饮服；方二：韭子、葱白和葱汁煎水饮服；方三：荷叶水煎服；方四：头发烧成灰用酒调服。

血淋方一：生地黄加车前草温热时饮服，或加生姜汁服；方二：水芹根汁饮服；方三：赤小豆炒研成末，用葱汤送服；方四：青粱米同车前子煮粥食；方五：藕节汁饮服；方六：鲟鱼煮汁饮服。

阴痿

湿热　方一：天冬、麦门冬、知母煎汤服；方二：丝瓜汁调五倍子末，敷于阴部，加柴胡、黄边水煎服。

虚弱　方一：人参煎熬成膏食服；方二：鲤鱼胆加雄鸡肝制成丸服；方三：虾米加蛤蚧、茴香用盐煮食；方四：雀卵加菟丝子或雄鸡肝制成丸服。

强中

伏火解毒　方一：将知母、地黄、麦门冬煎汤服。

补虚　方一：补骨脂和韭子各1两，研成末，水煎服，每次3钱，每日3次。

囊痒

内服　方一：茯苓、五加皮，水煎服；方二：黄芪用酒炒研成末，猪心蘸食。

熏洗　方一：荷叶加浮萍、蛇床子煎水，洗阴部。

敷扑　方一：五倍子同茶研成末，外涂。

大便燥结

通利　方一：牵牛加大黄粉末，水冲服；方二：桃花水煎服，或桃叶捣汁，饮服。

养血润燥　方一：地黄、羊蹄根水煎服；方二：甘蔗、桃仁加陈皮水煎服；方三：食用梨、柿子、蜂蜜；方四：柏子仁加松仁、麻仁制成丸服；方五：田螺敷脐部；方六：食用牛乳、猪血和羊胆、猪胆；方七：头发烧成灰，用水冲服。

导气　方一：将萝卜子炒后擂水，饮服；方二：陈橘皮加白酒煮后焙研成末，每次用酒调服2钱，老人加杏仁制成丸服。

虚服　方一：取胡椒21粒，调芒硝半两煎服。

脱肛

内服　方一：茜根加石榴皮酒煎服；方二：鳖头烧研成末，冲服，并涂于患处。

外治　方一：曼陀罗子加橡斗、朴硝水煎汁洗患处；方二：蜘蛛烧研成灰，涂于患处；方三：龟血、鳖血、鲫鱼头灰涂于患处。

痔漏

内治　方一：黄连用酒煮后制成丸服，如大便干燥，可加枳壳；方二：赤小豆用苦酒煮后晒干，制成末服；方三：萵苣子水煎服；方四：杏仁汁煮粥食；方五：鲫鱼酿白矾后烧研成末，冲服；方六：狗肉煮食。

洗渍　方一：冬瓜、鱼腥草或马齿苋水煎汁，用来洗患处。

涂点　方一：黄连汁或旱连汁敷于痔处；方二：蜈蚣焙研成末后，加片脑敷于痔处；方三：鸡胆涂搽患处，或鸭胆、鹅胆、牛胆加片脑涂搽患处。

熏灸　方一：猪悬蹄烧成烟熏患处。

下血

风湿　方一：羌活、白芷研为末，米汤送服；方二：皂荚汁加羊肉制成丸服；方三：槐花炒熟研成末，用酒调服。

湿热　方一：苍术同地榆煎服，或加皂荚汁煮焙制成丸服；方二：木香加黄连放入猪肠中煮烂后，捣成丸服；方三：生葛汁加藕汁饮服；方四：藕节汁饮服；方五：猪血用酒炒食。

虚寒　方一：人参加柏汁、荆芥和飞面末水煎服；方二：艾叶同老姜水煎服；方三：鲫鱼酿五倍子煅后，研成末，用酒调服。

积滞　方一：荷叶、莲房灰、橡斗壳加白梅水煎服；方二：酸榴皮研成末，冲服或煎服；方三：牛骨灰或人头发灰，用水冲服。

瘀血

破血散血　方一：大黄用酒煎服；方二：当归、丹参用水煎服；方三：赤小豆、米醋、黄麻根同煎服；方四：韭汁饮服；方五：葱汁、莱菔、生姜、干姜水煎服；方六：山楂、荷叶、藕、蜀椒水煎服；方七：食用鱼鳞或鳖甲。

肠鸣

肠鸣　方一：橘皮、杏仁用水煎服；方二：食用鳝鱼。

腰痛

虚损　方一：补骨脂研成末，用酒调服；方二：菊花用水煎服；方三：山楂加鹿茸制成丸服（适合老人腰痛）；方四：鳖甲烧烤后研成末，用酒调服；方五：猪肾包杜仲末煨食，或羊肾加杜仲末烧烤食用。

湿热　方一：青木香加乳香泡酒，饮服；方二：甜瓜子制成末，用酒浸泡饮服。

血滞　方一：丝瓜根烧研成末，用酒调服；方二：冬瓜皮烧研成末，用酒调服；方三：西瓜皮干研成末，用酒调服；方四：橙核炒研成末，用酒调服；方五：青橘皮水煎服；方六：鳖肉煮食。

外治　方一：桂用醋调后，涂搽患处；方二：将大豆、糯米一起炒热，熨患处；方三：天麻、半夏、细辛同煮汁，熨患处。

痛风

风寒风湿　方一：薏苡仁加麻黄、杏仁、甘草水煎服；方二：桂枝同椒、姜浸酒后送服；方三：蚯蚓浸酒饮服；方四：水龟加天花粉、枸杞子、雄黄、麝香、槐花水煎服。

风痰湿热　方一：将橘皮煮烂，去渣取汁，顿服；方二：竹沥，取新鲜的竹杆劈开，用火烤流出的浓汁饮服。

外虚　方一：当归、地黄、丹参水煎服；方二：乳香水煎服。

外治　方一：芥子加醋，外涂疼痛的部位。

头痛

湿热痰湿　方一：杨梅研成末，用茶饮服；方二：竹茹水煎服。

风寒湿厥　方一：杏仁研成汁煮粥食；方二：吴茱萸同姜、枣、人参水煎服；方三：蜂子、白僵蚕加葱酒热饮服。

外治方一：全蝎加地龙、土狗、五倍子末调匀，贴敷太阳穴；方二：桂木用酒调后，涂头顶和额部。

眩晕

风虚　方一：天麻水煎服或加川芎，用蜜制成丸服；方二：兔头骨及肝、羊肉、猪脑食用。

痰热　方一：橘皮水煎汁加竹沥饮服。

眼目

赤肿　方一：黄连水煎服，或与鸡蛋清调后点眼，或与人乳调后点眼，或同干姜、杏仁煎汁点眼；方二：艾叶加黄连煎水后，洗赤目；方三：西瓜晒干研成末，冲服；方四：甘蔗汁加黄连煎汁点眼；方五：乌鸡胆、鸭胆、鸡蛋清点赤目；方六：人乳汁点眼。

昏盲　方一：赤小豆、白扁豆、腐婢煮食；方二：食用荠菜、冬瓜仁、木耳；方三：五加皮浸酒饮服；方四：鲫鱼做羹食用；方五：鲤鱼脑和胆调匀后点眼，治青盲；方六：雄鸡胆加羊胆、鲤鱼胆点眼，治眼外伤；方七：食用鸡肝、猪肝、牛肝、兔肝等。

翳膜　方一：白菊花同蝉衣末相混合，冲服，或加绿豆皮、谷精草末、干柿子煮食；方二：鲤鱼胆、青鱼肝混合后点翳膜；方三：炉甘石煅红后，用童尿淬7次，加少许龙脑点眼。

耳

补虚　方一：熟地黄、当归或枸杞子水煎服；方二：鸡蛋浸酒，再与醋炒食；方三：干柿加粳米、豆豉煮粥食，每日一次；方四：猪肾煮粥食。

解郁　方一：香附炒研成末，用莱菔子汤送服；方二：金蝎末，用酒服1钱，以听到声音后为限度。

外治　方一：木香浸麻油煎后，滴耳，每日四五次；方二：海螵蛸加麝香末吹入耳中。

耳痛　方一：木鳖子加小豆、大黄研成末，用油调后涂疼痛的部位。

虫物入耳　方一：半夏浸麻油，或百部浸油滴耳；方二：葱汁、韭汁、姜汁或人乳、人尿滴耳；方三：菖蒲塞耳，治蚤、虱入耳，稻秆灰煎汁滴耳，治虱入耳；方四：薄荷汁滴耳，治水入耳中。

面

风热　方一：菟丝子浸酒服；方二：牛蒡根研烂，酒煎成膏贴患处。

皻疱　方一：天门冬同蜜捣丸，日常洗面，去黑；方二：马齿苋汁洗，治面疱及瘢痕；方三：李花、梨花、木瓜花、杏花、樱桃花研成末，并入面脂，悦颜；方四：桃花同冬瓜仁研成末，用蜜调后涂面，祛雀斑；同丹砂末服，治米粒样粉刺；方五：半夏焙研成末，用醋调涂面部，祛面上黑色；方六：冬瓜仁制成丸服，使人面白如玉。

面疮　方一：桃花末冲服；方二：何首乌水煎后以汁洗面；方三：鲫鱼头烧研成末，加酱汁涂面上黄水疮。

鼻

渊鼽　方一：防风加黄芩、川芎、麦门冬、人参、甘草研成末，冲服；方二：外治：白芷加硫磺、黄丹，滴鼻。

窒息　方一：天南星加甘草、姜、枣水煎服；方二：干柿同粳米煮粥食；方三：槐叶同葱、豉煎服；方四：外治：菖蒲加皂荚末塞鼻内。

唇

唇裂　方一：柞叶何草与姜、盐一同捣烂涂擦患处。

唇噤　方一：天南星擦牙或煎服；方二：白僵蚕煎汁服，或竹沥饮服。

口舌

舌胀　方一：芍药加甘草，煎水服；方二：冬青叶煎浓汁，口含。

舌衄　方一：生地黄加阿胶研为末，用米汤饮服；方二：赤小豆绞汁服。

口糜　方一：内治：桔梗加甘草，用水煎服；方二：含漱：黄连加干姜末掺在溃疡面，并用酒煎呷含；方三：赤小豆用醋调后，涂在小儿鹅口疮上；方四：萝卜汁、姜汁漱口；方五：口含牛、羊乳，或用蜜涂口疮。

口臭　方一：细辛加白豆蔻，口含；方二：橘皮、橙皮嚼后含。

咽喉

降火　方一：桔梗、知母水煎服；方二：石蟹磨汁，涂喉外。

风痰　方一：粳谷奴研成末，水冲服；方二：生姜汁和蜜服，治诸禽中毒导致的肿痹；方三：鸡内金烧研成末，吹入咽喉。

声音

邪热　方一：羌活用酒煎饮；方二：天南星同苏叶、生姜煎服；方三：橘皮煎呷；方四：杏仁用蜜、酥煮丸食。

牙齿

风热湿热　方一：鸡肠草加旱莲、细辛，水煎服；方二：松叶、松节同煎水取汁，加盐后漱口。

虫　方一：桔梗加薏苡根，用水煎服；方二：用桃仁、柏枝烧烙。

须发

内服　方一：菊花加巨胜、茯苓研成末，用蜜制成丸食；方二：黑大豆、白扁豆、大麦、胡麻九蒸九晒后，煮食；方三：干柿同枸杞子研末，制成丸服；方四：食鳖肉，可长须发。

发白　方一：五倍子炒研成末，加赤铜屑染须发。

狐臭

内治　方一：花蜘蛛 2 枚，捣烂酒服。

外治　方一：苏子捣成末涂擦；方二：取自己的小便趁热洗，每日数次。

水部

水是万物之源，水分为天水地水，古人认为好多水有药的作用。

天水类

半天河

本草纲要

【释义】即从天上降下的雨水，洒积在竹篱头和树穴中的水。又说，因为这种水降自银河，所以叫作天河水。

【异名】雨水、上池水、天河水。

【性味】味甘，性微寒，无毒。

【功效主治】《名医别录》记载：可治心病、癫狂、外邪、恶毒和不适应气候、环境所致的病。陈藏器说：此乃槐树间积水，可以治各种风毒、恶疮、风瘙、疥痒等症。

本草附方

灾荒时，饮天河水可以预防发生流行性疾病。患白癜风，皮肤出现乳白色斑块，取树孔中的水洗患部，再将肉桂捣细为末，用唾液调和后敷涂，第二天再敷一次，即愈。

雨水

本草纲要

【释义】李时珍说：地气上升后成为云，天气使其下降便是雨，所以人出的汗，便以天地间的雨命名。

【性味】味咸，性平，无毒。

【功效主治】李时珍说：宜用来煎煮发散表邪和补中益气的药。

本草附方

古人说：夫妻同时各饮一杯立春雨水后，同房，就会怀孕。这样做是为了从立春雨水中得到自然界春始生发万物之气。

液雨水

本草纲要

【释义】李时珍说：立冬后10日叫入液，到小雪时叫出液，这期间所下的雨叫液雨。各类虫饮了此水就会进入蛰伏冬眠状态，直到第二年惊蛰才会从冬眠的状态中苏醒过来。

【异名】药雨水。

【功效主治】李时珍说：主杀各种昆虫，可用来煎杀虫药和消积的药。

潦水

本草纲要

【释义】李时珍说:天上降注的雨水叫潦水。

【性味】味甘,性平,无毒。

【功效主治】李时珍说:宜用来煎调脾胃和去湿热的药。

本草附方

李时珍说:过去张仲景治疗伤寒而致的瘀热、肤色发黄等症时,常用潦水煎煮麻黄连翘赤小豆汤,是取潦水味薄而不会助长湿气的特性。

夏冰

本草纲要

【释义】冰是太阴之精。水性很像土,能变柔为刚,这就是所说的物极必反。

【异名】凌。

【性味】味甘,性冷,无毒。

【功效主治】陈藏器谓之:可以消除心烦闷热,还可用来熨帖人乳石发热肿。吴瑞说:可以解渴,治疗中暑。李时珍说:对由于过热而昏迷者,应当用冰置于膻中,可解暑,还可催酒醒。

禁忌:暑天吃,则与气候相反,进入胃肠后,会使冷热相激,是不适的。只可以取它的冷气来使饮食变凉。如果放纵地吃夏冰,暂时会得到爽快,久了却会使人生病。

露水

本草纲要

【释义】李时珍说:露是阴气积聚而成的水液,是夜气附着在道旁植物上沾濡而成的。

【性味】味甘,性平,无毒。

【功效主治】虞抟说:秋露水秉承夜晚的肃杀之气,宜用来煎润肺的药,调和治疥、癣、虫癞的各种散剂。

本草附方

平素有疮和皮肉损伤的人,用秋露和落在草上的春雨来涂抹患处,疮和伤口立即就会不痒不痛。

【各种草尖上的秋露】天亮前收取,可治愈各种病,治糖尿病、尿崩症等引起的消渴,饮后使人身体轻灵,不饥饿,肌肤健康有光泽。8月的朔日收取的露来磨墨,点太阳穴,可止头痛;点膏肓穴,则治痨病,这种方法被称作“天灸”。

【各种花朵上的露】搽脸,使人容颜健康美丽。

【柏树叶上的露和菖蒲上的露】每天早晨用来洗眼,能明目。

【韭叶上的露】每天早晨取来涂白癜风,可治愈。

【凌霄花上的露】进入眼中会损目。

甘露

本草纲要

【释义】它白如雪,甜如糖,所以叫甘露。传说它出产在川西人迹罕至的地方,如同糖稀,不易获得。

【异名】膏露、瑞露、天酒、神浆。

【性味】味甘,性大寒,无毒。

【功效主治】陈藏器说:主治胸膈的各种热毒,能聪耳明目、轻身,使人肌肤润泽,精力旺盛,不易衰老,止渴。

冬霜

本草纲要

【释义】气温下降形成露,寒冷的清风细细地吹拂后就会变成霜。霜能损杀植物。凡是收取霜,都用鸡翅或尾上的长羽毛扫进瓶中,密封后放在阴凉处,很久也不会坏。

【性味】味甘,性寒,无毒

【功效主治】陈藏器说:霜可用来解酒热、解风寒感冒引起的鼻塞和酒后脸红。陈承认为:用冬霜和蚌粉调和外敷,可治痱子、疮疖及腋下红肿,效果很好。

本草附方

与蚌粉混合后敷暑天的痱子与腋下红肿,立愈。取秋后的霜一钱半,用热酒服食,治寒热疟疾。

腊雪

本草纲要

【释义】凡是花都是五瓣,雪花却是六瓣,六是阴数。腊前的雪,很宜于莱麦生长,又可以冻死蝗虫卵。把腊雪瓶装密封后放在阴凉处,数十年也不会坏。

【异名】雪。

【性味】味甘,性凉,无毒。

【功效主治】陈藏器说:腊雪能解一切热毒之症。主治因气候而起的各种瘟疫及小儿热痫狂啼,大人丹石发动,酒后湿热内生所致的黄疸,都可以温热后服。张从正认为:腊雪水对眼睛有消除红肿的功效。吴瑞说:有腊雪水来煎茶煮粥,可解热止渴。

本草附方

洗眼,可以去目赤。煎茶或煮粥,都可以解热止渴。宜用来煎治伤寒、中暑的药,用来抹痱子效果也良好。

小儿牙根溃烂,满口发白如粉,就是“雪口”,用腊雪水搽抹,每日三四次,立愈。

明水

本草纲要

【释义】明水就是大蚌中清明干净的水。用掌摩擦使大蚌热,对着月亮取水。能得到二三小合,如同朝露一般。

【异名】方诸水。

【性味】味甘,性寒,无毒。

【功效主治】陈藏器认为:明水有清心、明目之功效,可治疗小儿烦热,还能止渴。

地水类

流水

本草纲要

【释义】李时珍说,大到江河,小到溪涧里的水都是流水。它是流动的水,俗称活水,与湖泽池塘的死水不同。

【异名】千里水、东流水、甘烂水、劳水。

【性味】味甘,性平,无毒。

【功效主治】李时珍说:以上这些水能治五劳七伤、脾肾虚弱、阴虚阳盛、目不能闭、霍乱吐泻及伤寒欲作奔豚之症。陈藏器谓:此水能治病后体虚,经反复上扬多次,用为煎煮药物禁神有效验。

井泉水

本草纲要

【释义】井字像“#”形,泉字像水流到穴中的样子,所以叫井泉水。不管何时只要初汲的叫“新汲”;每天早晨第一次汲的水叫“井华”;反酌而倾倒的叫“倒流”;打水的吊桶滴下的水叫“无根”。

【异名】井华水、无根水、新汲水。

【性味】味甘,性平,无毒。

【功效主治】《嘉祐补注本草》记载:井华水主治酒后热邪迫于大肠而引起的泄泻,治眼球上的白膜。受到大惊而九窍出血,可用井泉水喷脸。用井泉水调朱砂服后,使人容颜光润,心神镇静安详。还可治口臭,可在早晨太阳刚出时含井华水在口中,然后吐到厕所里面,数次即愈。可以炼各种药石。倒少量至酒、醋中,可以让酒、醋不败味。虞抟说:用来煎制补阴、痰火和补血气,功效可提高许多倍。李时珍讲:井华水适合煎煮一切痰火内扰、气血不和的药物。

本草附方

【鼻出血不止】用新汲水,左鼻出血则洗右脚,右鼻出血洗左脚,或同时洗左右脚,即止。或者用冷水喷脸,或者用冷水浸过的纸贴在囟门上,用熨斗熨,立即就会止血。

【犬咬出血】以水洗,至血止,缠裹即愈。

【心闷汗出,不能识人】新汲水和蜜饮,很有效。

【婴儿初生不啼】取冷水灌之,外用葱白茎轻轻地鞭打,即啼。

玉井水

本草纲要

【释义】出产玉石的山谷中的水泉中的水都叫玉井水。

【性味】味甘,性平,无毒。

【功效主治】陈藏器说:经常服用玉井水,可使人体肤润泽,毛发不白。

醴泉

本草纲要

【释义】醴就是薄酒,泉水的味道像薄酒一样甘美,因而叫醴泉水。

【异名】甘泉。

【性味】味甘,性平,无毒。

【功效主治】陈藏器说:心腹痛和不能适应邪恶的气候和环境而得的各种病,都适宜在泉边饮此水。又可以治愈消渴和反胃吐泻。

山岩泉水

本草纲要

【释义】山岩土石中所流出的泉水,流出溪涧的谓之。

【性味】味甘,性平,无毒。

【功效主治】陈藏器说:这种水主治霍乱烦闷呕吐,腹空抽筋,宜多饮服,不要让腹空,空了则再饮服,这种方法称为洗肠。人们都惧怕这种洗肠的方法,但用这种方法可获效。对于素体虚寒者,应防止脏腑受寒,根据情况适当减量。

温汤

本草纲要 I

【释义】水中含硫磺,即使水很热时,仍然有些硫磺气味。硫磺主治各种疮,所以含硫磺的温泉水也这样。把猪、羊放在温度高的这种矿泉水中可使之半熟,还可以煮熟鸡蛋。

【异名】温泉,沸水。

【性味】味辛,性热,微毒。

【功效主治】陈藏器说:主治筋骨挛缩,肌皮顽痹,手足不遂,没有眉毛头发,皮肤骨节的疥癣等疾病,须在水中洗浴。浴完后会令人很疲惫虚弱,可根据病的不同与用药的差异,用饮食加以补养。不是有病的人,不宜随便人浴。

碧海水

本草纲要

【释义】这种水的味道是咸的,它的颜色是深蓝色的。

【性味】味咸,性小温,有小毒。

【功效主治】陈藏器说:此水煮开后用来洗浴,可去风瘙疥癣。饮一合,吐后可治宿食引起的腹胀。

乳穴水

本草纲要

【释义】是岩洞中涓涓流出的水,比其他水重,烧开后,水面浮有细盐粒的是乳穴水。

【性味】味甘,性温,无毒。

【功效主治】陈藏器说:这种水吃了能使人体健,身体润泽而不显得衰老,与钟乳的功效相同。

盐胆水

本草纲要

【释义】即是盐初熟时,盐槽中流下的黑汁。李时珍说,盐槽中的沥水,味很苦,不能食。现在的人用它点豆腐。

【异名】卤水。

【性味】味咸、苦,有大毒。

【功效主治】李时珍说:痰厥昏迷,不省人事者,可灌服盐胆水催吐,效果良好。陈藏器讲:卤水能够治疗疥疮、顽癣、瘘疮及虫咬伤,亦可治疗牲畜被毒虫咬伤。若牲畜饮一合卤水立刻就会死亡,人也是这样。患疮疡出血者,不可用盐胆水外涂。

火部

李时珍说:水火养民,而民也赖此生存。太古燧人氏上观下察,钻木取火,教民熟食,使民没有腹疾。圣王用水火金木,饮食必时。则古先圣先王之于火政,天人之间,用心很切。今撰火之切于日用灸焫者,并为火部。

燧火

本草纲要

【释义】李时珍说:周代有官司爟氏定四时变国火以救时疾。在晚春的时候生火,在深秋的时候采纳起来,老百姓都学会了这种方法。人借助火煮熟食物,同时也生了疾病和夭寿。四时取火,用新取的火来煮饮食,并根据一年气候的变化,而使火势大小与季候相应,因此能救治民众的时令疾病。

榆树、柳树比其他的树木先返青,故在春天取用,就会燃出青火。枣树、杏树的树心是红色的,故在夏天取用,会燃出红火。柞树、槽树的木理是白色的,故在秋天取用,会燃出白头。槐树、檀树的树心是黑色的,故在冬天取用,会燃出黑火。桑树、柘树的木质是黄色的,故在夏季取用,会燃出黄火。

天火,在星宿中与心对应。在晚春的早晨见到的龙,口喷火焰,这时因为已近夏天。龙在深秋戌时会吸纳火焰,因为这时已近寒冬。人们的作息时间都应顺应天道,目的是为了避免遭受水灾、旱灾。后来世人在寒食节禁火,是晚春改火的遗意,而民间的传说,却是以纪念介子推而来的,这个传闻是错误的。道书说:灶下的灰烬火叫作伏龙屎,不能够用来燃香以祭神。

桑柴火

本草纲要

【释义】桑木取的火。李时珍说:桑木能利关节,养津液,燃烧则拔引毒气,而且祛逐风寒,所以能去腐生新。一切仙药,不是桑柴火煎的不服。桑是箕星之精,能助药力,除风寒麻痹等各种痛症,所以长期服用可以终身不患风疾。

【功效主治】李时珍说:桑柴火可拔毒止痛,补接阳气,去腐生肌。主治痈疽发背不起,瘀肉不腐、阴疮、瘰疬顽疮,可燃火吹灭,外灸患处,每日两次,但不可点艾条;易伤肌肉。凡一切补益药或膏剂,可用此火煎煮。

炭火

本草纲要

【释义】李时珍说:烧木则成炭。木久了会腐烂,而炭埋在土中却不腐烂,这是因为木有生性,炭没有生性的原因。葬坟用炭,能使虫蚁不入。竹木的根自回,也是因它没有生性的缘故。

【功效主治】李时珍说:栎炭火,宜于用来煅制一切金石药物。桴炭火,适宜烹煮焙炙各种丸药。

本草附方

【治汤火灼疮】炭末和香油调和涂后立愈。

【治白癞头疮】生炭烧红投入沸汤中,温洗 1、2 次,疮立即痊愈。

【治阴囊湿痒】用桴炭、紫苏叶末,扑之。

【治肠风下血】用生炭3钱,枳壳烧存性5钱,制成粉末。每次服3钱,米汤饮下,即见效。

艾火

本草纲要

【释义】李时珍说:凡用艾火灸治,宜用阳燧和火珠映照,以取太阳真火。阳燧即火镜,用铜铸成,呈凹面,对着太阳承接热星。其次为钻槐木取火。若急用又没有准备,可用麻油灯或蜡烛火,把艾茎点燃,滋润所要灸治的疮,直到不痛为止。

【功效主治】李时珍:艾火能灸治百病。若灸诸风冷疾,加人硫磺末少许,尤其好。

灯火

本草纲要

【释义】李时珍说:凡点灯用胡麻油、苏子油,都可以明目治病。其余如鱼油、禽兽油、诸菜籽油、棉花子油、桐油、豆油、石脑油等,油烟都会损眼目,且不能治病。

【功效主治】李时珍说:此火主小儿惊风昏迷抽搐诸病。又治头风胀痛,在额头太阳穴处,用灯心草麻油点燃急淬,极佳。外痔肿痛者,也可用此法。因麻油能祛风解毒,火能通经络。小儿初生,因冒寒将断气的,勿断脐,急将棉絮烘热包裹,将胎衣烘热,用灯炷于脐下往来燎烤,暖气吸入腹内,气回自可苏醒。又可烧铜匙柄熨眼帘内,去风退赤,甚妙。

火针

本草纲要

【释义】李时珍说:火针,《素问》称它为燔针、焠针;张仲景称它为烧针;而川蜀之人称它为煨针。其使用方法为:将灯内注满麻油,用灯草二七茎点灯,将针一边涂麻油一边在灯火上烧红即可用。如果不能将它烧红而冷着用将有损于人的身体,且不能去病。这种针须用火箸铁造为佳,治病时须找准穴位,稍为差错则无效。

【异名】烧针、煨针、燔针、焠针。

【功效主治】李时珍说:用火针可治风寒痹痛,或瘫痪不能动者。针扎入后要迅速拔出,然后快速按住孔穴可止疼,不按则极痛。腹内有肿块结积冷病患者,火针扎入后要缓慢拔出,并左右转动,以便让污浊物流出。如果背部有痈疽且有脓没有头的,用火针扎入让脓流出,但不可以按压针孔。火针治疗疾病,刺的太深会伤及经络,太浅则不能除病。凡面部有疾或是夏天因湿热而病在两脚时,都不能用此法。

烛烬

本草纲要：

【释义】李时珍说：烛有蜜蜡烛、虫蜡烛、柏油烛、牛脂烛等，只有蜜蜡烛、柏油烛的烛烬可入药。

【功效主治】李时珍说：烛烬可治疗疔肿，同胡麻、针砂等分，研为末，和醋敷上即可。治九漏，同阴干的马齿苋等分，研为末，用泔水洗净，和腊猪油敷上，一日3次。

金石部

李时珍说：石是气之核，土之骨。大的则为岩崖，细的则为砂尘。

金玉类

金

本草纲要

【释义】金屑出产于益州。陶弘景说：金的出产，处处都有，梁、益、宁三州最多，出自水沙中，呈屑状，称为生金。建平、晋安也有金沙，出于石中，烧熔后鼓铸为砣，虽被火烧也未熟，还必须进一步冶炼。高丽、云南及西域国制成的器具，都炼熟可服。李时珍说：金有山金、沙金二种，其色为七青、八黄、九紫、十赤，以赤色为足色。和了银的性柔，试石则色青；和了铜的性硬，试石则有声。《宝藏论》说：金有20种。另外，外国有5种。还丹金出产于丹穴中，体含丹砂，颜色特别赤，合丹服用，是稀世之宝；麸金出于五溪、汉江，大的如瓜子，小的如麦，性平无毒；山金出产于交广南韶各山，衔石而生；马蹄金是最精纯的，二蹄一斤；毒金就是生金，出产于交广的山石中，赤色而且有大毒，能杀人，炼十几次，毒才除尽。这5种都是真金。水银金、丹砂金、雄黄金、雌黄金、硫黄金、曾青金、石绿金、石胆金、母砂金、白锡金、黑铅金，都是通过加工制成的；铜金、生铁金、熟铁金、输石金，都是用药点成的。以上15种，都是假金，性顽滞有毒。外国的5种，有波斯紫磨金、东夷青金、林邑赤金、西戎金、占城金。

【异名】黄牙、太真。

金屑

【性味】味辛，性平，生的有毒，熟的无毒。

【功效主治】《名医别录》记载：金屑能使情绪镇定，填充骨髓，通利五脏邪气，久服可以延年。甄权说：可治疗小儿受惊伤五脏，神志不清，可镇心安魂。李珣讲：癫痫风热，咳嗽气喘，伤寒肺损吐血，肺疾劳极作渴，都可加小量入丸散服。

禁忌：金屑若不经火煅，其屑也不可用。

金浆

李时珍说:金是西方之行,性能制木,所以能治惊痫风热肝胆的病。

本草附方

【治水银入耳蚀人脑】用金枕在耳边自然会流出。

【治水银入肉】可用金物熨它,水银必当出来蚀金,等金变成白色就行了,应频繁使用以取得疗效。

【治牙齿风痛】用火烧金钗针刺,能马上止痛。

本草今用

【药品来源】为自然金。金箔是用黄金锤成的像纸一样的薄片。

【药理成分】即金属金,其中常混入银等。

【药用功效】镇定神情,充盈骨髓,通利五脏邪气。

【临床主治】1.治疗小儿痫疾。

2.治疗慢性溃疡。

3.治疗足癣。

银

本草纲要

【释义】银屑出产于永昌。陶弘景说:银的出产地,也与金相同,只是它生在土中。炼饵的方法也与金相似。永昌属益州,今属宁州。苏颂说:银在矿中与铜相互混杂,当地的人采得,用铅再三煎炼才制成,故称为熟银。生银则产于银矿中,形状如硬锡。其金坑中所得的,在土石中都渗漏成条形,像丝发状,当地的人称为老翁须,非常难以得到。方书用生银,必得此才真。李时珍说:闽、浙、荆、湖、饶、信、广、滇、贵州、交趾各地,山中都出产银,有从矿石中炼出的,有从沙土中炼出的。其生银,俗称为银笋、银牙,也叫出山银。《宝藏论》说:银有 17 钟。国外还有 4 种。天生牙混杂在银坑内石缝中,状如乱丝,颜色呈红色的为上品,放入火中呈紫白色,像草根的为次品。衔黑石的最稀奇,生于乐平、鄱阳出产铅的山中,又叫龙耳,也叫龙须,是纯正的生银,无毒,是做药材的根本。生银混杂于石矿中,成片块状,大小不定,状如硬锡。母砂银混杂在五溪丹砂穴中,色理红光。黑铅银得子母之气。此四种为真银。有水银银、草砂银、曾青银、石绿银、雄黄银、雌黄银、胆矾银、灵草银,都是用药制成的。丹阳银、雄黄银、硫黄银、胆矾银、灵草银,都是用药制成的。丹阳银、铜银、铁银、白锡银,都是用药点经的,这 13 种都是假银。外国的 4 种:新罗银、波斯银、林邑银、云南银,都为精品。

【异名】白金、鋈。

银屑

【性味】味辛,性平,有毒。

【功效主治】甄权说:可安五脏,安心神,止惊悸,除邪气,久服轻身。定志,去惊痫,小儿癫疾狂走。青霞子说:银屑可破冷除风。李珣讲:银箔坚骨,镇心明目,主治风热癫痫,入丸散用。

生银

【性味】味辛,性寒,无毒。

【功效主治】《开宝本草》记载:主治热狂惊悸,发痫恍惚,夜卧不安,谵语。服用能聪耳明目、轻身,使人肌肤润泽,精力旺盛,不易衰老,镇心安神定志。《日华诸家本草》载:小儿中恶,热毒烦闷,水磨服之。李时珍说:煮水加入葱白、粳米做粥食,治胎动不安,漏血。

本草附方

【风牙疼痛】文银一两,烧红淬烧酒一盏,用来漱饮,即可止痛。

铁

本草纲要

【释义】现在江南,西蜀有炉冶炼的地方都有。打铁匠把铁烧到赤沸,砧上打下细皮屑的,称为铁落。锻灶中飞出如灰尘,紫色而且轻虚,可以莹磨铜器的,称为铁精。制针的人磨出的细末,称为针砂。取各种铁在器具中用水浸泡,能耐久色青出沫、可以染皂的,称为铁浆。把铁拍作片段,放在醋糟中,时间久了其上生铁锈可刮取的称为铁华粉。炼时飞溅出的铁末,称为铁粉。还有马衔、秤锤、车辖以及锯、杵、刀、斧,都用铁铸成。李时珍说:铁都是从矿石中提炼而成的。秦、晋、淮、楚、湖南、闽、广各山中都出产铁,其中以广铁为好。甘肃出产的土锭铁,色黑性坚硬,适宜制作刀剑。西番出产的镔铁尤其好。

【异名】黑金、乌金。

【性味】味辛,性平,有毒。

劳铁

【功效主治】《神农本草经》记载:主坚肌耐痛。陈藏器曰:能疗贼风,烧赤后投入酒中饮。

生铁

【性味】味辛,性寒,微毒。

【功效主治】《名医别录》记载:生铁主治下部及脱肛。大明曰:能镇心安五脏,治痫疾,黑鬓发。可治恶疮癣疥,蜘蛛咬伤,用蒜磨,生油调敷。李时珍说:可散瘀血,消丹毒。

玉

本草纲要

【释义】出产于蓝田山谷。《别宝经》载:凡是石中蕴藏有玉,只要将石对着灯看,如果面有红光,明亮如初升的太阳,便知有玉。苏颂说:晋鸿胪卿张匡邺出使于阗,作《行程记略》说:采玉的地方叫玉河,在于阗城外,发源于昆山,向西流1300里,直到于阗边界的牛头山,才分流成三条河:一是白玉河,二是绿玉河,三是乌玉河。虽源头相同,玉却随地而变。每年5、6月大水暴涨,玉随流而到,当地人因此而取得。李时珍说:按《太平御览》所说,交州出白玉,夫余出赤玉,挹娄山出青玉,大秦出菜玉,西蜀出黑玉。蓝田出美玉,因其色如蓝,所以叫蓝田。《淮南子》载:钟山的玉,用炉炭烧三天三夜而色泽不变,是因为获得了天地的精华。如此看来,产玉的地方原本很多,但现在却很稀有,恐怕是因为地质被损害的原因,故独以于阗玉为珍贵。古礼中的玄苍璧,黄琮赤璋,白琥玄璜,以象征天地四时而立名。

《天宝遗事》载:杨贵妃含玉咽津以解肺渴。王莽赐玉给孔休时说:你的脸上有疵,美玉可以灭瘢。后魏李预得到吃玉的方法,就到蓝田去采访,挖掘到像环璧杂器形状的玉,大小100多枚,便捶成屑,每天吃,过一年后说是有效验,然而却好酒损志。直到临死时,才对妻子说:服玉应当隐居山林,清心寡欲,而我酒色不绝,自致于死,不是玉的过错。尸体必定与常人不同,不要立即出殡,以便让后人知道服玉的功效。时值7月中旬,长安暴热,停尸4天,而体色不变,口无秽气。张华说:服玉要用蓝田的白色谷玉,经常服用,应似神仙。有人临死时服玉泉5斤,死后3年,肤色不变。自古以来挖掘坟冢看见尸体如活人一般的,其身腹内外,无不安置有金玉。汉朝的制度规定,帝王将相死后都放置于珠襦玉匣里,这是不使尸体腐朽的缘故。炼服的方法,水屑随宜。虽说是性平,然而服玉泉的人也多会发热,如寒食散状。金玉既然是天地间的珍宝,不比寻常之石,若未深解节度,不要轻易服用。《抱朴子》载:服金的人,寿命如金;服玉的人,寿命如玉。但其功效晚成,须服一二百斤,才能体验到。可以用乌米酒及地榆酒将玉化为水。也可以用葱浆消玉为饴,将饵玉做成丸,还可以烧成粉。服用一年以上,能入水不沾,入火不灼,刀砍不伤,百毒不死。不可服用已制成器具的玉,否则伤人无益,只有得到璞玉才可用。赤松子用玄虫血渍玉为水服用,故能乘烟霞上下。玉屑与水服用,令人长生。它不及金的地方,是使人频频发热,如同患了寒食症。若服用玉屑,宜10天服一次雄黄、丹砂各一刀圭,散发用冷水洗浴,迎风而行,就不会发热。董君异曾把玉醴给盲人服用,10天后眼睛就复明了。李时珍说:汉武帝取金茎露和玉悄服用,说是可以长生不老,就是此物。但玉也未必能使生者不死,只能使死者不腐朽。养尸招来偷盗,不如令尸体迅速腐烂归虚为好。

【异名】玄真。

玉屑

【性味】味甘,性平,无毒。

【功效主治】《名医别录》载:玉能除胃中热,喘息烦满,止渴。玉屑如麻豆的,久服轻身延年。《日华诸家本草》记载:能润心肺,助声喉,滋毛发。李珣说:可滋养五脏,止烦躁,适宜同金、银、麦门冬等煎服。

玉泉

【异名】玉液。

【性味】味甘,性平,无毒。

【功效主治】《神农本草经》记载:治五脏百病,柔筋强骨,安魂魄,长肌肉,益气,利血脉,久服耐寒暑,不饥渴,长生似神仙不老。临死的人服5斤,死后三年颜色不变。《名医别录》载:可疗妇人带下12种病,除气癃,明耳目,久服轻身延年。大明曰:可治血块。

玻璃

本草纲要

【释义】李时珍说:玻璃产于南番。有酒色、紫色、白色等,莹澈与水晶相似,碾开有雨点花为真品。《梁四公子记》载:扶南人来卖碧色玻璃镜,宽一尺半,内外皎洁,对着明亮的地方看它,不见其质。

【异名】水玉、颇黎。

【性味】味辛,性寒,无毒。

【功效主治】陈藏器说:主治惊悸心热,可安心明目,去赤眼,熨热肿。大明曰:可以用来摩翳障。

石类

丹砂

本草纲要

【释义】丹砂出产于符陵山谷,即涪州,属四川。出自广州、临州的都很好。其中以光明莹澈的为最好。像云母片的,称为云母砂。像樗薄子、紫石英的,称为马齿砂,也好。像大小豆及大块圆滑的,称为豆砂。细小碎末的,称为末砂。这二种不可服食,但可用于画画。

【异名】朱砂。

【性味】味甘,性微寒,无毒。

【功效主治】《神农本草经》记载:主治身体五脏百病,养精神,安魂魄,益气聪耳明目、轻身,使人肌肤润泽,精力旺盛,不易衰老,杀精魅邪恶鬼。《名医别录》有说:此物通血脉,止烦渴,悦泽人面,镇心,主尸疰抽风。解胎毒痘毒,驱邪疟。《日华诸家本草》认为:可以润心肺,治痂疮、息肉,可做成外敷药。李时珍曰:可以治惊痫、解胎毒、痘毒,驱祛疟邪,发汗。

本草附方

【预解痘毒初发时或未出时】以朱砂末半钱,蜜水调服。令多的变少,少的化无,重者变轻。

【治目膜息肉】用丹砂1两,研成细末拌均匀,水浸7日,取出晒干,再研成细末,收藏瓶中,每天取少许点在息肉上。

【治产后舌出不收】丹砂敷,暗中掷盆发出堕地声令其惊吓,即自收。

石膏

本草纲要

【释义】《名医别录》记载,石膏产于齐山山谷及齐卢山、鲁蒙山。现在出自钱塘县的,都藏在石中,雨后时常暴露出来,取出后如棋子,白澈的最好。李时珍说:石膏有软硬二种。软石膏,成很大的块而蕴藏在石中,作层如压扁的米糕,每层数寸厚。有红白二色,红色的不可服。白的洁净,细纹短密如束针,正如凝成的白蜡,松软易碎,烧后不烂如白粉。其中明洁,微带青色,纹长细如白丝的,叫理石。与软石膏属一物二种,捣碎后则形色如一,不可分辨。硬石膏,作块状而生,直理起棱,如马齿样坚白,敲击它就一段段横向分开,光亮如云母、白石英,有寺壁,烧后也容易散开,却坚硬不成粉。所称的硬石膏叫长石。其中似硬石膏成块状,敲击时一块块分解,寺壁光明的,叫方解石,烧它就散开如花,仍不烂。与硬石膏是同类二种,击碎它则形色如一,不可分辨。大抵以上四种性气都寒,都能去大热结气。但不同的是石膏能解肌发汗。如今人们又用石膏点豆腐,这是前人所不知的。

【异名】细理石、寒水石。

【性味】味辛,性微寒,无毒。

【功效主治】《神农本草经》记载:主治中风寒热,心下逆气惊喘,口干舌焦,喘促不宁,腹中坚痛。治产乳金疮。《名医别录》载:除时气所致的头痛身热,三焦大热,皮肤热,肠胃中结气,解肌发汗,止消渴烦逆腹胀暴气喘咽热。甄权说:可治伤寒头痛如裂,高烧皮燥。和葱煎茶,去头痛。《日华诸家本草》载:可治疗流行性热狂、头风眩晕,下乳汁。揩齿益齿。李杲说:除胃热肺热,散阴邪,缓脾益气。张元素讲:止阳明经头痛,发热恶寒,日晡潮热,大渴引饮,中暑潮热,牙痛。

理石

【释义】就是石膏中纹理长细直如丝而且明洁微带青色的。

【异名】肌石、立制石。

【性味】味辛,性寒,无毒。

【功效主治】《神农本草经》记载:主治身热,利胃解烦,益精聪耳明目、轻身,使人肌肤润泽,精力旺盛,不易衰老,破积聚,去肠虫。《名医别录》载:解烦毒,止消渴,以及中风痿痹。苏恭曰:渍酒服,疗两胁间的积块,使人肥健悦泽。

石灰

本草纲要

【释义】石灰生于山中川谷中。如青石,烧则成灰,即石锻。现在的人做窑来烧,一层柴，或一层煤炭，上累青石灰石，从下面发火，便层层自焚而散。人药的用风化，不夹石的为良。

【异名】垩灰、煅石、希灰、白虎、矿灰。

【性味】味辛，性温，有毒。

【功效主治】《神农本草经》记载：主治疽疡疥疮、热气、恶疮癞疾、肌死眉堕，去黑痣。李时珍说：散血定痛，止水泻血痢、白带白淫，收脱肛和子宫脱垂。贴口，黑须长。石灰是止血的神品，但不可着水，着水即烂肉。治风牙肿痛，取已存放2年的石灰、细辛，各等分研为末，搽即愈。

本草附方

【治疗面靥疣痣】水调矿灰1盏，用好糯米一半插在灰中，一半插在灰外。经过1夜，米色变如水精色，先用针稍微取一点滴于患处，半天后全流出汁液，把药刷去，不要沾水，2日后自愈。

本草今用

【偏坠气痛】陈石灰炒，五倍子、山栀子等分为末，以醋调和，敷痛处。

【产门不闭，产后阴道口不闭，或阴道脱出】石灰1斗熬煎，以水2斗投之，澄清后熏。

【药品来源】石灰为石灰岩加热煅烧而成。

【药理成分】主要含碳酸钙。

【临床主治】1.治疗烧烫伤。

2.治疗蹠疣。

草部

李时珍说：天造地化而生草木，刚与柔相交而成根蔓，柔刚相交而成枝干。叶和萼属阳，花和果属阴，草中有木，木中有草，草木又有五形，五气，五色，五味，五性，五用。除谷、菜外，凡是草中可供食药的，分而为类：曰山，曰芳，曰隰，曰毒，曰蔓，曰石，曰苔。

山草类

人参

本草纲要

【释义】人参又叫神草、地精：生长在上党的山谷和辽东一带。在二月、四月、八月上旬挖采它的根，用竹刀刮去泥土，然后晒干，不能见风。根像人形的有神性。李时珍说：此草年深日久逐渐长成，根像人形有神，故称人蓡、神草。蓡是浸字，有逐渐之义，后世因字繁写，为了简便，用参、星等字代替，然沿用日久也不易改变过来了。

只有《伤寒论》仍写蓡。《名医别录》一名人微，微字是蓡字讹字。其生长有阶段，故叫人衔。此草生长在阴处，昕以又称鬼盖。它属五参之一，色黄属土补脾胃，生阴血，故有黄参、血参一名。吸收了土地的精华，故又有地精、土精之称。《广五行记》载：隋文帝时，上党地区有人每晚在住宅后听到人的声音却不见人，离住宅一里左右，发现人参枝叶异常，挖地五尺深才见到它，形像人体，四肢齐全，从此再未听到声音。这段记载尤可证明土精名称的来历。《礼斗威仪》说：下面有人参，上面必有紫气。《春秋运斗枢》谓：摇光星(北斗第七星)散落在地上变为人参。有人为了获利而挖山找人参，摇光星则不发光，人参不生长。这段文字又可证实神草一名。

【异名】黄参、血参、人衔、鬼盖、神草、地精、人蓡。

根

【性味】味甘，微寒，无毒。

【功效主治】《神农本草经》记载：可补五脏，安精神，定魂魄，止惊悸，除邪气，能明目开心益智，久服可轻身延年。《日华诸家本草》载：消食调中开胃，并杀金药等。《名医别录》谓：可调中焦，止消渴，通血脉，治胃肠虚冷，心腹胀痛，胸胁逆满，霍乱呕吐，并能增强记忆力。甄权说：有补益脏腑，调中止呕，安神及消痰作用。治疗劳伤虚损，肺痿、癫痫、呕逆、纳差等病，凡体虚多梦者均可服用人参。李杲说：有除烦之功。张元素讲：补中缓急，泻心、肺、脾、胃之火，又生津止渴。治疗肺气虚的短气喘促和肺、胃阳气不足之证。李时珍说：治一切虚症，发热自汗、头痛眩晕、反胃吐食、疟疾泻痢、尿频淋沥、劳倦内伤、中风中暑、吐血咳血、便血血淋、痿痹、崩漏及胎前产后诸病。

白术

本草纲要

【释义】白术到处都有，以蒋山、白山、茅山生长的为佳。11月、12月采挖最好，多脂膏而味甘，其苗可以当茶饮，味道很香美。李时珍说：苍术，山中到处都有生长。苗高2、3尺，其叶环抱着茎梗生长在枝梢间，叶似棠梨叶，离地面近的叶，有3、5个叉，都有锯齿状的小刺。根的形状像老姜，苍黑色，肉白有油膏。白术，人们大都挖它的根来种植，一年就很稠密了。嫩苗可以吃。多产于吴越之间。

【异名】山蓟、杨桴、桴蓟、山姜、山连、马蓟、吃力伽。

【性味】味甘，性温，无毒。

【功效主治】《神农本草经》记载：主治寒湿痹，颈项强直，背反张，止汗除热消食。做成煎饼久服，可使身体年轻、延年益寿，不感到饥饿。《名医别录》载：适用于血虚阴亏、气血逆乱引起的眩晕头痛，流眼泪，消痰水，逐皮间水肿性结肿，除腹胀满，霍乱呕吐腹泻不止，利腰脐间血，益津液，暖胃助消化嗜食。《日华诸家本草》载：有止呕、利尿、强腰膝和生肌之功，可用于五劳七伤。王好古说：调中益脾，补肝息风，治疗胃脘脐腹疼痛、食后呕吐、舌体强直等。张元素讲：能益气除湿，补阳和中，消痰逐水，生津止渴,止泻痢,除胃热,消水肿等。与枳实配用以消痞满,佐黄芩能清热安胎。

本草附方

【消痞健胃,久服开胃】枳术丸:用黄壁土炒白术、麸炒枳实各1两研末,荷叶包饭烧熟,与药末捣和做丸如梧子大,每次用白开水送服50丸。气滞加陈皮1两;有热加黄连1两;有痰加半夏1两;有寒加干姜5钱、木香3钱;有食积加神曲、麦芽各5钱。

【止久泻痢】取白术1斤切片,放入瓦锅里加水,文武火煎汁后,把药汁倾倒容器里,药渣再熬,然后把所有药汁一同熬稠,放人容器中一夜,倒掉上面的清水,收藏。每次用蜜汤调服2匙。

【治自汗不止】白术3两,泽泻5两,水3升,煎取1升半,分3次服用。

本草今用

【药品来源】白术为菊科植物白术的根茎。

【药理成分】白术含苍术醇、苍术酮、苍术内酯、杜松脑、白术内脂、维生素A等。

【药用功效】1.强壮作用。

2.降血糖作用。

3.抗溃疡作用。

4.保护肝脏作用。

5.增强机体免疫力。

【临床主治】1.治疗脾虚泄泻。

2.治疗肝病。

3.治疗小儿消化不良症。

桔梗

本草纲要

【释义】李时珍说,此草之根结实而梗直,故得名。桔梗到处都有。根如小指大,黄白色。春天长苗茎,高1尺多;叶似杏叶但稍长些,四叶相对而生,嫩时可煮食。夏天开小花,紫绿色,颇似牵牛花。秋后结籽。8月采根,其根有心。若无心的便是荠苨。现在的人先将它的根泡去苦味,然后拌上糖蜜浸成果脯。

【异名】梗草、白药、苦桔梗、大药。

根

【性味】味辛,性温,有小毒。

【功效主治】《神农本草经》记载:主治胸胁如刀刺般疼痛,腹满肠鸣,惊恐悸气。《名医别录》载:利五脏肠胃,补血气,除寒热风痹,温中消谷,疗咽喉痛。甄权谓:下蛊毒,治下痢,祛瘀积气,消聚痰涎,去肺热气促嗽逆,除腹中冷痛,治小儿真气衰弱及惊风。《日华诸家本草》载:下一切气,止霍乱抽筋,胸腹胀痛。补五劳,养气,能除邪气,辟瘟。张元素说:利窍,除肺部风热,清咽嗌,胸隔滞气及痛,除鼻塞,治寒呕。李时珍讲:口舌生疮,赤目肿痛。

本草附方

【治肺脓疡咳嗽,胸满振寒,脉象滑数咽干不渴,时出浊唾腥臭,久久吐脓如粳米粥】用桔梗1两,甘草2两,水3升,煮成1升,分服。

【治喉痹】用桔梗1两,甘草2两,水3升,煮成1升,分服;亦治口舌发疮。

【治牙根溃烂】桔梗、茴香等分,烧研敷上。

【治衄血不止】桔梗制成末,用水送服1方寸匕,1日4次。或加犀角屑,更治吐血下血。

本草今用

【药品来源】桔梗为桔梗科植物桔梗的根。

【药理成分】桔梗中最主要的是桔梗皂苷,桔梗中还含有萜烯类物质及远志酸、脂肪油、桔梗多糖、生物碱。

【药用功效】1 抗炎作用。桔梗粗皂苷有抗炎作用。

2.祛痰镇咳作用。

3 抑制胃液分泌及抗胃溃疡的作用。

4.降血糖作用。

【临床主治】1.治疗急性咽炎。

2.治疗化脓性胸膜炎。

3.治疗急性支气管炎。

4.治疗小儿哮喘证。

肉苁蓉

本草纲要

【释义】李时珍说,此物补而不峻,故称其丛容。芮芮族居住地河南有很多,现在以陇西生长的为最好,形扁柔润,多花且味甘;其次是北方生长的,形短而少花;巴东、建平一带也有,但却不好。现在陕西州郡的较好,然而出产的都不及西羌界中所运来的,肉厚而力紧。如今的人又将嫩松梢用盐润后来假冒它,不能不辨别。

【异名】肉松蓉、黑司令。

【性味】味甘,性微温,无毒。

【功效主治】《神农本草经》记载:治五劳七伤,补中,除阴茎寒热痛,养五脏,强阴益精气,增强生育力。《日华诸家本草》载:有滋五脏,生肌肉,暖腰膝之效,用于男子阳衰不育、遗精遗尿;女子阴衰不孕,带下阴痛。《名医别录》谓:能止痢,除膀胱邪气及腰痛。甄权说:有壮阳,益髓,延年益寿及使面色红润之功,并可治疗崩漏。

本草附方

【治汗多便秘】肉苁蓉2两酒浸焙干，沉香1两研末，麻仁汁打糊做丸如梧子大，每次白开水送服70丸。年老体虚者皆宜。

【治消渴善饥】肉苁蓉、山茱萸、五味子研末，蜜调做丸如梧子大，每次盐酒汤送服20丸。

【治肾虚小便混浊】肉苁蓉、山药、茯苓等份研末，米糊调合做丸如梧子大，每次白开水送服30丸。

本草今用

【药品来源】肉苁蓉为列当科植物肉苁蓉的干燥带鳞片的肉质茎。

【药理成分】肉苁蓉含有微量生物碱及结晶性中性物质及肉苁蓉甙等。

【药用功效】1.降血压作用。

2.对呼吸系统影响：肉苁蓉可促进小鼠唾液分泌及呼吸麻痹作用。

3.增强免疫作用。

【临床主治】1.治疗老年白内障。

2.治疗无精子证。

隰草类

白蒿

本草纲要

【释义】《尔雅》称白蒿做皤蒿。到处都有。叶颇像细艾，上面错落生长有白毛，比青蒿粗，从初生到秋天，都比其他的蒿要白。刘禹锡说：蓬蒿可以吃，所以有诗写道：以豆荐蘩菹也。陆玑在《诗疏》中说：凡是白色的艾都是皤蒿，现今白蒿比其他的草要先发芽生长，香美可食，生吃、蒸食都可以。苏颂说：古人常把这种草做成酸菜来吃。但现在的人只吃蒌蒿，不再吃白蒿了。有人怀疑白蒿就是蒌蒿，而孟诜在《食疗》里的论述与这种说法却不同，认为是两种植物，于是才知道古今食品是有差异的。李时珍说：白蒿到处都有，分水、陆二种，形状相似，但长在陆地上的味道辛熏，比不上水中生长的芳香美味。《诗经》上说：呦呦鹿鸣，食野之蒿。鹿所吃九种解毒的草，白蒿是其中之一。

【异名】蘩、蒌蒿、由胡、蒿。

白蒿苗、根

【性味】味甘，性平，无毒。

【功效主治】《神农本草经》记载：主治五脏邪气，风寒湿痹，补中益气，生发乌发，疗心虚。少食常饥，久服轻身，令人耳聪目明，不食老。孟诜说：将生白蒿用醋揉搓淹浸做成酸菜吃，是益人。捣汁服，可以消除黄疸和胸痛。晒干后碾成末，空腹用米汤送服一匙,治夏天的突发性水痢。烧成灰淋汁煎,治淋沥病。李时珍说:利膈开胃,可解河豚鱼的毒性。

白蒿子

【功效主治】孟诜讲:治鬼气,捣为末,用酒服好。

青蒿

本草纲要

【释义】青蒿到处都有。高4尺左右,嫩时可以用醋淹成酸菜,味道很香美。《诗经》,说:"呦呦鹿鸣,食野之蒿",说的就是它。苏颂说:青蒿在春天长非常细小的苗叶,可以吃。到了夏天便长到4、5尺高。秋天开细小的淡黄花,花下结籽像粟米般大小。茎叶烤干后可以做饮品,香气尤佳。寇宗奭说:在春天,春蒿最早发芽,人们采寻它来做蔬菜,味道极美。

【异名】草蒿、方溃、菣、犱蒿、香蒿。

青蒿叶、茎、根

【性味】味苦,性寒,无毒。

【功效主治】《神农本草经》记载:主治疥瘙痂痒恶疮,杀病虫,祛骨节间积热,明目。陈藏器曰:又治夏季持续高烧,妇人血虚下陷导致出血,腹胀,及冷热久痢。秋冬用籽,春夏用苗,捣成汁服用。也可以晒干制成末,将小便加入酒中和末服。大明曰:补中益气轻身,补疲劳驻颜色,长毛发令发黑亮不衰老,兼去蒜发,杀风毒。治胸痛黄疸,生青蒿捣成汁服用,并把渣贴在痛处。李时珍曰:还可治疟疾寒热。苏恭曰:把生青蒿捣烂敷贴在金疮上,可止血止疼。孟诜曰:把它烧成灰,隔纸淋汁,和石灰煎,可治恶疮、瘜肉、黑疤。

青蒿子

【性味】味甘,性冷,无毒。

【功效主治】主明目开胃,炒后食用。治劳瘦,用健壮人的小便浸润后服后。可治恶疮、疥癣、风疹,煎水洗患处。治鬼气,把它碾成末,用酒送服方寸匕。

本草附方

【治虚劳盗汗,阴虚内热】青蒿1斤,取汁熬膏,加人参末、麦门冬末各1两,熬后制成梧子大的丸,每次饭后用米汤送服20丸,这种丸子叫青蒿丸。

【治鼻中息肉】青蒿灰、石灰等分,淋汁熬膏点之。

【治毒蜂螫人】嚼青蒿涂上即愈。

本草今用

【药品来源】青蒿为菊科植物青草或黄花蒿的全草,夏末秋初拔出洗净晒干供药用。清虚热用茎、熬膏用子与根。

【药理成分】青蒿含有苦味质、挥发油、青蒿碱和维生素A。

【药用功效】1.抑菌作用。

2.解热作用。

【临床主治】1.治疗肺结核。

2.治疗疟疾。

3.治疗小儿高热症。

4.治疗慢性支气管炎。

夏枯草

本草纲要

【释义】这种草到了夏天就会枯萎,因它秉承了纯阳之气,得阴气便会枯萎,所以得此名。平原的沼泽地带到处都有生长。冬至过后便会长叶,像旋复。3、4 月开花抽穗,为紫白色像丹参花,结籽也抽穗。到了 5 月便枯萎了,所以应在 4 月采收。李时珍说:原野间长有很多。苗高 1、2 尺左右,其茎微呈方形,中对节生,边缘有细齿。茎端抽穗,长 1、2 寸,穗中开淡紫色的小花,一穗有四粒小籽。把嫩苗煮后,浸去苦味,然后用油盐拌和做成酸菜吃,味道极佳。

【异名】夕句、乃东、燕面、铁色草。

夏枯草茎、叶

【性味】味辛、苦,性寒,无毒。

【功效主治】《神农本草经》记载:本草治寒热淋巴结核、瘘管及头疮,破腹部结块,散瘘管结气、脚肿湿痹,使身体轻灵。

本草附方

【治肝经虚,眼睛痛,流泪不止,怕亮光】夏枯草半两,香附 1 两碾成末,每次服 1 钱,用腊茶汤送服。

【治淋巴结核,不管溃烂与否或日久成瘘管】用夏枯草 2 两,水 2 盅,煎到七分,饭后温服。很虚弱的患者,可煎汁熬膏服,并涂患处,兼服十全大补汤加香附、贝母、远志尤其好。此物生血,是治淋巴结核的良药。其草易得,功效甚多。

【治产后失血过多,心气欲绝者】夏枯草捣烂,绞汁服 1 大盏苏醒过来。

【治白癜风】夏枯草煎浓汁,日日洗。

【治女人阴内大量出血不止】把夏枯草晒干碾末,每次服 1 方寸匕,用米汤送服。

【治女人白带带血】在夏枯草开花时采摘,阴干后碾成末,每次服 2 钱,米汤送服。

【治刀伤】把夏枯草嚼烂,敷上即愈。

本草今用

【药品来源】夏枯草为唇形科植物夏枯草的果穗。属多年生草本。生长于荒地、路旁及山坡草丛中。夏季当果穗半枯时采下,晒干供药用。

【药理成分】夏枯草含三萜皂苷,其苷元是齐墩果酸,尚含游离的齐墩果酸、熊果酸、芸香苷、金丝桃苷、维生素B、维生素C、胡萝卜素、树脂、苦味质、鞣质、挥发油及生物碱等。

【药用功效】1.抗菌作用。夏枯草煎剂对痢疾杆菌、绿脓杆菌、葡萄球菌、链球菌有抑制作用,抗菌谱亦较广。

2.降压作用。

【临床主治】1.治疗渗出性胸膜炎。

2.治疗肺结核。

3.治疗慢性肝炎。

4.治疗矽肺。

车前草

本草纲要

【释义】此草爱长在路旁,故又叫当道草。现在四方各地、淮河流域及接近河南北部的地方都有生长。初春长出细苗,叶子分布在面上如同匙面。连年生长的有1尺多长,从中间长出几根茎,结长穗像鼠尾。穗上的花长得很细密,色青微红,结的果实如葶苈,红黑色。如今人们在5月采苗,7、8月采果实。有的也在园圃里种植车前草,蜀中一带尤其时兴。将它的嫩苗当作蔬菜吃,润肠。李时珍说:王旻的《山居录》载有一种车前草剪苗而食的方法,可见以前人们常将它作为蔬菜。现在山里人仍然采他的嫩叶,同水煮汤熟晒干后,用酱、油拌匀蒸来吃,味道很好。

【异名】当道草、芣苡、马舄、牛遗、蛤蟆衣、牛舌草、车轮菜、地衣。

车前草子

【性味】味甘,性寒,无毒。

【功效主治】《神农本草经》记载:主治下腹到阴囊胀痛、小便不畅或尿后疼痛,利尿,除湿痹。长期服用轻身耐老。《名医别录》记载:治男子伤中,女子尿急、尿频、尿痛不思饮食,养肺强阴益精,使人有子,明目,疗目赤肿痛。甄权曰:去风毒,肝中风热,毒风冲眼,赤痛眼浊,头痛,流泪。压丹石毒,除心胸烦热。陆玑曰:治妇人难产。萧炳曰:养肝。李时珍曰:清小肠热,止夏季因湿气伤脾引起的痢疾。

本草附方

【治小便血淋疼痛】车前子晒干研成末,每次服用2钱,用车前子叶煎汤冲服。

【孕妇热淋】车前子5两,葵根切1升,以水5升,煎取1升半,分3次服,以利为度。

【湿气腰痛】车前草7棵,葱白连须7棵,枣7枚,煮酒1瓶,常服,终身不发。

【目赤作痛】车前草汁,调朴消末,睡时涂在眼泡上,次早洗去。

本草今用

【药品来源】车前草为车前草科植物车前及平车前的全草。其种子称为车前子。

【药理成分】车前草含桃叶珊瑚甙、车前甙、熊果酸、棕榈酸豆甾醇脂、维生素C等。车前子含多量黏液、琥珀酸、胆碱等。

【药用功效】1.祛痰、镇咳、平喘。

2.利尿。

3.调节胃肠道分泌功能。

【临床主治】1.治疗肠道感染。

2.治疗肝炎。

3.治疗小儿消化不良。

4.治疗溃疡病、胃炎。

艾

本草纲要

【释义】艾生长在田野间,到处都有,但以覆盖在道上及向阳的为最好。初春遍地生苗,茎似蒿,叶背呈白色,以苗短的为良。用来灸百病尤其好。近来以蕲州的艾为最好,成为当地的特产,人们极为看重它,称为蕲艾。相传其他地方的艾不能灸穿酒坛,而蕲艾一灸便直穿而过,非常奇妙。艾多在山上及平原地区生长。2月宿根重新生苗成丛状生长,它的茎直生,为白色,高4、5尺。叶向四面散开,形状似蒿,分为5个尖,桠上又有小尖,叶面青色背面为白色,有茸毛,柔软而厚实。7、8月,叶间长出穗如车前穗。开小花结果实,累累盈枝,内有细籽,霜降后开始枯萎。都是在5月5日收割茎,晒干后收叶。李月池赞道:产于山阴,采以端午。治病灸病,功非小补。《荆楚岁时记》载:在5月5日鸡未叫时,采集像人形的艾,收藏好以备灸病,非常灵验,当日采的艾作为门神,悬挂在门上,以避邪气,称作"艾虎"。

【异名】艾蒿、医草、黄草、冰台。

艾叶

【性味】味苦,性微温,无毒。

【功效主治】《名医别录》记载:主要用于灸百病。也可煎服。主吐血腹泻,阴部生疮,妇女阴道出血,利阴气,生肌肉,辟风寒,使人有生育能力。煎时不要见风。陶弘景曰:捣汁服,可止伤血,杀蛔虫。李时珍曰:能温中逐冷除湿。苏恭曰:可止崩血、肠痔血,止腹痛,安胎。用苦酒煎,治癣好。捣汁饮,治心腹一切冷气鬼气。

艾实

【性味】味苦、辛,性暖,无毒。

【功效主治】甄权曰:主明目,疗一切鬼气。大明曰:助肾强腰膝,暖子宫。

本草附方

【治风虫牙痛】化蜡少许,摊在纸上,铺开艾叶,用筷子将艾叶卷成筒,烧烟,左右熏鼻,吸烟满口,呵气,即疼止肿消。

【治鼻血不止】用艾灰吹入鼻中,也可将艾叶煎服。

【治盗汗不止】用熟艾2钱,白茯神3钱,乌梅3个,水1盅,煎八分,临睡前温服。

【治咽喉肿痛】用青艾和茎叶一小把,用醋捣烂,敷于喉上。

本草今用

【药品来源】艾为菊科多年生草本植物艾的干叶片。每年农历五月取全草,干燥叶作药用。

【药理成分】艾含挥发油,成分是水芹烯、荜澄茄烯、侧柏醇等,并含柔质、氯化钾和维生素以及胆碱等。

【药用功效】1.抗菌。以野艾、艾叶等烟熏。配合苍术、雄黄、菖蒲等,对金黄色葡萄球菌、乙型溶血链坏菌、大肠杆菌、变形杆菌、白喉杆菌及伤寒、副伤寒杆菌,绿脓、枯草、产碱、结核等杆菌均有杀灭作用;

2.对支气管有舒张作用。

【临床主治】1.治疗先兆流产。

2.治疗肺结核喘息症。

3.治疗妇女白带。

4.治疗慢性盆腔炎。

菊

本草纲要

菊原产于雍州的沼泽地带和田野,现处处都有栽种,但以南阳菊潭的为佳。初春遍地生细苗,夏季茂盛,秋季开花,冬季结子,种类特别多。只有茎紫的气味芳香,叶厚而柔软,嫩时可食,花稍大,味很甜的为真菊。其茎青而大,叶细,气味浓烈,似蒿艾。花小味苦的,叫苦薏,即野菊。还有白菊,茎叶都相似。仙家的经验认为菊有妙用,宜常服。

李时珍说:菊的种类,共有一百多种,宿根自己生长,茎、叶、花、色,各不相同。宋朝刘蒙泉等人,虽然都有菊谱,也不能详尽记载。其茎有株蔓、紫赤、青绿之殊;叶有大小、厚薄、尖秃之异;花有千叶单叶、有蕊无蕊、有子无子、黄白红紫、杂色深浅、大小之别;味有甘、苦、辛之辨。还有夏菊、秋菊、冬菊之分。大概只有单叶的味甘的菊才能用来泡茶和入药。如《菊谱》中所记载的甘菊、邓州黄、邓州白、红菊。甘菊原产于山野,现在的人都栽种。它的花细碎,品位不大高,花蕊类似蜂窠,中间有细籽,也可将菊枝压在土中种植。嫩叶和花都可炸食。白菊花稍大,味不很甜,也在秋季采收。无种子的菊,称为壮菊。将它烧灰撒在土中,能杀死青蛙——这是物性相制的原因。

【异名】节华、女节、女华、女茎、日精、更生、傅延年、阴成、周盈、治蔷、金蕊。

菊花(叶、根、茎、实同)

【性味】味甘,性平,无毒。

【功效主治】《神农本草经》记载:治各种风症及头眩肿痛,流泪,死肌,恶风及风湿性关节炎。长期服用利血气,轻身延年益寿。《名医别录》记载:治腰痛无常,除胸中烦热,安肠胃,利五脉,调四肢。甄权曰:还可治头目风热、晕眩倒地、脑颅疼痛,脑骨疼痛,令身上一切游风消散,利血脉,并无所忌。张元素曰:能养目血去翳膜。张好古曰:可用于肝气不足。

白菊

【性味】味苦、辛,性平,无毒。

【功效主治】陶弘景曰:治风眩,能使头发不白。陈藏器曰:可用来染胡须和头发。同巨胜、茯苓制成蜜丸服用,去风眩,延年,益面色。

本草附方

【《玉函方》载王子乔养颜延寿服食菊花方】用甘菊,在3月的前5天采它的苗,叫玉英;6月的前5天采它的叶,叫容成;9月的前5天采它的花,叫金精;12月的前5日采它的根茎,叫长生。将上述四物一起阴干100天后,各取等分,捣杵千次后成末,每次用酒送服1钱。或者将末炼熟后做成梧子大的蜜丸,用酒送服7丸,每日3次。服百日后会身轻面润,服一年令白发变黑。服二年,落更生。服五年,80岁的可返老还童。

【《有灵宝方》载服食白菊方】9月9日采菊花2斤,茯苓1斤,一同捣碎后筛出末。每次服2钱,温酒调下,1日3次;或者用炼过的松脂,和末做成鸡蛋大的丸,每次服1丸。久服令人延年益寿。

【治痘疮,人目生翳】用白菊花、谷精草、绿豆皮各等分捣成末,每次取一钱,用干柿饼1个,淘粟米水1盏一起煮,待水煮干时吃柿饼,每日3个。少则5、7日,多则半月见效。

【治饮酒过量,大醉不醒】将9月9日采的真菊研末,饮取1方寸匕。

【治妇女阴肿】用甘菊苗捣烂熬汤,先熏后洗。

【治疗脓肿恶疮垂死之症】用菊花一把,捣汁1升,入口中即活。这是神验方。冬月采根用。

【治风热头痛】用菊花、石膏、川芎各3钱为末,每次服1钱半,用茶调下。

本草今用

【药品来源】菊花为菊科植物菊的头状花序。

【药理成分】菊花含有菊甙、腺嘌呤、水苏碱、白胆碱、氨基酸、白菊酮和黄酮类维生素A和B及龙脑,樟脑等挥发油成分。

【药用功效】1.镇定。

2.解热。

3.降压。

4.扩张血管。

【临床主治】1.治疗冠心病心绞痛。

2.治疗高血压。

葵

本草纲要

【释义】葵有紫茎和白茎二种,以白茎为佳。它的叶大而花小,花为紫黄色,其中花最小的叫鸭脚葵。它的果实大如指尖,皮薄而扁,果仁轻虚如检荚仁。正月复种的叫春葵,而宿根到3、4月也可再生。

【异名】露葵、滑菜。

【性味】味苦,性寒、滑,无毒。为百菜主,其心伤人。

【功效主治】孙思邈曰:能利胃气,滑大肠。苏颂曰:疏通积滞。妊妇食它,使胎滑而容易生产。甄权曰:煮汁服,利小肠,治流行黄疸。干叶为末烧成灰,治金疮出血。汪颖曰:除客热,治恶疮,散脓血。妇女白带过多,小儿热毒下痢、丹毒,都宜食用它。孟诜曰:服丹石的人也宜食它。润燥利窍,功效与子相同。

葵根

【性味】味甘,性寒,无毒。

【功效主治】《名医别录》记载:主治恶疮、淋症,利小便,解蜀椒毒。甄权曰:如小儿误吞铜钱没法取出,煮汁饮下则奇效如神。李时珍曰:能利窍滑胎,止消渴,散恶毒气。孟诜曰:治身面长疳疮出黄水,用葵根烧灰,和猪油涂。

本草附方

【各种瘘管不愈合】先用澄清的淘米水温洗干净,擦干,将葵菜叶小火烘,微热外贴,只不过200到300片叶,排完脓,即长肉。其间忌食鱼、蒜、不能房事。

本草今用

【药品来源】葵为锦葵科植物冬葵的种子、叶或根。

【药理成分】葵的种子含脂肪油及蛋白质。花含花青素类。

紫花地丁

本草纲要

【释义】紫花地丁全草长9~15厘米。根圆锥形,淡黄色。叶自根丛生,箭头形,有长柄,茎叶均为绿色。开紫色五瓣花,结小角果,裂为3瓣,内含黄色圆形种子。夏季果实成熟时采收,洗净晒干,切段,生用。鲜用随时可采。

【异名】箭头草、羊角子、独行虎、地丁草、如意草。

【性味】味苦、辛,性寒,无毒。

【功效主治】李时珍曰:治一切痈疽发背,疔肿瘰疬恶疮。

本草附方

【瘰疬丁疮】紫花地丁根去粗皮,同白蒺藜为末,用油调和后涂患处。

【喉痹肿痛】紫花地丁叶,人酱少许,研膏,点人取吐。

【治痈疽发背,无名诸肿】紫花地丁草,三伏时收,以白面和成,盐醋浸一夜贴之。

本草今用

【药品来源】紫花地丁为堇菜科植物紫花地丁的干燥全草。

【药理成分】紫花地丁含甙类、黄酮类、蜡等成分。花中亦含蜡,蜡中含饱和酸(主要为蜡酸),不饱和酸醇类,烃等成分。

【临床主治】1.治疗疔疮肿毒。

2.治疗前列腺炎。

3.治疗急性乳腺炎。

芳草类

川芎

本草纲要

【释义】陕西、川蜀、川黔、江东山中多有生长,其中以川蜀生长的为最佳。4、5月长叶,像水芹、胡荽、蛇床子,茎细而成丛生长。其叶很香,江东、蜀人因此常采其叶作茶饮。7、8月开碎白花,就像蛇床子开的花一样。其根瘦而坚硬,为黄黑色。关中生长的川芎外观厚实,如雀脑状的为雀脑芎。李时珍说:蜀地气候温和,当地人大多种植栽苗,到了深秋茎叶也不枯萎。清明后,上年的根重新发苗,将枝分出后横埋入土,再节节生根。到了8月根下开始结川芎,便可以挖掘出来,高温蒸后就可以当成药物卖了。《救荒本草》记载:叶名蘼芜,像芹菜叶但比它略微细窄些,有丫杈。又像白芷叶很细。一种像蛇床叶但比经粗些,嫩叶可以吃。

【异名】芎䓖、香果、胡芎、山鞠穷。

花

【功效主治】有养颜的功效。

根

【性味】味辛,性温,无毒。

【功效主治】《神农本草经》记载:治中风后头痛,寒痹筋挛拘急,金属外伤及妇女月经不调导致的不孕。大明曰:可除一切风、一切寒、一切劳损、一切血。补五劳、壮筋骨,通调血脉。治吐血、鼻血、便血等血证及体表痈痔疮等病证,促进新生肉芽组织生长。苏颂曰:与蜜做成丸服,治风邪产生的痰症有特效。陶弘景曰:治牙根出血,含入口中即愈。

本草附方

【妇人气盛头痛及产后头痛】川芎、乌药等分,制成粉末,每次服2钱,用葱茶调匀服下。

【气虚头痛】川芎研成粉末,用腊茶调匀后服2钱,很快见效。曾经有位妇女产后头痛,一服即愈。

【偏头风,即半边头痛】将川芎磨细泡酒,每天饮服。

【一切胃痛】大川芎1两,酒1盏,煎到一半时,徐缓地服下。

【跌伤致胎死腹中】川芎捣碎研末,每次用酒服2钱,以1、2付药,可将死胎引出。

【产后急性乳腺炎】将川芎、当归各1斤,和匀后,取其中的四分之一挫散,置于瓦器中用水浓煎,每次服用的量不拘多少,只频繁服用即可。另外的四分之三仍挫成块状,于病人床前烧烟,病人应用口鼻吸入。如果未愈,可重复一次,但同时应将蓖麻子一粒研细后,涂擦在头顶心。

本草今用

【药品来源】川芎,是伞形科植物川芎的根茎,多年生草本,8、9月份采取,挖出根茎,除去泥土洗净烘干供药用。主要产于四川、贵州、云南等地,其中为川产最好。

【药理成分】生物碱部分有川芎嗪,酚性部分有阿魏酸,挥发油中化学成分主要有蒿本内醋。

【药用功效】1.活血化瘀止痛,抗血栓形成。

2.活血消瘀。

3.温经调经,养血活血。

4.抗放、化疗辐射作用。

【临床主治】1.治疗冠心病。

2.治疗骨质增生。

3.治疗脑血管病。

4.治疗三叉神经痛。

5.治疗慢性乳腺病。

当归

本草纲要

【释义】古人娶妻,是为了传宗接代。当归调血.是女人的重要药物,有思念丈夫的意思,所以有当归这个名称,正好与唐诗“胡麻好种无人种,正是归时又不归”的意思相同。李时珍说:当归原本并不是芹类,只因其花像芹,才得芹名。长在川蜀、陕西等地,以川蜀出产的当归最佳。春天生苗,绿叶有三瓣。7、8月份开花,花似莳萝,浅紫色,根呈黑黄色,宜在2、8月采后阴干。肉厚而不干枯的当归为最好。

【异名】山蕲、乾归、白蕲、文无。

根

【性味】味苦,性温,无毒。

【功效主治】《神农本草经》记载:主治咳逆上气、温疟及女人月经不调导致的不孕,诸恶疮疡金疮,煮汁饮。大明曰:有祛一切风寒,补一切血虚,补一切劳损的功能。能破恶血,滋生新血。李时珍曰:可治诸多疮疡、痈疽,排脓止痛。

本草附方

【治产后流血过多眩晕、不产、经血过多、外伤、拔牙、跌伤等一切失血症导致的心烦眩晕,不省人事】当归2两,川芎1两,每次用5钱,水7分,酒3分,煎到7分时,热服,每天一次。

【治鼻中流血不止】当归用微火烘干研碎成末,每次服1钱,米汤调后服下。

【治小便出血】当归4两捣碎,酒3升,煮至1升时服下。

【治胎儿死于腹中不出】当归末用酒服2钱。

【治胎位不正】用当归3两,川芎1两研成末,先用黑豆炒焦,同流水、童尿各1盏,煎至1盏时服下。

本草今用

【药品来源】当归是伞形科植物当归的根。生于高寒多雨山区,主产甘肃、云南、四川,多栽培。

【药理成分】含基本内酯、正丁烯酰内酯、阿魏酸、烟酸、蔗糖和多种氨基酸,以及倍半萜类化合物等。

【临床主治】1.月经不调。

2.血栓闭塞性脉管炎之疼痛。

3.慢性肌肉疼痛。

茉莉

本草纲要

【释义】又叫柰花,最早生长在波斯,后来移植到南海,现在滇、广两地的人,都植苗移栽。它的性格畏寒,不宜在中原种植。它茎弱枝繁,绿尖团,初夏时开白色的绿花朵,花瓣重叠而没有花蕊,秋尽花谢而不结果。素馨和指甲花与它都属同类。

【异名】柰花、末丽。

花

【性味】味辛,性热,无毒。

【功效主治】李时珍曰:蒸油取液,作面脂和头油,长头、润燥、香肌。也可加入茗饮之中。

根

【性味】性热,有毒。

【功效主治】汪机曰:用酒磨1寸服,则昏迷1日者能醒,2寸则2日者能醒。凡跌损骨节、脱臼接骨的,用了则不知痛。

本草今用

【药品来源】本品为木樨科植物茉莉的花。

【药理成分】本品含挥发油性物质,主要成分为苯甲醇或其脂类、茉莉花素、芳樟醇、安息香酸芳樟醇酯等,还含有吲哚,素馨内酯等物质。

【药用功效】1.止痛。

2.抗菌消炎。

【临床主治】1.胸胁疼痛。

2.慢性肝炎后遗胁间痹痛。

3.妇女痛经。

4.疮疡,皮肤溃烂等炎性病证。

泽兰

本草纲要

【释义】陶弘景说,此草生于泽旁,所以称泽兰。到处都有生长,多生长在潮湿的地方。叶子微有香味,可以煎油及做浴水,人们家里都有种植。茎方节为紫色。叶子像兰草但不很香。根名为地笋,产妇可以当作蔬菜吃。

【异名】虎兰、龙枣、水香、都梁香、虎蒲、蛇王草、接古草、小泽兰、地笋、红梗草。

叶

【性味】味苦,性微温,无毒。

【功效主治】《神农本草经》记载:治金疮、痈肿脓疮。《名医别录》记载:治产后金疮内塞。大明曰:妇人产前产后百病。通九窍,利关节,养血气,消腹部肿块,通小肠,长肌肉,破除瘀血。治鼻血、吐血、头目风痛、妇人劳瘦、男人脸黄。甄权曰:治产后腹痛,产后血气衰冷和积劳瘦弱。

根

名为地笋。

【性味】味甘、辛,性温,无毒。

【功效主治】陈藏器曰:主利九窍,通血脉。排脓治血证。大明曰:止鼻血吐血,产后心腹疼痛。产妇可以当作蔬菜吃,效果很好。

子

【功效主治】《千金方》载:治妇人36种疾病。

本草附方

【治产后水肿】用泽兰、防己等份研末,每次用醋汤送服2钱。

【治痈肿初起及跌打损伤血瘀肿痛】用泽兰捣烂外敷患处。

【治小儿褥疮】泽兰嚼烂贴敷破溃处,效果较好。

本草今用

【药品来源】本品为唇形科地笋属植物地笋之全草。

【药理成分】含有挥发油、鞣质、树脂、黄酮甙、氨基酸、漆蜡酸、β-谷甾醇、桦木酸、熊果酸、葡萄糖、半乳酸、泽兰糖、蔗糖、棉籽糖、水苏糖、果糖。

【临床主治】1.郁滞性水肿。

2.肝硬化腹水。

3.产后恶露不尽。

4.肾病综合征之水肿。

蔓草类

葛

本草纲要

【释义】到处都有葛生长,浙一带尤其多。春天生苗,引藤蔓生,长1、2丈,紫色。7月开花,粉紫色,像豌豆花,不结果实。根的形状大小像手臂,黑色。在5月5日午时采根曝晒干,以入土深的那种为最好。现在的人多做成粉来吃。鹿吃九种草,这是其中的一种。寇宗奭曰:澧、鼎之间,冬月收取生葛捣烂,放入水中揉出粉,澄成垛,入沸汤中,许久以后颜色如胶,质地很柔韧。用蜜糖拌食,一点生姜更妙。也可以放入茶里来招待客人,味甜而且有益身体。或者把生葛根煮熟当作果实来卖。李时珍说:葛有野生、栽种两类。其根外呈紫色而里呈白色,长约7、8尺。其叶子有尖,像枫叶而略长一点,正面青色背面淡青色。其花成穗,累相缀,红紫色。其荚如小黄豆荚,也有毛。其籽绿色,扁扁的如梅子核,生嚼有腥气,8、9月份采集它,称为葛谷。花晒干,也可以炸来吃。

【异名】鹿霍、鸡齐、黄斤、干葛、甘葛。

根

【性味】味甘、辛,性平,无毒。

【功效主治】《名医别录》记载:有解机体各种大毒、大热,解肌发表,出汗,开胃下食,排除瘀血,通小肠,散郁火的功能。《神农本草经》记载:可治糖尿病、发热、呕吐、呃吐、呃逆上气、伤风感冒头痛、各种痹症、皮肤疮毒,以及腹泻便血等病症。甄权曰:治天行上气呕逆,助消化,解酒醉。《开宝本草》记载:利大小便,去烦热。外敷可治小儿热疮,蛇虫咬伤。捣成汁喝,可治小儿热病、关节红肿等。

谷

【性味】味甘,性平,无毒。

【功效主治】《神农本草经》记载:可治小儿十年以上的腹泻及下痢。李时珍曰:可解酒毒。

花

【功效主治】《名医别录》记载:可解酒。李时珍曰:治肠风下血。

叶

【功效主治】《名医别录》记载：治金疮止血，可敷。

蔓

【功效主治】苏恭曰：治咽喉肿痛，烧研，水服方寸匕。李时珍曰：可以消痈肿。

本草附方

【治酒醉不醒】生葛根汁饮2升便愈。

【治数种伤寒】葛根4两，水2升，入豆豉1升，生姜汁少许，煮取半升服。

【治中鸩鸟大毒，其羽人酒杯一拂，饮后即烂肠胃】急用葛粉3合，水3盏调服气绝欲死，牙关紧闭的，挖开灌入。

【治鼻中出血不止】生葛捣汁，每次服1小盏，每日服1次。

【治破伤风症强欲死】生葛根4两，以水3升，煮取1升，去滓分服，牙关紧闭即灌服。

【治金疮】5月5日午时，取葛根晒干为末，遇有刀斧伤，敷患处有大效。

【解各种毒药、上吐下泻】葛根煮成汁，时常服用。

本草今用

【药品来源】本品为豆科植物野葛或甘葛藤的干燥根。其花、叶、谷（种子）、粉（块根经水磨而澄取的淀粉）、蔓（藤）也入药用。

【药理成分】含有葛根素、葛根甙、大豆素、大豆甙、β-谷甾醇、羽扇豆酮、6，7-二甲基香豆素、廿二烷酸、廿四烷酸、甘油脂、淀粉等。

【药用功效】1.降血糖。

2.解热。

【临床主治】1.高血压病之头痛、颈项强硬。

2.痢疾。

3.麻疹初起。

牵牛子

本草纲要

【释义】李时珍说：牵牛有黑白两种，黑的处处都有，多为野生。其藤蔓有白毛，折断后有白汁。叶子有三尖，如枫叶。花不做瓣，像旋花但大些。其果实有蒂包裹着，生时呈青色，干枯时泛白色。其核与棠梂子核一样，但颜色为深黑色。白的多是人工栽种，其藤蔓微红无毛，有柔制，弄断它有浓汁。叶子圆形，有斜尖，如同山药的茎叶。或花比黑牵牛花小，浅碧带红色。其果实和蒂有1寸左右长，生时呈青色，干枯时呈白色。其核为白色，人们也采摘嫩果实和蜜糖煎制成果品来吃，因其蒂像茄子，又称为天茄。

【异名】黑丑、盆甑草、草金铃、狗耳草。

子

【性味】味苦,性寒,有毒。

【功效主治】《名医别录》记载:主下气,治下肢水肿,除风毒,利小便。甄权曰:治腹部痈胀而有气块,利大小便,除虚肿,孕妇服后会导致早产、流产。大明曰:可治腰痛,排体内毒性产物,并除一切气壅滞。孟诜曰:和山茱萸一起用,去虚肿。李杲曰:除气分湿热,三焦壅结。李时珍曰:袪痰消饮,杀寄生虫,能通大肠气秘风秘。

本草附方

【风毒脚气】牵牛子捣末,蜜丸小豆大,每服 5 丸,生姜汤送下。

【风热赤眼】白牵牛末,以葱白煮研丸绿豆大。每服 5 丸,用葱汤送下。

【小便务淋】牵牛子 2 两,半生半炒,为末。每服 2 钱,姜汤送下,良久,热茶服之。

【治湿热头痛】黑牵牛配砂仁研末,井华水调,灌鼻。

本草今用

【药品来源】本品为旋花科牵牛或毛牵牛的种子。

【药理成分】含有牵牛子甙、脂肪油、蛋白质、多种糖类及色素等。

【临床主治】1.肝硬化腹水。

2.肾性水肿。

3.癫痫。

4.精神分裂症。

五味子

本草纲要

【释义】五味子生齐山山谷及代郡,8 月采果实阴干。苏恭曰:五味,皮肉甘、酸,核中辛、苦,都有成味,此则五味具也。李时珍认为,五味子有南北之分,南方产的色红,北方产的色黑,入药以北方产的为佳。若用根直接种,当年就会长得很旺盛;若来年 2 月种下种子,则要等到来年才能旺盛,还须搭上架子。

【异名】玄及、会及、茎藸。

【性味】味酸,性温。无毒。皮肉甘酸,核中辛苦,都有咸味。

【功效主治】《神农本草经》记载:可益气,补不足,强阴,益男子精。《名医别录》记载:养五脏,除热。生阴中肌。大明曰:明目,暖水脏,壮筋骨。治风,消食,反胃霍乱转筋,痃癖奔豚冷气,消水肿心腹气胀,止渴,除烦热,解酒毒。李杲曰:生津止渴,补元气不足,收耗散之气。壮水镇阳。固精,敛汗。收敛肺气,益精,补摄肾脏。敛肺经浮游之火,归肾脏散失之元,治痰定喘。

本草附方

【治痰嗽并喘】五味子、白矾等分为末。每服 3 钱,以生猪肺炙热,蘸末细嚼,白汤下。

【治肺经感寒,咳嗽不已】白茯苓4两,甘草3两,干姜3两,细辛3两,五味子2两半,上为细末,每服2钱,水1盏,煎至7分,去滓,温服,不分时候。

【治肺虚寒】五味子,方红熟时,采得,蒸烂,研滤汁,去子,熬成稀膏。量酸甘入蜜,再上火待蜜熟,俟冷,器中贮,作汤,时时服。

【治梦遗虚脱】北五味子1斤,洗净,水浸1宿,以手按去核,再用温水将核洗取余味,通用布滤过,置砂锅内,接着入蜜2斤,慢火熬之,除砂锅斤两外,煮至2斤4两成膏为度。待数日后,略去火性,每服1到2匙,空腹白滚汤调服。

本草今用

【药品来源】本品为木兰科植物五味子的果实,主产于辽宁、吉林、黑龙江、河北等地,商品习称北五味子,尚有一种南五味子,品质较差,主产于四川、湖北、陕西等地。

【药理成分】五味子果实含挥发油等成分一种子含脂肪油,其非皂化部分含有强壮剂的有效成分五味子素、五味子醇等多种成分。

【药用功效】1.抗肝损伤。

2.抗菌、抗病毒、杀虫。

3.解毒。

【临床主治】1.急性、迁延性、慢性肝炎和药物所致的肝损害。

2.精神病、神经官能症。

3.痢疾。

4.美尼尔综合征。

天门冬

本草纲要

【释义】天门冬生奉高山谷,2月、3月、7月、8月采根,晒干。李时珍说:草中茂盛者为虋,俗作门。此草蔓生茂盛,而功效同麦门冬,因此叫天门冬。或者叫天棘。

【异名】颠勒、颠棘、虋冬、万岁藤。

根

【性味】味苦,性平,无毒。

【效主治】《神农本草经》记载:主治因风湿盛致风湿痹,强骨髓,杀寄生虫,去伏尸。久服能减肥,益气,延年益寿,不知饥。《名医别录》记载:可保定肺气,去寒热,养肌肤,利小便,冷而能补。甄权曰:治肺气咳逆,喘息促急,肺萎生痈吐脓,除热,通肾气,止消渴,去热中风,治湿疥,宜久服。煮食之,令人肌体滑泽白净,除身上一切恶气不洁之疾。

本草今用

【药品来源】本品为百合科植物天门冬的干燥块根。

【药理成分】含天冬素、β-谷甾醇、5-甲氧基糖醛、约莫皂甙元、薯蓣皂甙元、萨酒皂草皂甙元、菝葜皂甙元及瓜氨酸、丝氨酸、苏氨酸、脯氨酸、甘氨酸等19种氨基酸,还含有鼠李糖、木糖、葡萄糖以及三聚糖、四聚糖、五聚糖、六聚糖等多种低聚糖。

【药用功效】1.抗肿瘤。

2.抗菌。

3.抗衰老。

【临床主治】1.扁平疣。

2.用于刮宫及引产。

3.慢性气管炎。

何首乌

本草纲要

【释义】何首乌最早生长在顺州南和县,现在到处都有。岭外江南各州都有,其中以西洛嵩山和河南柏城县出产的最好。春天生苗,然后蔓延在竹木寺壁间。茎为紫色,叶叶相对,像薯蓣但无光泽。夏秋开黄白花,如葛勒花。结的籽有棱角,似荞麦但要细小些,和粟米差不多大。秋冬采根,大的有拳头般大,各有五个棱。瓣似小甜瓜,有赤色和白色两种,赤色的是雄的,白色的为雌的。春天采根,秋天采花,九蒸九晒,可以当粮食。此草本名叫交藤,因何首乌服用这种草有效才得此名。

【异名】地精、赤敛、铁秤砣、红内消、马肝石、小独根。块根称首乌,茎称夜交藤。

茎、叶

【功效主治】李时珍曰:风疮疥癣作痒,用何首乌煎汤洗浴,效果好。

根

【性味】味苦、涩,性微温,无毒。

【功效主治】《开宝本草》记载:治颈部淋巴结结核,消肿块,疗头面风疮,治各种内外痔,止心痛,益血气,黑髭发,悦颜色。久服长筋骨,益精髓,延年不老。也治妇人产后及带下各种疾病。大明曰:长期食用,令人有子。治腹脏一切顽疾寒气,便血。张好古曰:可消肝火。

本草附方

【乌须发、壮筋骨、固精气】七宝美髯丹:赤、白何首乌各1斤(米泔水浸3、4日,瓷片刮去皮,用淘净黑豆2升,以砂锅木甑铺豆及首乌,重重铺盖,蒸至豆熟取出,去豆,暴干,换豆再蒸,如此9次,暴干为末),赤、白茯苓各1斤(去皮,研末,以水淘去筋膜及浮者,取沉者捻块,以人乳10碗浸匀,晒干,研末),牛膝8两(去苗,酒浸1日,同何首乌第7次蒸之,至第9次止,晒干),当归8两(酒浸,晒),枸杞子8两(酒浸,晒),

菟丝子8两(酒浸生芽,研烂,晒),补骨脂4两(以黑芝麻炒香,并忌铁器,石臼捣为末)。炼蜜和丸弹子大150丸,每日3丸,清晨温酒下,午时姜汤下,卧时盐汤下,其余并丸梧子大,每日空腹酒服100丸,久服极验。

【治久疟阴虚,热多寒少,以此补而截之】何首乌丸:何首乌为末,和鳖血为丸,黄豆大,辰砂为衣,临发,五更白汤送下2丸。

【治气血俱虚,久疟不止】何首乌(自3钱以至1两,随轻重用之),当归2、3钱,人参3、5钱(或1两,随宜),陈皮2、3钱(大虚不必用),煨生姜3片(多寒者用3、5钱)。水2盅,煎8分,于发前2、3时温服之。若善饮者,以酒浸1宿,次早加水1盅煎服亦妙,再煎小必用酒。

【治遍身疮肿痒痛】何首乌散:防风、苦参、何首乌、薄荷各等分。上为粗末,每用药半两,水、酒各一半,共用1斗6升,煎10沸,热洗,于避风处睡一觉。

【治颈项生瘰疬,咽喉不利】何首乌丸:何首乌2两,昆布2两(洗去咸味),雀儿粪1两(微炒),麝香1分(细研),皂荚10挺(去黑皮,涂酥、炙令黄,去子),上药捣罗为末,入前研药一处,同研令匀,用精白羊肉1斤,细切,更研相和,捣500到700杵,丸如梧桐子大。每于食后,以荆芥汤下15丸。

【治疥疮】鲜首乌1两,川草薢5钱,水煎服,日1剂。服10到20剂,重者20到30剂,无不效。

本草今用

【药品来源】本品为蓼科植物何首乌的块根。

【药理成分】何首乌根和根茎含蒽醌类,主要为大黄酚和大黄素,尚含淀粉、粗脂肪及卵磷脂等成分。

【药用功效】1.抗衰老。

2.促肾上腺皮质功能。

3.保肝。

4.抗菌。

【临床主治】1.疟疾。

2.百日咳。

3.慢性支气管炎。

白英

本草纲要

【释义】白英正月生苗,白色,可以食用。秋天开小白花,子如龙葵子,熟后为紫赤色。江南的人在夏季采它的茎叶煮粥吃,极解热毒。

【异名】排风子、白毛藤、蜀羊泉、白草、白幕、天灯笼、排风藤、土防风、毛和尚、胡毛藤、红麦禾。

根苗

【性味】味甘，性寒，无毒。

【功效主治】《神农本草经》记载：治寒热八种疸病，消渴，补中益气。久服轻身延年。

叶

【功效主治】陶弘景曰：用叶做羹饮，可以疗劳疾。陈藏器曰：烦热，风疹丹毒，瘴疟寒热，小儿结热，煮汁饮。

本草附方

【目赤旋眼，面肿，风热上攻】用排风子焙、甘草炙、菊花焙各 1 两，为末。每服 2 钱，睡前用温水服下。

本草今用

【药品来源】白英为茄科植物的全草，多年生蔓性半灌木。

【药理成分】白英全草含生物碱，根茎中含甾体生物碱，叶中含量较多的是苦茄碱，较少的是澳洲茄碱。

【临床主治】1.治疗类风湿性关节炎。

2.治疗宫颈癌。

3.治疗肝癌。

水草类

水萍

本草纲要

【释义】水萍 5 月开花，白色。到 3、4 月开始生长。一叶经一夜就能生长出好几叶。叶子下面有微须，是它的根。一种两面都是绿色。一种正面是绿色而背后面是紫色、赤如血，称为紫萍。

【异名】水花、水白、水苏、水廉。

【性味】味辛，性寒，无毒。

【功效主治】《神农本草经》记载：主治暴热身痒，下水气，胜酒。常服使身体轻灵。《名医别录》记载：用来沐浴，可生毛发，主下气。大明曰：可治热毒、风热症、疔疮肿毒、汤火伤、风疹。陈藏器曰：捣成汁服，主治水肿，利小便。研成末，酒服 2 钱，治人中毒。为膏，治面黑。李时珍曰：主风湿麻痹、脚气、跌打损伤、眼红视物不清、口舌生疮、吐血衄血、癜风丹毒。

本草附方

【治消渴多饮者】浮萍捣汁服。又方，用干浮萍、天花粉等分为末，人乳汁和成梧子大小的丸，3 年者，数日愈。

【大风症】月采浮萍草，淘洗3、5次，阴干3、5日。焙为末，不得见日，每服3钱或食入消风散5两，每服5钱，水煎频饮，加以煎汤沐浴。忌猪、鱼、鸡、蒜物。

【治背部痈疮红肿】浮萍捣烂和鸡蛋清涂之。

【治鼻中衄血不止】浮萍末吹之。

【治麦粒】浮萍阴干为末，以生羊肝半个，同水半盏煮熟，捣烂绞汁调成末服。甚者不过一服。已伤者，10服见效。

【治面生黑斑】用紫背浮萍4两，防己4两，煎浓汁洗之。以萍擦于黑斑上，每日擦5次。物虽微末，它的功效甚大，不可小看。

本草今用

【药品来源】本品为浮萍科植物紫萍之全草。

【药理成分】含有木犀草素-7-β-葡萄糖甙、8-羟基木犀草素8-β-葡萄糖甙、维生素B_1、B_2、C及碘、溴、甾类、蛋白质等。

【药用功效】1.微弱的解热作用。

2.利尿。

【临床主治】1.荨麻疹。

2.急性肾炎。

3.感冒。

海藻

本草纲要

【释义】海藻生长在海岛上，黑色如乱发。有2种：马尾藻，长在浅水中，如短马尾；大叶藻，生长在深海中。

【异名】落首、薄、海萝。

【性味】味苦、咸，性寒，无毒。

【功效主治】《神农本草经》记载：主治头腺肿大，颈部包块痈肿，腹中上下雷鸣，下十二水肿。《名医别录》记载：治腹部包块。安神，利小便。

本草附方

【治瘿气】用海藻酒：袋盛海藻1斤浸3升酒中，春夏浸2天，秋冬浸3天，每次服2合，1日3次，酒饮尽后再续泡，渣晒干研末每服方寸匕，1日3次。还能治项部瘰疬大如梅李。

本草今用

【药品来源】本品为马尾藻科植物海蒿子或羊栖菜的干燥藻体。

【药理成分】含有藻胶酸、粗蛋白、甘露醇、灰分、钾、碘等。

【临床主治】1.高血压病。

2.慢性淋巴结炎。

3.心绞痛。

4.乳腺小叶增生。

海带

本草纲要

【释义】出产于东海水中的石头上。似海藻而且粗些，柔韧而且长，人们常吃它。利水作用比海藻、昆布强。

【性味】味咸，性寒，无毒。

【功效主治】《嘉祐补注本草》记载：主催生。治妇人病及风下水。李时珍曰：主治地方性甲状腺肿大，功能与海藻相同。

本草今用

【药品来源】本品为大叶海藻科植物大叶藻的全草。

【药理成分】含有藻胶酸、粗蛋白、甘露醇、维生素、氨基酸及碘、钾等。

【药用功效】降压。

【临床主治】1.高血压。

2.甲状腺肿大。

菖蒲

本草纲要

【释义】李时珍说，菖蒲，言蒲类之昌盛者，故名菖蒲。亦言昌美溪蒲之间者，谓之菖蒲。两者一言类别，一言产地，可并存也。菖蒲冬至后五十七日始生，于是始耕，凡万物皆资生于阴，而始生于阳，故名菖阳。《典术》云：尧时天降精于庭为韭，感百阴之气为菖蒲。故名尧韭。菖蒲其生于池泽水边，不假土壤，而在水石之间，叶有剑脊，呈剑状线形，故名水剑草。

【异名】昌阳、尧韭、水剑草。

【性味】味辛，性温，无毒。

【功效主治】《神农本草经》记载：除风寒湿痹，咳逆上气，开心孔，补五脏，通九窍，明耳目，出声音。主耳聋痈疮，温肠胃，止小便利。久服轻身，不糊涂，延年益寿。《名医别录》记载：除四肢湿痹，屈伸不利，小儿温疟，身积热不解，可做浴汤。

本草附方

【治痰蒙清窍，昏迷】鲜菖蒲根捣汁灌下立愈。

【治赤白带下】石菖蒲、破故纸等份，炒后研末，每次服2钱。

【治喉痹】鲜根嚼汁烧铁秤砣淬酒1杯内服。

【治霍乱胀痛】生菖蒲4两和水同捣汁分4次温服。

【治病后耳聋】鲜菖蒲绞汁滴耳。

本草今用

【药品来源】本品为天星科菖蒲植物石菖蒲之根茎。

【药理成分】含有β-细辛醚、细辛醚、石竹烯、石菖烯等挥发油,及氨基酸、有机酸、糖类。

【临床主治】1.慢性支气管炎之痰量多者。

2.支气管哮喘。

3.脑溢血昏迷。

4.老年痴呆症。

苔草类

卷柏

本草纲要

【释义】卷柏生常山山谷石间,5、7月采摘,阴干备用。陶弘景说:现在近处也有,丛生石上,细叶似柏树叶,弯曲如鸡爪,青黄色。苏颂说,现在关、陕、沂、诸州都有。老根紫色多须。春生苗,高3、5寸,无花、子,大多生长在石上。

【异名】万岁、长生不老草、万年松、万年青、豹足、求股、交接。

【性味】味辛,性温,无毒。

【功效主治】《神农本草经》记载:除五脏邪气,治女子阴中寒热痛,不孕。久服轻身,面色好。《名医别录》记载:可止咳逆,治脱肛,散淋结,头中风眩,强阴益精,令人好颜色。

本草附方

【治大肠便血】卷柏、侧柏、棕榈等份,烧灰存性,酒送服3钱,或水泛为丸内服。

【治长年便血】卷柏、地榆焙干等份,每次1两加水1碗,煎服。

本草今用

【药品来源】本品为卷柏科羊齿植物卷柏之茎叶。

【药理成分】不详。

【临床主治】1.脱肛。

2.闭经。

3.慢性结肠炎。

石蕊

本草纲要

【释义】石蕊生长在兖州蒙山石上。因烟雾熏染,日久结成,属苔衣类。那里的人在初春刮取来曝晒干后馈赠人,称它为云茶。它的枝状体呈白色,轻薄如花蕊。

【异名】石濡、石芥、云茶、蒙顶茶、石蕊花、石云茶、云芝茶、蒙山茶、蒙阴茶、酶苔、石花、刀伤药、太白树。

【性味】味甘,性温,无毒。

【功效主治】《名医别录》记载:主聪耳明目、轻身,使人肌肤润泽,精力旺盛,不易衰老,益精气,去人饥渴,轻身延年。李时珍曰:可生津润喉,解热化痰。

本草今用

【药品来源】为地衣类植物药石蕊科植物石蕊的全株(枝状体)。

石草类

石韦

本草纲要

【释义】本草蔓延长于石上,叶子长得像皮,所以得名为石韦。多生在背阴的崖缝处,它的叶子大的长近尺,宽有寸余,柔韧如同树皮,背面有黄毛。

【异名】石皮、石兰。

【性味】味苦,性平,无毒。

【功效主治】《神农本草经》记载:主治劳热邪气,利小便。《名医别录》记载:可以治愈烦热下气,通膀胱,补五劳,安五脏,去恶风,益精气。《日华诸家本草》记载:治遗尿淋沥。苏颂曰:炒后为末,用冷酒调服,治背部的痈疽。李时珍曰:主崩漏、金疮,清肺气。

本草附方

【治小便淋痛】石韦、滑石等份研末,每次服刀圭,见效快。

本草今用

【药品来源】本品为水龙骨科植物庐山石韦、石韦或有柄石韦的干燥叶。

【药理成分】含芒果甙和异芒果甙等。

【药用功效】1.止咳祛痰。

2.抑菌。

【临床主治】1.急、慢性肾炎及肾盂肾炎。

2.支气管炎。

景天

本草纲要

【释义】景天2月长苗,茎脆,微带赤黄色。高1、2尺,折断它有汁流出。叶子呈淡绿色,光泽柔厚,形状像长匙头以及胡豆叶但没那么尖。6、7月开小白花,结的果实如连翘但要小些,内中有像粟粒一样的黑籽。

【异名】戒火、慎火、火母、据火、救火。

【性味】味苦,性平,无毒。

【功效主治】《神农本草经》记载：主治大热火疮，去肌体烦热及邪恶气。《名医别录》记载：治各种不足，诸蛊毒结痂，寒热风痹。陶弘景曰：能疗金属外伤，止血。煎水给小儿洗澡，去烦热惊气。甄权曰：风疹恶痒，小儿丹毒及发热。热狂，赤眼头痛，寒热游风，女人带下。

花

【功效主治】《神农本草经》记载：主治女人白带不断，能明目、轻身。

本草附方

【治小儿殃火丹毒，人腹及阴】慎火草取汁服之。

【治小儿烦热惊风】慎火草水煎洗浴。

【治小儿汗出中风，一日之时，儿头颈腰背热，二日即腹热，手足不屈】慎火草（干者）半两，丹参、麻黄（去根节、先煎掠去沫，焙）、白术各 1 分，上四味，捣罗为散。1、2 岁儿，每服半钱匕，浆水调服；3、4 岁儿服 1 钱匕，日 3 服，量儿大小加减。

【治疔疮】景天 1 把，杵烂，调烧酒敷患处。

本草今用

【药品来源】本品为景天种植物景天的全草。

【药理成分】叶中分得景天庚糖。

仙人草

本草纲要

【释义】生长在庭院间，高 2、3 寸，叶细有齿，像离鬲草。北方不能生长。

【功效主治】陈藏曰：主治小儿酢疮、疮头小而硬的，则煮汤洗浴，同时捣烂后敷搽。丹毒入腹的，可饮冷药，并用此药洗浴。另外，捋成汁滴目，可聪耳明目、轻身，使人肌肤润泽，精力旺盛，不易衰老，去翳。

毒草类

凤仙

本草纲要

【释义】凤仙结的果实呈堆叠的样子，大如樱桃，它的形状稍长一些，颜色如毛桃，生时呈青色，成熟后变黄色，碰触到它就自己裂开，皮卷起如拳头一样。苞中间有籽，像萝卜籽但小些，呈褐色。人们采它的粗茎，用酱（有的用盐）腌制后收藏起，脆美可口。嫩花用酒浸入一夜，也可以吃。

【异名】透骨草、凤仙花、指甲花、小桃红、夹竹桃、染指甲草、旱珍珠。

根、叶

【性味】味苦、甘、辛，有毒。

【功效主治】李时珍曰：有散血通经，软坚透骨作用。治鸡鱼骨刺卡在喉咙里，误吞铜铁，跌打肿痛。

花

【性味】味甘，性温、滑，无毒。

【功效主治】李时珍曰：主治蛇伤，擂酒服下就好。还可治腰胁疼痛难忍，晒干研成粉末，空腹时用酒每次服用3钱，可活血消积。

子

【性味】味苦，性温，有小毒。

【功效主治】李时珍曰：主治难产，骨刺卡喉，软骨散积块。厨师烹调硬肉时，投入几粒，容易煮烂。

本草附方

【治骨鲠得很危险的人】白凤仙子研在水里，用竹筒灌入咽喉中，其物立即变软，不可以碰着牙齿。或者用根捣成汁灌服，更好。

【杖打肿痛】凤仙花、叶捣如泥，涂肿破处，干后又上，夜间结血自散，即愈，11、12月则收采干的研末，用水和涂。

【治腰胁疼痛】凤仙花9克，晒干，研末，空腹服。

【治骨折疼痛】干凤仙花3克，或鲜品9克，泡酒，内服。

【治鹅掌风，灰指甲】鲜凤仙花数朵，外擦。

本草今用

【药品来源】本品为凤仙花科凤仙花属植物凤仙花的全草、花、种子、根；其干燥全草（白花者）称透骨草。

【药理成分】1.种子（急性子）：含皂苷、脂防油，油中含凤仙甾醇、杷荏酸、α-菠菜甾醇及β-谷甾醇。此外，又含皂苷、槲皮素二糖苷、槲皮素三糖苷，并含挥发油、蛋白质、氨基酸及多聚糖。

2.花：花中含2-甲氧基1，4-萘醌、黄酮类化合物：山柰醇（kaempfer01）及槲皮素（quercetin）。

3.全草（透骨草）：凤仙地上部分含指甲花醌、指甲花醒甲醚和槲草素；全草含羟基苯甲酸、芥子酸、咖啡酸；茎含山柰酚-3-葡萄糖苷、天丝葵素、矢车菊素等；还含各种花色苷，有矢车菊素、飞燕草素、蹄纹天兰素、锦葵花素、山柰酚、蛋白质、氨基酸及多糖。

【药用功效】1.凤仙花的鲜花汁，对红色表皮癣菌、堇色发癣菌及腹股沟表皮癣菌、考夫曼高尔夫表皮癣菌均有抑制作用。

2.凤仙的全草有抗真菌、止血作用。

【临床主治】1.风湿性关节炎。

2.跌打损伤。

大戟

本草纲要

【释义】李时珍说:大戟在平原沼泽很多,直茎高 2、3 尺,中空,折断有浆。叶长窄如柳叶但不圆,梢叶密集向上生长。产于杭州的紫大戟质量好,江南产的土大戟较次,北方绵大戟色白,其根皮柔韧如绵,作用很峻利,能伤人,体弱的服用,有的致吐血,一定要慎用。

【异名】邛巨、下马仙。

根

【性味】味苦,性寒,有毒。

【功效主治】《神农本草经》记载:除蛊毒,消十二水,治腹满急痛积聚,中风皮肤疼痛,吐逆等症。《名医别录》记载:能消颈腋痈肿,止头痛,发汗,利大小便。甄权曰:下恶血癖块,止腹内雷鸣,通利二便,并有堕胎的功效。

本草附方

【治通身肿满喘息,小便涩】大戟(去皮,细切,微炒)2 两,干姜(炮)半两,上 2 味捣罗为散,每服 3 钱匕,用生姜汤调下,以大小便利为度。

【治忽患胸背、手脚、颈项、腰胯隐痛不可忍,连筋骨牵引钓痛,坐卧不宁,时时走易不定】控涎丹:甘遂(去心),紫大戟(去皮)、白芥子(真者)各等分,上为末,煮糊丸如梧子大。食后临卧,淡姜汤或熟水下 5、7 丸至 10 丸,如痰猛气实,加丸数不妨。

【治黄疸小便不通】大戟 1 两,茵陈 2 两。水浸空腹服。

【治水肿】枣 1 斗,锅内入水,上有四指,用大戟并根苗盖之遍,盆合之,煮熟为度,去大戟不用,频频服,无时。

本草今用

【药品来源】本品为大戟科植物或茜草科植物红芽大戟的根。

【药理成分】含有大戟甙、生物碱、大戟色素体及维生素 C。

【药用功效】1.泻下。

2.利尿。

3.实验研究:对于可移植性动物肿瘤有抑制作用。

【临床主治】1.肝硬化腹水。

2.肾性腹水。

3.晚期血吸虫病腹水。

半夏

本草纲要

【释义】生于田野、溪边、阴湿山坡、林下。半夏,以节令命名者。言其当夏之半者所生者也。故名半夏。其他半夏之名者，皆因其炮制不同而冠名。守田因其会意，水玉因其象形。半夏为当乾之时，一垢之升，处于时令半开半阖之际，关键之处。犹如燕尾之剪，裂菜之刀，故名燕子尾、裂刀菜。以地生而候天时，故名地文。其2至3年生者为三叶之复叶，故名三叶老。夏秋两季采挖，洗净，除上皮及须根，晒干，为生半夏。一般用生姜、明矾等炮制后使用，称为制半夏。同时切片。

【异名】守田、水玉、地文、和姑。

根

【性味】味辛，性平，有毒。

【功效主治】《神农本草经》记载：治伤寒寒热，心下坚，胸腹咳逆，头眩，咽喉肿痛，肠鸣，下气止汗之症。《名医别录》记载：可消心腹胸膈痰热满结，咳嗽上气，心下急痛坚痞，时气呕逆，消痈肿，悦泽面色，还可堕胎。李时珍曰：除腹胀，治失眠及男子梦遗、女子带下之症。

本草附方

【呕吐反胃】大半夏汤：半夏3升，人参3两，白蜜1升，水1斗2升和，扬之120遍。煮取3升半，温服1升，日再服。亦治膈间支饮。

【伏暑引饮，脾胃不利】消暑丸：用半夏醋煮1斤，茯苓半斤，生甘草半斤，为末，姜汁面糊丸梧子大。每服50丸，热汤送下。

本草今用

【药品来源】本品为天然星科植物半夏的块茎。

【药理成分】含β-与γ-氨基丁酸、天门冬氨酸、谷氨酸等多种氨基酸，1-麻黄碱、久谷甾醇及其葡萄糖甙、尿黑酸及其葡萄糖甙、胆碱和半夏蛋白I等。

【药用功效】1.镇咳、祛痰。

2.止吐。

3.解毒。

4.降压。

【临床主治】1.治疗痔疮。

2.治疗美尼尔综合征。

3.治疗子宫颈癌。

大黄

本草纲要

【释义】大黄生长在河西山谷及陇西。9、10月间选择生长3年以上的植株，挖取根茎，切除茎叶、枝根，刮去粗皮和顶芽，风干焙干或切片晒干供药用。产于四川、甘肃、青海、西藏等地。

【异名】黄良、火参、肤如、将军、锦纹大黄。

根

【性味】味苦,性寒,无毒。

【功效主治】《神农本草经》记载:能下瘀血,破癥瘕积聚,荡涤肠胃,推陈致新,通利水谷,调中化食,安和五脏。《名医别录》记载:平胃下气,除痰实。肠间结热,心腹胀满,女子寒血闭胀,小腹痛,诸老血留结。甄权曰:能疏通女子经候,利水肿,利大小肠,破留血。小儿寒热时疾,烦热蚀脓。大明曰:通宣一切气,调血脉,利关节,泄壅滞,利大小便。温瘴热疾。李时珍曰:下痢赤白,里急腹痛,小便淋沥,实热燥结,潮热谵语,黄疸及诸火疮。

本草附方

【治头痒风屑发黄】大黄酒浸炒为末,茶调服。

【治头痛如破】酒炒大黄半两,一半茶煎。

【治眼暴热痛,眦头肿起】大黄汤:大黄(锉,炒)、枳壳(去瓤,麸炒)、芍药各3两,山栀子仁、黄芩(去黑心)各2两,上五味粗捣筛,每服5钱匕,水1盏半,煎至7分,去滓,食后临卧服。

【治时行头痛壮热一二日】水解散:桂心、甘草、大黄各2两,麻黄4两,上4味治下筛,患者以生熟汤浴讫,以暖水服方寸匕,3日,覆取汗,或利便瘥。强人服2方寸匕。

【治心气不足,吐血衄血】泻心汤:大黄2两,黄连、黄芩各1两,上三味,以水3升,煮取1升,顿服之。

本草今用

【药品来源】本品为蓼科植物药用大黄、唐古特大黄的根。

【药理成分】含有大黄酚、大黄素、大黄苷、泻苷、鞣质类物质(其中有没食酰葡萄苷、没食子酸、小儿茶素)等成分。

【药用功效】1.泻下作用。

2.抗感染作用。

3.利胆作用。

4.止血作用。

【临床主治】1.消化不良。

2.便秘。

3.传染病。

4.高胆固醇血症、高血压病等。

谷部

李时珍说:太古生民无食粒,只茹毛饮血。神农氏时才开始尝草别谷,教人们耕耘；又尝草别药，以救治人们的疾夭。后来轩辕氏又教人们以烹饪，制为方剂，从此后人们才开始懂得养生之道。百谷的性味各异，岂可终日食用而不知其性味与对身体的益损？

麻麦稻类

胡麻

本草纲要

【释义】胡麻就是脂麻，有早、晚两种，分黑、白、赤三种颜色。秋季开白花，亦有紫红色的。古时中国只有大麻，汉朝时张骞从胡取得油麻种植，所以又称胡麻，这是和大麻相区分的地方。

【异名】巨胜、方茎、狗虱、脂麻，叶名青蘘，茎名麻秸。

【性味】味甘，性平，无毒。

【功效主治】《神农本草经》记载：主伤中虚亏，补五脏，增气力，健脑强身。《名医别录》记载：可养筋坚骨，明目聪耳，延年益寿，止金疮疼痛，治伤寒温疟、病后虚热。《日华诸家本草》记载：它能润养五脏，滋实肺气，止心惊，利大小肠，耐寒暑，驱逐湿气、游风、头风，能催生使胞衣尽快剥离，补产后体虚疲乏。将它研成细末涂抹于头发上，可以使头发生长。李延飞曰：用它来炒着吃，使人不生风病。苏恭曰：也可将它煎成汤，用来洗恶疮和妇女的阴道炎。

白油麻

白油麻即脂麻。

【性味】味甘，性大寒，无毒。

【功效主治】孟诜曰：可以治疗因体虚而劳累过度之疾，又可滑肠胃，舒经络，通血脉，去除头皮屑，滋润肌肤。

青蘘

青蘘就是胡麻叶。

【性味】味甘，性寒，无毒。

【功效主治】《神农本草经》记载：主治五脏邪气，风寒湿痹，益人气力，补脑髓，使人耳聪目明，不感饥饿不衰老，可延长人的寿命。《日华诸家本草》记载：用它熬汁来洗头，可去头屑，润滑肌肤，增添血色。孙思邈曰：主伤暑热。甄权曰：用它来治疗月经不调，方法是将1升青蘘捣烂，用热水淋汁，服用半升，立即可愈。

胡麻花

【功效主治】孙思邈曰：能使秃顶生发，润滑大肠。李时珍曰：人身上的赘肉，用它来擦，就能治愈。可以令肌肤光滑有弹性。

麻秸

【功效主治】李时珍曰：麻秸烧灰，可加到点痣去恶肉的药方中使用。

本草附方

【梅花秃癣】用清油1碗,以小竹子烧火入内煎沸,沥猪胆汁1个和匀,将头发剃掉后擦,2、3日即愈。防止日晒。

【治腰脚疼痛】用新胡麻1升,炒香杵成末,温酒、蜜汤服,日服1合,服完1斗永不复发。

【解小儿胎毒】初生时,嚼生脂麻,用绵包,让儿吮吸,它的毒自下。

【治疗肿恶疮】用胡麻烧灰,针砂等量,研末,醋调和敷,每日3次。

【治小便尿血】胡麻3升杵末,以东流水2升浸一宿,绞汁,顿热服。

【治乳疮肿痛】用脂麻炒焦,研末,以灯窝油涂调。

本草今用

【药品来源】本品为芝麻科植物芝麻的干燥成熟种子。

【药理成分】含蛋白质、脂肪、维生素E、维生素B_1、B_2、多种氨基酸及钙、磷、铁等微量元素。

【药用功效】1.兴奋子宫。

2.降低血糖。

【临床主治】1.荨麻疹。

2.小儿面部疱疮、软疖。

大麻

本草纲要

【释义】大麻即现在的火麻,或称黄麻。到处都有种。其叶子的形状像益母草叶,一枝有七片或九片叶。5、6月开花抽穗,结子。子可以榨油。

【异名】火麻、黄麻、汉麻。

麻蕡

就是连壳的麻子。

【性味】味辛,性平,有毒。

【功效主治】《神农本草经》记载:主治五劳七伤。多服,使人产生幻觉,但它对五脏有利,能破积下血,止痹散脓。《名医别录》记载:长时间服用,可以通神明,使人年轻。

麻仁

麻仁就是去壳的果实。

【性味】味甘,性平,无毒。

【功效主治】《神农本草经》记载:主要能补中益气。长时间服食,轻身健康强壮,犹如神仙。《名医别录》记载:它能治中风出汗,治水肿,利小便,破积血,疏通血脉,治妇女产后的疾病。用它来洗头发,可以生发润发。陈士良认为:还可以滋润五脏,治大肠热,便秘。孟诜曰:煮粥能祛五脏风,润肺,治关节疼痛,脱发。李时珍曰:能通妇女经脉,通利大肠,治便秘。涂擦治疮癞,杀虫。取汁煮粥吃,止呕逆。

麻勃

麻勃就是麻花。

【性味】味辛,性温,无毒。

【功效主治】《药性本草》记载:可治疗一百二十种恶血,人周身发黑发痒,驱各种恶血,治疗女子月经不调。李时珍曰:治健忘及金疮内漏。

叶

【性味】味辛,有毒。

【功效主治】苏恭曰:将它捣成汁服5合,可驱蛔虫;将它经捣烂敷在蝎毒处,有一定疗效。甄权曰:用它浸泡后洗头,能滋养头发,使人不生白发。以叶一把,同子5升捣和,浸3日,去滓沐发。

根

【功效主治】陶弘景曰:捣汁或煮汁服主治瘀血和尿路结石。苏恭曰:治难产、破血壅胀,崩中带下不止,则用水煮服。

本草附方

【大麻仁酒治骨髓风毒疼痛,不能运动】用大麻仁浸水,取沉者1升曝干,于银锅中缓慢炒香熟,入木臼中捣碎,待细如白粉即止,分为上贴,每用1贴,取家酿无灰酒1大碗,和麻粉,用柳槌蘸入砂盆中擂,滤去壳,煎到减半。空腹温服1贴。轻者4、5贴见效,重者不出10贴必失所苦,效不可言。

【麻仁粥治腹水,腰脐重痛,不能转动】用麻子半升,研碎,水滤取汁,和粳米2合,煮稀粥,下葱、椒、豉、空腹食。又可治老人风痹,及小便失禁涩痛,大便不通,俱用此方。

【治产后便秘】许学士说:产后汗多则大便秘,难于用药,只有麻仁粥恰当。不仅产后可服,凡老人诸虚风秘,皆可服食。用大麻子仁,紫苏子各2合,洗净用水研细,滤取汁,分2次煮粥服食。

本草今用

【药品来源】本品为桑科植物大麻的细嫩果穗。

【药理成分】含甾醇、葡萄糖醛酸、钙、镁、挥发油、胆碱等。

【药用功效】1.降压。

2.缓泻。

【临床主治】1.产后便秘。

2.胃肠动力不足之便秘。

3.口腔炎。

小麦

本草纲要

【释义】小麦秋季播种，冬季生长，春季开花，夏季结实，在气候暖和的地方也可以春季播种，夏季收取，是五谷中价值最高的。

【异名】麳。

小麦

【性味】味甘，性寒，无毒。李时珍曰：新麦性热，陈麦性平。

【功效主治】《名医别录》记载：它可以除热，止烦渴咽喉干燥，利小便，补养肝气，止漏血唾血，可以使女子易于怀孕。《药性本草》记载：磨成末服用，能杀蛔虫。孙思邈曰：补养心气，有心病的人适宜食用。寇宗奭曰：将它煎熬成汤食用，可治淋病。李时珍曰：将陈麦煎成汤饮用，还可以止虚汗。将它烧成灰，用油调和，可涂治各种疮及汤火灼伤。

浮小麦

小麦用水淘，不沉于水的叫"浮小麦"。

【性味】味甘、咸，性寒，无毒。

【功效主治】李时珍曰：主益气除热，止自汗盗汗。治大人、小孩结核病虚热，妇人劳热。

面

【性味】味甘，性温，有微毒。

【功效主治】《日华诸家本草》记载：它可以养气，补不足，有助于五脏。陈藏器曰：可用于补虚，长时间食用，使人肌肉结实，养肠胃，增强气力。寇宗奭曰：将它和水调服，可以治疗中暑、久病肺热。李时珍曰：将它敷在痈疮伤处，可以散血止痛。

麦麸

【功效主治】《日华诸家本草》记载：治瘟疫和热疮、汤火疮溃烂、跌伤折伤的瘀血，用醋和麦麸炒后，贴于患处即可。李时珍曰：将它醋蒸后，用来熨手脚风湿痹痛、寒湿脚气，交替使用直到出汗，效果都很好。将它研成末服用，能止虚汗。

麦粉

就是用麸皮洗筋澄出的浆粉。现在的人多用它来浆衣服。

【性味】味甘，性凉，无毒。

【功效主治】孟诜曰：可补中，益气脉，和五脏，调经络。炒一碗麦粉和汤服下，能止痢疾。李时珍曰：将麦粉和醋熬成膏状，能消一切痈肿、火汤伤。

面筋

【性味】味甘，性凉，无毒。

【功效主治】李时珍曰：能解热和中，有劳热之人，适宜将它煮吃。宁原曰：能宽中益气。

麦

就是糗，是将小麦蒸熟后磨成的面。

【性味】味甘，性寒，无毒。

【功效主治】《蜀本草》记载：主要能消渴，止烦。

麦苗

【性味】味辛，性寒，无毒。

【功效主治】陈藏器曰：主要能消除酒毒暴热、黄疸目黄。方法是：将它捣烂绞成汁，每日饮用。它还可以解虫毒。方法是将麦苗煮成汁服用。《日华诸家本草》记载：可以解除疫狂热，除烦闷消胸膈热，利小肠，将它制成粉末吃，可使人面色红润。

麦奴

麦穗将要成熟时，上面有黑霜的就是麦奴。

【功效主治】陈藏器曰：解热毒，去丹石毒。李时珍曰：治阳毒温毒，发热口渴温疟病症。

麦杆

【功效主治】李时珍曰：可治疣痣，去除坏死组织。

本草附方

【治消渴】小麦做饭及粥食。

【治老人小便五淋】小麦1升，通草2两，水3升煮至1升，饮后即愈。

【治颈上长瘤】用小麦1升，醋1升浸泡，晒干后为末，海藻磨末3两和匀，酒服方寸匕，每日3次。

【治白癜风】用小麦摊在石上，烧铁物压出油，搽患处甚效。

【治吐血】用面粉略炒，京墨汁或藕节汁，调服2钱。

【治妇女乳腺炎】白面半斤炒黄，醋煮为糊，涂后即消。

【治小儿口疮】寒食面，硝石水调，涂足心，男左女右。

本草今用

【药品来源】本品为禾本科植物小麦的种子或面粉。

【药理成分】含淀粉、脂肪、蛋白质，并含B族维生素、粗纤维、硫胺素、核黄素，尤以维生素E的含量最为丰富。所含脂肪油主要为油酸、亚油酸、棕榈酸、硬脂酸的甘油酯，还含胆碱、卵磷脂、精氨酸，以及钙、磷、铁、镁、锌，其中钙的含量为粳米的9倍。又有帮助消化的淀粉酶、麦芽糖酶、蛋白酶。此外，小麦胚芽里所含的食物纤维和维生素也非常丰富。

【临床主治】1.小儿口腔炎。

2.回乳、通乳。

稻

本草纲要

【释义】稻米多种植于南方水田中。稻稌是粳、糯的通称,这里指的就是糯米。糯稻,有粘性,可以酿酒,可以用来祭祀,可用来蒸糕,可用来煮粥,也可用来炒着吃。它的种类也很多,谷壳有红、白二种颜色,有的有毛,有的无毛。米也有红、白两种颜色,颜色红的糯米用来酿酒,酒多糟少。古人酿酒多用秫,秫就是糯粟。

【异名】稌、糯米、江米、元米。

稻米

【性味】味苦,性温,无毒。

【功效主治】《名医别录》载:食用,能温中,使人发热,大便秘结。陈士良讲:使人气血充足,通畅,可解莞毒、斑蝥的毒。孙思邈说:有益气止泄的功能。肖炳说:把它与骆驼脂调和后作成煎饼服食,可以治痔疮。陈藏器谓:把它作成粥服食,可以消渴。李时珍曰:它能暖脾胃,止虚寒泄痢,缩小便,收自汗,发痘疮。

米泔

【性味】味甘,性凉,无毒。

【功效主治】李时珍认为:米泔主益气,止烦渴霍乱,解毒。食鸭肉不消化者,立即饮一杯,即可消除病症。

稻花

将稻花采集加工后,放置于阴凉处晾干。

【功效主治】李时珍曰:稻花有白牙、乌须作用。

稻杆

【性味】味辛、甘,性热,无毒。

【功效主治】陈藏器谓:治黄疸,可将它煮成汁,浸洗,接着再将谷芒炒黄研为末,和酒服用。苏颂曰:将它烧成灰,可以医治跌打损伤。李时珍认为:烧成灰浸水渴,可以止消渴。将稻杆垫在鞋内,可以暖脚,去寒湿气。

谷芒

【功效主治】《日华诸家本草》记:黄疸病,将谷芒制成粉末,和酒服用。如煎成汁饮用,又可解虫毒。

糯糠

【功效主治】李时珍曰:牙齿发黄者,可烧后取其白灰,天天擦牙。

本草附方

【治鼻衄不止,服药无效】用糯米炒成微黄,为末,新井水调服 2 钱,再吹少许入鼻中。

【治噤口痢】用糯谷 1 升爆出白花,去壳,用姜汁拌湿再炒,研为末,每次用白开水服下1匙,3次即止。

【汤火伤疮】把稻草灰用冷水淘7遍,待湿摊在伤处,干即愈。若疮湿者,焙干油敷,2、3次可愈。

【治噎食不下】赤稻细梢,烧灰,滚汤1碗,隔绢淋汁3次,取汁,入丁香1枚,白豆蔻半枚,米1盏,煮粥食,效果神奇。

本草今用

【药品来源】本品为禾本科糯稻的种仁。

【药理成分】主要为淀粉,并含有糖类、钙、磷、铁、维生素 B_1、维生素 B_2、淀粉等。

【药用功效】糯米可用于虚寒性胃痛、胃及十二指肠溃疡、痘疹痈疖诸疮等病。

稷粟类

稷

本草纲要

【释义】稷在凡能种粟的地方都有种植,现在的人对它不太珍惜,只有祭祀时才用它。农家只是在青黄不接时才以它为粮。稷与黍,属于同一类的两个品种。质粘的是黍,不粘的是稷,稷可以作为饭食,黍可以用来酿酒。这就像稻这一种类里有粳米和糯米两个品种一样。

【异名】穄、粢。

稷米

【性味】味甘,性寒,无毒。

【功效主治】《名医别录》载:能主益气,补不足。《日华诸家本草》记:可以治疗热毒、解苦瓠毒。《食医心镜》记载:也可作为饭食,安中利胃益脾。《生生编》记载:凉血解暑。

根

【功效主治】李时珍曰:止心气痛,可用于女人产难。

本草附方

【治背部痈疽】将米粉熬黑,以鸡蛋清调和涂于绢帛上,剪孔贴患处,干了则换,效果很好。

【辟除传染病,令人不相传染】服食米粉。

黍

本草纲要

【释义】黍到处都有种,尤其以汴州、洛阳、河南、陕西一带种植较多。有粘性的稷,就是黍米。它又分红、白、黄、黑几个品种。白黍米粘性次于糯米,红黍米粘性最强,可以蒸着吃,也可煮粥。将黍米用菰叶裹成粽子吃。现今人们称为角黍。黍米此通指诸黍米也。

【异名】赤黍曰虋、黑黍曰秬、白黍日芑。

黍米

【性味】味甘,性温,无毒。

【功效主治】《名医别录》载:主益气,补中。孟诜曰:将它烧成灰后,用油调和,涂抹于棒伤处,可以止痛。李时珍认为:将它嚼成浓汁,可以涂治小孩的鹅口疮。

丹黍米

就是红黍米。

【性味】味甘,性微寒,无毒。

【功效主治】《名医别录》记载:它可以治疗咳嗽哮喘霍乱,止泄痢,除热,止烦渴。孟诜讲:治疗食鳖引起的包块,用新收的红黍米的淘米水,生服1升,不超过2、3天就可以治愈。但它不能和蜜及葵菜一起吃。

丹黍穰、茎、根

【性味】味辛,性热,有小毒。

【功效主治】孟诜说:煮成汁喝,可解苦瓠毒,用它来洗浴身体,可去浮肿。将它和小豆煮成汁服用,可利尿。李时珍曰:把它烧成灰和酒服方寸匕,可以治疗妊娠尿血。有的人家取用它的茎穗做成扫帚扫地。用它的腐茎煮水来沐,可治浮肿。

本草附方

【治小儿鹅口疮,不吃乳】丹黍米嚼汁涂搽。

【疮肿伤风,沾水剧痛者】将黍穰烧烟,熏令汗出,即愈。

本草今用

【药品来源】本品为禾本科植物黍的种子。

【药理成分】含灰分、粗纤维、脂肪酸等。

粱

本草纲要

【释义】粱为谷类中的良种。粱就是粟,但汉代之前只有粱而没有粟。从汉代以后,才开始把果实大并且毛长的称为粱,把果实小并且毛短的称为粟。现今世俗把穗大芒长,颗粒粗大并且有红毛、白毛、黄毛这几个品种的粟称为粱。黄粱、白粱、青粱、红粱就是根据颜色而命名的。

黄粱米

【性味】味甘,性平,无毒。

【功效主治】《名医别录》记载:主益气,和中,止泄痢。《日华诸家本草》记载:除邪风顽痹。李时珍说:止霍乱,利小便,除烦热。

白粱米

【性味】味甘,性微寒,无毒。

【功效主治】《名医别录》记载:主除热,益气。孟诜曰:舒缓筋骨。凡是患有胃虚并且呕吐的人,用二碗米汁,一碗姜汁,一起服用,效果很好。李时珍说:做成饭食用,有和中,止烦渴的作用。

青粱米

【性味】味甘,性微寒,无毒。

【功效主治】《名医别录》记载:主胃痹,热中消渴。有止泄痢,利小便,益气补中,使人年轻长寿的作用。大明:煮成粥吃,能健脾,治泄精。

本草附方

【治小儿丹毒】用土番黄米粉,和鸡蛋清敷,即愈。

【治手足生疣】取白粱米粉,铁铫炒红研成末,以众人唾沫和之,厚1寸,涂上立即消。

【治脾虚泄痢】用青粱米半升,神曲1合,日日煮粥食,即愈。

【补脾益胃】羊肉汤入青粱米、葱、盐,煮粥食。

本草今用

【药品来源】本品为禾本科植物粟的一种。黄粱米、白粱米、青粱米分别为该植物黄粱、白粱、青粱的种子。

粟

本草纲要

【释义】有粘性的是秫,没有粘性的是粟。称它为粟,是因为要将它和秫区别开,故在前面配籼字。北方人称它为小米。粟就是粱。谷穗大并且毛长颗粒大的就是高粱;谷穗小并且毛短颗粒小的就是粟。粟的成熟分早、晚,大多的早粟皮薄米多,晚粟皮厚米少。

【异名】籼粟。

粟米

【性味】味咸,性微寒,无毒。

【功效主治】《名医别录》记载:养肾气,除脾胃热,益气。陈粟米:味苦,性寒。主治胃热消渴,利小便。孟诜曰:能止痢,抑制丹石毒。陈藏器讲:加水煮服用,能治热腹痛和鼻出血。制成粉末,用水过滤成汁,能解多种毒,能治霍乱以及转筋入腹,又镇静安神。陈士良说:能解小麦毒,发热。李时珍引自《生生编》言:反胃和热痢。用它煮成粥食用,对丹田有好处,可以补虚损,开肠胃。

粟糠

【功效主治】李时珍曰:主治痔漏脱肛,配合各种药熏患处。

粟奴

【功效主治】李时珍认为:当苗抽穗时长出煤黑色的就是粟奴。它有利小肠、除烦闷的作用。

本草附方

【治鼻衄不止】粟米粉同水煮服用。

【治小儿丹毒】嚼粟米敷患处。

【治反胃吐食,脾胃气弱,消化不良,汤饮不下】用粟米半升靡成粉,加水调成梧子大的丸7枚煮熟,放点盐,空腹和汁吞下。有的认为纳入糖醋吞更好。

本草今用

【药品来源】本品为禾本科植物粟的种子。

稗

本草纲要

【释义】稗子到处野生,和秧苗极为相似。它的茎叶和穗的颗粒都像黍稷。1斗稗子能获得稗子米3升。所以有:"五谷没有成熟时,还不如秭稗"的说法。秭稗的苗像稗而它的穗像粟,有紫色的毛,就是乌禾。稗有水稗、旱稗两种。水穗生在田中,旱稗的苗叶像穇子,颜色呈深绿色,根下的叶带紫色,梢头生出扁穗,结的果实像黍粒,呈茶褐色,味道稍苦,性温。稗子米用来煮粥,做饭,磨成面食用都可以。

稗米

【性味】味辛、甘、苦,性微寒,无毒。

【功效主治】李时珍曰:做成饭食用,益气宜脾,所以曹植称它为"芳菰精稗"。

根、苗

【功效主治】李时珍曰:能治跌打损伤,出血不止。方法是将它们捣碎或研成末敷在患处,立即可以止血。

本草今用

【药品来源】本品为禾本科植物稗的种子。

狼尾草

本草纲要

【释义】狼尾草的穗形状像狼尾。生长在沼泽地。它的茎、叶、穗粒都像粟,穗的颜色呈紫黄色,有毛。饥荒年间可以采来做粮食。

【异名】稂、童粱、孟、狼尾、宿田翁、守田、狼茅、小芒草、老鼠根、狗仔尾、大狗尾草、黑狗尾草。

米

【性味】味甘,性平,无毒。

【功效主治】陈藏器曰:可做饭食,令人不饥。

本草今用

【药品来源】本品为禾本科植物狼尾草的根及根茎。

菰米

本草纲要

【释义】生于湖泊中,结的果实像米,很稀有。它还有一名叫雕菰。菰就是茭草。它的茎部膨大长出一种菌像瓜的形状。可以食用,所以称它为菰。它的米必须在霜败时采摘,所以又称为雕菰,它生长在水中,叶像蒲苇。它的苗有茎梗的,就称为菰蒋草。到了秋天,结的果实就是雕菰米,古代的人认为它是美食。现在饥荒年间,人们还采摘它作为粮食。

【异名】茭米、雕苽、雕胡。

【性味】味甘,性冷,无毒。

【功效主治】陈藏器曰:能止渴。李时珍曰:可解烦热,调理肠胃。

菽豆类

大豆

本草纲要

【释义】在夏至前后播种,苗长达 3、4 尺,叶呈圆形但有尖。秋季开出成丛的小白花,结成豆荚长达 1 寸。它有几个品种,分黑黄褐等颜色,可榨油,做豆豉,炒食。做豆腐等,其营养很高。

【释义】菽。

黑大豆

【性味】味甘,性平,无毒。久服,令人身重。

【功效主治】《神农本草经》记载:将它生的研碎,涂在疮肿处,有一定疗效。将它煮成汁喝,能杀邪毒。《名医别录》记载:它能治水肿,消除胃中热毒,伤中淋露,去瘀血,散去五脏内寒,除乌头毒。《蜀本草》记载:煮食治湿毒水肿。《日华诸家本草》记载:通关利脉,解金石药毒。驱牛马瘟疫。陈藏器曰:将它炒黑,趁热放入酒中饮用,能治风痹瘫痪口吃,及产后伤风头痛。吃完饭后生吞半两黑大豆,可以聪耳明目、轻身,使人肌肤润泽,精力旺盛,不易衰老,镇心,滋补人。长时间服用,可以润肌肤,使人长生不老。李时珍曰:煮汁解礜石、砒霜、甘遂、天雄、附子、射罔、巴豆、芫菁、斑蝥等药毒及蛊毒。入药治下利脐痛,冲酒服治风痉及阴毒腹痛。用胆汁浸泡后服可治消渴。

大豆皮

【功效主治】李时珍曰:生用,治疗痘疮和目视物不清。嚼烂敷涂治小儿痘疮。

大豆花

【功效主治】李时珍曰:主治目盲,翳膜。

大豆叶

【功效主治】李时珍引自《广利方》言:能治蛇咬,捣碎敷在伤处,常更换,可愈。

本草附方

【服食大豆:使人长肌肤,益颜色,填骨髓,增气力,补虚能食,不过两剂】大豆5升,如做酱法,取黄豆捣末,以猪炼膏和丸如梧桐子大,每服50~100丸,温酒服下,神验秘方。

【治眼球上生白膜,视物不见】用黑豆每月初一以淡盐汤下1粒,初二初三逐日增1粒,至十五日15粒,十六日也15粒,十七日14粒,十八、十九逐日减1粒,至月底仍归一粒,若月小,十六日便服14粒,十七日便服13粒,连服3月,眼病愈。

【治中风入脏】以大豆1斗,水5斗,煮取1斗2升,去滓,入美酒1斗5升,煎至9升,晨服,以汗出愈。

【治突然腰痛】大豆6升,加水湿炒热,布熨之,冷即换。

【治身面浮肿】用黑豆1升,水5升,煮汁3升,入酒5升,再煮为3升,分3次温服;用黑豆炒干,研为末,每次2钱,用水饮下。

本草今用

【药品来源】本品为豆科植物大豆的黑色种子。

【药理成分】含较丰富的蛋白质、脂肪和碳水化合物,以及胡萝卜素等。

黄大豆

本草纲要

【释义】黄豆的苗高1、2尺左右,它的叶像黑豆叶,但比黑豆叶大,结的豆角略微肥大些,它的叶嫩时可以吃。

【性味】味甘,性温,无毒。

【功效主治】宁原曰:能宽中下气,利于调养大肠,消水胀肿毒。李时珍曰:研成末,加开水调和涂在出痘后有感染的地方。

豆油

【性味】味辛、甘,性热,微毒。

【功效主治】李时珍曰:主涂疮疥,解发。

本草附方

【治肿疖及痘后生疮】黄豆炒香研末,以香油调泥外敷。

本草今用

【药品来源】本品为豆科草本植物大豆的黄色种子。

【药理成分】含蛋白质、脂肪、B族维生素、胡萝卜素、大豆皂甙、大豆黄酮甙、丁香酸,以及钙、磷、铁、钾、钠等成分。

【药用功效】降低血脂和胆固醇。

【临床主治】肥胖症。

赤豆

本草纲要

【释义】赤豆在夏至后播种,豆苗茎高1尺左右,它的枝叶像豇豆的枝叶,到秋季开花,比虹豆的花小,颜色呈银褐色,有异味。结的荚长约2、3寸,比绿豆荚稍大,皮色微白带红,半青半黄时收割。一般用它来做豆包、粽子的馅。

【异名】赤小豆、荅、红豆,叶名藿。

【性味】味甘、酸,性平,无毒。

【功效主治】《神农本草经》记载:能消除水肿,排除痈肿和脓血。《名医别录》记载:治消渴,止泻痢,利小便,除腹胀吐逆。《日华诸家本草》记载:解小麦热毒,煮汁服解酒解油。陈士良曰:瘦肌肉、坚筋骨。甄权曰:解热毒散恶血,通气除烦满,健脾助消化。李时珍说:能辟瘟疫,治难产,下胞衣,通乳汁,和鲤鱼、鲫鱼、黄母鸡煮食,都可利水消肿。

叶

【功效主治】《名医别录》记载:可去烦热,止尿频。《日华诸家本草》记载:煮食,可聪耳明目、轻身,使人肌肤润泽,精力旺盛,不易衰老。

芽

【功效主治】李时珍引自《普济》言:漏胎和房事伤胎,则用芽为末,温酒服方寸匕,每日3次。

本草附方

【治水肿】用赤豆半斤,蒜1颗,生姜5钱,陆根1条,一起研碎,加水煮烂,除去药,空腹吃赤豆,慢慢将红汁喝完,水肿现象很快消失。又一方:治水肿从脚起,若水肿至腹就会致命。取赤豆1斗,加水煮到极烂,取其汁水5升,温热时浸泡足膝。若已肿至腹部,就吃赤豆,不要吃其他的东西,也会好。又一方:治腹肿、腹水,皮肤出现黑色。用赤豆3升,白茅一把,同水煮后吃赤豆,以消尽腹水为宜。又一方治水肿。用东行花、桑技烧灰1升,淋上汁,煮赤豆1升,用来当饭吃,治疗效果非常好。

【治热毒下备,或因吃烫的东西而发作】将赤豆末和水调和后服方寸匕。

【治尿痛、尿血】用赤豆3合,炒后研末,再加一葱用微火煨好,加酒擂和,调服2钱。

【治乳汗不通畅】用赤豆煮汁喝下。

【治小儿遗尿】用赤豆捣汁服下。

【治鹅口疮】将赤豆末和醋涂于患处。

【治丹毒如火】将赤豆末和鸡蛋清早常涂于患处。

【治风疹瘙痒】将赤豆、荆芥穗等量,研成末,用鸡蛋清调和涂患处。

本草今用

【药品来源】本品为豆科植物赤小豆或赤豆的种子。

【药理成分】含淀粉、蛋白质、糖类、磷、钾、镁,还含硫胺素、核黄素、尼克酸、钙、铁等成分。

【临床主治】1.水肿。

2.慢性胆囊炎。

3.防暑降温。

绿豆

本草纲要

【释义】绿豆处处可种。3、4月间下种,它的苗高1尺左右、它的叶小而且有细毛,到8、9月开小花,它的豆荚像赤豆荚。它的用途很广,可以做绿豆糕,可以生绿豆芽。

【性味】味甘,性寒,无毒。

【功效主治】《开宝本草》记载:煮食之,可消肿通气,清热解毒。将生绿豆研碎绞成汁水吞服,可医治丹毒,烦热风疹,药石发动,热气奔腾。《日华诸家本草》记载:补肠胃。可做枕头,使眼睛清亮。可治伤风头痛,消除呕吐。孟诜曰:经常吃,补益元气,和调五脏,安神,通行十二经脉,除去皮屑,滋润皮肤,煮汁汤可解渴。宁原曰:解一切药草、牛马、金石之毒。陈藏器曰:但不可与鲤鱼同吃,否则令人肝黄形成渴病。李时珍曰:治痘毒,利肿胀。

本草附方

【治官刑损伤】用炒熟的绿豆粉研细,加鸡蛋清调后涂在伤口上。

【治一切肿毒初发】用绿豆粉炒至黑色,用醋调和敷在肿块上。

【治跌打损伤】把绿豆粉炒成紫色后,用刚打来的井水调和敷在受伤之处,外面用杉木绑好,它的效果很灵。

【治眼中目翳】取绿豆皮、白菊花、谷精草等量研末,每一次取1钱,再用干柿1枚,粟米水1盏,一起煮到水干,然后吃饼,每天服3次,半个月就能见效。

本草今用

【药品来源】本品为豆科植物绿豆的种子。

【药理成分】含蛋白质、糖类及多种维生素。

【药用功效】1.降压。

2.降脂。

3.解毒。

【临床主治】1.肿胀。

2.防暑。

3.口腔炎

4.食物中毒。

白豆

本草纲要

【释义】它的苗嫩的时候可以当菜吃,吃生的也很好。有的是白色,也有的是土黄色,像绿豆一般大,但比绿豆长。4、5月间种下,它的苗比赤豆苗稍尖些。

【异名】饭豆。

【性味】味甘,性平,无毒。

【功效主治】孟诜曰:可补五脏,调中,助十二经脉。《日华诸家本草》记载:可暖肠胃。孙思邈曰:可驱除鬼气。是补肾的食物,患肾病的人应该吃。

叶

【功效主治】《日华诸家本草》记载:煮来食用,利于调养五脏。

蚕豆

本草纲要

【释义】蚕豆在8月份种下,11、12月生长的嫩苗可以吃,它的茎呈四方形,中间是空的。叶子的样子像饭勺头,靠进叶柄处微圆而末端较尖,面向阳光一面呈绿色,背着阳光的呈白色,一根茎上生三片叶子。2月开花像红豇豆花。豆角很像蚕的形状,所以叫蚕豆,四川蚕豆最多。

【异名】胡豆。

【性味】味甘、微辛,性平,无毒。

【功效主治】汪颖曰:主利胃肠排泄,调和五脏六腑。

苗

【性味】味苦,微甘,性温。

【功效主治】汪颖曰:酒醉不省人事者,用油盐将苗炒熟加上水煮成汤灌进嘴里,效果良好。

本草今用

【药品来源】本品为豆科植物蚕豆的成熟种子。

【药理成分】含有磷脂、胆碱、维生素 B_1、维生素 B_2、烟酸和钙、磷、铁、钾、钠、镁等多种人体所需的矿物质。

豇豆

本草纲要

【释义】在3、4月间种下。有一种是蔓生的,茎长约1丈有余,还有一种是藤蔓较短的。它的嫩叶可以吃。它的花有红色、白色两种。

【异名】豆角、羊角、角豆、饭豆、腰豆、长豆、茳豆、裙带豆、浆豆。

【性味】味甘、咸,性平,无毒。

【功效主治】李时珍曰:能理中益气,补肾健胃,和五脏,调身养颜,生精髓,止消渴,治呕吐,痢疾,止尿频,可解鼠蛇之毒。

本草今用

【药品来源】本品为豆科植物豇豆的种子。

【药理成分】含蛋白质、脂肪、碳水化合物,还含有钙、铁、锌、磷、维生素 C、胡萝卜素、膳食纤维等成分。

豌豆

本草纲要

【释义】它的苗,弯弯曲曲,因此叫豌豆。李时珍说:豌豆属土,所以主治脾胃之病。元时饮酒用膳,每次都将豌豆捣碎除去皮,与羊肉同食,说是可以补中益气。现在已成为家常的食物。

【异名】戎菽、回鹘豆、毕豆、青小豆、胡豆。

【性味】味甘,性平,无毒。

【功效主治】陈藏器曰:清煮吃,治消渴。孙思邈曰:去除呕吐,止下泄疾病。吴瑞曰:可调颜养身,益中平气,催乳汁。李时珍曰:煮成汤喝,可驱除毒心病,解除乳食毒发作。研成末,可除痈肿痘疮。用豌豆粉洗浴,可除去污垢,面色光亮。

【药用功效】1.抗癌。

2.降低胆固醇。

【临床主治】1.预防心脏病。

2.预防结肠和直肠癌。

扁豆

本草纲要

【释义】人们把它种在篱笆边。在 2 月间种下,它的枝叶蔓生缠绕,叶子圆而带尖。它的花形像小飞蛾,它的豆荚共有十余种,有的长,有的圆,层层叠叠地结在茎上。

【异名】南扁豆、沿篱豆、蛾眉豆、凉衍豆、羊眼豆、膨皮豆、茶豆、南豆、藤豆。

本草附方

【霍乱吐利】扁豆、香薷各 1 升,水 6 升,煮 2 升,分服。

【消渴饮水】金豆丸:用白扁豆浸去皮,为末,以天花粉汁同蜜和,丸梧子大,金箔为衣,每服 20~30 丸,天花粉汁下,日 2 服。忌炙煿酒色。次服滋肾药。

【恶疮痂痒作痛】以扁豆捣封,痂落即愈。

本草今用

【药品来源】本品为豆科植物扁豆的白色种子或荚果。

【药理成分】含蛋白质、维生素 C，还含有胰蛋白酶抑制物，淀粉酶抑制物，血球凝集素 A、B 以及蔗糖、葡萄糖、柿子糖、半乳糖、果糖等物质。

菜部

李时珍曰：凡草本之可茹青者称之为菜。韭、薤、葵、葱、藿，并称为五菜。《素问》云：五谷为养，五菜为充。菜能够辅佐谷气，疏通肠道。古者三农生九谷，能够充饥的菜不止五种。

荤辛类

韭

本草纲要

【释义】韭字很像其叶长出地面上的形状。只要种一次便长期生长，所以称为韭。一年可割 3、4 次，只要不伤到它的根，到冬天用土盖起来，春天来临之前又开始生长，相信它可以长期生长了吧。韭菜，一丛一丛地生长，叶长得很茂盛，韭叶颜色青翠。韭菜可以分根栽种，也可以撒子种植。

【异名】草钟乳、起阳草、壮阳草、扁菜、懒人草。

【性味】叶辛、微酸，性温、涩，无毒。

【功效主治】《名医别录》记载：主归心，安抚五脏六腑，除胃中烦热，对病人有益，可以长期吃。宁原曰：有归肾壮阳，止泄精，温暖腰部膝部的作用。朱震亨曰：可治吐血、咳血、鼻血、尿血，及妇女月经失调，跌打损伤和呃噎病。将韭菜捣成汁澄清后，和上儿童的小便喝下，能消散胃内的瘀血。陶弘景曰：和鲫鱼一同煮来吃，可治急性痢疾。陈藏器曰：将生韭菜捣汁服，可治胸部痉痛。煮来吃，可以使肺气充沛，除心腹陈寒痼冷和腹部包块，治肥胖人中风后失音。还可解各种药物的毒性，治疗狂犬咬伤，毒蛇、蝎子、毒虫咬伤，捣烂后，局部外敷，解其毒性。孟诜曰：把韭菜炸熟和上盐、醋，空腹吃十顿，主治胸膈噎气。李时珍曰：饮生汁，主上气喘息欲约，解肉脯毒。煮汁饮，止消渴盗汗。熏产妇血运，洗肠痔脱肛。

籽

【功效主治】《名医别录》记载：可治梦中遗精，便血。《日华诸家本草》记载：可暖和腰膝，驱除鬼气附身。李时珍曰：补肝脏及命门，治小便频繁、遗尿，可治妇女白带量过多。将其研成末，拌入白糖可治腹泻；拌入红糖则可治腹泻便血。用陈米煮汤服下，有神效。

本草附方

【服食方】有位贫穷的老人患了上消化道肿瘤,一吃食物马上就呕吐,而且胸中像针刺一样痛。有人叫他用韭菜汁,加入少量盐、梅和卤汁,先细细呷一点,再渐渐加量,吐出数升浓痰后明显好转。

【治鼻出血不止】将韭菜根、葱根一起捣碎,捏成枣子一般大小,塞入鼻孔中,不时更换,2、3次就能止住流血。

【治夜有恶梦不止】发生恶梦引起的昏死,不要点灯,只要痛咬他的大拇指指甲,并将唾沫吐在他脸上就能使他苏醒,再取韭菜捣成汁,吹进他的鼻孔中,冬天无韭菜叶时就用韭菜根。

本草今用

【药品来源】本品为百合科多年生草本植物韭的叶。

【药理成分】含生物碱、皂甙、蛋白质、维生素、硫化物等。

【药用功效】具有兴奋性功能之作用。

【临床主治】1.男性勃起功能障碍。

2.慢性前列腺肥大症之尿频者。

3.带状疱疹。

葱

本草纲要

【释义】葱共有四种:冬葱也就是冻葱,夏衰冬盛,它的茎和叶非常柔软美丽。泰山以南,长江以北的地方多有种植;汉葱茎厚实坚硬,而味道很淡,一到冬天叶子便枯萎;胡葱的茎和叶子粗短,根似金灯;葱生长在山谷中。还有一种楼葱,和冬葱是一类的,也叫龙爪葱。每根茎上长出枝丫,像龙爪的形状。冬葱又叫太官葱,因为它的茎柔软细弱而且有香味,可以过冬,适宜太官拿去上供。汉葱又叫木葱,因其形状很粗又很坚硬而得名。冬葱不结子。汉葱春末开花,成一丛丛的,花呈青白色。它结的子呈黑色,有皱纹,呈三瓣的形状。收取后阴干,不要放在潮湿的地方,可栽苗也可撒种。

【异名】芤、鹿胎、莱伯、四季葱、和事草、葱白、大葱。

葱茎白

【性味】味辛,性平,无毒。

【功效主治】《神农本草经》记载:煮汤,可治伤寒的寒热,消除中风后面部和眼睛浮肿。《名医别录》记载:治伤寒骨肉疼痛,咽喉麻痹肿痛不通,并可以安胎。使用于眼睛,可清睛明目,除肝脏中的邪气,通利中焦,调五脏,解各种药物的药毒。通大小肠,治疗腹泻引起的抽筋以及奔豚气、脚气,心腹绞痛,眼睛发花,心烦闷。孟诜曰:通关节,止鼻孔流血,利大小便。李杲曰:治腹泻不止和便中带血。宁原曰:能达表和里，止血。李时珍曰：去除风湿，治全身疼痛麻木，治胆道蛔虫，能止住大人虚脱，腹痛难忍，及小孩肠绞痛，妇女妊娠期便血，还可以促使乳汁分泌，消散乳腺炎症和耳鸣症状。局部外敷可治狂犬咬伤，制止蚯蚓之毒。陈士良曰：解一切鱼和肉的毒。

注意：生葱不能同蜂蜜一起吃，多食则对人体有害。造成神志不清昏迷，只能用作调料而已。

叶

本草附方

【治头昏脑涨疼痛难忍】用葱插入病人的鼻内和耳内，就能通气，使人清爽。

【治妊娠期间受到伤寒，红斑变黑，尿中带血者】用葱白一把，水 3 升，煮熟后喝汤，吃完葱，直到出汗。

【治小儿暴死】取葱白放入肛中和两个鼻孔中，气通后打喷嚏，即活。

【治小儿腹痛】用葱煎水浴小孩的腹部，并用炒葱捣碎贴在肚脐上，过一会，排出尿后腹痛即止。

【治虚脱危症】凡人大吐大泄之后，四肢冰冷，不省人事，有的与女子性交后，小腹和肾疼痛，出冷汗，昏迷不醒，如不及时抢救，则非常危险。先将葱白炒热熨贴在肚脐上，再将 3、7 根葱白擂烂，用酒煮后灌服，阳气马上回升。这是华佗发明的药方。

【治急性胆道绞痛，牙关紧咬将要断气者】用老葱白 5 根去掉葱皮和葱须，捣成膏，用小勺子送入咽喉，再灌进麻油 4 两，只要咽下就能苏醒，一会儿，积虫化成黄水拉出。

【治小腹胀痛，小便不利，如果不及时抢救就有生命危险】用葱白 3 升，炒热后用帕包好，将两包交替熨烫小腹，等热气渗透到腹里气透后则愈。

【治早期乳腺炎】用葱汁 1 升，立即服下，炎症即可消散。

【治疔疮毒】将疮刺破，用老葱、生蜂蜜杵碎贴两个时辰，疔疮毒出来后，用醋水洗，有神效。

本草今用

【药品来源】本品为百合科草本植物葱的全草或鳞茎。入药多用香葱，鳞茎入药，称为葱白。

【药理成分】葱含蛋白质、脂肪、糖类、维生素、胡萝卜素、粗纤维、烟酸、钙、磷、铁，还含葱蒜辣素、挥发油、二烯丙基硫醚。

【药用功效】1.抑菌。

2.抗菌。

3.杀灭滴虫。

【I 临床主治】1.乳腺炎。

2.遗尿。

3.荨麻疹。

薤

本草纲要

【释义】8月栽种根，正月分苗移植，适宜在土壤肥沃的地里栽种。一根多茎，叶长得茂盛而根长得很大，其叶形状像韭菜，但是韭菜叶中间是实心而形状是扁的，有剑脊；薤叶则是中空的，像小葱的叶子但又有棱，气味也像葱。2月开紫白色的细花，根像小蒜，一根有几颗，长在一起互相依存。

【异名】火葱、菜芝、鸿荟、莜子。

薤白

【性味】味辛、苦，性温、滑，无毒。

【功效主治】《神农本草经》记载：主治金疮溃烂，轻身，不饥耐老。《名医别录》记载：强筋骨，除寒热，去水气，温暖中焦散结气，利于病人。将薤白捣碎涂在疮上。治各种疮中风寒，水气肿痛。《日华诸家本草》记载：煮来食用，可耐寒调中补气不足，治慢性腹泻，令人健壮，壮阳恢复元气。李时珍曰：可散血通气，治胸部针刺一样疼痛，并安胎。温补，助阳道。孙思邈曰：心病宜食之，利于产妇。孟诜曰：治妇女白带含血，骨刺卡咽喉，吃薤白后刺即吞下。苏颂曰：补虚解毒。苏恭曰：薤有红色，白色两种，白的能滋补，红的能治疗金疮。寇宗奭曰：同蜂蜜一起捣碎涂在烫伤、烧伤的患处，见效很快。

注：不能和牛肉一起吃，否则易生结石。

本草附方

【治突然中风，奄奄一息，或平时恶梦】用薤实汁灌入鼻孔中，就会苏醒。

【治腹胀气痛】用薤白捣成汁喝，效果很大。

【治拉红痢不止】薤实同黄柏树皮煮水喝，能治好。

【治小儿痢疾】把藠头捣成泥，和以粳米粉和蜂蜜做成饼，烤熟后吃。

【治产后各种痢疾】多煮些薤白来吃，再和羊油一起炒来吃。

本草今用

【药品来源】本品为百合植物小根蒜或薤的鳞茎。

【药理成分】含N-对-香豆酰酪胺、N-反-阿魏酰酪胺。

蒜

【本草纲要】

【释义】中原地区当初只有这种蒜，后来因为汉人从西域带回葫蒜，于是叫原来的蒜为小蒜以示区别。蒜是五种荤之一。五荤也就是五辛，是说其产生的味能令人烦躁不安，心神混乱。炼药的人以小蒜、大蒜、韭菜、芸苔、胡荽为五荤；道家则以韭菜、藠头、蒜、芸苔、胡荽为五荤；佛家则以大蒜、小蒜、兴渠、慈葱、山葱为五荤。兴渠，也就是阿魏。虽然各不相同,但都是辛熏的东西,吃生的则更加令人烦躁,熟食发淫,能损人的精神意志,所以少食这类食物为好。李时珍说:葫蒜有两种:其根和茎都较小,瓣少较辣的叫蒜,也就是小蒜;其根和茎都大而且瓣数多的,味辛而带苦的是葫蒜,也就大蒜。依照《尔雅正义》上说:黄帝登蒿山,中了莸芋之毒,快要死时,嚼食蒜才解了毒,于是开始收藏种植蒜。蒜还用以驱除腥膻和虫鱼之毒。

【异名】葫蒜、葫、独头蒜、独蒜、荤菜、小蒜。

蒜

小蒜根。

【性味】味辛,性温,有小毒。

【功效主治】《名医别录》记载:益脾肾,止霍乱吐泻,解腹中不安,消积食,温中调胃,除邪痹和毒气。陶弘景曰:主溪毒。《日华诸家本草》记载:下气,治各种虫毒,敷在蛇虫咬伤处和沙虱疮上,有很好的效果。孟诜曰:涂疗肿甚良。

叶

【功效主治】孙思邈曰:主心烦痛,解各种毒,治小儿发红疹。

本草附方

【时气温病】初得头痛,壮热脉大。即以小蒜 1 升,杵汁 3 合,顿服。不好再作便愈。

【积年心痛】不可忍,不拘 10 年、5 年者,随手见效。浓醋煮小蒜食饱勿着盐。曾用之有效,再不发也。

【阴肿如刺】小蒜 1 升,韭根 1 升,杨柳根 2 斤,酒 3 升,煎沸乘热熏之。汗出者愈。

本草今用

【药品来源】本品为百合科植物小蒜的鳞茎。

【药理成分】鳞茎中含有大蒜糖,主要由果糖组成;另含烯丙基硫化合物。

葫

本草纲要

【释义】现在的人称葫为大蒜,称蒜为小蒜,因其气味相似。张骞出使西域,大蒜,胡荽才开始传入中原。而小蒜是中原本地所产,大蒜来自胡地,因而叫葫蒜。

【异名】大蒜、荤菜。

【性味】味辛,性温,有毒。久食损人目。

【功效主治】《名医别录》记载:此物归五脏,可散痈肿毒疮,除去风邪,消除毒气。苏恭曰:可下气消积食,化腐肉。陈藏器曰:去除水恶瘴气,除风湿,破冷气,烂痃癖,伏邪恶,宣通温补,疗疮癣,杀鬼去痛。《日华诸家本草》记载:强健脾胃,治肾气,止霍乱吐泻引起的抽筋和腹痛。驱除邪气和瘟疫,治疗疟疾引起的抽风和寒战。敷伤风冷痛,治毒疮,蛇虫之毒,溪砂毒、沙虱毒。如果是用熟醋浸泡多年的大蒜更好。寇宗奭曰:将大蒜捣烂用温水服下,可治疗因中暑导致的昏迷不醒。捣碎贴于足心,可医治鼻孔流血不止。用大蒜和豆豉丸服下,可治大便突然猛烈出血,使小便畅通。李时珍曰:将大蒜捣出汁水后喝下,可医治吐血和绞痛。煮出汁水喝下,可治疗角弓反张之症。和鲫鱼一起做成丸子吃,可治胸闷胀满。和蛤粉一起做成丸子吃,可消水肿。同黄丹丸一起吃,可治痢疾和孕痢。同乳香丸一起吃,可治腹痛。捣成膏敷在肚脐上,就能通达下焦消水,利于大小便排泄。贴于足心,治急性腹泻,止鼻孔出血。放人肛门中,能使幽门通畅,治疗关格不通,但吃多了会损伤人的眼睛。

注:李时珍说大蒜的气烈,能通五脏六腑,使眼耳鼻口七窍畅达,可驱除寒湿和辟邪恶,消痈肿,助消化,这就是大蒜的功效。因此,王祯称大蒜是:久放味道不变,可以用来繁殖栽种,也可用来贮存,能化臭腐为神奇,是调味佳品,可代替醋酱调料。旅途上带上它,则发炎、抽风、疾病、风雨都无妨,食糖脂中毒也不会有所妨碍。夏季吃后可解除暑气。北方人吃肉面尤其不能缺少。这是《食经》上的上等品,日常用处很多。由于不了解其辛味能散气,其热能助火,因而有可能损伤肺和眼睛,导致神态昏迷错乱,应引起重视。

本草附方

【治腹胀】用大蒜装入自死的黑鱼肚内,再用湿纸包好放在火中煨熟,蒜连同鱼一起吃。忌放椒、盐、葱、酱,多吃自愈。这种方法有人试过,并非夸大其词。用灸的方法治背上发疮。凡觉得背上有硬肿块疼痛,先用湿纸贴寻疮头,再用大蒜 10 颗,淡豆豉半合,乳香 1 钱,研细,根据疮头的大小,用竹片做个圈围起来,将药填在圈内,填到两分厚,用艾香灸,由痛灸到痒,再由痒灸到痛,以 100 次为一疗程。这种方法与蒜钱灸法有同样的功效。

【治腹部胀满,大小便不通】独蒜烧熟后去掉蒜皮,用布裹好放入肛门,胀气立刻通畅了。

【治气肿】用大蒜、田螺、车前子各等分,熬成膏摊贴在肚脐上,水即随大小便排泄出去,几天就能痊愈。象山的人患了水肿病,一个卜士传与此方,照着做即瘥。

【治痢疾伴饮食不进或呕不能食】用大蒜捣烂贴于两足心,也可掩贴在肚脐上。

【治妇女阴部红肿发痒】用大蒜水洗阴部,有效停止。

【治中闭口椒毒,气滞欲死】把蒜煮来吃,就能治愈。

本草今用

【药品来源】本品为百合科植物大蒜的鳞茎。

【药理成分】含有蛋白质、脂肪、糖类、多种维生素、胡萝卜素、钙、磷、铁,还含有大蒜辣素、硫醚化合物、芳香醇等成分。

【药用功效】1.降血糖。

2.降血压。

3.抑制病菌、病毒作用。

【临床主治】1.用于止血。

2.治疗支气管哮喘。

胡萝卜

本草纲要

【释义】胡萝卜的根有黄色，红色两种，带点蒿气，5、6 寸长，大的有手握满那么粗。3、4 月茎高 2、3 尺，开碎小的白花，像伞的形状，胡萝卜籽有毛，是褐色的，它的气味有点像萝卜，因是元朝时从西域引进来，所以得名胡萝卜。

【异名】黄萝卜、胡芦菔、红芦菔、丁香萝卜、金笋、红萝卜、伞形棱菜。

根

【性味】味甘、辛，性温，无毒。

【功效主治】李时珍曰：主要是下气调补中焦，利胸膈和肠胃，安五脏，增强食欲，对人体有利无害。

子

【功效主治】李时珍曰：主治久患痢疾。

本草今用

【药品来源】本品为伞形科植物胡萝卜的根。

【药理成分】含胡萝卜素、多种维生素、木质素、烟酸、蛋白质、脂肪、糖类，还含有钙、磷、铁等矿物质。

芹菜

本草纲要

【释义】有水芹、旱芹两类。水芹生在沼泽的边上；旱芹则生在陆地，有红、白两种。一般 2 月长出幼苗，它的叶子成对生长。它的茎上有棱，中间是空的，它的气味芬芳。5 月开出细小的白花，它是对人的身体有益的菜。

【异名】水英、楚葵。

茎

【性味】味甘，性平，无毒。

【功效主治】《神农本草经》记载：主治女子大出血，且有止血养精，保养血脉，强身补气的功效。令人身体健壮，食欲增强。孟诜曰：捣水芹汁服用，又可去除暑热。医治结石。陈藏器曰：饮它的汁后，小儿可以去除暴热，大人可治酒后鼻塞及身体发热，又可去头中风热，利口齿和滑润大小肠。大明曰：同时还可解烦闷口渴，妇科出血及白带增多和痈症、五种黄疸病。

堇

又叫旱芹。是野生植物，不是人工种植的。其叶如蕺菜，花呈紫色。

【性味】味甘，性寒，无毒。

【功效主治】《唐本草》记载：捣成汁后，可以用来洗马身上的毒疮，同时也可服用。又将汗涂在蛇、蝎毒痈肿患处，可治。孟诜曰：经常食用堇菜可消除胸腹间的烦闷发热及寒热，治颈淋巴结核病。具有聚积精气，除下瘀血，止霍乱腹泻的功效。还可以将生或菜捣成汁取半升服，能够驱除体内毒性产物。

紫堇

又称红芹。长在水边。它的叶，是青色的，有三寸多长，叶上有黄色斑点，它的味道苦涩。它的根，嚼起来有极浓的酸、苦、涩味。

苗花

【性味】味酸，性平，苗微毒，花无毒。

【功效主治】苏颂曰：主治大人，小孩脱肛。

本草附方

【小便淋痛】水芹菜白根者，去叶捣汁，井水和服。

【治小儿吐泻】芹菜切细，煮汁饮之，不拘多少。

【湿热气】旱芹菜晒干为末，糊丸梧子大，每服 40 丸，空腹温酒下。大杀百虫毒。

本草今用

【药品来源】本品为伞形植物芹菜的全草。

【药理成分】芹菜含有蛋白质、脂肪、碳水化合物、维生素 A、维生素 B_1、维生素 B_2、烟酸、维生素 C、钙、磷、铁及粗纤维等营养成分。

生姜

本草纲要

【释义】生姜宜种在低湿沙地。4 月取母姜栽种，到 5 月就长出苗，如嫩芦而叶稍宽如竹叶，对生，叶，味辛香。秋季前后长出新芽，像分开的手指一样，这时采来吃无筋，称它为子姜。秋分后姜经霜就老了。因为姜适宜特别潮湿而且没有阳光的地方，所以秋天很热就不会长姜。

【异名】川姜、白姜、均姜。

【性味】味辛，性微温，无毒。

【功效主治】《神农本草经》记载：久服能去除臭气，通神明。《名医别录》记载：归五脏，能除风邪寒热，止伤寒头痛鼻塞，咳逆气喘，止呕吐，去痰下气。甄权曰：去水肿气胀，治时令外感咳嗽。合半夏能治胃脘部急痛。加入杏仁煎，治急痛气实，心胸拥膈冷热气。捣烂取汁和蜜服，治中暑呕吐不能下食。孟诜曰：散烦闷，开胃。把生姜汁煎服，下一切结石，冲胸膈恶气，特效。陈藏器曰：能破血调中，去冷气。李时珍曰：生用发散，熟用和中。解食野禽中毒成喉痹。浸汁，点赤眼。捣汁和黄明胶熬，贴风湿痛甚妙。

姜皮

【性味】味辛，性凉，无毒。

【功效主治】李时珍曰：可以消浮肿，腹胀，腹腔内的痞块，调和脾胃，去眼球上的白膜。

叶

【性味】味辛，性温，无毒。

【功效主治】张机曰：主治吃鱼导致的结石，捣汁饮用，即消。

本草附方

【咳嗽不止】生姜5两，饧半升，火煎熟，食尽愈。段侍御用之有奇效。

【暴逆气上】嚼姜2、3片，屡效。

【霍乱腹胀，不得吐下】用生姜1斤，水7升，煮2升，分3服。

【产后血滞，冲心不下】生姜5两，水8升，煮服。

本草今用

【药品来源】本品为姜科植物姜之新鲜根茎。

【药理成分】含有姜醇、姜烯、水芹烯、莰烯、柠檬醛、芳樟醇等挥发油，姜辣素、天门冬素、谷氨酸、丝氨酸等成分。

【药用功效】1.具有镇吐作用。

2.解热、退热作用。

3.抗炎消肿。

【临床主治】1.痢疾。

2.白癜风。

3.蛔虫性肠梗阻。

同蒿

本草纲要

【释义】同蒿种于8、9月，冬春时节可食其肥茎。它的花、叶与白蒿相似，味道辛甘，散发着蒿的气味。4月起2尺高的苔，开黄色的类似菊的花。

【异名】茼蒿菜、蓬蒿菜、菊蒿菜、菊花菜、蒿子秆。

【性味】味辛，性平，无毒。

【功效主治】孙思邈曰：能安心气，养脾胃，消痰饮，利肠胃。

柔滑类

苜蓿

本草纲要

【释义】苜蓿原来生长在大宛国，汉使张骞带回中国，现在田野之中到处皆有。

结圆扁形的小荚，周围有刺，结的荚非常多，老了就变成黑色。荚内有像米的籽，可以做饭吃，也可以用它来酿酒。

【异名】草头、木粟、光风草。

【性味】味苦，性平，涩，无毒。

【功效主治】《名医别录》记载：有益于人，可以长期食用。孟诜曰：安中调脾胃，轻身健体。去脾胃间的邪热气，去小肠各种热毒，可以加酱油煮吃，也可煮成羹吃。苏颂曰：对大、小肠有利，把苜蓿晒干吃对人有益，功能与新鲜时相同。

根

【性味】性寒，无毒。

【功效主治】苏恭曰：主治热病烦闷，眼睛发黄，小便呈黄色，酒精中毒，捣碎后服1升，让人呕吐后就可把病治好。李时珍曰：也可以把它捣碎取汁煎来服用，治结石引起的疼痛。

本草今用

【药品来源】本品为豆科植物紫苜蓿或南苜蓿的全草。

【药理成分】含蛋白质、糖类、胡萝卜素、维生素C、维生素B_2、钙、磷、铁，还含有苜蓿素及维生素B_{12}和维生素K及皂甙、卢瑟醇等。

【药用功效】1.止咳、平喘。

2.促进胃肠蠕动。

【临床主治】1.支气管炎。

2.便秘。

苦菜

本草纲要

【释义】就是苦苣。春天生长幼苗，有红茎，白茎两种。苦苣茎空而脆，折断后有白汁流出。叶像花萝卜菜叶一样，颜色绿中带碧，叶柄依附在茎上，每片叶子有分叉，相互交撑挺立，开黄花，像野菊。一枝花结子一丝。当花凋谢时就可以采集。苦菜籽上有茸茸的白毛，随风飘动，花落的地方就带有籽落地，就会生长出来。

【异名】苦苦菜、苦麻菜、荼苦荬、甘马菜、苦碟子、苦马菜、盘儿菜、天香菜、牛舌菜、拒马菜、小鹅菜、老鹳菜。

菜

【性味】味苦，性寒，无毒。

【功效主治】《神农本草经》记载：主治五脏邪气，厌食胃痛。经常服用安心益气，精神饱满轻身耐老，耐饿耐寒，豪气不减，增强体力。《名医别录》记载：治腹泻，清热解毒，及恶疮疾病。《嘉祐补注本草》记载：调节十二经脉，久服强力益人，治霍乱后胃气烦胀。陈藏器曰：捣它的汁饮用，可清除面目和舌头下的湿热。它的汁是白色，涂抹在疔疮肿痛之处,能拔出病根。把苦菜汁滴在痈上,立即使痈溃烂,脓汁排出。汪机曰:能聪耳明目,治各种痢疾和血淋痔瘘疾病。李时珍曰:治血淋痔瘘。

根

【功效主治】《嘉祐补注本草》记载:主赤痢,白痢和骨结核,三种病都可以煮汁服用。李时珍曰:治血淋,利于小便的排泄。

花籽

【性味】味甘,性平,无毒。

【功效主治】寇宗奭曰:能祛暑,安神。汪颖曰:患黄疸疾,可连同花、子研细2钱,水煎服,日2次,效果极佳。

本草附方

【治口腔恶疮】用野苦苣捣烂取汁水1盅,加人姜汁1匙,调和后用酒服用,用渣敷患处,1、2次即可。

【治喉痹肿痛】用野苦菜捣烂后取汁半盅,再用灯芯加热浸泡,捻灯芯汁水半盏,与野苦菜汁调和拌匀后服用。

本草今用

【药品来源】本品为菊科植物苦苣菜的全草。

【药理成分】含有17种氨基酸,其中8种为人体必需的氨基酸,还含有胆碱、苦味素、蒲公英甾醇、甘露醇等。

蒲公英

本草纲要

【释义】蒲公英生长在平原沼泽的田园之中。茎,叶都像莴苣,折断后有白汁流出,可以生吃,花像单独的菊花但比较大。花像头饰金簪头,也叫金簪草,形状像一只脚立地的样子,也叫黄花地丁。

【异名】黄花地丁、乳浆草、古古丁、金簪草。

苗

【性味】味甘,性平,无毒。

【功效主治】苏恭曰:治妇女乳房痛和水肿,方法是:煮它的汁饮用和封贴在患处,立刻消肿。朱震亨曰:解食中毒,驱散滞气,化解热毒,消除恶肿,结核及疔肿。李时珍曰:放入牙中,可以使胡须、头发变得乌黑,滋壮筋骨。苏颂曰:用蒲公英的白汁涂在恶刺上立即治愈。

本草附方

【乳痈红肿】蒲公英1两,忍冬藤2两,捣烂,水2盅,煎至1盅,食前服。睡一觉,病即去矣。

【多年恶疮】蒲公英捣烂贴。

本草今用

【药品来源】本品为菊科蒲公英植物蒲公英的全草。

【药理成分】含蒲公英甾醇、蒲公英素、蒲公英苦素及树脂等。

【药用功效】1.抗病原微生物作用。

2.提高免疫功能。

【临床主治】1.急性黄疸型肝炎。

2.胃脘痛。

3.尿毒症。

百合

本草纲要

【释义】百合只有一茎向上,叶向四方伸长。5、6月时,茎端开出大白花,花瓣有5寸长,花有六瓣,红蕊向四周垂下,颜色也不红。红的叶子像柳叶,叫作山丹。

【异名】强瞿、蒜脑薯。

根

【性味】味甘,性平,无毒。甄权曰:有小毒。

【功效主治】《神农本草经》记载:能止邪气所致的心痛腹胀,利大小便,补中益气。《名医别录》记载:除浮肿腹胀,胸腹间积热胀满、阻塞不畅,全身疼痛,乳难和咽喉肿痛,吞口涎困难,止涕泪。甄权曰:辟百邪鬼魅,涕泣不止;除膈部胀痛,治脚气热咳。大明曰:可安心、定神,益志,养五脏,治癫邪狂叫惊悸,产后大出血引起的血晕,杀血吸虫,胁痈、乳痈发背的各种疮肿。寇宗奭曰:也可治百合病。张元素曰:温肺止嗽。孟诜曰:如心下急黄,宜将百合同蜜蒸食。

花

【功效主治】李时珍曰:将百合花晒干后研成末,和入菜油,可涂天气引起的小儿湿疮,治疗效果非常好。

子

【功效主治】孙思邈曰:将百合子加酒炒到微红,研成末用汤服,可治肠风下血。

本草附方

【阴毒伤寒】百合煮浓汁,服1升良。

【治天泡湿疮】生百合捣烂涂搽,1、2日即安。

【治肺病吐血】将新鲜的百合捣成汁,和水饮或煮食。

【肺脏壅热烦闷咳嗽者】新百合4两,蜜和蒸软,时时含1片,吞津。

本草今用

【药品来源】本品为百合科植物百合、细叶百合、麝香百合及同属多种植物鳞茎的鳞叶。

【药理成分】含秋水仙碱等多种生物碱及淀粉、蛋白质、脂肪等。

【药用功效】1.滋阴润肺。

2.镇咳祛痰。

3.安神。

【临床主治】1.神经衰弱。

2.胃脘痛。

3.失眠。

瓜菜类

茄

本草纲要

【释义】李时珍说:茄适宜在9月黄熟时收取,然后将它洗净晒干,至2月份即可种植移栽。茄的株有2、3尺高,叶子大如手掌。从夏到秋,茄开紫花,五瓣相连,五个棱角犹如绣上了丝线,花蕊黄色,绿色的蒂包在茄上。茄中有瓤,瓤中有籽而很像芝麻。茄有圆如枯楼的,7、8寸长;有青茄、紫茄、白茄。白茄也叫银茄,味道胜过青茄。各种茄到老时都会变成黄色。而苏颂认为黄茄是茄的一种,大概是没有深入研究吧。

【异名】落苏、昆仑瓜、草鳖甲。

【性味】味甘,性寒,无毒。

【功效主治】孟诜曰:治寒热,五脏劳损。大明曰:能去除瘟病传尸劳气。也可用醋摩后敷毒肿。朱震亨曰:将老后裂开的茄烧成灰,可治乳裂。李时珍曰:茄子,可散血止痛,消肿宽肠。

蒂

【功效主治】吴瑞曰:把茄蒂烧成灰,和入饭中饮服2钱,可治肠风下血不止,及血痔。李时珍曰:可用来敷口齿疮。将茄蒂生切后,可用来擦癜风。

花

【功效主治】李时珍曰:治金属锐器所致的金疮和牙痛。

根及枯茎叶

【功效主治】《开宝本草》记载:将根、茎叶煮成汤,浸泡冻疮皲裂,很有效。李时珍曰:可散血消肿,治血淋下血,血痢,子宫脱垂,齿痛和口腔溃疡。

本草附方

【治下腹硬块】用陈酱茄子烧存性,加麝香少许,轻粉少许,和脂调和后贴上。

【治妇人血黄】用竹刀将黄茄子切开,阴干为末,每次服2钱,饮酒送下。

【治肠风下血】将经霜的茄子连蒂烧存性为末,每日空腹以温酒服下2钱匕。

【治咽喉肿痛】将糟茄或酱茄,细嚼后咽汁。

【治发背】可用上方,用酒送服半匙,再用膏涂疮口周围,如感觉到冰冷,那么疮已干了,病也消了。如脓根在疮里面的,也能消除。

【治肿毒】把生茄子一个切去2分,剜去里面的瓤2分,使其像罐子的形状,然后将它扣在疮上,肿毒立即消散。如疮已出脓,可再做一次,以消除病根。

【治齿痛】用隔年的糟茄子,烧成灰后频频干擦,立即有效。

【治女人乳头燥裂】取秋季裂开的冷茄子,阴干烧存性研末,调水涂。

【治血淋疼痛】将茄叶熏干研为末,每次服2钱,温酒或盐汤送下。隔年的茄叶尤佳。

【治久痢不止】将茄根烧灰,同石榴皮研为末,用沙糖水送服。

【治牙疼】将秋茄花烧研后涂痛处,痛即止。

本草今用

【药品来源】本品为茄科一年生草本植物茄的果实。

【药理成分】含蛋白质、脂肪、碳水化合物、钙、磷、铁、胡萝卜素、维生素 B_1、维生素 B_2、烟酸、维生素 P、维生素 E,并含生物碱等营养成分。

冬瓜

本草纲要

【释义】李时珍曰:3月,冬瓜生苗引蔓,宽大的叶子,圆而有尖,茎叶都有刺毛。6、7月开黄花,果实大的直径超过1尺,长有3、4尺。因冬瓜在冬月成熟,故得名冬瓜。瓜嫩时绿色有毛,老熟后则呈青色,皮坚厚有粉,瓜肉肥白。瓜瓤叫作瓜练,像絮一样白而虚松,可用来洗衣服。瓤中的籽叫瓜犀,它们有规律地排序生长。在霜后摘下冬瓜,瓜肉可以蒸吃,也可加蜜糖制成果脯;籽仁也可食用。可兼蔬菜、果品用。采收下来的冬瓜应避免接触酒、漆、麝香和糯米,否则会很快就烂的。

【异名】白瓜、东瓜、枕瓜、濮瓜、白冬瓜、水芝、地芝。

白冬瓜

【性味】味甘,性微寒,无毒。

【功效主治】《名医别录》记载:消除小腹水胀,利小便,止渴。孟诜曰:能益气耐老,除心胸胀满,去头面热。苏颂曰:利大小肠,压丹石毒。大明曰:可消热毒痈肿。将冬瓜切成片摩擦痱子,效果很好。陶弘景曰:捣成汁服,可止消渴烦闷,解毒。

瓜练

【性味】味甘,性平,无毒。

【功效主治】甄权曰:将其绞汁服,能止烦躁热渴,利小肠,治五淋,压丹石毒。李时珍曰:用它来洗面沐身,能令人悦泽白皙。

白瓜子

【性味】味甘,性平,无毒。

【功效主治】《神农本草经》记载:吃后,令人面色悦泽,益气不饥。久服,能轻身耐老。《名医别录》记载:除烦闷不乐,可用来做面脂。大明曰:去皮肤风及黑斑,润肌肤。李时珍曰:可治肠内结块。

瓜皮

【功效主治】苏颂曰:可制成丸服用,也可做面脂。李时珍曰:主驴马汗入疮引起的肿痛,则将瓜皮阴干为末涂搽。还可治伤折损痛。

叶

【功效主治】大明曰:能治肿毒,杀蜂、疗蜂叮。李时珍曰:主消渴,疟疾寒热。又可将瓜叶焙干研末,敷多年的恶疮。

藤

【功效主治】大明曰:烧灰,可除纹身。煎汤,可洗黑斑及疮疥。李时珍曰:捣汁服,能解木耳毒。煎水,洗脱肛。烧灰,可淬铜、铁。伏砒石。

本草附方

【治消渴不止】将冬瓜去皮,每日饭后吃2、3两,5~7次就会有效。另一方法:将冬瓜一个,去皮后,埋在湿地中,1个月后取出,破开取瓜中的清水,每日饮用。也可将冬瓜烧熟绞汁饮用。

【治小儿魃病】这种病是因为小儿在2、3岁未断乳时,母亲又怀孕引起的。其症状为:小儿寒热羸瘦,腹胀吐食,面青发竖。严重的甚至有夭折的危险。可用冬瓜、萹蓄各4两,煎汤洗浴。

【治食鱼中毒】饮冬瓜汁,效果良好。

【治男子白浊,女人白带】将陈冬瓜子仁炒为末,每日空腹用米饮下5钱。

【治多年损伤不愈】温酒服冬瓜子末。

本草今用

【药品来源】本品为葫芦科草本植物冬瓜的果实。

【药理成分】含蛋白质、碳水化合物、灰分、钙、磷、铁、胡萝卜素、维生素C、硫胺素、钾、钠。

【药用功效】冬瓜子有祛痰作用。

【临床主治】1.气管炎。

2.暑湿高热昏迷。

南瓜

本草纲要

【释义】李时珍曰:南瓜来自南方少数民族地区,后传入闽、浙,现燕京各处也有了。南瓜在3月下种,适宜栽种在肥沃的沙地内。4月生苗,藤蔓生长的很快,一根蔓可长到十余丈长,节节有根,附地而生。南瓜的茎,中间是空的,叶子的形状像蜀葵却大如荷叶。到8、9月时开出如西瓜花一样的黄花。结的瓜很圆,比西瓜更大,皮上有棱如甜瓜。一根藤可结瓜数十颗,瓜的颜色或绿或黄或红。南瓜经霜后收藏于暖处,可保存到春天而不坏。

【异名】金冬瓜、番瓜、倭瓜、饭瓜、北瓜、窝瓜。

【性味】味甘,性温,无毒。

【功效主治】李时珍曰:南瓜有补中益气的功效。

本草今用

【药品来源】本品为葫芦科草本植物南瓜的果实。南瓜的花、须、叶、根、茎、蒂及种子都可以入药。

【药理成分】南瓜含有丰富的维生素A、B、C及矿物质,必需的8种氨基酸和儿童必需的组氨酸,可溶性纤维、叶黄素和磷、钾、钙、镁、锌、硅等微量元素。

【药用功效】1.增强机体免疫力。

2.驱虫。

【临床主治】1.肋间神经痛。

2.疟疾。

3. 痢疾。

4.驱蛔虫。

丝瓜

本草纲要

【释义】丝瓜在2月下种,长出来的苗藤攀延在树上和竹枝上,因此有人给它搭上棚架。丝瓜的叶大如蜀葵却有很多分叉,叶形尖而有细毛刺,取其汁可作绿色染料。它的茎上有棱。6、7月开五瓣的黄花,有些像胡瓜花,花蕊和花瓣都是黄色的。因丝瓜到老时筋丝罗织,故有丝罗之名,可以用来垫在靴子里,或用来洗锅等。又因丝瓜从南方传来,故又有蛮瓜的称谓。在唐宋之前还没有此物种,现在南北各地都有栽种,已经成为人们的日常蔬菜了。

【异名】天丝瓜、天罗、布瓜、蛮瓜。

瓜

【性味】味甘,性平,无毒。老者可以入药。

【功效主治】朱震亨曰:如痘疮出得不快,可将枯丝瓜烧存性,加朱砂研末,用蜜水调服,效果不错。李时珍曰:丝瓜煮着吃也很好,能除热利肠。将老丝瓜烧存性服,可去风化痰,凉血解毒,杀虫,通经络,行血脉,下乳汁,治大小便带血,黄积,疝痛卵肿,血气作痛,痔漏崩中,痈疽疮肿,虫牙及痘疹胎毒等症。《生生编》记载:能暖胃补阳,固气和胎。

叶

【功效主治】李时珍曰:癣疮,将叶在癣疮处频频揉搓。也可治痈疽疔肿。

藤根

【**功效主治**】李时珍曰:治虫牙和鼻塞脓浊滴出,可杀虫解毒。

本草附方

【**治痘出不快,或未出,可令多的减少,少的变得稀疏**】用近蒂的3寸的老丝瓜,连皮烧存性,研末,用砂糖调服。

【**治小肠疝气,疼痛冲心**】将连蒂老丝瓜烧成性,研末,每次服3钱,热酒调下。严重的不过2、3次即愈。

【**治各种疮久溃**】取丝瓜的老根熬水洗患处,如感到溃烂处清凉,即愈。

【**治疔疮**】取丝瓜叶、葱白、韭菜各等分,一同捣碎取汁,用热酒和服,半滓贴在腋下。如病在左手贴左腋,病在右手则贴右腋;在脚上贴胯,左右都一样;在身体中部可贴心脐,用布缚住,待肉下红线处都变白了,疔疮就消散了。

【**治痈疽不敛,疮口太深**】可用丝瓜捣汁频频抹擦。

【**治玉茎疮溃**】将丝瓜连子捣汁,和五倍子末,频频擦涂。

【**治风癣虫癣**】每日清晨,采带露水的丝瓜叶7片,逐片擦癣7下,其效如神。但忌吃鸡、鱼等发物。

本草今用

【**药品来源**】本品为葫芦科植物丝瓜或奥丝瓜的鲜嫩果实;或霜后干枯的老熟果实(天骷髅)。

【**药理成分**】丝瓜含蛋白质、脂肪、淀粉、糖类、维生素、胡萝卜素、瓜氨酸、皂甙,以及钙、磷、铁等营养素。

【**药用功效**】1.止咳化痰平喘。

2.抗早孕。

【**临床主治**】1.腰痛。

2.慢性支气管炎。

3.细菌性痢疾。

苦瓜

本草纲要

【**释义**】苦瓜是蔓延草木,原本出自南番,现在闽、广都有种植。5月下种,生出的苗藤及茎叶卷须很像葡萄,却没有葡萄大。7、8月开黄色的小花,花有五瓣而如碗的形状。结的瓜是青色的,皮上有细齿如癞,有点像荔枝皮的形状,瓜熟时色黄而自裂,里面有红瓤黑子。苦瓜的瓤味甜美可食。苦瓜子形状扁如瓜子,也有很细的齿。

【**异名**】癞瓜、凉瓜、癞葡萄、红姑娘、锦荔枝。

【**性味**】味苦,性寒,无毒。

【**功效主治**】李时珍引自《生生编》言:能去除邪热,解身体劳乏,清心明目。

子

【性味】味苦、甘,无毒。

【功效主治】李时珍曰:益气壮阳。

本草今用

【药品来源】本品为葫芦科植物苦瓜的果实。

【药理成分】苦瓜含蛋白质、脂肪、糖类、粗纤维、维生素C、苦瓜甙、奎宁,以及钙、磷、铁等成分。

水菜类

紫菜

本草纲要

【释义】紫菜生长在南海中,附在石头上。在水中的颜色为纯青色,晒干后则变成紫色。李时珍说:闽、越海边都有,叶大而薄,采收叠成饼状,晒干运往内地出售,其色为紫色,故名紫菜。

【异名】子菜、索菜、紫荬。

【性味】味甘,性寒,无毒。

【功效主治】孟诜曰:热气烦塞咽喉,可将其煮汁后饮用。李时珍曰:患有瘿瘤肿大及脚气的人宜吃紫菜。

本草今用

【药品来源】本品为红毛菜科植物甘紫菜的叶状体。

【药理成分】含蛋白质、脂肪、糖分、胡萝卜素、维生素B_1、维生素B_2、烟酸、维生素C、钙、铁、磷、碘等成分,还含有维生素B_{12}叶绿素、红藻素、粗纤维、胆碱、多种氨基酸和胶质、甘露醇等营养成分。

【药用功效】本品可以降低血糖。

石莼

本草纲要

【释义】石莼出自南海边,依附着石头而生。长有2、3寸长的茎,颜色青而滑,又很光莹。在茎的中间桠中生花。石莼的形状像豆,叶子比铜钱大,像慈姑叶。石莼分布浙江至广东海南岛沿岸,黄渤海沿岸稀少。孔石莼分布辽宁、河北、山东和江苏等地沿海,长江以南的东海和南海沿岸也有生长,但由北向南逐渐稀少。

【性味】味甘,性平,无毒。

【功效主治】陈藏器曰:下水,利小便。李珣曰:煮汤饮用,治风秘不通,五膈气,小腹结气。又有人用它来治疳疾。

本草今用

【药品来源】本品为石莼科植物石莼或孔石莼的叶状体。

【药理成分】石莼含水分、灰分、氮、蛋白质、粗纤维、氯化钠及含酸性多糖和糖醛酸、甘二碳五烯酸、28-异岩藻甾醇、环木菠萝烯醇、24-亚甲基环木菠萝烷醇,和二甲基-β-丙酸噻亭。孔石莼含蛋白质、脂肪、戊聚糖和可溶性非氮物质;又含氨基酸、乙酸、丙酸、丁酸、戊酸,以及十四酸、十六酸、亚麻酸等脂肪酸和维生素 B_{12}。

石花菜

本草纲要

【释义】石花菜生长在海里的沙石之间。有 2、3 寸长,外形如珊瑚,有红、白两种颜色。它的枝上有细齿。如将它的根埋在沙地中,可再生枝,有一种稍粗像鸡爪的枝,叫鸡脚菜,味道更好。此二者如长时间浸泡,都会化成胶而凝固。

【异名】璚枝、鸡毛菜。

【性味】味甘、咸,性大寒、滑,无毒。

【功效主治】宁原曰:有去上焦浮热,发下部虚寒的功效。

鹿角菜

本草纲要

【释义】鹿角菜生长在海中的石崖间,长三四寸,紫黄色。味道极其滑美。如果让它在水里长时间浸泡或在开水里泡,就会溶化成胶状。

【异名】角叉菜、猴葵。

【性味】味甘,性寒、滑,无毒。

【功效主治】陈士良曰:能下热风气,疗小儿肺疾。炼丹的人食用后,能抵御丹石对身体的侵害。大明曰:可解面热。

本草今用

【药品来源】本品为藻类植物药杉藻科植物角叉菜的全草。

【药理成分】含角叉菜胶即卡拉胶及 N-(1 一羧乙基)-牛磺酸。

龙须菜

本草纲要

【释义】龙须菜生长在海边的石头上。丛生无枝,叶的形状像柳,根须长的有 1 尺多,呈白色。

【异名】石发。

【性味】味甘,性寒,无毒。

【功效主治】李时珍曰:治甲状腺肿大,散热气,通小便。

芝栭类

灵芝

本草纲要

【释义】芝的种类很多,和菌类是同类物。在坚硬地方生长的叫菌,在阴柔地方生长的叫芝。

【异名】瑞草、灵芝草、灵芝仙草、万年蕈。

青芝

青芝又称龙芝。

【性味】味酸,性平,无毒。

【功效主治】《神农本草经》记载:主聪耳明目,精力旺盛,不易衰老,补肝气,安精魂,能使人具有宽容仁恕的胸怀。经常食用,可轻身不老,延年益寿。《唐本草》记载:可增长志气。

赤芝

赤芝又称丹芝。

【性味】味苦,性平,无毒。

【功效主治】《神农本草经》记载:主胸中郁结,益心气,补中。使人增长智慧,益智。经常食用,使人轻身不老,延年益寿。

黄芝

黄芝又称金芝。

【性味】味甘,性平,无毒。

【功效主治】《神农本草经》记载:主心腹五邪,益气安神,忠信和乐。经常食用可延年益寿。

白芝

白芝又称玉芝。

【性味】味辛,性平,无毒。

【功效主治】《神农本草经》记载:主咳逆上气,益肺气,通利口鼻,使人意志坚强,勇猛决断,安魄。

黑芝

黑芝又称玄芝。

【性味】味咸,性平,无毒。

【功效主治】《神农本草经》记载:主癃疾,利小便,益肾气。通九窍,使人聪明灵敏细心。经常食用,令人身轻不老,延年益寿。

紫芝

紫芝又称木芝。

【性味】味甘,性温,无毒。

【功效主治】《神农本草经》记载:能聪耳,利关节,安神益气,坚筋强骨,令人面色好。李时珍曰:疗虚劳,治痔疮。

本草附方

【治虚劳短气,胸胁苦伤,手足逆冷,或时烦躁口干,目视不清,腹内时痛,不思饮食】紫芝丸:紫芝1两半,山芋焙,天雄炮去皮、柏子仁炒、巴戟天去心、白茯苓去皮、枳实去瓤炒各3钱半,生地黄焙、麦门冬去心焙、五味子炒、半夏制炒、附子炒去皮、牡丹皮、人参各7钱半,远志去心、蓼实各2钱半,瓜子仁炒、泽泻各5钱,为末,炼蜜丸梧子大,每服15丸,渐至30丸,温酒送服,每日3次。此药安神保精。

本草今用

【药品来源】本品为多孔菌科植物紫芝或赤芝的全株。

【药理成分】紫芝含麦角甾醇、有机酸、氨基葡萄糖、多糖类、树脂、甘露醇等。赤芝含麦角甾醇、树脂酸、甘露醇和多糖类;又含生物碱、内酯、香豆精、水溶性蛋白质和多种酶类。

【药用功效】1.降压。

2.解毒与护肝。

3.有滋养强壮功效。

【临床主治】1.头晕。

2.高血压。

3.肝炎。

木耳

本草纲要

【释义】木耳生长在朽木上,没有枝叶,受湿热余气而生。各种树木都能生木耳,它的良毒也由木性而决定,不能不辨。

【异名】云耳、树耳、黑菜、木檽、木菌、木蛾、蕈耳。

【性味】味甘,性平,有小毒。

【功效主治】《神农本草经》记载:可益气不饥,轻身强志。李时珍曰:能断谷不饥,疗痔疮。

桑耳

【性味】味甘、性平,有毒。

【功效主治】《神农本草经》记载:黑色的主治女子漏下赤白,血病腹内结块、肿痛,阴痛,阴阳寒热和不孕症。《名医别录》记载:调理月经紊乱。颜色发黄白色的,可以治愈久泄,益气不饥。金色的,可治饮食失节引起的两胁之间的结块,腹痛金疮。甄权曰:主女人崩中带下,月闭血凝,产后血凝,男子胸腹结块。大明曰:可以治疗鼻出血,肠风下血,妇女心腹痛。孟诜曰:利五脏,宣肠胃气,排毒气,压丹石热发,可与葱、豉一起做羹食。

槐耳

【性味】味苦、辛，性平，无毒。

【功效主治】苏恭曰：能治五痔脱肛，下血治心痛，妇女阴中疮痛。甄权曰：治风破血，增长体力。

本草附方

【治女子崩中下血】将桑木耳炒黑为末，用酒服方寸匕，每日3次，有效。

【治血崩】木耳不论多少，将其炒到见烟后，捣为末，每服2钱1分，发灰3分，每日服后取汗。

【治鼻出血】用桑木耳炒焦为末，塞入鼻中，有效。

【治血痢】将木耳灰5钱用酒服下。或将木耳煮熟后，和盐、醋吃，用汤送下。

【治杖责棒伤】被官府棒责伤，可预先将木耳灰用酒服3钱，便不至于危及生命。

【五痔下血】桑耳做羹，空腹饱食，3日1作。待孔卒痛如鸟啄状，取大、小豆各1升合捣，作两囊蒸之，及热，更互坐之即瘥。

【治脏毒下血】取槐树上木耳灰、干漆减半，每次1钱，温酒服下。

【去面上黑斑】将桑耳焙研，饭后用热汤送服1钱，1日3服，有效。

【一切牙痛】木耳、荆芥等分，煎汤频漱。

本草今用

【药品来源】本品为木耳科真菌木耳、毛木耳及皱木耳的子实体。

【药理成分】含蛋白质、糖类、钙、磷、铁、钾、钠，以及少量脂肪、粗纤维、维生素、胡萝卜素等人体所必需的营养成分，还含卵磷脂、脑磷脂。

【药用功效】1.降血糖。

2.降血脂。

3.增强免疫功能。

石耳

本草纲要

【释义】它的形状像地耳，喜生长于石崖上，把石耳洗去沙土，作食，胜过木耳，是佳品。

【异名】灵芝。

【性味】味甘，性平，无毒。

【功效主治】吴瑞曰：久食有益肤色，到老容颜依旧。令人不饥，大小便畅。李时珍曰：可使人耳聪目明，精力旺盛。

本草附方

【治脱肛泻血】用石耳5两炒，白枯矾1两，蜜陀僧半两，一起研为末，蒸饼丸如梧桐子大小,每次吃 20 丸,用米汤送下。

果部

李时珍说:树木的子实叫果,草的果实叫瓜。成熟后可以食用,晒干可以做果脯。丰俭可以济时,疾苦可以备药。可辅助粒食,以养民生。古者观察五地之物,发现:山林宜种植皂物,即柞、粟之属;河泽宜种植膏物,即菱;山丘宜种植核物,即梅李之属;平地出长野瓜;场园则出产珍异的瓜果,并根据时令加以收藏,果瓜的生产常异,性味的良毒也各不相同,岂能不知物性而纵情于嗜欲。

五果类

李

本草纲要

【释义】梵书称李为居陵迦。李,绿叶白花,树的存活期很长,有近百个品种。在麦子吐穗、开花时成熟,果实小而甘甜。姑孰有南居李,核像杏子的形状。还有绿李、黄李、紫李、牛李、水李都甘美好吃。唯独野李味苦,只能取其核仁做药用。

【异名】李实、嘉庆子、嘉应子。

【性味】味苦、酸,性微温,无毒。

【功效主治】《名医别录》记载:暴晒之后吃,去痼热,调中。孟诜曰:可去骨节间劳热。孙思邈曰:肝有病的人适宜食用。

核仁

【性味】味苦,性平,无毒。

【功效主治】《名医别录》记载:可治摔跌引起的筋折骨伤,骨痛瘀血。吴普曰:使人面色好。甄权曰:可治女子小腹肿胀,利小肠,下水气,除浮肿。苏颂曰:可治面上黑斑。

根白皮

【性味】大寒,无毒。

【功效主治】《名医别录》记载:治消渴,可止腹气上冲引起的头昏目眩。陶弘景曰:煎水漱口,治牙痛。大明曰:煎汤饮服,治赤白痢。李时珍曰:治小儿高热,解丹毒。孟诜曰:炙黄后煎汤至次日饮,治妇女突患带下赤白。

花

【功效主治】李时珍曰:将它研末用来洗脸,使人面色润泽,去粉刺黑斑。

叶

【功效主治】大明曰:可治小儿因壮热、疟疾引起的惊痫,如煎汤洗身,效果良好。

树胶

【性味】味苦,性寒,无毒。

【功效主治】李时珍曰:用来治目翳,可镇痛消肿。

本草附方

【治蝎子咬伤痛】将苦李仁嚼烂涂在伤口上,效果好。

【治女人面黑斑】用李核仁去皮后研细,以鸡蛋白和如稀饧后,晚上涂,次日清晨洗去。再涂胡粉。不过5、6日便会有效。

本草今用

【药品来源】本品为蔷薇科落叶乔木李树的果实。

【药理成分】含糖类,微量蛋白质、脂肪、胡萝卜素、维生素 B_1、维生素 B_2、维生素C、烟酸、钙、磷、铁等。

杏

本草纲要

【释义】杏本来生在晋川山谷里,现在到处都有,在2月里开红花,叶子圆而扁,有很多种:黄色的叫金杏,梅杏等,其味最佳。还有一种白杏,在成熟的时候色青白或微黄,味微甜。

【异名】杏子、杏实、甜梅。

【性味】味酸,性热,有小毒。

【功效主治】孙思邈曰:食杏脯,可止渴。有心病的人宜食用。

核仁

【性味】味甘、苦,性温、冷利,有小毒。

【功效主治】《神农本草经》记载:治咳如同雷鸣般上气,咽喉肿痛,下气,产乳金疮,寒心奔豚。《名医别录》记载:能镇惊痫,除心下烦热,风气往来,时节性头痛,解饥,消除心下胀痛。李时珍曰:杀虫,治各种疮疥,消肿,去头面各种风气引起的水泡样小疙瘩。

花

【性味】味甘,性温、无毒。

【功效主治】《名医别录》记载:可补不足,治女子伤中,关节红肿热痛和肢体酸痛。

本草附方

【治头面伤风,眼皮跳和嘴歪】杏仁研碎,加水煮后沐头,效果良好。

【治小便不通】杏仁14枚,去皮尖,炒黄研细,和米饭吃。

【治血崩】用杏仁上的黄皮,烧存性,研成粉末。每次服3钱,空腹用酒送服。

【治女人外阴生疮】杏仁半升,用面包好煨熟,去面后研烂,去汕。每次服少许,加铜绿少许,研匀点在患处。

【治小儿脐烂成风】杏仁去皮研后敷搽良。

【治白癜风】每日早上嚼烂14枚杏仁,用来擦患处,使其变红。晚上睡觉时再擦一次。

本草今用

【药品来源】本品为蔷薇科落叶乔木杏树的果实。

【药理成分】含糖、蛋白质、钙、磷,其含量均超过梨。另含柠檬酸、苹果酸、儿茶酚、蕃茄烃、黄酮类、糖类、杏仁油及各种氨基酸。

梅

本草纲要

【释义】梅和杏属同一类,并且,树、叶都很像,比其他很多果树先开花。结的果很酸,人们叫它酸梅。生在汉中山谷,可以5月采收,制成梅脯。采半黄的梅子用烟熏制成叫乌梅,用盐腌青梅,便成了白梅。也可将梅加以蜜煎、糖藏,当果品食用。熟了的梅榨汁晒成梅酱。乌梅、白梅可以入药,也可食用。

【异名】生梅子,梅实、青梅。

实

【性味】味酸,性平,无毒。

乌梅

【性味】味酸,性温,干涩,无毒。

【功效主治】《神农本草经》记载:主下气,除热、安心;治肢体痛,偏枯不灵,死肌,去青黑痣,蚀恶肉。《名医别录》记载:可去痹,通筋脉,止下痢.治口干好唾。陶弘景曰:泡水喝,治伤寒烦热。陈藏器曰:止渴调中,可去痰治疟瘴、止吐泻,除冷热引起的下痢。李时珍曰:可敛肺涩肠;止久嗽,反胃噎膈,蛔厥吐利,消肿涌痰;杀虫,解鱼毒、马汗毒、硫磺毒。

本草附方

【大便下血及酒痢、久痢不止】用乌梅3两,烧存性为末,醋煮米糊和做成梧子大小丸,每次空腹米饮服20丸,每日3次。

【久咳不止】将乌梅肉微炒,罂粟壳去筋膜蜜炒,等分为末,每次服用2钱,临睡时用蜜汤送下。

【香口去臭】时常含梅脯。

【治夏季痧气,腹痛呕吐,泻痢】青梅适量,放置瓶中,用高粱烧酒浸泡,以浸没青梅,高出3~6厘米为度,密封1个月后即可食用。此酒以越陈越好,每次饮用适量,或吃浸酒的青梅1个。

【治产后痢渴】乌梅肉20个,麦门冬12分,加水1升,煮7合,缓缓饮下。

【治久痢不止】用乌梅20个,加水1盏,煎至6分,食前分2次服下。

本草今用

【药品来源】本品为蔷薇科植物梅的未成熟果实。

【药理成分】含蛋白质、脂肪、碳水化合物、钾、钙、磷、铁、枸橼酸、苹果酸、柠檬酸、琥珀酸等。

桃

本草纲要

【释义】桃树容易栽种,并且开花较多,3年就可结果。花有红、紫、白、千叶单瓣的区别;它的果子有红桃、碧桃、绯桃、缃桃、白桃、乌桃、金桃、银桃、胭脂桃,都是用颜色命名的。桃树栽种5年后应当用刀割树皮,使它流出树胶,桃树便可多活数年。

【异名】桃实、毛桃、蜜桃、白桃、红桃。

【性味】味辛、酸、甜,性热,微毒。

【功效主治】大明曰:把桃制成果脯食用,益于养颜。孙思邈曰:它是补肺的果品,患肺病的人适宜吃它。李时珍曰:食冬桃可以解劳热。

核仁

【性味】味苦、甘,性平,无毒。

【功效主治】《神农本草经》记载:能治瘀血血闭,去除腹内积块,杀小虫。《名医别录》记载:可以止咳逆上气,消心下坚硬,除卒暴出血,通月经,止心腹痛。张元素曰:有治血结、血秘、血燥,通润大便,破瘀血的功效。孟诜曰:能杀三虫。每夜嚼一枚和蜜,涂手和脸,效果良好。李时珍曰:有治血滞、风痹骨蒸,肝疟寒热,产后血病,及辟恶鬼邪气之功效。

桃毛

【性味】味辛,性平,微毒。

【功效主治】《名医别录》记载:有破血闭,下血瘕,治寒热积聚,不孕,带下等症。大明曰:可以治疗崩中,破癖气的功效。孟诜曰:除恶鬼邪气。

桃枭

即在桃树上过冬不掉,正月采下来的桃。也称桃奴。

【性味】味苦,性温,有小毒。

【功效主治】《神农本草经》记载:有杀百鬼精物之功效。《名医别录》记载:可杀精魅五毒不祥之物,治中恶腹痛。大明曰:如和酒磨后热服,可疗心绞痛,治肺气腰痛,破血,疗心痛。汪颖曰:如吐血,将它烧存性,研成末,用米汤调用,立即见效。李时珍曰:可治小儿虚汗,妇女妊娠出血,破腹部气块,止邪疟。可烧烟熏痔疮,烧黑后用油调,敷在小儿头上可除疮疖。

花

【性味】味苦,性平,无毒。

【功效主治】《神农本草经》记载:可杀疰除恶鬼,使人面色好看。《名医别录》记载:能除水气,破尿路结石,利大小便,下三虫,令面部悦人。苏恭曰:可消肿胀,下恶气。孟诜曰:对心腹痛及秃疮有效。李时珍言:可利宿水痰饮积滞,治风狂。研末,可敷头上的肥疮与手脚疮。

叶

【性味】味苦,性平,无毒。

【功效主治】《名医别录》记载:可除去尸虫,去除疮中小虫。大明曰:能除恶气,疗小儿微热和突然受外界惊吓引起的面青、口涩、喘息、腹痛等症。李时珍曰:能治伤寒,湿气,肢体游移性酸痛;除头风,通大小便,止霍乱腹痛。

茎及白皮

【性味】味苦,性平,无毒。

【功效主治】《名医别录》记载:除因中邪而腹痛及胃中热症。李时珍曰:可疗心腹痛,解蛊毒,避疫疠,治黄疸身目如金,杀各种疮毒。

桃胶

桃茂盛时,用刀割树皮,久了胶则溢出。采收下来用桑灰汤浸泡,晒干后用。如服食,应当按本方制炼,效果才妙。

【性味】味苦,性平,无毒。

【功效主治】《名医别录》记载:经炼后服,可保中不饥,忍风寒。苏恭曰:可下尿道结石,破血,治中恶疰忤。孟诜曰:除恶鬼邪气。李时珍曰:能和血益气,治下痢,止痛。

本草附方

【治上气咳嗽,胸满气喘】取桃仁2、3个去皮、尖,用1大升水研出汁,加粳米2合煮粥服食。

【急劳咳嗽烦热】用桃仁2、3个去皮尖,猪肝1枚,童子尿5升,同煮干,于木臼内捣烂,入蒸饼和丸梧子大。每次用温水送下30丸。

【治男子阴肿作痒及小儿卵癫】均可取桃仁炒香研末,用酒调服方寸匕,每日2次。同时也可将桃捣烂外敷。

【治痨肠瘀】桃叶加水煎服。

【产后大小便不通】用桃花、葵子、滑石、槟榔等分,为末。空腹以葱白汤服2钱,即利。

【雀卵面疱】桃花、冬瓜仁研末等分,蜜调涂之。

本草今用

【药品来源】本品为蔷薇科植物或山桃的成熟果实。

【药理成分】鲜桃中含葡萄糖、果糖、蔗糖、木糖、蛋白质、脂肪、胡萝卜素、烟酸和维生素B_1、B_2、C,以及铁、钙、磷、柠檬酸、苹果酸等成分。桃仁含苦杏仁甙、苦杏仁酶、挥发油、脂肪油,油中含油酸、亚油酸。

枣

本草纲要

【释义】枣树处处都有栽种,以山西、山东的枣为大。枣树4月里长叶,5月开白带青的花,秋季果熟,晒干可入药。

【异名】红枣、干枣、美枣、良枣。

生枣

【性味】味甘、辛,性热,无毒。孙思邈曰:多食令人寒热,腹胀滑肠。瘦人尤其不能吃。

大枣

大枣即晒干的枣,又称美枣、良枣。

【性味】味甘,性平,无毒。

【功效主治】《神农本草经》记载:可除心腹邪气,安中,通九窍,养脾气,平胃气,助十二经,补益气津,可治身体虚弱,大惊四肢重,能和百药。长期服食能轻身延年。《名医别录》记载:可补中益气,坚志强力,去除烦闷,治心下悬,除肠澼。久服可耐饥成仙。大明曰:可润心肺,补五脏,止咳,治虚损,治肠胃癖气。与光粉和烧,可治疳痢。孟诜曰:蛀枣可治小儿秋季痢疾。李杲曰:可和阴阳,调荣卫,生津液。

核仁

核仁存放三年的最好。

【功效主治】《名医别录》记载:可除腹痛邪气。孟诜曰:能去恶气卒疰杵。李时珍曰:核烧研末,掺胫可治疮,效果好。

叶

【性味】味甘,性温,微毒。

【功效主治】《神农本草经》记载:覆盖麻黄,能令人发汗。《名医别录》记载:与葛粉混合,擦痱子疮,效果不错。大明曰:小儿壮热,可煎汤沐浴。

木心

【性味】味甘、涩,性温,有小毒。

【功效主治】李时珍引自《小品方》言:可治寄生虫引起的腹痛,面目青黄,淋露骨立症。锉取木心1斛,加水淹过3寸,煮至2斗水时澄清,再煎到5升。每日晨服5合,呕吐即愈。另外煎红水服,能通经脉。

根

【功效主治】李时珍曰:小儿赤丹从脚背发起者,可煎水洗浴。

皮

【功效主治】李时珍曰:与向北生长的老桑树皮等分,烧研。每次用1合,以井水煎后，澄清，洗目。每月 3 次，可令眼昏者目复明。但须忌荤、酒、房事。

本草附方

【调和胃气】 将干枣肉烘燥后，捣成末，加少许生姜末，用白开水送服。

【痔疮痛】 大胖枣 1 枚去皮，取水银于手心，以唾沫研令极熟，涂于枣瓤上，纳入肛门即可。

【令发易长】 取东行枣根 3 尺，放在锅上蒸，两头出汗，收取涂于发上，即易长。

【大便干燥】 大枣 1 枚去核，入轻粉半钱缚定，煨熟后食，用枣汤送下。

【肺痈吐血因啖辛辣、热物致伤者】 可用红枣连核烧存性，百药煎煅，等分为末。每次服 2 钱，用米汤送下。

本草今用

【药品来源】 本品为鼠李科植物枣的成熟果实。

【药理成分】 含多种维生素、胡萝卜素，以及氨基酸、糖类、铁、钙、磷、镁、钾、皂甙、生物碱、黄酮，还含苹果酸、酒石酸等成分。

山果类

梨

本草纲要

【释义】 梨的品种很多，有青、黄、红、紫四种颜色。梨树可长到 2、3 丈高，叶子光滑，2 月开白色的花，到处都有。

【异名】 快果、果宗、玉乳、蜜文。

实

【性味】 味甘、微酸，性寒，无毒。多食令人寒中萎困。患金疮、乳妇、血虚者，都不可食用。

【功效主治】 苏恭曰：治热嗽，止渴。切片贴于烫伤处，可止痛不烂。《开宝本草》记载：可止咳热，治中风不语，伤寒发热，解丹石热气、惊邪，利大小便。大明曰：能除贼风，止心烦气喘热狂。其浆液可吐风痰。孟诜曰：生捣汁服，能治卒暗风不语者。李时珍曰：润肺凉心，消痰降火，能解疮毒、酒毒。

花

【功效主治】 李时珍曰：可去面黑除粉刺。

叶

【功效主治】 吴瑞曰：捣汁服，可解菌毒。苏颂曰：治小儿疝气。苏恭曰：煮汁服，治霍乱吐痢不止。煎服，治风。

本草附方

【痰喘气急】 把梨挖空，塞满黑小豆，留盖合住系住，用糠火煨熟，捣作饼，每日食用,效果极佳。

【治反胃吐食,药物不下】取一个大雪梨,将15粒丁香刺入梨内,再用湿纸包4、5层,煨熟吃。

【治痰火咳嗽,年久不愈】将好梨去核后捣成一碗汁,放入椒40粒,煎沸后去滓,放黑糖1两,细细含咽即愈。又方:用1个梨,刺上50个孔,每孔放椒1粒,用面裹好,柴灰火煨熟,待冷后去掉椒吃。又方:梨去核,加酥、蜜,裹上面烧熟,冷吃。又方:梨切成片,煎酥吃。又方:梨捣汁1升,加酥,蜜各1两,地黄汁1升,煎成后含咽。

【伤寒瘟疫已发未发】用梨木皮、大甘草各1两,黄秫谷1合,研成末,锅底灰1钱,每次服3钱,白汤送下,每日2次,即愈。

【治中风失音】喝1盏生梨捣的汁,次日再喝。

本草今用

【药品来源】本品为蔷薇科落叶乔木白梨、沙梨、秋子梨等的果实。

【药理成分】含果糖、葡萄糖、蔗糖、蛋白质、脂肪、胡萝卜素、粗纤维、烟酸和多种维生素,以及钙、磷、铁,还含有柠檬酸、苹果酸等有机酸。

山楂

本草纲要

【释义】山楂树有两种,皆生于山中,一种小的,树高数尺,叶有五尖,丫间有刺。3月开五瓣小白花。果实有红、黄二种,像花红果,小的如指头,到9月熟后,将熟山楂去掉皮和核、和糖蜜一起捣,做成山楂糕食用;另一种大的,树高丈余,花叶和小的相似,就是果实大,功效也与小的相同,但是采药的人却不收这种。

【异名】赤爪子、鼠楂、猴楂、茅楂、朹子、羊球、山里果、棠梂子。

实

【性味】味酸,性冷,无毒。

【功效主治】《唐本草》记载:煮汁饮,能止水痢,用来洗头沐浴,可止疮痒。吴瑞曰:能消食积,补脾,治小肠疝气,发小儿疮疹。朱震亨曰:能健胃,通结气。妇女产后枕痛,恶露不尽,可煎水加砂糖服,即见效。宁原曰:活血,可化血块气块。李时珍曰:能化饮食、消内积,去痰饮痞满反酸,滞血胀痛。

核

【功效主治】李时珍曰:吞核,能化食磨积,治睾丸肿硬。

赤爪木

【性味】味苦,性寒,无毒。

【功效主治】《唐本草》记载:能止水痢和祛头风身痒。

根

【功效主治】李时珍曰:可消积,治反胃。

茎叶

【功效主治】李时珍曰:煮水,可用来洗漆疮。

本草附方

【治偏坠疝气】用山楂肉、茴香(炒)各 1 两,共研成末,做成像梧子大的糊丸,每次 100 丸,空腹白开水送服。

本草今用

【药品来源】本品为蔷薇科植物山楂和野山楂的干燥成熟果实。

【药理成分】含有机酸及黄酮类化合物,前者主要有山楂酸、绿原酸、咖啡酸、柠檬酸、琥珀酸、苹果酸、齐墩果酸和熊果酸等,后者主要有槲皮素、牡荆素等。

【药用功效】1.降血压。

2.抗菌。

【临床主治】1.冠心病。

2.高血压。

3. 呃逆。

柿

本草纲要

【释义】南北方都有柿树。树高叶大,圆而有光泽。四月开黄白色小花。结的果实为青绿色,8、9 月才成熟。柿的种类很多,生柿收藏后自行变红的,叫烘柿;晒干的叫白柿,用火熏干的叫乌柿;水泡储藏的叫酸柿。柿有核呈扁状,像木鳖子仁而坚硬。柿根很牢固,叫作柿盘。

【异名】米果、猴枣、镇头迦。

烘柿

烘柿不是指用火烘,是说将青绿的柿放在器具中自然变红熟,像火烘出来的一样,而且涩味尽去,味甜如蜜。

【性味】味甘,性寒,涩,无毒。

【功效主治】《名医别录》记载:能通耳鼻气,治肠澼不足,可解酒毒,压胃间热,止口干。孟诜说:能结续经脉气。

白柿、柿霜

白柿,即干柿长霜。去皮捻扁,日晒夜露至干,放人瓮中,等到生白霜时才取出。现在人们叫它柿饼,也称柿脯,又叫柿花。它的霜叫作柿霜。

【性味】味甘,性平,涩,无毒。

【功效主治】孟诜曰:补虚劳不足,消腹中瘀血,涩中厚肠,健脾胃气。大明曰:可以化痰止咳,治吐血,润心肺,治慢性肺疾引起的心热咳嗽,可润声喉,杀虫。陈藏器曰:温补。常食能去面斑。李时珍曰:有治反胃咯血、肛门闭急并便血及痔漏出血的功效。李时珍亦说:柿霜还可清上焦心肺热,生津止渴,化痰宁咳,治咽喉口舌疮痛。

柿蒂

【性味】味涩,性平,无毒。

【功效主治】孟诜曰:煮水服,能治咳逆哕气。

木皮

【功效主治】苏颂曰:止便血,晒干后研成末,用米汤送服2钱,两服即愈。李时珍曰:治烫火烧伤,可把它烧成灰,和油调敷。

根

【功效主治】李时珍曰:有治血崩、血痢、便血的功效。

本草附方

【解桐油毒】可吃干柿饼,即愈。

【治小儿秋痢】用粳米煮粥,熟时加入干柿末,再煮2、3沸后吃。哺乳的母亲也可食之。

【治小儿痘疮入目】白柿天天吃,效果好。

【鼻窒不通】把干柿同粳米一起煮粥食。

【妇人蒜发】干柿五枚,以茅香煮熟,枸杞子酒浸焙研,各等分,做成梧子大小丸,每次服50丸,茅香汤送服。

【治小便血淋】用3个干柿烧灰存性,研末,用陈饭送服。又方:用白柿、乌豆、盐花煎汤,滴入墨汁服下。

【治妇女产后气乱心烦】用干柿切碎,加水煮成汁后小口小口地喝。

【治骨长疮久烂不愈】用柿霜、柿蒂各等分烧研,敷上立即见效。

【治面生黑点】天天吃干柿。

【治耳聋】干柿3枚切细,加粳米3合,豆豉少许,煮粥,天天空腹吃。

【治咳逆不止】用柿蒂、丁香各2钱,生姜5片,煎水服。治虚人咳逆,则再加人参1钱;如胃寒,则加好姜、甘草各等份;如气虚,则加青皮、陈皮、半夏。

本草今用

【药品来源】本品为柿科落叶乔木柿树的果实。

【药理成分】含蔗糖、葡萄糖、果糖、蛋白质、脂肪、淀粉、瓜氨酸、果胶、单宁酸、钙、磷、铁、钾、钠、胡萝卜素、削酸、碘及维生素。

橘

本草纲要

【释义】橘树生江南及山南山谷内,树高几米余,茎上长刺。夏初开白花,6、7月结果,10月可采摘。橘的果实比柑小,其味辛而苦,皮薄而红。

【异名】黄橘、蜜橘、大红袍、朱砂橘、潮州柑。

【性味】味甘、酸,性温,无毒。

【功效主治】陈藏器曰:味甘的润肺,酸的可聚痰。大明曰:有止消渴,开胃,除胸中膈气的功效。

黄橘皮

【性味】味苦、辛,性温,无毒。

【功效主治】《神农本草经》记载:可除胸中结块、结热逆气,利水谷。常食可下气通神。《名医别录》记载:可下气,止呕咳,治气冲胸中,吐逆霍乱,疗脾不能消食,止泄,除膀胱留热停水、五淋,利小便,去寸白虫。甄权曰:能清痰涎,治上气咳嗽,开胃,治气痢,除胸腹结块肿痛。李时珍说:可疗呕哕、反胃、嘈杂,时吐清水,痰痞痎疟,大便秘结,妇女乳痈。用来作调料,可解鱼腥毒。

青橘皮

【性味】味苦、辛,性温,无毒。

【功效主治】苏颂曰:主气滞,消食,破积结除膈气。张元素曰:能破坚癖,消滞气,去下焦部等各种湿,治左胁肝经积气。李时珍曰:有治胸膈气逆,解胁痛,小腹疝痛,消乳肿,疏肝胆,泻肺气的功效。

瓣上筋膜

【功效主治】大明曰:可止口渴、吐酒。炒熟后煎汤喝,效果更佳。

橘核

【性味】味苦,性平,无毒。

【功效主治】大明曰:腰痛、膀胱气痛、肾冷者,可将橘核炒研,每次温酒送服 1 钱,或用酒煎服。寇宗奭曰:酒风鼻赤者,则将橘核炒研,每次服 1 钱,胡桃肉 1 个,擂烂用酒送服,多少以病情而定。李时珍曰:治小肠疝气及阴核肿痛,用核炒研,每次用老酒送服 5 钱,或用酒调糊为丸服用,效果好。

橘叶

【性味】味苦,性平,无毒。

【功效主治】朱震亨曰:可疏导胸膈逆气,入厥阴,行肝气,消肿散毒,乳痈胁痛,还可行经。

本草附方

【治嵌甲作痛,不能走路】用浓煎陈皮浸泡很久,甲和肉自己便分开,轻轻剪去甲,并用虎骨末敷上即可。

【治肾经气滞腰痛】橘核、杜仲各 1 两,炒后研成末,每次吃 2 钱,盐酒送服。

【治肺痈咳脓血】绿橘叶洗净后,捣绞出 1 盏汁,服下,吐出脓血即愈。

本草今用

【药品来源】本品为芸香科常绿果树橘类的果实。

【药理成分】含有丰富的葡萄糖、果糖、蔗糖、苹果酸、枸橼酸、柠檬酸以及胡萝卜素、硫胺素、核黄素、尼克酸、抗坏血酸等。

柑

本草纲要

【释义】柑出产于岭南或南方,它的树与橘没有区别,只是刺少些。柑皮比橘皮稍厚颜色稍黄,纹理稍粗且味不苦。柑树比橘怕冰雪,不好保存,容易腐烂。这些是柑、橘的区别。

【异名】金实、柑子、木奴、新会柑、瑞金奴。

【性味】味甘,性寒,无毒。

【功效主治】《开宝本草》记载:有利肠胃热毒,解丹石,止暴渴,利小便的功效。

皮

【性味】味辣、甘,性寒,无毒。

【功效主治】陈藏器曰:可下气调中。大明曰:皮去白后焙研成末,加盐做汤喝,可解酒毒及酒渴。李时珍曰:伤寒饮食劳复发者,煎浓汁饮用。

山柑皮

【功效主治】《开宝本草》记载:治咽喉肿痛,有效。

核

【功效主治】苏颂曰:可以用来做涂脸的药。

叶

【功效主治】蔺氏曰:耳内流水或成脓血者,取嫩叶尖 7 个,加水几滴,捣取汁滴入耳孔中即愈。

本草附方

【治妇女难产】柑瓤阴干,烧灰存性,研末,温酒送服 2 钱。

本草今用

【药品来源】本品为芸香科植物茶枝柑、瓯柑等多种柑类的成熟果实。

【药理成分】含核黄素、尼克酸、维生素 C、蛋白质、糖、粗纤维、无机盐、钙、磷、铁和其他多种维生素。

杨梅

本草纲要

【释义】江南、岭南都有杨梅生长。于 2 月开花结果,果子的形状像楮实子。到了 5 月就会成熟,有红、白、紫三种颜色,紫色的因肉多核小而最佳。

【异名】杭子、至生梅、白蒂梅、树梅。

实

【性味】味酸、甘,性温,无毒。

【功效主治】《开宝本草》记载:加入盐藏而同食,去痰止呕吐,消食下酒。把它干后制成屑，喝酒煎服方寸匕，止吐酒。孟诜曰：有止渴，和五脏，涤肠胃，除烦溃恶气的功效。如烧成灰服，则能断下痢。常含一枚咽汁，利五脏下气。

核仁

【功效主治】 李时珍曰：可以用来治脚气。

树皮及根

【功效主治】 大明曰：用来煎汤，可以洗恶疮疥。李时珍曰：煎水漱口，则止牙痛。烧成灰调油，可用来涂烫伤烧伤处。

本草附方

【下痢不止】 杨梅烧研，每次用米汤送服 2 钱，每日 2 服。

【一切损伤，止血生肌.令无瘢痕】 用盐藏杨梅和核一起捣成泥，做成梃子，以竹筒收之。凡遇破伤，研末涂之，效果极佳。

本草今用

【药品来源】 本品为杨梅科常绿乔木杨梅的果实。

【药理成分】 含维生素 C、葡萄糖、果糖、柠檬酸、苹果酸、草酸、乳酸和蜡质。

樱桃

本草纲要

【释义】 樱桃树大都枝繁叶茂，绿树成荫，初春时开白花，熟得早。果实成熟后，颜色深红色的称作朱樱；颜色呈紫色，皮中有细黄点的，称作紫樱，味最甜美；而称为蜡樱的，是那种颜色有红黄光亮的；还有小而红的樱珠。这些樱的味道都没有紫缨好。最大的樱桃，像弹丸，核小而肉肥，十分难得。

【异名】 含桃、荆桃、朱樱、牛桃、英桃、朱樱桃、樱、李桃、奈桃、紫桃、朱果、莺桃、樱佅、家樱桃。

【性味】 味甘，性热，涩，无毒。

【功效主治】《名医别录》记载：可以调中，益脾气，养颜美志。孟诜曰：能止泄精、水谷痢。

叶

【性味】 味甘，性平，无毒。

【功效主治】 苏颂曰：蛇咬伤，将叶捣成汁喝，并敷。另外，煮老鹅时，放几片叶在锅中，容易煮烂。

花

【功效主治】 李时珍曰：可以用来治面黑粉刺。

枝

【功效主治】 李时珍曰：将枝同紫萍、牙皂、白梅肉研和，每日用来洗脸，可以治雀斑。

东行根

【功效主治】大明曰:煮水喝,可即下寸白虫。

本草今用

【药品来源】本品为蔷薇科落叶果树樱桃的果实。

【药理成分】含蛋白质、糖类、磷、胡萝卜素、维生素 C 和铁等。

核桃

本草纲要

【释义】核桃本来出于羌胡,后由汉使张骞从西域带回种子,现在陕、洛一带很多。核桃树高大而枝叶茂盛,3 月开花,如同栗花一样,果到 8、9 月成熟,如同青桃状。果实有壳,秋冬成熟时采摘,用水泡烂皮肉,取果核。

【异名】虾蟆、胡桃穰、胡桃。

核仁

【性味】味甘,性平、温,无毒。

【功效主治】《开宝本草》记载:吃了能使人身体健壮,润泽肌肤,黑须发。多吃利小便,去五痔。如将捣碎的桃核肉粉放入毛孔中,则白发孔会长出黑发。核桃烧灰存性,与松脂同研,敷颈可治淋巴结核溃烂。孟诜曰:吃核桃可健胃,通润血脉,使骨肉细腻。苏颂曰:可治损伤、石淋。同破故纸丸蜜丸服,益下焦。李时珍曰:有补气养血,润燥化痰,益命门,利三焦,温肺润肠,治虚寒喘嗽、腰脚重痛、心腹疝痛、血痢肠风,散肿痛,发痘疮,制铜毒之功效。

油核桃

【性味】味辛,性热,有毒。

【功效主治】李时珍曰:有杀虫攻毒,治痈肿、麻风、疥癣、梅毒、白秃等疮,润须发的功效。

树皮

【功效主治】《开宝本草》记载:止水痢。春天用斧砍下皮捣汁洗头,可黑发。用皮煎出的水,可染粗布。

壳

【功效主治】李时珍曰:烧灰存性,可入下血、崩中的药。

本草附方

【治尿路结石疼痛,小便中有石子】核桃肉 1 升,细米煮的粥 1 升,相和后一次服下即愈。

【治小儿误吞铜钱】多吃核桃,铜钱便会自己化出。核桃与铜钱一起吃即成粉,这是可以验证的。

【食物醋心】将胡桃嚼烂,以生姜汤送服,立即可止。

【心急气痛】核桃1个,枣子1枚,去核夹桃,用纸包裹煨熟,以生姜汤1盅,细嚼送下。永久不发,名盏落汤。

【治女子血崩不止】用核桃肉15枚,在灯上烧灰存性,空腹用温酒1次送服,神效。

【治一切痈肿、背痈】核桃肉10个煨熟后去壳,加槐花1两研磨杵匀,热酒送服。

【石淋痛楚,小便中有石子者】胡桃肉1升,细米煮浆粥1升,相和顿服即可愈。

【治白癜风】用1个核桃壳外的青皮,与1皂荚子大的硫磺,同研匀,每天敷患处。

本草今用

【药品来源】本品为胡桃科植物胡桃的果实。

【药理成分】含脂肪、蛋白质、碳水化合物、钙、磷、铁、锰、锌、钾以及维生素A、维生素B_1、维生素B_2、烟酸、维生素C、维生素E等成分。

夷果类

荔枝

本草纲要

【释义】荔枝生于岭南与巴中地区,现南方大部地区都有。其中以闽中地区的品质最好,蜀州次之。荔枝的树干高大,树叶一年四季不落,果在5、6月份成熟。诗人白居易曾描述:此果若离开枝干,一日则色变,二日则香变,三日则味变,四五日后色、香、味都已无存,所以又把它称为离枝。

【异名】离枝、荔枝、丹荔、火山荔。

实

【性味】味甘,性平,无毒。

【功效主治】《开宝本草》记载:止渴,养颜。孟诜曰:有提神健脑,益智,健气的功效。李珣曰:食之可止心胸烦躁不安,背膊不适。李时珍曰:可治颈淋巴结结核,脓肿和疔疮,也可发小儿痘疮。

核

【性味】味甘,性温、涩,无毒。

【功效主治】寇宗奭曰:心痛、小肠气痛,可用一枚荔枝核煨存性,研末,用新酿酒调服。李时珍曰:可治妇女血气刺痛。

壳

【功效主治】李时珍曰:小儿疮痘出不快,可用壳煎汤饮服。食荔枝热,可浸泡水饮服。

花及皮、根

【功效主治】苏颂曰:喉痹肿痛者,可用水煮汁,细细含咽至愈。

本草附方

【治水痘发出不畅】荔枝肉浸酒饮,并吃肉。忌生冷。

【脾痛不止】荔枝核为末,醋服 2 钱。数服即愈。

【治呃逆不止】用荔枝 7 个,连皮核烧灰存性,研成末,白汤调服,即止。

【治疝气】荔枝核、青橘皮、茴香各等分,炒灰存性研末,用酒调服 2 钱,每日 3 次。

【风牙疼痛】普济用荔枝连壳烧存性,研成末,擦牙,痛即止。

【治痢疾(赤白痢)】荔枝壳、橡斗壳、石榴皮、甘草各自炒后煎服。

本草今用

【药品来源】本品为无患子科常绿乔木荔枝的果实。

【药理成分】含葡萄糖 66%、蔗糖 5%,尚含游离精氨酸、色氨酸、蛋白质、脂肪,以及维生素 B_1、B_2 和烟酸、柠檬酸、果胶、钙、磷、铁等成分。

龙眼

本草纲要

【释义】龙眼树生于岭南,树木高 2、3 丈有余。龙眼树的叶子比荔枝的小些,冬季也不凋谢,春末夏初,开细白花,7 月果子成熟。龙眼的果实繁多,每枝可结 20 到 30 颗。其果肉比荔枝的稍薄,味甘如蜜。

【异名】益智、蜜脾、桂圆、川弹子。

实

【性味】味甘,性平,无毒。

【功效主治】《名医别录》记载:主五脏邪气,治厌食、食欲不振,去三虫。长期食用,强体魄,延年益寿,似神仙。李时珍曰:可开胃健脾,安神健智。

核

【性味】味甘,性热,有小毒。

【功效主治】李时珍曰:腋臭,可用六枚龙眼核同胡椒十枚共研末,出汗时擦患处即见效。

本草附方

【思虑过度,劳伤心脾,健忘怔忡,虚烦不眠】归脾汤:用龙眼肉、炒酸枣仁、炙黄芪、焙白术、茯神各 1 两,木香半两,炙甘草 2 钱半,共入药,每次服用 5 钱,姜 3 片,枣 1 枚,水 2 盅,煎至 1 盅,温服。

本草今用

【药品来源】本品为无患子科常绿乔木龙眼的果实。

【药理成分】含葡萄糖、蔗糖、蛋白质、氨基酸、脂肪、烟酸和多种维生素,以及腺嘌呤、胆碱、酒石酸和磷、钾、钙等成分。

橄榄

本草纲要

【释义】橄榄树生于岭南,树高过丈。果实于8、9月采摘。橄榄树高,在果子将熟时,用木钉钉树,再放少许盐入树皮内,果实一旦成熟便自落。橄榄果吃时味道苦涩,可回味甘美。生食甚佳,用蜜渍、盐藏后可运到远方。橄榄树枝如黑胶的,烧烤时气味清烈,称为榄香。

【异名】橄榄子、橄楼、忠果、青果、青子、谏果、青橄榄、白榄、黄榄、甘榄。

实

【性味】味酸、涩、甘,性温,无毒。

【功效主治】《开宝本草》记载:生食、煮饮,都可解酒醉,解河豚鱼毒。寇宗奭说:将榄嚼汁咽下,治鱼骨鲠及一切鱼蟹毒。李时珍说:不但能解一切鱼蟹毒,又有生津止渴的作用,治咽喉痛。

榄仁

【性味】味甘,性平,无毒。

【功效主治】《开宝本草》记载:唇边燥痛,可将榄仁捣烂敷于患处。

核

【性味】味甘、涩,性温,无毒。

【功效主治】李时珍曰:鱼骨鲠喉及食鱼过多消化不良,可将核磨汁服,又治小儿痘疮后生痣,烧后研末服,可治便血。

本草附方

【肠风下血】橄榄核,灯上烧存性,研末。每次服用2钱,陈米饮下。

【主治下部疳疮】橄榄烧灰存性,研末,用油调敷,或加冰片、孩儿茶等分。

本草今用

【药品来源】橄榄为橄榄科常绿乔木橄榄的果实。

【药理成分】橄榄含蛋白质、脂肪、糖类、钙、钾、镁、铁、维生素C,种子含挥发油、香树脂醇等成分。

椰子

本草纲要

【释义】椰子树生于南方,树的外形与棕榈很相仿。树木没有枝条,高1丈多,叶在顶端像一束蒲叶,果实很大,垂挂于枝间,果实外有粗皮,棕色。皮内壳很坚硬,圆而微长。椰子壳内有白肤,像猪皮一样,厚有半寸左右,味如胡桃。肤内裹有像乳汁一样的浆4、5合,饮来清凉可口,芳香宜人。椰子的壳可做器皿。肉做成果品可寄往远方,甚佳。

【异名】越王头、胥耶、胥余。

椰子瓤

【性味】味甘,性平,无毒。

【功效主治】《开宝本草》记载:可益气。汪颖曰:能治风。李时珍引自《异物志》言:食之能令人不饥,并使人面色光泽。

汁

【性味】味甘,性温,无毒。

【功效主治】《开宝本草》记载:能消渴。涂发,可令发黑。

皮

【性味】味苦,性平,无毒。

【功效主治】《开宝本草》记载:煮汁饮服有止血、止鼻出血,治吐泻霍乱之功效。李时珍引自《龚氏方》曰:治心绞痛,可将皮烧灰存性,研末,以新汲水送服一盏。

壳

【功效主治】李时珍曰:把壳作盛酒的器具,若酒中有毒致人死,则酒沸起或壳破裂。治杨梅疮筋骨痛,可将壳烧灰存性,用时炒热,以滚酒泡服2、3钱,盖被取汗,痛即止,效果神奇。

【药品来源】本品为棕榈科植物椰子的果实。

【药理成分】含脂肪、糖类、蛋白质以及维生素和矿物质。

附:青田核

《古今注》载:乌孙国有青田核,形状如桃核,核大数斗,剖开后用来盛水,则水变成酒味,非常醇美。饮尽随即注水,随尽随盛。但不可久用,久则水变得苦涩。

严树酒

捣它的皮叶,用清水浸泡后,再和入粳酿造,或放入石榴花叶,数日便酿成酒,能醉人。

本草今用

菠萝蜜

本草纲要

【释义】菠萝蜜原生于南邦诸国,现在岭南、云南都有。树高达5、6丈,形状像冬青颜色更加黑润。叶冬夏不凋枯且极光滑。树身长至很大时才结果实,不开花即结果,果实生长在枝间,大如冬瓜,外有厚皮裹着,多的有十几枚,少的5、6枚。至5、6月成熟时,每颗重5、6斤。

【异名】曩伽结。

【性味】味甘、香、微酸,性平,无毒。

【功效主治】李时珍曰:能止渴解烦,醒酒益气,令人好看。

核中仁

【性味】与瓤相同。

【功效主治】李时珍曰：补中益气，令人身轻耐饥。

瓜果类

在木上称果，在地上称瓜。瓜的类别不同，按其作用可分为二种：做果品用的为果瓜，如甜瓜、西瓜等；做菜品用的为菜瓜，如胡瓜，越瓜等。

甜瓜

本草纲要

【释义】甜瓜在北方、中原种植甚多。每年的2、3月下种，延蔓而生，叶大数寸，5、6月开黄色的花，至6、7月瓜成熟。按王祯《农书》载：瓜的品种很多，不可枚举。以形状得名的，就有龙肝、虎掌、兔头、狸首、羊髓、蜜筒之称；以色泽得名的，则有乌瓜、白团、黄瓜、白瓜、小青、大斑之别。然而它们的味道，也不外乎香、甜二字。

【异名】甘瓜、果瓜。

瓜瓤

【性味】味甘，性寒、滑，有小毒。

【功效主治】《嘉祐补注本草》记载：有止渴，除烦热，利小便，通三焦间壅塞气，治口鼻疮的功效。在暑热天食之，可以永不中暑。

子仁

【性味】味甘，性寒，无毒。

【功效主治】《名医别录》记载：主腹内结聚，破溃脓血，是治肠胃内壅最好的药。李时珍曰：能清肺润肠，和中气止渴。陈藏器曰：月经过多者，可将子仁研末去油，用水调服。

蒂

【性味】味苦，性寒，有毒。

【功效主治】《神农本草经》记载：治大水，疗全身浮肿，能下水杀虫毒。咳逆上气者，食用本果，胸腹内的病都可吐出。《名医别录》记载：可去鼻中息肉，治疗黄疸症。李时珍曰：能吐风热痰涎，治风热眩晕头痛，可止癫痫咽喉痹症，去头目湿气。

瓜蔓

【功效主治】闭经女性，用瓜蔓、使君子各半两，甘草6钱，同研为末，每次用酒送下2钱。

瓜花

【功效主治】《名医别录》记载：可治胸痛止咳嗽。

叶

【功效主治】《嘉祐补注本草》记载：人无发，可捣汁涂头顶即生。孟诜曰：小儿疳积和跌打损伤，可将叶研为末用酒服。还可去瘀血，补中。

本草附方

【口臭】用甜瓜子杵末,蜜和为丸。每日漱口后含 1 丸或贴于齿边。

【治肠痈症,小腹肿痛,小便似淋,或大便燥结下脓】用甜瓜子 1 合,当归炒 1 两,蛇蜕 1 条。每副 4 钱,水 1 盏半,煎成 1 盏,饭前服,利下恶物为愈。

【治风涎暴作,阻塞清窍,突然晕倒】取瓜蒂研末,每次 1、2 钱,腻粉 1 钱匕,以水半合调灌,一会儿痰涎自出。

【大便不通】瓜蒂 7 枚,研为末,用绵裹住塞入肛门,即通。

本草今用

【药品来源】本品库葫芦科植物甜瓜的果实。根、茎、叶、花、果蒂、种子均可入药。

【药理成分】含球蛋白、柠檬酸等有机酸、β-胡萝卜素、维生素 B、C。

【药用功效】1.增强机体细胞免疫功能。

2.泻下作用。

西瓜

本草纲要

【释义】西瓜自五代时传入中国,现在到处都有种。西瓜的果实如斗大,圆如匏,色如青玉,子如金色或黑芝麻色。南方的味道稍逊于北方的。2 月下种,蔓生,花叶均似甜瓜。7、8 月成熟,皮的颜色或青或绿,瓜瓤或白或红,红的味尤佳,种籽或黄或红,或黑或白,白的味道最不好。

【异名】寒瓜、夏瓜、水瓜。

瓜瓤

【性味】味甘、淡,性寒,无毒。

【功效主治】吴瑞曰:能消烦止渴,解暑热。汪颖曰:可疗咽喉肿痛。宁原说:能宽中下气,利大小便,止血痢,解酒毒。朱震亨曰:含瓜汁,可治口疮。

皮

【性味】味甘,性凉,无毒。

【功效主治】朱震亨曰:口、舌、唇内生疮,将皮烧研成末含之则愈。

本草附方

【食瓜过伤】可用瓜皮煎汤饮,即可解。诸瓜相同。

【闪挫腰痛】将西瓜青皮阴干为末,用盐酒调服 3 钱。

本草今用

【药品来源】本品为葫芦科植物西瓜。

【药理成分】含氨基酸微量元素、总糖、可滴定酸、蛋白质等。

【药用功效】利尿作用。

【临床主治】1.水肿。

2.鼻窦炎。

3.小儿肾炎。

葡萄

本草纲要

【释义】葡萄原产于西域,张骞出使西域得葡萄种而回,中原从此便开始了种植。葡萄折藤栽种,最易生长。3 月开小花成穗,黄白色仍连着果实,犹如星编珠聚,7、8 月成熟,有紫、白二色。

【异名】草龙珠、蒲桃、山葫芦。

实

【性味】味甘、涩,性平,无毒。

【功效主治】《神农本草经》记载:去筋骨湿痹,增强气力,增长志气,令人体健耐饥忍风寒,久食可轻身不老,延年益寿。《名医别录》记载:可逐水,利小便。甄权曰:能除肠间水,调中治淋。苏颂曰:食用或研酒饮可催痘疮不出。

根及藤、叶

【功效主治】孟诜曰:煮成浓汁饮用,可止呕吐及腹泻后恶心,孕妇胎动频繁不适,饮后即可安宁。李时珍曰:治腰脚痛,煎汤淋洗即可。饮其汁,又有利小便、通小肠、消肿胀的功效。

本草附方

【除烦止渴】生葡萄捣烂滤汁,以瓦器熬稠,入熟蜜少许一同熬收后饮用,效果好。

【胎上冲心】葡萄煎汤饮下,即止。

【水肿】葡萄嫩心 14 个,蝼蛄 7 个,去头和尾,同研,露 7 日,晒干研成末。每次服用半钱,用酒冲服。天气极热时尤佳。

本草今用

【药品来源】本品为葡萄科落叶木质藤本葡萄的果实。

【药理成分】含葡萄糖、果糖、少量的蔗糖、木糖、酒石酸、草酸、柠檬酸、苹果酸。又含各种花色素的单葡萄糖苷和双葡萄糖苷。葡萄中所含的黄酮原矢车菊酚的低聚物具抗氧化活性,能清除实验系统中的氧自由基,抑制脂质过氧化。

【药用功效】1.利胆。

2.降低胃酸度。

猕猴桃

本草纲要

【释义】猕猴桃的树生长于山谷中,今陕西永兴的军南山很多。因猕猴喜食而得名。枝条柔弱,藤绕树而生,高2、3丈,叶圆有毛。果实似鸡蛋,10月烂熟,果肉呈淡绿色,经霜后甘美可食,皮可用来做造纸原料。

【异名】猕猴梨、阳桃、木子。

实

【性味】味酸、甘,性寒,无毒。

【功效主治】《开宝本草》记载:能止暴渴,解烦热,解丹石及结石、排尿不畅等疾病。陈藏器曰:可调中下气,治骨关节疾病及瘫痪症。

藤中汁

【功效主治】陈藏器曰:和生姜汁服后,治反胃。还可以除尿路结石等病。

枝叶

【功效主治】《开宝本草》记载:杀虫最有效。煮汁给狗饮,可以疗寄生虫。

本草今用

【药品来源】本品为猕猴桃科落叶木质藤本猕猴桃的果实。

【药理成分】含维生素C、糖、蛋白质、维生素B_1、胡萝卜素、有机酸、猕猴桃碱,以及钙、磷、铁、钾、镁、硫等多种矿物质。

甘蔗

本草纲要

【释义】出自江东的蔗很好,而庐陵也有好的。在广州也有一种蔗,可以取其汁为炒糖。蔗都种植在地里,丛生。茎似竹而内充实,长6、7尺,粗数寸,根下节密,向上渐疏。8、9月收茎,可留过春天,做果品用。

【异名】糖梗、薯蔗、竿蔗、甘蔗。

蔗

【性味】味甘、涩,性平,无毒。

【功效主治】《名医别录》记载:有下气和中,助脾气,利大肠的功效。大明曰:可消痰止渴,利大小肠,除心胸烦热,解酒毒。李时珍曰:可以用来止呕吐反胃,宽胸膈。

本草附方

【发热口干,小便赤涩】取甘蔗去皮,嚼汁咽之。或榨汁饮用亦可。

【治反胃】用甘蔗汁7升,生姜汁1升,和匀,日日细咽。

【治小儿口腔溃疡】用甘蔗皮烧研,擦患处。

虫部

李时珍说:虫是生物中的微者,其类甚繁。而圣人之于微琐,却不能致慎。学者不可不察其良毒。于是集小虫之有功、有害者为虫部。

卵生类

蟾蜍

本草纲要

【释义】又名癞蛤蟆。原生长在江湖池泽中,现在到处都有。有人认为蟾蜍与蛤蟆是同一动物,这是错误的。蟾蜍多在房屋下潮湿的地方,形体大,背上有层层叠叠痱子似的东西,行动迟缓,不能跳跃,也不能鸣叫;蛤蟆多生活在水中,体态小,皮肤上多黑斑点,善跳跃,行动敏捷。二者虽然是同一类的,但功用小有差别。

【异名】苦蠪、蟾、虾蟆、蚵蚾、癞虾蟆、石蚌、癞格宝、癞巴子、癞蛤蟆、癞蛤蚆、蚧蛤蟆、蚧巴子。

【性味】味辛,性凉,微毒。

【功效主治】《名医别录》记载:疗阴蚀,疽疠,恶疮,猘犬疮伤,与玉石相合。甄权说:杀疳虫,治鼠漏恶疮。烧灰敷一切有虫恶痒滋胤疮。陶弘景曰:主温病生斑者,取一枚,生捣绞取汁服之,效果好。《日华诸家本草》记载:破癥结,治疳气,小儿面黄癖气。李时珍说:治一切五疳八痢,肿毒,破伤风病,脱肛。

本草附方

【治脱肛】将蟾蜍皮烧烟熏患处,效果很好。

【治发背肿毒未成者】活蟾1个,系放疮上半日,蟾必昏愦,再易1个,如前法,其蟾必踉跄;再易1个,其蟾如旧,则毒散矣。若势重者,以活蟾1个,或2、3个,破开连肚乘热合疮上,不久必臭不可闻,再易2、3次即愈。

【治早期瘰疽】蟾蜍,将其腹切开1厘米创口,不去内脏,放入少许红糖。将患指伸入其腹内,经2小时后,可另换1只蟾蜍,共用10只左右可愈。治其他炎症也有效。

【治疔毒】蟾蜍1个,黑胡椒7粒,鲜姜1片,将上药装入蟾蜍腹内,再放砂锅或瓦罐内,慢火烧焦研细末。每次5厘,日服2次。

【治气臌】大蛤蟆1个,砂仁不拘多少,为末,将砂仁装入蟆内令满,缝口,用泥周身封固,炭火煅红,候冷,将蟆研末,作3服,陈皮汤送下。

【治五疳八痢,面黄肌瘦,好食泥土,不思乳食】大干蟾蜍1枚(烧存性),皂角(去皮、弦,烧存性)1钱,蛤粉(水飞)3钱,麝香1钱,为束,糊丸粟米大,每空腹米饮下30到40丸,日2服。

本草今用

【药物来源】为蟾蜍科动物中华大蟾蜍或黑眶蟾蜍等的全体。

【临床应用】1.治疗白喉。

2.治疗慢性气管炎。

3.治疗炭疽病。

4.治疗恶性肿瘤。

5.治疗腹水。

6.治疗麻风。

蛤蟆

本草纲要

【释义】蛤蟆生活在池塘泽中,背部有黑点,体小,善跳起吃百虫,发出呷呷的鸣叫声,行动快速。还有蛙蛤、蝼蝈、长肱、石榜、蠼子等,或生活在水田中,或生长在沟渠旁。《周礼》载:蝼蝈能制伏青蛙,而焚烧牡菊(无花菊)的灰洒蝼蝈,即死。蛤蟆、青蛙怕蛇,但能制约蜈蚣。三者能相互制约。

【性味】味辛,性寒,有毒。

【功效主治】《神农本草经》记载:主祛邪气,破结石瘀血,痈肿阴疮。陈藏器说:蛤蟆肝治毒蛇咬伤,牙入肉中,痛不可忍。将肝捣烂敷患处,立出。李时珍说:蛤蟆胆主治小儿失音不语,取胆汁滴在舌头上,即愈。蛤蟆脑明目,治青光眼。

本草附方

【治蝮蛇咬伤】取活蛤蟆1只,将其捣烂后敷患处,可拔蛇毒。

【治喉痹】用癞蛤蟆的眉酥、草乌尖末、猪牙皂角末等分,制成小豆大的丸,每次研1丸涂患处,神效。

【治狂犬咬伤】吃蛤蟆肉,或者将它烤熟食用。不要让患者知道,则病就永不复发。

【治小儿疳积腹大,体黄消瘦,头生疮结成麦穗状】将立秋后的大蛤蟆,去掉头、足、肠,用清油涂后,放在阴阳瓦内烤熟食用,连吃5,6只,疳积自下。1个月之后,恢复健康,妙不可言。

【治小儿泄痢】将蛤蟆烧存性,研末,每次服1方寸匕。

【治牙龈溃烂】用黄泥将蛤蟆裹好煅烧,同黄连各2钱半,青黛1钱研末,加麝香少许,和匀敷用。

蛙

本草纲要

【释义】生活在水泽、沟边。它的肉味像鸡,生性喜坐。苏颂说:蛙到处都有,像蛤蟆而脊部呈青绿色,嘴尖腹细,俗称青蛙;也有脊部长黄路纹的,叫金线蛙。4、5月其肉味最好,5月后的渐老,可采制入药。浙江、福建和四川人将它作为佳肴。《考工记》说:农夫以蛙声来预测收成的丰和欠。

【异名】田鸡、坐鱼、长股、蛤鱼。

【性味】味甘,性寒,无毒。

【功效主治】《名医别录》记载:治小儿热毒,肌肤生疮,脐伤气虚。寇宗奭认为:蛙肉能止痛,解虚劳发热,利水消肿。嘉谟曰:尤其对产妇有补益作用。捣汁服,治蛤蟆瘟病。

本草附方

【治诸痔疼痛】用长脚青蛙 1 个,烧存性研末和上雪,制成丸如梧子大。空腹吃两匙饭,再用枳壳汤冲服 15 丸。

蚯蚓

本草纲要

【释义】蚯蚓因爬行时,先向后伸,垛起一丘再向前行,故名。李时珍说:现在的平原、水泽地、水地中都有。夏天始出,冬月蛰伏。雨前先出,天晴则夜鸣。有人说它盘伏的结果可化为百合。它与螽同穴才有雌雄。故郭璞赞说:蚯蚓是土中的精灵,无心的虫类,同螽交合时,很难分开,就是这个道理。现小儿阴肿,多以为是此物所吹。

【异名】土龙、地龙子、附蚓、歌女、坚蚕。

【性味】味咸,性寒,无毒。

【功效主治】《神农本草经》记载:能杀虫解毒,主治蛇瘕,三虫伏尸,鬼疰蛊毒,杀长虫。《名医别录》称:将它化为水,治疗伤寒、大腹黄疸、温病。陈藏器说:大热狂言,饮汁水皆愈。将它炒成屑,去蛔虫。将它去泥,用盐化成水,主天行诸热,小儿热病癫痫,涂丹毒,敷漆疮。苏恭谓:将它与葱化成汁,治疗耳聋。《日华诸家本草》认为:能治中风、喉痹。甄权说:干的炒研成末,主蛇伤毒。苏颂说:治脚风。李时珍则认为:可解蜘蛛毒。

本草附方

【治小便不通】将蚯蚓捣烂浸水,滤取浓汁半碗服食,即通。

【治蜘蛛咬伤】用葱一根去掉尖头,将蚯蚓放入叶中,紧捏两头,令泄气,频频摇动,即化为水,用来点敷咬伤的地方,效果很好。

本草今用

【药物来源】蚯蚓为巨蚓科动物缟蚯蚓的干燥全体。

【药理成分】蚯蚓含有次黄嘌呤、琥珀酸、蚯蚓解热碱、蚯蚓素、蚯蚓毒素等,此外尚含磷脂、胆固醇及脂肪酸类。

【药理作用】1.降压作用。

2.镇静、抗惊厥作用。

3.抗组织胺及平喘作用。

4.解热作用。

5.兴奋子宫及肠道平滑肌作用。

6.杀精作用。

7.抗血栓形成作用。

【临床应用】1.治疗慢性气管炎、支气管炎、支气管哮喘。

2.治疗烧伤、烫伤。

3.治疗中风。

4.治疗湿疹、带状疱疹、荨麻疹、固定性红斑型药疹。

5.治疗小儿鹅口疮、小儿咳闭症。

6.治疗高血压。

7.治疗膀胱结石。

蜗牛

本草纲要

【释义】蜗牛生在山林和居家的周围。头形像蛞蝓,但有甲壳,形状像小螺,颜色是白的。头有四个黑角,走动时头伸出,受惊时则头尾一起缩进甲壳中。李时珍说:蜗牛身上有唾涎,能制约蜈蚣、蝎子。夏天热时会自悬在叶下,往上升高,直到唾涎完了后自己死亡。

【异名】蚹蠃、鼠蝓,蜗蠃、山蜗、瓜牛、蠡牛、土牛儿,负壳蛞蝓。

【性味】味咸,性寒,有小毒。

【功效主治】《名医别录》记载:主贼风歪僻腕跌,大肠下脱肛,筋急及惊痫。甄权说:生研取服,止消渴。李时珍认为:治小儿脐风撮口,利小便,消喉痹,止鼻衄,通耳聋,治诸种毒痔漏,制蜈蚣蝎虿毒。

本草附方

【治消渴引饮不止】蜗牛(焙)半两,蛤粉、龙胆草、桑根白皮(炒)各2钱半,研末,每服1钱,楮叶汤下。

【治血热冲肺,鼻衄不止】蜗牛(博干)1分,乌贼鱼骨半钱,上2味,捣研为散,含水一口,搐一字入鼻内。

【治瘰疬未溃】连壳蜗牛7个,丁香7粒,同烧研,纸花贴之。

【治眼热生淫肤赤白翳】生蜗牛1枚,纳少许朱砂末于中,微火上炙令沸,以绵捩取,以敷眦上,数敷。

【治痔疮】蜗牛1枚,麝香3分,用小砂合子,盛蜗牛,以麝香糁之,次早取汁,涂痔处。

【治蜈蚣咬】蜗牛捉取汁,滴入咬处。

【治耳聋】蜗牛子1分,石胆1分,钟乳1分,同细研,用一瓷瓶盛之,.以炭火烧令通亦,候冷取出,研入龙脑少许,每用油引药少许入耳。

蜜蜂

本草纲要

【释义】各地都有。李时珍说:蜜蜂有三种,一种是野蜂;一种是家蜂;一种在山岩高峻处作房的,叫石蜂。三种蜂群都有各自的蜂王。蜂王比众蜂都大,颜色为青苍色。皆一日两衙,应潮上下。按王元之《蜂记》所说:蜂王所在的地方,众蜂不敢螫。如果众蜂失去蜂王,就会众溃而死。

【异名】蜂子、蜡蜂。

【性味】味甘,性平、微寒,无毒。

【功效主治】《神农本草经》记载:主头风,补虚羸伤中。《名医别录》记载:主心腹痛,大人小儿腹中五虫口吐出者,面目黄。陈藏器说:主丹毒,风疹,腹内留热,大小便涩,去浮血,妇人带下,下乳汁。李时珍谓:治大风疠疾。

本草附方

【治须眉脱落,皮肉已烂成疮者】用蜜蜂子、胡蜂子、黄蜂子(并炒)各1分,白花蛇、乌蛇(并酒浸、去皮、骨,炙干)、全蝎(去土、炒)、白僵蚕(炒)各1两,地龙(去土,炒)半两,蝎虎(全,炒)、赤足蜈蚣(全,炒)各15枚,丹砂1两,雄黄(醋熬)1分,龙脑半钱,研成末,每次服一钱匕,温蜜汤调下,每天服3、5次。

土蜂

本草纲要

【释义】土蜂多穴居作房,赤黑色。最大的土蜂,可以蜇死人,也能酿蜜,蜂子大而且很白。土蜂子,江东的人爱吃。又有一种木蜂像土蜂的,人们也吃它的蜂子。大概蜂类同科的缘故,它们的性质和效果都差不多。

【异名】蜚零、马蜂。

【功效主治】《本草拾遗》记载:烧末,油和敷蜘蛛咬疮。《日华诸家本草》记载:利大小便,主治妇人带下。陈藏器说:功同蜜蜂子。李时珍说:土蜂子用酒浸敷面,令人悦白。

本草附方

【治疗肿疮毒】用土蜂房1个,蛇蜕1条,用黄泥固济,煅成性,研成末。每服1钱,空腹用酒冲服。轻的1服见效,重的2服即愈。

大黄蜂

本草纲要

【释义】它的颜色是黄色的,比蜜蜂大得多,在山林间结房,大的如巨钟,其房有数百层。当地人采取时,用草衣遮蔽身体以防被它毒螫,再用烟火熏散蜂母,才敢攀缘崖木断其房蒂。一房蜂儿有5、6斗到1石左右。拣形状如蚕蛹莹白的,用盐炒爆干,寄到京城和洛阳,那里的人,认为是仙家的物品。

【异名】 胡蜂、壶蜂。

【性味】 味甘,性凉,有小毒。

【功效主治】《名医别录》记载:主心腹胀满痛,治疗干呕,轻身益气。李时珍认为:治雀卵斑、面疱,余功同蜜蜂子。

本草附方

【治雀斑青春痘】 露蜂房子,于漆杯中渍取汁重滤绞之,以和胡粉涂。

蚕

本草纲要

【释义】 李时珍说:蚕就是孕丝虫。种类很多,有大、小、白、乌、斑色的差异。蚕属阳性,喜欢干燥,不喜欢潮湿,食叶卵不饮,三眠三起,27天就衰老了。自卵出称为蚕,蚕吐丝成茧,茧里面的是蛹,蛹化为蛾,蛾产卵,卵再变化成蚕;也有胎生的,与母同老,是神虫。凡是用蚕类作药,一定要用食桑叶的蚕。

【异名】 白僵蚕。

【性味】 味咸、辛,性平,无毒。

【功效主治】《神农本草经》说:主治小儿惊痫夜啼,去三虫,灭黑黯,令人面色好,治男子阴痒病。《名医别录》记载:女子崩中赤白、产后余痛。研成末,封疔肿,拔根极效。大明曰:蚕蛹主治劳瘦。研成末饮服,治小儿疳瘦,长肌退热,除蛔虫。煎汁饮服,止消渴。陈藏器说:茧卤汁即茧中蛹汁。主百虫入肉。用汤淋浴小儿,去疥疮,杀虫。李时珍说:蚕茧烧灰酒服,治痈肿无头,次日即破。又疗诸疳疮,及下血、血淋、血崩。煮汁饮服,止消渴反胃,除蛔虫。《嘉祐补注本草》记载:蚕蜕主血风病,益妇人。《日华诸家本草》记载:蚕连治吐血、鼻出血、肠风泻血、崩中带下、赤白痢。李时珍则认为蚕连治妇人难产及吹乳疼痛。

本草附方

【治小儿惊风】 白僵蚕、蝎梢等分,天雄尖、附子尖共1钱,微炮制为末,每次服半钱,用姜汤调和服用,效果很好。

【治酒后咳嗽】 白僵蚕焙研成末,用茶服1钱。

【治口舌生疮】 用5个蚕茧,包蓬砂,在瓦上焙焦成末,涂抹患处。

雪蚕

本草纲要

【释义】《益部谈资》:"雪蛆产于岷峨深涧中。积雪春夏不消而成者。其形如猬,但无刺,肥白,长五六寸。腹中惟水,身能伸缩。取而食之,须在旦夕,否则化矣。"旧版《辞源》"雪蛆"条:雪蛆又名冰蛆、雪蚕。出自四川峨眉山,以珍味称。引陆游云，其物出茂州雪山，四时常有积雪，蛆生其中，能蠕动。

【异名】冰蛆、雪蛆。

【性味】味甘，性寒，无毒。

【功效主治】李时珍说：解内热渴疾。

化生类

青蚨

本草纲要

【释义】青蚨生长在南海。形状像蝉，卵附在树上。《搜神记》载：南方有一种叫作嗽蜗的虫，体形大如蝉，味辛美可食。常常雄雌相处，不分离，呈青黄色。有人捕捉到青蚨后以法将其为末，用来涂铜钱，然后用这种铜钱去买东西，晚上这些涂过青蚨的铜钱又会神不知鬼不觉地回来。它又能固精止遗，缩小便，实在是人间难得之物。李时珍说：按《异物志》载，青蚨的形状像蝉但比蝉长。它的卵如虾卵，附在草叶上，得到它的卵，就可以诱捕青蚨。

【异名】嗽蜗、鱼父、鱼伯、蚨蜗。

【性味】味辛，性温，无毒。

【功效主治】陈藏器认为：主补中，壮阳，去冷气，美容。《海药本草》谓：能固摄精液，秘缩小便。

蛱蝶

本草纲要

【释义】《岭南海异物志》载：有人行船在南海，看见蛱蝶大的像薄帆，小的如薄扇，称肉得 80 斤，味极肥美。

【异名】蝴蝶。

【功效主治】李时珍说：治小儿脱肛。将它阴干为末，用唾液调半钱，涂于手心，直到病愈为止。

蜻蛉

本草纲要

【释义】此物生于水中，所以大多在水上飞行。李时珍说：蜻蜓头大露目，短颈长腰单尾，翼薄如纱。食蚊虻，饮露水。水虿化蜻蜓，蜻蜓仍交于水上，附物散卵，再变生为水虿。蜻蜓有五六种，只有青色大眼者或雄者，可入药。

【异名】蜻蜓。

【性味】性微寒，无毒。

【功效主治】《名医别录》记载：强阴，止精。《日华诸家本草》记载：可壮阳，暖肾。

鳞部

李时珍说：鳞虫有水、陆二类，类虽然不同，却同有鳞甲。龙蛇是灵物，鱼是水属，种族虽有差别，但变化相通。鳞虫都卵生，而蝮蛇胎产；水族都不瞑，而河豚目眨。蓝蛇的尾，能解其头毒；鲨鱼的皮，还能消鲙积。如果不是知道的人，难道还能察觉到它的利弊吗？

龙类

守宫

本草纲要

【释义】李时珍说：守宫处处人家墙壁有这种动物，形状像蛇，灰黑色，扁头长颈，细鳞四足，长者6、7寸，不咬人。

【异名】壁宫、壁虎、蝎虎、蝘蜓、蠦缠、蝎虎、辟宫子、地塘虫、天龙、爬壁虎。

【性味】味咸，性寒，有小毒。

【功效主治】李时珍说：能治中风瘫痪，手足不举，或压节风痛，小儿疳痢，血积成痞，疗蝎蛰。

本草附方

【治疗小儿撮口】用朱砂末安小瓶内，捕活壁虎1个，放入瓶中，食砂末月余，待壁虎体赤后，研干为末。每以薄荷汤服3、4分。

【治血成块】用壁虎1枚，白面和1鸭子大，包裹研烂，作饼烙熟食之，当下血块。不过3、5次即愈。效果很好。

蛇类

蚺蛇

本草纲要

【释义】它的形状像鳢，头像鼍，尾巴呈圆柱形，身上无鳞，生命力强。人们捕捉到后，切肉作脍，视为珍味。李时珍说：按刘恂《岭表录异》载，有的蚺蛇长达5、6丈，围长有4、5尺；小的也可达3、4丈。身上有斑纹，如旧的丝织品。它常在春夏的山林中伺机捕食野鹿，羸瘦的蛇将鹿消化后才变得肥壮。

【异名】南蛇、埋头蛇、王字蛇。

【性味】肉，味甘，性温，有小毒。胆，味甘、苦，性寒，有小毒。

【功效主治】孟诜说：蛇胆做脍食之除疳疮；小儿脑热，水渍注鼻中；齿根宣露，和麝香末敷之。陈藏器曰:主喉中有物,吞吐不得出者,做脍食之。李时珍曰:蛇胆明目,去翳膜,疗大风。蛇肉除手足风痛,杀三虫,去死肌,皮肤风毒疠风,疥癣恶疮。

本草附方

【治诸风瘫痪,筋挛骨痛,痹木瘙痒,杀虫辟瘴,及疠风疥癣恶疮】 蚺蛇肉1斤,羌活1两(绢袋盛之),用糯米2斗,蒸熟,安曲于缸底,置蛇于曲上,乃下饭,密盖,待热取酒,以蛇焙研和药,其酒每随量温饮数杯,忌风及欲事,亦可袋盛浸酒饮。

【治狂犬咬人】 将蛇脯为末,用水送服5分,每日3次。

白花蛇

本草纲要

【释义】 白花蛇的身上的花纹呈方形,胜似白花,因此得名。它喜欢咬人的脚。贵州人一旦脚被蕲蛇咬了,立即将此脚锯掉,接上木脚。此蛇有烂瓜气味,必须用韧带将它驱逐,以防它伤人。

【异名】 蕲蛇、褰鼻蛇。

【性味】 味甘、咸,性温,有毒。

【功效主治】《开宝本草》说:主治中风及肢体麻木不仁、筋脉拘急、口眼歪斜、半身不遂、骨节疼痛、脚软不能长久站立、瘙痒及疥癣;又能治肺风鼻塞、瘾疹、身上白癜风、疬疡斑点;破伤风、小儿风热及急慢惊风抽搐。甄权《药性论》说:主治肺风鼻塞,身生白癜风、疬疡、斑点及浮风瘾疹。李时珍说:风善行数变,蛇亦善行数蜕,又食石南藤,所以能透骨搜风,截惊定搐,为风痹惊、瘀癣恶疮之要药。

本草附方

【治风瘫疠,遍身疥癣】 用白花蛇肉四两酒炙,天麻7钱半,薄荷2钱半,研末,放人好酒2升,蜜4两,用瓦器熬成膏,每天服1盏,用温汤送服1日3次。

【治大风病】 白花蛇、乌梢蛇各取净肉2钱(酒炙),雄黄2钱,大黄5钱,为末,每服2钱,白汤下,3日1服。

【治破伤风,项颈紧硬,身体强直】 蜈蚣1条(全者),乌蛇(项后取)、白花蛇(项后取)各2寸(先酒浸,去骨并酒炙),上三味为细散,每服2钱至3钱,煎酒小沸调服。

本草附方

【药物来源】 乌蛇为游蛇科动物乌梢蛇的干燥体。

【药理成分】 主含蛋白质和脂肪。

【临床应用】 1.治疗瘙痒性皮肤病。

2.治疗湿疹等皮肤疾患。

3.治疗骨结核、骨髓炎。

4.治疗痛痹。

乌蛇

本草纲要

【释义】乌蛇的背部有三条棱线,色黑如漆,性情温和,不乱咬物。还有一种能缠物至死,也是这一类。

【异名】剑脊乌梢、乌梢蛇、黑花蛇、黑乌梢、三棱子。

【性味】味甘,性平,无毒。

【功效主治】甄权记载:乌蛇肉治热毒风,皮肤生疮,眉须脱落,𤺋痒疥等。《开宝本草》记载:乌蛇肉主诸风瘙瘾疹,疥癣,皮肤不仁,顽痹诸风。李时珍认为:功与白花蛇同而性善无毒。

本草附方

【治风痹,手足缓弱,不能伸举】乌蛇3两(酒浸,炙微黄,去皮骨),天南星1两(炮裂),干蝎1两(微炒),白附子1两(炮裂),羌活1两,白僵蚕1两(微炒),麻黄2两(去根节),防风3分(去芦头),桂心1两,上药,捣细罗为末,炼蜜和捣200~300杵,丸如梧桐子大,每服,不计时候,以热豆淋酒下10丸。

【治面上疮及皯】乌蛇2两,烧灰,细研如粉,以腊月猪脂调涂之。

【治干疥瘙痒久不差】黄芪二两(锉),乌蛇四两(酒浸,去皮骨,炙令黄),川乌头3两(炮裂去皮脐),附子2两(炮裂去皮脐),茵芋2两,石南1两,秦艽2两(去苗),上七味,捣罗为末,炼蜜和捣200~300杵,丸如梧桐子大,每服30丸,食后以荆芥汤下,以瘥为度。

【治婴儿撮口,不能乳者】乌梢蛇(酒浸,去皮骨,炙)半两,麝香1分,为末,每用半分,荆芥煎汤调灌之。

水蛇

本草纲要

【释义】生活在水中。体大像鳝鱼黄黑色,有花纹,咬人但毒性不大。它能变成黑色。

【异名】公蛎蛇。

【性味】味甘、咸,性寒,无毒。

【功效主治】李时珍说:治消渴,烦热,毒痢。

本草附方

【小儿骨疽脓血不止】烧成灰用油调,敷小儿骨疽脓血不止。

【治消渴,四肢烦热,口干心躁】水蛇1条(活者剥皮,炙黄捣末),蜗牛不拘多少(水浸五日,取涎,入腻粉煎令稠),麝香1分(细研),上药,用粟饭和丸,如绿豆大,每服,不计时候,以生姜汤下10丸。

鱼类

鲤鱼

本草纲要

【释义】鳞有十字纹理,所以名鲤。死后鳞不反白,有从头至尾的胁鳞一道,不论鱼的大小都有36鳞,每鳞上有小黑点。它味道最佳,现在处处都有生产,人很爱吃。

【性味】味甘,性平,无毒。

【功效主治】李时珍说:煮食,下水气,利小便。烧灰,用米饮调服,治大人小儿暴痢。用童便浸煨,止反胃及恶风入腹。《名医别录》记载:煮食,治咳喘上气,黄疸,止渴。治疗水肿,下气。《日华诸家本草》记载:治疗怀孕身肿,及胎气不安。

本草附方

【治痔漏】黑鲤鱼鳞2、3甲,以薄编茧裹如枣柱样纳之。

【治诸鱼骨鲠】鲤脊36鳞,焙研,凉水服之。

【治鼻衄】鲤鱼鳞炒成灰,研为末,冷水调下1、2钱。

【崩漏、痔漏】以皮、鳞烧灰,入崩漏、痔漏药用,取其行滞血之功用。

本草今用

【药物来源】鲤鱼为鲤科动物鲤鱼的肉或全体。它的鳞、皮、血、脑、目、齿、胆、肠、脂肪亦供药用。

【药理作用】从鲤鱼组织中可分离出一种具有促进性腺作用的糖蛋白。

【临床应用】1.治疗肝硬化。

2.治疗肾病低蛋白水肿。

鲢鱼

本草纲要

【释义】它的形态像鳙鱼,鱼头小而形体扁,有细小的鱼鳞和肥大的肚腹。它的色彩最白,现在到处都有。

【异名】鲸鱼、白鱮,白脚鲢。

【性味】味甘,性温,无毒。

【功效主治】李时珍说:能温中益气。但多食,令人热中发渴,又发疮疥。

鳙鱼

本草纲要

【释义】今俗称皂鲢,又称为皂包头。鳙鱼在所有的江河湖泊中都有,它的形状像鲢鱼,颜色呈黑色,它的头最大,有重40、50斤的,味道不如鲢鱼好。这种鱼的眼睛旁有一种骨头称为“乙”,食鳙鱼时去除乙骨。

【异名】鳝鱼。

【性味】味甘,性温,无毒。

【功效主治】汪颖说:暖胃,益人。《本草求原》记载:可暖胃,去头眩,益脑髓,老人痰喘宜之。

青鱼

本草纲要

【释义】是一种颜色青的鱼。

【异名】鲭。

【性味】味甘,性平,无毒。

【功效主治】《食疗本草》记载:和韭白煮食之,治脚气脚弱,烦闷,益心力。《日华诸家本草》记载:益气力。《开宝本草》记载:主脚气湿痹。《滇南本草》记载:和中,养肝明目。

本草附方

【治疗乳蛾喉痹】用青鱼胆含化咽下。治疗红眼及视物不明:用青鱼胆频频点眼。

【治疗一切视物不清】用青鱼胆、鲤鱼胆、羊胆、牛胆各半两,熊胆 2 钱半,石决明 2 两,麝香少许,研为粉末,制成丸如梧桐子大,每次空腹用茶服下 10 丸。

鲫鱼

本草纲要

【释义】头像小鲤鱼,形体黑胖,肚腹中大而脊隆起。大的可达 1、2 斤重。喜欢藏在柔软的淤泥中,不食杂物,所以能补胃。3、4 月它的肉厚而且鱼子多,味道很美。鲫鱼是鱼中上品,它生产在池塘水泽地域。

【异名】鲋鱼。

【性味】味甘,性平,无毒。

【功效主治】陈藏器说:合五味同食其肉,主虚羸。主咳嗽,烧为末服之。《日华诸家本草》记载:温中下气。《唐本草》:头灰,主小儿头疮,口疮,重舌,目翳。李时珍曰:头灰烧研饮服,治下痢;酒服,治脱肛及女人阴脱,仍以油调搽之;酱汁和涂小儿面上黄水疮。

本草附方

【治疗男女虚劳消瘦,发热咳嗽病症】取活鲫鱼 1 尾,刮去鳞肠,将蓖麻子去壳,按病人年龄计算,1 岁 1 粒,纳入鱼腹中,外用湿草纸包几层,放入柴火中煨,煨至极熟后,睡前全部食完。连用 3 尾疗效甚速。

【治妇女血崩】用鲫鱼 1 个,长 5 寸,去肠,放入血竭、乳香在腹内,在炭火中煅烧后,研成粉末,每次用热酒送服3钱。

【治小儿鼻喘】活鲫鱼7个,用器皿装好,用小儿的小便饲养,等到鱼体发红,煨熟吃,疗效极佳。

【治小儿丹毒,阴部红肿出血】用鲫鱼肉5分,赤小豆末2分,捣匀,用水和好,敷于患部。

【治小儿秃疮】用鲫鱼烧成灰,用酱汁和好涂敷局部。

本草附方

【药物来源】鲫鱼为鲤科动物鲫鱼的肉或全体。

【药理作用】从鲫鱼组织中可分离出一种对生长具有刺激作用的物质。

鲈鱼

本草纲要

【释义】鲈鱼每年4、5月份出现,它的身长不过数寸,形态像鳜鱼,色白,有黑点,口大鳞细,有四个鳃。它生产于江浙一带。

【异名】四鳃鱼。

【性味】味甘,性平,有小毒。

【功效主治】《嘉祐本草》记载:功用是补益五脏,益筋骨,调和肠胃,治疗水气。腌制或晒干更好,能补益肝肾,安胎。寇宗奭说:有益肝肾。孟诜说:安胎补中。

鳜鱼

本草纲要

【释义】形体扁平,肚腹宽阔,口大而鳞细,首和尾短。体形为黑色的斑彩,颜色鲜明的为雄性,稍微黑一些的为雌性,鱼背上有鳍刺。鱼的皮比较厚,肉很紧,肉中没有细刺。

【异名】水豚、石鳜鱼。

【性味】味甘,性平,无毒。

【功效主治】《日华诸家本草》记载:益气,治肠风下血。《开宝本草》记载:主腹内恶血,益气力,令人肥健,去腹内小虫。孟诜说:能补虚劳,益脾胃。

本草附方

【治骨鲠竹木刺咽喉】不论深浅用在腊月收获阴干的鳜鱼胆研末冲服。每次用皂荚子大小的鱼胆粉煎后用酒趁热含咽。一则鲠随涎沫流出,不吐再服,以吐出为限度;二则酒随个人的喜好服用,没有不出来的。鲤鱼、鲩鱼、鲫鱼的胆都可以这样使用。

本草今用

【药物来源】鳜鱼为动物鳜鱼。其食物为鱼类和虾类等。分布极广。胆亦供药用。

鲨鱼

本草纲要

【释义】 生长在南方溪涧中,大的有4、5寸长,它的头尾一般大小。头像鳟鱼,体圆像鳝鱼,肉厚唇重,有细鳞。外观颜色黄白,身上有黑斑,背部有刺特硬,尾部不分开。生活在沙沟中,游时吹沙,咂食细沙。也叫蛇鱼、沙沟鱼、吹鲨鱼。腹内的子,味美。俗称河浪鱼。

【异名】 吹沙、沙鰛、沙沟鱼。

【性味】 味甘,性平,无毒。

【功效主治】 李时珍说:食之,暖中益气。

本草今用

【药物来源】 鲨鱼是阔口真鲨或黑印真鲨或乌翅真鲨的全体。

【药理成分】 鱼肉含蛋白质、多种无机盐和纤维素,鲨鱼肝油主要含维生素A、维生素D、不饱和脂肪酸、脑甾醇、十九醇、二十一醇及异十八烷等。

【药物功效】 1.抗癌作用。

2.抗菌作用。

3.降低血液中胆固醇的作用。

金鱼

本草纲要

【释义】 金鱼有鲤、鲫、鳅、餐鱼数种,金鲫易找,鳅、餐鱼难寻。金鱼的味道鲜美,肉也坚硬。

【异名】 朱砂鱼。

【性味】 味甘,性平,无毒。

【功效主治】 李时珍说:主治久痢。

本草附方

【治疯癫,石臌,水臌,黄疸】 红色金鱼1个(取三尾者),甘蔗大者1、2枚。同捣烂,绞汁服,吐出痰涎愈。

【治百日咳,心脏病,肋膜炎,肺炎】 金鱼全身烧黑服。

【治肾脏病】 金鱼煮食之。

【解服卤毒】 金鱼1、2枚捣之,灌下,吐出涎水自苏。

无鳞鱼类

鳝鱼

本草纲要

【释义】 就是黄鳝。像蛇,但没有鳞,肤色有青、黄二种,大的有2、3尺长,夏季出来,11、12 月藏于洞中。

【异名】鳣、黄鳣、鳣鱼、海蛇。

【性味】味甘,性大温,无毒。

【功效主治】《名医别录》记载:主补中益血,疗沈唇。鳝鱼头烧服,止痢,主消渴,去冷气,食不消。李时珍说:专贴一切冷漏、痔瘘、臁疮引虫。孟诜说:补五藏,逐十二风邪。治风湿。陈藏器说:主湿痹气,补虚损,妇人产后淋沥,血气不调,羸瘦,止血,除腹中冷气肠鸣。鳝鱼血涂癣及瘘。朱震亨说:善补气,妇女产后宜食。

本草附方

【治疗臁疮溃烂】取几条鳝鱼,打死,用香抹在腹部,将鳝环绕在疮上并用布带固定,马上就会痛不可忍,然后取下布带,看鱼腹部有针眼,那都是虫。如果虫还没有出完,再做一次,然后用人胫骨灰与油调和后涂搽。

【增力气】熊筋、虎骨、当归、人参等分。为末,酒蒸大鳝鱼,取肉捣烂为丸。每日空腹酒下少许。

【治内痔出血】鳝鱼煮食。

本草今用

【药物来源】鳝鱼为鳝科动物黄鳝的肉或全体。本动物的皮、骨、血、头亦供药用。

【临床应用】1.治疗面神经麻痹。

2.治疗化脓性中耳炎。

3.治脚癣。

泥鳅

本草纲要

【释义】泥鳅生活在湖池,且形体最小,只有 3、4 寸长。它体形圆身短,没有鳞,颜色青黑,浑身沾满了自身的粘液,因而滑腻难以握住。

【异名】鳛、鳅,鳅鱼,和鳅。

【性味】味甘,性平,无毒。

【功效主治】李时珍认为:食泥鳅可暖中益气,醒酒,解消渴。吴球说:同米粉煮羹食,调中收痔。

本草附方

【治疗异物鲠喉】用线捆住活泥鳅的头,将它的尾巴朝里,先放入喉中,然后将泥鳅拉出来即可。

【调中收痔】鳅鱼同米粉煮羹食。

【治阳事不起】泥鳅煮食之。

鲵鱼

本草纲要

【释义】是一种人鱼,生活在山溪中,像鲇鱼,有四只脚,尾巴长,会爬树。人们捕捉到鲵鱼后将它绑在树上,用鞭抽打,直到身上的白汁流尽,这样才可食用,不然,则有毒,不能食用。

【异名】花鲈、鲈板、花寨、鲈子鱼。

【性味】味甘,有毒。

【功效主治】《山海经》记载:食之使人聪明。

河豚

本草纲要

【释义】形状如蝌蚪,大的有1尺多长,背部呈青白色,有黄色条纹。没有鳞没有腮没有胆,腹部白但没有光泽。江浙一带很多。

【异名】赤鲑、鯸鮧鱼、鯸鲐、鲑鱼、鹕夷鱼、嗔鱼、规鱼、鰗鱼、吹肚鱼、鲥鮧、河鲀鱼、气泡鱼、胡夷鱼。

【性味】味甘,性温,无毒,肝及子有大毒。

【功效主治】《开宝本草》记载:食其肉,主补虚,去湿气,理腰脚,去痔疾,杀虫。

乌贼鱼

本草纲要

【释义】乌贼没有鳞有须,皮黑而肉白,大的像蒲扇。因它爱吃乌鸟,所以叫乌贼鱼。

【异名】墨鱼、缆鱼。

【性味】味酸,性平,无毒。

【功效主治】《名医别录》记载:乌贼肉益气强声。陈藏器说:炙乌贼骨研饮服,治疗妇人血症,大人小儿下痢,杀小虫。《日华诸家本草》记载:乌贼肉益人,通月经。乌贼骨疗血崩,杀虫。《医林本经》说:乌贼骨主治女子赤白带下,经汁血闭,阴肿痛。

本草附方

【治骨卡在喉】用海螵蛸、陈年橘红焙干,各等分制成末,再用冷面和饮,做成芡子大小的药丸,每次服用1丸,含服。

【治妇人经闭】乌贼鱼合桃仁煮食。

本草今用

【药物来源】乌贼鱼为无针乌贼或金乌贼的肉或全体。它的缠卵腺、墨囊中墨液以及内客均供药用。

【药理成分】乌贼内含水分、蛋白质、脂肪、碳水化合物、灰分、钙、磷、铁、维生素

B族,烟酸。乌贼墨中含有乌贼墨黑色素,骨中含有碳酸钙。除此之外,还含有少量氯化钾、磷酸钙、镁盐、胶质等。

【药理作用】1.制酸作用。

2.抗肿瘤作用。

【临床应用】1.乌贼骨治疗胃、十二指肠溃疡。

2.治疗创伤出血。

3.治疗脚丫糜烂。

文鳐鱼

本草纲要

【释义】文鳐鱼大的长1尺左右,翅膀与尾巴等长。它们常成群地在海上飞翔。它的形态像鲤鱼,乌翼鱼身,头白嘴红,背部有青色的纹理,它常常夜间飞行。所以叫飞鱼。

【异名】鳐,飞鱼。

【性味】味甘、酸,无毒。

【功效主治】陈藏器曰:令易产,临盆时烧为黑末,酒下1钱匕。李时珍曰:治狂已痔。

虾

本草纲要

【释义】李时珍说:虾入汤就变成红色如霞。凡是大虾,蒸熟晒干以后去壳,就叫虾米,用姜醋拌吃,是食品中的珍品。

【性味】味甘,温平,有小毒。

【功效主治】孟诜说:主治五野鸡病,小儿赤自游肿疼痛,将虾捣碎后敷贴于患部。李时珍说:虾做汤可治疗包块,托痘疮,下乳汁。煮成汁,治风痰。捣成膏,敷虫疽有效。

本草今用

【药物来源】虾为长臂虾科动物青虾等多种淡水虾的全体或肉。

【药理作用】虾角质层的主要成分为甲壳质,像肝素一样,也是聚多糖类物质。其衍生物,特别是硫酸衍生物,具有类似肝素的抗凝作用和激活脂蛋白酶的作用。其在体外使用预计是可行的。如取代肝素软膏、体外抗凝、动物实验中采用等。另外,甲壳质对多种病菌和寄生虫有抑制作用。

海虾

本草纲要

【释义】海中大红虾长达2尺多。它的头可作茶杯,胡须很硬。

【异名】红虾、鰝。

【性味】味甘,性平,有小毒。

【功效主治】陈藏器说:做成汤可治疗蛔虫、传染病、口腔粘膜糜烂、龋齿、头疮和疥癣病症,有止痒作用。

鲍鱼

本草纲要

【释义】现称干鱼。用盐腌压成的,称为腌鱼;未加盐者,称淡鱼;石首鱼晒干即称为白鲞。

【异名】萧折鱼、干鱼。

【性味】味辛、臭,性平,无毒。

【功效主治】《名医别录》说:用以治疗骨折、扭伤、瘀血不散、女子阴道流血。煮汤可治疗女子贫血并利肠。李时珍说:鲍鱼肉同麻仁、葱、豉一起煎煮,可以通乳汁。鲍鱼头煮汁,治眼闭;烧成灰,可治疮肿及瘟疫。

本草附方

【治疗产后贫血】鱼胶烧存性,用酒和童便调和,每次服用3~5钱。

【预避瘟疫】鲍鱼头烧灰方寸匕,合小豆末7枚,米饮服之,令瘟疫不相染也。

介部

李时珍说:介虫很多,而龟为其长。龟是介虫中的灵长者。介物是圣世供馔之从不废者,更何况还可充为药品。

龟鳖类

水龟

本草纲要

【释义】龟背隆起有花纹与苍穹对应,龟板平坦与大地相合。负阴抱阳,头如蛇头,颈如龙颈,其骨甲包绕里面的筋肉。肩宽腰粗,它属于卵生动物,喜欢蜷缩,且用耳朵呼吸。雄龟与雌龟通过尾巴交配,也能与蛇交配。它于春夏之际苏醒出洞,秋冬之际再回到原先的洞穴休养,所以灵慧而且长寿。

【异名】玄衣督邮。

【性味】肉,味甘、酸,性温,无毒。龟甲味甘,性平,有毒。

【功效主治】苏敬、孟诜认为:用它酿酒,可治中风,四肢拘挛。用水煮后食用,疗风湿痹痛、身肿、骨折。李时珍说:龟肉能治筋骨疼痛、日久寒嗽。还可止泻血、血痢。龟血外涂治脱肛,和酒饮用,治跌打损伤。《神农本草经》记载:龟甲能治漏下赤白、腹内包块、疟疾、外阴溃烂、痔疮、湿痹、四肢萎缩、小儿囟门不合。经常服用,可以轻身不饥。还可压惊解烦,治胸腹痛、不能久立、骨中寒热、伤寒劳役或肌体寒热欲死,用甲作汤饮服,效果良。烧成,治小儿头疮瘙痒、女子阴疮。陶弘景认为,龟甲治久咳、疟疾。炙后研末用酒肿服,疗中风。《日华诸家本草》讲:龟板治血痹。烧灰后可治脱肛。

本草今用

【药物来源】水龟为龟科动物乌龟,本动物的肉、血、胆汁、脊甲和腹甲所熬之胶均可入药。

【药理作用】龟板及龟壳高浓度煎剂,对大鼠的离体子宫有一定的收缩作用。

【临床应用】1.治疗慢性肾炎蛋白尿。

2.治疗淋巴结核。

3.治疗小儿脱肛。

4.治疗烧伤。

绿毛龟

本草纲要

【释义】养殖者从溪涧中捕捉到后,畜养在水缸中,用鱼虾来饲养,冬天将缸中的水倒掉。时间一长,龟就会生毛,长4、5寸,毛中有金线,脊骨上有三条棱,底甲呈象牙色,大如五铢钱的,才是绿毛龟。其他龟饲养的时间长了也长毛,但大而没有金线,底甲颜色也不同,为黄黑色。《南齐书》载"永明中有献青毛神龟",其中青毛神龟就是绿毛龟。

【异名】绿衣使者。

【性味】味甘、酸,性平,无毒。

【功效主治】李时珍认为:主通运任脉,助阳道,补阴血,益精气,治痿弱。嘉谟说:将它捆缚在额上,能禁邪疟。收藏在书篋中,可杀蛀虫。

鳖

本草纲要

【释义】陆佃说:池中的鱼如果特别多,那么蛟龙就会引鱼而飞,但只要有鳖在,就不会出现这种情况,所以称鳖为神守。李时珍说:鳖就是甲鱼,可在水里和陆地生活,脊背隆起与龟类似,甲壳的边缘有肉裙。所以说:龟的肉在甲壳内;鳖的甲在肉里。鳖没有耳朵,全凭眼睛。鳖只有雌的,它与蛇或鼋交配。鳖在水中时,水面上有鳖吐出的津液,叫鳖津。人们根据此液而捕捉它。

【异名】团鱼、神守。

【性味】鳖甲味咸,性平,无毒。

【功效主治】朱丹溪讲：主补中益气。《神农本草经》记载：治胸腹包块、积滞寒热，去痞块息肉、温疟、腹内积气结块及腰痛、小儿胁下肿胀。隔夜食，治脐腹或胁肋硬条块、冷腹胀气、虚劳羸瘦、除骨热、骨节间劳热、结滞壅塞、下气、妇人漏下杂质。《名医别录》认为：鳖甲治下瘀血，去血气，破结石恶血，堕胎，消疮肿肠痈及跌损瘀血。能滋阴补气，去复发性疟疾、阴毒腹痛，治积劳成病、饮食不当、旧病复发、斑痘烦闷气喘、小儿惊痫、妇人经脉不通、难产、产后阴户开而不闭、男子阴疮石淋。还可收敛疮口。苏颂讲：鳖肉有补虚、去虚热的作用，常食可导致性冷。李时珍说：根据《三元参赞书》载：鳖性冷，吃了能发水病。有冷劳气、腹部包块的人不宜食。

本草附方

【治脐腹或胁肋长硬条块】用大鳖1个，蚕沙1斗，桑柴灰1斗，淋汁5次，同煮烂后去骨再煮成膏，捣成梧子大的丸。每天服3次，每次服10丸。

【治寒湿脚气，痛不可忍】用鳖2只，水2斗，煮取1斗。去鳖留汁，加苍耳、苍术、寻风藤各半斤，煎至7升，去渣，用盆盛好后熏蒸，待水温凉一些再浸洗。

【治痈疽久不收口】将鳖甲烧存性，研末掺在疮口上，效果很好。

【治妇人难产】取鳖甲烧存性，研末，用酒送服1方寸匕。

【治阴茎生疮】将鳖甲烧后研末，用鸡蛋清调匀涂。

【治小便沙石淋痛】将九肋鳖甲用醋炙过，研末，用酒送服1方寸匕，每日3次。

【治产后阴户不闭】用5枚鳖头烧后研末，每次用井水送服1方寸匕，1日3次，或者加用2两葛根。

能鳖

本草纲要

【释义】阳羡县君山池中能鳖。有人认为“鲧化黄熊”就是它，不正确。《尔雅》载：三足鳖为能。

【异名】三足鳖。

【性味】性大寒，有毒。

【功效主治】李时珍说：误食后可致人性命。只有将其生肉捣烂外敷。苏颂说：可治骨折，活血止痛。道家用它来避邪避秽，或将能鳖画像而止邪。

蟹

本草纲要

【释义】穴居于江、河、湖、泽或水田周围的土岸，昼伏夜出，以动物的尸体或谷物为食。秋季成长丰满，常洄游到近海繁殖。雌蟹所带的卵，至翌年3~5月间孵化，幼体经多次变态，发育成幼蟹，再溯江河而上，在淡水中继续生长。

【异名】郭索、蛫、蛸、蛸蛑、螃蟹、毛蟹、稻蟹、岈钳。

【性味】味咸,性寒,有小毒。

【功效主治】《名医别录》记载:解结散血,愈漆疮,养筋益气。崔禹锡《食经》:主皶鼻恶血,明目醒酒。孟诜说:主散诸热,治胃气,理筋脉,消食。醋食之,利肢节,主五脏中烦闷气。陈藏器说:蟹脚中髓、脚,壳中黄,并能续断绝筋骨,取碎之微熬,纳疮中筋即连也。《日华诸家本草》记载:治产后肚痛血不下,并酒服;筋骨折伤,生捣炒罯良。李时珍说:治疟及黄疸;捣膏涂疥疮癣疮;捣汁滴聋耳。盐蟹汁,治喉风肿痛,满含细咽即消。

本草附方

【治骨折】将生蟹捣烂,以热酒倒入其中,连喝几碗,将其渣涂于患处,半日内即愈。

【治胎死腹中,以及双胞胎一死一活,服用它可使死胎下,活胎安然无恙,有效如神】蟹抓1升,甘草2斤,东流水1斗,用苇做柴煮到2升,然后过滤去滓,加入真阿胶3两,令其溶化,随即服下,或者分两次服。如果患者昏厥不能服用,将药灌入即刻苏醒。

鲎鱼

本草纲要

【释义】生长在南海。不论大小,总是雄雌相随。雌的没有眼睛,只有和雄的在一起才能生存。雄的一死,雌的也就马上死去。李时珍说:鲎即候意,鲎鱼善于候风,所以称之为鲎。

【性味】味辛、咸,性平,有微毒。

【功效主治】孟诜说:鲎鱼肉能治痔疮,且能杀虫。多食可致咳嗽和疥疮。《日华诸家本草》说:鲎鱼尾烧焦后研末,能治便血,妇女崩中带下,白带过多,及产后痢。李时珍说:鲎鱼胆主治大风癞疾,杀虫。鲎鱼壳主治积年呷嗽。

本草今用

【药物来源】鲎鱼为鲎科动物东方鲎。鲎肉、壳、尾、胆均供药用。

蚌蛤类

牡蛎

本草纲要

【释义】又叫蚝。它属于蚌蛤类动物。有胎生和卵生两种形式。只有雄的,没有雌的,绝无仅有,故得此名。名蛎和蚝,是因为它粗大。如今海边都有。尤其以东海、南海为多,都附着在石头上。牡蛎味道鲜美且益人,所以把它当作很珍贵的海味。

【异名】蛎蛤、古贲、左顾牡蛎、牡蛤、蛎房、蠔莆、蠔壳、海蛎子壳、海蛎子皮、左壳。

【性味】味甘,性温,无毒。

【功效主治】《名医别录》记载:除留热在关节荣卫,虚热去来不定,烦满;止汗,心痛气结,止渴,除老血。涩大小肠,止大小便,疗泄精,喉痹,咳嗽,心胁下痞热。甄权说:主治女子崩中。止盗汗,除风热,止痛。治温疟。又和杜仲服止盗汗。病人虚而多热,加用地黄、小草。《本草拾遗》说:捣为粉,粉身,主大人小儿盗汗,和麻黄根、蛇床子、干姜为粉,去阴汗。《海药本草》则说:主男子遗精,虚劳乏损,补肾正气,止盗汗,去烦热,治伤寒热痰,能补养安神,治孩子惊痫。李时珍说:化痰软坚,清热除湿,止心脾气痛,痢下,赤白浊,消癥瘕积块,瘿疾结核。

本草附方

【治梦遗及大便溏】用醋将牡蛎粉制成梧子大的丸,每次服用30丸。用米汤送下。

【治疗妇人月经不止】牡蛎煅烧研末,米醋调成团,再煅烧研末,用米醋调艾叶末熬膏,做成梧子大的丸,每服40到50丸,醋汤送下。

【治痈肿未成】水调牡蛎粉涂在患处,干了再涂,以拔毒根。

本草今用

【药物来源】牡蛎为蛎科动物长牡蛎、大连湾牡蛎或近江牡蛎的贝壳,各种牡蛎的肉亦供药用。

【药理成分】含80%~85%的碳酸钙、磷酸钙和硫酸钙,并含镁、铝、硅及氧化铁等。牡蛎中牛磺酸的含量较高。另外,牡蛎中含有谷胱甘肽,10种必须的氨基酸,维生素等。

【药物功效】1.降糖作用。

2.抗病毒作用。

3.抗菌、抗癌作用。

【临床应用】1.盗汗。

2.治疗神经官能症。

3.治疗胸腔积液。

4.治疗肝硬化腹水。

5.治疗十二指肠溃疡。

蚌

本草纲要

【释义】蚌的品种很多。如今江河湖泊处处都有。其中尤以洞庭湖和江汉平原居多。大的蚌约有7寸长,形状如牡蛎;小的像石决明。

【异名】河歪、河蛤蜊。

【性味】味甘、咸,性冷,无毒。

【功效主治】孟诜说:蚌肉主大热,解酒毒,止渴,去眼赤。陈藏器说:蚌肉主妇人劳损下血,明目,除湿,止消渴。诸痔,止痢并呕逆。醋调,涂于痈肿处。《日华诸家本草》记载:蚌肉明目,止消渴,除烦解热毒,补妇人虚劳、下血,并痔瘘、血崩、带下。李时珍说:蚌粉解热燥湿,化痰消积,止白浊带下痢疾,除湿肿水嗽,明目,搽阴疮、湿疮、痱痒。

本草附方

【治痰饮咳嗽】将蚌粉放人新瓦器中炒红,加入少许青黛,用麻油调匀,每次服用2钱。

【治反食吐食】将2钱蚌粉,一盏姜汁,用米醋调好,送服,立即见效。

【治痈疽红肿】用米醋和蚌粉调涂。

【治近视,夜晚视物不明】用螺蚌粉3钱,洒上几滴水,剖开雄猪肝一叶,将蚌粉放入扎好,再同第二次的淘米水煮熟。另以蚌粉蘸食,以汁送下,1日1次,功同夜明砂。

【治脚趾湿烂】用蚌粉掺涂即可。

【治鼻疔】活河蛤蜊1个,冰片1分,硼砂2分,将硼砂和冰片研细,放入蛤蜊壳内。待死后,用水溶液滴入鼻内。

马刀

本草纲要

【释义】原生长在江河湖泊中,今到处都有,是细长的小蚌。长3、4寸,宽5、6分,形状像刀。泥沙中也多见,渔人捕而做食。

【异名】蛏、单姥、齐蛤、马蛤、竹蛏。

【性味】味甘,性寒,无毒。

【功效主治】神农本草经记载:壳炼成粉主妇人漏下赤白,寒热,破石淋。《名医别录》记载:壳可以除五脏问热,肌中鼠鼷,止烦满,补中,去厥痹,利机关。李时珍说:壳还可以消水瘿,气瘿,痰饮。

蚬

本草纲要

【释义】色黑,体小如蚶。能预测风雨的到来,且能飞动。现在苏州东北的阳城,盛产蚬。渔人捕取后,挖肉弃壳于湖滨,天长日久,堆积如山。

【异名】扁螺。

【性味】味甘、咸,性冷,无毒。

【功效主治】苏恭说:治流行病,开胃,解丹石毒及疔疮,除湿气,通乳汁,糟腌煮食都很好。将生肉浸过取汁,可洗疔疮。《日华诸家本草》记载:能除暴热,明目,利小便,治热气脚气湿毒,解酒毒,目黄。浸汁肥。能治消渴。壳可治阴疮及遗精泄精、反胃。陶弘景说:壳可止痢。陈藏器说:壳烧灰服,治反胃吐食。能化痰止呕,除心胸痰水。李时珍说:壳可治吞酸心胸及暴嗽。烧灰,能除一切湿疮。

真珠

本草纲要

【释义】出自南海,是石决明所产的。《南越志》所载:珠有九品:以五分至一寸八九分者为大品,光彩好;一边小平似霞釜的,名珰珠;次则走珠、滑珠等品。凡是蚌听到雷声就痢瘦。它的母珠小而不孕,称为珠胎。中秋没有月亮,蚌就没有珠胎。左思赋说"蚌蛤珠胎,与月全亏",说的就是这个道理。

【异名】蚌珠、珍珠、蠙珠。

【性味】味咸、甘,性寒,无毒。

【功效主治】《开宝本草》记载:主镇心。点目,去翳膜。涂面,让人皮肤光泽颜色美好。涂手足,去皮肤逆胪。绵裹塞耳,主治耳聋。甄权认为:能磨翳坠痰。李珣认为:除面上黑点,止泄。和知母,疗烦热消渴,与忍冬根配伍可以治小儿麸豆疮入眼。寇宗奭说:除小儿惊热。李时珍说:安神定魄,涩精止痛,能解疔疮痘毒,主难产,下死胎衣。

本草今用

【药物来源】真珠为珍珠贝科动物马氏珍珠贝、蚌科动物三角帆蚌或褶纹冠蚌等双壳类动物受刺激形成的珍珠。

【药理成分】主要含碳酸钙,珍珠贝的天然珍珠含碳酸钙高达91.72%,有机物5.94%。养殖珍珠的成分相比,碳酸钙含量大,为94%,碳酸镁含量极少。

【药理作用】1.制酸作用。

2.止血作用。

3.促进新陈代谢的作用。

4.修复作用。

5.延缓衰老的作用。

蛤蜊

本草纲要

【释义】蛤蜊生长在东南沿海。壳色白,嘴唇紫色,约2、3寸大。福建、浙江人用它的肉充海味,也用酱、醋、糟藏后,贩运到各地,被推为佳品。

【异名】吹潮、沙蛤、沙蜊。

【性味】味咸,性冷,无毒。

【功效主治】陶弘景《本草经集注》记载:蛤蜊肉煮之醒酒。《嘉祐本草》记载:蛤蜊肉润五脏，止消渴，开胃，解酒毒，主老癖能为寒热者，及妇人血块，煮食之。李时珍说：蛤蜊粉清热利湿，化痰饮定喘逆，消浮肿，利小便，止遗精白浊，心脾疼痛，化积块，解结气散肿毒，治疗妇人血病。用油调，可涂汤火烫伤。

本草附方

【治雀盲夜视不清】蛤粉炒黄为末，用油熔化和成皂子大，放入猪肾中扎定，蒸熟后食用。1日1次。

【治小便白浊遗精】取煅过的蛤粉1斤，在新瓦器中炒过的黄柏1斤，一同研为细末，和水做成梧桐子大的丸，每次服用100丸，一日2次，用温酒送下。蛤粉味咸能补肾阴，黄柏味苦能降心火。照此服，没有不愈的。

海螺

本草纲要

【释义】生长在南海。现在两广及福建沿海都产。它有拳头大，色青黄，长4、5寸。它是螺类中肉最肥厚，味最好的，南方人喜食。它的厣叫甲香。

【异名】假猪螺、顶头螺、海窝窝。

【性味】味甘，性冷，无毒。

【功效主治】李珣说：甲香能治心腹热痛、气急，止痢通淋。且能和气清神。陈藏器说：明目。治多年眼痛。李时珍说：合菜煮食，治心痛。

本草附方

【治心痛】将生螺肉取汁洗，或将黄连末放入眼内，取其汁点。同菜煮食，治心痛。

【治目痛累年】取生螺一枚，洗之内燥，抹螺口开，以黄连一枚纳螺口中，令其螺饮黄连汁，以绵注取汁，着眦中。

田螺

本草纲要

【释义】生长在水田里及湖泊岸边。形状呈圆形，大的如梨、橘，小的如桃、李。李时珍说：螺属于蚌类。它的壳上有圆形的纹理。它的肉随着月亮的圆缺而肥瘦，月亮从空中消失，螺便沉于水底。

【异名】黄螺。

【性味】味甘，性大寒，无毒。

【功效主治】陈藏器说：煮食，利大小便。除腹中结热、眼胞黄、脚气向上冲心、小腹拘急、小便短赤、手足浮肿。利湿热，治黄疸，压丹石毒。将它的生肉浸汁饮，止消渴。捣肉，可敷热疮。《名医别录》记载：治眼睛红肿疼痛，解渴。陶弘景说：煮汁能清热醒酒。用珍珠、黄连末放入汁中，隔一会儿，取汁点目，可止目痛。李时珍说：捣烂贴脐,能退热,止痢疾,饮食不进,下水肿淋闭。煮水,可搽痔疮狐臭。不可多食,否则会腹痛。

本草附方

【治小便不通,腹胀如鼓】用1个田螺,半匕盐,生捣敷在脐下约1寸3分处即通,熊诚彦曾得此病,一奇人传授此方,用后果然有效。

【治痢疾,饮食不进】将2枚大田螺捣烂,加入3分麝香,制成饼,烘热后贴在肚脐上。过半日,热气下行,人就想吃东西了。

【治酒醉不醒】用螺、蚌和葱、豉煮后饮汁,即醒。

【治大肠脱肛】将3~5枚大田螺用井水养上1、2天,去掉泥沙。将鸡爪、黄连研末放入螺靥内,等到药物化成水后,先用浓茶洗净肛门,再用鸡毛蘸取药水扫,然后用软布托上,即愈。

【治外阴长疮】用大田螺2枚,连壳烧存性,加入轻粉一同研末,外敷,有效。

禽部

李时珍说:二只足而有羽毛的叫禽。山禽栖息在岩上,原鸟处在地上,林鸟早晨啼鸣。记曰:天产作阳,羽类同是阳中之阳,对人身大抵都养阳。

原禽类

乌骨鸡

本草纲要

【释义】李时珍说:按照徐铉的说法,鸡是稽的意思。鸡鸣能报时辰。据《广志》记载,大鸡称蜀,小鸡叫荆,幼鸡叫鷇。乌骨鸡入药最好、男患者宜用雌鸡,女患者宜用雄鸡。妇科方剂中有乌鸡丸,能治疗多种妇科病。用乌骨鸡治病,可将鸡和药一起煎煮,也可将药和鸡连骨一起研细服。

【异名】乌鸡、药鸡、武山鸡、羊毛鸡、绒毛鸡、松毛鸡、黑脚鸡、丛冠鸡、穿裤鸡、竹丝鸡。

【性味】味甘,性平,无毒。

【功效主治】李时珍说:补虚劳羸弱,治消渴,中恶,益产妇,治女人崩中带下虚损诸病,大人小儿下痢噤口;能煮食之,亦可做成药丸。

本草附方

【辟除瘟疫】冬至时将红色雄鸡制成干肉,到立春时煮着吃完,不要分给别人吃。

【治疗癫狂】用乌雄鸡1只,和五味子一同煮好,食用,或者做成羹粥食用。

【补益虚弱】用1只乌雄鸡和五味煮烂食用。

【治疗反胃呕吐】用乌雄鸡1只,将腹掏尽后加入胡荽子半斤,烹食2只即可治愈。

【治疗胎死腹中】取乌鸡1只去毛，用水3升煮取2升，不要鸡，用布蘸汁摩擦脐下，死胎自然出来。

【治疗小儿眼上生瘤】用鸡肫煮黄皮（鸡内金）外擦。

雉

本草纲要

【释义】李时珍说：野鸡，全国都产，其大小如鸡一般，毛色五彩斑斓。雄性色彩艳丽，尾巴长；雌的色彩较暗，且尾巴较短。它们喜欢斗架，它的卵是褐色。雌鸡要产卵时，避开雄鸡，否则雄鸡将会吃掉它刚产下的卵。

【异名】野鸡。

【性味】味酸，性微寒，无毒。

【功效主治】《名医别录》记载：野鸡肉能补中益气，止泄痢，除蚁瘘。秋冬季节捕食对人体有益，春夏捕到后食用，则对人的身体无益。患痢疾的人不能食用。

鹧鸪

本草纲要

【释义】又叫越雉。生长在江南，外形像母鸡，它常发出"钩咕格磔"的声音。有一种鸟外形和它相似，但不会这样鸣叫。苏颂称：江西、福建、两广、四川都有。李时珍说：鹧鸪害怕露霜，早晨和晚上很少出来，夜间休息时常用草和树叶覆盖身体。它喜欢洁净，它的肉白且脆，味道比野鸡好。

【异名】越雉、越鸟。

【性味】味甘，性温，无毒。

【功效主治】《唐本草》载：凡因食岭南野葛、菌毒、生金毒，及温瘴久，欲死不可瘥者，合毛熬，酒渍服之；生捣取汁服最良。孟诜：能补五脏，益心力，聪明。《医林纂要》载：补中消痰。《随息居饮食谱》载：利五脏，开胃，益心神。

鹑

本草纲要

【释义】寇宗奭说：鹑分雌雄，常生活在田野里，晚上它们便聚在一起飞翔，白天则伏在草丛中。人们用声音来引诱它、捕捉它。将它养起来，让它们相互斗架。

【异名】罗鹑、鴳、早秋、白唐、

【性味】味甘，性平，无毒。

【功效主治】《嘉祐补注本草》记载：补五脏，补中益气，强筋健骨，耐寒暑，消除热结。和赤小豆、生姜一同煮着吃，可治疗小儿疳积及下痢，天亮时食用有效。酥煎后食用，令人下焦肥健。寇宗奭说：能治小儿疳积，及下利脓血或见多种颜色，每日服食有效。

鸽

本草纲要

【释义】鸟类绝大多数是雄性骑在雌性上，只有鸽类是雌性骑在雄性身上，所以鸽类的性生活最为频繁。李时珍说：鸽性淫而易于交合。鹁是它发出的声音。张九龄认为鸽能够传递书信，因此又称其为飞奴。许多人家都饲养鸽子，也有野鸽。

【异名】鹁鸽、飞奴。

【性味】味咸，性平，无毒。

【功效主治】《嘉祐补注本草》记载：鸽肉能解药毒。疗疮疥，食用后立愈。孟诜说：能调精益气。炒熟用酒服，治恶疮癣、白癜风等。此物虽对人体有益，但过食恐怕会影响药物的疗效。

本草附方

【治疗阴证腹痛，面色青紫】将鸽子屎大炒，然后研末，用一种加热滚烫的酒和匀，然后澄清，一次服用，即愈。

【治疗鹅掌风】和鸽粪和雄鸡屎炒过研末，然后煎水外洗。

本草今用

【药物来源】鸽为鸠鸽科动物原鸽、家鸽或岩鸽的肉或全体。

【药理成分】鸽子肉含有极为丰富的蛋白，蛋白质含量高达22.4%，脂肪含量很低，约1%，尚有微量元素和维生素等。

【药理作用】本品是一种低热量高蛋白的食物，适合糖尿病、肥胖症、心血管疾病患者食用。

雀

本草纲要

【释义】雀到处都有。羽毛呈褐色，且有斑点，下颌、嘴巴都是黑色，头形像独蒜，眼睛像大椒，尾巴长约2寸，脚爪是黄白色，喜爱跳跃，不会走。它的眼睛晚上不能看东西，它产的卵上有斑点。体小的名叫黄雀，8、9月份成群结队地在田间飞动，此时最肥壮，如同披了一层棉衣。肉可以烤吃，也可作鲜食用，味道都很美。《临海异物志》称：南海有一种鱼叫黄雀，它常在6月份变成黄雀，10月份入海变成鱼。如果是家雀则不会变化。

【异名】瓦雀、宾雀。

【性味】味甘，性温，无毒。

【功效主治】陈藏器说：冬天食用，可以壮阳，治疗阳痿，令人有子。《日华诸家本草》谓：能壮阳益气，暖腰膝，缩小便。固崩止带。孟诜认为：可益精髓，滋养五脏六腑。宜于经常吃，不可停缀。

本草方

【补益老人,治疗老人脏腑衰弱羸瘦,阳气衰弱】用5只雀,粟米1合,菊白3根,先将雀炒热,加酒1合,煮1会儿,再加2盏水,最后下米、葱,煮粥食用。

【治疗睾丸湿冷坠胀及疝气】用3只雀,同毛及肠,将茴香3钱,胡椒1钱,缩砂、桂肉各2钱,纳于雀腹中,用湿纸将雀包好,煨热,空腹食用。用酒送下较好。

【治疗霍乱,腹部胀闷难忍】用雄雀粪21粒,研末,温酒送服。没有效则再服。

【治疗咽喉堵塞不利】用雄雀屎研末,温水送服半钱。

【治疗喉痹乳蛾】白丁香20个,用砂糖合制丸,将1丸用布包好含化。病情较重的,不超过2丸。

燕

本草纲要

【释义】燕有两种:胸部紫色,形体轻小的,叫越燕;身上有黑斑且声音大的是胡燕。胡燕做的巢很大,可容纳二疋绢。据说它在谁家筑窝,谁家将会大富大贵。如果它筑的窝开口向北,尾巴微曲,毛色白的,那它就有几百岁了。《仙经》称之为"肉芝"。吃它的肉可以延长人的寿命。李时珍说:燕子如雀大,身长,口小而尖,颔大,翅薄且尾有分叉。春天飞走。来时在屋檐下筑巢,飞走后在南方的洞穴中藏身。鹰鹞吃了燕子就会死去,燕能制服海东青鹘,能兴波祈雨,所以有游波之称。

【异名】玄鸟、游波、乙鸟、天女。

【性味】味酸,性平,有毒。

【功效主治】《名医别录》记载:外用治疗痔疮。其肉不能吃,能损伤人体正气。

本草附方

【治疗虫证】取2合燕屎炒好,加去皮的独蒜10枚,一起捣烂,制成梧子大的丸子,每次服用3丸。

水禽类

鹤

本草纲要

【释义】羽毛有黄、白、黑等色,其中以白毛的最好。李时珍说:鹤比鹄大,长约3尺,高也有3尺多,喙长约有4寸。头顶颊部及眼睛是红色,脚部色青,颈部修长,膝粗指细.躯干部羽毛呈白色,而翅膀和尾部有羽毛为黑色,有的为灰色,它常常半夜鸣叫,声音直达云霄,雄性在上风鸣叫,雌性在下风鸣叫,通过声音寻配并怀孕。

【异名】白鹤、仙禽、胎禽。

【性味】味咸,性平,无毒。

【功效主治】《嘉祐本草》记载:白鹤血益气力,补虚乏,去风补肺,劳弱者宜食之。

《医林纂要》:解蛇虫诸毒。李时珍说:白鹤蛋能预解痘毒,每用一枚煮,与小儿食之,多者令少,少者令不出。白鹤骨酥炙,入滋补药。

鹳

本草纲要

【释义】 鹳有两种:像鹄而且在树上筑巢的为白鹳,色黑项部屈曲的为乌鹳。白鹳品种好,鹳身形如鹤,但头部不红,顶部无乌带且不喜欢鸣叫。它喜欢在楼殿上筑巢。李时珍说:鹳像鹤但顶部不红,颈长嘴赤,色灰白,翅膀和尾巴都是黑色。它喜欢在高树上筑巢。起飞时直冲云霄仰天鸣号定会下雨。鹳生三子:一个就是鹤,鹤为阳鸟,故有"巽(即鹳)极成震(震即为鹤),阴变阳"之说。

【异名】 皂君、负釜、黑尻。

【性味】 味甘,性大寒。无毒。

【功效主治】《名医别录》记载:鹳骨疗鬼蛊诸毒,五尸心腹痛。陈藏器说:喉痹飞尸,蛇咬伤,及小儿怕人,大腹积满,可将脚骨及嘴煮汁服之,也可烧灰饮服。李时珍说:鹳卵能预解痘毒,水煮一枚,与小儿吃,令不出痘,或出痘也很少。

鹅

本草纲要

【释义】 江淮以南的地方,人们都饲养它。它有青、白两种颜色,眼睛绿,嘴黄脚掌红。夜晚随更声鸣叫。它能吃蛇及蚯蚓,所以养鹅可避免毒蛇侵害。

【异名】 舒雁、家雁。

【性味】 味甘,性平,无毒。

【功效主治】《名医别录》载:鹅肉利五脏。用白鹅膏灌耳,可治突然性耳聋。《本草拾遗》载:鹅肉主消渴,煮鹅汁饮之。《日华诸家本草》载:白鹅肉,解五脏热,止渴。苍鹅,发疮脓。白鹅膏可滋润皮肤,制作面脂。李时珍说:用白鹅膏涂面,可使面部白皙。唇红,手足皲裂,解石毒。鹅胆解热毒及痔疮初起,频涂抹之,自消。孟诜说:鹅肉解五脏热,服丹石人用它最好。鹅卵能补中益气,但多吃会致病。《唐本草》记载:鹅毛主小儿惊痫下痢,毛灰主噎。

本草附方

【通气散】 治疗误吞铜钱和钩绳,取鹅毛1钱烧灰,磁石皂子大1枚,煅好,象牙1钱,烧存性,一同研末。每次服用半钱。

【治疗饮食不下】 将白鹅尾毛烧成灰,每次用米汤送服1钱。

【治鹅口疮】 将食草白鹅的清粪过滤取汁加沙糖少许,外搽。

雁

本草纲要

【释义】 雁为阳性鸟,与燕子往来相反,冬天南飞,夏天到北方去。并且在北方繁殖。雁的生活有四种规律:即信、礼、节、智,但有一愚,即容易被人诱捕。雁儿南飞时肉少不能吃,北飞时肉肥,可以捕食。

【异名】 鸿。

【性味】 味甘,性平,无毒。

【功效主治】《日华诸家本草》记载:雁肉能治疗中风麻痹,长期食用,能补气,强化筋骨。《名医别录》记载:雁脂能助长毛发、眉毛、胡须。《日华诸家本草》记载:雁脂主治耳聋。和豆黄制成丸用,可以强身美容。李时珍说:雁脂可治疗痈肿耳聋以及热结胸痹呕吐。肉能利五脏,解丹石毒。

鸳鸯

本草纲要

【释义】 生活在南方的湖泊小溪中,栖于土穴中,休息时藏在涧中,如水鸭大小,颜色为杏黄色,有纹理,头红,翅黑,尾巴黑,脚掌红,头部有很长的白毛可垂到尾部,休息时雄雌两只颈部相互接触缠接。

【异名】 邓木鸟、匹鸟、黄鸭。

【性味】 味咸,性平,有小毒。

【功效主治】 孟诜说:清酒炙食,治瘘疮。做羹食之,令人肥丽。夫妇不和者,私与食之,即相爱怜。孙思邈说:其肉炙食,能治相思病。《嘉事占本草》记载:主诸瘘疥癣病,以酒浸炙令热,敷疮上,冷更易。

本草附方

【治疗痔疮】 取鸳鸯 1 只炙熟切细,用五味、醋调好食用。

【治疗痔疮下血不止】 取鸳鸯 1 只,洗净切片,用五味、椒、盐腌后烤熟,空腹食。

鹭

本草纲要

【释义】 是一种水鸟,它在树林里栖息,去水中觅食,它成群飞行时排列有序,它的毛白如雪,颈部细长,脚呈青色,身高约有 1 尺多,它的脚趾分开,尾巴很短,嘴长约有 3 寸。头顶有十几根长毛,可用来作诱饵捕鱼。生活在海边的称海鸥,生活在江边的称江鸥。又有一种鸥,它随海潮的涨落而来去,人们称为“信鸥”。它们的形色像白鸽或小白鸡,长脚长嘴,成群飞翔,3 月份产卵。

【异名】 鹭鸶、水鸮、江鸥、海鸥。

【性味】 味咸,性平,无毒。

【功效主治】汪颖说：虚瘦者，炙熟食之，能益脾补气。

本草附方

【治破伤风】将鹭肉和尾巴一起烧灰研末外敷，可治疗破伤风，角弓反张。

林禽类

斑鸠

本草纲要

【释义】斑鸠到处都有。它的体形小，毛呈灰色。斑鸠长大后，其毛色有梨花样斑点的，不会鸣叫，只有项下的斑点像珍珠的，能发出很大的声音。它们性情温和，不善于做巢，它产的卵往往会从巢中落下来。天要下雨时，它会发出“鹁果果”的声音，所以人们相传为鸠唤雨。

【异名】斑隹、锦鸠、斑鷦、鹁鸠、祝鸠。

【性味】味甘，性平，无毒。

【功效主治】崔禹锡《食经》说：主续绝伤，补中坚筋骨，益气力，好令趋走。《嘉祐本草》记载：明目，久吃可益气，助阴阳。寇宗奭说：久病虚损的人食斑鸠肉，具有补益作用。李时珍谓：食之，令人不噎。热饮斑鸠血，可解蛊毒。

鸤鸠

本草纲要

【释义】尾长，雄雌并飞，且用翅膀互相拍击。李时珍说：布谷鸟如斑鸠大，毛略带黄色，啼叫声相互呼应，它们不聚集成群，不会筑巢，常常居住在树洞和空鹊巢中，哺子时早晨自上而下，晚上自下而上。2月谷雨后开始鸣叫，夏至后停止鸣叫。

【异名】布谷、郭公、获谷。

【性味】味甘，性温，无毒。

【功效主治】汪颖认为：本品能安神定志，使人睡眠减少。

伯劳

本草纲要

【释义】李时珍说：伯劳就是鴂，它是一种候鸟，夏天啼鸣，冬天静息。本草书上没有描述其形状，所以后人不认识它。《淮南子》中说：用伯劳的血涂金，人们不敢来拿金子。

【异名】伯鹩、博劳、伯赵。

【性味】味甘，性平，有毒。

【功效主治】《本草拾遗》记载：治诸疮阴匿，煮食去热。《嘉祐本草》记载：小儿继病，取毛带之。继病者，母有妊娠儿，儿病如疟痢，他日相继腹大，或瘥或发。他人有娠,相近亦能相继。

啄木鸟

本草纲要

【释义】啄木鸟有大,有小,雌性的毛为褐色,雄性的毛上面有斑点。它啄木食虫,它的嘴锋利如锥,有几寸长,其舌头比嘴长。它的爪也很坚硬,用嘴啄得虫后,用舌头钩出吃掉。

【异名】斫木、山啄木、火老鸦。

【性味】味甘、酸,性平,无毒。

【功效主治】《嘉祐本草》记载:啄木鸟肉主痔瘘及牙齿疳匿、蛀牙。烧存性,研末,纳孔中,不过三次。李时珍说:啄木鸟肉追劳虫,治风痫。

本草附方

【去劳虫】取啄木鸟 1 只,瘦肉 4 两,朱砂 4 两,让患者饿一昼夜,将药物调匀,一次喂光。

【治瘘有头,出脓血不止】啄木(鸟)1 只,烧灰,酒下 2 钱匕。

【治虫蛀牙齿疼痛】啄木鸟烧灰存性为末,纳蛀孔中。

【治男女痨病】啄木鸟 1 个,装密闭容器内封固,用火烧透,取出研成细末,分 3 次,黄酒冲服。

慈乌

本草纲要

【释义】北方较多,它体形像乌鸦但较小,经常群体飞行并发出鸦鸦的声音,李时珍说:乌有四种,其中体形小且毛色纯黑嘴小反哺的,是慈乌;像慈乌但嘴大,腹部白,不反哺的,叫雅乌;像雅乌但体大,白项的是燕乌;像雅乌但体小,嘴红居住在穴中的,叫小乌。

【异名】慈鸦、孝乌、寒鸦。

【性味】味　酸、咸,性平,无毒。

【功效主治】《嘉祐本草》记载:治疗虚劳消瘦,助气止咳。骨蒸羸弱者,和五味淹炙食之。

乌鸦

本草纲要

【释义】乌鸦嘴大喜欢鸣叫,会躲避绳套,并且性情凶猛。古有《鸦经》用乌鸦来占卜吉凶。只是北方人喜欢乌鸦不喜欢喜鹊,南方人喜欢喜鹊不喜欢乌鸦。只有师旷认为乌鸦项部有白色的为不祥之物。

【异名】巨喙乌、大嘴乌、黑老鸦、老鸦。

【性味】味酸、涩，性平，无毒。

【功效主治】《嘉祐本草》记载：乌鸦肉治瘦、咳嗽，骨蒸劳，小儿痫。《本草图经》记载：乌鸦治急风。李时珍说：乌鸦肉，治暗风痫疾及五劳七伤，吐血咳嗽，杀虫。

本草附方

【治老人头风，头晕目黑】乌鸦肉、天麻，炖汤服。

【治小儿疯狂】乌鸦肉、猪胆汁、钩藤、全蝎、黄连，同煎服。

【治虚劳瘵疾】乌鸦 1 只，绞死去毛肠，入人参片，花椒各五钱，缝合，水煮熟食，以汤下；鸦骨、参、椒焙研，枣肉丸服。

【治五劳七伤，吐血咳嗽】用 1 只乌鸦，栝蒌瓤 1 枚，白矾少许，纳入鸦肚中，扎好，放入瓷罐中煮熟，分 4 次服用。

鹊

本草纲要

【释义】体积如乌鸦大小，尾巴长。嘴尖爪黑，背部有绿毛，腹部毛色白，尾巴上的毛色黑白相间，它们上下飞舞，善于鸣叫，通过声音感受来受孕，通过对视来代替拥抱，冬季开始筑巢，巢口向太乙，背面向太岁。能预测来年风多少，如果风多，它就将巢筑得低些。

【异名】喜鹊、干鹊、神女、飞驳鸟。

【性味】味甘，性寒，无毒。

【功效主治】《名医别录》记载：治疗石淋，消除热结。将鹊烧成灰，将石投入灰中，灰散的，是雄鹊的肉。陈藏器说：鹊肉可烧灰淋汁饮服，令淋石自下。苏颂说：它能治疗消渴，祛风，利大小便，并除四肢烦热，胸膈痞结。妇人不宜食用。李时珍认为：根据《肘后方》记载，冬天将喜鹊埋在厕所旁，能祛除流行病邪及瘟疫。

杜鹃

本草纲要

【释义】杜鹃初次啼叫时，先听到声音的人会有别离；模仿它声音的人会出现吐血，上厕所时闻到其叫声也会不吉利。要驱赶它则模仿狗的叫声。李时珍说：杜鹃生长在四川，现在南方也有，它的形态像雀、鹞，但其色很黑，嘴红，头顶有小冠。暮春鸣叫，通宵达旦，每次鸣叫总是朝向北方，夏天其鸣叫声更甚，昼夜不止，发出的声音极其哀切。

【异名】杜宇、子规、催归、鹈鴂、巂周、子巂鸟、周燕、鶗鴂、谢豹、怨鸟、阳雀。

【性味】味甘，性平，无毒。

【功效主治】李时珍说：治疗疮疡，将杜鹃肉切细烤热外贴。

鹦鹖

本草纲要

【释义】体长约30厘米。嘴强大,甚钩曲,上嘴与头骨连接处能随意动作,下嘴较短小;上嘴珊瑚红色,下嘴黑褐色。常在山林中结群活动,觅食各种果实、嫩芽以及谷物等。舌肉质而柔软,能效人言。甚易驯养。

【异名】鹦鹉、干皋、鹦哥。

【性味】味甘、咸,性温,无毒。

【功效主治】汪颖《食物本草》记载:食之,能治疗久咳。

山禽类

孔雀

本草纲要

【释义】孔雀生长在交趾、雷州、罗州的高山乔木中。像雁子那么大,有3、4尺高,颈部细,背部隆起,头部有3根毛,约1寸长,常常几十只聚在一起飞翔,早晨鸣叫声此起彼伏。雌性尾巴短且没有灿烂的羽毛,存活3年以内的雄孔雀尾巴还小,等到它活5年后,尾巴可以长到2、3尺长。雄性很喜欢它的尾巴,因此寻找住处时必须考虑到有地方容纳它的尾巴。

【异名】越鸟。

【性味】味咸,性凉,微毒。

【功效主治】《日华诸家本草》说:孔雀肉能解药物和虫蛇毒。孔雀血生饮解蛊的作用较好。孔雀屎主治崩中带下,可敷恶疮。《名医别录》记载:孔雀屎主治女子带下,小便不利。

鸵鸟

本草纲要

【释义】其状如驼。高宗水徽年间,吐火罗进献它。它高约6、7尺,常常扇动着翅膀行走,每天可行300里路,以铜、铁等为食物。李时珍说:这种鸟能吃别的鸟类所不能吃的食物。它形体比鹤大,有3、4尺长,颈、足像鹤,嘴尖冠红且软,毛色如青羊,脚有两指,爪甲锋利,能伤人致死,也能吞食火炭。

【异名】食火鸡、骨托禽。

【性味】无毒。

【功效主治】陈藏器说:鸵鸟粪软坚消积,能消化人们误吞入腹的铁石等硬物。

鹰

本草纲要

【释义】李时珍说,鹰能用膺部攻击别的鸟类,所以叫鹰。它生长在东北及北方,北方人更喜欢饲养它。它有雄、雌之分。雌性的鹰体积较大,雄性较小。它的羽毛上有斑点,或者自如雪花,或者黑如点漆;大的花纹如锦纹,细小的斑点如丝织品。它身重如金,爪如钢铁,非常锋利。它的毛常常脱落,再生出来的毛颜色往往不同。将窝建在洞穴中的,喜欢睡觉;将窝建在树上的,喜欢站立。双膝长的行动迟缓;翅膀短的飞动急速。

【异名】角鹰、鷞鸠。

【功效主治】陈藏器说:吃肉,可治疗神情恍惚、精神错乱。李时珍说:治痔疮,烧灰,入麝香少许,酥酒服之。能治疗头风眩晕,一枚烧灰,酒服。甄权说:鹰头治痔瘘,头目眩晕。《本草汇》记载:鹰眼主明眼目,退翳障。

本草附方

【治五痔】鹰头烧灰和米饮服之。

【治头风眩晕】鹰头1枚,烧灰酒服。

雕

本草纲要

【释义】像鹰一样,体形比鹰大,翅膀短,尾巴长,羽毛呈土黄色。它强健有力,在空中盘旋,能看见地上的任何东西。它有几个品种:生长在北方,色黑的,称皂雕;生长在东北,色青的,称青雕;生长在西部,头部黄,眼睛红,羽毛颜色多样的,称羌鹫。雕类能捕捉鸿鹄、獐、鹿、猪、犬。

【异名】鹫、鹜、洁白雕、红头雕、鹫雕、大山鵰。

【功效主治】《本草纲目》记载:雕骨能治折伤断骨。(雕骨)烧灰,每服2钱,酒下,伤在上食后服,伤在下食前服。雕屎烧灰,酒服,能治疗诸鸟兽骨哽。

兽部

李时珍说:兽,四足而有毛,产于地。周朝厨师供六畜、六兽,辨其死生鲜陈。山獭之异,狗宝之功,物之性理万殊,人之用舍宜慎,盖不但多误解其名而已。于是集诸兽之可供膳食、药物、服器者为兽类。

畜类

豕

本草纲要

【释义】大凡猪都骨细、少筋、多油,大的有百多斤重。猪食物单一,食量少,很易于畜养、生息。李时珍说:天下畜养的猪,各不相同。生在青兖、徐淮的,耳大;生在燕冀的,皮厚;生在梁雍的,四肢短;生在辽东的,头毛很白;生在豫州的,味道短少;生在江南的耳小,叫江猪;生在岭南的,皮已纯白而且很肥。

【异名】一名猪,一名豚,雄性叫豭,雌性叫彘,阉割后的叫豮。

【性味】味酸,性冷,无毒。

【功效主治】《名医别录》记载:豕可治疗伤寒发热口渴症。苏颂说:可主虚劳骨蒸潮热、消渴、小儿五疳,杀虫。陈藏器说:猪胆能救治小儿的头疮。治疗大便不通,用芦苇管插入肛门三寸处,将猪胆汁从中灌入,大便马上可畅通。李时珍说,用猪胆能通利小便,敷治恶疮,除疳湿,治疗目赤视物不清。能明目降火气。加入温水中洗头发,还能去油垢使头发有光泽。

本草附方

【治小儿刮肠痢疾,禁口闭目】精猪肉 1 两,切薄烤香,用腻粉末半钱,铺在上面吃,或放在鼻头闻香味,便自然有食欲了。

【治疯狂歌笑,行走不休】用公猪肉 1 斤,煮熟切块,和酱醋吃,或煮做羹、粥,或炒食。

【治禁口痢疾】用腊肉干煨熟食,很好。

【治胀满不食】取生猪肉用浆水洗净,压干后切成细块,加蒜、薤啖食,一日 2 次。下气去风,此乃外国奇方。

【解丹石毒,发热沉困】用肥猪肉 5 斤,葱、薤半斤,同煮食。必然会腹鸣毒下,用水洗淘,砂石尽即愈。

【治伤损不食】凡被人打,或从高处跌伤严重,3、5 日水食不进口。用生猪肉 2 钱,打烂,以温水洗去血水,再擂烂,用阴阳汤调和,取半钱和鸡毛送人咽内,并以阴阳汤灌下,胸中自然开解。

【治颈下淋巴结核】用猪膏浸泡生地黄,煎沸 6、7 次,涂抹。

【治杂物入目】猪脂煮,取水面如油的部分,去枕仰卧于床,点鼻中,不过数次,杂物即出。

【治交接引起的阴毒而腹痛欲死】公猪血乘热和酒饮。

【治女人阴中作痒】猪肝火烤后纳入,当有虫出。

【治梦中遗尿】取猪尿胞洗净,用火炙熟后食。

【治男女阴部溃疡】用母猪粪黄泥包,煅存性,为末。以淘米水洗净搽涂,立效。

【治妇人无乳】用母猪蹄1具,水2斗,煮至5、6升饮喝,或加通草6分。

本草附方

【药物来源】豕为猪科动物猪。

【药理成分】猪肉含蛋白质、脂肪、水分、碳水化合物、各种维生素及氨基酸等。

【药理作用】猪胆汁制咳平喘、消炎抗过敏、抑菌作用。猪蹄有抗凝血、抗炎、防衰抗癌作用。

【临床应用】1.治疗盗汗。

2.治疗耳聋、耳鸣。

3.治疗皮肤溃疡。

4.治疗腹股沟疝。

狗

本草纲要

【释义】李时珍说:狗的品类很多,但就其功用可分为三类:田犬长嘴,善于狩猎;吠犬短嘴,善于看地;食犬体肥,可用来馔。凡是本草中所用的,都是食犬。

【异名】犬、黄耳、地羊。

【性味】味咸、酸,性温,无毒。

【功效主治】《名医别录》记载:可以安五脏,补绝伤,轻身益气。蹄肉能下乳汁。白狗血主治癫痫症发作。黑狗血主治难产横生。《日华诸家本草》记载:宜养肾、补胃气、壮阳、暖腰膝、益气力。狗血补安五脏。孟诜说:可补五劳七伤,益养阳事,补血脉,增加肠胃运化能力和肾、膀胱的功能,填补精髓。《本经逢原》记载:治败疮稀水不敛。陈藏器说:妇人产后肾虚,体热用猪肾,体冷用犬肾。李时珍说:狗骨头烧灰,米饮日服,治久痢;猪脂调,敷鼻中疮。狗脑主治头风,鼻息肉,下部生疮。狗胆止消渴,杀虫除积,能破血。《神农本草经》记载:公狗阴茎能治阳痿,能使阴茎强热硬大。治疗女子带下等十二种疾病。

本草附方

【治脾胃冷弱,肠中积冷,胀满刺痛】肥狗肉半斤,以米、盐、豉等煮粥,频吃1、2顿。

【治气水鼓胀浮肿】狗肉1斤,细切,和米煮粥,空腹吃,做羹臛吃亦佳。

【治虚寒疟疾】黄狗肉煮臛,入五味食之。

【治痔漏】熟狗肉蘸蓝汁,空腹食。

【治产后烦闷不食】白犬骨烧之,捣筛,以水和服。

羊

本草纲要

【释义】公羊叫羖,母羊叫牂,阉后叫羯。李时珍说:生长在江南的叫吴羊,头、身等长,而且毛短;生于秦晋的叫夏羊,头小身大,而且毛很长。当地人在它2岁时则剪其毛,作为毡物,所以又叫它为绵羊;有一种乳羊,日常吃仙茅,很肥,几乎不存在血肉之分,食用它很补人。无论南北出产的羊,都受孕4个月后出生。羊的双目无神,其肠薄而回曲,宜于繁殖而且性热。其性格外柔内刚,厌恶潮湿而喜欢干燥。

【异名】羯、羖。

【性味】味苦、甘性大热,无毒。

【功效主治】《名医别录》记载:羊胆主青盲明目。羊心止忧恚膈气。甄权说:用羊胆点眼,能治疗赤障、白翳、风泪眼,解蛊毒。孙思邈说:羊胆可疗疳湿时行热疮,和醋服用,效果好。治各种疮,还能激活全身血脉。朱震亨说:用羊胆同蜜一道蒸九次后,点赤风眼,有效。羊骨补肾,强筋骨。治虚劳羸瘦,腰膝无力,筋骨挛痛,白浊,淋痛,久泻,久痢。李时珍说:羊脊骨:补肾虚,通督脉,治腰痛下痢。羊胫骨:主脾弱,肾虚不能摄精,白浊。除湿热,健腰脚,固牙齿,去皯䵴,治误吞铜钱。羊脑润皮肤,去皯䵴。涂损伤、丹瘤、肉刺。

本草附方

【治虚劳腰膝无力】羊骨1副(全者,槌碎),陈皮2钱(去白),良姜2钱,草果2个,生姜1两,盐少许。水3斗,慢火熬成汁,滤出澄清,如常作粥,或做羹汤亦可。

【治肾脏虚冷,腰脊转动不得】羊脊骨1具,嫩者,捶碎,烂煮,和蒜、韭空腹食之,兼饮酒少许妙。

【治虚损羸瘦乏力,益精气】羊连尾脊骨1握,肉苁蓉1两(酒浸1宿),菟丝子1分(酒浸3日,曝干,别捣末),葱白3茎(去须,切),粳米3合。上锉碎脊骨,水9大盏,煎取3盏,去滓,将骨汁入米并苁蓉等煮粥,欲熟,入葱、五味调和,候熟,即入菟丝子末及酒2合,搅转,空腹食之。

【治筋骨挛痛】羊胫骨,酒浸服之。

【治小儿丹瘤】绵羊脑子(生用),朴硝,调匀,贴于瘤上。

【治足指肉刺】刺破,以新酒酢和羊脑涂之。

【治四肢骨碎,筋伤蹉跌】羊脑1两,胡桃脂、发灰、胡粉各半两,捣和,调如膏敷。

【治产后寒劳虚羸,心腹疝痛】用肥羊肉1斤,水1斗,煮汤8升,加当归5两,黄芪8两,生姜6两,煮至2升,分四次服。此为张仲景方。

【治女子虚怯不孕,带来赤白】取羊肉6斤,香豉、大蒜各3两,水1斗,煮至5升,加酥一两,再煮至2升服用。

【治五劳七伤虚冷之症】用肥羊肉1腿,密盖煮烂,取汤服,并食肉。

【治肾虚精竭】 羊肾2合,切碎,加在豉汁中,以五味同白粱米糅,做成羹、粥食。

【治五劳七伤,阳虚无力】 羊肾1对,去脂切碎;肉苁蓉1两,酒浸1夜去皮后做羹,下葱、盐、五味后食。又方:治阳气衰败,腰脚疼痛。用羊腰子3对,羊肉半斤,葱白1茎,枸杞1斤,同五味煮成汤。再下米做粥,食用。

【治青盲内障】 羊肝1个,黄连1两,熟地黄2两,同捣合作丸,如梧子大小。每天服3次,每次服70丸,饭前或饭后用茶服下。崔承元双目内障失明,有人惠此方报德,服用后很快就复明了。

黄羊

本草纲要

【释义】 黄羊出产在关西、西番和桂林等地,共有四种。黄羊的形状与羊相同,但四肢短小而肋骨很细,腹下夹带着黄色的毛,角像公羊,性喜卧伏于沙地。生在沙漠,能跑善卧,独居而尾黑的,名叫黑尾黄羊;生在野草丛中,成群结队达数十头的,名叫黄羊;生在临洮等地,个头很大而尾巴像獐尾、鹿尾的名叫洮羊。黄羊的皮都可以作被褥,也有产于南方桂林的,则色深褐,脊毛斑白,与鹿子相近。

【异名】 羳羊、茧耳羊、蒙古瞪羚、蒙古原羚。

【性味】 味甘,性温,无毒。

【功效主治】 李时珍说:黄羊肉能补中益气,治劳伤虚寒。

牛

本草纲要

【释义】 李时珍说:牛有黄牛、水牛二种。秦牛体小,水牛体大。牛有黄、黑、赤、白、驳杂等色。水牛为青苍色,腹大头尖锐,其形状有点类似于猪,角像战矛,能与虎搏斗,也有白色的,其牙齿有上而没有下,观察它的牙齿的情况可以知道经的年龄,2颗牙齿的3岁,4颗牙齿的4岁,另外,6颗牙齿的5岁,6岁以下的,每年脊骨增加一节。牛耳聋,均用鼻子听闻。

【异名】 黄牛、水牛。

【性味】 味甘,性温,无毒。

【功用主治】《名医别录》记载:水牛肉主消渴,止泄,安中益气,养脾胃。牛胆能除心腹中由热邪所致的口渴,能止下痢和口中焦燥症,还有益目养精的作用。将牛角烧灰服用,可治疗外感寒热、头痛。水牛髓安五脏,平三焦,续绝伤,益气力,止泄利,去消渴,皆以清酒暖服之。李时珍说:牛角可用来治疗因淋证所致的尿道出血症。水牛血可解毒利肠,治疗金疮折伤垂死,又下水蛭。煮拌醋食,治血痢便血。苏敬说:牛阴茎可治疗妇人漏下赤白,不孕症。陈藏器说:牛肉消水肿,除湿气,补虚,令人强筋骨、壮健。水牛鼻消渴,同石燕煮汁服。孟诜说:水牛肉,能下热风。《神农本草经》记载:牛胆可做成丸药使用。

本草附方

【**治癖积**】用黄牛肉1斤,恒山3钱,一同煮熟。食肉饮汤,癖必自消,立效。

【**治肉人怪病**】人头顶生疮,五色如樱桃状,破则自头顶分裂,连皮剥脱至足,名曰肉人。常饮黄牛乳即可自消。

【**治误吞水蛭,肠痛黄瘦**】牛血热饮1、2升,次早化猪脂1升饮服,即从下面而出。

【**治小腿两侧的臁疮不敛**】牛胞衣1具,烧存性,研末搽涂。

【**治损目破睛**】牛口涎,日点2次,注意避风。黑睛破者也会愈。

【**补诸虚百损**】黄犍牛肉(去筋膜,切片,河水洗数遍,仍浸1夜,次日再洗3遍,水清为度,用无灰好酒同入坛内,重泥封固,桑柴文武火煮一昼夜,取出如黄沙为佳,焦黑无用,焙干为末,听用);山药(盐炒过),莲肉(去心,盐炒过,并去盐)、白茯苓、小茴香(炒)各四两,为末。每牛肉半斤,入药末1斤,以红枣蒸熟去皮,和捣丸,梧子大。每空腹酒下50丸,日3服。

兽类

牦牛

本草纲要

【**释义**】李时珍说:牦牛出自甘肃临洮及西南边地,当地人多畜养它。形状如水牛,体长多力,能载重迅速行走如飞,性情粗梗。髀、膝、尾、背、胡下都有黑毛,长1尺左右。它的尾巴最长,大如斗,自己也很爱护,用草木钩它,则停止不动。古人取之做成旌旄,现在的人做成缨帽。毛杂有白色的,用茜染成红色。

【**异名**】犏牛、犪牛、毛犀、猫牛、竹牛、牦牛。

【**性味**】味酸、咸,凉,无毒。

【**功用主治**】李时珍说:能治惊痫,热毒,诸血病。

本草附方

【**治大脖子病**】用牦牛喉脆骨2寸许一节,连两边扇动脆骨取出,或煮或烧,仰卧顿服。仍取巧舌,嚼烂,含在嘴里,咬一儿会咽下。病人容貌必然瘦减,而甲状腺肿大也自内消失。不超过2服即痊愈。

野马

本草纲要

【**释义**】像马,但形体比马小,出自塞外。现西夏、甘肃及辽东山中都有。取其皮可做成裘衣,吃它的肉如同食家马肉,但野马肉落地不沾灰。

【**性味**】味甘,性平,有小毒。

【功用主治】《千金·食治》记载:治疗人病马痫,筋脉不能收缩自如,周身麻痹肌肉不仁。《饮膳正要》记载:壮筋骨。

本草附方

【治疗人病马痫,筋脉不能收缩自如,周身麻痹肌肉不仁】 用肉1斤,豆豉汁煮熟,可调以五味,加葱白,做成腌腊及羹粥,不断地吃。

野猪

本草纲要

【释义】处处山林都有。野猪形体像家猪,但腹小脚长,毛褐色,牙长出口外如象牙,它的肉有的重到二三百斤。它能与虎搏斗,常结队而走。猎人只敢射猎最后的。如果射中前面的,野猪则跑散并伤害人。又能掠松脂,滚泥沙涂遍全身用以抵御箭矢。野猪最是破坏禾苗,也吃蛇虺。它的肉如马肉,是红色的,它的肉味胜过家猪,母的肉味更美。

【异名】野彘。

【性味】味甘,性平,无毒。

【功效主活】孟诜说:野猪肉主癫痫,补养肌肤,让人肥健,肉色赤者,补脏,不发风虚气也。野猪油炼净和酒日3服,令妇人多乳,10日后,可供3、4儿。素无乳者亦下。野猪胆恶热毒气。《日华诸家本草》记载:野猪肉烤来吃,治疗肠道出血。野猪油悦色,除风肿毒,治疥癣。《医林纂要》记载,野猪肉补养虚羸,祛风解毒。《医林纂要》:野猪蹄祛风治痹。李时珍说:野猪皮烧灰,涂鼠瘘恶疮。野猪头治邪疟。

本草附方

【治久痔,下血不止,肛边痛】 野猪肉2斤,切,着五味炙,空腹食,做羹亦得。

【治积年下血】 野猪头1枚,桑枝1握,附子1枚。同入瓶内煅过为末,每服2钱,粥饮空腹服。

豪猪

本草纲要

【释义】陕、洛、江东各地的山中都有。髦中间有长而尖锐如箭的毛,能刺人。李时珍说:豪猪深山老林中有,多成群结队,破坏庄稼。形状如猪但项上、背脊上有棘鬣,长达尺余,粗如箸子,其形状像簪了和帽刺,白色的底部而黑顶。发怒时直立起,像箭一样刺人。羌人穿它的皮做成靴子。此兽也自体雄雌交配而孕。

【异名】豪彘、狟猪、鸾猪、蒿猪、山猪、 壁水貐、獂貐、箭猪、刺猪、响铃猪。

【性味】味甘,性大寒,有毒。

【功用主治】苏颂说:豪猪多肥肉,主通利大肠。苏恭说:豪猪肚干烧服之,治黄疸。孟诜说:豪猪肚理热风水胀。李时珍说:烧研,酒服,治水肿,脚气,奔豚。

本草附方

【治水病臌胀】 取豪猪肚烧干，捣末细罗。每朝空腹，温酒服2钱匕。

熊

本草纲要

【释义】 形状类似大猪，而性情轻捷，好攀缘，上高木，见人就颠倒自投落地上。冬伏入洞穴，春季才出洞。它的脚叫蹯，为八珍之一，古人很器重它，但很难煮熟。熊生性厌恶盐巴，吃了即死。李时珍说：熊如大猪而眼睛竖起长，像人脚但是黑色。春夏二季膘肥肘，皮厚筋驽，常爬树引气，或堕地自己取乐，俗称跌膘。冬月蛰伏时不吃东西，饥饿则舐它的脚掌，所以它的美味在掌。它性情厌恶脏物及伤残之物。

【异名】 猪熊、狗熊、黑瞎子、登仓、狗驼子。

【性味】 味甘，性温，无毒。

【功用主治】 孙思邈说：熊肉主风痹不仁，筋急五缓。孟诜说：熊肉补虚羸。熊骨作汤，浴历节风，及小儿客忤。《日华诸家本草》：熊肉可御风寒，补虚损、杀劳虫，益气力。熊胆治疳疮，耳鼻疮，及诸疳疾。熊掌食之可御风寒益气力。李时珍说：熊胆退热，清心，平肝，明目去翳，杀蛔、蛲虫。

本草附方

【治中风心肺风热，手足不随及风痹不仁，筋脉五缓，恍惚烦躁】 熊肉1斤，切，如常法调和作腌腊，空腹食之。

【疗脚气风痹不仁，五缓筋急】 熊肉半斤，于豉汁中和姜、椒、葱白、盐、酱作腌腊，空腹食之。

【治白内障】 用熊胆，加冰片少许滴眼。

【治毛发焦黄】 熊脂、蔓荆子末等分和匀，醋调和好，涂在毛发上。还有一配方，用熊脂涂发，疏散，入床底伏地一会，即出，头发便变黑如漆。

【治年久痔疾】 用熊胆涂在伤口上有神效之功力。一切配方皆不及此。

【台肠风痔漏】 熊胆半两，加龙脑少量，细磨后和猪胆汁涂在伤口处。

【治小儿疳膨积食，日晡发热，肚大骨立】 熊胆、使君子末各等分，磨细调匀，用瓷器蒸溶，蒸饼丸如麻子大小，每日用米汤饮用20丸即可。

本草今用

【药物来源】 熊为熊科动物黑熊或棕熊。其干燥胆囊、足掌、肉、筋、骨、脂肪均供药用。

【药理成分】 熊胆主要含有胆汁酸类的碱金属盐，又含胆甾醇及胆色素。从黑熊胆中可获得约20%的牛磺熊脱氧胆酸，为熊胆主要成分，水解后产生牛磺酸与熊脱氧胆酸。熊胆又含少量鹅脱氧胆酸。熊脱氧胆酸为鹅脱氧胆酸的立体异构物，及熊胆的特殊成分。

【药理作用】1.解痉作用。

2.抗惊厥作用。

3.消除角膜白斑的作用。

【临床应用】1.治疗百日咳。

2.治疗急性肾炎、高血压。

3.治疗慢性化脓性耳炎。

4.治疗胆囊炎。

山羊

本草纲要

【释义】又名野羊,出自西夏。像羚羊但角大,角下弯的,能登高峻的大坂。大的如牛,好斗,常因此至死。闽、广等地的山中有一种野羊,皮硬厚,不堪烤食,它的肉很肥。李时珍说:山羊有两种,一种大角盘环,肉重百多斤;一种角细。大的如驴而成群行走,其角很大,有时是堕角,暑天尘露于角上,角上长草。所以代都赋说:山羊以盘桓而养草。

【异名】野羊、斑羚。

【性味】味甘,性热,无毒。

【功用主治】苏颂《本草图经》说:山羊肉益人,兼主冷劳,山岚疟痢,妇人赤白带下。《日用本草》记载:山羊肉疗筋骨急强,虚劳。益气,利产妇。

本草附方

【治跌打损伤】山羊血1钱,三七3钱,为末,黑糖五钱,童便1合,酒1碗,调匀饮之,不必大醉。

【活血散瘀,续筋接骨】山羊血、脆蛇、三七共为末,兑酒服。

【治软组织损伤】青羊血、卫矛皮、赤芍、铁棒七研末,冲酒服。

【治急心痛】山羊血1分,烧酒化下。

鹿

本草纲要

【释义】李时珍说,鹿字篆文,像其头、角、身、足的形态。各大山林都有。形体像马,尾像羊,头窄小而长,腿高而跑步迅速,雄鹿长有头角,夏至时节分开,体毛如小马皮,毛呈黄色,夹杂白斑,俗称马鹿。雌鹿无角,体小无斑纹,皮毛黄白杂色,俗称唐鹿。殷仲堪认为,鹿呈白色为正品。鹿茸是珍贵的药品。李时珍说:《济生方》等使用鹿茸,有用酥炙的、酒蒸焙干的,当各随本方。麋茸功在补阳,鹿茸功在补阴,同时要与其他药物辅佐。鹿角在骨骼中最坚硬,故用它来补骨生血,潜藏阳气,补益精髓。

【异名】斑龙。

【性味】味甘,性温,无毒。

【功效主治】《名医别录》记载:鹿肉补中,强五藏,益气力。生者疗口僻,割,薄之。《食疗本草》记载:鹿肉补虚羸瘦弱,利五藏,调血脉。李时珍说:鹿肉养血,治产后风虚邪僻。鹿茸能够生精补髓,养血潜阳,强筋健骨,治疗一切虚损、耳聋目暗、眩晕、因气血虚所致痢疾。《医林纂要》:鹿肉补脾胃,益气血,补助命火,壮阳益精,暖腰脊。《神农本草经》记载:主治崩漏、惊痫,能够益气强志,生长新齿,抗衰老。甄权说:鹿茸主治男子肾气不足所致腰部冷痛,脚膝无力,夜梦性交,遗精。女子崩漏,带下病。用鹿茸烤干研成细末,空腹用酒送服可愈。《日华诸家本草》记载:鹿茸可强筋骨。

本草附方

【治产后无乳汁】鹿肉 4 两,洗,切,用水 3 碗煮,人五味作腥,任意食之。

【治中风口僻不正】生鹿肉和生椒捣薄之,正则急去之。

【治头旋目眩,人如站在车船上,更有甚者屋转眼黑,或见一为二】用鹿茸半两,无灰酒 3 盏,煎 1 盏,加麝香少许,温服。功效神奇。

【治胞衣不下】鹿角刮成屑,取 3 分,用姜汤送服。

【治'肾虚耳聋】用鹿腰从作成羹吃。

本草附方

【药物来源】鹿为鹿科动物梅花鹿或马鹿。其老角、皮、骨、肉、头肉、蹄肉、血、齿、尾、鹿鞭、甲状腺体、胎盘、鹿胆、脂肪油均可供药用。

【药理成分】鹿茸含雌二醇、雌酮、胆固醇、卵磷脂、脑磷脂、神经磷脂、糖脂以及氨基酸,以甘氨酸含量最高。

【药理作用】1.强壮作用。

2.对心血管系统作用。随岁鹿茸精量大小而显示出不同作用。

3.性激素样作用。

4.对长期不愈合和愈合不良的创口、溃疡,能增强再生过程,并能促进骨折的愈合,影响氮素和碳水化合物代谢。

【临床应用】1.治疗再生障碍性贫血。

2.治疗阳痿。

3.治疗足跟痛。

4.治疗肾虚泄泻。

狼

本草纲要

【释义】李时珍说:狼,属豺类,到处都有,北方尤其多,人们喜欢吃它。它居住在洞穴中,形体大如狗,却锐头尖嘴,白颊而两肋相连,身体前高后宽,脚不很高,能吃鸡、鸭、鼠类。其色黄黑相杂,也有苍灰色的。它的声音能大能小,能装小儿啼哭来魅人,在偏僻的荒野它的啼叫尤其令人厌恶。它的肠直,所以鸣叫时后窍都会开动。把它的粪便点成烽烟,烽烟直上而不斜,即使狂风也吹不散,所以军情紧急时烧它,则援兵四集。它的性情善于张望而且吃相凶暴搞得遍地都是。

【异名】毛狗。

【性味】味咸,性热,无毒。

【功用主治】李时珍说:狼肉主补益五脏,厚肠胃,填精髓,腹有冷积者宜食之。

兔

本草纲要

【释义】又叫明视,这是取其眼不瞬而明之意。梵书上把兔叫舍迦。苏颂讲:兔到处都有,是食品中的上味。李时珍说:兔大如狸而毛为褐色,形体如鼠而尾短,耳大而尖。上唇缺而无脾,长胡须,前脚短。屁股有九个孔,靠脚背坐,能跳善跑。

【功用主治】李时珍说:兔毛灰治小便不利。兔肉能清热解毒凉血,清利大肠。兔血凉血活血,解胎中热毒,催生难产。兔骨煮汁服,止霍乱吐利。《名医别录》说:兔肉补中益气。兔脑涂冻疮。兔骨热中,消渴,煮汁服。《日华诸家本草》称:主治湿热痹症,能够止渴健脾。生吃兔肉可以解丹石毒。《药性本草》说:腊月取兔肉,同酱汁煮食,祛除小儿豌豆疮。

本草纲要

【治火烧已破】兔腹下白毛,烧胶,以涂毛上贴疮,待毛落即瘥。

【治妇人带下】兔皮,烧令烟断,为末,酒服方寸匕。

【治劳瘵,驱虫】用兔屎 49 粒,如兔屎大小的硇砂 49 粒,研成末,做成梧子大小的丸。望月前,用水浸泡甘草一夜,五更初时取汁送下 7 丸。有虫下,急捉到油锅内煎杀。不然,此虫极可恶,恐怕延入他人耳鼻中成隐患。三天内不下,再服用。

水獭

本草纲要

【释义】江湖溪泽中多有它。四脚都短,头、身和尾都狭小,毛色如旧紫帛。大的身至尾长 3 尺多。吃鱼,居住在水中,也在树木上休息。置于大小瓮中,獭在内旋转如风,水皆成旋涡。西戎的人用它的皮装饰毳服裾袖,说不染污垢。如风霾眯眼,拭它,马上离去。

【异名】水狗、獭、獭猫、水毛子。

【性味】味甘、咸,性寒、无毒。

【功效主治】《名医别录》记载:水獭肉煮汁饮,治疫气温病,以及牛马时季流行病。水獭肝止久嗽,除鱼鲠,并烧灰酒服之。《日华诸家本草》说:主治水肿,能够清热解毒。苏颂说：主治骨蒸热劳，血脉不行，劳卫虚满，及女子经络不通，血热，大小肠秘。消耗男子的阳气，不宜多吃，不可与兔肉合吃。水獭肾益男子。李时珍说：水獭髓去瘢痕。陶弘景说：水獭足主治手足皴裂。

本草附方

【治手足跌打折伤】水獭1只，肢解后置罐内，用盐泥固济，煅炼存性，做成末。用黄米煮粥摊在患处，掺獭末在粥上，川布裹上，立即止痛，伤处也自然平复。

【治大便下血不止】用一副獭肝，煮熟后调五味服下。

【治月经不通】獭肝丸：用干獭胆1枚，干狗胆、硇砂、川椒（上目，炒去汗）各1分，水蛭（炒黄）10个，研成末，作成绿豆大的醋糊丸。每日服5丸，用当归酒冲下，每日服1次，以见效为尺度。

【治痔血】獭肝烧成末，用水服1钱。

鼠类

鼠

本草纲要

【释义】李时珍说：鼠就是居家常见的老鼠，由于它尖嘴锐牙，善于掘洞，俗语称为老鼠。鼠像兔而小，青黑色。有四齿而无牙，长须露眼。前脚有四爪，后脚有五爪。尾纹如织布而没有毛，尾的长短与身长相等：它生性多疑而不果断，故称首鼠。岭南人以食鼠为避讳，称它为家鹿。

【异名】家鹿、首鼠

【性味】味甘，性热，无毒。

【功用主治】《名医别录》称：鼠可以续筋骨，治疗跌打损伤。用生雄鼠捣末敷搽。剪成膏，治疮瘘。《日华诸家本草》记载：主治小儿惊痫。孟诜说：腊月用猪油煎炸雄鼠至枯，去渣熬制膏藏备用，治疗跌打损伤、冻疮、烫火伤。李时珍说：5月5日将鼠同石灰捣如泥，外敷患处，治疗金疮，疗效显著。

本草附方

【治鼠瘘溃烂】用鼠1个，乱发1鸡蛋大小，用已3年的腌猪油油煎，会消尽。用一半涂搽，用一半以酒服送，是不传的秘方。

【治产后子宫脱垂】温水洗净，用两头尖烧烟熏阴部，即愈。

鼹鼠

本草纲要

【释义】鼹鼠终生在地下生活，地下掘有很长隧道，将土推出地面，形成一个个小土堆，很少爬出地面。食物以地下昆虫、蠕虫为主，也食野生植物。

【异名】隐鼠、田鼠。

【性味】味咸,性寒。

【功用主治】《名医别录》记载:主痈疽,诸瘘,蚀恶疮,阴匿烂疮。陈藏器说:鼹鼠肉主风,久食主疮疥痔瘘。鼹鼠膏主摩诸疮。《本草图经》记载:风热久积,血脉不行,结成疮疽,食之可消去;小儿食之,亦杀蛔虫。

本草附方

【治疗肿恶疮】鼹鼠1只。烧焦研面,取醋2两煎至1两,再加入适量的鼹鼠粉末,搅成膏状贴患处,用香油调涂亦可。

【治胃癌】鼹鼠1只。用瓦焙成焦黄色,研成粉末。每次5分,黄酒冲服,日服1次。

鼫鼠

本草纲要

【释义】李时珍说:鼫鼠到处都有,在土洞、树洞中住。形体比鼠大,头似兔子,尾长有毛,青色。善于叫,能像人一样直立。交配前两脚舞动。爱吃粟、豆,与鼹鼠都是田害,鼹鼠小,在田里居住,而鼫鼠大,居住在山中。范成大讲:宾州鼫鼠爱吃山豆根,所以吃它可治咽喉热症。

【异名】硕鼠、雀鼠。

【性味】味甘,性寒,无毒。

【功用主治】李时珍说:治咽喉痹痛,一切热气,含在口中咽汁,神效。

土拨鼠

本草纲要

【释义】生长在西番的山泽间,打土洞而居。形体如獭,当地人掘取而食之。《魏志》写道:大秦国出产辟毒鼠,近似于土拨鼠。李时珍讲:皮可做成裘,很暖和,湿寒不能穿透它。

【性味】味甘,性平,无毒。

【功用主治】陈藏器讲:土拨鼠肉煮来吃,味很肥美,治野鸡瘘疮。按《饮膳正要》一书讲:多吃难消化,微动风。李时珍说:土拨鼠头骨主治小儿夜卧不宁,悬之于枕边,即安。

黄鼠

本草纲要

【释义】李时珍讲:太原出产黄鼠,大同、延、绥及沙漠各地都有。辽人尤其视为珍贵之物。形状类似大鼠,黄色而短脚。善跑,极肥。它所居的洞穴有土窖如床榻的形状,那是雄雌共居之处。晴暖时则出来坐在洞口,见人就交叉前脚,拱起如作揖,窜入洞内。味极肥美,如豚子而且脆。皮可以做成裘领。

【异名】礼鼠、拱鼠、貔狸、地松鼠、大眼贼、蒙古黄鼠。

【性味】味甘，性平，无毒。

【功用主治】李时珍说：主治润肺生津。多吃会发疮，可煎成膏贴疮。解毒止痛。

本草附方

【治诸疮肿毒，止痛退热】用大黄鼠1只，打死，再用清油1斤，慢火煎熬，水上拭油不散，于是滤去滓澄清再煎，再加紫黄丹5两炒，不停地用杨柳枝搅匀，滴水成珠时，下黄腊1两，熬黑即成。去火毒三日，如常摊贴。

鼬鼠

本草纲要

【释义】形状像鼠而身子长，头如小狗，尾大，黄色带红。气味极臊臭。习性好偷吃鸡鸭，村野人家最受其害。怕狗，被追逐时便撒屁几十个，满室恶臭不可闻。其毫和尾可做成笔，严冬时不会变硬，世上称鼠须、栗尾的就是。

【异名】黄鼬、黄鼠狼、鼪鼠、地猴。

【性味】味甘、臭，性温，有小毒。

【功用主治】李时珍说：鼬鼠肉煎油涂疮疥，杀虫。鼬鼠心肝主治心腹痛，杀虫。《东医宝鉴》记载：作末，疗疮瘘久不合。

本草附方

【治淋病】鼬鼠全身黑烧粉末，与等量之梓白皮细末混合，每次约服一匙许，开水送。

猬

本草纲要

【释义】吴人称之为偷瓜贼，因它常藏在瓜畦中，爱吃瓜。陶弘景讲：猬处处都有，见人便藏起头脚，它的毛尖利，中间空如骨，捕它卒不可得。能跳入虎耳中，而见到鹊便自己仰起腹让啄，动物相互制约而如此。它的脂溶化在铁中，再加入少量水，铁则柔软如铅锡。李时珍说：猬的头、嘴似鼠，刺毛如豪猪，蜷则形体如芡房和栗房，攒毛外刺，尿马上放出。

【异名】猬、毛刺、白刺猬、猬鼠、偷瓜蜮、刺鼠、偷瓜獾、刺血儿、刺球子、刺鱼。

【性味】味甘，性平，无毒。

【功用主治】《神农本草经》说：刺猬皮主五痔阴蚀下血，赤白五色血汁不止，阴肿痛引腰背，酒煮杀之。《名医别录》记载：猬皮疗腹痛疝积，烧为灰，酒服之。《药性论》：猬皮主肠风泻血，痔病有头，多年不瘥者，炙末白饮下方寸匕；烧末吹主鼻衄。陈藏器说：猬肉烧灰酒服治胃逆，又煮汁服止反胃。猬脂溶滴耳中，治耳聋。孟诜说：炙食肥下焦，理胃气，令人能食。李时珍说：猬脂涂秃疮疥癣，杀虫。猬心肝主治蜂瘘蚁瘘,瘰疬恶疮,烧灰,酒服一钱。

本草附方

【治眼睫倒刺】猬刺、枣刺、白芷、青黛,各等分成末,随左右吸于鼻中,口含冷水。

【治虎爪伤人】用刺猬脂天天敷在伤口上,同时内服香油。

【治脱肛】猬皮1斤(烧),磁石5钱(煅),桂心5钱,捣成末。每次服2钱,用米汤饮下。

寓类

猕猴

本草纲要

【释义】又叫胡孙、沐猴、马留、狙,梵书中叫它为摩斯吒。李时珍说:按班固《白虎通》记载,猴即是候。见人在煮饭时便伏机凭高四望,确是善于等候机会的动物。猴爱拭面如同沐浴,所以又称它为"沐"。后来人错误地说沐为"母",又错误地说母是"猕",愈错愈远了。猴长相像土族人,所以叫胡孙。

【异名】狙、沐猴、胡孙、期猕、马留、黄猴。

【性味】味酸,性平,无毒。

【功用主治】《慎微本草》记载:猕猴肉主诸风劳,酿酒弥佳。为脯,主久疟。猕猴头骨,主瘴疟。祛风湿,通经络。治风寒湿痹,四肢麻木,关节疼痛。

本草附方

【治疟疾进退不定】猢狲头骨1枚(烧灰),细研为散,空腹以温酒调1钱服,临发时再服。

猩猩

本草纲要

【释义】李时珍说:猩猩出产于哀牢边境及交趾封溪的野山谷中。形状如狗和猕猴,其毛如猿,白耳如猪,人面人脚,长发,头颜端正。叫声如小儿啼哭,也如狗叫。成队结群而行。猩猩能够言语,并且能够预测未来,像很清醒、聪明的样子。

【性味】味咸,性温,无毒。

【功效主治】李时珍说:吃了猩猩肉使人不知味不知饥疲,可以进入一种长期可以不食水谷而不知饥饿、疲劳的境界,让人善于奔跑,荒年无厌,可以辟谷。

狒狒

本草纲要

【释义】出产在西南少数民族地区。它的形状像人,被发现后迅速逃跑,能食人。《山海经》说:枭羊,人面,长唇黑身,有毛而脚跟上翻,见人则笑,笑时上唇会掩住眼睛。《方舆图志》记载:狒狒,西蜀及处州山中有,叫做人熊。人也吃它的掌,剥它的皮。闽中沙县幼山也有,长有1丈多,逢人就笑,叫为山大人。

【异名】枭羊,人熊。

【性味】味甘,性平,无毒。

【功效主治】陈藏器说:做肉干吃,补五脏,不饥,延年。连同脂肪薄割炙热,贴人的癣疥,能引虫出,不断换贴,直至取愈。

人部

李时珍说:《神农本草经》所载人部,只有发髲一种可以入药,这是人有别于物的地方。

爪甲

本草纲要

【释义】李时珍说:指甲为筋之余,是胆的外候。《灵枢经说》:胆与爪甲相应,指甲直而白色没有纹的胆直;指甲形状不正常而黑色多纹者胆结。

【异名】筋退。

【性味】味甘、咸,性平,无毒。

【功效主治】寇宗奭说:主治鼻出血,把指甲刮细吸入鼻内,出血即停止。李时珍说:主催生,下胞衣,利小便。治血尿,及阴阳易病,破伤中风,去翳膜。陈藏器说:取孕妇人爪甲,点目,可去翳障。

本草附方

【消除脚气】每到寅日剪手脚指甲,同时贴紧肉剪可除脚气。

【破伤中风】用手足十指甲,香油炒研,热酒调制,呷服,汗出便好。

【阴阳易病】用手足趾甲20片,中裤裆一片,烧为灰,温酒分3次服下。但男病用女的指甲,女的则反之。

【小儿腹胀】用父母指甲,烧为灰,敷于母亲乳房上,小儿吃母乳而服,则病愈。

【小便尿血】人指甲半钱,头发2钱半,烧研为末,每次空腹和温酒服1钱。

【妊娠尿血】取自己丈夫的指甲烧灰用酒服。

牙齿

本草纲要

【释义】李时珍说:口两旁的叫牙,当中的称齿。肾主骨,齿为骨之余。女子出生后7个月开始生牙齿,7岁换牙,到21岁肾气便充盈了,真牙也生出了,到49岁,肾气便开始衰竭,齿开始枯落。男子出生后8个月生齿,8岁换牙,24岁时肾气才充盈,真牙也就长成了。

【性味】味甘、咸,性热,有毒。

【功效主治】陈藏器说:能除劳治疟,解蛊毒气,入药烧用。李时珍说:治乳房痈肿、痘疮。

本草附方

【乳痈未溃】人牙齿烧灰研末,用油调后敷于患处。

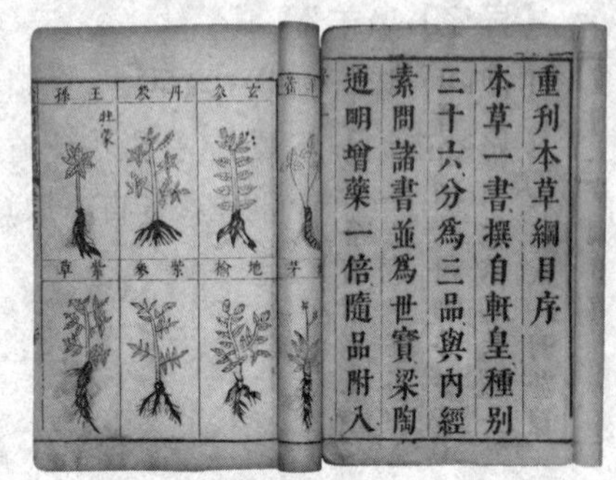

《本草纲目》书影

乳汁

本草纲要

【释义】李时珍说:乳是阴血所造,生于脾胃,摄于冲任。未受孕则成月经,受孕后则留而养胎,产后则由红变为白色,成为乳汁。

【异名】奶汁、仙人酒。

【性味】味甘、咸,性平,无毒。

【功效主治】《名医别录》记载:主治补五脏,令人肥白润泽。治疗眼红肿流泪,用它和豆豉汁服用,有神效。它益气,治瘦弱,润肌肤,生毛发。大明说:益气,治瘦悴、悦皮肤、润毛发,点眼止泪。苏恭说:和雀屎,去目中胬肉。

本草附方

【治虚损劳疾】用没有病的妇女乳汁3酒杯,将瓷碟晒极热,置乳于其中,再加入少许麝香末、木香末2分,调匀服用,然后饮浓茶1杯。第二天服接命丹(用人乳3酒杯,如前晒碟盛人乳,加入胞末1个调制),服后面红耳赤,如醉思睡,吃少许白稀饭以调养。

人胞

本草纲要

【释义】李时珍说:人胞是因为包人如衣,所以得名。胞衣,生第一胎的最佳,其次是健壮没有病的妇女的。取来后用淘米水洗净,盛于竹器内,在溪流中洗去筋膜,再用乳香酒洗过,于篾笼内烘干研末。

【异名】胞衣、胎衣、紫河车、仙人衣、佛袈裟、混沌衣、混元母、黄河车。

【性味】味甘、咸,性温,无毒。

【功效主治】陈藏器说:主治气血不足,妇女劳损,面干皮黑,腹病瘦弱,则治净,用五味和后,给妇女吃,但不要让她知道。吴球说:治男女一切虚损劳极、癫痫失志恍惚,安神养血,益气补精。

本草附方

【治妇女痨疾咳嗽、发热等症】用初生男孩的胞衣,于溪流中洗净,煮熟切细,烘干研末，加山药2两，人参1两，折茯苓半两，研为末，用酒糊为梧子大小的丸，与麝香同放7日。每次温服30到50丸，用盐汤下。

【补阴功，久服耳聪目明，须发乌黑，延年益寿】用胎衣1具(男用妇，妇用男。淘米水洗净，在新瓦上焙干研末，或用淡酒蒸熟，捣晒研末)；年久的童便浸过3日，用酥烤黄的败龟板2两；去皮、盐酒浸后炒过的黄檗1两半，去皮后酥烤过的杜仲1两半；去苗、酒浸后晒过的牛膝1两2钱同研为末，夏月加五味子7钱，研为末(但不接触铁器)，用地黄膏入酒。米糊如小豆大的丸。每次空腹服80到90丸，盐汤下。11、12月则酒下。女人服用则去龟板，加当归2两，用乳煮糊丸。男子液精，女子带下，都加牡蛎粉1两。

【治五劳七伤，吐血虚瘦】用初生胞衣，洗净后以酒煮烂，捣如泥，加白茯苓末，做成梧子大小的丸，每次服百丸。

【治久癫失志，气虚血弱】胎衣洗净，煮烂食用。

胞衣水

草纲要

【释义】就是把胞衣埋在地下，7、8年后化为水，澄澈如冰，南方人以甘草、升麻和诸药，用瓶盛装而埋，3、5年后取出。

【性味】味辣，性凉，无毒。

【功效主治】陈藏器说：主治小儿丹毒，各种热毒，发寒热不止，狂言乱语，饮后立效。李时珍说：反胃久病，饮1盅当有虫出。